# 郭廷以先生百歲冥誕紀念史學論文集

李國祁 主編

臺灣商務印書館 發行

# 序　言

　　古今中外一代學術宗師地位的奠定，大多由於三項因素：一、其本人對某學門有卓越學術貢獻，是該學門的開創者，或集大成者。二、開創新的研究方法，或建立新學風，形成學派。三、長期主持學術機構，為該學門栽培大批後起之秀，使其後繼有人，綿延不絕。

　　中國近代史研究，成為一個新學門，啟蒙於清末民初，亦即二十世紀初期，西方新史學之風，蘭克 (Leopold von Ranke) 學派，傳入中國之時。在中國近代史方面啟蒙的中國學者，則有羅家倫、蔣廷黻諸先賢。河南舞陽郭量宇（諱廷以）師早年在東南大學受業於羅家倫先生，從羅氏以上述之西方新史學方法研究中國近代史。後追隨羅氏執教於清華大學，得以後輩身份請益於蔣廷黻先生，於中國近代史之研究沉潛益深。迨南返母校中央大學執教，已儼然中國近代史之方家矣。其治史深得蘭克新史學之要，注重史實及檔案資料之應用。為整理中國近代史資料，曾編著《近代中國史》巨著十九冊，交由商務印書館出版。至抗戰軍興前，僅出版兩冊（現商務將之合併為一冊），其餘惜均燬於戰火。故論對中國近代史資料認知之深，郭師可謂第一人。由於近代史資料的豐繁，其史事所發生的時間常聚訟紛紜，郭師瞭解正確時間觀念對史事的重要性，曾先後著《近代中國史事日誌》、《中華民國史事日誌》諸書。北伐前後，研究太平天國之風蔚然興起，郭師則著有《太平天國史事日誌》、《太平天國曆法考訂》等書，係當時研究太平天國最著名三位學者之一。甚至其另二位學者之一簡又文先生亦稱，得益郭師之著處甚多。另美國研究太平天國著名專家梅谷 (Franz Michael) 教授對郭師太平天國研究亦極推崇。可知郭師之太平天國研究於海內外均享盛譽。

　　郭師治學博聞強記，根基廣厚篤實，目光深遠，氣度恢弘。常能得風

氣之先，發前人所未明，並開創新領域與新方法。來台後，值台灣史研究重心尚處於廣收資料，罕作歷史解釋。郭師毅然著《台灣史事概說》一書，著重台灣歷史發展之闡釋，開創台灣史研究之新學風。二十世紀五十年代初，歐美學術界有關近代化之研究方始萌芽，郭師即於《大陸雜誌》連續三期，發表〈中國近代化之延誤〉論文，開台灣史學界研究中國近代化之先聲。日後並訂中國近代化研究為其所創之中央研究院近代史研究所重點研究計畫之一。口述歷史當時為歐美研究近現代史之重要方法，在台灣首先推動使用者，亦為郭師。在其創設中研院近史所時，即視口述史為一重要之收集史料方法，曾先後訪問眾多政經軍事文教名人，開創台灣史學界治史使用口述史方法之風。而其晚年所著《近代中國史綱》一書，約六十餘萬言，立論公允，資料翔實，迄今尚無出其右者。故論及郭師在中國近代史上之研究成果，中外史學界咸一致推崇，是集大成之學者。

至於其學派與宗師地位的奠定，則在於創設並長期主持中央研究院近代史研究所，栽培大批後起之秀，使後繼有人，遂而學派形成，宗師地位奠定。郭師於一九五五年二月為中央研究院創設近代史研究所，主持所務長達十八年之久。其整個後半生精力幾全投注於近代史研究所。於所務的規劃，極其完備恢弘。人才的延攬，甚少派閥私心。對年輕人的訓練，崇本務實，一切從編纂資料，撰寫提要目錄等最基本工作做起。再加以胸襟開闊，圖書資料及未刊檔案均對外開放。其圖書檔案資料收藏之豐富完備，更居世界一流。中外研究中國近代史之機構遂爭相願與合作，中外研究中國近代史之學人，亦絡繹不絕來所閱讀資料。因而能得到美國福特基金會 (Ford Foundation) 長達十年共四十六萬美元的支援。在經濟狀況有所改善的情形下，所中研究人員得以安心從事研究，並出國進修。使其著作大多內容充實，資料豐富，注重史實，析論精深，國際間遂稱譽為"南港學派"，或"中央研究院近史所學派"，而郭師則自然為中國近代史學門中一代宗師矣。

郭師長期對近代史研究所之慘淡經營，雖稱譽國際，視為建立篤實的"南港學派"，但在國內，卻經歷極其艱苦的困境。先是於中央研究院院

內遭到其他人文所的不予認同。繼而外界對福特基金會巨額支援的豔羨，希圖分一杯羹。一波方平，一波復起。最後竟因對所長權位的覬覦，內神勾外鬼，誣郭師盜賣檔案，令其黯然滯美，抑鬱以終。每一思及，令人憤慨感傷無已。

　　今年係郭師百歲冥誕，我等忝為郭師親炙或再傳弟子，或其親近部屬，為追念其一代宗師的教誨與風範，故私下相約，各自撰文，編輯此一論文集，以示對一代宗師的懷念與敬仰。本書承蒙臺灣商務印書館出版發行，謹此致謝。

編輯委員會

民國九十三年十二月十二日

　　本書的編排，為示對郭師尊敬起見，除將有關郭師者，置於篇首外，其他係按內容時間先後的順序，予以編排，特此附帶聲明。

# 郭廷以先生百歲冥誕紀念史學論文集

# 目　錄

# 再論郭廷以先生對太平天國史研究的貢獻
## ——兼及歷史研究的實際與理論

呂實強

## 緒　言

　　由於個人於一九四九年九月至一九五三年六月在台灣師範學院史地系就讀，其中有三年修過郭先生的課——中國近代史、元明史與中國現代史。畢業後，依規定至高雄鳳山陸軍軍官學校預備軍官訓練班，受訓一年，取得預官少尉資格，而後方能就業。一九五四年六月結訓之後，被分派在台北市立大同中學教歷史。但僅止教了半年，放寒假期間，郭先生便要我到由他負責籌備的中央研究院近代史研究所任助理員。於是在一九五五年二月，籌備伊始，我便辭去了大同教職，到近史所來工作。從此，堅守本業，到一九九七年滿七十歲退休，於退休之後，仍被聘為兼任研究員，直迄於今天。所以可以說，我一生僅有的一點事業，主要為植基於郭先生的栽培。因此於先生的治學與貢獻逐漸有相當的了解。早於三十年前，便曾接受逯耀東先生的邀約，在他策劃的一個系列「拓墾者的畫像」中，撰寫了〈辛勤開拓中國近代史研究的郭廷以先生〉，刊出於《中華文化復興月刊》第八卷第四期，時在民國六十四年四月。之後，不論在郭先生生前死後，亦曾有多次受邀而撰寫有關先生的文章。今年為郭先生百年冥誕，所中為紀念他任教、治學與創辦近代史研究所，開拓中國近代史的

研究，及苦心孤詣的培養後進，曾舉辦了兩項重要的活動：一為訪問其門生故舊（或由擬定被訪談者自己撰寫），出版了《郭廷以先生門生故舊憶往錄》一書，都六百餘頁；二為於今年一月十二至十三日，舉辦了「史學時代，世變學術研討會」，並將所有演講、討論及論文，集結成書出版。我看所有的演講、口述、論文與討論，尚無人對郭先生十分突出的太平天國研究，作出較為專門的論述，而且在此一方面，我曾在十年之前近史所為紀念郭先生九秩誕辰而編印的論文集中，曾寫過一篇與本主題類似的文章。但因為那時候所見到的論據尚有所不足，再加上過去這十年間，所中若干同仁，甚至各大學從事中國近代史教研的同道，日漸增加理論的追求與倡導，乃使我個人心有所感。因而決定以此一主題，再作一次核要性的探討，以紀念先生，並望對史學研究的目標與方法，聊供一鱗半爪之拙見。

　　郭先生於太平天國的著述，從量來看，並不是頂多，不僅不如羅爾綱先生之著作等身，恐較簡又文先生亦並不及，不過從質的方面來看，他卻有其客觀、深入之優點，我個人相信，羅、簡二先生則有明顯的不及郭先生之處。而郭先生的領域較廣，就中國近代史來說，太平天國的研究，實為其中主要部分之一。然而即使如此，其成就已十分可觀，不僅對史實考訂，為當時及日後從事太平天國研究的人，提供了廣泛而堅實的基礎，尤其重要的，他根據此項紮實的工作，對太平天國的成敗利鈍與功過是非，作出了其獨立與傑出的論斷。司馬遷作《史記》時自題的標鵠為「究天人之際，通古今之變，成一家之言」。[1] 個人以為「究天人之際」，對後世的史學家而言，可能為理想太高，如果有能之者，恐怕其範圍已屬歷史哲學；「通古今之變」與「成一家之言」，則應該為後世以至今天的從事歷史著述者，共同所嚮往的目標。不過單是此兩項，在眾多的歷史學者之中，能達到的，亦並不甚多。郭廷以先生應為其中之一。

　　於太平天國的專書，一九三七年一月，由商務印書館出版了他的《太平天國曆法考訂》。此書之撰寫，據郭先生自序，係開始纂輯《太平天國

---

[1] 見《史記》太史公自序。

史事日誌》，為便於查檢月日，乃根據日本學者田中華一郎的〈天曆與陰陽曆對照表〉及陳援菴先生的〈廿史朔閏表〉推演一個月朔表。及至實地應用，發覺此表與中外其他直接記載事實日次，常多不符。乃再行審慎考察，漸次得知太平天曆之真象，遂完成此書。內容包括㈠田中氏對照表及其錯誤，㈡天曆干支與陰曆干支，㈢太平日曜與西洋日曜，㈣中西例證及其解釋，㈤天曆與陰陽曆對照及日曜表、簡表與譯表。另有附錄：1.評謝興堯先生《太平天國曆法考》，2.關於太平天國文獻，3.引用書目。本書的價值，據郭先生在引言中說：

> 太平天國的曆法是個不中不西、亦陰亦陽的組合。其月日的排比次序，與中曆固然不合，與西曆亦大相差異。無閏月閏年，而有所謂「斡年」，所以說它是不中不西；仍用干支以紀年日，保留星宿二十四節，以合舊習，定三百六十六日為一歲，月各三十或三十一日，無所謂吉凶宜忌，生克休咎，所以說它是亦陰亦陽。統合來看，又未嘗不可以說它是個中西陰陽的混合物。因之要想知道太平天曆與陰陽曆（或中西曆）月日的關係，頗為困難；不惟後人推合易於致誤，即並世人士，設非與太平天國有直接接觸者，有時亦欠正確。

曆法事，本來即不易辨正。他卻仍然不惜功力，認真追究，終於指出田中氏對照表之失誤，並與凌善清、蕭一山、以及稻葉君山、李泰棻諸先生所作，對照換算，予以改正。附錄中特別對謝興堯先生的《太平天國曆法考》加以糾謬，雖在自序中表示：「謝先生專攻太平天國史有年，此文用力頗勤，彼此雖所見不同，但仍為學問上的同好」。但其所指出謝氏的若干基本錯誤之後，使謝書似已難立足。而謝書不僅其結論與田中的說法一致，其主體部分 —— 天曆與陰陽曆對照表亦不過對田中所作表之擴大。因而郭著《太平天國曆法考訂》一書出版之後，似並未有人出來批駁，反而逐漸為研究太平天國史的諸家所接受。直到歷半個世紀之後，一位對太平天國史著述甚豐的專家祁龍威教授，於其一篇專文〈郭廷以對太平天國史研究所作的貢獻〉中，仍然認為：「郭氏……對謝興堯《太平天國曆法考》沿襲田中表中的錯誤，進行了評議。在天曆與陰陽曆對照問題上，糾正田中

華一郎的錯誤，這是郭廷以為太平天國研究作出的一大貢獻，也為《太平天國史事日誌》的撰成，創造了條件。」[2]

　　另一本專書為《太平天國史事日誌》。此書的初稿自一九三〇至一九三三年，經五次易稿，一九三四年春，方由中央大學將正文排印。又經四次修訂，於一九三七年交商務印書館付排。旋由於抗戰爆發，時間延遲，直到勝利之後一九四六年，全書方得公之於世。[3] 於此書之作，先生雖自謙其：「性質屬於工具一類之史事記，編者個人只求為他人作預備工作，期能節省具有才識德之史家之精力時間，於願已足」。[4] 但事實上，本書不僅卷帙浩大，全書逾一千四百頁；參用書文（僅參考未用者不計）不下五六百種。尤其於重要或有異議之處，多加詳密考訂，若干正文不過數行，而考查論斷竟相當於一篇論文。如對洪秀全大病與昇天一事，洪大全其人其事，錢江與太平天國之關係，洪秀全對儒家傳統態度及其變化等等，無不經其查考論斷，而獲得同道之接受。[5]

　　總之，郭先生這本書，雖稱為「日誌」，但實際上幾等於一部太平天國全史，舉凡有關太平天國的大事，甚至與其具有牽連或影響之所有中外史事，亦蒐羅列入，卒使此書雖為依年月日記載，卻能將其所有人與事之來龍去脈，影響互動，均納入系統，使人一覽無遺。誠如羅家倫先生於民國二十九年為此書所撰的序文中所說：

　　　　他治史是很審慎的。他認為要寫太平天國史，必先把太平天國史實，用比較的方法，考訂其準確性，再按其時間的順序，列舉下來，以時間來統率錯綜複雜的事實，俾使發現其因果或前置 (Antecedent) 與後隨 (Consequence) 的關係 —— 然後可以著筆，結果就成為這部一千四百餘頁的鉅製太平天國史事日誌。

　　　　我相信這部書是截至現在止，研究太平天國的第一部大書，是將來

[2] 祁文載茅家琦等編著《太平天國史研究》第二輯（南京：南京大學出版社，1989年）。

[3] 參見全上文。

[4] 見本書凡例(六)。

[5] 詳見拙著〈郭廷以先生對於太平天國史的研究與貢獻〉。

　　　　寫太平天國信史不可少的一部根據書。將來那部大的太平天國史郭
　　　　先生自己來寫嗎？若然，則這是一隊雄壯而密集的前進號音。[6]
此書出版前後，距抗戰前研究太平天國風氣興起已近二十年，並世諸第一
代的開拓者，均已名聲顯耀，但羅先生卻似仍對郭先生寄以殷望，期許他
能循此堅實壯闊之路，更行創進。

　　可惜正當此書出版之際，國共的內戰已經展開，而且愈演愈烈。隨著
政府軍事的失利，經濟隨之惡化，社會亦趨混亂，時勢與環境已經使他無
法安身專心從事於更進一步的研究著述。一九四九年，大陸局勢劇變，他
來到台灣，任教於省立師範學院史地系。台灣地處海隅，又自甲午戰爭之
後，便割讓日本統治。及日本戰敗光復，亦已受戰爭的波及，殘破凋蔽。
遂使有關太平天國之資料蒐集困難。故只能就過去奠立之基礎，從事一些
通論性或解釋性之工作，未能盡如羅先生期盼，再完成一部大的太平天國
史，但僅這一部《日誌》，貢獻就已經很大了。據我個人所見，在所有研
究太平天國的著述中，幾乎很少有不參引這本《日誌》的。直到此書出版
五十年之後，由南京太平天國史學會、南京太平天國歷史博物館、南京大
學歷史研究所太平天國史研究室、江蘇省社科院歷史研究所等共同發起的
紀念太平天國起義 135 周年暨太平天國博物館建館 30 周年學術討論會，
於 1986 年 10 月 15 日至 19 日，在南京舉行。有 120 名專家學者與會，提
出論文共 60 篇，其中前已提及的祁龍威教授的〈郭廷以對太平天國史研究
所作的貢獻〉一文中第四個小節專論《太平天國史事日誌》一書的價值，
他具體的指出：「（此書）出版後一時成為學術界撰寫太平天國史主要的
依據」。他並列舉說：
　　　　華崗撰《太平天國農民革命戰爭史》，幾乎全部利用了《太平天國
　　　　史事日誌》所提供的資料和考證的成果。
　　　　簡又文對太平天國史研究雖稱博洽，但當他撰寫《太平天國全史》
　　　　時，也不得不借助於《太平天國史事日誌》。簡氏自序：「本書有幾
　　　　章幾節，以個人所得資料不足，遲遲不敢動筆，然欲再在國內各處

[6] 此序於民國三十五年《日誌》出版時亦一併印出。

親自采訪及發掘新史料，已無可能，又屢圖到外國搜羅外籍記載，
而機會亦不就．……幸有郭廷以教授所著《太平天國史事日誌》一
書，將全役大事鈎玄提要，逐條考證，定為正確，乃按年月日編次
而成為極便利有用之研究工具書。本書各章于自得史料不得之時，
輒引此《日誌》為權威之作。錄用原文各條，編入各役系統之中，亦
如其書內容，只提綱要而不及詳敘」。《太平天國全史》引證《太平
天國史事日誌》之處甚多，有的是轉引史料，如述咸豐三年二月初
一日太平軍攻金陵之戰云：「又據同治上江兩縣志，自是日起，太
平軍開始攻聚寶門。載《郭誌》二百二十六頁」。對江浙等省地方
志，簡氏未及搜考，大都從《郭誌》轉引。以故類此之例甚多，有
的《郭誌》未注史料出處，《全史》便直接以為據。如在「定都天
京」一節中說：「黑旗右軍主將北王韋昌輝於十七日由儀鳳門入，
先住西轅門李氏民宅，後移中正街李宅（或云住中正街前湖北巡撫
伍長華宅。見《郭誌》）」。

簡又文撰寫《太平天國典制通考》，也大量引證《郭誌》。如〈職
官考〉說莫士暌曾任「忠誠五天將」，自注：「《郭誌》」。

羅爾綱，撰《太平天國史稿》也參考了《太平天國史事日誌》，如
其中的〈洋將表〉，實際脫胎於《郭誌》的〈洪方洋將表〉。

向達等編《太平天國》以《太平天國史事日誌》〈引用書目〉為線
索。在《郭誌》〈引用書目〉的基礎上，張秀民、王會庵增補而成
《太平天國資料目錄》。

最後祁氏綜結云：「至今，《太平天國史事日誌》仍不失為研究太平天國
史的一部重要工具書」。[7] 直到一九九一年，羅爾綱先生出版他畢生功力
所瘁的鉅著《太平天國史》，共有四位聲名卓著的學者為其寫序，其中第
一篇為中國社科院近代史研究所的名譽所長劉大年先生所撰，內中便推稱
羅氏與蕭一山、郭廷以和簡又文，「都屬於開拓太平天國研究的一代人」。

---

[7] 祁龍威文載，茅家琦等編著，《太平天國史研究》第二輯（南京：南京大學出版社，
1989 年）。

並說：「郭廷以長期研究中國近代史，四十年代，他出版《太平天國史事日誌》兩大冊，相當深入細緻，至今仍是研究者案頭必備的工具書。[8]

　　自然像這樣一部時間上溯自一七九六年（嘉慶元年）白蓮教之亂起，下斷至一八六八年（同治七年）捻亂平定，歷時七十餘年；蔓延地區則亙十八行省（及西康）。即便從太平軍興起，至餘緒捻軍勦平，戰亂相續，亦達十八年。據簡又文先生的估計，以城市而言，曾被太平軍攻破者六百餘座（有的被攻破數次）；以動力而言，兩軍徵用之兵力約一千萬人。死亡雙方兵勇與受害人民亦以千萬計。（另有二千萬、五千萬、甚至上億之估計）財產、珍寶、屋宇、各種物質與夫古物字書、圖書等文化方面的損失，更不可以數計。[9] 以運籌以至對外國關係而言，則更涉及英、法、美、俄等國。故其史事之複雜頻繁，為前所未有。以郭先生一人之力，雖費多年之功而完成，其詳略、缺失，自仍難免。不過迄至今日，仍很少見有人對之加以批評指責，一般所見，只偏重於匡正與補充而已。如上引祁龍威之文，指出書中疏誤之處，不過數項，卻仍然表明：「誠如郭氏所說『編者限於見聞，關於此一代事跡，十年以來，雖多方蒐集，絕不敢謂已盡于此，近年公私文書，時有發見，未獲盡睹，待補正之處尚多』。總之，對《太平天國史事日誌》不斷訂補或改變，使之更臻完善，郭氏早有此願望。郭氏已在美逝世，[10] 這件事有待於全國學術界的共同努力，以期實現」。祁先生之文，似指摘之意甚淡，稱許與期盼之心則濃。至於後繼者之努力，真正從事實際之校正增補者，迄今個人所見到者，尚僅只茅家琦先生一人。茅先生自五○年代末開始，便有志於《郭誌》的校補，陸陸續續做了將近四十年的工作終於完成了一本《郭著〈太平天國史事日誌〉校補》，並於二○○一年在台灣商務印書館刊行。全書共二三○頁，就校補的立意來衡量，茅先生確是很下了一番工夫。雖然如此，但茅先生仍在後記中表示：「這部《校補》遠不完備。太平天國公私文書記載未及利用者，特別是流

---

8　雖然劉文係寫於一九八六年，但直到一九九一年，羅先生刊行其書時，似並無異議。
9　簡又文，《太平天國全史》上冊，卷首緒言，頁 16。
10　按郭先生於 1975 年在美國病逝。

傳並庋藏於海外未及查明者尚多，甚望若干年後有《郭著太平天國史事日誌校補之校補》問世」。此段文字，作者主旨在表達自己之謙虛，然於郭著價值之肯定以及疏誤缺失之難免，亦均兼及了。

　　專書之後，再談論文。郭廷以先生來台之後，因大陸趨向封閉，故雖經當局提倡鼓勵，學者大量發掘並整理，使太平天國的史料日趨豐富，但在台灣所能見到者，卻相當有限。故他當時無法再從事太平天國史之專書著作。即單篇之論文，亦不多見。尤其自一九五五年二月，受命入中央研究院籌辦近代史研究所之後，欲建立起一個具有水準的新所，需要一切從根本做起。除了尋求外援與國際合作之外，尤其需要培植一批年輕的人員，使其能漸趨茁壯，而成為研究工作的基本力量。是以從籌備伊始，直到一九七〇年九月辭職獲准，十五年餘，所務均十分繁重，而且若干非學術性之因素，一直困擾他，在此期間遂未能再寫過像《太平天國史事日誌》這樣量鉅質細的大書。但基於他長期對太平天國的觀察，而於一九四五年一月，仍發表了一篇〈太平天國的極權統治〉的文章。此文雖只有一萬多字，卻表現了他洞澈的見解和精闢的析論。個人認為，此篇應可以代表郭先生研究太平天國所達到在質的方面最高的水平。於此將以本文為例，來檢討此一項似被許多研究太平天國學者所忽略或漠視了的貢獻。

　　郭廷以先生這篇文章，是十分突出的，有如一般叢林之中，所生成的一株檜木一樣，不但高壯長青，而且任憑風雨吹打，冰雪覆壓，始終堅固不折，挺拔屹立。這篇文章主要的論點，依其順次提要於次：

　　一、百年來不少政治家和學者……，由於觀點立場的不同，對它的評
　　　　價與認識因而互異。詆之者詆為粵匪、粵賊、髮逆、長毛，斥為
　　　　亂黨、異端……，譽之者稱為復興運動、民族革命、民主革命、
　　　　農民革命、共產主義的實行者。究其本質，並無異於中國歷史上
　　　　的一般叛亂，而其策略與統治技術則更為暴戾殘酷。
　　　　一如當時一般的中國讀書人，洪秀全一心想經由科舉的途徑提高
　　　　自己的地位，取得功名富貴。他自負才學，以為可以青雲直上，
　　　　如願以償，但竟兩試不售。在他二十四歲的時候，他得到一本有

關基督教的小冊子，同時亦得到一種新的啟示。二十五歲，他第三次落第，抱恨怨憤，心理上蒙受重大的打擊，一病月餘，因而捏造出一個昇天晉見上帝耶穌，奉命誅妖，作人間真主，統轄天下萬國的故事。……有了造反的意圖。

道光二十三年，亦即中英鴉片戰後的一年，他仍想在科場中作最後一次的嘗試，復告失敗。他絕望了。……鴉片戰爭使滿清的弱點暴露無遺，遂組織上帝會，開始實際行動。

二、洪秀全的措施均以宗教為中心，事事以宗教理論為根據。以宗教立國，以宗教統軍，以宗教治民，一切在神權籠罩之下。……（晚期）他通令內外文武人民，所有告示以及印文均要有天父、天兄、天王字樣，軍稱天軍，民稱天民，國稱天國，營稱天營，將稱天將，爵秩以天名的，更不可以計數。「天王口為天口，言為天言」，「真主做事即是天做事」。換言之，洪秀全即是天。羅孝全批評他精神錯亂，亦可以說他是執迷不悟，如要說得好聽，則是意志信心堅定。究其實際，仍不外挾「天」以脅制愚惑大眾。

三、為統一信仰，徹底使中國上帝教化，洪秀全不惜歪曲歷史，控制思想。照他的解說，天父上帝是大家的天父上帝，……上古之世，中國與西洋一樣，君主、人民皆拜上帝皇天。自秦始皇起，才開始了神仙怪事的厲階。……至宋徽宗又改稱上帝為玉皇大帝，尤為對上帝的重大褻瀆，所以他才為金人所虜，身死漠北。……滿洲竊據中夏，誘人信鬼愈深，迷矇蠱惑世人，這是中國二千年來差入鬼路的原因。在西洋番國，因為天父太子耶穌捨身救世，始獲保持對上帝的敬拜，遵行大道到底。現在天父哀憐世人，又遣其次子洪秀全降生，以拯救中國。

洪秀全佈教之始，規定敬上帝者不得拜別神。起事之前，已有搗毀神像之舉。舉兵之後，……無廟不焚，無像不滅。寺宇林立的南京，更是片瓦不存，包括名聞中外的琉璃塔。支配中國二千年的儒家思想，尤不容其存在。學宮固要拆毀，孔子尤須打倒。……一

再指出「妖魔作怪之由，總由孔丘教人之書多錯」。天父曾面責孔丘「教人糊塗了事，天兄亦責他所造之書荒謬，連洪秀全亦被他教壞。孔丘想與妖魔私逃，天父派洪秀全和天使將他追回綑綁，痛加鞭打，孔丘跪在天兄面前，再三討饒，哀求不已」。捏造這段故事的用意，在摧毀孔子在一般眾人目中的尊嚴，代以天父天兄天王的權威。

佔領南京之後，宣佈所有孔孟諸子百家妖書邪說，盡行焚除，皆不准買賣收藏誦讀，否則問罪。世間有書而不奏報，不經天王蓋璽而傳讀者，定然問罪。……在太平天國的律條中，復規定「凡一切妖書，如有敢念誦教習者，一概皆斬……」。因之，太平天國管治區域的名家藏書非付之一炬，即用作燃料，鎮江文宗閣、揚州文匯閣所藏四庫全書盡付一炬，真是典籍文獻的浩劫。

每二十五家應有一禮拜堂，各家幼童每日前去，由管理此二十五家的鄉官「兩司馬」教讀。〔三字經〕、〔幼學詩〕、〔千字詔〕、〔太平救世歌〕、〔醒世文〕、〔天文詩〕、〔天情道理書〕，具為必讀之物；〔舊遺詔聖書〕、〔新遺詔聖書〕，及洪秀全的〔天命詔旨書〕，合稱〔真道書〕，加上〔天條書〕、〔天道詔書〕、〔天父下凡書〕，士子尤當時時攻習，其中除新舊〔遺詔書〕外，全係洪秀全所杜撰。

對於文士書生，極力抑制虐待，或挫折以死，或分發各營各館充當書手，只任抄寫，軍令政事，一概不使與聞。

四、太平天國的整個體系為軍事的，亦可說是軍事政治、社會組織一元化。從中央到地方，幾乎是清一色的武職官員。……理論上太平天國所行的是徵兵制，實際上它的兵均係強迫裹脅。所據之地，男子一律「隨營」，先動以甘言，再施以威劫。所謂甘言，即傳集百姓，聽「講道理」，如有不從，定斬不留。所以太平天國是有軍無民，是軍管制度。

太平天國的政治是神權專制政治，政制是極端中央集權政制。

洪秀全等封建意識的濃厚，過於歷史上任何朝代。自王侯以至軍師，無不累代世襲，各有其儀衛體制。……甚至古先帝王亦被貶號為侯，如漢高祖被貶為漢高侯，唐玄宗被貶為唐玄侯。

在太平天國統治下，犯「天條」自無生理，而其律尤為苛酷，幾全屬死罪，輕者枷杖，重者斬首，更重者「點天燈」或「五馬分屍」。杖責多至二千，血肉狼藉，而至於死。……此外尚有「飛弔」、「火烙」、「割肉」、「鑽膚」、「抽腸」種種非刑。

初期行軍確屬有法。但於攻佔城市之後，必大殺三日，遇害者不盡為滿清官兵。晚期變本加厲，忠王李秀成號稱治軍嚴明，咸豐十年在江蘇無錫城鄉內外，屠戮男婦女老幼十九萬七千八百餘口，常熟縣的倔強抗拒者，概殺無論。咸豐十一年江西瑞州遭受焚掠，成為焦土。忠王部下如此，其他可知。此固由於軍風紀的敗壞，亦為恐怖政策的擴大。

在宗教理論上，男女同為天父上帝的子女。……在政治上，婦女同樣任官，並曾舉行婦女科考。在經濟上，分田不論男女。……但是男女分別極嚴，絕對禁止接近。太平天國的詩文詔令一再說明男女不得混雜，犯者斬首，即夫婦同宿，亦所不赦。咸豐三年後，所有婦女一概歸入「女館」，夫探妻，子省母，只許在門首問答，相離數武之地，聲音務要響亮，以免講說私情。……如果說歷史上有過有計劃的拆散家庭的事，應該是太平天國的女館制度了。……女館概以軍法部署，使從事勞作。善女紅的編入繡錦營，粗壯的悉迫令解足，任荷磚、開溝、運土、肩米諸事。工作不力不合者，鞭撻隨之，磨折而死者，不可勝計。久已纏足之婦女，一旦忽去其束縛，幾不能移步，反須任挑抬苦工，其慘可知。她們的待遇為給以有殼之穀，自春自煮，後因糧食不足，每日只給米四兩，只准食粥，違者立斬。

男女分別雖嚴，而各王則均盛置姬妾，執事女官，以千百計。咸豐五年，始准男女相婚，設媒官主持，任意指配，多者可娶十人

八人。婦女地位既未提高,更說不上改善。

五、宗教的麻醉,思想的改造,軍事政治的箝制高壓,固是太平天國
　　的統治技術,而經濟的控制尤為要著。

　　依其解說,天下是天父上主皇上帝的一大家,人人不受私物,物
　　物歸上主,則主有所運用,……「務使天下共享天父上主皇上
　　帝大福,有田同耕,有衣同穿,有錢同使,無處不均勻,無處不
　　飽暖」。……「聖庫」及「田畝制度」為推行經濟政策的兩大措
　　施。聖庫是掌管一切財富物資的機構,戰利品要繳歸聖庫,轄區
　　內農民的米穀,商賈的資本,亦全應解交。……田畝制度的主要
　　原則:一為土地公有,依其出產量,分為九等。二為計口授田,不
　　論男婦。三為豐荒相通。四為自給自足。每二十五家為一單位,設
　　一國庫,每屆收穫,除去足供二十五家每人所食,可接新穀外,
　　餘歸國庫。麥、豆、苧麻、布帛、雞犬各物及銀錢亦然。遇有婚
　　娶生育,俱由國庫開支。

　　就理論來說,似頗為動聽,實際則另為一事。聖庫制度曾嚴厲實
　　施,……軍事財政方面收有相當效力與利便,但民生不惟毫未
　　改進,且貧富均不堪苛擾。在政權未確立之前,每遇富室鉅家,
　　必一掃而空,專虜城市,不劫鄉民。……等到政權確立,作風一
　　變,鄉間亦不能免。先於各鄉張貼告示,令富者貢獻資糧,貧者效
　　力,限期將金銀錢米雞鴨茶葉之類齊解聖庫或進貢公所,給予貢
　　單。一戶不到,定將全家處死。於是無不負擔絡繹以獻。……所
　　獻不足,即逕行抄搜,殺其人,焚其廬,名曰「打先鋒」。領有貢
　　單的,以為可作護符,殊不知數日後,第二起、第三起收貢者又
　　至,一月多至五六次。最後尺布、升米、隻雞亦被將去。富而文
　　弱者,吞聲以填溝壑,窮而有力者,惟有投身太平軍營,暫圖溫
　　飽。可知太平天國的經濟政策又與軍事政策配合。

　　及至後期,逼索更兇,一粟一麥,皆傾刷而去,一滴油,一匙鹽
　　亦拷掠勒取。……慘死及自裁者極眾。而橫徵暴歛,又無所不用

其極，一個門牌，索銀三至四元。釐捐局卡林立，肩挑手挈，無
一不稅，復有各色租捐，致商賈斷絕，數十里不見人煙。不過這
時聖庫制度已經變質，除米糧食物歸公外，銀錢珍寶衣服，均歸
私有。洪秀全的兄弟子姪固然貪贓歛財，即忠王李秀成在天主勒
迫之下，亦能獻銀十萬兩。其他高級領袖，無不窮奢極慾，盡情
享受，人民則飢寒交迫而死，人肉公開買賣，甚至食其所親者之
肉！

田畝制度並未見諸事實。

最後，郭先生作結論說：

總之，洪秀全是要來一個翻天覆地，重寫中國的歷史，甚至人類的
歷史，改變舊有文物制度，排除其他信仰，消滅傳統思想，奴役人
民，控制財物，最後建立自己的王朝，一切歸自己統治支配。他不
僅要作中國真主，還要做「萬國真主」，自謂「天下萬國朕無二」。
他的野心極大，但知識幼稚，措施狂妄。他不了解中國文化，更不
認識世界大勢。但他予智自雄，以為天下人不如我，可任意愚弄威
劫，悖情背理。

太平天國直是一個低級的迷信，絕對的暴力集團，神權、極權、愚
蠢的統治，只為滿足自己無限慾望，絲毫不顧及大眾的福利，所造
成的是遍野白骨，滿地荊棘，喪失的生命最少為二千萬至五千萬。
以富庶著稱的長江下游各省，受禍尤烈，幾乎無地不焚，無戶不虜，
死亡殆盡。倖存者亦均面無人色，呻吟垂斃。真是中國歷史上的浩
劫慘劇。

至於其影響，於上述幾盡屬負面以外，認為其並未產生足垂於後世之事。
郭先生具體的指出：

鄭成功是民族主義者，他的奮鬥雖然無成，而他所創立的天地會則
永遠存在，保持其革命精神於不墜。洪秀全亦以反滿相號召，自其
開始活動以至失敗，凡二十餘年，佔有南京十一年，安慶九年，九
江五年，蘇州四年，杭州、武漢亦近三年，為時不算太短。但太平

天國一朝傾覆，洪秀全的主義理論及其上帝會，隨之煙消雲散，不曾留下任何痕跡。其原因均可於其統治中求之。[11]

以上扼要引介了郭廷以先生研究太平天國的總評或結論。現在於此再引據羅爾綱先生的見解。羅先生大半生研究太平天國，歷時最久，功力最深，著述最豐。然其一九九一年以畢生瘁力所完成的《太平天國史》出版之後，不論對史事的陳述、因果的論斷，尤其是對太平天國整體的評價，竟有許多地方有失客觀與真實。我個人其生也晚，於太平天國的研究亦並非專業，然僅就其他名家的著作與自己見解，於一九九六年，曾撰寫一篇〈評羅爾綱著《太平天國史》〉的書評，在國史館的《中國現代史書評選輯》第十六輯中發表。由於羅先生此書，不僅是一部鉅構，更是積六七十年研究的心得，使我不得不謹慎小心，務望平實，乃用了約六萬字的篇幅。因為既早經出版，且本文本為敘論郭廷以先生的研究，所以在這裡就不逐加引述。僅引羅先生在其書卷一〈序論〉最後的總結中所作的評價，以為代表。

羅先生表示：「太平天國革命雖然失敗了。但它推動歷史前進的功績，卻是永垂不朽的」。這主要表現於：

第一、太平天國革命揭開了中國民主主義革命的序幕，並且提出了中國民主革命的基本綱領。如準備建立和發展資本主義性質的近代企業，引進西方科學技術，開學校，辦報紙，興士民公會等，人與人平等，男與女平等等的大同思想，如創行人民推舉鄉官，罷免行政人員的民主政治，如打倒封建社會的偶像孔子，如頒行天曆，提倡「文以紀實」、「一目了然」的文體等等，都成為後日中國民主主義革命的基本綱領，辛亥革命遠不及太平天國革命的規模壯闊。誰都知道，辛亥革命只是推翻了清朝的統治，並不曾改變半封建半殖民地的社會性質。

第二、太平天國革命推動了社會生產力的發展。太平天國頒佈的革命綱領，〈天朝田畝制度〉，廢除封建地主土地所有制。在革命戰事當中，

---

[11] 以上所引均為郭廷以〈太平天國的極權統治〉，原載《大陸雜誌》十卷二期，民國四十四年一月。

凡太平天國克復的地區，清朝的地方行政權被打翻了，官僚地主死亡逃散，農民燒了地主的契券和官府的徵糧冊。太平天國根據具體形勢，順應農民的願望，採取「著佃交糧」的政策，和向農民頒發田憑的措施，收到了「耕者有其田」的效果。到革命後，江南地區自耕農普遍增加，……是活躍商品經濟的有利因素。而地主階級經過革命的打擊，不少人「視田為畏途」，把部分資金投入工商業，成為民族資本的一個來源。太平天國革命沈重的衝擊了封建地主土地所有制，推動了社會生產力的發展，促進了民族資本近代工業的出現。

第三、太平天國深遠的革命影響和激動人心的革命精神，在中國近代史上起了偉大的推動歷史前進的火車頭的作用。太平天國革命戳穿了侵略者和封建統治者紙老虎的面目，太平天國革命的英勇業績一直在民間廣泛的傳播，激勵著中國人民不屈不撓、再接再厲的向帝國主義和封建主義進行英勇的鬥爭。民主革命家孫中山從小就愛聽洪秀全的革命故事，並以太平天國的後繼者自許。改良主義者容閎也說：「太平軍一役，……破中國頑固之積習，使全國人民皆夢中驚覺，而有新國家之思想」。孫中山就是在太平天國革命的影響下，起而領導資產階級革命，終而推翻了清皇朝的。

第四、太平天國革命為辛亥革命舖平了道路……太平天國掃蕩了清朝的八旗和綠營，清朝依漢族地主曾國藩的湘軍和李鴻章的淮軍的支持，維持住它的瀕臨絕境的統治。到太平天國失敗後，全國兵權、財權都分握於曾國藩一系的湘軍和李鴻章一系的淮軍人物手裡，造成晚清中央政府無權，各省督撫專政的局面。……從而失去了對地方的控制權力。所以武昌起義，全國響應，立刻推翻清皇朝。

第五、太平天國革命集中的表現了中國人民反對外國侵略的英雄氣概和愛國主義精神，阻止了西方資本主義侵略者迅速變中國為殖民地的企圖。太平天國的英雄們，……在戰場上又殺出了中國人民的威風，粉碎了侵略者把中國變為殖民地的狂妄野心。……

第六、太平天國革命具有重大的世界意義。……一個外國作家曾經寫

道：太平天國革命對「新加坡、印度、英國和美國說來，好像是地震似的
打擊」。太平天國革命，毫無疑問，它推動了亞洲民族解放運動，鼓舞了
全世界被壓迫階級和被壓迫民族的鬥爭。

最後，羅先生綜結的說：

> 太平天國革命所起的偉大歷史作用推動了歷史巨輪滾滾向前，千百
> 萬的太平天國英雄們的鮮血，是沒有空流的，他們的豐功偉績，是
> 永垂不朽的！[12]

　　由以上所引羅爾綱先生的綜合論斷與解釋，和郭廷以先生前摘論文之
要點與綜論相對比，二人所識所見相去實在太遠，幾乎可以說南轅北轍，
相背而馳。為甚麼兩位都是苦心孤詣，重視史料，並苦苦孜孜追求，而其
所得的論斷，會有這樣大的差異呢？我自進近史所不久，便開始陸續讀羅
先生的著作，迨胡適先生就任中研院長不久，一九五八年，將羅先生於一
九四三年所寫的《師門辱教記》改名為《師門五年記》自費印行，分贈北
大校友、中研院同仁及親友，我獲讀之後，乃更重視羅先生的著作，迄今
日，斷續近五十年，我覺得羅先生著作太平天國史的態度，前後有很大的
改變。到最後完成的這一部鉅構，幾乎隨處都使我感到他已從當初謹依胡
先生的指導、謹嚴、客觀、不受政治或意識形態的影響，卓然挺拔，而改
變成真的有些像以下本文所引簡又文先生批評大陸一般學者所指出的「移
史就觀」。

　　自中共建國之後，他逐漸向政治傾斜，這是可以想見，也是可以理解
的，卻不意最後他在這部鉅著，竟偏頗到如此地步。前邊所引他的論斷，
雖並非全無根據，然絕大部分卻都充滿了武斷或歪曲。為甚麼會如此？於
此僅引其《太平天國史》自序與序論中的幾段話，似乎可以從中看出其梗
概。在自序中他說：

> 歷史科學乃是一種階級鬥爭的科學，歷史研究工作必須為無產階級
> 政治服務。我青年時，受資產階級教育客觀主義的大毒，錯誤地認

---

[12] 均引自羅爾綱《太平天國史》，（北京：中華書局，1991 年）第一冊，頁八八～九
　　一。

為歷史研究應該為歷史而歷史。解放後，經過改造，批判了資產階級的思想。……到一九五七年十二月，范文瀾同志看了《史稿》增訂本後，寫信叫我「可補一〈叛人傳〉，……使革命叛徒無所隱匿，在忠姦對比下，此輩奸人將永遠遭到蔑視」。這對我是一個極大的啟示，我從此才懂得如何從敘一事、立一傳的具體安排上去貫徹為政治服務的目的，並擴大了視野，增進了認識，使本書對舊著史稿換了面目。我今天對范文瀾同志的教導，道不盡的感謝。[13]

如果再看看范文瀾先生於其《中國近代史上編》第一分冊所附的一篇〈漢奸劊子手曾國藩的一生〉，不過只是因為曾氏為撲滅太平天國的最主要人物，而對曾本人與湘軍及其家族，極盡鬥斥之能事。[14] 范生此書刊行甚早，其後大陸許多撰寫太平天國之書或文章者幾無不取與范先生同一之立場。羅先生對范氏之效法與感激也就不足為怪了。繼續他又表示：

著者今天方在初學馬克思主義，還遠遠談不到掌握階級鬥爭的觀點，運用階級分析的方法。[15]

他這種自我檢討，自然是希望能對於馬克思主義，尤其階級鬥爭的觀點，能繼續作認真的學習，充分的運用。因而他在序論綜結時，所強調的六大項太平天國永垂不朽的豐功偉績，雖然並不是盡屬子虛，但與真正的史實，多半是相去甚遠。

由於在開放以前，大陸上一般對太平天國述論，幾均不免因受到政治與意識形態的侷限，其觀點與羅氏大致相近或類同，故於此不須贅舉。今再以在台灣的蕭一山和在香港的簡又文兩先生的綜論為例，來與郭、羅兩先生相比較。蕭先生早年即以研究清史著名，太平天國自然在其範圍之中。儘管他於此一領域，較少專門著作，但對史料之蒐集編纂與考辨卻多有貢獻。復以其於清史研究功力深厚，對太平天國自有其獨到的見解。其總論之云：

---

[13] 《太平天國史》自序，頁一二。
[14] 范文瀾，《中國近代史》上編，第一分冊（人民出版社，1953 年）。
[15] 全(1)，頁十四。

太平天國衍天地會之餘緒，受基督教之影響，一方揭民族革命之旗，一方倡平等博愛之說：謂拜上帝為中國古代遺教，而其初則禁讀孔孟之書；謂滿洲為韃靼妖胡異種，而其後又有天下一家之訓。矛盾支離，卒用覆敗。雖據位江左，厥年不永，然兩世之朝差勝於新莽，十四為期，祚邁於公孫。凡百典制，率多更新，治平之略，亦有特色。觀其用司馬之兵法，軍備嚴肅；守摩西之十誡，精神團結，典田國有，流風未息；大道為公，義訓垂後，影響所及，殊是以翻舊史而開新運，固不僅在近百年史上為一重要之事變已也。[16]

論其失敗之原因，則謂其：

(一)思想矛盾：太平天國之革命思想，無疑乃出之於民族主義。……由於其不明歷史趨勢，而數典忘祖，自作聰明。宗教原為其達成民族革命目的所採取手段，結果反以改革宗教為目的，而以民族革命為手段。於是思想矛盾，乖謬百出。

(二)神權迷信：秀全所謂之宗教，並非西洋之基督教，實係精神錯亂之神權迷信。

(三)知識淺薄：秀全為一不第之秀才，四次考試均失敗，其學問當然有限。論程度相當於今日之小學生。而對方之曾國藩則大學研究之導師也。其差別如此。……總之，秀全、秀清皆不學無術之人。

(四)人才缺乏：因人才缺乏，故政治無方策，戰爭無韜略。以政治言之，只攻城而不治理，只掠食而不撫民，只加徵而不顧人民生活，只用軍事管理而缺乏政治組織。

(五)外國干涉：天國諸王，生長粵西，對外人一無接觸。洪秀全雖學道於羅孝全，其國際知識亦極有限，既不嫻外交禮節，卻仍抱天朝大國之觀念，視英、美為藩屬，強其使節跪拜，頒給飭諭，自喪尊嚴，受人抗議，馴至遭其干涉。[17]

---

[16] 蕭一山，《清代通史》第三冊，（台北：台灣商務出版社，民國五十二年），頁三三一。

[17] 仝上書，頁二九六～三一六。

　　就以上所引述，蕭氏所論多有卓識，然亦頗有瑕疵。如其稱道太平天國之處，則明顯多有未當。蓋因其未能從國民之基本生活、人性尊嚴，與太平天國封建程度之變本加厲，專制極權達於狂暴殘酷，以及其當初所揭示各種理想，全成具文，卒至形成一場空前之浩劫來作具體之析論，乃使其於歷史真象，未能充分把握。

　　另外一位於一九四九年後，一直居住在香港的簡又文先生，其不僅長期從事於太平天國研究，而且成果之豐碩，僅次於羅爾綱先生。簡先生雖對太平天國運動的破壞性與燬滅力，深表遺憾，但基於民族主義的立場與基督教的觀念，對太平天國的大方向與創新性，則予以肯定與稱道。他表示：

　　　　論其革命的內容，則其宗旨、理想、典章制度、政策、軍略與種種實
　　　　際的政治，實於種族革命之外，兼有宗教革命與政治革命的意義。
　　　　實要改革全國一切傳統的舊制度而創造「新天地」的。這樣大企圖、
　　　　大計劃，不特在吾國二十四史中未嘗或見，即在世界革命史中，也
　　　　找不到幾個可與比擬的大運動。雖因種種原因，以致敗亡，而流風
　　　　不絕，典型尚存，自有不滅不朽的本性，將在我國甚至世界歷史中，
　　　　永遠佔著重要而光榮的一章。[18]

不過，於其失敗的原因，他同時也指出：

　　　　高懸理想而不能實行，組織日漸鬆散，紀律日漸廢弛，團體日漸分
　　　　化，道德日漸墮落，生活日漸腐化，寵用僉壬奸佞而不求賢士真才，
　　　　一味迷信天命而不憑智力等等。[19]

而簡氏最不滿者卻為大陸上研究太平天國的學者，所奉持的意識形態。在其所著的《太平天國典制通考》的緒言中，便強烈的批評說：

　　　　此派史觀，開宗明義便武斷太平天國革命運動是經濟性的階級鬥
　　　　爭，是「農民運動」或「農民革命」。……我始終見得他們之以太
　　　　平天國革命運動為階級鬥爭的農民運動為不合理和不正確的詮釋，

---

[18] 簡又文，《太平天國全史》。
[19] 仝上，緒言，頁十六～十七。

因為全無一些史實或明文為根據。不知歷史事實，大都故意埋沒史實，掩飾史實，或則歪曲史實，無非是一味要證明其先天的傳統的抽象的「史觀」之為真確，正是「移史就觀」。適如朱謙之從前對此派之評語：「結果還不是就事實來完成他們空洞的理論」，誠能承認赤裸裸的史實之為史實，則不特此派之太平天國史觀不攻自破了，而且馬克思主義之經濟史觀也整個粉碎了。[20]

接著舉出若干實例來支持他的論點，甚至於憤慨的表示：

馬克思主義產生於百年前，在全世界哲學、社會學、經濟學、歷史哲學的學術界中，久已成為過時的、落後的學說，早經貶入博物館去，作為人類知識與思想的一種骨董了。只有淺學之士，狂信之徒，盲從之人，或偏執之輩，纔仍然迷信其為天經地義，金科玉律，萬能神藥，及打開古今中外一切歷史的門戶的總鑰匙。我在這裡評騭其太平史觀之餘，不禁深深慨歎他們之穿鑿附會，移史就觀，竟至於錯認祖宗，強拉同志，開其倒車，欺人欺世，終不免弄巧反拙，自暴其短，自貶身價，我惟有憐其愚而笑其笨，夫復何言！[21]

觀簡氏之此段論評，與羅爾綱先生在其《太平天國史》自序與序論中所持之態度與立場，豈不正好針鋒相對？以本文主旨在討論郭廷以先生之著述，故於此對兩者均不作深入之探討。不過個人卻仍然認為羅爾綱先生在深受中共的政治力影響之後，一變其從前研究學術之客觀態度，而慨然表示「歷史科學乃是一種階級鬥爭的科學，歷史研究工作必須為無產階級政治服務」；與「今天方在初學馬克思主義，還遠遠談不到掌握階級鬥爭的觀點，運用階級分析的方法」，就可以窺知他以近乎畢生精力所完成的這一鉅著《太平天國史》，如何能免於如簡先生所說的「移史就觀」之病呢？其中狂信偏執，穿鑿附會，避重就輕，舖張渲染，自然就隨處可見了。

　　至蕭一山先生所以對太平天國有不少的讚揚，似與其重視民族主義與民族革命有關，在他的著述中，不論專書與論著，時見此方面的弘揚與

---

20　簡又文，《太平天國典制通考》，緒言，頁四五～四九。
21　仝上書，諸言，頁五五。

闡釋，在有清一代的民族革命中，他是將天地會、太平天國和孫中山先生的革命，連成一脈的。其實洪秀全的政治運動與建國構想，與天地會固然並不相類，即與孫中山先生亦決不相同。孫中山的革命，雖然受到太平天國的一點影響，但對他全部的思想而言，與洪氏幾乎可以說是全然不同。洪氏起始便是要建立一個萬世一統的帝國，他自己擁有至高無上的權力。和孫中山的要創建一個美國式的民主的合眾政府，相去何止天壤？洪氏的那一套「上帝教（會）」的教義，不但完全是一種虛構，而且也是一個騙局。這和孫中山如何相比擬呢？再就其實際作為而論，於咸豐三年佔據南京以後，所有作為，不僅一無是處，甚至可以說近乎全屬倒行逆施。惟一點尚可以一提的，是他的矢志要推翻滿洲政權，但這似乎也難以認定其屬於民族主義。因為民族主義必須有民族文化的內涵，但洪秀全對中國的民族文化不僅不曾發揚，反而盡力破壞。此亦有如簡又文先生所說的「錯認祖宗」。所以個人認為蕭先生所稱道者，大半缺乏實際的基礎。至於所謂「然兩世之朝，差勝於新莽，十四為期，祚邁於公孫」。事實上王莽並不足為一個可作比擬的典型，公孫述應連王莽也不如。更何況洪秀全之胡作非為，凡淪其統治之下，無不殘破凋蔽，民不聊生。此種政權，幸而尚僅十四年，如果再延續下去，恐怕真將至無噍類矣！

　　簡又文先生於太平天國的稱道之處，亦有不少。究其原因，簡先生除亦具強烈的民族主義立場，並謂洪氏舉指「兼有宗教改革意義」。於此，個人以為，此亦有嫌武斷。洪氏的「上帝教」僅就其《太平天日》所言，已夠荒誕，如再就其後來之所行所為，即連荒誕的《太平天日》所言，亦多背離。故就其本源的基督教論，它根本不是，何言改革？就其自創的「上帝教」論，亦復並不能奉行，反而任意改變，甚且胡作亂為，那裡有甚麼改革可言？

　　行文至此，於郭廷以先生研究太平天國之貢獻與見解之卓越，已可透顯，應可告一結束。惟尚有不能已於言者，不能不略綴數段，以透視其關鍵之所在。

　　思及晚近若干學者對歷史研究，往往強調理論之重要，不但重視應

用，甚至殫心盡力，切望能創發新的理論，但理論的效果究竟如何呢？以羅爾綱先生而言，一九四九年後，他經過改造，努力學習馬克思的唯物史觀與階級鬥爭的理論，終於走上了「歷史研究必須為無產階級政治服務」的方向，卒使他用了近乎畢生精力所完成的鉅著《太平天國史》在不論敘事、解釋與評價各方面，都隨時呈現了偏執、武斷或錯誤。其他許多大陸的學者，開放之前，幾乎全都是和羅先生走著同樣的道路。直到開放之後，才逐漸開始糾正從前的偏失，對太平天國有了很大的不同看法。在此僅舉數例，以為對證。

　　南京大學的茅家琦教授，為一位著名的太平天國史專家，亦為羅爾綱先生學生中佼佼的一位。他於太平天國有關的著作極為豐富。在其主編的《太平天國通史》中，由張海林主寫的第十七章第三節，有一項標題為〈封建享樂意識的泛濫〉，便描述到咸豐十年太平軍攻佔蘇浙膏腴之地後的奢侈腐化情形，謂：

　　㈠大興土木，廣治宮室。忠王李秀成在這方面表現最為突出。……他佔領蘇州後的第三個月就開始修建奢華綺麗的王府。數千工匠為此工程勞作了三年之久，也沒有完工，可見用費之鉅，工程之大，連地主頭子李鴻章後來看見都歎為觀止，稱之為「瓊樓玉宇，曲欄洞房，真如神仙窟宅」。

　　其他各王也亦步亦趨：

　　聽王陳炳文在嘉興大治宮室，呤唎曾描述這座尚未竣工的新王府的豪華美麗：「這座王府的輪廓與我曾經記述過的南京城中的王府相仿，但所有的細節更美麗、更華貴。我在中國或其他國家從未見到這樣富麗堂皇的石刻和木雕，泥金彩繪自然是中國式的，光彩耀目，極盡變化之能事。……為了修建這座王府，他們曾以重價聘來數百名刻工、畫工、技工。我發現其中有些刻工和畫工都是中國著名的能手，是從遠方各地聘來的」。

　　另外侍王李世賢在金華、來王陸順德在紹興也都建有窮極侈麗，規模浩大的王府。甚至一些位卑權低的三等「烈王」、朝將、主將等，

也大事營造宮室、府邸。又如蘇州府城內，……偽王府已不下數十處。……三、四年間，迨至官軍收復，而土木之工，未嘗少止。

㈡聚斂私財。在太平天國後期，不僅積蓄私財的原則，已經破壞殆盡，官與兵都想方設法積聚財產。李秀成私財最多，為了慶賀他四十壽辰，他公開在蘇浙根據地內攤派壽禮費。……聽王陳炳文除了以自己做壽為由，向地方攤派錢物外，還以「王娘」生日為藉口，勒索攤派。1862年嘉興王店一地就派三千金。……駐紮烏鎮的一個魏姓小官，「無日不打先鋒」。……會王蔡元隆部下某將領至平望鎮，向鄉官勒征銀錢，因未足數，「即將其地師帥五馬分屍」。部分鄉官也依勢聚斂。……普通士兵無權向下勒派，便以搶劫和「賣先鋒貨」為生財之道。……濮院太平軍常駕船到杭州「打先鋒」……所擄者非僅衣物而已，凡門窗台椅之屬，無物不有，並擄及壽襯棺木等物。……聚斂私財之風發展到後來竟變成了互爭地盤和相互「打先鋒」。……鄧光榮部與童容海部太平軍在杭州城內爭奪「珍寶財物」，互相攻伐，「焚掠數日」。

㈢講究排場，大擺儀仗。許多太平天國官員以顯示威風，講究排場為能事，進出隨從成陣，旗幟如雲，華蓋擋道。……桐鄉符天義鍾良相至濮院「講道理」，護衛儀仗達三千餘名。「前面大旗五六十對，中間鳥槍手，前後鼓樂兩班，及捧敕捧印給事之人，由北橫街大街以至柳岸店口，皆燒燭迎接」。……麻天安陳玉書在平湖擺隊遊街，其場面是：「第一隊大鑼四面，軍健馬牌五、六十人，各執皂旗；第二隊五、六十人，各執馬槍，連環施放；第三隊馬牌八對，黃傘六頂，龍鳳黃旗兩對，蜈蚣旗四對。……第四隊俱是馬隊，居首者頭戴黃緞繡龍兜，束以金抹額，上綴紅絨球。……隨後或黃箭衣，或黃緞褂、或縐褂、或黃巾、或紅巾，……足上俱是五色繡花鑲鞋。……甚至基層鄉官出門也是前呼後擁。……各級官員平時用餐時，也需鳴鑼擊鼓，奏樂助興。……

㈣請客送禮成風。隨著私有財產的增多和紀律的鬆弛，各級官員之間

相互請客送禮，開始流為風尚，並且愈演愈烈。……各級鄉官爭相
仿效。……

作者而後感歎：「轟轟烈烈的太平天國運動在這種意志衰退中已經露出
了失敗的端倪」。[22] 其實像大興土木，廣治宮室；講究排場，大擺儀仗兩
項，在起事不過兩年多，初佔南京時，便已經開始了。像諸王的宮室，比
在蘇浙所建者，更有過之。如論排場儀衛，東王所用，更非後來諸王所能
佯。

對於他的以宗教立國，以神權治民，以專制極權統治，一位尹福庭先
生，在他的〈洪秀全的改制與家天下神權政治〉一文中，也曾指出：

（洪秀全）對宗教迷信的程度發展到令人難以理解的地步。之所以
如此，一方面是由於長期的宮廷生活使它過於脫離了群眾，脫離了
現實鬥爭。他只知道被他創造出來的上帝是有力量的，可是他不認
識革命初期的上帝，何以能有動員的力量，這種動員力量的根源何
在。脫離了群眾，脫離了人的因素，他手中的宗教只能成為荒誕的
東西。另一方面則是由於他的家天下思想惡性發展所造成的。政治
上搞專制家天下，思想上必須搞迷信，神權是皇權的護身符，為鞏
固皇權服務。正是由於這兩方面的原因，使他陷入家天下神權政治
的泥潭而不能自拔，終於毀滅了自己，也葬送了太平天國。[23]

此種論斷雖嫌簡捷，但確是說中要害。就此看來，所謂太平天國的民主革
命，新天新地種種，均有違事實。

但一項更為深徹的析論，為倪正太先生所撰〈論太平天國政體的封建
特性〉。在這篇文章中，首先他表示：

從金田起義到洪秀全東鄉登基，從發佈《天命詔旨書》到刊行《太
平禮制》，從永安封王建制、設官分職到定都天京，把「貴賤宜分

---

22　均引自茅家琦主編，《太平天國通史》，（南京：南京大學出版社，1991 年），頁
　　456–163。
23　尹文載，《太平天國學刊》，第五期，（《太平天國學刊》編委會編，北京：中華
　　書局出版，1987 年）。

上下，制度必判尊卑」，作為天朝的秩序規定下來，一句話，在整個太平天國政權的建立、發展過程中，愈來愈深地打上了封建等級特權制烙印。

繼再具體說明，太平天國等級特權制的確立和加強，其內容主要表現在下列五個方面：

第一、鞏固了天王洪秀全凌駕一切、專決獨斷的權力。

第二、肯定了從天王、各王到普通軍民之間，上下尊卑各以差次的森嚴等級。

第三、維護了依附在這些等級之上的各種特權，如稱呼、儀仗、服飾、輿馬、封歲多少、行文的格式、府第的規模、妻妾的數量以及顯示威嚴的迴避法和顯示尊貴的避諱制等等。

第四、規定了表現上述等級特權不可逾越的繁瑣儀禮。

第五、確立了太平天國官員「累代世襲」的世襲制。

接著作者認為：「隨著等級特權制的確立和加強，太平天國領導者們的至尊至貴程度比較封建帝王將相來，真是有過之而無不及。」並具體的指出：

過去人們形容封建帝王將相驕奢淫逸時，往往用三宮六院七十二妃來作比喻，可是洪秀全的后妃竟達八十八人之多。又如清朝規定在京一二品官員只准坐四人大轎，只有親王、郡王才能坐八人大轎，而洪秀全坐的卻是六十四人大轎（按楊秀清坐的為三十二人大轎），甚至最基層的兩司馬都可以享受清朝布政使的待遇。……我們在古裝戲裡，常常聽到「宰相家奴七品官」這一句話，而在天王府為洪秀全服務的人，不論是端茶遞水送飯的，還是敲鑼打鼓放炮的，不僅都有特別的稱號，而且皆「職同將軍」。他們憑藉自己在天王身邊工作優越條件，狐假虎威，盛氣凌人。（按不僅天王）……後宮「女官」，「無不錦衣玉食，出入鳴鉦乘馬，張黃鑼傘蓋，女侍數十人，喧闐於道」。太平天國（官員）不僅袍服、馬褂、朝靴、帽額、風帽、涼帽的取料，顏色、圖案不同，而且連靴

鞋的顏色，甚至司儀旗尺寸的大小都有嚴格規定。

繼之，本文說明太平天國政體封建的特徵，認為無論從形式上還是從內容上來說，定都天京以後，太平天國政體已具備了封建政體的基本特徵。其主要表現於：

第一、太平天國政體也是皇權為核心的。洪秀全同歷史上農民起義領袖一樣，也是想做皇帝的。早在金田起義前，洪秀全就以漢王劉邦和明王朱元璋的繼承者而自勵。……神權是皇權的護符，……他先把皇上帝幻化，然後用皇上帝來物化自己，巧妙的運用宗教的形式，編造神話故事，把自己對天國的統治說成是「權能獨一」的皇帝的意志。他以上帝的第二子自居，自稱「朕」、「君」、「天王」、「真命天子」。他以歷代君主為楷模，享有非他莫屬的「萬歲」稱呼，接受顯示皇帝至尊地位的「山呼萬歲」的朝拜禮儀，「眾官跪下山呼萬歲」時，要拱手加額，不許朝上看，說甚麼「看主單准看到肩，最好道理看胸前，那個大膽看上眼，怠慢爾王怠慢天」。……生辰日萬壽日，並規定在這天開科取士。他以「作天下萬國獨一真主」的姿態出現，宣傳自己是先知先覺，予智予雄，他說的話句句是「天言」，他做的事件件「承天意」，他的「詔令」、「詔旨」似乎是「斬邪」、「誅妖」的靈丹妙藥，是絕對正確的。他在神化自己的同時，又竭力製造愚昧，不斷的向太平天國軍民灌輸絕對服從的忠君思想，提倡盲從，甚至將嚴刑峻法施於起義隊伍的無辜者，藉以顯示自己的威嚴。……洪秀全就在「受命于天」的幌子下，進一步取得了主宰天國一切絕對權力。

第二、天國政體照舊是以宗法家長制為組帶的。父權、族權、君權是統一的，父權是君權的基礎，君權是父權的擴大，君臣關係不過是父子關係的延伸。……洪秀全在發動太平天國起義時，提出反封建的平等、平均口號，但是當他們面臨著在地上建立「天國」時，洪秀全……（卻）宣佈：「只有媳錯無爺錯，只有嫂錯，無哥錯，只有人錯，無天錯，只有臣錯，無君錯」，「臣事君以忠」、「妻道在三從」等等。……洪秀全在起義前期，嘔心瀝血的設計了一座小農平均主義的「大廈」，可是後期卻窮

極工巧的建築一座神仙窟宅般的皇權主義的「宮殿」。

　　而後，作者再釋論太平天國失敗的原因，首先便指出其要綱，在於「太平天國政體日益封建化，促進了領導集團內皇權思想泛濫，加劇了互相之間爭權奪利的鬥爭，破壞起義隊伍內部的團結統一，影響了正確的戰略指揮思想的制定和戰略目標的實現」。然後具體的歷數：

> 在「等級」和「特權」的刺激下，忘乎所以，熱衷於爭權奪利。尤其是領導核心內部為爭做皇帝而釀成同室操戈的「內訌」以後……諸王之間、諸王與將領之間、這一地方將領與那一地方將領之間，為了保存競爭實力，都忙著爭地盤、壘山頭。……實行「分地制」，更使各自為政，互不統屬的山頭主義得以滋長。……洪秀全為了削弱李秀成、陳玉成等人的力量，維護天京中央政府的絕對權威，又採取了西漢統治階級「眾建諸侯少其力」的策略，濫封官爵，太平天國後期封王竟達 2700 之多。太平天國的領導人，上至天王下至鄉官，他們在特權利益的誘惑下，安樂思想惡性膨脹，「東王府所貯珠寶玉器，價不可以數計」；湘軍攻陷天京，放搶天王府時，「將士所得累累」；天京淪陷前夕，李秀成一次助餉十萬兩；其他諸王也都有大量私藏：城內舊有三十餘王，各偽目無不極富，一館內箱籠總不下數百件。

> 除特權以外，利用職權，徇私舞弊，攬權納賄，貪贓盜竊而發財致富的比比皆是。他們或用手中的權力，浮收勒索；或將戰爭中和打先鋒得來的財物盡入私囊；或者貪污、盜竊，私分諸匠營、百工衙和聖庫的財物；或者占民田、民房為己產等等，不擇手段的巧取豪奪，聚歛財富，從而家業頓時暴發，衣錦梁肉，滿身金玉。

所以致此之根源，當然是由於領導階層的身先率行。在領導核心內部，居安忘危，躊躇滿志，益追求高官厚祿和榮華富貴：

> 東王出巡，成千人簇擁隨行，「如賽會狀」。天王雖然深居簡出，但還有專設典天輿千餘人。他們錦衣玉食，養尊處優，紙醉金迷，揮金如土。洪秀全所用的飲食器具，不是金製的，就是玉琢的，諸

王競相效仿，甚至便器都用金製。他們破費巨資，大興土木，營造
王宮府殿。在洪楊的影響下，上至武漢，下至蘇杭，王宮府第，相
望道次。他們假借上帝之命，廣納妃嬪，追求犬馬聲色之樂。洪秀
全不僅后妃多，而且在宮中侍候起居的姣女美人竟達三千之多。其
他各王府在嬪妃成群的同時，貴姣貞人也是成百上千。

最後，文章作成結語說：

太平天國的失敗，正是封建主義通過農民階級侷限性而發生作用的
必然結果。我們應該把太平天國運動作為一面鏡子，記取它在勝利
聲中，演出歷史悲局的慘痛教訓！」

由這篇文章中所敘論，可以看出，大陸學者，自開放以來已逐漸有人
開始以較客觀、尊重事實的態度來從事於學術研究，即過去一直極受意識
形態所控制與支配的太平天國史研究，也不例外。不過因在名義上秉權者
還並沒有放棄「四個堅持」之時，一般學者們尚不易達成完全憑自己的理
性，憑充分的證據對歷史加以敘述與論評，但他們當中，確是有一些人，
已經傾向於說出他們的真正見解與判斷。即如以上所引這兩位作者來說，
他們對於太平天國的看法，便和羅爾綱先生大不相同了。而後者對於洪秀
全的捏造神話以建立其神權籠罩下的極權統治、驕奢淫佚、腐化腐敗、強
取橫奪、爭權內鬥、摧殘民命、壓迫婦女等種種霸道惡行的批判，豈不與
郭廷以先生〈太平天國的極權統治〉一文，大旨若合符節嗎？由此亦可見
羅爾綱先生雖畢生鞠躬盡瘁於太平天國的研究，然而在其期頤在望之年所
出版之一生功力所聚之鉅著，竟然出現了那些違背歷史事實的陳述和有悖
學術基本態度的論斷，不能不使人深為惋惜。

追究其所以致此之故，不能不歸源於他的過於相信理論。所謂的馬克
思主義、階級鬥爭的觀點，竟驅使他幾乎完全放棄了其本來所秉持的從事
學術研究的客觀篤實的立場，而傾斜向「歷史科學乃是一種階級鬥爭的科
學，歷史研究工作必須為無產階級政治服務」的道路。這是如何偏頗、狹
隘和難以立足的理論和見解。從一九九一年此書的出版，至今日，不過十
餘年，不但最先最久服膺馬列主義──唯物論、唯物史觀、階級鬥爭的蘇

聯早已解體；即曾經強烈的反對所謂「修正主義」的中國大陸，目前也同樣的在朝向市場經濟與民主政治的目標發展。今天的中國，已經早已拋棄了階級鬥爭，目前幾乎可以說已經近於沒有無產階級了。試問羅先生所謂的「階級鬥爭的科學」與「為無產階級政治服務」，還有甚麼作立足之點呢？

再看簡又文和蕭一山兩先生。簡先生的著述，自深具功力。不過或由於他們具有某種程度的觀點，如簡先生深具民族意識，又對基督教顯有好感；蕭先生則近於以民族主義為史觀，故兩人雖於太平天國之思想行動，批評甚多，卻仍予相當的同情與若干之讚揚。郭廷以先生則是先從史料之蒐集與考訂下手，其所做之基礎，有如傅斯年先生所倡「上窮碧落下黃泉，動手動腳找東西」，而後爬梳排比，再取精用宏，先完成其一千四百餘頁之《太平天國史事日誌》，有此一廣博紮實之根據，方能對太平天國的本質與真象，作出透闢的論斷。

由上所述，於此亦擬作一小結。歷史研究如果完全依據理論，即如羅爾綱先生的力作，仍然不免會走上偏頗、扭曲、至於隨時有發生錯失與誤解的危險，有如簡又文先生所說「移史就觀」的種種謬誤，即並不拘於理論，純然出於自己的判斷，如果不能從紮實與充分的史料入手，仍未必就能呈現真象。當然如要衡量其價值，判斷其是非，也便難以準確了。郭廷以先生於去世前約半年，曾有一信給我個人，說到他著述的基本態度：「大陸每論及所編《近代中國史》與《太平天國史事日誌》，雖亦稱許其翔實，惟謂過分客觀，且是小資產階級意識。後說不敢自承，前者有近過譽。但一生治學，本此立場，簡史（復於出版時易為《近代中國史綱》）仍持之不移」。[24] 先生治史態度如此，著述亦豐，然從未見其涉及理論。然則先生是否並不重視史學方法呢？據我追隨多年之觀察，認為並不是如此。德國史學家蘭克 (Leopold Von Ranke 1795–1886) 曾明確的表示「歷史……它

---

[24] 此信今仍保存。先生此信寫於一九七五年二月二十二日，於是年九月十四日以心臟病猝發去世。

僅是陳述真正發生的事實而已」。[25] 中國的胡適則主張要「還他一個本
來面目」。[26] 不論「真正發生的事實」或「還他一個本來面目」，這大約
應該是郭先生從事歷史研究和著述的基本法則了。由前述，個人相信，理
論是可以參考的，但決不宜全然依賴，能盡心追求「真正發生的事實」與
「還他一個本來面目」，就是沒有理論，似應該仍可以盡到一個史學研究
者的職份。反之，過分依附理論，很可能會損及歷史的真實。

---

[25] 轉引自黃進興《歷史主義與歷史理論》（台北，允晨文化，1992 年），頁五八。
[26] 胡適，北京大學，〈國學季刊發刊宣言〉（民國十二年）。

# 從新黨開邊政策論北宋神哲徽三朝 (1067–1119) 與西夏長期紛爭的原因

廖隆盛

## 一、引　言

　　北宋建國，雖然大致統一了中國本部，但自太宗攻遼失敗，接著併吞西夏不成，李繼遷勢力崛起，宋人即常有西北交逼之憂。真宗 (997–1022) 繼位，改採綏靖弭兵政策，始以輸納歲幣、互為兄弟之條件與遼訂立澶淵之盟 (1004)，結束了歷時二十五年的宋遼戰爭。接著又以歲俸互市之利，勸誘繼遷之子德明稱臣受撫，成立景德和議 (1007)，二十五年的西北紛擾，得告解決。至此宋帝國全面進入和平安定時期，溯自宋王朝建立，已四十七年。

　　但澶淵之盟訂立後，宋遼間雖曾發生兩次嚴重交涉，並未爆發軍事衝突，兩國和平關係延續了百餘年，對北宋政治社會的安定與經濟文化的發展，有重大的正面貢獻。相對的，宋夏關係方面卻極不穩定。蓋景德和議僅維持三十二年，即因德明之子元昊稱帝，宋夏爆發了歷時七年的激烈戰爭。這場戰爭後來雖然仍由宋朝以歲賜財貨及互市之利，換取元昊讓步稱臣，兩國再訂慶曆和議 (1045)，維持形式上的宗藩關係，也恢復了西北的和平。實際上此後兩國邊界仍磨擦時起，宋朝屢次停止互市；神宗時期，宋廷變法圖強，改採開邊政策，對夏強硬，因而邊爭大起。元豐四年 (1081)，宋朝更發動五路攻夏，次年又有永樂之役；兩次大規模戰役，宋軍皆告失敗，損失慘重；宋人被迫暫時放棄滅夏之圖。

　　宋神宗攻夏失敗，不久去世，其子哲宗幼年繼位，太皇太后高氏聽政，起用舊黨，推翻新政，對外也改採持重撫邊之策；西北邊局獲告緩和。部分學者認為從此「宋無力對夏用兵」；[1] 似乎宋朝此後只能被動應付西夏挑釁。但事實上宋兩次攻夏慘敗之後，兩國戰爭並未結束。依西夏書事、西夏記兩書記載，從元豐六年 (1083) 至徽宗宣和元年 (1119) 宋正式宣詔對夏罷兵；凡三十七年之間，宋夏間又發生了一百零七次大小軍事衝突，其中夏攻掠宋邊六十九次；宋主動攻夏者亦有三十八次。期間邊境平靜者只有十一年；所以神哲徽三朝的宋夏關係實處於長期紛爭狀態。

　　北宋後期與西夏的長期紛爭，對雙方的政治與國運皆有複雜而重大的影響；對此已有學者加以討論。[2] 至於紛爭的原因，傳統學者多指為西夏叛服無常，或倚遼為援屢寇宋邊；甚至指為「忘恩負義，頻年入寇」。[3] 另外北宋末年的大臣李綱則評論說：

　　　（夏人）強則叛亂，弱則請和。叛則利於擄掠，侵犯邊境；和則歲
　　　賜金繒若固有之。以故數十年西鄙用師，叛服不常，莫能得其要
　　　領。[4]

這些顯然都是以華夏意識為立場的主觀看法，並未客觀詳實探討相關史實，因此本文擬就史料所及，試加檢討北宋後期的對夏政策，期能有助於此一階段史實的理解。

---

[1] 傅樂成〈中國通史〉下，頁 535。另標準本高中歷史教科書第二冊亦謂「宋無力對夏」，見該書七十三年版，頁 60。

[2] 參見江天健〈北宋對於西夏邊防研究論集〉台北華世出版社，民國八十二年初版。及拙稿〈從澶淵之盟對北宋後期軍政的影響看靖康之難發生的原因〉，食貨月刊復刊，卷 15，一、二期合刊，頁 15。

[3] 沈明璋〈宋元明史綱〉頁 27。民國六十年初版。另如關鎬曾〈宋夏關係之研究〉謂：「夏人……屢叛屢服，乍戰乍和，……累世反覆不一。」見政治大學學報第 9 期，頁 268。

[4] （清）戴錫璋〈西夏記〉卷 28，頁 13 引。台北華文書局景印本。

## 二、神宗變法與新黨取夏政策的確立

　　北宋後期與西夏長期紛爭的原因中，最主要的是北宋一直有吞併西夏的企圖，這種企圖只要有機可乘，便會採取行動。蓋西夏本唐末藩鎮之殘餘，因緣際會，割據陝北，地僅五州，幅員狹小，向為中原政權所輕；如後周世宗謂：「夏州唯產羊馬，百貨悉仰中國，我若絕之，（彼）何能為？」[5] 而北宋建國，即繼承了中原華夏政權「混一宇內」、「兼撫四夷」的使命感，致力於削平割據，繼而北進，攻打契丹，謀復燕雲。如太平興國六年宋太宗答定安國詔書：

　　　　（上略）今國家已于邊郡廣屯重兵，只俟嚴冬，即申天討。卿若能
　　　　追念累世之恥，宿戒舉國之師，當予伐罪之秋，展爾復仇之志。朔
　　　　漠底定，爵賞有加。[6]

但宋攻遼的戰事先後敗於高梁河、岐溝關，引發契丹南侵報復，河朔騷然；故暫時無力顧及西夏。至太平興國七年 (982)，適西夏發生宗族內爭，太宗大喜，即徵節度使李繼捧入朝獻地；以為可乘機予以吞併。不料李繼捧族弟李繼遷不服，糾眾興復，並利用宋遼對抗的局勢，倚結契丹，騷擾陝北。經二十年邊戰，繼遷不但漸復舊土，更攻陷宋朝西北重鎮靈武、朔方。宋人剿撫無功，到景德元年 (1004)，繼遷死，宋真宗為求彌兵，始招納其子德明，封為西平王，承認其自主，歲給恩俸，開放互市，西北安定了三十年。但德明時期宋夏關係雖維持穩定和平，宋人對夏心態仍甚輕視，[7] 不但無所忌憚，反而有一種經濟優越感；認為「銀夏之北，千里不毛」；[8] 對其倔強自國更有一種政治上的不甘心；故景德和議時，文臣雖多傾向罷兵息民，但主張採取強勢政策，乘德明新立的機會加以吞滅的大臣、將領仍

[5]　（清）吳廣成〈西夏書事〉卷 2，頁 15。
[6]　〈宋史〉卷 491，定安國傳，頁 2。
[7]　參見拙稿，〈德明時期 (1004–1032) 宋夏關係析論〉，台灣師大歷史學報，28 期，
　　　頁 35。民國 89 年 6 月。
[8]　（元）脫脫等〈宋史〉卷 277，鄭文寶傳，頁 7。

不乏其人。如知鎮戎軍曹瑋上奏：

> 繼遷擅河南地，二十年兵不解甲，使中國有西顧之憂，今國危子弱，
> 不即捕滅，後更強盛不可制。願假臣精兵，出其不意，擒德明送闕
> 下，復河西為郡縣，此其時也。[9]

另如吏部尚書張齊賢亦指稱西夏得銀夏、吞靈州，「奸威愈滋，逆志尤
暴」，宜「委大臣經制其事」。[10] 所以宋夏和平關係的心理基礎實甚薄
弱。果然到仁宗寶元年間 (1038)，德明之子元昊稱帝自立，宋以北方無
事，天下全盛，朝臣乃爭言「元昊小醜也，請出師討之，旋即誅滅矣」。[11]
宋夏戰爭遂告爆發。不料宋師不競，滅夏未成，反而屢為元昊所破，即使
聯絡吐蕃，謀為聯夷攻夷之計，亦無補大局。且由於戰爭拖延，引發契丹
乘機以敗盟要索。宋廷為免西北交侵的惡夢成真，乃被迫對遼夏讓步。增
歲幣以續遼之盟好，封元昊為西夏國主，歲給茶銀采繒及通貿易之利，以
換取元昊稱臣，再訂和議。儘管宋夏之戰引起如此嚴重的危機，但當契丹
遣使要脅時，大臣韓琦、歐陽修等仍有對遼讓步，對夏繼續作戰的主張；
可見宋人圖夏之心實猶未已。[12]

　　宋人欲乘元昊稱帝加以吞滅，限於武力未能達成，打擊甚重，但契
丹的乘機威脅要索對宋廷刺激尤深。宋朝增歲幣二十萬與遼，遼還強迫
宋人在交割文書中使用屈辱的「納」字，仁宗為此曾當大臣之面，落淚涕
泣。[13] 負責交涉的富弼也力辭朝廷給予的酬庸，強調「增金帛與虜和，
非臣本志也」，力請仁宗「益修武備，勿忘國恥。」[14] 所以到了青年有為
的神宗即位，不但未忘情西北，反而更增加了一種新的盤算，就是進圖遼
國，以報燕雲之仇，雪太宗戰敗之恥；這也是神宗厲行變法，欲求富強的
最高目標。據王銍〈默記〉載：

---

[9] 同前書，卷 258，曹瑋傳，頁 8。
[10] 同前書，卷 265，張齊賢傳，頁 10。
[11] 陳邦瞻，〈宋史紀事本末〉，卷 30，頁 203。
[12] （宋）李燾，〈續資治通鑑長編〉（以下簡稱長編），卷 142，頁 12。
[13] 同前書，卷 326，頁 9。
[14] 長編，卷 137，頁 14。

> 神宗初即位，慨然有取山後之志，……曰：太宗自燕京城下軍潰，
> 北人追之，僅得脫，……股上中兩箭，……其棄天下，竟以劍瘡
> 發。北方乃不共戴天之仇，反捐金繒數十萬以事之，為人子孫當如
> 是乎？已而泣下久之。[15]

但自繼遷以來，遼夏常相倚結，欲復燕雲報國仇，宜先攻取西夏以削弱契
丹。故熙寧五年 (1072) 主持變法的王安石正告神宗：

> 方今四夷，南方事不足計議，唯西方宜悉意經略。……經略西方，
> 則當善遇北方。[16]

而西方就是西夏，故安石又說：

> 今陝西一路即戶口可敵一夏國，又以天下財力助之，其勢欲討除，
> 亦宜甚易。[17]

其輕視西夏之情，可謂溢於言表。神宗則指示「做事固有次第，且當並力
西事」。[18] 於是對遼和守退讓，對夏高壓進取已成新政基本方針之一環。


## 三、神宗攻夏的挫折與紛爭

　　事實上，神宗不待新政展開，對攻略西夏已表現其急躁的態度。故初
即位，即不顧宋夏衝突的危險，用种諤之謀，奪取西夏的綏州。綏州（今
陝西綏德）為西夏自唐末受命為定難節度使時領有的五州之一，西夏不
甘無端失土，全力來爭；十一月誘殺知保安軍楊定以為報復，十二月夏主
諒祚卒，繼立的秉常年才七歲，其母梁氏攝政，仍不斷索討綏州及投宋的
嵬名山；神宗雖知其曲在宋，但僅貶責种諤，卻不還綏州。西夏遂攻擾秦
鳳、環慶，宋則停發歲賜、禁止兩界和市以為對付；於是邊爭大起，數年
間，發生二十餘次大小軍事衝突。至熙寧五年，夏人以財用缺乏，邊爭無
利，放棄綏州的索討，宋廷始接納西夏貢使，恢復歲賜，並詔陝西河東勿

---

15　引見姚崇吾〈遼朝史〉，頁 247。台北正中書局，民國 60 年初版。
16　長編，卷 236，頁 25。
17　長編，卷 232，頁 5。
18　長編，卷 244，頁 2。

侵掠夏境；邊爭因告停息。[19]

　　綏州事件，其曲在宋，事理甚明，面對西夏的抗爭，神宗卻對和平關係毫不顧惜，仍以強硬手段應付，可見宋人輕夏之甚。而宋為取得攻夏的地利，又於熙寧四年，用王韶之策，進擊吐蕃。[20] 此後數年，宋用兵於熙河，故宋夏關係亦較穩定。但這只是宋大舉圖夏前的假象平靜，隨著熙河軍事勝利，宋遼河東劃界告成、交趾用兵結束，進取西夏又成宋廷要圖。[21] 另一方面，邊將亦不乏好事輕敵、希旨冀功之輩；如知慶州俞充「屢倡請西征，度如破竹之易」。[22] 种諤更大言「夏國無人，（夏主）秉常孺子，臣往持其臂以來耳」。[23] 在這種君相將臣一意西進的情勢下，適元豐四年 (1081) 夏國內鬨，神宗遂不顧持重大臣的勸諫，動員兵力三十餘萬，五路進攻，謀一舉滅夏。不料宋軍圍攻靈州不下，夏人又決渠灌營，宋師大潰而還。次年，宋廷又用徐禧之謀築城永樂（今陝西米脂縣西），夏軍二十萬來攻，城陷，將校夫役死者二十餘萬。總計兩役，宋雖佔取蘭州及沿邊數寨，但官軍夫役死者六十萬，軍資耗損不可勝計；神宗臨朝痛悼。[24]

　　神宗滅夏雖然失敗，但他對於取夏圖遼大計顯未完全放棄，故對西夏的態度仍極強硬。儘管軍事行動停止，對西夏歸還土地恢復和議的要求卻不予理會。僅同意「戒邊吏勿輒出兵」，卻要西夏「堅守先盟」，[25] 至於攻佔的土地則說是「藩服不恭，削地示過」。[26] 說穿了就是要西夏忍受領土損失，承認新的疆界。甚至為了挾制西夏，迫其接受現狀，原有歲賜也勒而不與。[27] 而西夏挾軍事勝利之威又不甘蘭州及城寨之失，力謀收復，

---

[19] 參見〈西夏記〉，卷 13，頁 22 至卷 15，頁 12 及宋史紀事本末，卷 40，頁 306。

[20] 宋史，卷 328，王韶傳，頁 18。

[21] 參見宋史，卷 15，神宗本紀，頁 3–15 及宋史紀事本末，卷 41，頁 318。

[22] 宋史，卷 337，俞充傳，頁 7。

[23] 宋史，卷 335，种諤傳，頁 6。

[24] 參見〈宋史〉，卷 496，夏國傳，頁 7。

[25] 長編，卷 336，頁 1。

[26] 長編，卷 340，頁 1。

[27] 西夏記，卷 17，頁 20。案〈宋史〉，卷 486，夏國傳下，頁 9，云：「（元豐六年）閏六月，（西夏）遣使……來貢。……遂詔陝西河東經略司：其新復城寨檄循勿

要求不得，則以兵爭；故僅元豐六七兩年，宋夏間就發生了二十六次大小戰爭，[28] 其中西夏發動攻掠宋境者十七次，宋擾攻西夏者有八次，發動者不明一次。而西夏發動之軍事行動中，進攻蘭州即有五次，規模大者如元豐六年二月「突以數十萬眾驅皋蘭」，[29] 七年正月；西夏軍更號稱八十萬，「矢如雨雹，雲梯革洞，百道並進，凡十晝夜」。[30]

　　正當宋夏衝突節節升高之際，宋神宗於元豐八年三月駕崩，子哲宗立，太皇太后高氏聽政，廢棄新法，起用舊黨司馬光等執政，對外改採持重撫邊的政策。西夏方面，強硬派國相梁乙埋及國母梁氏亦於同年相繼死亡，第二年夏主秉常亦去世。在雙方主政關鍵人事皆告變更的情況下，藉著互相遣使祭奠弔慰，從元豐八年五月到元祐元年 (1086) 十二月，年餘之間，雙方使節來往達十三次，[31] 宋夏關係改善，乃進行議界談和，軍事衝突亦得以緩和。

## 四、元祐劃界議和失敗與紛爭再起

　　神宗變法開邊，舊黨重臣多不以為然；如治平四年，种諤謀取綏州，司馬光上疏極論不宜失信諒祚，以啟邊隙；[32] 熙寧元年，神宗問邊事，

---

出三二里，夏之歲賜如舊」。又〈西夏記〉，卷 17，頁 18，元豐六年閏六月條亦云：「……遂詔陝西河東經略司：其新復城寨檄循勿出三二里，所有歲貢賚賜一切如舊」。據此，似乎宋廷在元豐六年，已恢復對夏之歲賜。但據長編，卷 340，頁 1，載：「（元豐六年冬十月）夏國主秉常遣使復修職貢，仍乞還所侵地。……乃賜秉常詔曰：『其地界已令鄜延路經略司安撫使司指揮保安軍移牒宥州施行，歲賜候疆界了日依舊』」。另該書，同卷，頁 9，有云：「詔：近夏國遣使上表謝恩，及乞所克復城寨疆土，比已回詔不允。」可見神宗不允還夏舊土，即將界未了，故歲賜應未恢復；也因此這年十二月神宗還下令：「來年歲賜夏國銀並賜經略司為招納之用」。（同書，卷 341，頁 13）

[28] 詳見〈西夏記〉，卷 17，頁 13 至卷 18，頁 7。

[29] 同前書，卷 17，頁 12。

[30] 同前書，卷 18，頁 1。又宋史，卷 467，李憲傳，頁 9。

[31] 其中夏遣使入宋 10 次，宋使如夏 3 次。詳見〈西夏記〉，卷 18，頁 8 至卷 19，頁 2。

[32] 見〈西夏記〉，卷 13，頁 22。

富弼請二十年口不言兵；[33] 故太皇太后聽政，罷除新政，起用舊黨，即轉以靜邊息民為策。但元豐攻夏，宋軍雖大敗，卻佔取了夏國西南重鎮蘭州（今甘肅蘭州）及河東、陝西國界附近的米脂等五座小城砦；元豐末年，西夏屢次發動攻擊，謀武力奪回，皆告失敗；哲宗新立，夏人急於議和，索回失地也是重要目的。所以宋廷如何處理新佔州砦，就成和議能否進行的關鍵。

由於舊黨重臣本不贊同神宗之開邊攻夏，故多主還地訂和，以息邊民；如范純仁上言：「以陝西生靈之故」，宜「稍縱其（夏）欲，使復常貢」。[34] 元祐元年五月，西夏遣使賀哲宗即位，並請恢復歲賜，歸還被宋佔領的蘭州及米脂等五砦。蘇轍亦言：

> 方今皇帝陛下富於春秋，……利在綏撫，不利征伐，若固守不與，西戎必至於征，甲兵一起，呼吸生變。……況陝西、河東兩路比遭用兵之厄，民力困匱，瘡痍未復，一聞兵事，無不狼狽，……此所謂時可棄而不可守，一也。……頃自西師西討，雖一勝一負，而計其所亡失，未若康定、寶元之多也，然而邊人憤怨，天下咨嗟，……何者？知曲在朝廷，非不得已之兵也。今若固守侵地，惜而不與，負不直之謗而使關右子弟肝腦塗地，臣恐邊人自此有怨叛之志，此所謂理可棄而不可守，二也。[35]

另外，司馬光也坦白指出：「靈夏之役本由我起，新開數砦皆是彼田」，「今既許其內附，豈宜勒而不與」，「惜此無用之地，使兵連不解，為國家之憂」。[36] 范純粹則曰：「爭地未棄，邊隙無時可除」，米脂等砦「深在夏境，於漢界地利形勢，略無所益。而蘭會之地，耗蠹尤深，不可不棄」。[37] 劉摯更認為：「供給戍守，窮竭財力，其最大者莫如蘭州，不若

---

[33] 宋史，卷313，富弼傳，頁12。

[34] 〈太平治績統類〉，卷20，頁15。

[35] 長編，卷381，頁27。

[36] 宋史，卷486，夏國傳下，頁9。

[37] 宋史，卷314，范純粹傳，頁15。

捐一空城與之。」[38]

　　但當時反對歸地議和之邊將臣僚仍不乏其人；如游師雄謂：「此（數砦）先帝所立，以控制夏人者也，若何棄之？不惟示中國之怯，將起敵人無厭之求。」[39] 穆衍認為：「蘭棄則熙危，熙棄則關中震」；「若一旦委之，恐後患益滋，悔將無及矣。」[40] 安燾則力爭謂：「自靈武而東，皆中國故地，先帝有此武功，今無故棄之，豈不取輕於外夷。」[41] 姚麟更強調：「夏人幽其主，王師是征；今秉常不廢，即為順命，可因以息兵矣；獨蘭會不可與，願戒將帥，飭邊備，示進討之形，以絕其望。」[42] 孫路則指出：「熙（河）之北已接夏境」，「城蘭州然後可以扞蔽，若捐（蘭州）以予敵，一道危矣」。[43]

　　可見舊黨大臣多從罷兵息民，以及戰爭之起，責在宋方，所得之地亦無價值的觀點，主張歸地以恢復和平，結束西北紛擾，其論調較務實與具有遵守盟約的對外觀念。而反對歸還土地者，則以漢唐故土既得不可放棄，尤其蘭州地略積極可以制夏，消極亦為新從吐蕃所佔取的熙河地區之屏障，更無歸還西夏之理。顯然反對派仍未忘情於熙豐時期的開邊進取甚至滅夏的侵略野心；充滿中原華夏本位的對外心態。這正是宋夏關係無法長期和平的關鍵因素。

　　元祐元年 (1086) 六月，西夏又遣使求蘭州及米脂等砦。宋廷為早息邊爭，對於「棄地」與否的爭議，最後在司馬光的主持下，採折衷辦法，同意歸還神宗攻夏所取得的葭蘆等四砦以交換陷沒漢蕃人口，蘭州則不討論。[44] 這年十月，宋明詔夏國：

　　其元豐四年用兵得城寨，除元係中國及西蕃舊地外，候送到陷沒人

---

[38] 見張鑑〈西夏紀事本末〉，卷 26，頁 10。
[39] 宋史，卷 332，游師雄傳，頁 17。
[40] 宋史，卷 332，穆衍傳，頁 19。
[41] 宋史，卷 328，安燾傳，頁 5。
[42] 宋史，卷 349，姚麟傳，頁 10。
[43] 宋史，卷 332，孫路傳，頁 16。
[44] 宋史，卷 486，夏國傳下，頁 9；同書，卷 328，安燾傳，頁 5。

口，當委邊臣勘會，分畫給賜。[45]

次年三月，西夏送還陷蕃人口三百一十八人，宋廷指示鄜延經略司：

> 其葭蘆、米脂、浮圖、安疆四砦並行給賜；其餘不係可還城砦地土，
> 各委官畫定界至，開立壕堠。[46]

由於元豐八年，神宗與西夏國母梁氏相繼去世，宋廷對外也改採持重撫
邊，與西夏進行善意接處，故兩年間西北平靜；但元祐二年，宋朝所謂的
「棄地議和」，與西夏的期待顯然相差甚遠，不僅蘭州未還，連所歸城砦也
要重新畫定。而即使宋廷已許的四砦也因「宋邊將貪功生事，不樂罷兵」；
議界難定，無法交割；歲賜也不頒與。西夏憤而兵圍南川砦以示威。[47] 又
與西蕃阿里骨合兵攻河州定西城，殺宋將吳猛。[48] 於是兵爭又起，從是年
四月到三年六月，西夏共發動了十次對宋邊的攻擾戰事；宋軍則「諸路牽
制，斬獲亦多」。[49]

　　西夏這種攻擾策略可能是認知舊黨主政的宋廷急於撫邊，故以軍事攻
勢謀施壓力，期挽回較多之損失；而舊黨在西北將臣基於戰略考慮的反對
下，其「懷柔」亦有底線，故對西夏之騷擾，雖然未採用強硬派的軍事反
擊策略，但也不再讓步並令沿邊加強防備。[50] 西夏以失去歲賜，貿易因邊
爭而衰落，抄掠所得日減，公私日困；三年冬，夏境飢旱嚴重，至點集不
起；[51] 夏人被迫停止擾邊，四年二月，更遣使入謝封策以求和；六月又遣
使入貢，並請以葭蘆等四砦易蘭州與塞門砦。宋廷雖不允易地，但重申歸
還四砦，並即恢復歲賜，特詔「沿邊兵將官不得容縱邊人」引惹「生事」。
十一月兩國交割四砦及陷沒人戶，西夏亦遣使賀哲宗生日。[52] 延續數年的

---

[45] 長編，卷 390，頁 18。
[46] 長編，卷 397，頁 1。
[47] 西夏記，卷 19，頁 4。
[48] 西夏書事，卷 28，頁 3。
[49] 長編，卷 408，頁 3。
[50] 長編，卷 404，頁 8。主張強硬反擊者可以知樞密院事安燾為代表；元祐二年，西
　　夏屢擾涇原，安燾建議「講攻擾之策」，並「有以離間之」。見宋史，卷 328，安燾
　　傳，頁 6。
[51] 西夏書事，卷 28，頁 8。
[52] 長編，卷 429，頁 12–16。宋史，卷 486，夏國傳下，頁 11。

宋夏邊爭又暫告平靜。

　　元祐四年的宋夏和解是西夏放棄索討蘭州，宋朝則先恢復歲賜並還四砦再議畫界而獲達成；但西夏對於蘭州的放棄顯然極為不甘，故其他地段的畫界尚有進展，[53] 而蘭州部分就迅速陷入僵局，進而爆發新衝突。蓋蘭州北有沃野，向為夏人所耕，稱為「御莊」，元豐伐夏，李憲佔蘭州，築「質孤」、「勝如」二堡於其地；夏既爭索蘭州不得，於畫界時乃欲得二堡之地。元祐五年六月，西夏因要求撤廢二堡，宋不允，[54] 遂出兵攻毀質孤堡；十月又毀勝如堡，殺宋巡檢計守義；宋廷雖仍持慎重，未採軍事報復，西夏亦遣使賀宋帝生辰，雙方關係未告破裂；但宋朝邊將則往往私自行動，出界攻殺夏人。故糾紛難息，議界亦漸陷入僵局。[55]

　　經將近兩年的爭執，夏人不耐，元祐六年四月以數萬眾大攻熙蘭、鄜延；九月又攻麟府，焚蕩廬舍，殺掠三日。[56] 宋廷不願遽開邊釁，亦不甘示弱，遂絕歲賜，禁和市以為對付；[57] 十月更用環慶經略使章楶的建議，詔行淺攻之策以困夏人：

　　　　經略司常切體探西賊對境二百里內，賊兵屯聚及部族所在，如有可
　　　　乘，……痛行討殺。及令諸路兵馬更出迭歸，使賊奔命不暇，早致
　　　　困弊。[58]

於是章楶首先出兵攻西夏安州等處，「蕃部被殺者千餘人」；西夏則屢攻綏德城以報。[59] 元祐七年，章楶又遣折可適兩次大舉攻入夏境燒殺，十月西夏國母梁氏以十萬眾攻環州七日，仍為章楶所敗。[60] 至此雙方已如同不宣而戰。

　　由於宋廷轉趨強硬，國母梁氏又大敗於環州，西夏不得已於次年四月

---

[53] 長編，卷 435，頁 20；卷 436，頁9。卷 439，頁 13。
[54] 長編，卷 442，頁 6；卷 444，頁 4。
[55] 詳見西夏記，卷 19，頁 22–24；卷 20，頁1。
[56] 宋史，卷 17，哲宗本紀，頁 15。
[57] 長編，卷 479，頁 12。
[58] 長編，卷 467，頁 2。
[59] 長編，卷 468，頁 7 及宋史卷 486，夏國傳下，頁 11。
[60] 長編，卷 471，頁 7；卷 475，頁 3。卷 478，頁 2。宋史，卷 253，折可適傳，頁 6。

假遼為介，向宋謝罪請和，並求賜塞門砦，但為宋廷所拒，邊爭不息。[61] 及是年九月，太皇太后高氏去世，哲宗親政，起用新黨，推行紹述神宗之政，舊黨重臣范純仁、呂大防、蘇徹等相繼貶逐，不允夏人再議易地之請，[62] 對夏進攻政策再起，元祐更化撫邊的努力竟告失敗。

　　對於元祐懷柔議和失敗，當時宋朝君臣多以華夷之辨的中原文化沙文主義的觀點，指斥西夏「夷狄無厭」，「天性桀驚，不顧信義」。如殿中侍御史上官均奏稱：

　　　　春秋傳曰：德以柔中國，刑以威四夷。……夷狄天性桀驚，恃遠負險，中國弱則先叛，強則後服，專以恩養，則倔強難制，其勢然也。……自朝廷納西夏貢使，贇冊報幣，復與歲賜，恩禮不為不厚；而戎人驕恣，傲然無懷柔之意，遣使請地，邀求無已；乃知非恩之不至，待之不重，其弊在姑息之太過耳。[63]

一向主張對夏強硬的環慶經略使章楶更力言：「戎狄無厭，不威不懼，不戮不懲」；「不稍懲革，邊未得寧也」，「宜稍收入其土疆，如古削地之制」。[64] 連曾支持歸地議和政策的舊黨重臣范純粹也認為宋朝「御夏處邊」，「莫非以禮義為本，以恩信為先」；而指責西夏「屢肆跳梁」，「愈益猖狂」，「固宜朝廷之改圖也」。[65] 而哲宗後期，新黨主政，改採開邊攻夏政策，由於黨爭的立場，對元祐時期的所謂懷柔議和更激烈抨擊，指稱：

　　　　（元祐懷柔）始議以先帝經略西邊為好大生事；遂棄城寨，罷戍守，厚禮以招來羌人；意謂可以息兵民。卑辭厚幣，無所不至。……時姦人在朝，君道不立，致使西人犯順，內外束手，措置乖繆，使彼得計，如入無人之境。[66]

---

[61]　長編，卷 483，頁 1；西夏書事，卷 29，頁 13。宋史，卷 350，張蘊傳，頁 20。
[62]　宋史，卷 486，夏國傳下，頁 11。
[63]　長編，卷 443，頁 4。
[64]　長編，卷 471，頁 8；卷 478，頁 3。
[65]　長編，卷 466，頁 9。
[66]　長編，卷 466，頁 1。

可見在華夏意識的影響下，宋人對元祐劃界議和不成，邊爭難息，認定完全是西夏戎狄之性，貪婪無義，宋朝姑息讓步，徒招邊患。近代以來研究西夏的學者增加，尤其中國大陸這方面的研究成果更有可觀，但持傳統中原天朝的立場以評論宋夏此期紛爭者仍亦不乏其人。[67] 他們不是認為西夏窮兵黷武，侵邊寇掠；便是批評主張議和息兵諸臣退讓姑息。然而吾人如拋開中原華夏正統的本位立場，客觀查考雙方紛爭之癥結，卻可發現事實並非如此單純。就劃界引發的軍事衝突而論，宋神宗即位之初，已無理敗盟，強佔西夏的綏州，面對西夏抗爭索討堅不歸還，夏人後來被迫放棄，邊爭始息。元豐攻夏，意在滅人之國，雖兵敗靈武，但奪佔了西夏沿邊的部分城寨與蘭州。蘭州地扼宋夏吐蕃三者要衝，附近良田六千餘頃，[68] 無論地略或經濟價值皆為西夏所必爭；元豐末年，西夏屢謀武力奪回不成，轉於入貢時請求歸還，亦為神宗所拒。[69] 元祐撫邊，夏人遣使入貢，又賀即位，皆以歸復舊疆或賜還蘭州為請，宋廷在戰略的考慮下，亦只許四寨，蘭州不肯放棄，至劃界難成，邊爭不息。至元祐四年，西夏同意接收四寨，再議界至；但蘭州的劃界又成問題。據蘇轍的說法，依宋朝的劃法，

---

[67]　如林旅芝〈西夏史〉，頁 193：「梁乙逋專政……縱兵入寇，……約西蕃阿里骨連兵進犯。」頁 195：「梁乙逋……侵宋身亡」。（臺北鼎文書局，民國 68 年）
又林瑞翰〈西夏史〉（邊疆文化論集二），頁 301：「秉常時……又數出兵，大舉圍蘭州……。乾順即位後，仍結遼人為援，以侵擾宋邊」。（台北：正中書局，民國 48 年）
中國大陸學者的觀點如王天順〈西夏戰史〉，頁 212：「宋神宗戰略思想的這種改變……保證了宋軍長期佔領蘭州。」，頁 213：「居西夏統治地位的梁氏集團對宋的攻掠，和要求歸還失地的交涉仍在繼續，態度強橫依然如故」。頁 217：「梁乙逋的窮兵黷武」；「（梁乙逋）利用北宋元祐朝廷的軟弱態度，……連年興師動眾，進攻宋朝邊境」。（寧夏：人民出版社，1993）
另如李華瑞〈宋夏關係史〉，頁 90：「梁乙逋為轉移國內矛盾，對宋採取強硬政策，以便從宋方攫取更多的土地和實利」。頁 91：「元祐諸臣原本想以歸還所占四寨以安撫夏人，然西夏得寸進尺，索求無厭，而宋方仍有像蘇轍一類人至此還不知悔悟，卻以為夏人進攻實乃宋退讓不夠」。頁 93：「元祐六年十二月，對夏妥協政策的始作俑者之一，……范純仁的被貶可以視為元祐妥協退讓政策的正式破產」。（河北：人民出版社，1998）

[68]　長編，卷 479，頁 10。

[69]　西夏記，卷 18，頁 6。

「所侵夏地凡百數十里」；[70] 夏人不肯接受，宋朝乃築定遠城及汝遮納迷結珠龍三砦加以固守，[71] 夏人益不平。所以我們可以看出在劃界議和的爭執中，夏人不斷讓步，但宋人考慮邊略的需要，反而立場較為僵硬，不惜破裂。

邊爭方面，論者每謂西夏戎狄無信，貪婪無厭，好為寇邊侵掠。以史料有稽者而論，從元祐元年到元祐八年，宋夏共發生二十六次軍事衝突，其中西夏侵攻宋境者二十一次，宋攻西夏者三次，發動國不明者二次。[72] 似乎西夏較為黷武好戰；但以引惹責任言之，則又不盡然。如哲宗即位，敕疆吏勿侵擾外界，知太原府呂惠卿卻不奉詔，「遣步騎二萬襲夏人於聚星泊，斬首六百級」；「夏人遂寇鄜延」。[73] 而知慶州章楶亦言「夏嗜利畏威，不有以懲艾，邊不得休息」，「遂乘便出討，以致夏師，夏果入圍環州」。[74] 又如元祐二年，宋許歸夏四寨，劃界為和，但河東經略使滕元發竟曰：「取城易，棄城難」；要求先畫境再交城。[75] 而更值得注意的是宋朝一般邊將的態度。據西夏記元祐二年五月條：

> 宋歸四砦與夏，君臣體分已定，惟有分畫地界所較無多。……而宋邊將貪功生事，不樂罷兵。……或向來用兵之時不曾保據之地，指為要害，卻欲築城占守，故議不定，歲賜亦不與，夏人遂圍南川砦，而兵端又起矣。[76]

宋邊這類擅自興師以逞威獲利的事例直到元祐後期依然不少；如元祐六年，夏人常騷擾熙河，後知乃因邊兵屢次深入夏境所致，宋廷特詔詰責帥臣。[77] 另外，鄜延路都監李儀違旨夜襲夏境敗死，仍引起夏軍來攻懷遠

---

[70] 宋史，卷 379，蘇轍傳，頁 10。

[71] 長編，卷 470，頁 12。

[72] 西夏記，卷 18，頁 13 至卷 19，頁 20。

[73] 宋史，卷 471，呂惠卿傳，頁 12。

[74] 宋史，卷 328，章楶傳，頁 29。

[75] 宋史，卷 332，滕元發傳，頁 6。

[76] 西夏記，卷 19，頁 5。

[77] 宋史，卷 379，蘇轍傳，頁 15。

砦。蘭州宋軍亦有以防護打草為名打殺西界人戶之情事。[78]

　　由上述可知元祐劃界議和不成，主要原因在宋方以上國自居，立場缺乏彈性。大部分主和派雖欲息兵為和，卻不願歸還侵佔的要地；主戰派則輕視西夏，無意罷兵，反對歸地，造成糾紛。西夏則不甘要地損失，力圖爭回，不惜軍事施壓；對宋人挑釁更以牙還牙。遂至舊黨執政八年，撫邊無成，西北兵戰不息。所謂夷狄反覆，寇掠無厭當非持平之論。

## 五、紹聖進築與邊爭擴大

　　元豐年間，因大舉圖夏引發的宋夏激烈戰爭，雖因神宗去世，新政廢棄，對夏政策改變而得以緩和，但邊將貪功生事，當時不甘罷兵者實不乏其人，[79] 如元豐八年三月，哲宗初立，勅「疆吏勿侵擾外界」，知太原府呂惠卿竟不奉詔，出兵兩萬襲夏人於聚星泊，斬首六百級。[80] 加以神宗臨崩，遺訓「能復全燕之境者，胙本邦、疏王爵」。[81] 所以滅夏圖遼實乃新黨之基本國策。哲宗繼位，年為十歲，對神宗未竟之志，必有認識，只是礙於太皇太后高氏，無法施展，但元祐八年 (1093) 九月，太皇太后高氏崩，哲宗親政，次年即改元紹聖，為繼承神宗志業之宣示。遂即大用新黨，而進取開邊的政策隨之展開。紹聖二年，新黨宰相章惇令罷與西夏劃界之議，「以馬跡所至為境」；[82] 邊將遂動輒出兵，入夏界殺掠。[83] 西夏則不甘失地未復，採取擾邊施壓的策略，屢次攻擾宋邊堡寨；三年十月，夏主乾順更與國母親自督師，大舉進攻鄜延，陷金明砦。而宋朝各路將領也紛紛出擊，並採用知渭州章楶的建議，行築城進逼之法，諸路大舉進築拓土，奪夏境要害五十餘處。尤其紹聖四年，章楶深入夏境數十里所築之

---

[78] 長編，卷 464，頁 12。
[79] 〈西夏記〉，卷 19，頁 5，元祐二年五月條引范忠宣集云：「宋邊將貪功生事，不樂罷兵。……欲築城占守，故議不定」。
[80] 宋史，卷 471，呂惠卿傳，頁 12。
[81] 宋史，卷 468，童貫傳，頁 12。
[82] 宋史，卷 295，謝景溫傳，頁 17。
[83] 同註 80。

平夏城，在黃河支流好水河之陰，順流可北通西夏心腹所在的興靈，西連天都山，扼制西夏南進路線；元符元年 (1098)，西夏動員數十萬來爭，又為章楶所敗；勢漸不支。[84] 宋人這樣全面進築的目的，如章楶所說，就是要「占據地利、傾覆賊巢」。[85] 也就是要吞滅西夏。所以宋廷也「累降朝旨，令諸路期約」，「前去討蕩，渡河深入，直擣賊巢」。[86] 總計從紹聖三年 (1096) 至元符二年 (1099) 四年間，宋夏共發生了四十四次戰役，平均每年十一次，衝突之頻繁已無月無之。戰鬥規模亦漸形擴大；如紹聖四年二月，夏以七萬眾攻宋綏德城，三月以數萬眾圍宋麟州神堂堡，元符元年十月，夏三十萬眾攻宋平夏城。[87] 宋朝方面，紹聖四年十二月，「熙秦兩路兵四萬騎出寨」[88] 可見動員之兵力亦相當可觀；而更值得注意的是在此期四十四次戰役中，由宋朝發動進攻西夏的有二十二次，西夏發動者十四次，不明者八次，顯示宋朝已不惜進行長期消耗戰，採主動攻勢以達吞滅夏國的目的。而經過三年餘的進築侵佔，宋朝在東西兩線都有進展，控制的疆界北移不少；故新黨大臣曾布指稱：「今天都、橫山盡為我有，則遂以沙漠為界，彼無據兵就糧之地，其欲犯難矣。」[89] 易言之，西夏不但疆域大損，重要的是失去戰略要地，在軍事上也轉為被動的態勢了。

由於宋哲宗改採新政，不惜西北官民物力，對夏長期開邊進逼，夏雖致力抗爭，宋廷亦認為夏人持續戰力有限，甚為輕視；如紹聖三年九月，夏人大入鄜延，哲宗聞報，「泰然笑曰：五十萬眾深入吾境，不過十日，勝不過一二砦須去，已而果破金明引還」。[90] 西夏勢既不支，反擊又無嚇阻作用的情勢下，不得不向遼求救。遼向視西夏為其保護國，故當時在位的道宗 (1055–1101)，即於紹聖四年 (1097) 十月，以通牒向宋朝表示：「西夏本當朝建立」，「近累遣使奏告，被南朝侵奪土地」，「顯有害和

---

84　長編，卷 503，頁 12。
85　宋史，卷 328，章楶傳，頁 26。
86　長編，卷 495，頁 17。
87　參見〈西夏記〉，卷 20。
88　長編，卷 493，頁 17。
89　長編，卷 500，頁 11。
90　宋史，卷 486，夏國傳下，頁 12。

好，請追還兵馬，毀廢城寨，盡歸所侵地土」；並強調「如尚稽違，當遣人別有所議」。口氣已相當嚴峻，但因遼的官員也有「不敢以小國害大國和好」的表示，[91] 所以宋廷還不太重視。次年宋朝對西夏的攻勢與範圍更為擴大，甚至有進取興靈的打算；[92] 西夏一再向遼乞援，[93] 遼遂於元符二年 (1099) 三月，正式派遣蕭德崇為特使，入宋交涉。要求宋朝在回覆國書中，明言對夏「休退兵馬，還復土疆」，幾經折衷，宋朝同意承諾若夏人若「服罪聽命，亦當相度應接，許以自新」。[94] 遼使始受書而回。這年九月，西夏為求宋朝停止進攻，即遣使如宋謝罪，請宋廷「賜曲全之造，俾通常貢，獲紹先盟」。[95] 十二月，西夏又依宋要求，遣使進誓表，聲言「當飭疆吏而永絕爭端，戒國人而常遵聖化」。宋廷至此一方面顧忌契丹的態度，一方面滿意於西夏放棄失土的索討與求和態度的遜順屈服，乃賜詔：「嘉爾自新，俯從厥志」，「歲賜如舊」。[96] 並下詔陝西河東「夏國已進誓表」，「不得侵犯及收接投來人口」。[97]

　　由上述可知從紹聖三年至元符二年宋夏間所發生的數十次戰爭，主要是宋神宗取夏政策的延續，在宋朝以優勢的人力物力並採取築城進逼及長期消耗戰的壓迫下，西人終於不支，被迫放棄失土並乞求契丹出面干涉，透過謝罪求和的方式，解決了嚴重的生存危機。而宋朝數年間對夏築城佔地，大有進展，也滿意於西夏的服順，加以契丹的態度仍須考慮，所以停止對夏的進攻。宋夏紛爭也暫告緩和。

## 六、徽宗兩次圖夏與宋夏戰爭的結束

　　宋在契丹壓力下，許西夏謝罪和解，宋夏軍事衝突停止，新黨兵鋒轉

---

[91] 長編，卷 492，頁 8。
[92] 長編，卷 500，頁 10。
[93] 參見吳廣成〈西夏書事〉，卷 30，頁 12、15。
[94] 長編，卷 507，頁 3、卷 509，頁 6。
[95] 長編，卷 515，頁 1。
[96] 宋史，卷 486，夏國傳下，頁 13。
[97] 長編，卷 519，頁 7。

向吐蕃，元符二年 (1099) 七月攻取邈川（今青海樂都）、青唐（今青海西寧），設置湟、鄯二州，但蕃情不靖，宋懸軍遠戍，吸引宋廷的注意；[98] 接著次年正月，哲宗崩，弟徽宗立，神宗皇后向氏為皇太后，權同聽政，採新舊黨人並用政策，章惇罷相。對外也轉行溫和撫邊之策，自動撤棄湟鄯。故數年間宋夏邊界平靜。但向太后聽政僅一年即去世，徽宗親政，又大用新黨，旋用蔡京為相，日以興復熙寧之政為事。崇寧二年 (1103) 出兵復取湟鄯，吐蕃宗哥族之地悉夷為郡縣；[99] 接著又重啟對夏開邊之政策。

宋大舉進攻吐蕃時，吐蕃大酋溪賒羅撒等求援於夏，西夏以湟鄯逼其西境，出兵聲援；蔡京則信鄜延經略使邢恕之言，謀由熙河造船直取興靈；又命熙河蘭會經略使以金帛招誘西夏大酋監軍仁多保忠投宋，事皆為夏所知。夏人不甘示弱，遂於崇寧三年兵入延渭涇原，攻鎮戎軍，大掠而去，並持檄城下，稱言聲討蔡京、蔡卞之弄權。[100] 於是蔡京愈怒，命西北大舉招納，又以陶節夫為帥，築城進逼，取得銀州等地；[101] 西夏則聯合吐蕃，攻宣威城，殺宋將高永能，並以兵爭銀川諸寨；[102] 不到一年之間，宋夏發生了十餘次戰爭。西夏對宋朝的進逼，一面極力抗爭，一面不斷遣使向遼求救，遼以宗女下嫁乾順，明表支持，又兩次派遣專使來宋，請宋罷兵，蔡京初仍強硬，「答書言甚峻」，但徽宗已有顧忌，認為「今西邊方用兵，北邊不宜開隙」。[103] 至崇寧五年 (1106) 正月，遼復遣蕭得里底與牛溫舒為專使，要求宋許夏和，並歸所侵夏地；強調「若不從，當卷土收去」，宋廷大震，遂許夏和，罷「五路經制司」，棄新築城砦，陶節夫徙知洪州（今江西南昌）。[104] 宋夏年餘的戰事暫告停止。

崇寧五年，宋因遼強力施壓，許夏和並歸所侵之地；但徽宗所允許歸

---

[98] 宋史紀事本末，卷 41，頁 321。

[99] 參見前書，同卷，頁 322。

[100] 宋史，卷 471，邢恕傳，頁 6；西夏記，卷 22，頁 6-7。

[101] 宋史，卷 348，陶節夫傳，頁 18。

[102] 宋史，卷 486，夏國傳下，頁 15。

[103] 宋史，卷 20，徽宗本紀，頁 2；遼史，卷 28，天祚本紀，頁 10。

[104] 宋史，卷 348，陶節夫傳，頁 18；遼史，卷 28，天祚本紀，頁 14；卷 86，牛溫舒傳，頁 22。

還的只限於「崇寧以來侵地」，「若先帝已定疆劃不得復議也」。[105] 可見對於哲宗紹聖年間新佔的西夏土地是不能討論的。而西夏有遼可恃，乾順當然對此不甘損失，表示「不能復先朝故土，恥也」；因此仍積極遣使交涉，「必欲得故地」；但宋人卻極輕蔑的回答：「如言故地，當以漢唐為正，則君家疆土益蹙矣」。[106] 宋人對西夏既無顧忌，於新建立的和平亦不珍惜，故大觀二年，宋帥童貫用兵溪歌城，置積石軍，盡取西蕃之地為版圖後，又請進築西夏橫山之地，[107] 為取夏張本。因而崇寧約和以後，西夏雖頻遣使節入貢，和平關係卻極脆弱。

徽宗政和四年 (1114) 冬，宋環州（今甘肅環縣）番族大首領李訛移勾結西夏統軍梁哆㚟入圍定遠，謀劫儲穀，事敗，遂率眾投夏。乾順又於保安軍之北築臧底河城以扼要害。[108] 於是宋廷命童貫總陝西六路邊事，[109] 督大將劉法、劉仲武、劉延慶、种師道等分從鄜延涇原秦鳳熙河大舉攻夏，夏人為求自保，亦全力抗擊。從政和五年至宣和元年 (1119)，宋夏之間爆發了十八次大小戰役。規模大者如政和五年正月，劉法將步騎十五萬出湟州，劉仲武將兵五萬出會州，敗夏軍於古骨龍，斬首三千級；是年秋，劉仲武等集數路兵，攻夏臧底河城，宋軍敗績，死者十之四五；次年正月，劉法、劉仲武合師十萬攻夏仁多泉城，城降，劉法屠之；同月，宋將种師道奉詔率陝西河東七路兵十萬攻佔臧底河城；同年十一月西夏以數萬騎破宋靖夏城，並屠之，以報仁多泉城之役；宣和元年三月，童貫逼劉法攻朔方，兵敗於統安城，死者十萬，劉法戰沒。[110] 動員之廣，傷亡之重，皆為宋夏戰爭史上所僅見。

政和年間，宋朝在童貫主持下，採進築之策，「將秦晉銳師，深入河隴」，欲「制夏人死命」；[111] 目的雖未達成，西夏勢終不支，失橫山之

[105] 西夏書事，卷 32，頁 8。
[106] 西夏記，卷 22，頁 13。
[107] 宋史，卷 468，童貫傳，頁 9。
[108] 宋史，卷 486，夏國傳下，頁 14。同書，卷 356，任諒傳，頁21。
[109] 宋史，卷 21，徽宗本紀，頁 5。
[110] 西夏記，卷 22，頁 20–22。
[111] 宋史，卷 486，夏國傳下，頁 15。

地，戰事亦漸趨被動；而遼因女真崛起，自顧不暇，對夏之求救，已無力
援護，故西夏不得不向宋謝罪求和；[112] 宋則王黼用事，轉圖聯金攻遼，
取燕雲，遂許夏納款，詔六路罷兵。[113] 歷時五年之宋夏戰爭獲告結束。

## 結　論

　　綜合上述，可知北宋建國，即以一統「宇內」，恢復華夏聲威，兼制
四夷為職志，故太祖、太宗兩朝皆積極併滅割據。西夏本唐末藩鎮殘餘，
偏處陝北，幅員狹小，物力貧乏，素為中原所輕；故當太宗攻遼戰敗，適
西夏宗族內爭，遂乘機實行撤藩，加以吞併。不料李繼遷起而號召興復，
由於對遼戰爭未決，宋人難以全力對夏；西北經二十年的紛擾，西夏不但
恢復舊土，且進而攻佔靈武、興慶，至宋真宗景德年間，為弭兵靖邊，不
得不繼澶淵之盟後，亦與西夏訂立和議，允其自王西北，勉維宗藩之體。

　　真宗弭兵以後，宋人深懼契丹，慎重對遼外交；但對西夏則不甘其倔
強，仍有不少臣僚邊將時圖加以攻滅，「復河西為郡縣」。到宋仁宗寶元
年間，西夏雄主元昊稱帝自主，宋廷主戰派遂以天下全盛，「西夏小醜可
即誅滅」，強硬對付。不料宋軍不競，屢為元昊所敗，並引起遼國乘機要
索；宋人對遼增幣二十萬，對夏歲賜二十五萬五千，始換取元昊稱臣，恢
復和平，化解危機。

　　元昊稱帝，宋人制裁失敗以及遼國乘機要索的經驗，對以華夏正統自
居的部份統治階層刺激極深，至神宗青年即位，欲振作有為，乃厲行變法
圖強，其目標則在紹繼漢唐，「經制四夷」，振華夏聲威；而滅夏圖遼，復
燕雲、報舊仇遂成神宗以下變法派的基本對外政策。故神宗初立，即公然
撕裂宋夏和平，強佔綏州，西夏武力抗爭索討，宋朝仍不歸還，並轉而用
兵吐蕃，佔領熙河一帶，闢為郡縣，做為側擊西夏的張本。至元豐四年，
西夏內亂，宋朝遂以機不可失，五路進兵，謀一舉併滅西夏，卻兵敗靈武，

---

[112] 宋史，卷 446，劉韐傳，頁 14。
[113] 〈續資治通鑑〉（台北：鼎文書局，點校本），卷 93，頁 2408–2411。

潰退而還；次年又有永樂城之敗；神宗滅夏的野心以慘敗告終。神宗滅夏雖然失敗，但佔取了西夏邊境數座城寨及地處宋夏吐蕃要衝且良田千頃的蘭州，夏人不甘損失，乃要求歸還侵地，恢復和平。神宗雖放棄對夏軍事進攻，卻不許歸還土地，夏人交涉理索不得，進而武力來爭，故元豐後期，西北屢傳西夏「寇擾」之警。然其究竟，實宋朝敗盟，侵地不還所致。

　　神宗及新黨所引發的宋夏戰爭至哲宗繼位，因舊黨秉政，推翻新法，對西夏改採持重撫邊政策，願意歸所侵地，以期靖邊息民，得以緩和，進行劃界議和。但對西夏最在意的蘭州，僅蘇轍等少數臣僚主張歸還，其他大臣及邊帥仍以地略及邊防的觀點堅主保留，加以不少邊將貪功生事，妄自侵攻；夏人為爭回舊疆，亦或以兵爭施壓，或報復宋邊；邊爭時起。至元祐四年，宋廷先交四砦，西夏不言蘭州，卻在蘭州分割中，力圖有所挽回，惜宋朝不肯讓步，故邊爭依然難息，宋撫邊派漸覺西人貪婪反覆，主戰派更力主強硬。元祐八年，舊黨執政所賴的太皇太后高氏去世，哲宗親政，新黨復起，遂罷劃界之議，再行開邊圖夏之策。元祐懷柔的撫邊息民政策歸於失敗。

　　西進圖夏本為新黨國策，而自紹聖以後，僅徽宗初立，向太后權同聽政，短暫採新舊並進，其他時期皆新黨用事，故宋朝在哲宗紹聖，徽宗崇寧、政和年間，皆挾人力、物力優勢，大舉對夏進攻，西北兵釁大起。西夏面對宋朝無理侵略，雖全力抗擊，勢終漸不支，屢次求援於遼，並謝罪求和；遼曾兩次強力干預，宋亦被迫罷兵；但和平皆維持不久，宋即藉故再舉西師。直至宣和元年，宋廷改圖聯金滅遼，對夏攻勢始告結束。

　　總之神哲徽三朝的宋夏關係實以新黨圖夏政策為基調。神宗滅夏不成，哲徽二帝親政，亦用新黨，藉故興兵，並以興築淺攻之法進逼夏人。西夏雖能抗擊宋軍，但乏強大的對宋反制力量或行動，故宋人對雙方和平關係無所顧惜，侵地不還，強硬對夏；西夏亦不甘示弱，頻以兵爭；但終漸不支，賴遼國干預，謝罪求和，忍受疆土的損失。故北宋後期六十年間宋夏關係，戰爭遠多於和平，其癥結在宋朝滅夏圖遼之心難泯，絕非夏人叛服無常所能說明。即使「元祐懷柔」，舊黨諸臣亦多懷傳統對「夷狄」

之偏見與輕視，以華夏本位立場處理劃界，致議和失敗，「撫邊」無成。至於此期契丹在宋夏關係的角色已是戰爭的抑制者，而非助長者；這與繼遷、元昊時期的宋遼夏關係也是截然不同的。

# 近代中國"民族政策"之演變

徐乃力[*]

## 一、前 言

中國歷史上漢族與其他民族的關係極為重要，涉及和戰及歷朝政權的安全與存亡。雖則如此，歷朝政府並未發展出一套長期有效而系統性的處理民族關係的政策。一般而言，凡是政治統一，軍事力量強盛的時候，朝廷常以武力討伐"外夷"，將之征服或逐出域外。臣服而涉居的外族，則儘量使之同化。

十七至十八世紀間滿清王朝的創建首先造成了一個多民族的中華帝國，疆域內除漢族以外有滿族、蒙古族、維吾爾族、藏族，及西南各少數民族。清朝開始採用一套"民族政策"來統御少數民族。到了二十世紀清朝覆亡，後繼的中華民國及中華人民共和國多少沿襲了一些清朝的政策，但也改變及創新了對少數民族的政策。這些政策的變化是本文主要的探討內容。

## 二、近代以前歷史上的民族關係

在淵源久長的中國歷史上，漢族始終佔據中國人口的絕大多數。然而以農業經濟為主的漢族，其殖民及定居地區的範圍有侷限性。在乾旱的漠北及西北，以及崇山峻嶺的西南地區，以農耕為主的漢人難以生存，主要

[*] 加拿大紐布朗斯維克大學榮休教授

是少數民族生活的範圍。但是漢族建立的帝國憑藉其人口、經濟、及軍事條件的優勢，往往在政治上控制這些邊緣地區，因此中國的疆域內也有相當少數民族。有些少數民族在文化及經濟生活方面接近漢族，易於同化，但多數人抗拒漢族的同化，努力保持自己的傳統及獨立性。

對於居住在邊緣地區少數民族的控制，中國歷代所使用的辦法無非是兩類，即強制性及非強制性。強制性的辦法包括武力征服及統治，或建立邊防軍隊的屯田制。對於西南地區力量較弱的少數民族，有時籠絡其世襲酋長，承認其"土司"地位及對內的統治權。但是政府同時鼓勵漢人移民實邊，等到漢人殖民人數達到相當比例以後，改變其行政系統，設立州縣，使成為一般性的行政單位，此即"改土歸流"。非強制性的辦法無非是外交談判，政治妥協，甚至皇族聯姻及財物的貢獻等等。中國歷史上北疆及西疆往往出現力量強大的遊牧民族，造成對朝廷的威脅，當無法軍事解決時，只能求政治經濟上的妥協與讓步。

十三世紀蒙古征服歐亞大陸的大部地方，建立元帝國，統治了很多不同的民族，開始釐定"民族政策"。元統治者對於帝國內部占人口絕大多數的漢人極不放心，在政策上十分歧視及壓制，但對非漢族的中亞及西藏的民族卻相當籠絡。這些民族的世襲統治者被頒贈蒙古爵位，與蒙古貴族通婚，成為元帝國的統治階層成員。很多又被任官，負責當地的治安、稅收、行政等等。元朝皇帝又以大汗身份保障宗教信仰，採取了寬容的宗教政策，特別尊崇西藏的佛教 —— 喇嘛教。顯然此一政策有其政治作用，加上蒙古人民逐漸改宗喇嘛教，在宗教及文化上使藏族與蒙古族發展了親密關係。終元朝一代，西藏對蒙古皇室忠誠不移。

## 三、清代的民族政策

滿清在十七世紀征服了中土，力量擴及漠北，西域，及西藏。在某種程度上清朝承繼了元代對西藏的籠絡政策，但是清朝的民族政策主要依據自身經驗及實際需要發展而成。滿清的前身是源於長白山以東的"建州女

真"，在發展初期即與各種民族相接觸，經過太祖努爾哈赤及太宗皇太極兩代的辛苦經營，控制了東北大部地區，1635 年改名為 "滿洲" 以示一個民族融合新時代的開始。[1]

滿清早期的成功主要歸功於領袖才能及能融合東北各民族成為一個整體。1644 年滿洲軍入關，攻佔北京，建立清朝時，其滿洲八旗兵早已擴充為包括蒙古旗及漢軍旗具有二十萬軍力的龐大戰鬥體。滿洲名稱的應用，使東北經濟生活及文化背景不同的各民族具有了一個新認同。這一個民族融合的政策在滿清入關建立新政權後，並未實施於對關內的漢人，主要因為漢族人口的龐大及文化經濟的高層次，滿清統治者恐懼滿族被同化而失去自我認同。但是對於帝國內的蒙古及西藏臣民，其態度及政策有顯然的不同。

## 1.清代對少數民族的宗教政策

清代的宗教政策主要是其政治控制之一環。當滿清王朝建立時，西藏的喇嘛教，特別是黃教支派，已成為大多數西藏及蒙古人民信仰的宗教。由於對轉生再世的崇信，其宗教領袖 "活佛" 遍布於西藏、青海，及內外蒙古等地。滿清統治者深刻瞭解此情況，皇室對喇嘛教十分尊崇及籠絡。滿清入關之初，特別優禮達賴喇嘛，幾次遣使邀請入京。1653 年達賴入朝，受到罕有的隆重接待，其實清廷的目的是懷柔蒙藏，達到政治上控制西藏。當時達賴與準噶爾的關係密切，等到清廷平定準噶爾以後，實際上控制了西藏，對達賴的態度開始轉變，儘量提高班禪額兒得尼，及內、外蒙古的呼圖克圖的地位，使與達賴平等。其他地位較低的活佛及高僧亦分別受到朝廷的承認及生活上的照應。各地喇嘛廟的修建均由政府撥款，包括在首都北京及承德行宮所建的喇嘛廟宇宮殿。由於傳統的活佛轉世方式受到權貴世族的操縱，弊端叢生。乾隆朝釐定規章，改善轉世制度，頗得

---

[1] Shelley Rigger, "Voices of Manchu Identity, 1635–1935," in Steven Harrell (ed.), *Cultural Encounters on China's Ethnic Frontiers* (Seattle: University of Washington Press, 1995.)

蒙藏人民接受。[2]

　　清代的宗教政策並非對所有宗教一視同仁，對喇嘛教的特別優遇並不延申到對伊斯蘭教（回教）。清初朝廷並不干涉穆斯林的宗教信仰，且對伊斯蘭教長及禮拜堂予以保護。但到了乾隆時期政策有所改變，此與西北地區穆斯林的叛亂有關。叛亂被平定以後，清廷對穆斯林的活動開始限制及控制，不再採取放任政策。[3]

### 2.清廷對少數民族的隔離政策

　　清朝的統治者雖然籠絡蒙古及西藏，但對於生活在廣大的北疆、西疆的少數民族防範甚嚴，從清初就採取了分化的隔離政策，首先是行政上的隔離。在大漠南北的蒙古族大致按其部落的區分，建立“盟旗制度”，前後劃分為 200 多個“旗”，劃定地區，不得犯界。旗長名為“扎薩克”，有稅收及行政的管轄權。但扎薩克即使是世襲，亦由朝廷任命並授貴族頭銜，另由朝廷指派官員協助其管理轄區人民。旗與旗之間不許私相往來，嚴防蒙古各部落間之直接關係。

　　對於西藏及設省以前的新疆，亦有類似的隔離政策。西藏在行政區分上分為四部，每部的最高行政官叫“噶布倫”，由朝廷任命。新疆的各綠洲城市分別以“伯克”為最高行政長官，接受朝廷任命及俸給。伊斯蘭的教主“和卓”亦由朝廷任命，但其待遇遠不如喇嘛教的高僧。此一“分而治之”的政策相當成功，基本上臣服了蒙、藏、維吾爾各民族，維持了邊疆地區的和平。唯一的例外是北疆蒙古裔的準噶爾部族，不但不肯入朝，而且勢力滲透至蒙藏，常鼓動各部落反清。至康熙後期，準噶爾內鬨，清廷乘機大舉動兵征討，徹底消滅了準噶爾，北疆始納入清朝版圖。[4]

　　除了行政上的分而治之，清朝對邊疆的隔離政策也包括軍事上，經濟上，及文化上的隔離，而最嚴格執行的地區是新疆。平定新疆以後，清廷

---

[2] 蕭一山，《清代通史》（臺北：商務印書館，1962 年再版），II，頁 147–151。
[3] 張中復，《清代西北回民事變》（臺北：聯經出版社，2001），頁 40–47。
[4] 蕭一山，《清代通史》，II，頁 87–95、154。

派相當軍隊長期駐守,有滿洲兵、蒙古兵,及漢軍、綠營兵,在各重要城市有不同的駐紮營區,彼此之間及與當地人民均相隔離。漢人農戶移墾新疆東部者,不許與本地穆斯林混居及通婚。漢商進入新疆必須先取得官府的護照或通行證件,在新疆居留有一定地區,與本地人隔離,亦不得與本地穆斯林通婚。清廷雖允許中亞商人到新疆經商,但商隊入境必須得到官府允准,而在新疆市場交易時均有政府官員監督管理。在新疆的嚴格的隔離政策一直奉行到 1860 年代的西北回亂。[5]

類似的隔離政策亦在西藏執行。1720 年代平定準噶爾以後,清廷派駐軍隊在西藏重要地區,限制及嚴格檢查進出西藏的商旅人口。蒙古貴族入藏求經或謁見西藏高僧,必須事先稟報朝廷,得到許可才能成行。漢人或蒙古商人進入西藏經商亦必須先得到官府許可,取得通行證件才能成行。西藏喇嘛高僧為宗教原因要到內地或蒙古,亦必須得到朝廷的許可。[6]

總之,清朝在新疆及西藏嚴格執行的隔離政策是建基於對邊疆地區國防安全的考慮。隔離可以減少不同宗教及文化的民族之間的接觸及可能糾紛,維持邊境地區的政治,經濟,文化現狀。這是在清帝國保護傘之下維持和平及地方治安的一種極端保守的政策。

### 3.清廷對少數民族通婚及賜爵政策

為了籠絡漠北及西域廣大地區的少數民族,使他們能忠於朝廷,滿清統治者很早就鼓勵及推行了統治階層的互相通婚。蒙古、西藏及維吾爾的貴族女子常嫁滿清王公,而滿清的公主、格格、貴婦亦常下嫁蒙、藏族的首領。滿蒙通婚之例早就從努爾哈赤及皇太極時代開始,立國以後滿蒙統治階層的互婚成為定規。特別緊密的通婚關係建立於滿清皇族與蒙古的科爾沁部,早期的好幾位清朝皇帝都娶科爾沁部公主為皇后,不少成為皇帝的母親,以至於宮廷中常為蒙古女子的天下。數代通婚以後,滿蒙的統治

---

[5] 林恩顯,《清朝在新疆的漢回隔離政策》(臺北:商務印書館,1988)。
[6] 陳又新,《清朝前期處理與西藏有關的民族隔離措施》(臺北:蒙藏委員會,1998)。

階層已成為密不可分的血親，蒙古對清廷的效忠有了自然的保障。[7]

除了統治階層的互相通婚政策以外，清廷也以賜爵位，派官職來籠絡蒙古、西藏及維族的首領們。不少有特殊功勳的蒙古旗長被頒賜極高的爵位，相當於王公，貝子，貝勒。維族穆斯林的首長如伯克等，亦分別被授予自七品至三品的官職。頒封爵位名號以外，清廷亦授予優裕的年俸及其他賞賜，並定期召來京師入覲，以示恩典。[8]

### 4.蒙古、西藏的特殊待遇

蒙古及西藏事務在清朝政策上的重要性主要是政治上及戰略上的考量，早期滿清的興起如無東蒙古部落的大力支援是不可能的。到了清朝建立以後，對於廣大的北部及西部邊疆的安全成為朝廷最關心的問題。而這些地區居住者主要是蒙古、西藏及維吾爾等少數民族。早在 1636 年滿清入關以前，皇太極即設立了 "蒙古衙門"。兩年以後，改名為 "理藩院" 主要是管理蒙古事務。到了康熙朝 (1662–1722)，理藩院職權擴大，兼管西藏及回疆事務，地位與六部相等。其掌管的事務包括涉及喇嘛教的宗教事務；滿清朝廷與蒙、藏、維族統治階層之通婚事宜；蒙古及西藏王公、活佛等之入覲；分發賑濟糧食錢財；以及其他行政及訴訟事務。[9]

從整體上看，清廷對蒙古及西藏的政策十分成功。這兩個民族終清朝一代忠於朝廷，而清朝基本上維持了蒙古及西藏地區的和平與安定。與清朝對蒙、藏政策成功相對照的是清廷與其他少數民族的關係通常困難而造成少數民族對清廷的統治甚有反感，這與清朝對這些少數民族的政策有關。其他少數民族不但未能享受到蒙、藏的待遇，而且清廷的政策往往很嚴厲壓制及具有剝削性。這些少數民族不但擔負重稅以及勞役，在與漢人雜居地區，如果與漢居民有糾紛，地方官常偏袒漢民，而使少數民族憤憤不平。到了清朝後期，國勢趨弱，政府控制力不足時，少數民族往往爆發

---

[7] 蕭一山，II，頁 155。

[8] 林恩顯，頁 15。

[9] 趙雲田，〈清朝的理藩院〉，《人民日報》，1986 年 11 月 15 日。

反清動亂。同治光緒年間貴州為時甚久的苗亂，以及 1850 年代開始雲南的回族及其他少數民族的叛亂，隨後蔓延到1870 年代西北的回亂等等，均是很好的例子。[10]

　　清廷對於回族人民的政策最為失敗。從 17 世紀到 18 世紀後期清代的盛世，清廷對伊斯蘭教態度較寬容，而且籠絡新疆維吾爾族的政治宗教領袖，但對於人數眾多而散居各省的回族，其政策從開始即有問題。回族或稱回回，祖先是從中亞及近東一帶移居來華的穆斯林。17 世紀清朝立國時，回族人民早已在中國落地生根，散居內地各省，而以西北及雲南為多。回族人民由於久居中國，長期與中亞隔絕，逐漸喪失原來的語言文字，採用中文及漢語，也已改了漢姓。在文化及經濟生活上接近漢族，但保存了伊斯蘭教的信仰及一些生活及飲食上的習俗。[11] 回族民性強悍，對清廷的統治並不完全馴服。18 世紀時在甘肅及青海的回族即有反政府的動亂，造成這些動亂的主要因素是回族本身的教派之爭引起，而地方官處理不當形成的，往往造成漢回之間的仇殺及朝廷對叛亂回族的大事屠殺。[12]

　　19 世紀後期當清廷勢力衰落時，受到太平天國及捻軍動亂的影響，陝甘的回民亦起事。雲南的回民在杜文秀領導下首先發難，歷經十六年 (1856–1872) 始平定，人口的喪亡十分重大。到了 1860 年代陝甘的回民起事，聲勢更為浩大。清廷對付無方，後來起用左宗棠的湘軍才平定了亂事。而陝甘的回亂又蔓延到新疆維吾爾人民的紛紛起事，以雅庫柏為最強，最後亦靠左宗棠率領湘軍平亂，到 1877 年才完全收復新疆。[13]

　　經過了二三十年回族的動亂，清廷瞭解到 "以回治回" 及爭取回族向心力的重要。清末開始徵用回族軍隊為朝廷效力，而促成回族軍事力量的興起。陝西、甘肅，及青海回族軍事將領逐漸擡頭，到了民國初年形成了

[10] 郭廷以，《近代中國史綱》（香港：中文大學，1980），頁 175–179。
[11] 楊建新，《中國西北少數民族史》（銀川：寧夏人民出版社，1988），頁 512–541；賴存理，《回族商業史》（北京：新華書店，1988）。
[12] 張中復，頁 55–83；葛壯，《伊斯蘭與中國社會》（臺北：東大圖書公司，2002），頁 171–185。
[13] 葛壯，頁 185–194；張中復，頁 95–137。

西北的回族軍閥。[14]

## 四、民國時期的民族政策

　　中國的共和革命是依靠反滿清的漢族民族主義的浪潮而成功的，但是清廷被推翻，民國建立以後，民國政府的領袖們面對的是一個多民族的中華民國。革命團體同盟會的會員中有不少人具有強烈的反滿大漢族主義的觀念，但是革命運動中最知名的領袖孫中山卻早就提倡對外尋求中國國際地位的自由平等，而對內主張各民族的平等。孫氏承認中國的漢、滿、蒙、回、藏五族共和。此一觀念為新成立的民國政府正式採用，寫入其憲法。經過國會熱烈討論新國旗的模式後，通過了採用紅、黃、藍、白、黑的 "五色旗"，以代表中國的五個主要民族。此一國旗一直沿用到國民政府成立的 1927–1928 年。[15]

　　承認中國是 "五族共和" 的觀念，實際上是根據政治上的考量，而不是根據中國民族結構的實況。譬如西南地區人口相當多的少數民族如壯族、彝族、苗族等沒有包括在五族以內，但其人口數目卻多過滿、蒙、回、藏。又民國政府對於 "回族"（回民）一名詞的使用，十分含糊。它成了對所有信奉伊斯蘭教人口的泛稱，而不是一個對特定少數民族的專稱。

　　孫中山民族主義的理論乃基於一個信念，即中華民族最終的大融合。孫氏認為雖然五族有宗教、文化、語言、及身體特徵的不同，五族基本上俱為中華民族。他相信經過長期融合以後，會成為一個整體的中華民族。孫氏在民國初期雖然長期居於在野身份，但是他對於民族主義的理論卻為民國政府軍政領袖們接受，包括北洋政府在內。[16]

　　民初共和政府的特別重視滿、蒙、回、藏四個少數民族並非真正尊重

[14] 葛壯，頁 250–262。

[15] 在上海舉行的共和國會議中討論了三種不同國旗以代替清朝龍旗的提議，最後決定採納五色旗，主要是因其代表了五族共和。國民政府成立後，改用青天白日滿地紅為國旗。

[16] 朱浤源，《同盟會的革命理論》（臺北：近代史研究所，1985），頁 27–44。

其少數民族的地位，而是在清朝覆亡以後關心於保持國土的完整。滿清朝
廷建立了一套十分成功的籠絡蒙、藏、維族的政策，保持了蒙、藏對清廷
的忠誠及邊疆的安定。民國建立以後，蒙、藏與清廷的特殊親密關係不再
存在，共和政府有可能喪失廣大的邊疆，因為這些邊疆土地上生活的主要
是滿、蒙、回、藏等少數民族。這是共和政府要特別重視這四個民族藉以
保持領土完整的主要原因。

　　定都北京的北洋政府 (1912–1928) 及其後定都南京的國民政府 (1928–
1949) 對於少數民族的政策都缺乏遠見及清楚的意識形態，大致以孫中山
的理論為依歸。孫氏的民族主義理論對於如何處理少數民族問題解釋不
清，甚至於有矛盾之處。孫氏一面承認五族共和、平等，後來也接受 "民
族自決自治" 的原則；但另一方面又相信中國各個民族的文化、語言、宗
教、及身體特徵的區別會逐漸消失，而最終會融合成為一個文化及政治上
的整體。這一信念實際上無異於相信以漢族為中心的民族同化趨向。[17] 民
國政府對少數民族的政策始終無法調和這兩種相對立的觀念，而沒有明確
的方針。如果說孫中山的理論對少數民族政策解釋不清，其政治上的繼承
人蔣中正則偏向大漢族主義的同化政策。在 1943 年出版的《中國之命運》
一書中，蔣氏宣稱居住在中國的人民來自同一祖先，因此中華民族是一個
單一的民族。這一說法無異否認中國各民族的任何不同。[18]

　　從清朝到民國的政治變化無可避免地影響了政府的少數民族政策。清
朝的統治階級與蒙、藏的世襲貴族間所建立的親密關係隨著清朝的覆亡而
瓦解。民國政府立刻受到蒙、藏會分裂獨立的威脅。蒙古及西藏的政治宗
教領袖對於民國新政府不信任甚至敵視。由於民初政局的不穩定及一些帝
國主義國家如英、俄等的離間，蒙古與西藏的地方政府宣佈獨立，脫離中
國，並於 1913 年元月彼此承認獨立。北京政府緊急應付，曾籌劃出兵以恢
復中國對蒙、藏的主權，終因自身力量不足及恐懼列強的干涉而作罷。後
經過相當困難的交涉及英、俄的調解，北京政府才算維持了中央對蒙、藏

---

[17]　朱法源，頁 50。
[18]　蔣中正，《中國之命運》（重慶，1943）。

的宗主權，收回了一點面子。[19]

　　從滿清到民國的民族政策另一不同的是對回族的態度及政策。有清一代回民的動亂幾乎連續不斷，雖然回民動亂的因素很多，至少反映了回民對清廷統治普遍的不滿。民國政府從北洋到南京的國民政府對回民的態度均較寬容，基本上奉行保守而維持現狀的政策，承認回族的社區宗教領袖門閥的領導地位，無意尋取社會及政治上的改革。中央政府拉攏回族軍事領袖，派任高級官職，在名義上歸納於民國的文武官職系統。民國時期對於“回族”之名詞初用於新疆的維吾爾族，後指居住內地說漢語的穆斯林，而稱維族為“纏回”。實際上對“回民”的解釋十分曖昧，並不認同其為單一民族，而認為凡是漢人信奉伊斯蘭教，在生活習俗上尊從某些宗教教規者，均稱“回民”。[20]

　　回族在西北各省分佈較多，但與其他族群雜居，並不占人口的大多數，往往受到其他族群的統治或地方官的欺壓。到了清末回族開始組織自己的團練及地方軍隊，軍事力量逐漸強大。到了民國初年，回族軍人開始支配及統治西北。寧夏、青海、及甘肅的大部份屬於回族軍人的勢力範圍達三十多年之久。回族軍事將領統治西北各省者其政績往往腐敗及濫用職權，但是民國中央政府力量不足，鞭長莫及，當政者容忍甚至信任這些回族軍人。再加上 1930 及 1940 年代國府與中共競爭，西北回族將領們由於其宗教信仰而基本上反共，往往成為政府反共戰爭中的盟友甚至是先鋒。[21]

　　雖則民國時期的民族政策與清朝的政策有相當不同，但從某種角度來看，也有其延續性。首先是繼續對蒙古及西藏事務特別關心，民國政府設立了“蒙藏事務部”，後來改為“蒙藏委員會”但仍保有內閣中“部”的

---

[19]　郭廷以，《中華民國史事日誌》（臺北：近代史研究所，1979），III，頁 78–79、122–123、186。

[20]　葛壯，頁 263–266。

[21]　史倫，《西北馬家軍閥史略》（蘭州：甘肅文史研究館，1989）；馬鴻奎，《馬少雲回憶錄》（香港：文藝書屋，1984）；《馬步芳家族統治青海四十年》（青海人民出版社，1981）。

地位。不過民國時期的蒙藏委員會遠比不上清朝 "理藩院" 的地位、權力與聲望。這是由於清代理藩院的一些重要功能到了民國時期已不存在，而民國時期的中央政府對邊疆的蒙古及西藏地方控制力幾乎已經喪失。然此一 "蒙藏委員會" 繼續是民國政府的一個部門，直到今天的臺灣中華民國政府。

　　北洋及南京國民政府時期推行了一些經濟、社會上的改革，但是關於民族政策方面卻沒有任何改進。口頭上民國政府承認中國各民族平等及政治上的共和主義，可是並沒有通過任何專為增進少數民族的地位及福利的法案。孫中山雖在他有關民族主義的著作中提到國內各民族的自治權，但是民國政府並無任何施政綱領中強調要推行少數民族的地方自治。[22]

　　憑心而論，民國政府並非完全沒有改進民族政策的意圖，只是因為其政治軍事力量的薄弱，無力推動對少數民族聚居的邊疆地區的任何改革。從 1912 到 1949 年間，中國所面對的是政治上的分裂，內戰的頻仍，外強的干涉，及日本的軍事威脅。中央政府對於邊疆地區並沒有實際的控制力，而且在要對付如此多的緊要問題之下，沒有餘力來關心少數民族問題。1937 年抗日戰爭爆發後，國民政府認為當前最緊要的事務是國家的團結，於是呼籲全國各民族支援中央抗日，大體上少數民族不少投入抗戰的陣容。[23] 不過國民政府對民族政策的忽略也造成了一些不良的後果，至少前後有兩宗少數民族擬乘日本入侵，國民政府自顧不暇的機會想脫離中國尋求獨立。

　　第一宗是在內蒙古的蒙古民族主義的分裂活動。其實蒙古民族主義的擡頭始於 1933 年，當日本關東軍佔領了東北而進軍內蒙古東部熱河的時候，在德王的號召之下，一群蒙古上層人物向南京的國民政府上書要求內蒙古的 "高度自治"。在沒有得到滿意答覆之後，德王開始積極接交日本關東軍高級將領，得到關東軍方面的軍、經援助以後，蒙古的領袖們於

---

[22] 朱浤源，頁 95–153。

[23] 李資源，〈少數民族在武漢抗戰時期的貢獻〉，《紀念武漢抗戰六十周年會議論文集》（武漢：湖北人民出版社，1999），頁 107–116。

1936 年 5 月宣佈成立"蒙古軍政府",以德王為首領。抗戰發生以後,一支由李守信統率的蒙古軍隊公開協助日軍。到 1939 年,"蒙古聯合自治政府"成立於張家口,仍以德王為首領。此一政府成為日本侵華戰爭發動以後的第一個傀儡政權,由日本軍方控制,直至 1945 年 8 月日本戰敗投降後才結束。[24]

第二宗民族分裂活動發生在抗戰後期的新疆。1944 年 9 月北疆的哥薩克人以抗稅為名,首先舉起反對中央的旗幟,隨即蔓延到占人口大多數的維吾爾族。反對中央的力量成立了"東土耳其斯坦人民共和國臨時政府"。此一民族分裂活動使國民政府無力對付,談判亦無具體結果,直到 1949 年 10 月中共建國同時共軍進入新疆後,才由中共新政權以談判獲得解決。[25]

## 五、中共的民族政策

中共在革命初期的江西時期 (1929–1934) 並沒有釐定自己的民族政策,只是表面上尊從馬列主義的原則及蘇聯對民族問題的方針。到了"長征"途上及其後的陝北時期中共才親身經歷了與少數民族打交道的經驗。比較重要的是中共"民族統一戰線"政策的發展,特別是陝北時期與蒙古族及回族的關係。早在 1935 年 12 月 20 日,"中華蘇維埃中央政府"就發表了"對內蒙古人民宣言",這是中共對單一少數民族發出最早的呼籲,其目的是希望聯合蒙族人民。隨後毛澤東在一次演說中也說:

少數民族,特別是內蒙民族,在日本帝國主義的直接威脅下,正在起來鬥爭。其前途將和華北人民的鬥爭和紅軍在西北的活動,匯合在一起。[26]

類似的政策,中共亦用於對寧夏回族的關係。但由於地理位置的不同,對

---

[24] 安井三吉,〈少數民族與抗日戰爭〉,池田誠(編)《抗日戰爭與中國民眾》(北京:求實出版社,1989)。

[25] 葛壯,頁 276–282。

[26] 毛澤東,〈論反對日本帝國主義的策略〉,引于安井三吉文中。

回族關係的重心不在共同抗日，而在呼籲其支援中共推行的土地改革政策。然而直到 1936 年底，中共的民族政策在理論上仍尊奉蘇聯對少數民族推行的民族自治的 '聯邦共和國' 制。

抗戰發生以後，中共逐步地發展了自己的統一戰線政策。中共的統戰政策用於一面抗日，一面爭取少數民族的支援以對付國民政府。中共的統戰政策明示尊重少數民族的特性，如語言、宗教、及社會習俗等等；及承認少數民族現有的政治制度及領袖階級。並允諾將施行對所有少數民族政治上及法律上的平等。

毛澤東在 1938 年 11 月召開的中共六屆六中全會提出的報告具體說明：

> 允許蒙、回、藏、苗、瑤、彝各民族與漢族有平等權利，在共同抗日原則下，有自己管理自己事務之權，同時與漢族聯合建立統一的國家。[27]

中共關於此政策的推行，首先是針對回族及蒙古族。在黨內成立了 '蒙古工作委員會' 及 '定邊工作委員會' 展開對寧夏回族地區的經濟、社會情況調查；在延安成立了對少數民族青年培訓中心；又在中共所統治的陝甘寧邊區成立蒙古及回族自治鄉及村。這些工作的成就，為中共 1949 年在大陸獲取政權以後的更成熟的民族政策打下了基礎。[28]

## 1.設立地區性的民族自治

1949 年中華人民共和國建立以後，一個有系統性的民族政策逐漸形成。這一民族政策與先前國民政府時期不同處，首先是中共接受了在少數民族地區設立 "民族自治" 的行政單位。其實在兩年以前的 1947 年，中共已採取了少數民族自治的理念，在其控制的內蒙地區建立了 "內蒙自治區"。建國以後的 1955 至 1965 年間，中共又陸續成立了其餘四個民族自治區。這五個自治區只是最高的第一層行政單位，其地位與省相當。在其

---

[27] 陳文鴻，〈中國的民族區域自治政策〉，《明報月刊》（香港），1986 年 11 月。
[28] 安井三吉，頁 193–195。

下又設立了 30 個自治州及在各省設立了約 120 個自治縣或旗，構成第二及第三層的少數民族自治行政單位。[29] 設立這些地區性的民族自治單位的理論基礎由當時的統戰部長李維漢加以說明。李不贊成採用蘇聯的“民族聯邦共和國”模式，而極力主張在單一的國家體系內，中央政府之下成立地區性的民族自治單位。李認為中國少數民族多有雜居的情況，以及少數民族占中國總人口相當低的事實，不適合蘇聯的模式。另外中國在排除外力干擾，達到國家統一的目的後，應促成全民族的解放及平等。換言之，少數民族革命是中國革命的組成部份，也分成兩個階段：先是民主革命，廢除各民族內部的封建制度和奴隸制度，實現農民的土地所有制；第二步實現社會主義革命，建立社會主義所有制。[30] 李的主張為毛澤東贊同，這一政策反映在 1949 年 9 月中國人民政治協商會議通過的“共同綱領”內：

> 各少數民族聚居的地區，應實行民族的區域自治，按照民族聚居的人口多少，分別建立各種自治機關（第五十一條）。[31]

建立民族區域自治的原則 1952 年成為基本法，而寫入隨後公佈的人民共和國憲法。可是建立地位相當於省的民族自治區並不是沒有爭論，如廣西的人口是由多民族組成，為了建立一個自治區，需要用各種方法促成一個新的“壯族”的認同，成立了廣西壯族自治區。[32] 更有問題的是此一政策一面要承認各少數民族所存在的經濟、社會、宗教、及文化的特性，另一方面又要在這些地區最終實現社會主義革命，成為中國社會主義革命的一部份。如何在這兩個不相同的目標之間取得平衡，是中共民族政策推行的最大矛盾，也難怪在過去的歷史中，其民族政策常搖擺不定，直接受到中央政治空氣的影響。

---

[29] 其他四個自治區為：新疆維吾爾自治區 (1955)、廣西壯族自治區 (1958)、寧夏回族自治區 (1958) 及西藏自治區 (1965)。陳建越，〈多民族國家的民族主義及其在中國大陸的命運〉，《百年來兩岸民族主義的發展與反省》（臺北：東大圖書公司，2002）。

[30] 李維漢，〈關於民族工作中的幾個問題〉引自陳文鴻文中。

[31] 陳建越上文。

[32] Katherine Palmer Kaup, *Creating the Zhuang: Ethnic Politics in China.* (Lynne Rienner, 2000), particularly chapters 3, 5, and 6.

中共承認少數民族區域自治的原則，自然產生了如何認明及鑒定生活在中國少數民族的問題。很顯然中國絕對不止民國政府所承認的五個民族。當中共中央政府宣佈其承認少數民族地位平等的意圖，及允諾將對少數民族有扶助政策時，各地紛紛有人口申請被承認為少數民族之事。到了1953年，超過了四百個不同的所謂少數民族向政府申請被承認，造成了混淆不清。中央政府不得不動員了一批人類學、民族學、及歷史學的知名學者組成考察小組，調查各地的實際情況。到了1978年，政府宣佈確認了全國包括漢族在內的五十六個民族。雖則仍有對此調查不十分周全的批評，這一數位為中央政府接受，一直沿用到現在。[33]

## 2. "大漢族民族主義" 與 "地方民族主義" 之對峙

中共的民族政策在動蕩的文革時期，形於停頓。甚至將原來憲法有關 "民族自治地方的自治機關" 一節完全刪除。文革結束以後，中共再開始強調民族政策。1982年通過的新修正憲法，其序言開端即說：

> 中華人民共和國是全國各族人民共同締造的統一的多民族國家。平等、團結、互助的社會主義民族關係已經確立，並將繼續加強。在維持民族團結的鬥爭中，要反對大民族主義，主要是大漢族主義；也要反對地方民族主義。國家盡一切努力促進全國各民族的共同繁榮。[34]

在第一章的總綱，強調國家保護少數民族的合法權益，禁止對任何民族的歧視及壓迫。在少數民族居住的主要地區建立自治行政單位，並保證各民族有使用其自有語言、文字的自由，亦有改革自身風俗習慣的自由。宗教自由在憲法中有一般性的保障，但沒有特別提少數民族的宗教自由。[35] 到

---

[33] Hsiao-tung Fei, "Ethnic Identification in China," a speech delivered at the Chinese People's Political Consultative Conference on September 1, 1978, and published in *Social Sciences in China*, 1978.

[34] 見陳文鴻文內。

[35] Linda Benson and Ingvar Svanberg, *China's Last Nomads: The History and Culture of China's Kazaks* (New York: M.E.Sharpe, 1998), 88–91.

1984 年頒佈的"民族區域自治法"則仍沿襲文革以前的民族政策，雖承認
各民族的平等、自治，但在第六章強調上級國家機關對少數民族地區的領
導、照顧和扶助，並沒有從理論上尊重少數民族有不同制度的自治權利。
在某種程度上仍然鼓勵中央及地方政府"幫助"少數民族地區通過經濟發
展，過渡到與漢族同樣的社會制度。很顯然中共政府仍然沒有解決這兩種
可能產生矛盾的政策，而當這兩種情況發生衝突時，中央的政策往往偏袒
國家統一及上級政府對少數民族的領導及扶助，將"尊重少數民族自治的
權利"置於次要。[36]

　　中共的民族政策最棘手的問題莫過於如何在國家統一的前提與民族地
區自治的要求之間維持平衡。如用中共常用的名詞，即一面要與"大漢族
民族主義"鬥爭，一面要對付"地方民族主義"。對過去的半個世紀中共
政權歷史的回顧，其民族政策有如鐘擺搖擺於這兩極端之間。在毛澤東當
權傾向極左政策時，中央集權的國家統一要求成為最高指標，"地方民族
主義"常受壓制及譴責。而在中央政策趨向溫和及容忍之際，民族政策往
往重點轉移到批評"大漢族民族主義"。[37]

### 3.對於少數民族地區幹部的培訓

　　另一個中共民族政策的新發展是對於少數民族幹部的教育及培訓，
特別是對青年幹部。很顯然在中共立國之初對少數民族的舊統治階層的妥
協是出於現實環境的需要，而非真正接受及承認這些當權派的長期領導地
位，例如對內蒙古、新疆、及西藏在二十世紀中葉的傳統領袖們。既然革
命的目的是徹底改造社會，中共政策的最終目的仍希望達到這些地區的社
會、經濟及政治改革，實現社會主義的社會制度。為了達到此目的，對各
地少數民族青年幹部的吸收及培訓成為重要任務，冀求這些青年幹部經過
教育及培訓後，能成為少數民族地區的新黨政領導。早在 1951 年政府即

---

[36] 引自陳文鴻，〈民族區域自治法〉(1984) 第六章。
[37] 楊靜仁，〈社會主義現代化建設時期民族工作的任務〉，及其他有關文章載於《新
　　時期民族工作文獻選編》（北京：中央文獻出版社），1990。

在北京成立了 "中央民族學院"。在以後十多年內有十餘所的民族學院紛紛在西北、西南、及華南地區建立。到 1978 年，中央政府宣佈已培訓了八十萬少數民族幹部。培訓工作在文革期間陷於停頓，但進入了 80 年代的開放時期，對少數民族幹部的培訓加大加速。到 1988 年，政府宣佈已培訓了一百八十萬少數民族幹部及專業技術人員。2004 年中央政府宣佈中國已有少數民族官員 300 萬人。[38]

除了對地方幹部的培訓以外，在中央政府的國務院成立了 "民族事務委員會"，負責少數民族地區事務。當然根據中國的政治體制，民族事務及其他重要國家事務的最高決策權在中國共產黨，特別是黨的中央委員會及政治局。中共的中央委員會早已成立了主管民族事務的常務委員會，其成員也包括少數民族的黨政領導。不過民族政策的真正籌劃及決策權，並不屬於少數民族的黨政領導，而是由中共中央決定。

對各自治區少數民族青年幹部的培訓，當然對於地區的經濟、社會、文化發展大有幫助，但是這一政策的主要目的是協助執行中央的決策，此一目的並不能保證一定達到。如果中央政策與少數民族的宗教、文化、及社會傳統相違背時，地區的少數民族幹部將面對困難的選擇，未必一定全力執行中央的政策。再如少數民族幹部對自治地區職權的分配，可能有更高的要求。此外各自治地區擔任黨政領導的仍有很多漢族幹部位居要津，而少數民族幹部與漢族幹部是否能合作相容，也是少數民族幹部內心未必滿意的因素。

### 4.少數民族地區漢人移民問題

漢族人民，特別是農民，從人口密集的省份移民到邊疆的廣大地區以尋求耕地或求其他謀生方法，已有久遠的歷史。清朝的兩百多年間，中原農村人口膨脹，漢人農民開始向邊疆人口稀少地區移民。華北的漢人陸續移民到黃河河套及東北凇遼平原，而華南的農民逐漸移居到廣西及雲南。

---

[38] 陳樂齊，〈我國民族關係日益鞏固和發展〉，《人民日報》（海外版），1989 年 12 月 28 日。

清廷對漢人移民東北三省早有禁令，因為東北是滿清的發祥地而列為禁地。但是此一禁令並未嚴格有效執行，而且到了二十世紀初已經取消，造成了清末民初漢人的大量移民東北。清朝原來並不鼓勵漢人移民實邊，到了清末受列強環伺，人口稀薄的邊疆領土難保，政策才加以改變。民國初年漢人移民河套及東北速度未減，直到 1930 年代才受局勢的影響而停止。南京的國民政府曾有移民實邊的計劃，但無力實行。總之，近代漢人移民邊疆人口稀薄地區主要是民間自發的，並非政府鼓勵。

漢人移民邊疆地區的情況在 1930 及 1940 年代，受到戰爭及社會動亂的影響而幾乎完全停止。中共立國以後，恢復了社會秩序及和平，漢人移民不但再開始，而且速度加快。雖然中共政府為了避免問題的敏感性，並未公開宣佈鼓勵移民的政策，但是從內地省份移民邊疆地區的人口數量可以推測中央及有關省份至少默認許可。此類移民可以紓解人口密度大的省份的人口壓力，同時有助於邊疆地區的經濟發展。另一更重要的因素是政治及戰略上的考慮，移民實邊可以增加邊疆地區漢人的人口，以平衡當地的少數民族人口的比例。從長遠的政治利益上看，可以增強邊疆地區的向心力，有助國家的統一。

此外，中共的某些政治及軍事上的政策，有形及無形中造成了移民實邊的實況。如鼓勵知識青年下鄉落戶，也包括了邊遠地區。中共立國之初，將大量在邊疆地區，特別是新疆的投降國軍改編為 "屯墾建設兵團" 落戶定居在駐防地，幫助當地經濟建設及開發，這些官兵及其家屬構成了相當數量的漢人移民。另外為了邊防而在各邊疆地區駐紮軍隊，也構成移民實邊的事實。除了政治、軍事、戰略的考量以外，有時候移民純粹是經濟因素造成，不少貧困的農家自願及自動地移居邊疆地區，尋求耕地以自存。如 1959 至 1961 年間的大饑荒，河南、陝西等省的農民為逃荒而進入新疆東部，形成當時的 "盲流"。[39]

在過去半個世紀中，漢人移居邊疆地區的確實人數並無統計。可是移民人數的龐大可以從邊疆地區人口統計的變化看出。在內蒙古自治區，蒙

[39] 田方、林發棠，《中國人口遷移》（北京，1986），頁 286–292。

古族所占的人口比例從 25% 下降到低於 8%，而漢族所占比例卻從 75% 增加到 82%。[40] 在新疆維吾爾自治區，少數民族（維吾爾、哈薩克、蒙古、回族等等）占總人口的比例從超過 90% 下降到 60%，而漢族的比例由 8% 增加到 40%。[41] 西藏自治區比較例外，因為西藏高原的氣候及自然條件幾乎沒有漢人農民可以適應。直到 1980 年代，西藏的漢人人口基本上限於黨、政、軍人員及一些家屬。但是 80 年代開放政策實行以來，情況頗有變化。西藏的經濟及旅遊事業發展吸引了相當數量的漢人商業及經濟移民，尤其集中在拉薩及幾個大城市。[42] 原來是少數民族聚居地區漢人移民的急速增加，自然難避免民族之間的摩擦及衝突，甚至於對漢人的敵視，而引起種族動亂或少數民族的分裂運動。

## 六、結　論

中國真正成為一個多民族的國家，應該始於清朝。滿清朝廷由於本身是少數民族統治中原多數的漢族，對於民族問題十分重視。在發展初期，滿清的統治者就認識到籠絡蒙古族及藏族對鞏固邊疆及維持政權的重要。清廷設立理藩院治理有關蒙古及西藏事務，予以崇高地位及相當職權。蒙古及西藏人民崇信的喇嘛教及其高僧，得到清廷特別優遇。蒙古及西藏的統治階級，不但受到清廷禮遇，而且授予官爵，且與滿清皇室世代通婚。這一系列的政策使得滿、蒙、藏的統治階層密切結合，也給清廷帶來了西、北邊疆的長期和平與安定，可以說是清朝民族政策很成功的地方。但是這些政策的目的是維持現狀，基本上是極端保守的政策。即使清朝不在 1911 年覆亡，同樣的政策是否能在二十世紀延續下去，很成問題。因為這些政策並未考慮到蒙藏地區可能發生的社會經濟變化及蒙族、藏族人民到了近

---

[40] Thomas Heberer, *China and Its National Minorities: Autonomy or Assimilation?* (New York: M.E.Sharpe, 1989), 94–100.

[41] Benson and Svanberg, 15–29.

[42] Heberer, 118–126；Pico Iyer, "Lhasa Vegas" (an article in global travel), *The Globe and Mail*, April 3, 2004. T1–T3.

代可能產生的民族意識。

　　清廷對蒙、藏特別優待的政策並未施之於其他少數民族。對於其他的少數民族，清朝的政策壓制性強，常對人民科以重稅或勞役，而地方官又常欺凌人民。因此少數民族對清廷的統治甚有反感，當清廷勢力衰落時，少數民族往往揭竿而起，反抗朝廷。有些少數民族的叛亂甚至影響到清廷的政治安定。所以從總體上看，清朝的民族政策不能說是成功的。

　　清朝的覆亡給新建立的民國立刻帶來面對分裂的嚴重問題。外蒙古及西藏的統治階層認為他們與清廷的特殊親密關係已不存在，而他們對標榜漢族民族主義的民國新政權沒有好感，所以馬上宣佈獨立，脫離中國。當然這一政治行動不為民國政府接受，甚至考慮要以武力來恢復國家的統一。經過了英、俄列強的調停，最後雙方妥協，由中央政府保持了宗主權，但是這兩地區形成了實質上的獨立。

　　共和革命成功以後，民國政府接受了孫中山的漢、滿、蒙、回、藏"五族共和"理念，但是並沒有真正致力於建立一個代表五族的共和政府。到1918年，中央政府也接受了當時世界流行的"民族自決"的原則。然而這一原則也只形於紙上，當時的北洋政府很衰弱，又陷於不斷的內部軍事及政治的紛爭，無暇也無力推動少數民族自決的政策。

　　南京的國民政府建立後，雖然達到某種程度的國家統一，然而並未推動民族自決。國民政府尊奉國民黨創立人孫中山的理論基礎，承認民族平等及自決的原則，但是認為中國的少數民族並沒有基本上的區別，而其民族政策的重點在平等及團結。1937年抗日戰爭發生後，國民政府更感到國家團結的重要，呼籲各少數民族全力支援中央的抗日政策，但沒有具體宣佈一個開明的民族政策。

　　1949年中國共產黨在內戰中獲勝，取得對大陸的控制權，建立了"中華人民共和國"而對民族政策開始有大幅度的改變。首先是承認民族區域自治的原則，調查國內少數民族的實況，宣佈全國有五十六個民族，並在少數民族居住地區按人口比例設立區、州、縣（旗）三級制的自治行政區分。可是少數民族的自治權在實行時受到中央集權的中國行政制度及中共

黨組織的制衡。自治權往往居下風。此外在各自治區、州、縣擔任重要黨政官員的很多是漢族幹部，而非少數民族幹部。換言之，中共的民族區域自治在實質上有很大的侷限。

　　另一個重要的改變是社會政策。過去中央政府的民族政策均尋求與少數民族的領導階層妥協合作，而無意鼓勵少數民族的社會變化及改革。中共的目的是社會革命，改造成一個社會主義的國家，包括少數民族在內。中共立國之初與少數民族的舊統治階層合作及承認當時的政治社會體系是權宜之計，並非其政策的最終目標。對少數民族青年幹部的培訓亦是希望其能協助推行中央的政策，早日達到社會改革的目的。這一培訓計劃有相當成果，但也會產生矛盾。受過相當教育及經過培訓的民族幹部，仍會忠於自身民族傳統，包括宗教信仰及社會習俗，或質詢中央政策之是否合宜。另外少數民族幹部與漢族幹部之間的關係亦是問題，未必能夠融洽相處。

　　再一個重要的發展是漢人向少數民族地區移民的問題。雖然這一情況早已存在，但在中共統治時期移民的人數及速度均大有增加。漢人農民從人口密集的省份移向邊遠地區謀生，經過了幾十年的停頓，到 1950 年代重新開始。移往的地區以黃河河套、新疆、青海為主。中央政府為了鞏固邊防及發展邊疆經濟，立國之初即派駐相當人數的軍隊、黨政人員、及工人。政治運動的 "知青下鄉" 也有不少是支援邊疆地區。1980 年代以後推行的經濟開放政策吸引了不少漢人到邊疆地區經商及從事與旅遊發展有關事業。這些大量漢人移民到少數民族地區，已經嚴重影響到這些地區族群的人口比例，當然也難免引起當地少數民族的懷疑與不安。新疆及西藏族群之間常起摩擦，成為處理民族關係方面的一大問題。

# 他山之石 —朝鮮君臣論盛清諸帝

莊吉發[*]

## 一、前　言

　　清朝入關前的歷史，稱為清朝前史。在清太祖努爾哈齊、清太宗皇太極的努力經營下，建州女真由小變大，由弱轉強。天聰十年 (1636)，金國號改為大清，改元崇德。順治元年 (1644)，清朝勢力由盛京進入關內，定都北京，確立統治政權，直到宣統三年 (1911) 辛亥革命，政權終結，共二六八年，稱為清代史。在清代史的前期中，清聖祖康熙皇帝在位六十一年 (1662–1722)，清世宗雍正皇帝在位十三年 (1723–1735)，清高宗乾隆皇帝在位六十年 (1736–1795)，三朝皇帝在位的時間長達一三四年，正好佔了清代史的一半，這段時期的文治武功，遠邁漢唐，稱為盛清時期，康熙、雍正、乾隆這三朝皇帝，就是所謂的盛清諸帝。

　　滿洲原來是一個地名，在明朝所設的建州衛境內，朝鮮史籍中的「蔓遮」，便是滿洲 (manju) 的同音異譯，居住在滿洲的民族稱為滿洲族，可以簡稱為滿族，以建州女真族為主體民族，此外還有蒙古族、漢族、朝鮮族等，而以滿族為民族共同體。滿族的主體民族即建州女真族與朝鮮的歷史關係，源遠流長，在地理與文化背景上，都屬於東北亞文化圈。滿族入關後，朝鮮與清朝始終維持良好的關係，兩國使臣往來頻繁，朝鮮君臣都關心清朝的動靜。朝鮮君臣對盛清諸帝的認識，雖然不一定符合歷史事實，他們對盛清諸帝的論斷，也不一定很客觀，但是，朝鮮君臣的言論，卻是

[*] 故宮博物院研究員

清朝官書以外不可或缺的一種輔助性資料，可以提供一定的參考價值，正
所謂「他山之石，可以攻玉」。

## 二、儒家皇帝—康熙皇帝與清朝盛運的開創

　　清聖祖康熙皇帝玄燁 (1654–1722)，是清世祖順治皇帝的第三子，順
治十六年 (1659)，玄燁六歲，偕兄弟向順治皇帝問安。順治皇帝問及諸子
的志向，皇二子福全表示，「願為賢王。」皇三子玄燁回答，「願效法父
皇。」[1] 順治皇帝聽了很訝異。順治十八年(1661) 正月初七日，順治皇帝
駕崩。正月初九日，玄燁即帝位，時年八歲，以明年為康熙元年 (1662)。
遵照遺詔，由索尼、蘇克薩哈、遏必隆、鰲拜四大臣輔政。康熙六年 (1667)
七月初七日，康熙皇帝親政。他在位長達六十一年之久，在國史上留下了
許多為後世肯定的紀錄。他在位期間，討平三藩的反滿運動，收臺灣為版
圖，親征準噶爾，經營西藏，北巡塞外，綏服蒙古，鞏固了清朝統治的基
礎。康熙朝的美政，亦不勝枚舉，譬如整治河道、發展農業、崇儒重道、輕
徭薄賦、蠲免租稅、崇尚儉樸、任用賢臣等等，與歷代英主相比，可謂毫
無遜色。康熙皇帝酷愛中國傳統文化，他以上接二帝三王的正統思想為己
任，諸凡俱以堯舜之道為法。由於滿族的積極吸收泛漢文化，使儒家傳統
文化，得到傳承與宏揚。康熙皇帝認為孔孟之道，朱熹之學，遠較佛、道
空寂之說，更有利於政治建設。康熙十六年 (1677) 五月二十九日辰刻，康
熙皇帝御弘德殿，講官喇沙里等進講畢，康熙皇帝面諭講官云：「卿等每
日起早進講，皆天德王道修齊治平之理。朕孜孜問學，無非欲講明義理，
以資治道。朕雖不明，虛心傾聽，尋繹玩味，甚有啟沃之益。雖為學不在多
言，務期躬行實踐，非徒為口耳之資。」[2] 提倡孔孟之道，目的在以資治
道。康熙皇帝就是儒家政治理念的躬行實踐者，他的德治與寬和觀點，與

---

[1] 《清史稿校註》，第一冊（台北，國史館，1986 年 2 月），〈聖祖本紀一〉，頁
　　147。

[2] 《康熙起居注》（北京，中華書局，1984 年 8 月），第一冊，頁 310。康熙十六年五
　　月二十九日，上諭。

儒家思想息息相關。顧慕晴著《領導者與官僚操守：清聖祖的個案研究》一書也指出，「仁」乃儒家思想的核心，正如康熙皇帝謚號所顯示的，他對治國的基本想法，主要是承襲了儒家思想而來，他要成就自己為一「儒家皇帝」。他自幼接受儒家思想，尤其是在親政初期，由講官熊賜履、喇沙里、陳廷敬、葉方藹等在弘德殿講解四書五經，並相互討論，使他對儒家治國的觀念和想法，都充滿了興趣。[3]

　　康熙皇帝對德治的體察，主要表現在尚德緩刑的理念上。他認為至治之世，不以法令為亟，而以教化為先。康熙皇帝從親政之初就決心效法古帝王，對尚德緩刑，化民成俗，可謂不遺餘力。由尚德緩刑又導引出寬和安靜的治道。他指出，「為君之道，要在安靜。」[4] 康熙二十六年 (1687) 三月初四日辰刻，康熙皇帝御瀛臺勤政殿聽理政事，山東巡撫錢珏陛辭，康熙皇帝諭以「為治之道，要以愛養百姓為本，不宜更張生事，爾到地方，當務安靜，與民休息。」[5] 治國之道，莫要於安民，地方安靜，官員不擾民，是促成政權穩固最基本的要求。施政從寬，是康熙皇帝實踐德治的最基本要求。他主張用人施政，皆當中道而行，寬則得眾，他相信德治是國家長治久安的準繩，大學士張玉書等人具奏時也相信「自古治國在德。」大致而言，康熙年間，君臣對德治，已經形成了共識。《清史稿‧聖祖本紀》論曰：

　　　　聖祖仁孝性成，智勇天錫，早承大業，勤政愛民，經文緯武，寰宇一統，雖曰守成，實同開創焉。聖學高深，崇儒重道。幾暇格物，豁貫天人，尤為古今所未覯。而久道化成，風移俗易，天下和樂，克致太平，其雍熙景象，使後世想望流連，至於今不能已。傳曰，為人君，止於仁。又曰，道盛德至善，民之不能忘。於戲，何其盛歟！[6]

────────────

[3] 顧慕晴著《領導者與官僚操守：清聖祖的個案研究》（台北，瑞興圖書公司，2000年9月），頁148。

[4] 《康熙政要》（台北，華文書局），卷一，頁12。

[5] 《康熙起居注》，第二冊，頁1601。康熙二十六年三月初四日，上諭。

[6] 《清史稿校註》，第一冊，〈聖祖本紀三〉，頁295。

引文中所謂「開創」，可以視為清朝盛運的開創。為人君，止於仁，康熙
皇帝可以定位為仁君的實踐者。清朝國史館纂修黃綾本《大清聖祖仁皇帝
本紀》記載史官的評論，節錄一段內容如下：

> 史氏稱漢文景之際，刑措不用，幾至太平。又稱貞觀中，斗米三錢，
> 終歲斷刑，止二十九人。又云，宋仁宗在位四十二年，刑以不殺為
> 威，財以不蓄為富，兵以不戰為功，並書之典冊，以為美談。上臨
> 御日久，超越往代，六十一年中，兵不觀而壯，財不聚而豐，政教
> 不肅而成，風俗不言而喻，光天之下，至於海隅蒼生，鼓腹嬉遊，
> 熙熙皞皞，樂其樂，利其利，民日遷善而不知，豈漢唐而下，所得
> 同年而語者哉！昔人謂貞元會合之運，在唐虞宇宙間，至成周而再
> 見。上久道化成，深仁厚澤，無遠弗屆，含生有識，淪於骨髓，浹
> 於肌膚，下至昆蟲草木，並有於太和，黃髮兒齒，同臻於壽域，信
> 乎貞元會合之運，兼唐虞成周而有之矣。[7]

前引史官後記，雖多溢美之詞，惟康熙一朝的政績，確實頗有表現，可以
媲美漢唐，海隅蒼生，安和樂利，黃髮兒齒，同臻壽域，奠定了儒家政治
的基礎。康熙皇帝遺詔引《尚書・洪範》所載九五福，一曰壽，二曰富，三
曰康寧，四攸好德，五曰考終命，「考終命」，意即善終，並指出「五福以
考終命列於第五者，誠以其難得故也。今朕年已登耆，富有四海，子孫百
五十餘人，天下安樂，朕之福，亦云厚矣，即或有不虞，心亦泰然。念自
御極以來，雖不敢自謂能移風易俗，家給人足，上擬三代明聖之主，而欲
致海宇昇平，人民樂業，孜孜汲汲，小心敬慎，夙夜不遑，未嘗少懈，數
十年來，殫心竭力，有如一日，此豈僅勞苦二字所能該括耶？」[8] 康熙皇
帝在位六十一年，其間孜孜求治，勤政愛民，夙夜不遑，未嘗稍懈。他還
指出，「朕自幼讀書，於古今道理，粗能通曉。又年力盛時，能彎十五力

---

[7] 《大清聖祖仁皇帝本紀》（台北，國立故宮博物院，清國史館），黃綾本，史官後
記。

[8] 《明清檔案》（台北，中央研究院），第三十九冊，B22403。康熙六十一年十一月
十三日，遺詔。

弓，發十三把箭，用兵臨戎之事，皆所優為。然平生未嘗妄殺一人，平定
三藩，掃清漠北，皆出一心運籌，戶部帑金，非用師賑饑，未敢妄費，謂
皆小民脂膏故也。所有巡狩行宮，不施采繢，每處所費，不過一二萬金，
較之河工歲費三百餘萬，尚不及百分之一。」[9] 康熙皇帝勵精圖治，使社
會日趨繁榮，其雍熙景象，使後世流連不已，康熙皇帝的歷史地位，是可
以肯定的。

### 三、愛銀皇帝─朝鮮君臣論康熙皇帝

　　盛清時期，朝鮮和清朝兩國使臣往返頻繁。朝鮮冬至使、謝恩使、奏
請使、問安使、進香使、陳慰使、陳奏使、進賀使等從北京回國後，朝鮮
國王都照例召見正副使及書狀官等員，詢問清朝事情，諸臣將所見所聞，
據實向國王報告，君臣談話的內容，多見於朝鮮實錄。康熙皇帝在位期間
(1662–1722)，相當於李朝顯宗、肅宗、景宗在位之際。朝鮮國王關心康熙
皇帝的施政及對朝鮮的態度，奉命到北京或瀋陽的朝鮮使臣，都注意到清
朝政局的變化，民情向背。順治十八年 (1661) 正月初九日，康熙皇帝即
位。同年七月初一日，朝鮮進賀使元斗杓等人從北京回國，朝鮮國王顯宗
召見元斗杓等人，詢問清朝政局，元斗杓覆稱：

　　　　聞諸被俘人金汝亮，皇帝年纔八歲，有四輔政擔當國事，裁決庶務，
　　　　入白太后，則別無可否，性唯諾而已。以故紀綱號令，半不如前。
　　　　朝會時千官例皆齊會，而今則大半不來云。[10]

朝鮮進賀使元斗杓所稱康熙皇帝年八歲，是正確的。四大臣輔政，總攬朝
政，裁決庶務，並入白孝莊太皇太后云云，是可信的。康熙元年 (1662) 十
一月，朝鮮陳奏使鄭太和等從北京回國，國王顯宗召見鄭太和等人。據鄭
太和稱，「輔政大臣專管國政，一不稟達於兒皇。」[11] 康熙四年 (1665)

---

[9]　《明清檔案》，第三十九冊，B22405。

[10]　《朝鮮王朝實錄》（漢城，國史編纂委員會，1970 年 2 月），第三十七冊，《顯宗
　　　改修實錄》，卷六，頁 1。

[11]　《朝鮮王朝實錄》，第三十七冊，《顯宗改修實錄》，卷八，頁 3。

二月，冬至使鄭致和等從北京返回朝鮮後指出，「時清主幼沖，大小政令皆出於四輔政。將以二月十二日冊首輔政孫伊之孫女為后。」[12] 輔政大臣中，索尼，赫舍里氏，是滿洲正黃旗人，他是為首輔政大臣，其孫領侍衛內大臣噶布喇之女赫舍里氏於康熙四年 (1665) 七月冊封為皇后。其次，蘇克薩哈，納喇氏，是滿洲正白旗人。遏必隆，鈕祜祿氏，是滿洲鑲黃旗人。鰲拜，瓜爾佳氏，是滿洲鑲黃旗人，四大臣專恣威福。朝鮮使臣所述輔政大臣的專橫獨斷，與清朝官書的記載是相合的。金兆豐著《清史大綱》稱「論者謂康熙初政，頗無足紀，皆鰲拜專橫有以致之，非虛語也。」所謂康熙初政無足紀的說法，有待商榷。康熙四年 (1665) 三月初六日，顯宗在熙政堂召見從北京回國的禮曹判書鄭致和。《顯宗改修實錄》記載了他們的談話內容，節錄一段內容如下：

> 上曰：「清主何如云耶？」致和曰：「年今十二，何能自斷。聞輔政頗善處事，攝政已久，而國人無貳心，誠可異也。」[13]

輔政大臣專橫，固屬事實，然而輔政大臣，「頗善處事」，所以「國人無貳心」，也是事實。

探討康熙初政，不可忽視當時柄國輔政諸臣的功績。但更重要的是不可忽視孝莊太皇太后布木布泰在康熙初年政治舞台上所扮演的角色，她歷經三朝，輔立過順治皇帝和康熙皇帝兩位幼主，在順治朝，由多爾袞攝政，度過危機；在康熙朝，她周旋於四大輔政權臣之間，聰明機智，善用謀略。她常勗勉幼孫康熙皇帝，「祖宗騎射開基，武備不可弛，用人行政，務敬承天，虛公裁決。」孝莊太皇太后「性知書」，她曾書寫誠諭訓勉幼孫說：「古稱為君難，蒼生至眾，天子以一身臨其上，生養撫育，莫不引領，必深思得眾得國之道，使四海咸登康阜，綿曆數於無疆惟休。汝尚寬裕慈仁，溫良恭敬，慎乃威儀，謹爾出話，夙夜恪勤，以祇承祖考遺緒，俾予亦無疚於厥心。」[14] 康熙皇帝幼承孝莊太皇太后慈訓，深悉施政

---

12　《朝鮮王朝實錄》，第三十七冊，《顯宗改修實錄》，卷十二，頁 48。顯宗六年二月癸未，記事。

13　《顯宗改修實錄》，卷十二，頁 49。顯宗六年三月壬辰，據鄭致和啟。

14　《后妃傳稿》（台北，國立故宮博物院藏，民初清史館），7631 號。

寬仁，得眾得國的治道，孜孜求治，仁孝著稱，為清初政局的安定及盛運的開創，奠定了穩固的基礎。

　　康熙六年 (1667) 六月，索尼病歿，七月，蘇克薩哈被鰲拜陷害處絞，其長子內大臣查克旦礫死，餘子六人，孫一人，兄弟子二人皆處斬。康熙八年 (1669)，鰲拜伏誅，康熙皇帝詔以蘇克薩哈雖有罪，不至誅滅子孫，此皆鰲拜挾讎所致，命復官及世爵。

　　清朝初年，政局上最大的危機是三藩之亂。其中平西王吳三桂鎮雲南，藩屬五十三佐領，綠旗兵萬有二千，丁口數萬，勢力最強；平南王尚可喜鎮廣東；靖南王耿繼茂鎮福建，耿繼茂卒，其子耿精忠襲爵，耿、尚二藩所屬各十五佐領，綠旗兵各六、七千名，丁口各二萬人。康熙十二年 (1673) 三月，尚可喜老病，受制於其子尚之信，而奏請歸老遼東，部議令其盡撤藩兵回籍。吳三桂、耿精忠俱不自安，同年七月，亦奏請撤兵，以探朝旨。康熙皇帝以吳三桂蓄謀已久，不除必為巨患，況其勢已成，撤兵固反，不撤亦反，徙藩之議遂決，於是有三藩之變。《顯宗改修實錄》記載，「聞北京將以八月大舉擊吳三桂，清兵十一萬，蒙兵一萬五千，皇帝將親征云。」[15] 《肅宗實錄》也記載吳三桂擁立崇禎之子，起兵反清。康熙十三年 (1674) 正月元旦，即位於雲南，年號廣德，自稱興明討虜大將軍靖南王。據朝鮮龍仁人柳潤稱：「見天文，明必興，胡必亡。」據領議政許積稱，吳三桂再造大明，「清國之勢，似難久保。」據陳慰兼進香使靈慎君澄等稱，「南方若有捷報，則輒即印出頒示；至於敗報，皇帝親自開見，只與皇后父率哈及兵部尚書密議之，諸王諸大將亦或不得聞。但東華門夜不閉以通南撥。且皇帝年少性急，近因喪患兵亂，心氣暴發，不能自定；諸王諸將亦無智慮之人，吾輩不知死所。」[16] 吳三桂起兵之初，聲勢浩大，但所謂「皇帝年少性急」、「明必興，胡必亡」、「清國之勢，似難久保」云云，都是臆測或訛傳，俱非事實。

---

[15] 《顯宗改修實錄》，卷二十八，頁 43。顯宗十五年八月甲午，據俞㻐啟。
[16] 《肅宗實錄》，卷一，頁 25。肅宗即位年十一月丙寅，據陳慰兼進香使靈慎君澄馳啟。

　　康熙十七年 (1678) 三月，朝鮮冬至正副使等從北京返回朝鮮，將沿途聞見書寫馳啟國王。據稱吳三桂在長沙，「頭髮已長，衣冠比漢制，雖有百萬之眾，率多烏合。但手下有五、六千敢死之兵，即所謂苗奴也，涅齒恭膝，白布裹頭，其目深而黑，其劍長而廣，其勇如飛，其戰無敵。」又說：「自甲寅以後，南征之兵，至於百二十萬，時存征戍者，僅八萬。三桂改國號周，稱重興四年。」[17] 康熙十七年 (1678) 八月，陳慰兼進香使李夏鎮從北京返回朝鮮。李夏鎮指出，「三桂稱帝，國號大周，改元紹武，立其孫世霖為皇太孫。清主荒淫無度，委政於其臣索額圖，兵興以後，賦役煩重，民不堪命，國內騷然。」[18] 康熙二十一年 (1682) 十一月，平安監司柳尚運以譯官所探得清人事情狀聞，略謂「吳三桂之孫世蕃，稱國號曰大周，改元弘化，已而為清兵所敗。」[19] 從朝鮮使臣等人的敘述，得知吳三桂起兵以後傳聞的年號有「廣德」、「重興」、「紹武」三個。吳三桂之孫世璠稱帝後國號仍稱「大周」，但改元「弘化」。吳三桂擁兵百萬，卻是烏合之眾。其中「苗奴」是苗兵，勇敢善戰。惟所謂「清主荒淫無度」云云，並不符合歷史事實。

　　據朝鮮使臣權大運指出清朝雖然兵連禍結，但暫無朝夕危急之事。吳三桂果有大志掃清中原，則必已深入，而尚據一隅不進，其無大志可知。當冬至使兼謝恩使福昌君楨返回朝鮮後指出清朝「賦役甚簡，民猶恐清人之敗，徵兵赴戰，滿多而漢少，故漢人亦無思亂之心。」吳三桂勢力強盛，但因暮氣太重，徘徊不進，康熙皇帝是二十歲青年，智勇兼備，遇事果敢，賦役甚簡，兵興以後，並不擾民，康熙皇帝在他的遺詔中就提到平定三藩，「皆出一心運籌」。三藩之亂是康熙朝的危機，同時也是清朝的轉機，三藩的平定，清朝始可謂真正的統一全國。

　　康熙皇帝的容貌，據《清聖祖實錄》的記載是「天表奇偉，神采煥發，雙瞳日懸，隆準岳立，耳大聲洪。」康熙皇帝的容貌就是典型的帝王相。

17　《肅宗實錄》，卷七，頁 7。肅宗四年三月丁丑。據冬至正使瀛昌君沉等啟。
18　《肅宗實錄》，卷七，頁 27。肅宗四年八月戊子，書狀官安如石進聞見事件。
19　《肅宗實錄》，卷十三，頁 28。肅宗八年十一月丁卯，據平安監司柳尚運狀聞。

康熙二十四年 (1685)，法王路易十四派出傳教團來華活動，白晉是其中一位耶穌會傳教士，他在中國十餘年，回國後撰寫所謂《康熙帝傳》，書中記載康熙皇帝的容貌，「他威武雄壯，身材勻稱而比普通人略高，五官端正，兩眼比他本民族的一般人大而有神。鼻尖稍圓略帶鷹鉤狀，雖然臉上有天花留下的痕跡，但並不影響他英俊的外表。」康熙二十一年 (1682)，康熙二十九歲，是年正月二十四日，朝鮮國王肅宗召見謝恩正副使及書狀官等人，詢問康熙皇帝的容貌。據謝恩正使昌城君回答說：「皇帝容貌，碩大而美，所服黑狐裘。」在白晉的描述中，康熙皇帝的外表是英俊的。朝鮮昌城君所述康熙皇帝年輕時的容貌「碩大而美」云云，確實是可信的。

　　朝鮮使臣對康熙皇帝的批評，毀譽參半，因人而異。康熙五年 (1666) 九月，朝鮮國王召見謝恩使兼陳奏使許積等人，許積對清朝的施政有一段評論說：「觀其為政，危亡可以立至，而至今維持者，大明自神宗迄于崇禎，誅求無藝，故民無思漢之心。彼且方用貊道，寡取於民，年且屢豐，此所以維持也。」[20] 滿族文化有其邊疆特色，所謂「貊道」，是指滿族文化而言，滿族寡取於民，輕徭薄賦，並未引起漢族太強烈的反抗，寡取於民，百姓豐足，安和樂利，所以政權能維持長久。康熙二十七年 (1688) 六月，進香使洪萬鍾等返回朝鮮後，向朝鮮國王報告說：「彼中政令簡便，公私無事。」康熙四十一年 (1702) 三月，冬至副使李善溥向朝鮮國王報告清朝事情，他指出：「皇帝雖荒淫無道，姑無侵虐之故，民間晏然。」[21] 康熙五十二年 (1713) 三月三十日，朝鮮國王召見謝恩兼冬至使金昌集等人，詢問清朝事情。金昌集回答說：「清皇節儉惜財，取民有制，不事土木，民皆按堵，自無愁怨。」[22] 康熙皇帝崇尚節儉，賦役輕減，不興土木，百姓安樂，所以民皆按堵。康熙皇帝遺詔中所稱，「戶部帑金，非用師賑饑，未敢妄費」等愛惜小民脂膏的言詞，是符合歷史事實的。

　　康熙皇帝勤政愛民，御門聽政，夙興夜寐，每日辰刻，或御乾清門，

---

20　《顯宗改修實錄》，卷十六，頁 8。顯宗七年九月丁酉，據許積啟。

21　《肅宗實錄》，卷三十六，頁 13。肅宗二十八年三月己亥，據冬至副使李善溥啟。

22　《肅宗實錄》，卷五十三，頁 24。肅宗三十九年三月丁未，據謝恩兼冬至使金昌集啟。

或御瀛臺勤政殿，或御暢春園澹寧居聽政，聽理各部院衙門面奏政事，認真負責。至於行圍騎射，巡幸各地，察訪民情，都具有意義。康熙三十四年 (1695) 三月二十一日，朝鮮國王召見冬至副使李弘迪，詢問清朝事情。李弘迪對以「皇帝荒淫遊佃，不親政事。用事之臣，又皆貪虐，賄賂公行。且蒙古別部喀喀一種甚強，今方舉兵侵境，人多憂之。而且年事雖荒，賦役甚簡，故民不知苦矣。」[23]「喀喀」，即喀爾喀，入侵邊境的是漠西蒙古厄魯特部準噶爾，後來康熙皇帝御駕親征。賦役甚簡，所以民不知苦。但所謂「皇帝荒淫遊佃，不親政事」云云，並不符合歷史事實。康熙四十八年 (1709) 三月二十三日，肅宗召見冬至使閔鎮厚等人，詢問清朝事情。據閔鎮厚稱，康熙皇帝「處事已極顛倒，而又貪愛財寶，國人皆曰：愛銀皇帝。」[24]「愛銀皇帝」用來稱呼康熙皇帝，並不公平。

康熙中葉以後，朋黨盛行，在朝滿臣中，大學士明珠柄國日久，招權納賄。朝鮮冬至使金錫胄等返國後即指出，「臣等聞此處大小事務，皇帝不自總攬，故滿閣老明珠獨為專權，漢閣老李霨亦為久任用事。」與明珠同時並相者有索尼第三子索額圖，擅權亦久，明珠與索額圖互相傾軋。康熙二十一年 (1682) 三月十七日，瀋陽問安使左議政閔鼎重回到鳳凰城時，他狀聞清朝事情，文中提及，「聞比年以來，諂諛成風，賄賂公行。索額圖、明珠等，逢迎貪縱，形勢相埒，互相傾軋。北京為之謠曰：「天要平，殺老索，天要安，殺老明。」[25] 老索即索額圖，老明即明珠，專權用事，人人怨恨，都是天誅地滅的對象。

康熙年間，皇太子的再立再廢，影響朝政頗大，朝鮮君臣在談話中，常常提到皇太子，也密切注意著清朝的政局。謝恩使昌城君指出，皇太子年八歲，能左右射，通四書，可見康熙皇帝對皇子教育的重視。朝鮮使臣對皇太子負面的批評較多。賀至正使趙師錫指出，「太子年十三，剛愎喜殺人，皆謂必亡其國矣。」[26] 冬至使閔鎮厚指出，皇太子性本殘酷，不忠

---

[23] 《肅宗實錄》，卷二十八，頁 12。肅宗二十一年三月壬午，據冬至使李弘迪啟。

[24] 《肅宗實錄》，卷四十七，頁 20，肅宗三十五年三月甲午，據冬至使閔鎮厚啟。

[25] 《肅宗實錄》，卷十三，頁 18。肅宗八年三月乙丑，據問安使閔鼎重狀聞。

[26] 《肅宗實錄》，卷十五，頁 21。肅宗十年三月庚辰，據賀至正使趙師錫啟。

不孝，胡命不久。冬至使趙泰采指出，太子不良，雖十年廢囚，斷無改過之望，締結不逞之徒，專事牟利，財產可埒一國。侍衛，滿語讀如 "hiya"，朝鮮使臣多音譯作「蝦」。趙泰采也指出，「太子蝦多，智善，結黨羽。」皇太子黨羽眾多，遂不安本分。朝鮮提調李頤命指出，「聞太子性甚悖戾，每言古今天下，豈有四十年太子乎？其性行可知。」皇太子不安於位，竟欲逼皇父退位。提調趙泰耈指出，「太子無狀，多受賄賂，且諸王互相樹黨，康熙若死，則國事可知。」[27] 康熙皇帝因皇太子再立再廢，容顏清減，用人施政，日益寬弛。康熙五十七年 (1718) 四月初三日，肅宗召見冬至正使俞命雄、副使南就明。據副使南就明稱，「歸時得見皇帝所製歌詞，語甚淒涼，其志氣之衰耗可見矣。」[28] 皇太子的廢立，對康熙朝後期的施政及政局的發展，確實不可忽視。朝鮮使臣到北京或瀋陽所訪聞的「虜情」，雖然詳略不一，但對了解清朝政情卻提供了一定的參考價值。

## 四、抄家皇帝—雍正皇帝與盛世財政基礎的奠定

　　清世宗雍正皇帝胤禛 (1678–1735)，生於康熙十七年 (1678) 十月三十日，是皇四子，宮中習稱四阿哥。「胤」是康熙皇帝所生諸皇子的排行；「禛」是「以真受福」的意思。皇四子胤禛生母烏雅氏是滿洲正黃旗人，出身護軍參領之家，原為包衣人家之後。康熙十八 (1679)，烏雅氏封為德嬪。康熙十九年 (1680)，生皇六子胤祚，五年後卒。康熙二十年 (1681)，烏雅氏晉封德妃。康熙二十七年 (1688)，生皇十四子胤禵，又作胤禎。康熙三十七年 (1698) 三月，皇四子胤禛封多羅貝勒。康熙三十八年 (1699)，康熙皇帝為諸皇子建府，皇四子胤禛的府邸位於紫禁城東北，即日後的雍和宮。

　　康熙四十三年 (1704)，追封一等承恩公凌柱之女鈕祜祿氏入侍皇四子

---

27　《肅宗實錄》，卷五十四，頁 36。肅宗三十九年十月丙寅，據提調李頤命、趙泰耈啟。

28　《肅宗實錄》，卷六十一，頁 270。肅宗四十四年四月辛巳，據冬至副使南就明啟。

胤禛府邸，號為格格，她就是日後的孝聖憲皇后。康熙四十八年 (1709) 三月，皇四子胤禛晉封為雍親王，提高了他的政治地位。康熙五十年 (1711) 八月十三日，鈕祜祿氏在雍親王府邸為胤禛生了第四個兒子弘曆，後來弘曆繼位時為鈕祜祿氏的後半生帶來了無比的尊榮富貴。

皇太子胤礽再立再廢後，諸皇子個個都有帝王夢，為角逐帝位，彼此樹黨傾陷。康熙六十一年 (1722) 十一月十三日，康熙皇帝崩殂，皇四子胤禛入承大統，改翌年為雍正元年 (1723)，他就是清世宗雍正皇帝。雍正皇帝即位後，矯詔篡位，謀父逼母，弒兄屠弟，貪財好色，誅戮忠臣的謠言，就蜚短流長，不脛而走。其實，皇四子胤禛的繼位，也有他的有利條件。

康熙皇帝雖然並不寵愛皇四子胤禛，他卻十分疼愛胤禛的第四個兒子弘曆，由愛孫而及子，歷史上確有先例。明成祖先立仁宗朱高熾為世子，後來因不滿意，而常想更易。當廷議冊立太子時，明成祖欲立漢王朱高煦。明成祖雖然不喜歡朱高熾，卻很鍾愛朱高熾的兒子朱瞻基，即後來的明宣宗。侍讀學士解縉面奏明成祖說朱高熾有好兒子，明成祖有好聖孫，這才打動了明成祖的心，最後決定立朱高熾為太子。清朝康熙皇帝一家的三代，有些雷同。弘曆生而岐嶷，康熙皇帝見而鍾愛。弘曆六歲時，康熙皇帝就把他帶回宮中養育，開始接受啟蒙教育。康熙皇帝有好聖孫弘曆，因鍾愛聖孫，而對胤禛增加好感，即所謂愛孫及子，先傳位給胤禛，再傳弘曆，順天應人。後世對雍正皇帝的負面評價，大部分出自當時的失意政敵所編造的流言，有一部分是出自漢人種族成見的推波助瀾，加上歷史小說的杜撰虛構，以致眾口鑠金。

雍正皇帝即位後，鑒於康熙皇帝建儲的失敗，皇太子再立再廢，諸皇子各樹朋黨，互相傾陷，兄弟竟成仇敵，為永杜皇位紛爭，雍正皇帝創立儲位密建法。雍正元年 (1723) 八月十七日，雍正皇帝諭總理事務王大臣等云：「當日聖祖因二阿哥之事，身心憂悴，不可殫述。今朕諸子尚幼，建儲一事，必須詳慎，此時安可舉行，然聖祖既將大事付託於朕，朕身為宗社之主，不得不預為之計。今朕特將此事親寫密封，藏於匣內，置之乾

清宮正中，世祖章皇帝御書『正大光明』匾額之後，乃宮中最高之處，以備不虞。」雍正皇帝密書弘曆之名，緘藏匣內，弘曆正式立為皇太子，但密而不宣。雍正皇帝雖立儲君，卻不公開，稱為儲位密建法，可以說是解決皇位繼承問題的有效方法，先行指定繼承人，即預立儲君，是為中原文化傳統；而所預立的繼承人並不以嫡長為限，而以才能人品為考核人選標準，又為女真世選舊俗。

雍正皇帝踐阼之初，朋黨為禍益烈，那些曾經參與皇位爭奪的兄弟們，各憑私意，分門立戶，擾亂國政，造成政治上的不安。雍正皇帝於《大義覺迷錄》中指出，「從前儲位未定時，朕之兄弟六、七人，各懷覬覦之心，彼此戕害，各樹私人，以圖僥倖，而大奸大惡之人，遂乘機結黨，要結朝臣，收羅群小，內外連屬，以成為不可破之局，公然以建儲一事為操權於己，唾手可成，不能出其範圍。此等關係宗社國家之大患，朕既親見而深知之，若苟且姑容，不加以懲創儆戒，則兇惡之徒，竟以悖逆為尋常之事，其貽害於後世子孫者，將不可言矣！」君臣名分既定，為鞏固君權，為後世子孫綢繆，為終結政治紛爭，雍正皇帝對裁抑宗室，打破朋黨，可以說是毫不鬆手。雍正皇帝為使滿漢臣工共竭忠悃，又刊刻頒發《御製朋黨論》，期盼群迷覺悟，而盡去其朋比黨援的積習，以剷除政治上的巨蠹。《清史稿・世宗本紀論》云：「聖祖政尚寬仁，世宗以嚴明繼之，論者比於漢之文景，獨孔懷之誼，疑於未篤。然淮南暴伉，有自取之咎，不盡出於文帝之寡恩也。」孔懷之誼，是指兄弟之間的情誼，雍正年間，兄弟鬩牆，骨肉相殘，諸兄弟確實也有自取之咎，並非盡出於雍正皇帝一個人的刻薄寡恩。

康熙皇帝施政的特點，強調寬仁，雍正皇帝以嚴明繼之，後世史家遂謂康熙皇帝主張寬和，近乎德治；雍正皇帝主張嚴厲，近乎法治；乾隆皇帝主張寬嚴並濟，近乎文治。其實，盛清諸帝的用人施政及其典章制度，有其延續性，也有它因革損益之處。從奏摺制度的發展，可以了解清初政策的延續性。奏摺是從明代本章制度因革損益而來的一種新文書，在政府體制外屬於皇帝自己的一種通訊工具。康熙皇帝親政以後，為欲周知施政

得失，地方利弊，於是命京外臣工，於題本、奏本外，另准使用奏摺，逕達御前。奏摺制度是一種密奏制度，也是皇帝和相關人員之間所建立的單線書面聯繫，臣工凡有聞見，必須繕摺密奏，康熙皇帝披覽奏摺，親書諭旨，一字不假手於人。康熙皇帝常藉奏摺批諭，以教誨臣工，為官之道，不多生事，自然百姓受福。雍正皇帝即位後，擴大採行密奏制度，放寬專摺具奏特權，並藉奏摺硃批訓誨臣工，封疆大吏若不生事，百姓自然不致受害。浙江巡撫李馥奏聞地方情形，雍正皇帝披覽奏摺後批諭云：「覽奏深慰朕懷，君臣原係一體，中外本是一家，彼此當重一個誠字，互相推誠，莫使絲毫委屈於中間，何愁天下不太平，蒼生不蒙福。」雍正皇帝對天下太平，蒼生蒙福的憧憬，充分表現在字裡行間。江西巡撫裴率度奏聞驛馬事宜，原摺奉硃批云：「畏懼即不是矣，內外原是一體，君臣互相勸勉，凡有聞見，一心一德，彼此無隱，方與天下民生有益也，莫在朕諭上留心，可以對得天地神明者，但自放心，有何可畏。」一心一德，君臣一體，形成了政治上的生命共同體，有利於政策的執行。從奏摺制度的採行及其發展，可以說明盛清諸帝的治術，雖然各有千秋，但就制度的發展而言，卻有其延續性和一貫性，從奏摺硃批可以說明雍正皇帝也講求治道。《清史稿・世宗本紀論》有一段記載說：「帝研求治道，尤患下吏之疲困。有近臣言州縣所入多，宜釐剔。斥之曰：『爾未為州縣，惡知州縣之難？』至哉言乎！可謂知政要矣！」雍正皇帝平日研求治道，就是一位「知政要」的皇帝。

　　雍正皇帝重視社會經濟的改革，也都收到立竿見影的效果。雍正皇帝即位後注意到移風易俗的重要性，歷代以來的樂戶、墮民、蜑戶、伴儅、世僕等所謂「賤民階級」依然存在，社會地位不平等。明朝初年，明成祖起兵時，山西、陝西不肯歸順的百姓子女，後來都被發入教坊，編為樂籍，稱為樂戶，其後世子孫娶婦生女，都被逼迫為娼，紳衿土豪，百般賤辱。浙江紹興等府則有墮民，另編籍貫，稱為丐戶，他們祖先是宋朝將領焦光瓚部落，因叛宋被斥為墮民，行業污賤，服飾與常民有別，墮落數百年，並無自新之路。雍正皇帝認為賤民階級的存在，是歷代以來的社會弊端，於

是諭令削除賤籍，豁賤為良，凡習俗相沿不能削除者，俱給以自新之路，改業為良民。廣東地方的蜑戶，以船為家，以捕魚為業，粵人視蜑戶為賤民，不容許他們登岸居住。雍正皇帝認為蜑戶輸納魚課，與齊民一體，無可輕視摒棄之處。因此，諭令廣東督撫轉飭有司通行曉諭，凡無力蜑戶，聽其在船自便，不必強令登岸。如有力能建造戶屋及搭棚棲身者，准其在近水村莊居住，與齊民一體編列甲戶，劣豪、土棍，不得藉端欺凌驅逐，並令有司勸諭蜑戶開墾荒地，播種力田，共為務本之人。雍正年間，賤民階級的削除，豁賤為良，改變了千百年來沉淪已久的命運，這是一種移風易俗的具體表現，也是尊重人權，深得人心的一項重要社會改革，較之歷代帝王，雍正皇帝的進步思想，及其社會政策的執行，都具有正面的作用，確實值得大書特書。

康熙年間，平定三藩，征討準噶爾，進剿朱一貴，軍需挪用，直省虧空，國庫收入，嚴重不足。雍正皇帝即位後，推動務實政治，成立會考府，改革財政，清查錢糧，彌補虧空，攤丁入地，耗羨歸公，都頗有表現，對充實國庫，改善民生，都作出了重要的貢獻。清初的賦役制度，主要是沿襲明代的一條鞭法。雍正年間的財政改革，其主要原則是平均賦役的負擔，防止田賦與丁銀徵收過程中的弊端，減輕無地貧民的賦稅負擔。

從十八世紀開始，是清朝社會經濟的上昇時期，由於耕地面積的增加速度遠不及人口的增加速度，一條鞭法下的賦稅負擔，隨著人口的增加而加重。因此，必須固定丁銀額數，始能穩定土地負擔的不斷加重趨勢。康熙五十一年 (1712)，清朝政府所頒佈的盛世滋生人丁永不加賦的詔令，是以康熙五十年 (1711) 的人丁數二千四百六十萬定為全國徵稅丁銀的固定數目，將全國徵收丁銀的總額固定下來，不再隨著人丁的增加而多徵丁銀。雍正皇帝就在康熙年間盛世滋生人丁永不加賦的基礎上實行丁隨地起的賦役改革，將丁銀攤入地糧徵收，由有恆產之家均勻完納，以戶為稅收單位，不再以人頭為單位，使賦稅的負擔更趨於合理化。丁隨地起實施後，取消了徵稅的雙重標準，廢除了人頭稅，按土地的單一標準徵稅，改革了賦役不均的嚴重情況，無地貧民因不納丁銀而不致逃亡，有地農人，

負擔均平，不致過重，可以保證稅收來源的固定，在財政上獲得了穩定的效果，有利於社會經濟的發展。從康熙末年盛世滋生人丁永不加賦詔令的頒佈到雍正初年攤丁入地的實施，可以反映清初政策的延續性。

中央與地方財政的劃分，是因國家體制的差異而有所不同。中央集權的國家多實行附加稅法，國家賦稅最高主權屬於中央，地方政府可在中央賦稅上徵收附加稅，以充地方經費。至於均權制的國家則採分成稅法，國家賦稅收入，由中央政府與地方政府按一定成數分配。明清政府實行中央集權，全國賦稅盡歸中央，由戶部支配，直省存留額數過少，地方財政基礎十分薄弱，地丁錢糧是正賦，就是中央政府最主要的財政收入，耗羨是正賦的附加稅，不必撥解中央，成為地方政府的主要稅收來源。地方公務，定例不得動支正項，只能取給於耗羨。直省州縣徵收重耗，累民肥己。雍正初年，為清理歷年無著虧空，提解耗羨，刻不容緩。所謂耗羨歸公，就是將耗羨提解藩庫，杜絕州縣中飽，使地方公務有款項可以動支。耗羨歸公後，官吏所得養廉銀兩多於薪俸，由來已久的陋規積弊，逐漸革除，直省虧空，逐年完補。雍正皇帝嚴懲貪污，籍沒家產，以彌補虧空，以致當時有「抄家皇帝」之稱。

雍正年間，由於社會經濟的改革，使社會日益繁榮，財政狀況好轉，國家稅收穩定的成長，國庫充盈。據統計，康熙六十一年 (1722)，國庫餘銀八百萬兩，雍正八年 (1730)，國庫餘銀六千二百餘萬兩，[29] 終於奠定清朝鼎盛時期的經濟基礎。

康熙皇帝八歲即位，雍正皇帝即位時，年已四十五歲，他即位之初，就能以成熟的認識制定一系列順應歷史趨勢的具體政治措施，他勵精圖治，勇於改革，貫徹政令，他的政績，頗有可觀，雍正一朝處於康熙和乾隆兩朝之間，雖然只有短短的十三年，但是倘若缺少了雍正朝，則盛清時期的盛世，必然大為遜色。陳捷先教授著《雍正寫真》一書已經指出「雍正皇帝勤於政事，勇於改革，是一位難得的帝王，清朝盛世沒有他，就無法建

---

[29]　稻葉君山原著，但燾譯訂《清朝全史》（台北，中華書局，1970 年 12 月），第四十六章，頁 12。

立，中衰時代，可能提早來臨。」[30] 日本佐伯富教授為楊啟樵著《雍正帝及其密摺制度研究》一書作序時亦指出，「論者咸謂康熙、乾隆兩朝，乃清代政治、文化蓁昌盛之期，而雍正適居兩者之間，其十三年治績，往往為世所忽略，即學術界亦復如是。諺云：王朝基礎多奠定於第三代，雍正帝正為清入關後第三代君主，有清二百數十年之基盤，即為其所奠定。伊繼御時年四十有五，正值春秋鼎盛之際，且非夙居禁宮，不諳世事，而於官場、皇族之積弊錮習早瞭然於胸，故甫嗣位即擬根除此等弊害。」[31] 雍正皇帝在藩邸時已經深悉施政得失，並非不諳世事，他的改革是具有針對性的當前急務。稻葉君山著《清朝全史》一書以農業為比喻來說明盛清諸帝的施政特點，「譬如農事，康熙為之開墾，雍正為之種植，而乾隆得以收穫也。」[32] 從開墾、種植到收穫，有其延續性和一貫性，原書的比喻，頗符合歷史事實。

## 五、愛銀成癖—朝鮮君臣論雍正皇帝

雍正皇帝即位後，矯詔篡奪的謠言，遠近傳播。雍正元年 (1723) 九月初十日，進賀正使密昌君橀回國後向朝鮮國王報告說：

> 雍正繼立，或云出於矯詔，且貪財好利，害及商賈。或言其久在閭閻，習知民間疾苦，政令之間，聰察無比。臣亦於引見時觀其氣象英發，語音洪亮，侍衛頗嚴肅。且都下人民妥帖，似無朝夕危疑之慮矣。[33]

《大義覺迷錄》所載雍正皇帝矯詔的謠傳，主要出自充發三姓地方的耿精忠之孫耿六格。傳說康熙皇帝原想傳位十四阿哥胤禎天下，雍正皇帝將「十」改為「于」，同時也傳說把「禎」改為「禛」，而使雍正皇帝的嗣統

---

[30] 陳捷先著，《雍正寫真》（台北，遠流公司，2001年），前言，頁1。
[31] 楊啟樵著，《雍正帝及其密摺制度研究》（香港，三聯書店，1985年9月），佐伯序，頁3。
[32] 稻葉君山原著，但燾譯訂《清朝全史》，第四十三章，頁56。
[33] 《景宗實錄》，卷十三，頁8。景宗三年九月丙戌，據密昌君橀啟奏。

合法化。這種謠傳，不盡可信。因此，密昌君橖只說「或云出於矯詔」，
語帶保留，不敢武斷。雍正皇帝是否貪財好利，或習知民間疾苦，兩說並
列。引見時，所見雍正皇帝「氣象英發，語音洪亮。」則是密昌君橖親眼
目覩，可信度很高。所謂「政令之間，聰察無比。」也是符合歷史事實的。

在雍正皇帝矯詔傳說中提到「玉念珠」的問題。《清代通史》引《清
史要略》一書的說法云：

> 時胤禛偕劍客數人返京師，偵知聖祖遺詔，設法密盜之，潛將十字
> 改為于字，藏於身，獨入侍暢春園，盡屏諸昆季，不許入內。時聖祖
> 已昏迷矣，有頃，微醒，宣詔大臣入宮，半晌無至者。驀見獨胤禛一
> 人在側，知被賣，乃大怒，取玉念珠投之，不中，胤禛跪謝罪。[34]

《清史要略》是晚出的野史，早在康熙六十一年 (1722) 十二月十七日，朝
鮮《景宗實錄》已記載念珠的問題。是日，朝鮮遠接使金演自北京迎敕而
歸，將其所聞言於戶曹判書李台佐，節錄一段內容如下：

> 康熙皇帝在暢春苑病劇，知其不能起，召閣老馬齊言曰：「第四子
> 雍親王胤禛最賢，我死後立為嗣皇。胤禛第二子有英雄氣象，必封
> 為太子。」仍以為君不易之道，平治天下之要，訓戒胤禛。解脫其
> 頭項所掛念珠與胤禛曰：「此乃順治皇帝臨終時贈朕之物，今我贈
> 爾，有意存焉，爾其知之。」又曰：「廢太子、皇長子性行不順，依
> 前拘囚，豐其衣食，以終其身。廢太子第二子朕所鍾愛，其特封為
> 親王。」言訖而逝。其夜以肩輿載屍還京城，新皇哭隨後，城中一
> 時雷哭，如喪考妣。十三日喪出，十五日發喪，十九日即位。其間
> 曰子雖多，此非秘喪也，新皇累次讓位，以致遷就。即位後處事得
> 當，人心大定。[35]

遠接使金演所述內容，對雍正皇帝嗣統的合法性有利。引文中所述念珠一
節是現存相關傳說最早的文字記載，有其原始性。但記載中並未指明是否

---

[34] 蕭一山著，《清代通史》，第一冊（台北，臺灣商務印書館，1962 年 9 月），頁
856。
[35] 《景宗實錄》，卷十，頁 370。景宗二年十二月戊辰，據遠接使金演言。

玉質念珠。念珠可以視為皇帝傳位信物，順治皇帝虔誠信佛，他臨終時將念珠交給康熙皇帝，有其深意。康熙皇帝解脫脖項所掛念珠親自交給雍正皇帝的傳說，固然有待商榷，但相對《清史要略》的記載而言，也是不可忽視的文字記載。可以確定的是，由於雍正皇帝的英明果斷，處置得當，所以都下妥帖，人心大定，正所謂「天佑大清」，至於「胡無百年之運」的預測，可以說是杞人憂天。引文中「胤禛第二子」，當指第四子弘曆。

　　朝鮮君臣談話中，常常提到清朝君臣的清廉問題，康熙皇帝被朝鮮君臣冠以「愛銀皇帝」的外號。朝鮮英祖召見同知事尹游時說：「雍正本有愛銀之癖，且有好勝之病。」[36] 英祖召見諸臣時，諸臣以清朝副敕使需索無厭，凡物所需，皆折算為銀。英祖笑著說：「雍正亦愛銀，此輩何足言也！」[37] 雍正皇帝也愛銀，在朝鮮君臣心目中也是一位「愛銀皇帝」。雍正元年 (1723) 二月二十九日，朝鮮陳慰正使礪山君昉、副使金始煥抵達瀋陽，將道路所聞馳啟朝鮮國王，節錄一段內容如下：

> 康熙皇帝子女眾多，不能偏令富饒，諸子女受賂饗官，若漕總監務等職，隨其豐薄而定賕多少。且於京外富民之家，勒取財產，多至數十萬，小國累萬金，而田園人畜，亦皆占奪，人或不與，則侵虐萬端，必奪乃已，而不禁。新皇帝亦嘗鬻貨致富，及登大位，前日所占奪者，並還本主，而敕諭諸昆弟曰：「朕在邸時，雖不免奪人利己，而未嘗傷害人命。他餘昆弟則殺人傷人，朕甚憫之。朕既悔過改圖，諸昆弟果有貧窘者，則戶部之物，係是經費，朕不敢私用，而入庫所儲，可以隨乏周給。爾等所奪民財，限一年併還其主。若久不還，致有本主來訴，斷不以私恩貰之也。」[38]

康熙皇帝所生皇子共三十五人，公主二十人，合計五十五人，子女眾多，各個鬻貨致富，其中不乏占奪民財者，雍正皇帝即位後諭令諸兄弟將所奪民財，限一年內盡數歸還。雍正皇帝認為戶部經費是國家庫帑，不可私用，

---

[36] 《英祖實錄》，卷二十四，頁 23。英祖五年九月己亥，記事。
[37] 《英祖實錄》，卷二十九，頁 23。英祖七年四月丁巳，記事。
[38] 《景宗實錄》，卷十一，頁 17。景宗三年二目己卯，據陳慰正使礪山君昉等啟。

皇室子弟有內務府庫銀，隨乏周給，公私分明。礦山君枋又指出：「康熙皇帝以遊獵為事，鷹犬之貢，車馬之費，為弊於天下。朝臣若隸於臂鷹牽狗，則以得近乘輿，誇耀於同朝矣。新皇帝詔罷鷹犬之貢，以示不用，而凡諸宮中所畜珍禽異獸，俱令放散，無一留者。」[39] 雍正皇帝詔罷鷹犬之貢，與崇尚儉約，有密切關係。在胤祥的輔助下，雍正皇帝雷厲風行的整頓財政，充實國庫，奠定了盛世財政的基礎。雍正九年 (1731) 六月，朝鮮伴送使宋寅明指出，「關市不征，乃三代事也，後豈能盡行古法。清人之法，賦民輕而稅商重，以致富強，裕國生財之要，無過此矣。」[40] 雍正皇帝裕國生財的財稅改革的成果，受到了朝鮮君臣的肯定。雍正皇帝在位期間，朝乾夕惕，勤求治理，其主要目的，就在於「期使宗室天潢之內，人人品行端方，八旗根本之地，各各奉公守法，六卿喉舌之司，綱紀整飭，百度維貞，封疆守土之臣，大法小廉，萬民樂業。」[41] 雍正皇帝遺詔中所稱，在位十三年，雖未能全如期望，而庶政漸已肅清，人心漸臻良善，臣民徧德，遐邇恬熙，大有頻書等語，大都符合歷史事實。


## 六、十全老人—乾隆皇帝與清朝盛世的延長

阿哥 (age) 是滿文的讀音，就是宮中皇子的通稱。弘曆生於康熙五十年 (1711) 八月十三日，是雍親王胤禛的第四子，就是四阿哥。四阿哥時代的弘曆，有一個鍾愛他的祖父康熙皇帝，弘曆六歲時，康熙皇帝就把他帶回宮中，開始接受啟蒙教育，學習騎射和新式武器的使用，宮中提供了最優越的學習環境，接受完整的教育。康熙皇帝重視皇子教育，重視書法，要求很嚴。康熙皇帝巡幸塞外，弘曆總是會跟著祖父到避暑山莊，在萬壑松風閣等處讀書。也會跟著祖父秋獼木蘭，木蘭 (muran) 是滿文哨鹿行圍的意思。《清史稿》記載，木蘭從獼時，康熙皇帝命侍衛帶領四阿哥弘曆射熊，

---

39 《景宗實錄》，卷十一，頁 18。
40 《英祖實錄》，卷二十九，頁 23。英祖七年六月辛亥，據伴送使宋寅明啟。
41 《清世宗實錄》，卷一五九，頁 21。雍正十三年八月己丑，遺詔。

弘曆才上馬，大熊突然站在弘曆的前面，弘曆非常鎮定，控轡自若。康熙皇帝急性開鎗打死大熊。回到帳蓬後，康熙皇帝對溫惠皇太妃說：「弘曆的生命貴重，福分一定超過我。」弘曆有好祖父，這固然重要，康熙皇帝有好皇孫，這比好祖父更重要。弘曆讀書很用心，過目成誦，他在二十歲時，就把平日所作詩文輯錄成《樂善堂集》。他的書法，更是龍飛鳳舞。日本學者稻葉君山著《清朝全史》曾經指出，康熙皇帝的書法，雖然豐潤不足，但是，骨力有餘；乾隆皇帝的書法，雖然缺少氣魄，但是，妙筆生花，各有所長。清朝重視皇子教育，是清朝皇帝大多賢能的主要原因。

　　康熙末年，皇太子胤礽再立再廢，皇子們各樹朋黨，為了爭奪皇位的繼承，骨肉相殘，兄弟鬩墻，幾乎動搖國本。為了杜絕紛爭，雍正元年 (1723) 八月十七日，雍正皇帝採行儲位密建法，在傳位詔書上，雍正皇帝親手書寫弘曆名字，密封後藏在乾清宮正大光明匾後面，先指定繼承人，預立儲君，是中原漢人的傳統，但是，所指定的繼承人，事前不公佈，並未顯立儲君，也不以嫡長為限，而以人才、才能、人品作為考核人選的標準，這是蒙古、女真部族遊牧文化的特色，可以說是解決皇位爭奪問題的好方法。對於穩定政局，鞏固皇權，產生了正面的作用。雍正十一年 (1733)，弘曆受封為和碩寶親王。雍正十三年 (1735) 八月二十三日，雍正皇帝駕崩，莊親王允祿等打開封匣，宣讀詔書，弘曆即位。朝鮮《英祖實錄》記載雍正十三年 (1735) 正月初三日，朝鮮國王引見回還陳奏使三人，副使朴文秀稱：「清皇為人自聖，多苛刻之政，康熙舊臣死者數百人。置五星御史，譏察朝臣，故人皆惴惴，殖貨無厭，怨聲載路。年近六十，不立太子，其勢不久。」[42] 雍正皇帝施政較嚴刻，但所謂「年近六十，不立太子」云云，並不可信。

　　《清朝全史》曾經就繪畫的喜好，比較康熙皇帝和乾隆皇帝的性格，書中認為祖孫對西洋繪畫的趣味，是相同的。但是，看焦秉貞所畫『耕織圖』可以知道康熙皇帝的性格。看郎世寧所畫『準噶爾的貢馬圖』。可以窺知乾隆皇帝的嗜好。原書比較後指出，康熙皇帝是創業之主，開拓國運，

---

[42]　《英祖實錄》，卷四十，頁 1。英祖十一年正月甲戌，據陳奏副使朴文秀言。

備嘗甘苦；乾隆皇帝則為守成君主，坐享太平，生為貴公子長富家翁。其實，盛清諸帝的政策，有他的延續性和一貫性。清朝盛運的開創，從時間和空間來看，到達全盛或巔峰，是在乾隆年間。乾隆皇帝對盛運的開創，同樣扮演了重要角色。《清朝全史》認為乾隆皇帝是坐享太平的皇帝，與歷史事實，並不完全符合。

發展文化事業，固然要有經費，更不能沒有人才，乾隆年間的成就是多方面的，文化事業的提倡和成就是最值得肯定的。康熙年間有《古今圖書集成》，乾隆年間編纂的大型叢書，更是數不清，均具規模，亦具開創性，令後世歎為觀止。四庫全書的纂修就歷時十餘年，動員三千八百餘人。其他經史子集滿漢文本更是汗牛充棟，就文化大業的輝煌成就而言，乾隆皇帝雖然說是守成，其實也是開創。

清朝皇帝御門聽政或上朝處理政務，地點和時間，並不固定，這不是怠惰的現象，而是孜孜勤政的表現。這一個事實，無疑地有助於清朝政局的穩定和立國的久遠。康熙皇帝、乾隆皇帝走出深宮內院，南巡河工，省方問俗，巡幸塞外，秋獮木蘭，都有重要的歷史意義。避暑山莊又稱熱河行宮，是清朝皇帝巡幸塞外的行宮，始建於康熙四十二年(1703)，至乾隆五十七年(1792)，全部完工，歷時九十年，是一座規模宏大，風景秀麗的宮廷園囿。在避暑山莊附近北面山麓建有外八廟，在避暑山莊以北一百多公里喀喇沁、翁牛特等部牧場一帶也開闢為木蘭圍場。避暑山莊、外八廟的建造，木蘭圍場的開闢，都有一定的政治目的或作用，這裡水土美好，氣候溫和，很適合避暑。行圍、練兵、處理政務，熱河行宮，就是清朝的夏宮。

清朝是一個多民族的國家，對於那些懼怕內地燥熱而易患痘症的蒙古、回部、西藏王公、伯克、喇嘛等人物而言，避暑山莊、外八廟和木蘭圍場，都是最適宜朝覲皇帝的地點。邊疆民族通過請安、進貢，乾隆皇帝藉著召見、賞賜、行圍、較射、練兵等活動。以達到「合內外之心，懷遠之略，成鞏固之業」的政治目的，避暑山莊就是清朝北京以外的第二個政治中心。乾隆皇帝在位期間，六次南巡，他的北巡塞外，多達四十九次，平

均每年巡幸長達三個半月。康熙皇帝巡幸塞外期間，召見、請安、朝觀的，
主要是蒙古王公。乾隆年間，到熱河行宮觀見的，除蒙古諸部外，還有漠
西蒙古準噶爾、土爾扈特等台吉，吐魯番、回部阿奇木伯克、哈薩克、布
魯特、朝鮮、安南、緬甸、南掌、英國使臣以及臺灣原住民頭目等。入觀
人員都受到乾隆皇帝的熱烈款待，除賜宴、賞賜茶果外，還舉行許多民族
傳統遊藝表演及各種雜耍特技。如：觀火戲、放煙火、觀燈展、立馬技、
走繩索、看馬戲、騎野馬、蒙古摔跤、射箭比賽等，十分熱鬧。

　　乾隆四十五年 (1780)，是乾隆皇帝的七十大壽，前一年六月十七日，
六世班禪額爾德尼率領西藏堪布喇嘛等一千多人，從後藏扎什倫布寺出
發，途徑青海西寧塔爾寺，於乾隆四十五年七月二十一日，抵達熱河，以
須彌福壽廟為行宮。八月十三日，乾隆皇帝七十歲慶典，班禪額爾德尼親
自為乾隆皇帝施無量壽佛大灌頂，是當年祝壽活動的最高潮。所以避暑
山莊、外八廟、木蘭圍場的興建及其活動，促進了各民族的團結，歷代以
來，藉長城防堵塞外民族的時代，就此畫上句點。

　　乾隆五十八年 (1793) 八月十三日，是乾隆皇帝八十三歲生日。八月初
十日，英國使臣馬嘎爾尼等在避暑山莊接駕，地面舖了綠色地毯，顯得雍
容華貴。八月十一日，乾隆皇帝率一行人等遊覽萬樹園，萬樹園在避暑山
莊平原區東北部，北倚山麓，南臨澂湖，佔地八百七十畝。馬嘎爾尼指出
萬樹園是世界上最美的森林公園，整個公園中沒有沙石走道，可謂天造地
設。由於各種活動頻繁，更促進了熱河地區社會、經濟的繁榮。

　　由於乾隆皇帝的六次南巡和多次北巡，也為繪畫提供了許多題材，例
如徐揚畫《南巡圖》等。西洋畫家王致誠曾奉命前往避暑山莊為準噶爾台
吉策凌等油畫肖像，在五十天中，共畫了油畫十二幅。阿睦爾撒納台吉投
降後在熱河觀見，王致誠、郎世寧、艾啟蒙等人又奉命到熱河行宮，為降
將阿睦爾撒納等人油畫頭像。郎世寧等人奉命畫《圍獵圖》、《木蘭圖》、
《行圍圖》，周鯤等人畫《熱河全圖》等等，反映塞外的活動，十分受到
清朝政府的重視，而由畫家用畫筆記錄了下來。後世倘若研究乾隆年間的
盛況，就要多研究乾隆年間的書畫器物，要把乾隆年間的文化藝術或繪畫

作品和當時的時代結合起來，才算真正了解到乾隆年間的時代背景。

　　考試制度有它合理的一面，科舉制度是基於尚賢思想所產生的一種傳統考試制度，利用考試的辦法掄拔人才。清朝接受了科舉制度，就是向漢族及其他少數民族，包括苗疆土司、臺灣原住民開放政權。科甲出身的人，就成為各級官員的主要組成部分，科舉考試制度為清朝培養了許多政治人才。八旗制度，不僅是軍事制度，也是行政制度。清朝入主中原，八旗人員也從龍入關。八旗將領，成了軍事世家。乾隆年間，文臣武將，人才濟濟，對乾隆年間的盛世貢獻極大。乾隆皇帝與各部院大臣，君臣之間，相當和諧，並無太大的矛盾。就乾隆年間的政治機構而言，內閣還是襄贊政務的中央政治機構，所謂法治，權術的意義多，所謂文治，制度的意義多。以內閣為中央政治機構，尊重制度，就是文治。

　　《清史稿·大學士年表》乾隆四年 (1739) 的內閣大學士是張廷玉、尹泰、鄂爾泰、嵇曾筠、查朗阿、徐本、福敏、趙國麟，協辦大學士是訥親。其中張廷玉、尹泰、鄂爾泰、嵇曾筠、查朗阿是雍正時期的內閣大學士，福敏是協辦大學士，重用舊人，不僅維持制度的延續性，也可使政策維持一貫性。乾隆年間，軍機處已由體制外的皇帝私人秘書機構，發展成為與內閣相輔相成的中央政治機關，軍機大臣是由內閣大學士尚書或各部堂官挑選出來的。例如乾隆四年 (1739) 的軍機大臣鄂爾泰、張廷玉、徐本、訥親等人，本身同時就是內閣大學士或協辦大學士。軍機處具有溝通、協調、參謀、顧問、管理、執行的政治功能，可發揮機密、迅速、勤政的高度行政效率。由於軍機處的日益制度化，也是一種文治。軍機處維持勤政傳統，各種文書，從未積壓。軍機大臣撰擬諭旨，當日繕畢，密封發下，馬上飛遞。滿族目睹大明帝國的覆亡教訓，為國家長治久安，不僅釋放了高度政治智慧的能量，同時維持孜孜勤政的優良傳統。鄂爾泰、張廷玉傳稿論贊中指出，他們內直稱旨，庶政修舉，宇內乂安，並非溢美之詞。大學士徐本，也是雍正朝舊臣，他有古大臣風範，決疑定計，深得乾隆皇帝信任。福敏是滿洲鑲白旗人，進士出身，他以謹厚人品崇高，而當了乾隆皇帝的啟蒙老師。

　　乾隆年間多名臣，阿桂原是滿洲正藍旗人，因平定回部，在伊犁駐防有功，改隸滿洲正白旗。他的父親是大學士阿克敦，他自己也是舉人出身。《清史稿》分析阿桂屢次帶領大軍作戰成功的原因，主要是他智信仁勇，有勇有謀，知人善任，開誠佈公，群策群力，謀定而後動，堪稱大將。

　　能文能武，出將入相的大員，乾隆中葉有傅恆，乾隆後期有傅恆的兒子福康安等人。傅恆、福康安是滿洲鑲黃旗人，是軍事世家，他是孝賢皇后的姪兒。福康安知兵，有才略，每戰必勝。提到福康安，不能不提到海蘭察，海蘭察是滿洲鑲黃旗人，世居黑龍江，是索倫族，最為驍勇。《清史稿》論海蘭察時指出海蘭察勇敢而有智略，每次出兵作戰，都先微服策馬觀察敵情，找出敵人的弱點，集中兵力，攻擊他的弱點，所以能無役不與、每戰必勝。他平生最佩服阿桂的知兵，也能禮讓福康安，打仗出力，所向有功，有了這些智勇雙全的軍事人才，終於創造了十全武功的輝煌成就。

　　乾隆年間，很多規模大的戰役，有內亂與邊患之分，十全武功主要是針對邊患而言。例如乾隆三十九年 (1774) 山東清水教的宗教起事，乾隆四十五年 (1780) 陝甘伊斯蘭教新教的起事，都是內地的叛亂，不在十全武功之列。所謂十全武功，是指兩次平定準噶爾，一次平定回部，兩次剿平大小金川，一次平定臺灣林爽文，降服緬甸、安南各一次，都和邊疆有關。其中大小金川、緬甸是西南邊患。清初以來，一直很重視西南地區的治理，派去治理的大臣如雲貴總督鄂爾泰等人，都是皇帝最信任的大臣。臺灣是康熙年間收入版圖的海疆，新疆是古代西域，是歷代以來的文化走廊，是絲綢之路必經之地，後來天山以北為漠西蒙古厄魯特準噶爾所據，天山以南為回部所據。準噶爾汗噶爾丹以俄羅斯為後盾，聲勢日盛，曾派兵入藏，侵略喀爾喀、哈密、青海，威脅京師的安全。康熙皇帝御駕親征，未能直搗巢穴。雍正皇帝兩路出兵，和通泊之役，全軍覆沒。乾隆皇帝為了以戰止戰，兩次用兵，直搗黃龍，改伊麗為伊犁，表示犁庭掃穴，完成了祖父、父親未能完成的工作。回部和卓木殺了清朝使臣等一百多人，使用恐怖手段，乾隆皇帝認為回部把口水吐在大清朝的臉上，不能唾面自

乾，不可以罵不還嘴，打不還手。於是大張撻伐，征服回部。五年之內，天山南北兩路即告平定，拓地二萬餘里，遠邁漢唐。打通了文化走廊，絲路暢通無阻。安南黎朝為中國屬邦，西山阮氏篡奪政權，黎氏眷屬入關請兵，乾隆皇帝為了興滅繼絕，濟弱扶傾，於是進兵安南，平定安南叛亂，恢復黎氏政權，這是傳統儒家理念的實現。後藏日喀則扎什倫布寺是藏傳佛教聖地，尼泊爾廓爾喀因與西藏的商務糾紛進兵西藏，掠奪扎什倫布寺佛教文物，乾隆皇帝命福康安率領八旗勁旅進入西藏，擊退入侵的敵人，深入加德滿都，廓爾喀歸還的佛像法器，後來大部分都入了宮。「十全武功」、「十全老人」的「全」字，實含有特殊意義。

　　十全武功是抵抗侵略的保衛戰，不可存書生之見，開口就說窮兵黷武，好大喜功，乾隆皇帝實有不得已用兵的苦衷。十全武功屢次用兵，因糧於敵，國庫並未短少，十全武功的成就是多方面的，不限於軍事方面，國家版圖更加完整，漢滿蒙回藏五族日益融合，使清朝成為多民族統一的國家。

　　乾隆皇帝即位前，南明政權已經結束，三藩之亂，也已經平定，臺灣亦納入了版圖，全國統一。這個歷史背景，提供開創盛運的良好條件，這就不能忽視康熙、雍正皇帝的賦役改革、儲位密建法的採行。賦役改革使財政問題得到改善，國庫充足。儲位密建法的採行使皇位繼承，不再紛爭，政局穩定。康熙、雍正勵精圖治，乾隆皇帝繼承了這種勤政的傳統，使康熙、雍正、乾隆盛運維持一百三十四年之久。

　　乾隆皇帝在位期間，把盛運的時間拉得很長，把空間也空前的擴大，其間有延續，也有突破和創新。康熙、雍正、乾隆三朝皇帝都是盛運的開創者，所謂守成，實同開創。到乾隆年間，國運興隆達到了巔峰，他的文治武功，成就超越康熙、雍正兩朝。所謂乾隆晚年倦勤，盛運走向下坡，開始中衰的說法，並不完全正確。單就十全武功而言，平定林爽文、安南戰役，兩次廓爾喀之役，都是在乾隆五十一年以後才用兵的。探討清朝盛運的開創，乾隆皇帝的定位，也應該放在開創的舞台上，才符合歷史事實。

　　乾隆皇帝諡號純皇帝，純字說明用人施政，並無重大瑕疵，純字更是

表明各方面的成就，都很完美。乾隆皇帝的一生追求的是完美的全，包括
十全武功的全，十全老人的全，四庫全書的全，滿文全藏經的全，「全」
就是乾隆皇帝一生要追求的理想。後人所看到的清朝盛運，主要是乾隆皇
帝的成就，他超越了父祖，他追求的是時空的全，時空的完美，時空的極
限。

## 七、馬上朝廷—朝鮮君臣論乾隆皇帝

　　康熙、雍正、乾隆三朝皇帝的政治主張和施政特點，各有千秋，也有
它的延續性。朝鮮君臣關心清朝皇帝對朝鮮國態度及清朝政局的變動。
朝鮮領議政趙泰耆曾奉使北京，當時臣民稱康熙皇帝為「朝鮮皇帝」，主
要是由於康熙皇帝相當「顧恤」朝鮮。[43] 雍正年間，清朝和朝鮮，關係良
好。乾隆年間，朝鮮使臣到北京，多能賦詩，贏得乾隆皇帝的喝采。乾隆
四十三年 (1777) 九月，乾隆皇帝東巡謁陵在盛京瀋陽召見朝鮮問安使臣於
崇政殿，並令朝鮮使臣賜茶時位於清朝王公之列。乾隆皇帝親書「東藩繩
美」匾賜朝鮮國王。《正祖實錄》記載，乾隆皇帝問：「爾們中有能滿語
者乎？」使臣令清學譯官玄啟百進前用滿洲語回答說：「昨蒙皇上的曠異
之典，親筆既下於本國，賞典遍及於從人，陪臣等歸奏國王，當與一國臣
民感戴皇恩矣。」乾隆皇帝點頭而含笑。又用滿洲語問玄啟百：「汝善為
滿洲語，汝之使臣，亦能為滿語乎？」啟百對曰：「不能矣。」[44] 乾隆四
十五年 (1780) 九月十一日，朝鮮進賀兼謝恩正使朴明源等三使臣及三譯官
在熱河覲見乾隆皇帝。《正祖實錄》有一段記載：「皇帝問曰：『國王平
安乎？』臣謹對曰：『平安。』又問：『此中能有滿洲語者乎？』通官未達
旨意，躕躇之際，清學尹甲宗對曰：『略曉。』皇帝微笑。」[45] 乾隆皇帝
提倡「國語騎射」，他很重視朝鮮使臣的滿洲語表達能力。在清朝禮部系

---

[43] 《景宗實錄》，卷一〇，頁 29。景宗二年十一月辛亥，據領議政趙泰耆言。
[44] 《正祖實錄》，卷六，頁 46。正祖二年九月丁酉，記事。
[45] 《正祖實錄》，卷一〇，頁 24。正祖四年九月壬辰，記事。

統的屬邦中，其使臣及譯官既能賦詩，又會滿洲語的，只有朝鮮。

　　乾隆皇帝施政特點，主要是寬猛並濟，制度漸臻完備，近乎文治。乾
隆四年 (1739) 七月十八日，朝鮮國王召見陳慰謝恩使臣，詢問清朝事情。
副使徐宗玉回答說：「雍正有苛刻之名，而乾隆行寬大之政，以求言詔觀
之，以不論寡躬闕失，大臣是非，至於罪台諫，可謂賢君矣。」[46] 雍正皇
帝「有苛刻之名」，後人或當時人多持相同看法。乾隆皇帝即位後，施政
寬大，不失為一賢君。乾隆三年 (1738) 二月十四日，朝鮮國王引見領議政
李光佐等人，詢問準噶爾漠西蒙古與清朝議和一事。《英祖實錄》記載了
君臣談話的內容，節錄一段如下：

> 光佐曰：「臣於乙未以副使赴燕，雖無料事之智，竊謂此後中國，
> 未必即出真主，似更出他胡，蕩盡其禮樂文物，然後始生真人矣。
> 蓋周之煩文已極，有秦皇焚坑之禍，然後承之以漢初淳風。清人雖
> 是胡種，凡事極為文明，典章文翰，皆如皇明時，但國俗之簡易稍
> 異矣。奢侈之弊，至今轉甚，如輿儓賤流，皆著貂皮。以此推之，
> 婦女奢侈，必有甚焉。且巫風太熾，祠廟寺觀，處處有之，道釋並
> 行，貴州淫祠多至於七十二座，至有楊貴妃、安祿山祠。蒙古雄悍，
> 過於女真，若入中原，則待我之道，必不如清人矣。」左議政宋寅
> 明曰：「清主立法簡易，民似無怨，不必促亡矣。」判尹金始炯曰：
> 「西鞎所居之地，距燕京幾萬餘里，康熙時雖或侵邊，伐之則輒退，
> 雍正時盡發遼左兵往征矣。[47]

引文中已指出清朝雖然是由邊疆民族所建立的政權，但是，清朝沿襲明朝
的典章制度，凡事極為文明，所不同的是國俗較為簡易，李光佐曾於康熙
五十四年 (1715) 以副使身分到過北京，親眼目覩清朝的太平盛世。左議政
宋寅明也指出乾隆皇帝立法簡易，百姓無怨，國運昌隆。至於漠西厄魯特
恃強越邊入侵，康熙、雍正兩朝傾全力進討，未竟全功，乾隆年間的十全

---

[46] 《英祖實錄》，卷四十九，頁 31。英祖十五年七月壬戌，據陳慰謝恩副使徐宗玉
　　言。

[47] 《英祖實錄》，卷四十七，頁 5。英祖十四年二月丙申，記事。

武功，就是繼承父祖遺志，完成未竟之緒，有其一貫性。朝鮮君臣相信清朝寬待朝鮮，蒙古對待朝鮮之道，「必不如清人。」朝鮮君臣的感受，確實是發自內心。

康熙皇帝、乾隆皇帝在位期間，或南巡河工，或北巡塞外，或東巡謁陵，每年巡幸超過三個多月，朝鮮君臣對清朝皇帝的巡幸，頗不以為然。乾隆八年 (1743) 四月初五日，《英祖實錄》有一段記載云：

> 教曰：「頃聞節使之言，胡皇將其太后，自居庸關過蒙古地，當來瀋陽云。百年之運已過，乾隆之為人，不及康熙，而今乃遠來關外，甚可慮也。我國昇平日久，今當此機，宜自廟堂，先盡自強之道。江邊守令及西路帥臣，亦宜擇送矣。[48]

乾隆皇帝的東巡，引起朝鮮的惶恐，而加強邊境的防守。但領議政金在魯指出，「康熙時亦以拜墓，有瀋陽之行，此亦似遵舊例，何必過慮也。」乾隆皇帝為人，雖然不及康熙皇帝，但東巡謁陵，都是舊例。乾隆十八年 (1753) 正月十一日，朝鮮國王召見迴還使等人，據書狀官俞漢蕭稱，「皇帝不肯一日留京，出入無常，彼中有『馬上朝廷』之謠矣。」[49] 其實，清朝皇帝視朝聽政時間的不固定，並非怠惰的現象，反而是孜孜勤政的表現。康熙皇帝、乾隆皇帝巡行各地，啟蹕時，大學士、學士等人多隨行，仍然日理萬幾，雖然是「馬上朝廷」，並不影響政務的處理，行政效率也充分發揮。

乾隆皇帝的施政特點，主要表現在文治方面，任用舊臣，滿漢兼用。乾隆二年 (1737) 四月初九日，冬至使返回朝鮮，朝鮮國王召見正副使，據副使金始炯稱：「北事未能詳知，而新主政令無大疵，或以柔弱為病，邊境姑無憂。閣老張廷玉負天下重望，有老母，乞歸養而不許。彼人皆以為張閣老在，天下無事云。」[50] 閣老是指內閣大學士。據朝鮮國王英祖稱：「大抵乾隆之政令無可言者，而然而有臣矣，此亦康熙培養之遺化也。」[51] 乾

---

[48] 《英祖實錄》，卷五十七，頁 37。英祖十九年四月戊子，記事。
[49] 《英祖實錄》，卷七十九，頁 3。英祖二十九年正月丁卯，據書狀官俞漢蕭言。
[50] 《英祖實錄》，卷四十三，頁 26。英祖十三年四月丁卯，據冬至副使金始炯言。
[51] 《英祖實錄》，卷一〇七，頁 8。英祖四十二年四月癸丑，記事。

隆朝的賢臣，就是康熙以來的舊臣。朝鮮書狀官宋銓亦稱，「皇帝所倚任
滿漢大臣，一、二佞幸外，皆時望所屬，故庶事不至頹廢，國人方之漢武
中歲，梁武晚年云。」[52] 滿漢大臣，都是時望所屬，所以政治不至頹廢，
朝鮮君臣對乾隆朝的施政得失，滿意度頗高。乾隆四十五年 (1780) 十一月
二十七日，朝鮮國王召見戶曹參判鄭元始，《正祖實錄》記載了君臣談話
的內容，節錄一段如下：

> 上曰：「近日則胡漢通媾云然否？」元始曰：「迄於乾隆之初，而
> 漢嫁於漢，胡娶於胡。漢人主清官，胡人主權職，各自為類，不相
> 易種矣。自近年始通婚嫁，而胡漢無別，胡種始滿天下。朝廷則胡
> 多漢少，胡為主而漢為客。」[53]

滿漢雖有主客之分，任職亦有輕重之別，但滿漢已經逐漸融合。在書狀官
宋銓聞見別單中記載了一則有關文字獄案件的內容，節錄一段如下：

> 廬陵縣生員劉遇奇者，作《慎餘堂集》，集中有「清風明月」對句
> 及犯諱語，該省囚其孫而奏之。皇旨云：「清風明月乃詞人語，指
> 此為悖妄，則「清明」二字將避而不用乎？遇奇係順治進士，安能
> 預知朕名？如錢謙益、呂留良等，其人及子孫，並登膴仕，朕豈推
> 求？」[54]

乾隆皇帝對士子文字觸犯政治禁忌，常從寬處理，並未泛政治化，羅織
罪名。

　　乾隆皇帝的雄材大略，遠不及康熙皇帝，但盛清諸帝中，乾隆皇帝的
福分卻最大，他不僅享高壽，而且身體健康。朝鮮國王常向使臣詢問乾
隆皇帝的長相及健康狀況。乾隆四十五年 (1780)，乾隆皇帝年屆七十。
朝鮮戶曹參判鄭元始所見乾隆皇帝的長相是「面方體胖，小鬚髯，色渥
赭。」[55] 康熙皇帝六十歲以後，已經步履稍艱。乾隆皇帝自稱，「朕春秋
已屆七旬，雖自信精力如舊，凡升降拜獻，尚可不愆于儀。但迎神進爵，儀

[52]　《正祖實錄》，卷二一，頁 32。正祖十年三月辛未，據書狀官宋銓言。

[53]　《正祖實錄》，卷一〇，頁 50。正祖四年十一月辛丑，記事。

[54]　《正祖實錄》，卷二一，頁 32。正祖十年三月辛未，書狀官宋銓聞見別單。

[55]　《正祖實錄》，卷一〇，頁 50。正祖四年十一月辛丑，據戶曹參判鄭元始言。

典繁重，若各位前俱仍親詣，轉恐過疲生憊。」[56] 乾隆五十一年 (1786)，乾隆皇帝七十六歲。朝鮮首譯李湛聞見別單記載，「皇帝到三嶺行獵，見大虎，親放鳥鎗殪之。謂近臣曰：「吾老猶親獵，欲子孫視以為法，勞其筋骨，亦嫺弓馬云。」[57] 高齡七十六歲，仍能勞其筋骨，親放鳥鎗殪死三嶺大虎，他提倡騎射，真是身體力行。乾隆五十五年 (1790)，乾隆皇帝八十歲。朝鮮國王召見副使趙宗鉉，詢問「皇帝筋力何如？」趙宗鉉回答說：「無異少年，滿面和氣。」[58] 嘉慶皇帝登極後，據朝鮮使臣的觀察，「人心則皆洽然。」嘉慶元年 (1796)，乾隆皇帝八十六歲。據朝鮮進賀使李秉模稱，太上皇筋力仍然康寧。[59] 嘉慶三年 (1798)，乾隆皇帝八十八歲。據朝鮮冬至書狀官洪樂游所進聞見別單記載，「太上皇容貌氣力不甚衰耄，而但善忘比劇，昨日之事，今日輒忘，早間所行，晚或不省。」[60] 將近九十歲的乾隆皇帝，雖然記憶力衰退，但他的容貌氣力，仍然不甚衰老，真是天佑清朝。他在位六十年，宵旰忘疲，勵精圖治，從無虛日，在朝鮮君臣心目中，乾隆皇帝確實是一位賢君。乾隆皇帝諡號純皇帝，「純」說明其用人施政，並無重大瑕疵，其文治武功，頗有表現，純皇帝的「純」，和十全武功的「全」，都是對乾隆皇帝的肯定。

## 八、結　語

　　康熙、雍正、乾隆三朝是清朝的盛世，盛清諸帝的政治主張，各有千秋，德治、法治、文治，各有特點，盛運的開創，盛世的維持，不能忽視歷史背景，也不能不注意到人為的重要因素。康熙皇帝勵精圖治，雍正皇

---

[56] 《正祖實錄》，卷九，頁 32。正祖四年四月乙卯，冬至兼謝恩正使黃仁點等所進別單。

[57] 《正祖實錄》，卷二十一，頁 33。正祖十年三月辛未，首譯李湛聞見別單。

[58] 《正祖實錄》，卷二十九，頁 57。正祖十四年三月丙午，記事。

[59] 《正祖實錄》，卷四十四，頁 270。正祖二十年三月戊午，據進賀使李秉模言。

[60] 《正祖實錄》，卷四十八，頁 30。正祖二十二年三月丙戌，冬至書狀官洪樂游進聞見別單。

帝、乾隆皇帝都繼承了這種勤政的傳統。康熙朝的制度，政治措施，雍正、乾隆二朝，都有其延續性和一貫性，政局穩定，政策容易貫徹，終於使康熙、雍正、乾隆的盛世維持長達一百三十四年之久。

　　朝鮮君臣心目中的盛清諸帝，詆譽不同。康熙皇帝被指為「愛銀皇帝」，也被視為「朝鮮皇帝」，有負面的否定，也有正面的肯定。雍正皇帝也有愛銀癖，但他改革賦役的成功，也受到朝鮮君臣的肯定。乾隆年間的「馬上朝廷」，是朝鮮君臣對清朝多元文化的誤解，但朝鮮君臣認為乾隆皇帝施政寬大，立法簡易，不失為賢君，乾隆一朝，賢臣尤多，有君有臣，對乾隆皇帝譽多於詆。朝鮮君臣分析清朝國運時，常常推斷「胡無百年之運」、「胡運將盡」、「胡運已過」云云，都是杞人憂天的神話。

　　朝鮮君臣對清朝政權或滿洲皇帝，仍不免存有濃厚的成見，一方面存著夷狄之見，一方面懷念明朝政權，因此，朝鮮君臣對盛清諸帝的論斷，有些地方，仍待商榷，就史料性質而言，朝鮮君臣談話的記錄，只能說是一種輔助性資料。然而朝鮮使臣到北京或瀋陽後所探訪的「虜情」，卻是了解清朝政治活動的珍貴資料，可以補充清朝官書的不足。比較清朝官私記載後，發現朝鮮使臣所述情節，大都與史實相近。將朝鮮君臣的談話內容，進行史料的鑑別考證，取其可信，棄其可疑，筆則筆，削則削，則其談話內容，仍不失為重要的原始性資料，對盛清時期的歷史研究，可以提供一定的參考價值。

# 道光前期的言官奏議 (1820–1835)

魏秀梅

## 一、前言：中國歷史上的言官

　　監察制度在我國政治制度的發展上，佔重要的一環，因君主專制時代，以君主一人之身，統治全國，耳目必然有所不及，為控制百官，察弊除害起見，監察制度即成為朝廷重要的機制。

　　御史之名，在西周官職中即已有之，其職只是在君主左右掌管文書檔案記錄等事。至秦時，其職轉為司糾察之任的最高監察官吏。這是中國歷史上監察制度的開端。[1] 秦朝的監察機關，中央為御史台，其官為御史大夫、御史中丞、御史；在地方執行監察任務的官吏，稱監御史，但不屬於地方官職，也不專駐地方，而屬於御史台，受御史中丞直接指揮和節制，顯然監察權已開始逐漸獨立於地方行政權之外。[2] 漢朝初年，廢除監郡御

---

[1] 馬端臨，《文獻通考》（上海：商務印書館，民國 25 年），卷 53，職官 7，考 483。
[2] 杜佑，《通典》（北京：中華書局，1988 年），卷 24，職官 6，頁 658。

史，而由丞相隨時派出「丞相史」監察各郡。漢武帝時，為強化中央集權制度，嚴格中央對地方的監督，劃分全國為十三部，作為監察區，各部派刺史一人為固定的監察官，京師附近地區設司隸校尉掌管監察職權。[3]

隋唐於御史台中分設台院、殿院、察院。台院是御史台的基本組成部分，設侍御史若干人，職掌糾彈中央百官。殿院設殿中侍御史若干人，職掌巡視京城等。察院設監察御史若干人，職掌監察州縣地方官吏。唐朝以道為監察區，全國共分十道（後增為十五道），每道設監察御史一人（又稱巡按使）。[4] 此外，還設置了諫官組織，有左右散騎常侍、左右諫議大夫、左右補闕、左右拾遺等，分屬中書、門下兩省。[5]

宋朝監察機構沿襲唐制，中央設御史台，下分台院、殿院、察院，並於地方建立通判，兼掌對地方官的監察，號稱監州。此外，皇帝也臨時委派轉運使、觀察使、按察使、外任御史等官，兼掌地方監察事務。[6]

宋以前，御史和諫議分開。宋初在唐朝諫官的基礎上，於門下省設立諫院，以分屬於門下、中書的左右諫議大夫、司諫、正言為諫官，職掌規諫朝政得失，並可對大臣及百官的任用、政府各部門的措施，甚至皇帝的行為，提出意見。諫院和主管彈劾官吏的御史台並稱台諫。其後隨著御史職權的加強，允許御史兼負規諫之責，台諫合一之制遂由此開端，御史的職權也越加擴大。[7]

元朝的監察機關中央為御史台，地方劃分二十二道監察區，設肅政廉訪使（即監察御史）常駐地方。並提高監察官的品級，特別是御史大夫一職，必須由蒙古貴族擔任。[8] 明初，監察機關的組織沿用唐宋舊制，中央

[3] 楊家駱主編，《新校本後漢書並附編十三種五》（台北：鼎文書局，民國70年），後漢書志第27，百官4，頁3613、志第28，百官5，頁3617。

[4] 楊家駱主編，《新校本新唐書附索引二》（台北：鼎文書局，民國70年），唐書卷48，志第38，百官3，頁1235–1240。

[5] 同上書，唐書卷47，志第37，百官2，頁1206–1207、1212。

[6] 楊家駱主編，《新校本宋史並附編三種五》（台北：鼎文書局，民國69年），宋史卷164，志第117，職官4、志第119，職官6、志第120，職官7。

[7] 清高宗敕撰，《續通志》（上海：商務印書館，民國24年），卷131，職官略2，志4045。

[8] 楊家駱主編，《新校本元史並附編二種四》（台北：鼎文書局，民國66年），元史

設御史台。至洪武十五年 (1382) 擴大監察機關組織，改御史台為都察院，合併了唐宋以來的三院。[9] 為加強對地方官吏的監察，宣德十年 (1435) 依當時省制劃分全國為十三道，設十三道監察御史一百十人，分別掌管地方的監察工作。[10]

　　清之監察機關，初沿明制，至雍正元年 (1723)，始將六科給事中併入都察院，負責監察百官的任務，形成科道合一的情形。[11] 於是歷代諫官與御史分署之制，至此合一。但監察官員品階低於行政官員，故在官制精神上始終是採低品階監督高品階的原則，而且常是監察權與司法權合一與行政權與財政權合一相對立。

## 二、清代言官之職責

　　清代都察院之職掌為「察覈官常，參維綱紀」。[12] 下轄十五道監察御史，職掌「彈舉官邪，敷陳治道，各覈本省刑名。」[13] 復有六科給事中。六科乃指吏、戶、禮、兵、刑、工，有掌印給事中滿漢各一人，給事中滿漢各一人。給事中的職務主要是「掌言職，傳達綸音，勘鞫官府公事，以註銷文卷，有封駁即聞」。[14] 茲將清代言官的詳細職務，列表於下：

　　　卷 86，志第36，百官 2，頁 2177–2182。

[9]　楊家駱主編，《新校本明史並附編六種四》（台北：鼎文書局，民國 69 年），明史卷 73，志第49，職官 2，頁 1771–1772。

[10]　同上，頁 1772。

[11]　清延煦等編，《欽定臺規》（全國圖書館文獻編微複製中心影印，1989 年 3 月），卷 9，頁 2。

[12]　趙爾巽等，《清史稿》（台北：洪氏出版社，民國 70 年 8 月），卷 115，頁 3301–3302。

[13]　同前，頁 3302。

[14]　同前書，卷 115，頁 3306–3307。

附表一：清代十五道一覽表

| 道名 | 掌印監察御史 | 監察御史 | 小計 | 稽查在京衙門 | 分理本道 |
|---|---|---|---|---|---|
| 京畿道 | 2 | 2 | 4 | 稽察內閣、順天府、大興、宛平兩縣 | 分理院事、及直隸、盛京刑名 |
| 河南道 | 2 | 2 | 4 | 稽察吏部、詹事府、步軍統領、五城 | 分理河南刑名、照刷諸司卷宗 |
| 江南道 | 2 | 6 | 8 | 稽察戶部、寶泉局、在京十二倉、總督漕運、磨勘三庫、月終察銷之籍 | 分理江南刑名 |
| 浙江道 | 2 | 2 | 4 | 稽察禮部、都察院 | 分理浙江刑名 |
| 山西道 | 2 | 2 | 4 | 稽察兵部、翰林院、六科、中書科、總督倉場、通州二倉 | 分理山西刑名 |
| 山東道 | 2 | 4 | 6 | 稽察刑部、太醫院、總督河道、催比五城命盜案牘、緝捕之事 | 分理山東刑名 |
| 陝西道 | 2 | 2 | 4 | 稽察工部、寶源局、核勘在京工程 | 分理陝西刑名 |
| 湖廣道 | 2 | 2 | 4 | 稽察通政使司、國子監 | 分理湖廣刑名 |
| 江西道 | 2 | 2 | 4 | 稽察光祿寺 | 分理江西刑名 |
| 福建道 | 2 | 2 | 4 | 稽察太常寺 | 分理福建刑名 |
| 四川道 | 2 | 0 | 2 | 稽察鑾儀衛 | 分理四川刑名 |
| 廣東道 | 2 | 0 | 2 | 稽察大理寺 | 分理廣東刑名 |
| 廣西道 | 2 | 0 | 2 | 稽察太僕寺 | 分理廣西刑名 |
| 雲南道 | 2 | 0 | 2 | 稽察理藩院、欽天監 | 分理雲南刑名 |
| 貴州道 | 2 | 0 | 2 | 稽察鴻臚寺 | 分理貴州刑名 |
| 合計 | 30 | 26 | 56 | | |

資料來源：《欽定大清會典》、《欽定大清會典事例》、《欽定臺規》、《清史稿‧職官志》。

## 附表二：清代六科一覽表

| 科名 職稱 人數 | 掌印給事中 | 給事中 | 小計 | 職　　掌 |
|---|---|---|---|---|
| 吏科 | 2 | 2 | 4 | 稽核人事，考察文官銓選，監督文官考試。註銷吏部、順天府文卷。 |
| 戶科 | 2 | 2 | 4 | 稽核財政賦稅。註銷戶部文卷。 |
| 禮科 | 2 | 2 | 4 | 稽核典禮事務，全國禮部及皇帝派遣的人員核查各省科舉試卷，稽核各省學政送交的文生童學簿冊。註銷禮部、宗人府、理藩院、太常寺、光祿寺、鴻臚寺、國子監、欽天監等衙門文卷。 |
| 兵科 | 2 | 2 | 4 | 稽核軍政，監督武官考察。稽核各省學政選送武生童學簿冊，簽發武職官員赴任證書。註銷兵部、鑾儀衛、太僕寺等衙門文卷。 |
| 刑科 | 2 | 2 | 4 | 稽核刑名案件，覆奏死刑重案。註銷刑部文卷。 |
| 工科 | 2 | 2 | 4 | 稽核工程。註銷工部文卷。 |
| 合計 | 12 | 12 | 24 | |

資料來源：《欽定大清會典》、《欽定大清會典事例》、《欽定臺規》、《清史稿・職官志》。

## 三、言官奏議內容之分類

　　清宣宗即位後，十幾年內，言官們對時政的批評和建議，花繁草縟，美不勝收。茲彙集其資料，加以分類，分類的方法，是歸納已存者之實況，絕不預設立場，以免削足適履。第一大類是「**泛陳治道**」。不少言官喜陳空泛之論，俾不得罪獲咎，如用賢才、節國用、清獄訟、飭吏治等，都是一些大原則，而且往往一篇奏摺中包含了好幾點，並不針對某一特定的實

際問題。第二大類是「**中央大政**」，包括了銓選、京察、京官考核、章程廢
立、制度廢置、派差、彈劾官吏、請獎官吏、禮制、考試、錢法、倉政、銀
庫、編修官書等。第三大類是「**有關皇室的問題**」，原應屬於中央大政，
但清朝係滿族入主，滿洲人的官吏、軍隊、皇室自成一個集團，故應歸一
類。第四大類是「**地方大政**」，包括河工（特指黃、運二河）、（有時兼及
永定河等其它河流）水利、漕政、鹽政、關稅、驛政、差務弊端、戶政、保
甲、荒政、徭役、賦役、地方財政、官吏廢置、大計、考試、營務、軍餉、
軍紀、海防、邊防、教育、刑獄、詞訟、審判、非法干預公事等。第五大
類是「**行政事務**」，兼指中央和地方實際的弊端，如需索、舞弊、玩忽政
令、辦事草率、固執舊例、胥吏、幕友之不法行為等。第六大類是「**社會
問題**」，包括鴉片、白銀漏巵、海禁、地方治安、商人問題、走私、私墾、
私礦、私卡、私藏軍火、私設公堂、社倉以及其它風俗、民債糾紛等。

　　這個分類，當然並不是十分嚴格。因為言官們的奏摺所陳，有些事項
是在兩可之間，說它是屬甲類也可，說它是乙類也可。本文所論，若一件
奏議已歸為甲類，則同樣的文件不會再放到乙類中，以免有混淆或前後互
異的現象。

　　六大類外，尚有一些瑣碎的事務性的建議，如註銷檔案等。本文於各
類之外，另立「其他」一項，以收容之。

　　依照本文分類，道光前期的言官們的政見，大體都可予部勒。茲將現
存資料悉數按類列表於後（見頁145附表三），並依據該表統計之，分列
中央、地方二表（見表四、表五），藉以概見當時言官發言的頻率。

## 附表四：言官上奏內容有關中央統計表

| 時間／事次類別 | 嘉慶廿五年九月—十二月 | 道光元年 | 道光二年 | 道光三年 | 道光四年 | 道光五年 | 道光六年 | 道光七年 | 道光八年 | 道光九年 | 道光十年 | 道光十一年 | 道光十二年 | 道光十三年 | 道光十四年 | 合計 |
|---|---|---|---|---|---|---|---|---|---|---|---|---|---|---|---|---|
| 泛陳治道 | 1 | 8 | 6 | 0 | 0 | 0 | 0 | 0 | 1 | 0 | 0 | 0 | 4 | 3 | 1 | 24 |
| 銓　選 | 1 | 5 | 6 | 0 | 0 | 1 | 1 | 1 | 3 | 3 | 3 | 1 | 5 | 1 | 1 | 32 |
| 京　察 | 0 | 0 | 0 | 1 | 0 | 0 | 0 | 2 | 0 | 0 | 1 | 0 | 0 | 1 | 0 | 5 |
| 京官考核 | 0 | 0 | 0 | 0 | 0 | 1 | 0 | 0 | 0 | 0 | 0 | 0 | 0 | 0 | 0 | 1 |
| 章程廢立 | 0 | 2 | 3 | 0 | 0 | 1 | 1 | 0 | 0 | 0 | 1 | 0 | 1 | 0 | 1 | 10 |
| 制度廢置 | 0 | 1 | 0 | 0 | 0 | 0 | 0 | 0 | 0 | 0 | 1 | 0 | 0 | 0 | 0 | 3 |
| 捐　納 | 0 | 0 | 0 | 0 | 0 | 0 | 1 | 0 | 0 | 0 | 0 | 3 | 0 | 0 | 0 | 4 |
| 派　差 | 0 | 0 | 0 | 0 | 0 | 0 | 0 | 0 | 0 | 0 | 0 | 0 | 0 | 1 | 0 | 1 |
| 彈劾官吏 | 0 | 10 | 6 | 2 | 1 | 1 | 2 | 4 | 2 | 3 | 8 | 6 | 3 | 2 | 6 | 56 |
| 請獎官吏 | 0 | 1 | 0 | 0 | 0 | 0 | 0 | 0 | 0 | 0 | 0 | 0 | 0 | 0 | 0 | 1 |
| 禮　制 | 0 | 1 | 0 | 0 | 1 | 0 | 0 | 0 | 1 | 0 | 2 | 1 | 0 | 2 | 0 | 8 |
| 考　試 | 1 | 3 | 3 | 2 | 0 | 1 | 0 | 0 | 1 | 2 | 0 | 2 | 2 | 1 | 0 | 18 |
| 錢　法 | 1 | 0 | 2 | 2 | 1 | 1 | 0 | 0 | 1 | 0 | 1 | 0 | 2 | 1 | 0 | 12 |
| 倉　政 | 0 | 1 | 2 | 2 | 2 | 1 | 1 | 1 | 3 | 1 | 1 | 2 | 3 | 1 | 4 | 25 |
| 銀　庫 | 0 | 2 | 1 | 0 | 0 | 0 | 0 | 0 | 0 | 0 | 0 | 0 | 0 | 1 | 2 | 6 |
| 編修官書 | 1 | 1 | 0 | 0 | 0 | 0 | 0 | 0 | 0 | 0 | 0 | 0 | 0 | 0 | 0 | 3 |
| 採　購 | 0 | 0 | 1 | 0 | 0 | 0 | 0 | 0 | 0 | 0 | 0 | 0 | 0 | 0 | 1 | 2 |
| 工　程 | 0 | 2 | 2 | 0 | 2 | 1 | 0 | 1 | 0 | 1 | 1 | 0 | 3 | 0 | 0 | 13 |
| 宗　室 | 0 | 1 | 0 | 0 | 1 | 0 | 0 | 0 | 0 | 0 | 0 | 1 | 0 | 0 | 0 | 3 |
| 旗人問題 | 0 | 3 | 1 | 0 | 0 | 0 | 0 | 0 | 0 | 0 | 0 | 1 | 1 | 0 | 0 | 8 |
| 宮　監 | 0 | 0 | 1 | 0 | 0 | 0 | 0 | 0 | 0 | 0 | 0 | 0 | 0 | 0 | 0 | 1 |
| 其　他 | 0 | 0 | 1 | 0 | 0 | 0 | 1 | 0 | 0 | 0 | 0 | 0 | 1 | 0 | 1 | 4 |
| 小　計 | 5 | 41 | 35 | 10 | 9 | 8 | 8 | 11 | 11 | 12 | 23 | 13 | 27 | 10 | 17 | 240 |

## 附表五：言官上奏內容有關地方統計表

| 事次類別 ＼ 時間 | 嘉慶廿五年九月—十二月 | 道光元年 | 道光二年 | 道光三年 | 道光四年 | 道光五年 | 道光六年 | 道光七年 | 道光八年 | 道光九年 | 道光十年 | 道光十一年 | 道光十二年 | 道光十三年 | 道光十四年 | 合計 |
|---|---|---|---|---|---|---|---|---|---|---|---|---|---|---|---|---|
| 河　　工 | 0 | 4 | 3 | 4 | 2 | 4 | 3 | 3 | 2 | 2 | 0 | 0 | 1 | 1 | 1 | 30 |
| 水　　利 | 0 | 1 | 2 | 7 | 6 | 0 | 0 | 2 | 0 | 0 | 0 | 0 | 0 | 4 | 1 | 23 |
| 漕　　政 | 1 | 2 | 4 | 1 | 4 | 7 | 1 | 2 | 5 | 3 | 4 | 1 | 6 | 5 | 5 | 51 |
| 鹽　　政 | 0 | 1 | 3 | 3 | 5 | 1 | 3 | 1 | 1 | 1 | 3 | 3 | 3 | 1 | 2 | 31 |
| 關　　稅 | 0 | 0 | 1 | 2 | 0 | 1 | 0 | 0 | 0 | 0 | 2 | 0 | 0 | 0 | 2 | 8 |
| 驛　　政 | 0 | 2 | 0 | 0 | 0 | 0 | 0 | 0 | 0 | 0 | 0 | 0 | 0 | 2 | 1 | 5 |
| 差務弊端 | 0 | 2 | 0 | 0 | 0 | 0 | 0 | 0 | 0 | 0 | 0 | 0 | 0 | 0 | 0 | 2 |
| 戶　　政 | 0 | 0 | 0 | 0 | 0 | 0 | 0 | 0 | 0 | 0 | 1 | 0 | 0 | 0 | 0 | 1 |
| 保　　甲 | 0 | 1 | 1 | 0 | 0 | 0 | 1 | 1 | 0 | 1 | 0 | 0 | 1 | 1 | 0 | 7 |
| 荒　　政 | 0 | 0 | 10 | 20 | 4 | 1 | 1 | 0 | 0 | 0 | 0 | 4 | 4 | 0 | 0 | 44 |
| 徭　　役 | 0 | 0 | 0 | 0 | 0 | 0 | 0 | 0 | 0 | 0 | 1 | 1 | 0 | 0 | 0 | 2 |
| 賦　　役 | 1 | 2 | 8 | 0 | 0 | 0 | 0 | 1 | 1 | 1 | 1 | 1 | 0 | 0 | 0 | 16 |
| 地方財政 | 1 | 1 | 3 | 3 | 1 | 0 | 0 | 2 | 0 | 0 | 2 | 0 | 0 | 2 | 0 | 15 |
| 官吏廢置 | 0 | 2 | 2 | 1 | 1 | 0 | 1 | 0 | 0 | 0 | 0 | 1 | 0 | 1 | 0 | 9 |
| 大　　計 | 0 | 1 | 0 | 0 | 0 | 0 | 0 | 0 | 0 | 0 | 0 | 0 | 0 | 0 | 0 | 1 |
| 考　　試 | 0 | 0 | 2 | 1 | 0 | 0 | 1 | 0 | 0 | 1 | 1 | 1 | 0 | 2 | 0 | 9 |
| 營　　務 | 0 | 0 | 1 | 1 | 0 | 2 | 0 | 2 | 1 | 0 | 4 | 1 | 0 | 1 | 0 | 13 |
| 軍　　餉 | 0 | 1 | 0 | 0 | 1 | 1 | 1 | 2 | 0 | 0 | 0 | 0 | 0 | 0 | 0 | 6 |
| 軍　　紀 | 0 | 0 | 0 | 0 | 0 | 0 | 0 | 2 | 1 | 0 | 0 | 0 | 0 | 0 | 0 | 3 |
| 海　　防 | 0 | 1 | 1 | 0 | 0 | 1 | 0 | 0 | 0 | 0 | 0 | 0 | 1 | 0 | 0 | 4 |
| 邊　　防 | 0 | 1 | 1 | 0 | 0 | 0 | 2 | 0 | 0 | 0 | 0 | 0 | 2 | 1 | 0 | 7 |

| | | | | | | | | | | | | | | | | |
|---|---|---|---|---|---|---|---|---|---|---|---|---|---|---|---|---|
| 教　　育 | 0 | 0 | 0 | 0 | 0 | 0 | 0 | 0 | 0 | 1 | 0 | 0 | 0 | 0 | 0 | 1 |
| 刑　　獄 | 0 | 2 | 1 | 0 | 0 | 2 | 1 | 1 | 1 | 0 | 1 | 1 | 0 | 1 | 2 | 13 |
| 詞　　訟 | 0 | 2 | 3 | 0 | 1 | 0 | 0 | 0 | 0 | 1 | 0 | 0 | 0 | 0 | 0 | 7 |
| 審　　判 | 0 | 1 | 0 | 1 | 4 | 3 | 0 | 1 | 2 | 0 | 2 | 1 | 4 | 1 | 1 | 21 |
| 非法干預公事 | 0 | 0 | 0 | 0 | 0 | 0 | 1 | 0 | 0 | 0 | 0 | 0 | 0 | 0 | 0 | 1 |
| 需　　索 | 0 | 1 | 1 | 0 | 0 | 0 | 0 | 1 | 0 | 0 | 1 | 0 | 0 | 0 | 0 | 4 |
| 舞　　弊 | 0 | 0 | 0 | 0 | 0 | 1 | 0 | 0 | 0 | 0 | 0 | 1 | 0 | 1 | 0 | 3 |
| 玩忽政令 | 0 | 0 | 0 | 0 | 1 | 2 | 0 | 0 | 0 | 0 | 3 | 0 | 1 | 0 | 2 | 9 |
| 辦事草率 | 0 | 1 | 0 | 0 | 0 | 0 | 0 | 0 | 0 | 0 | 0 | 0 | 0 | 0 | 0 | 1 |
| 固執舊例 | 0 | 0 | 0 | 0 | 0 | 0 | 0 | 1 | 0 | 0 | 0 | 0 | 0 | 0 | 0 | 1 |
| 胥　　吏 | 0 | 0 | 5 | 2 | 0 | 1 | 3 | 0 | 0 | 2 | 6 | 4 | 3 | 2 | 1 | 29 |
| 幕　　友 | 0 | 1 | 1 | 2 | 1 | 0 | 0 | 0 | 0 | 1 | 2 | 0 | 0 | 1 | 0 | 9 |
| 鴉　　片 | 0 | 1 | 2 | 0 | 0 | 0 | 0 | 0 | 0 | 0 | 1 | 1 | 2 | 1 | 0 | 8 |
| 銀　　漏 | 0 | 0 | 1 | 0 | 0 | 0 | 0 | 0 | 0 | 0 | 1 | 0 | 0 | 1 | 1 | 4 |
| 海　　禁 | 0 | 1 | 0 | 0 | 1 | 0 | 0 | 0 | 0 | 0 | 0 | 0 | 0 | 0 | 0 | 2 |
| 地方治安 | 0 | 7 | 13 | 8 | 4 | 1 | 3 | 1 | 4 | 3 | 6 | 8 | 12 | 3 | 4 | 77 |
| 商人問題 | 0 | 1 | 2 | 0 | 1 | 1 | 0 | 0 | 0 | 0 | 1 | 2 | 2 | 1 | 0 | 11 |
| 走　　私 | 0 | 0 | 0 | 0 | 1 | 0 | 0 | 0 | 0 | 0 | 0 | 0 | 1 | 0 | 0 | 2 |
| 社　　倉 | 0 | 2 | 1 | 2 | 1 | 0 | 1 | 0 | 0 | 1 | 2 | 1 | 0 | 3 | 1 | 15 |
| 風　　俗 | 0 | 4 | 0 | 0 | 1 | 1 | 0 | 0 | 0 | 0 | 0 | 0 | 1 | 0 | 2 | 9 |
| 私　　墾 | 0 | 0 | 0 | 1 | 0 | 1 | 0 | 1 | 0 | 0 | 1 | 0 | 1 | 0 | 0 | 5 |
| 私　　礦 | 0 | 0 | 0 | 0 | 0 | 0 | 0 | 0 | 0 | 1 | 0 | 0 | 0 | 0 | 0 | 1 |
| 私設公堂 | 0 | 0 | 0 | 0 | 0 | 0 | 0 | 0 | 0 | 1 | 0 | 0 | 0 | 0 | 0 | 1 |
| 私　　卡 | 0 | 0 | 0 | 0 | 0 | 1 | 0 | 0 | 0 | 0 | 0 | 0 | 0 | 0 | 0 | 1 |
| 私藏軍火 | 0 | 0 | 0 | 0 | 0 | 0 | 0 | 0 | 0 | 1 | 0 | 0 | 0 | 0 | 0 | 1 |
| 民間債務問題 | 0 | 0 | 1 | 0 | 0 | 0 | 0 | 0 | 0 | 0 | 0 | 0 | 0 | 0 | 0 | 1 |
| 其　　他 | 0 | 0 | 1 | 0 | 0 | 0 | 0 | 0 | 0 | 0 | 0 | 0 | 0 | 0 | 1 | 2 |
| 小　　計 | 3 | 46 | 74 | 59 | 40 | 32 | 25 | 23 | 17 | 21 | 48 | 33 | 45 | 34 | 26 | 526 |

## 四、清宣宗對言官奏議之處理

　　清宣宗在位時，有稗史傳說，稱他曾受曹振鏞的建議，藉文字小故，阻遏群臣的進言，以致造成朝廷緘默的現象云云。但根據個人研究，清宣宗即位之初，曾循例向群臣求言。兩年之內，言官進言者甚多。有關中央事項者：嘉慶廿五年九月至十二月，有五次，道光元年有四十一次，二年三十五次。有關地方事項者：嘉慶廿五年九月至十二月有三次，道光元年四十六次，二年七十四次。道光三年以後，言官對中央大政，建言稍減，而於地方大政，建言之熱誠則從未冷卻，道光十年，且達另一高潮（有關中央者 23 次，有關地方者 48 次）。[15] 故在道光前期的十餘年中，言官對朝政之批評，各省之建言，未嘗有一個月之沉默。[16] 宣宗對於他們所奏，依條奏內容，直接交辦或分交有關部門處理，待有關部門覆奏後，再行下諭，核其可否。

　　㈠以下所舉，為諭示所奏「毋庸議」、「不可行」之例。

　　1.道光元年二月廿日 (1821.3.23)，掌湖廣道監察御史邱家煒奏請考試月選分發人員。宣宗令交吏部議奏。[17] 廿九日吏部議奏「月選官按月擬銓，定制已久，若按四仲之月考試，則未選人員，與續到人員，勢難彙集。如得缺後，令其守候考試，更必懸缺曠職，於選法大有窒礙。」宣宗認為部議甚是，乃諭「該御史所奏斷不可行，著仍照舊例辦理。嗣後科道等若如此亂言政令，罔顧是非，朕不得不加以懲治，勿謂告誡之不早也。」[18]

　　2.二月廿一日，巡視南城掌江西道監察御史王家相奏為廕生考試請

---

[15] 見表四和表五。

[16] 見表三。

[17] 故宮文獻處編，《宮中檔道光朝奏摺》，第一輯（民國 84 年 3 月，故宮印），頁063。

[18] 同前書，頁 074；《清宣宗實錄㈠》（台北：華文書局，民國 53 年 9 月），卷 13，頁 42–43。

嚴關防，以覈真才事。宣宗命大學士、軍機大臣會議具奏。[19] 二月廿三日，大學士等覆奏，應如該御史所請，但宣宗諭「所奏毋庸議，仍照舊例辦理。」[20]

　　3.八月十六日，掌江南道監察御史佟濟奏調劑旗人生計一摺，宣宗認為「雖係實在情形，然似是而非。……若云借貸受累，乃朕洞悉之事，即欲補救積弊，祇可緩籌良策，務使旗民兩得其平，若如該御史所奏辦理，不但日久不能實力奉行，言下亦難措手，是弊未除而旗人之生計益蹙矣。至領銀領米一端，八旗原有舊定章程，不為不妥。……所云各旗營防，應行修理，此亦舊有章程，按例辦理，並非永不查修者也。」乃於十八日諭「該御史所奏，著毋庸議」。[21]

　　4.十月廿七日，掌河南道監察御史牟惇儒奏請定當鋪行息限制，以便貧民。宣宗以「此事在地方有司，隨時調劑，出示曉諭，原屬應為之事。若朝廷之上，通行飭諭，屑屑以典當利息，錙銖比較，成何政體？」乃於廿八日諭「所奏毋庸議」。[22]

　　5.十一月初六日，浙江道監察御史任伯寅奏，為敬陳管見事，略稱各省之治，其分任者，在於各府州縣，而統領之責，全在督撫。督撫賢，則一省官民莫不靡然從風，然尤必久以任之，而後職守專，而事可漸理。今之督撫往往遷調不常，督撫和各府州縣均存五日京兆，以故各省案件往往有數年不結者，拖累日久，民不能堪，於是激為京控之案。一則供應太煩而官民胥受其累。請於其間擇其賢明公正者仍其舊任，俾得專治一省，其或有一二不賢者，立時降革，即於朝中大臣選其賢者代之。布置既定，毋輕更換。如此，則所易不過數省，不至於紛紛互調，致令職任不常。宣宗批「所論原是，然有不得不然之處。」[23]

　　6.同日，巡視西城江南道監察御史常贇奏，嗣後宗室如有呈控事件，

19　《宮中檔道光朝奏摺》，第一輯，頁 064–065。
20　《清宣宗實錄㈠》，卷 13，頁 35–36。
21　同前書，卷 22，頁 18–19；《宮中檔道光朝奏摺》，第一輯，頁 177–180。
22　《宮中檔道光朝奏摺》，第一輯，頁 217–218；《清宣宗實錄㈠》，卷25，頁 23。
23　《宮中檔道光朝奏摺》，第一輯，頁 223–225。

可否按照職官例，著派人持呈赴官呈訴。宣宗批「該御史所奏，自係尊重天潢，近日宗室等太不知自愛，是以皇考嚴申飭諭，蓋不得不然耳。若一切呈訴概遣家人，且無論其勢有能與不能者，必至多方狡賴，刁控不休，又將如何辦理？且與飭諭大相違悖，所奏毋庸議。」[24]

　　7.十一月十九日，給事中張鑒奏，請節省新疆冗費。宣宗命交慶祥、德英阿悉心籌畫，會同妥議具奏。[25] 二年四月四日 (1822.5.24)，慶祥等奏稱「若概行支放本色，則兵丁謀生益形拮据，必致有誤差操，且經費撙節無多，於邊防大有關繫。」宣宗乃諭「該給事中奏請改支本色之處，著毋庸議。」[26]

　　8.二年正月廿五日 (1822.2.16)，福建道御史董國華奏請嚴汰各部冗員，宣宗以其所奏似是而非，諭「毋庸議」。[27]

　　9.八月廿七日，御史郭泰成奏請疏通河渠，以工代賑，宣宗以該御史不諳事體，諭「所奏紕繆，斷不可行。」[28]

　　10.十月十二日，浙江道監察御史羅宸奏直省徵解錢糧，請設法鉤稽，並剔除外省完糧積弊各一摺。宣宗以事屬紛擾難行，御批「所奏俱無庸議」。[29]

　　11.同日，陝西道監察御史楊九畹奏八旗挑補馬步甲及官學教習事宜。宣宗以其「徒事紛更，無裨實政」。乃批「無庸議」。[30] 又奏安集赦犯，酌給荒地，並充雜差。宣宗批「紕繆之至，斷不可行。」[31]

　　12.十月廿三日，御史溥治奏武闈考試請歸簡易。宣宗以其不知大體，

---

[24] 同前書，頁 225–226。
[25] 《清宣宗實錄㈠》，卷 26，頁 31–32。
[26] 同前書，卷 33，頁 7–8。
[27] 同前書，卷 28，頁 27–28。
[28] 《清宣宗實錄㈡》，卷 40，頁 15–16；崑崗等奉敕撰，《欽定大清會典事例㈢》（台北：新文豐出版社，民國 65 年影印，光緒 25 年刻本），卷 1007，頁 5–6。
[29] 《清宣宗實錄㈡》，卷 42，頁 29–30；《宮中檔道光朝奏摺》，第一輯，頁 365–370。
[30] 《清宣宗實錄㈡》，卷 42，頁 30；《宮中檔道光朝奏摺》，第一輯，頁 363–365。
[31] 《清宣宗實錄㈡》，卷 42，頁 31；《宮中檔道光朝奏摺》，第一輯，頁 362–363。

妄思更變舊章，甚屬紕繆。乃諭「所奏不可行」。[32]

13.十一月初五日，給事中王松年奏請敦崇教化以培民風。略稱(1)宣講聖諭廣訓十六條，以州縣奉行之力與不力，定其功過考成。令教授學正、教諭等官，分期輪流四鄉宣讀，並遴選邑紳，每鄉數人，於各鄉朔望宣讀，歲一更換，官為稽覈。(2)整飭義學書院。宣宗批「該給事中所奏，應毋庸議。」[33]

14.三年五月十八日 (1823.6.26)，給事中清安等奏整飭關務以澄弊源。宣宗以該給事中等奏請「四川夔、鑪二關，湖北武昌廠、廣西潯梧二廠查照各關事例，赴科領取季簿一節，事涉紛更，徒滋擾累，日久仍歸有名無實。」乃諭「所奏著不准行」。[34]

15.五月廿三日，給事中孫貫一奏，嚴誣坐以靖習風。略稱承審官畏其翻覆，率多遷就，以致原告肆奸牟利，拖累株連，經年不結，請將妄控各案，不必俟有情願坐誣甘結，即行加等治罪。宣宗認為是「書生偏見，罔知政體」，乃諭無庸議。[35]

16.七月初六日，江西道監察御史羅志謙奏為興復井田，因利民不致紛擾。宣宗批「考古而不通今，一片繁文，于事無益」。[36]

17.七月廿四日，御史趙柄奏請飭停各省分發佐雜人員。宣宗以為「若如該御史所奏，令各督撫設法調劑，不得請停分發，是佐雜等選期本屬遙遠，分發到省，又復擁擠至數百人之多，守候至數十年之久，旅進旅退，得缺無期，甚非所以恤微末而權銓政也。」乃諭「所奏毋庸議」。[37]

18.九月初五日，御史馬步蟾奏稱剝船米石，應於慶豐至普濟四閘，添設船廠兩所，使重載到閘，如遇雨水，即可駕船入廠，以免淋溼。宣宗令交

---

[32] 《清宣宗實錄(二)》，卷 43，頁 8–9；《宮中檔道光朝奏摺》，第一輯，頁 373–374。

[33] 《清宣宗實錄(二)》，卷 44，頁 9–11：《宮中檔道光朝奏摺》，第一輯，頁 382–383。

[34] 《清宣宗實錄(二)》，卷 52，頁 20–21。

[35] 同前，頁 26–27；《欽定臺規》，卷 5，頁 5–6。

[36] 《宮中檔道光朝奏摺》，第一輯，頁 440–443。

[37] 《清宣宗實錄(二)》，卷 55，頁 18–19；《欽定大清會典事例(三)》，卷 1007，頁 8–9。

工部派員前往詳勘，覈議具奏，尋奏該御史所請應無庸議。宣宗從之。[38]

19.十月廿六日，江南道監察御史王世紱奏為各直省保題孝廉方正業經到部人員，請先行考試，以恤寒儒。宣宗批「寒儒固應矜恤，若分次考試，率多不便。無庸議」[39]

20.十一月十三日，山東道監察御史石時榘奏，為請旨禁止開山耕種，以杜水患之原。略謂本年畿甸（直隸）被水較上年為甚，而東南各省亦多水災，其所以如此，乃因開山耕種，因此奏請禁止開山耕種，以杜水患。宣宗批：所請為「必不能行之事」。[40]

21.十二月十三日，先是，御史旌格禮條奏，內務府考試筆帖式、庫使，請照八旗考試之例，由吏部奏派主考房官，並派彈壓搜檢大臣，在場考試，宣宗交軍機大臣議奏。尋奏照舊，帝從之。該御史所奏毋庸議。[41]

22.十二月廿一日，御史王世紱奏請嚴京察。內稱歷屆京察，有出任道府，督撫撤令回京者；堂官薦之於前，督撫劾之於後，或保或參，互相矛盾，因而要嚴京察。建議候補各員，有才堪造就，不妨試以例案，策勵使前。宣宗認為其所議斷不可行，因「候補人員，於稿案事件，原應一律講求，以期熟悉。至補缺先後，挨次序用，自有一定成例，各衙門有例可循，尚恐堂官以愛憎為取捨，不盡公允。若妄更成例，越次揀選，名為鼓勵人才，實以開奔競之門，躁進者遂捷足先得，守分者必致補缺無期。……各員簡擢外任，或因貪劣被參，原保各官，吏部本有處分條例，亦毋庸更立科條。」[42]

23.四年四月初八日 (1824.5.6)，御史錢儀吉奏稱：民人遞相傳述有恩賞流民銀米，資送回籍之語。若給以資斧，易致虛捏，派役護送，又慮滋擾，請於四月中旬停止飯廠，按名給籌，計口授米，於一日內放竣。宣宗認為錢氏「以外間傳述浮言形諸奏牘，亦屬冒昧。其所請停止飯廠，於是日查

---

[38]　《清宣宗實錄㈡》，卷 58，頁 12–13。
[39]　《宮中檔道光朝奏摺》，第一輯，頁 472–474。
[40]　同前書，頁 480–482。
[41]　《清宣宗實錄㈡》，卷 62，頁 17–18。
[42]　《清宣宗實錄㈡》，卷 63，頁 9–11；《欽定大清會典事例㈢》，卷 1007，頁 9–11。

到廠人數，按名給籌，另行定期授米，於一日內全行放竣，殊屬非是。」
九日諭「所奏斷不可行」。[43]

　　24.七月初二日，御史薩斌奏五水腳屯夫負運漕糧，請援照舊例，量加
調劑等。宣宗交戶部議奏。尋奏「查乾隆八年，倉場侍郎奏請酌減之時，
連歲修雜項工作在內，該水腳等猶有餘資，立法盡善，迄今無改；從無添
給之案，此端斷不可開，所請應毋庸議。」宣宗從之。[44]

　　25.七月廿四日，御史程德潤奏請調劑直省知府。略稱知府養廉，惟山
西為優厚，請照山西之例酌量議增，不惟倉庫無虧，即一切命盜案件，亦
必隨時清釐。宣宗以「知府之賢否，不在養廉之厚薄。況各省官員，自雍
正年間量其缺之繁簡，增設養廉，遵行百有餘年之久，從無以養廉為不敷
辦公者。若紛紛議增，成何政體。」乃諭「該御史所奏，斷不可行，著無
庸議。」[45]

　　26.八月，先是，御史王贈芳條陳五城吏目歸正指揮統轄。宣宗交吏部、
都察院會議。嗣吏部議准該御史所奏，而都察院左都御史松筠等另摺奏
稱，正指揮專司命案，事已極繁，若再添管吏目所司事務，勢必顧此失彼，
應仍循照舊章辦理。十六日，宣宗諭「所有吏部議准該御史所奏，及調劑
吏目銓選之處，均無庸議。」[46]

　　27.六年六月十七日 (1826.7.21)，御史安誠奏，請添派查倉御史。宣宗
以「國家設官，各有攸司，豈容人浮於事？該倉相沿已久，從未聞有顧此
失彼之虞。總之，任事之能否，視乎其人之勤惰，不在多派員缺，徒滋冗
濫。」該御史不曉事體，所奏不准行。[47]

　　28.十二月，御史吳敬恆奏棍徒遇災滋擾，及盜竊開棺各一摺。是月初
十日，宣宗諭該御史摭拾舊案，及瑣屑事件，列章陳奏，殊屬不曉事體，

---

[43]　《清宣宗實錄㈡》，卷 67，頁 8–9。
[44]　同前書，卷 70，頁 4。
[45]　同前，頁 30–31。
[46]　同前書，卷 72，頁 20–21。
[47]　《清宣宗實錄㈢》，卷 99，頁 20–21。

所奏毋庸議，原摺擲還。[48]

29.七年 (1827)，先是，御史吳敬恆奏，州縣虧缺之案，如該員前後任內俱有虧缺，其前次交代時，矇混結報，未行查參之該管上司，請嚴立專條，分別加等議處。宣宗交吏部覈議。嗣該部將例載該管上司徇隱處分各條，查開具奏。帝認為原例周密，無所更改。五月初二日諭「該御史所奏，著毋庸議。」[49]

30.十月廿七日，江南道御史耆綱奏，請飭步軍統領五城尋常案件，照舊例咨辦，無須具奏。宣宗批「似是而非，深乖防微杜漸之義。」[50]

31.八年 (1828)，先是，給事中張鑒奏，袁斯鳳等矇混捐復等案，嗣經吏部查明各該員緣事案由。宣宗乃於十一月十二日諭「該給事中所奏矇捐濫敘之處，均無實據，俱著毋庸置議。」[51]

32.九年 (1829)，先是，御史牛鑑奏，請以李容從祀文廟，嗣經禮部議奏認可。宣宗於十二月十六日諭「綜覈李容生平學行，雖足為閭黨矜式，然似此者亦豈乏人，何能盡登兩廡，該部請如該御史所奏，准其從祀文廟之處，著無庸議。」[52]

33.十年 (1830)，先是，御史達鏞奏，請定水師隔省巡哨之法。宣宗交軍機大臣會同兵部議奏。嗣軍機大臣等覆奏，帝乃於八月十四日諭「所有該御史請定綠營水師隔省巡哨之法，著無庸議。」[53]

34.同年，御史鄭瑞玉奏，請將南漕暫行折徵銀兩。略稱現京通各倉充裕，足敷支放，若暫行折徵，於國計民生實為兩便。宣宗交戶部議奏。九月廿九日，戶部議駁該御史所奏，認無庸議。帝從之。[54] 又另片奏，有漕州縣，多係私折銀錢。主張直隸連年豐稔，或就近採買，或照市價折銀，

---

[48]　同前書，卷 111，頁 27。
[49]　《清宣宗實錄㈣》，卷 117，頁 3。
[50]　同前書，卷 128，頁 25。
[51]　同前書，卷 146，頁 30–31。
[52]　《清宣宗實錄㈤》，卷 163，頁 15–16。
[53]　同前書，卷 172，頁 13–15。
[54]　同前書，卷 175，頁 38–39。

令兵丁自行買食。嗣經戶部議駁,帝從之,所奏無庸議。[55]

　　35.十一年十二月,御史恆青奏雙城堡移駐京旗,於旗人生計是否有益,請旨飭查。宣宗認為「雙城堡移駐京旗,行之有年,該旗人均視為樂土。……如果於生計無益,該將軍、副都統自當據實奏聞,豈待該御史奏請,況該御史所稱,均係得之風聞,並無確切證據,此等捕風捉影之談,豈容形之奏牘,致惑人心,是直阻撓國政,將使良法美意,盡可廢棄也。」於廿日諭「該御史所奏,著毋庸議。」[56]

　　36.十二年正月廿九日 (1832.3.1),御史豫益奏,請嚴禁奸商拆賣房舍。宣宗以「奸商拆賣房舍,從前例禁綦嚴,自應隨時查禁。至該御史所奏,遇有應修房舍,必呈報該管地方官驗明,方准修蓋,工竣再行查驗。恐自此紛紛報驗,轉致胥役滋擾,實屬窒礙難行。」乃諭「該御史所奏,著毋庸議。」[57]

　　37.二月十六日,御史景斌奏,稽查右翼前鋒統領四旗護軍統領事務,每於挑缺時,赴教場監看,內印務筆帖式一項,弓力較軟者居多,即有勉強用硬弓者,大半不能中的,此項筆帖式,除前鋒校、護軍校之外,別無升階,請照景運門內火器營領辦筆帖式之例,於各旗營印務筆帖式二員之外,添設領辦筆帖式一員,俟三年期滿,如果始終奮勉,該管官出具考語,咨行吏部,遇有本旗各衙門筆帖式缺出,即行銓選。宣宗認為不成政體,乃諭「該御史所奏,著不准行。」[58]

　　38.同年,因京師亢旱,宣宗下詔求言,六月十日,御史耆綱奏請飭查降革人員懇予恩施,免致廢棄一摺。內稱「近年以來,獲咎降革各員,雖經肆赦,未能普沾恩澤,請飭交吏兵二部查辦。」宣宗認為「遇災修省,當如何憂勤惕勵,求所以默感天和,凡清理庶獄,整飭吏治,籌備民食諸大端,或特旨飭辦,或因奏允行。若該御史所奏,因亢旱而加恩廢員,從來弭災之術,有如是之曲徇人情者乎?求得此等之言,何益政事,何能感召?身

[55] 同前,頁 39。
[56] 《清宣宗實錄(六)》,卷 203,頁 8–9。
[57] 同前書,卷 204,頁 30–31。
[58] 同前書,卷 206,頁 2–3。

列言官，不能直陳利弊，仰副朕意，一味徇私乞恩，意存見好於人，以是為擴誠應詔，令人慨歎而已。」乃諭「該御史所奏，實屬紕繆不可行。」[59]

39.六月廿九日，給事中富兆奏王公官員應領季俸，請折給豆石。宣宗認為「王公官員應領季俸，輒以豆石抵給，則米價豈不益昂？」乃諭「所奏毋庸議」。[60]

40.十三年 (1833)，先是，御史徐廣縉奏，請嚴飭州縣督銷鹽引。宣宗令江督陶澍體察情形，妥議具奏。尋奏：兩淮鹽弊設法杜絕。該御史所奏按戶派鹽之法，滋擾鄉閭，流弊非一，斷不可行。帝於正月廿二日諭從之。[61]

41.四月十日，給事中郭泰成奏，州縣官赴任不准私債糾纏，並請嚴定章程。宣宗認為所奏非是，煩瑣無益，徒滋案牘，斷不可行，著毋庸議。[62]

42.十一月，御史劉誼奏，請嚴定直省州縣虧缺章程。宣宗交戶部議奏。嗣奏上，宣宗根據該部詳查定例，及道光七年奏定章程，認為立法已為周密，於廿三日諭「該御史所奏，著毋庸議。」[63]

43.十四年六月十二日 (1834.7.18)，御史那斯洪阿奏，倉庾重地，宜慎選人才，畀以久任，以收實效而除積弊。宣宗詳加批閱後，認為窒礙難行，乃批「該御史所奏甚繆，著無庸議。」[64]

44.六月十七日，御史海濂（查倉御史）奏，監督收貯米石並不先期呈報。宣宗交軍機大臣傳訊，嗣訊明該御史於到倉之日，曾囑該監督收放米石，先期知照。乃該監督等於本月十二日收粳米二千八百餘石，遲至次日始行呈報，萬安倉監督安恆、祥麟著交部議處。嗣後各該倉收放米石，應如何稽查畫一辦理之處，著倉場侍郎議奏。尋奏：查倉御史職在稽查，例

---

59 同前書，卷 213，頁 22–23。
60 同前書，卷 214，頁 54–55。
61 同前書，卷 230，頁 17–19。
62 《清宣宗實錄㈦》，卷 235，頁 13。
63 同前書，卷 245，頁 32–33。
64 同前書，卷 253，頁 24–26。

於收放米石日期逐日到倉查察，遇有查出弊端知會倉場侍郎奏聞，並無收放米石，俟御史到倉方准開倉眼同收放之例，所奏應毋庸議。帝從之。[65]

　　以上所舉諸例，皆因所奏內容「紕繆」、「煩瑣」、「似是而非」、「徒事紛更，無裨實政」，或「不知政體」，或「違悖飭諭」，以致宣宗或批示或等有關部門回奏後再諭，或立即批諭「毋庸議」、「不可行」。

　　㈡以下所舉，為宣宗對言官們的意見部分採納之例：

　　1.先是，御史陳鴻奏鹽政衙門需索規費，請將兩浙、長蘆鹽政衙門裁歸督撫管理。宣宗命大學士、軍機大臣、戶部會議。道光元年正月初六日 (1821.2.8)，議上，宣宗即諭照所議，裁浙江鹽政，仍歸浙撫兼管，而長蘆鹽政照舊。[66]（換言之，御史陳鴻所奏有部分採納。）

　　2.十月廿七日，掌河南道監察御史牟惇儒奏，為請申明庶吉士大課之例，以勵人才事。宣宗批「此條似可行，亦難概准。」[67]

　　3.十二月十七日，御史佟濟等奏，請嚴稽查章程。如江南道稽察各衙門書吏著役時，原寶泉局、內倉、崇文門、左右兩翼、三庫，均無冊可查。宣宗令嗣後該道查覈，並按月點卯，以歸畫一。各倉書役花戶出缺，應即行募補。但如戶部捐冊，向係每屆一月，由吏部、禮部、國子監及江南道御史，會同赴部覈對，立法周備，該御史等請先期造冊移送該道，徒增案牘，著無庸議。[68]

　　4.二年 (1822)，先是，給事中蔣雲寬條奏，宣宗命軍機大臣會同吏部議奏。尋奏（二月廿六日），給事中蔣雲寬條奏各款，分別准駁。略稱各省督撫參劾屬員，其應降應革，定例俟題參奉旨之日，再行開缺，況所出之缺，有應在外題調，及請旨簡放歸部銓選之不同，若於具摺糾參時，即隨摺揀員升調、或將應行簡放及部選之缺，紛紛奏補，不特有違成例，且恐該督撫以愛憎為取舍，甚至因人擇缺，不可不防其漸。宣宗納之。（此

---

[65] 同前，頁 34。

[66] 《清宣宗實錄㈠》，卷 12，頁 9–10。

[67] 《宮中檔道光朝奏摺》，第一輯，頁 215–216。

[68] 同前書，卷 27，頁 24–25。

為已駁，其他則部分採納。）[69]

5.三年十一月十一日 (1823.12.12)，御史楊九畹奏，請重倉儲職守，以杜弊端。略稱京通各倉監督，各衙門應遴選精明幹練之員秉公保舉。宣宗納之，乃諭「嗣後各該衙門保送倉監督，不許將京察三等人員濫行保送。」至於另請將各倉牆一律加築高峻，帝認為徒滋糜費，無益倉儲，著無庸議。其各倉土米，停止發坊糶賣，隨時篩颺，作為正米搭放一條，交戶部會同倉場衙門覈議具奏。[70]

6.十年七月初十日 (1830.8.27)，御史范承祖奏，請飭定保送倉差監督章程。略稱此次保送倉差，有前任廣東高州府知府今任戶部員外郎海壽及前任山西潞安府知府今任刑部員外郎陸繼祖，皆係不勝外任，奉旨改補今職。此等人員，若畀以倉差，難望其振作有為，實心任事。宣宗乃諭嗣後各衙門堂官，凡遇此等人員，不准濫行保送，以重倉務。至請將各衙門學習期滿奏留候補司員，與實缺人員，相間保送倉差之處，則以為不可行，著毋庸議。[71]

7.十月廿七日，御史王瑋慶奏，京察屆期，請將不勝外任改補京職，及撤回原衙門行走人員，嚴行甄別。宣宗諭如該御史所奏，不勝外任人員，刑部尤多，並未隨時澄汰，且有撤回原衙門之年力就衰者，濫廁其間，著通諭各部院堂官，恪遵疊次所降諭旨，隨時察看，不必拘定此項改補撤回人員，但有衰庸不職者，即加甄別。至該御史請將前項人員內尚堪留任者，各堂官出具考語，另為一冊咨送吏部之處，著毋庸議。[72]

8.十一年七月廿五日 (1831.9.1)，御史李昭美奏，籌酌荒政。宣宗以該御史所奏各條，均為救荒善政，久經著為定例，著各該督撫體察情形，妥為籌辦。另獎勵捐輸款內，有祖宗微賤、子孫善良，例不准考試報捐者，主張如能多捐銀穀，許令銷毀該祖宗及本身掛名冊檔，許其子孫報捐應試

[69] 同前書，卷 30，頁 16。
[70] 《清宣宗實錄㈡》，卷 61，頁 14–15。
[71] 《清宣宗實錄㈤》，卷 171，頁 10。
[72] 同前書，卷 178，頁 25–26。

等。宣宗則認為不成政體，乃諭「所奏著不准行」。[73]

　　9.十三年正月廿八日 (1833.3.19)，御史郭鳴高奏，請嚴查保甲。宣宗令步軍統領、順天府五城及各督撫飭屬認真查辦。至所稱該甲長等能舉發別甲奸民酌量獎賞一節，宣宗以恐易啟報復訐告之風，窒礙難行，著無庸議。[74]

　　10.同年，先是，江西道御史那斯洪阿奏，條陳國用事宜。宣宗交大學士、軍機大臣會同該部秉公覈實，妥議具奏。十一月初七日奏上，請於覈實鹽課和節制冗費等意見予以採納，其餘毋庸議。帝從之。[75]

　　以上所舉部分採納之例，可知宣宗接到言官奏摺後，即交有關部門處理，最後擇定可以部分採納者，即下諭施行。

　　㈢以下所舉，為宣宗對言官們的意見，持肯定之例：

　　1.二年二月初八日 (1822.3.1)，御史許乃濟奏，請嚴禁崇文門稅局需索蠹弊。略稱崇文門稅局，於尋常行李往來，不論有無貨物，每衣箱一隻，勒索銀二兩、四兩至八兩之多，或偶然攜帶常用物件，不知應稅科則，一經查出，輒以二十倍議罰，即有照例開報納稅者又以輸課無多，仍百計刁難，否則押赴官店守候，不准放行，因而奏請嚴禁。宣宗認為所奏甚是，乃諭著該監督遵照定例，於崇文門等地一律添設木榜，仍著順天府刊刷科則定例，每年頒發，俾眾咸知。並責成巡視五城御史隨時稽察。[76]

　　2.同日，許乃濟又奏，請酌籌五城緝捕事宜，明示勸懲。大意為五城司坊額設捕役，工食甚微，其承緝時購覓眼線，每多需費，該捕役等餬口不敷，或豢賊養奸，或畏法求退，皆因有懲無勸，遂至捕務無從整頓。宣宗認為所奏甚是，乃照其所請，交戶部、都察院會同覈議，籌撥部庫銀兩發典生息，每年所得息銀，酌給捕務較繁之西北兩城，比捕務稍簡之中、東、南三城為多。[77]

---

[73]　《清宣宗實錄㈥》，卷 193，頁 22–23。
[74]　同前書，卷 230，頁 32–33。
[75]　《清宣宗實錄㈦》，卷 245，頁 9–10。
[76]　《清宣宗實錄㈠》，卷 29，頁 9–11。
[77]　同前，頁 11。

3.二月十五日，御史黃中模奏，請嚴禁海洋偷漏銀兩。略稱近因民間喜用洋錢，洋商用銀向其收買，致與江浙等省茶客交易，作價甚高，並或用銀收買洋貨，有違定例，請嚴禁。宣宗認為所奏是，乃諭廣東督撫暨海關監督派委員弁認真巡查。[78]

4.六月初二日，御史尹濟源奏，請飭拏訟棍。略稱各省訟棍潛匿京師，招搖生事，恃有蠹役奸胥，通同容隱，以致京控案件日多，不可不嚴拿懲辦。宣宗認為所奏是，乃諭步軍統領、順天府、五城選派明幹員弁密察。[79]

5.六月廿二日，御史曹熊奏，請裁各省額外書役。略稱各省大小衙門書役，向有定額，不得妄增一人，致滋浮濫。近來外省往往於定額之外，任意增添漫無限制，互相勾結，百弊叢生。宣宗認為所奏是，乃諭各直省督撫飭屬查明，將現在額外增置書役，全行裁汰，並造具額存書役名冊，申送該上司存案備查。[80]

6.七月廿六日，御史宋其沅奏，請革除賑弊。大意為報災之初，吏役藉端斂費，查災之時，村莊每有遺漏，戶口則以多報少，給賑則玩延不發，甚至村民守候，吏役乘急勒價買票，領銀折侵時價，放錢每千剋扣多寡不等，報銷時增造詭姓假名。宣宗認為所奏甚是，乃諭嗣後各督撫等遇地方辦賑，務當各發天良，實心實力，隨時稽察。[81]

7.八月卅日，御史佘文銓奏稱直隸藩庫有節年水衝沙壓地畝案內，徵解錢糧銀十數萬兩，向未彙入奏銷，亦未專案報部，部中無從撥用，前署藩司常德，聽信正定縣知縣姜臣烋，稟請將該縣節年徵解銀七千二百兩，發還業戶，該署司即發給該縣領回，此項錢糧，有自嘉慶年間徵解者，並有自乾隆年間徵解者，歷年愈久，弊混愈易。宣宗認為所奏甚是，乃諭顏檢（直督）查明具奏。[82]

---

[78] 同前，頁 24–25。
[79] 同前書，卷 37，頁 4–5。
[80] 同前，頁 34–35。
[81] 同前書，卷 38，頁 37–38。
[82] 《清宣宗實錄(二)》，卷 40，頁 25–26。

　　8.十月初九日，御史佘文銓奏，請革除部費名目。略稱外省每遇奏銷地丁，則向州縣提取奏銷部費，報銷錢糧，則提取報銷部費，並有由首府首縣，行用印文催提者。甚至調一缺，題一官，請一議敘，及辦理刑名案件，皆以部費為詞，有打點、照應、招呼、斡旋各名目。河工、軍需、城工、賑卹諸務，則曰講分頭，所需部費，自五六萬至三四十萬兩不等。此等銀兩，非先事於公項提存，即事後於各屬攤派，請飭禁。宣宗認為所奏是，乃諭各直省督撫查明所屬，如有倡為部費名目者，即指名參奏。一切部費名目，概行禁革。[83]

　　9.十一月十二日，御史陶廷杰奏，請嚴飭大吏毋許勒接虧空，以重倉庫。宣宗認為所奏是，乃通諭直省各督撫，務當潔己奉公，力除積習，屏絕餽獻，州縣交代，不准彼此通融。[84]

　　10.同日，陶廷杰又奏，請嚴禁幕友舞弊。略稱外省作幕者，多有本事平庸，勉強塞責，或性情疏懶，辦事稽延，更有品行不端，小則私賣批語，大則受賄舞弊，甚有與本官不合，故意辦錯，以速本官之咎者。宣宗認為所論具是，乃諭各省督撫嚴行查禁。[85]

　　11.十二月初五日，御史趙柄奏，請慎覈改教以重學校，略稱近日各省甄別州縣，凡才具平庸不諳吏治、年力就衰各員，率請改教，此等衰庸之員，即令司鐸，安望其實心化導，克稱厥職乎？宣宗認為所奏是，乃諭嗣後各直省督撫於才不勝任之知縣，如未經得缺，將該員品學尚堪秉鐸之處，切實聲明，仍酌量奏請改教；其實缺人員，履任在半年外者才不勝任，即概予休致。[86]

　　12.三年四月十四日 (1823.5.4)，御史程喬采奏，籌議平糶事宜，略稱州縣平糶，就近赴買者，不過負郭居民，甚有矜戶、役戶、牙戶、囤戶、與倉書捏名報買，兼之內丁乘機竊賣，商販相緣為奸，請於四鄉道路適中處所，分設廠座，以便民食。平糶價銀，例應於秋熟時買補足額，如穀價

83　同前書，卷 42，頁 22–23。
84　同前書，卷 44，頁 23。
85　同前，頁 23–25。
86　《清宣宗實錄(二)》，卷 46，頁 6–7。

騰貴，准俟次年採買還倉。宣宗認為所奏不為無見，准如該御史所請，諭各督撫令平糶州縣照辦。[87]

13. 八月初九日，御史程喬采奏，請以工代賑，先行疏濬文安河流。由於直隸省連年積潦，而河道淤塞甚多，乃先其所急，次第興修。宣宗認為所奏甚是，乃派其會同繼昌馳往文安查勘。[88]

14. 同日，程喬采奏，直隸貧民出口謀生，請飭各關口詢明來歷放行。略稱本年直隸災區較廣，風聞各處關口留難向阻，貧民一概不准放行，乃奏請貧民出口謀生，應詢明來歷放行。宣宗認為所奏甚是，准其所請，並交辦。[89]

15. 十二月初五日，御史黃德濂奏，請慎重選拔。略稱各學選拔貢生，朝考後取入一二等者，即分別錄用小京官及知縣教諭等職，其登進之階，視他途為較捷，自應遴選得人，不得輕聽教官之言，致啟奔競營求之漸。宣宗認為所奏甚是，乃通諭各直省學政，務求經明行修、堪備國家任使者，於歲科兩試時，豫為察訪，以充是選。[90]

16. 四年四月十五日 (1824.5.13)，御史蔡學川奏，請嚴禁幕友濫邀議敘。宣宗認為所奏是，乃諭嗣後各督撫鹽政等，奏請一切議敘，概不准將幕友保列。[91]

17. 六月初三日，給事中郭泰成奏，請旨飭查直省常平等倉。略稱直省設立常平倉、並社倉、義倉、鹽義等倉，皆收貯米穀雜糧以備平糶及賑濟之用。各該州縣於常平等倉所存穀石，有虧挪掩飾之弊。宣宗諭所奏是，著交戶部查明確數，行文各督撫據實冊報。[92]

18. 六月初五日，御史程邦憲奏，各省京控案件，請嚴飭推鞫。宣宗認為所奏是，乃諭嗣後著各該督撫將軍都統等，遇有京控事件，務須親為聽

87　同前書，卷 51，頁 15–16。
88　同前書，卷 56，頁 17。
89　同前，頁 17–18。
90　《清宣宗實錄(二)》，卷 62，頁 6–7。
91　同前書，卷 67，頁 19。
92　同前書，卷 69，頁 3–4。

斷，冤抑者立予伸理，刁誣者從嚴懲治，其有任意延宕不結者，即將提解逾限之員，先行參辦，以冀讞獄持平，期於無訟。[93]

19.同日，御史陶廷杰奏，各倉廒板氣筒，久成虛設，請旨嚴飭修理。宣宗認為所奏甚是，乃諭倉場侍郎嚴飭各倉監督查辦。[94]

20.閏七月廿日，御史周貽徽奏，請編纂昭忠列傳。略稱嘉慶十八年(1813)逆匪（林清）滋事案內，守土被戕及臨陣捐軀文武各員，業經入祀昭忠祠，惟各員等列傳，尚未編纂。宣宗認為所奏是，乃諭翰林院即行查照舊章，派員纂辦。[95]

21.五年三月十五日 (1825.5.2)，御史郎葆辰奏，請飭禁禁卒淩虐監犯。略稱山西省汾陽、介休、平遙、孝義等縣，禁卒勒索犯人監費，不能滿其慾壑，或受人賄囑，輒以非法致死，甚至有紙打名目。宣宗認為「國家設立監獄，羈禁人犯，禁卒等祇應小心看守，豈容橫加淩虐。」所奏是，乃諭該撫確加訪察。並通諭各直省督撫一體飭禁。[96]

22.五月十八日，御史萬方雍奏，請飭刑部將辦理秋審改擬情實緩決等案出語，豫行知照九卿、詹事、科道，略稱刑部辦理秋審各案，向祇摘敘略節，刊刻招冊，分送九卿、詹事、科道。屆期會議，其由緩改實、由實改緩，或由緩改矜，由矜改緩之案，並不將擬定看語方簽，豫行知照，僅於會議上班時，令書吏宣唱一次，會議諸臣於恩邊之時，僅聽書吏宣唱看語，未能備悉案由、從而商榷，是徒有會議之名，而無僉議之實。宣宗認為所奏甚是，乃諭嗣後著刑部將議定改擬各案看語，彙齊繕刻，於會議上班前五日，分送九卿、詹事、科道。[97]

23.九月初十日，御史姚慶元奏，請嚴查陪祀坐班曠誤官員，以儆怠玩。宣宗認為所奏甚是，乃諭嗣後凡遇祀事，於齋戒前數日，各衙門將派出陪祀人員，造冊分送禮部、都察院、太常寺，除照向例稽察齋戒外，其臨祭

93　同前，頁 6–7。
94　同前，頁 7–8。
95　同前書，卷 71，頁 23–24。
96　《清宣宗實錄㈢》，卷 80，頁 12。
97　同前書，卷 82，頁 14–15。

之時，責成查班御史收取職名，按冊而稽。[98]

24.九月廿日，御史賀熙齡奏，請釐積弊以清庶獄。略稱生監滋訟，藉端誣告，訟師播弄，以及胥役作奸，積案不結。宣宗認為俱為切中時弊，不可不嚴行飭禁。[99]

25.十二月初三日，御史廖敦行奏，審理命案宜慎初驗。略稱州縣積習，懼擔命案處分，往往意存消弭，於報案後故意遷延，不即親身往驗，或先令書差下鄉，押令賄和。迨不能寢息，州縣官始行往驗，經數日延擱，遇盛暑屍身發變，相驗多有不真，兇犯希圖脫罪，因而避重就輕，甚或賄囑仵作，隱匿傷痕，暗買見證，扶同諱飾，每致釀成巨案。宣宗認為所奏是，乃諭直省督撫嚴飭各州縣，一遇命案呈報到官，即責成該管知府督飭該州縣，立即親往相驗。[100]

26.七年三月初九日 (1827.4.4)，御史盛思本奏，京城竊案日多，請嚴定兵役包庇專條。宣宗認為所奏是，乃諭刑部妥議具奏。[101]

27.八月廿七日，給事中李遠烈奏，各省州縣營汛，怠玩廢弛，請飭力加整頓。略稱凡遇餉鞘及解犯過境，並不按例派撥兵役護送，車輛人夫，多不足數，罪犯俱在木籠外散行，赭衣刑具，強半朽壞，塘汛兵役，並不在值，甚至並無兵役協解，私將解文付給雇夫，帶投下站。宣宗認為雖係風聞，所奏甚是。乃著各督撫嚴飭所屬，力加振作。[102]

28.十月廿七日，給事中吳傑奏，京察屆期，請舉劾並行。宣宗認為所奏是，乃諭嗣後各衙門堂官，辦理京察，務須和衷商榷，拔取賢才，外任改部人員亦須加意察看。[103]

29.九年八月初四日 (1829.9.1)，御史張曾奏，請飭禁刊刻落卷以端士習。略稱本科有浙江舉人顧宗伊，刊刻落卷，散布流傳，請飭禁以端士習。

---

[98]　同前書，卷 88，頁 15–16。

[99]　同前書，卷 89，頁 14–15。

[100]　同前書，卷 92，頁 6–7。

[101]　《清宣宗實錄㈣》，卷 115，頁 7。

[102]　同前書，卷 124，頁 30–31。

[103]　同前書，卷 128，頁 23–24。

宣宗認為所奏是，乃諭禮部查明具奏。[104]

30.十一月初八日，御史何輝綬奏，請定保舉御史章程。宣宗認為所奏甚是，乃諭嗣後各部院堂官，於所屬司員內，凡因私罪降補京職，及不勝外任，特旨改用人員，不准保送御史，並不得截取外用。[105]

31.十年三月十三日 (1830.4.5)，御史徐廣縉奏，江蘇候補道張應銓曾任通州分司，卸事後即在揚州行鹽，立有店號，嗣又捐升道員，將貲本交伊甥婿出名經理，而出入會計，仍係該員暗中主持，且該員在揚州雙橋巷置有房產，住居十餘年，人所共知，乃於分發江蘇之時，既不呈請迴避於前，及委署兩淮運司，又不呈請迴避於後，以致物議沸騰，有既作官來又作商之謠，該員不得已，始將運司印信，進省呈繳，請旨飭查。宣宗認為所奏甚是，乃著陶澍（蘇撫）查明。[106]

32.四月十三日，御史王兆琛奏，才不勝任之員，該督（直督那彥成）違例奏請改補京職，請旨更正。宣宗認為所奏甚是，因此諭那彥成交部議處。[107]

33.同日，御史鄭瑞玉奏，沿河淹斃人口，請飭令地方官驗明掩埋，並嚴禁書差藉端訛索。宣宗認為所奏是，乃諭直督（那彥成）、順天府府尹（何凌漢）嚴飭所屬沿河地方官等照辦。[108]

34.十二年五月初十日 (1832.6.8)，御史陳焯奏，請整飭吏治。略稱從來稂莠不去，嘉禾不生，而莠民中惟會匪之惑人最甚。近來不肖州縣，非但不肯查拏，更復多方掩飾。而會匪梟徒，土豪巨盜，皆能賄通胥役。宣宗認為所奏是，乃諭嗣後各督撫，務須嚴飭所屬，留心訪察。[109]

35.九月廿二日，御史慶昌奏，請照例禁止匿名訐告。宣宗認為所奏是，乃諭嗣後凡九卿、科道有奏事之責者，除當面投遞呈詞信件准辦理外，其

104 《清宣宗實錄㈤》，卷 159，頁 5。
105 《清宣宗實錄㈤》，卷 162，頁 11；《欽定大清會典事例㈢》，卷 1007，頁 17–18。
106 《清宣宗實錄㈤》，卷 166，頁 16–17。
107 同前書，卷 167，頁 7。
108 同前，頁 7–8。
109 《清宣宗實錄㈥》，卷 211，頁 19–22。

有拾獲匿名揭帖等，照例銷燬。[110]

　　36.十四年八月初五日 (1834.9.7)，御史伊克精額等奏，役滿書吏久踞京城，聞挐藏匿，請旨飭緝，並請將辦事玩延之署副指揮顧文光交議。宣宗認為所奏是，准如所請。[111]

　　以上為宣宗對言官所奏持肯定之例，均一一照辦。

　　綜上所舉三大類的事例看來，宣宗對言官們奏議的處理，態度是很認真的，並不見有何厭倦之情。

## 五、宣宗對言官之獎懲

　　清代的政府組織，大體上沿襲明代，但是對於明政積弊，防之極嚴。明代的御史、給事中，在晚期結黨攻訐，相互伐異之風，影響閣臣進退、邊將更調，使明末的中央政府不能樹立一整飭紀綱的中心力量以穩定朝局，這是明室滅亡的原因之一。清人入關後，引以為戒，順治十年 (1653)，曾禁止科道風聞言事，挾私妄詰。[112] 康熙時，曾重行下禁，謂「風聞言事，明末之陋習，此例一開，恐有不肖言官，藉端挾制。」[113] 雍正朝，一度停止科道密摺上奏之特許。[114] 乾隆時，曾要求「科道陳奏，必使事事俱歸事實，糾察皆有栖舉，亦不得借風聞言事之名，架空誣捏。」[115] 惟至嘉慶時，風聞言事之禁似已稍弛。五年 (1800)，御史周杶彈劾官吏，經查證後，所指斷為虛妄，仁宗乃諭「御史雖許風聞言事，但遇有奸贓不法等事，自宜封章呈遞，即所言未必盡實，朕亦不加責備。至軍務重大，功罪攸關，若如該御史所言，是非倒置，何以飭戎行而明賞罰？周杶冒昧陳奏，著交部議處。」[116] 可見周杶雖受議處，但風聞言事之舉，已為當時朝內

---

[110] 同前書，卷 220，頁 14。
[111] 《清宣宗實錄(七)》，卷 255，頁 8–9。
[112] 《欽定大清會典事例(三)》，卷 998，頁 3。
[113] 同前，頁 6–7。
[114] 同前，頁 13–16。
[115] 同前書，卷 1000，頁 5–6。
[116] 《欽定臺規》，卷 4，頁 11–12。

所許可者。宣宗即位後，曾於道光二年 (1822)，諭「御史有糾繩之責，例許風聞言事，但必需確鑿可憑，方能據實查辦」云云。[117] 宣宗此諭可證御史仍能風聞彈劾官吏。

　　宣宗對言官們的奏聞，一部分交有關部門處理，伺接到覆奏後，再作最後決定；其他則在摺後直接批示。而言官們也常在此時受到不同的獎懲。受獎之情況有三：㈠批語獎勵，㈡交部議敘，㈢超擢。茲各舉數例：

　　1.道光元年二月初八日 (1821.3.11)，掌廣西道監察御史程伯鑾奏為敬陳用人管見摺。大意為「為政之要，在於用人。知人之難，必由灼見。……近來用人，多由特簡，然其間未必盡賢，不賢而亦保之，此則保之者不盡知人也。夫不次之擢，或疑於用人太驟，而臣謂用人不在論其驟不驟，惟在辨其賢不賢。如其果賢，殷高宗之用傅說，由版築而加之相位，不以為驟也。……如其不賢，則不特不可驟，實不可用矣。向例三年舉行計典，而目今卓異之員，或不盡賢。……應請嗣後內外進言者，一二臣之舉劾，不妨詢之數臣，必須眾論僉同，言皆得實，然後於召對引見時，察其才能，加以擢用；仍責成該上司隨時查核，不得以係特旨簡用之人，意存瞻顧，則人人思奮，拔一人不止收一人之用矣。」宣宗批語「所奏甚是，不愧言官。」[118]

　　2.五月十九日，山東道監察御史許乃濟奏為請覈實奉行恩詔廣儲人材事。大意為向例保舉，必由教官採訪牒縣，由縣申詳各上司；結果發生教官先索贄儀、各衙門書吏又索使費之弊端，以致孤寒清介之士，未能被保舉。奏請保舉孝廉方正，覈實奉行，內而京堂以上，外而府、道、學政以上，各舉所知，不必迴避親屬，限一年內，各造名冊報部考試，不必由本籍教官牒縣，輾轉申詳，致啟夤緣需索之弊。宣宗批語獎勵「所奏甚是，另有諭旨。」[119]

　　3.先是，山西榆次縣民閻思虎強姦趙二姑一案，前經趙添中以該知

---

[117]　《清宣宗實錄㈠》，卷 30，頁 23–24；《欽定臺規》，卷 5，頁 1–2。
[118]　《宮中檔道光朝奏摺》，第一輯，頁 054–056。
[119]　同前書，頁 124–126；《清宣宗實錄㈠》，卷 18，頁 22。

縣當堂逼認和姦，致趙二姑忿激自盡等情赴京呈控。宣宗命交該撫邱樹棠親審。嗣該撫仍以和姦擬結，御史梁中靖參奏，道光帝令刑部再審，始訊明趙二姑係遭強暴。宣宗認為該御史參奏得實，乃於道光四年六月十三日 (1824.7.9) 諭賞給四品頂帶，仍交部議敘。[120]

　　4.五年二月初九日 (1825.3.28)，宣宗檢閱去歲封章，巡城御史武爾通阿、劉尹衡具奏拏獲形跡可疑之人一摺，業經刑部審明，帝以該二人巡查認真，乃諭交部議敘。[121]

　　5.六年六月廿九日 (1826.8.2)，山東道御史吳傑奏參山西巡撫福綿壽辰，闔屬府、廳、州、縣大半上省，該撫張筵演戲款待。縱無餽送苞苴，已屬不成事體，請行嚴禁。得旨嘉獎。[122]

　　6.十一年冬，給事中隆勛訪聞會匪王老頭子即王法中等習教，傳徒多人，並斂錢，奏請拿辦。次年，王老頭子被擒，宣宗感其原奏，加恩超擢隆勛為太常寺卿。[123]

　　7.十二年 (1832)，御史汪報原奏六安州土豪張四條聚黨劫奪、淫掠婦女。宣宗諭該撫鄧廷楨究辦。嗣據該撫奏報業經審明張氏，請即正法。帝以該御史所奏得實，結果能為地方除害安良，於十二月初三日諭汪報原交部議敘。[124]

　　8.十三年六月十六日 (1833.8.1)，御史朱嶟奏請慎重名器一摺，宣宗認為所奏甚是，可嘉之至（即批旨嘉獎）。[125]

　　假如言官所奏不當，或有錯誤，則可能受到處分，處分的情形亦有三種：㈠傳旨申飭，㈡交部察議、議處，㈢降級或回原衙門行走，以下亦各舉數例：

---

[120]　《清宣宗實錄㈡》，卷 69，頁 15–16；《欽定大清會典事例㈢》，卷 1007，頁 11–12；《欽定臺規》，卷 5，頁 6–7。

[121]　《清宣宗實錄㈢》，卷 79，頁 14；《欽定大清會典事例㈢》，卷 1007，頁 12–13。

[122]　《清宣宗實錄㈢》，卷 99，頁 39。

[123]　《清宣宗實錄㈥》，卷 210，頁 12–13；《欽定大清會典事例㈢》，卷 1008，頁 1–2；《欽定臺規》，卷 5，頁 11。

[124]　《清宣宗實錄㈥》，卷 227，頁 6。

[125]　《清宣宗實錄㈦》，卷 239，頁 3–4；《欽定大清會典事例㈢》，卷 1008，頁 6–8。

　　1.道光元年三月初九日 (1821.4.10)，巡城御史托明等奏拏獲兇犯，請將正指揮張思勛量予鼓勵。宣宗以該指揮緝拏其所管地方謀命兇犯，本係分內之事，該御史等率行奏請鼓勵，殊屬冒昧。托明、盛唐俱著傳旨申飭。[126]

　　2.九月初六日，給事中盛唐奏撿拾匿名揭帖，請飭訪拏究辦。按律載：匿名文書告言人罪，見者即為燒燬。嘉慶廿三年 (1818)，又諭凡有黏貼匿名揭帖，即將原帖銷燬，不准具奏。該給事中違例具奏，部議革職，宣宗念其翰林出身，不諳功令，以編修用。[127]

　　3.二年二月廿九日 (1822.3.22)，先是，御史魏成憲參奏戶部郎中張甲三、丁培緒、員外郎丁嘉幹、刑部主事高賜禮聲名平常一摺，宣宗交軍機大臣，令其指出實據，復將該御史登覆各款，交戶、刑二部堂官秉公確查。結果並無其事，帝認為「御史有糾繩之責，例許風聞言事，但必須確鑿可憑，方能據實查辦。今該御史撿拾空言，臚款指劾，殊失建白之體。」乃傳旨申飭，並諭「嗣後各科道等，如遇參揭事件，務當確切指陳，真知灼見，不得以捕風捉影之談，徒博彈劾之名也。」[128]

　　4.五月十五日，御史邱家煒奏請申禁士子懷挾，並嚴查坊刻小本書籍售賣。宣宗因本年係鄉試年分，邱家煒違例條奏科場事宜，交部察議。[129]

　　5.十二月十四日，前因給事中袁銑奏嗣後遇有慶典，請毋議躅。宣宗以其「言利亂政，妄更祖宗成憲，致朕於不仁不惠」，降補六部主事。[130]

　　6.三年 (1823)，御史陳澧奏徐准控告鹽商匿報侵吞一案。宣宗以其以未定之案臆為懸斷，冒昧上奏，乃於十月七日傳旨嚴行申飭。[131]

　　7.四年閏四月間，御史陳澧具奏開隄放水恐滋流弊。宣宗諭令程含章

[126]　《清宣宗實錄(一)》，卷 14，頁 12–13。

[127]　同前書，卷 22，頁 9–10；《宮中檔道光朝奏摺》，第一輯，頁 185。

[128]　《清宣宗實錄(一)》，卷 30，頁 23–24；《欽定大清會典事例(三)》，卷 1007，頁 4–5；《欽定臺規》，卷 5，頁 1–2。

[129]　《清宣宗實錄(一)》，卷 35，頁 26–27；《欽定大清會典事例(三)》，卷 1007，頁 5。

[130]　《清宣宗實錄(二)》，卷 46，頁 26；《欽定大清會典事例(三)》，卷 1007，頁 8；《欽定臺規》，卷 5，頁 5。

[131]　《清宣宗實錄(二)》，卷 60，頁 7；《欽定大清會典事例(三)》，卷 1007，頁 9。

（工部左侍郎）等覆加相度，仍奏明照估修復。閏七月十一日，該御史又奏新開閘壩，民間皆受其害，請及早堵閉。帝又諭程氏帶同該御史履勘。陳澧固執己見，曉曉論辯，並於會勘時呵斥道廳，擅作威福；且其前赴保定前後並未召見，竟捏稱遞摺後曾經召見，意在挾制，以實其言，實屬阻撓國政，不勝御史之任；姑念其究係因公，加恩降為主事候補。[132]

　　8.十一月十二日，御史善年奏請將聲色貨利諭，或每月宣讀一次，或一年宣讀數次。宣宗以其狂妄，不知大體，以員外郎降補，歸部銓選。[133]

　　9.五年五月十八日 (1825.7.3)，給事中郭泰成奏稱京師二麥豐收，請暫弛囤積之禁。宣宗因其受人慫恿，存私見即請變通成例，所奏不可行，傳旨嚴行申飭。[134]

　　10.十二月十九日，御史劉尹衡奏稱接據揭帖二紙，列款控告嵩縣知縣各情，雖書有高珩之名，其人不知去向，將所收印照揭帖呈覽請飭交辦。宣宗以為前降諭旨與律文所載甚明，除將揭帖令該御史銷燬外，並將其交部議處。[135]

　　11.六年 (1826)，先是，御史錢儀吉奏參浙江學政朱士彥任性錯謬各款，降旨交浙撫程含章確查。經查明部分屬實，而措詞過當，部分查無其事。宣宗於八月廿九日諭錢儀吉率行陳奏，念係言官，從寬交部察議。[136]

　　12.九月卅日，戶部會同吏部議奏推廣常例，酌增事例條款。同日，御史黃德濂奏稱：「滿漢廕生世職及各正途出身之子孫弟姪，俱准報捐，易滋流弊，更恐新例一開，且將常例條款議增，必不能及每年常捐之數。」宣宗以「古人籌備軍儲，原有輸粟於邊之議，現值剿辦逆回，軍需繁重。……茲經部臣會同議奏，於現行常例之外，不得已推廣酌增條款，專為現在軍興而設。……其常捐事例，參酌情形，分別應增應減，並未一律加

---

132　《清宣宗實錄㈡》，卷 71，頁 13–14、40–41；《欽定臺規》，卷 5，頁 7–8。
133　《清宣宗實錄㈡》，卷 75，頁 13–14；《欽定大清會典事例㈢》，卷 1007，頁 12。
134　《清宣宗實錄㈢》，卷 82，頁 15–16。
135　同前書，卷 93，頁 8；《欽定大清會典事例㈢》，卷1007，頁 14。
136　《清宣宗實錄㈢》，卷 104，頁 30–31；《欽定大清會典事例㈢》，卷1007，頁 14–15。

增，更與另開新例者不同。御史職司言路，凡遇臣工議奏之事，有未允協
者，原可於具奏通行後據實直陳，如果所言可採，即已經施行，亦不難飭
令改議；乃該御史於該部會奏時同日陳奏，試問該衙門所議條款，尚未具
奏通行，該御史何由得知，非有意沽名，即近於取巧，此風斷不可長。」
乃於十月初一日諭「黃德濂本應重究，念係言官，著從寬交部議處。」[137]

　　13.十二年十二月十三日 (1833.2.2)，御史徐寶善奏請飭禁私書請託一
摺。十四日，宣宗以「御史職任言官，原許風聞陳奏，如內外大臣有營私
黷法，以及朝廷政事闕失，自應據實敷陳，直言無隱，何得以莫須有之事，
逞其筆端，出於捏造乎？」認為該御史「妄以揣度之詞，作為切實之語，
阻撓國政，搖惑人心，於用人行政，大有關繫，此風斷不可長。」乃諭交
部議處。部議降三級調用，帝加恩令回翰林院編修任。[138]

　　14.十三年七月初二日 (1833.8.16)，御史趙敦詩奏請禁奔競以維氣節，
係以毫無指證之事，捕風捉影，妄登奏牘。經宣宗再三詢問，一味含混其
詞，牽拉支離，終無指實，初五日諭趙敦詩交部嚴加議處。[139]

　　言官們雖有受懲的機會，但政府顧慮言路之通暢，對言官的處分，實
際上是很輕的，即有部議甚重者，皇帝亦會加恩而從輕發落。另一方面，言
官若發言得當，易受到皇帝的注意，往往升遷甚速。道光十五年 (1835)，
宣宗曾有諭「科道為朝廷耳目之官，責任至重，凡政治利弊攸關，如有真
知灼見，俱應據實上陳，直言無隱。近來科道中馮贊勳、金應麟、黃爵滋、
曾望顏等，平日遇事均屬敢言，間有指陳，亦皆明白曉事。其有關繫國是，
切中時宜者，無不量加採納，立見施行。是以將該員擢任京卿，所以風勵
言官，即是廣開忠諫之路。」[140] 足見雖是曹振鏞主持軍機處時，但道光前

---

[137]　《清宣宗實錄㈢》，卷 107，頁 2–3；《欽定大清會典事例㈢》，卷 1007，頁 15–
16。

[138]　《清宣宗實錄㈥》，卷 227，頁 24–25；《欽定大清會典事例㈢》，卷 1008，頁 5–
6。

[139]　《清宣宗實錄㈦》，卷 240，頁 3–4、12–15；《欽定大清會典事例㈢》，卷 1008，
頁 8–10。

[140]　《欽定大清會典事例㈢》，卷 1008，頁 14–15；《欽定臺規》，卷 5，頁 11–12。

期的言官們的出路並未受到壓抑。總計十四年餘，言官有二百多人，略數其中日後有外出為巡撫、總督者，如朱為弼、楊殿邦（漕運總督）、尹濟源（湖北巡撫）、程矞采（湖廣總督）、牛鑑（兩江總督）、孫善寶（江蘇巡撫）、王兆琛、梁萼涵（山西巡撫）、徐廣縉（兩廣總督）、常大淳（浙江巡撫）；又有日後為布政使者，如宋其沅、龔綬、陶廷杰、程德潤、常恆昌、邵甲名、程煥采、卞士雲、岳鎮南、曾望顏等。有為按察使者，如周鳴鑾、萬方雍、宋劭穀、金應麟、周開麒等。有為提督學政者，如陳鴻、俞恆澤、王贈芳、王丙、賀熙齡、盛思本、沈巍皆、鄭瑞玉、馮贊勳、周作楫、劉誼、蔡賡颺等。又有內升為侍郎、都察院左副都御史、寺卿者，如吳傑（工部右侍郎）、王瑋慶（戶部右侍郎）、黃爵滋（刑部左侍郎）、朱嶟（倉場侍郎）、趙光（兵部右侍郎）；溥治、隆勛、續齡、琦琛（都察院左副都御史）；梁中靖（太僕寺卿）、龔鏜（內閣學士兼禮部侍郎銜）。[141]

　　由於言官有如此優異的出路，所以一旦受保舉為御史者，很多人努力發言以求自見。


## 六、結　論


　　以上已將道光前期的言官奏議，按其內容予以分類列表，並再據此表，將言官的意見，按中央和地方分別統計之，細按三表，可見：

　　中央方面，泛陳治道者共 24 次，占 10%；但其中有 14 次集中於道光元、二年。當係宣宗即位之初，曾下詔求直言之故。[142] 其餘則見於十二至十四年中，蓋其時天災（如兩湖、江南水患[143]）甚多，朝廷也曾下詔求言之故。其次關於銓選者有 32 次，佔 13.4%，考試者 18 次，占 7.5%，彈劾官吏者 56 次，占 23.4%，[144] 而請獎官吏僅有一次，可見其時在官吏

---

[141] 上述諸人官職只算到道光卅年，見魏秀梅，《清季職官表附人物錄》（台北：中研院近史所，民國 91 年再版）。

[142] 參見《清宣宗實錄㈠》、《清宣宗實錄㈡》。

[143] 參見《清宣宗實錄㈥》、《清宣宗實錄㈦》。

[144] 據表四。

人事方面，問題及弊病甚多。關於倉政者有 25 次，佔 10.4%，若與漕政（見表五）合看，可見其時糧食運輸及儲存問題之嚴重。

地方方面，有關河工者 30 次，水利者 23 次，合計 53 次，占 10%，可見黃河水患及其他河流海塘之為患，故言官們有如此眾多的意見。有關荒政者 44 次，占 8.4%，因為自宣宗即位以後，水旱之災，史不絕書；若與有關河工之建言合看，可知天災與黃河水利有密切之關係。有關鹽政者 31 次，漕政者 51 次，兩者合計，占 15.6%，[145] 可見當時陶澍改革鹽法及漕米海運之切要。又有關銀兩漏卮者 4 次，有關鴉片者 8 次，這兩項應合起來看。道光元年，江西道監察御史郭泰成請嚴禁山西太谷等縣販賣鴉片烟，並稱：「鴉片烟販自閩粵，晉省相距甚遠，而流毒竟至於此，恐各省似此者正復不少，應請一併嚴查，以絕根株。」[146] 後宣宗從兩廣總督阮元之請，嚴禁鴉片。二年，宣宗諭嚴禁偷漏銀兩、私販鴉片，三年，命認真查拿鴉片，定地方官失察條例。[147] 九年，御史章沅奏：粵洋通市夷商，違例私易銀錢，番銀之行日廣，官銀之耗日多，鴉片烟夾帶入粵，每歲易銀至數百萬兩之多，非尋常偷漏可比。嗣後通市，當恪遵定例，祇准易貨，毋許易銀，違禁貨物，不准私入。宣宗命粵督李鴻賓及粵撫盧坤妥議章程。[148] 十四年，宣宗又從給事中黃爵滋奏，禁紋銀出洋。[149] 可見鴉片與銀漏，乃當時社會上的交互牽連的弊病，在道光前期，已十分嚴重了，拖延到道光廿年，終於發生英軍入侵以武力推銷鴉片之事，造成中國歷史上二千年來未有之變局。

再就詞訟（7 次）、審判（21 次）、刑獄（13 次）三項來說，三者合構成司法問題，共占本文所論言官奏議的 41 次，比重很大。司法是社會秩序、社會正義的反映。由此可見當時社會心理逐漸不正常的情形〔可與風俗（9 次）合看〕。再就賦役（16 次）、地方財政（15 次）看，共計

---

[145] 據表五。

[146] 《清宣宗實錄㈠》，卷 13，頁 39；《宮中檔道光朝奏摺》，第一輯，頁 073。

[147] 郭廷以，《近代中國史事日誌第一冊》（台北：作者自印，民國 52 年），頁 34–35。

[148] 《清宣宗實錄㈣》，卷 150，頁 29–30。

[149] 《清宣宗實錄㈦》，卷 251，頁 4–5。

31 次，其內容涉及人民負擔是否公平，州縣行政是否有效率。而言官意見如此之多，似足見民間財力已逐漸竭蹶了。至於地方治安一項，多達 77 次，[150] 為言官們發言最多的對象。綜合上述河工、水利、荒政、鹽政、銀漏、鴉片、賦役、司法等各項觀之，這 77 次的言官上書，似皆有其必要，反映當時的現實。

　　以上是從言官發言的「量」，來觀察言官發言時的種種政治問題和社會問題。現在從「質」方面來看，言官之中也有很多精采的議論，例如在「泛陳治道」的奏章中，固然有很多老生常談，但也有切中時弊的觀察，如道光元年，浙江道御史任伯寅奏當時政治弊端的兩方面：一則為調任過勤而政務不及施為，一為供應太煩而官民胥受其累。前者的情形是：

　　　　一省之中，不下百十州縣，其官吏之賢否，民情之利弊，政事之得失，必詳加體察而後可以周知。及既知之，而宜興宜除，又必相其緩急先後，漸次施行，至事雖就理，而一切章程更須久而守之，乃可以成功；此非假以時日，安能猝然奏效。今督撫到任，往往數月之間調任他省，彼於此省之事未及體訪，又安能望其施行，未及施行，又安望其持久。為督撫者曰：我不過五日京兆耳。為州縣者亦曰：彼不過五日京兆耳。苟有疑難之事，督撫不過以一批了事，其意以為即令我不及辦，尚有後任接受，不能惟我是責也。而州縣之官，亦復心存觀望以俟其去。以故各省案件往往有數年不結者，拖累日久，民不能堪，於是激而為京控之案，揆厥所由，未必非責守不專，互相推諉之咎也。

這裏指出官吏辦事的精神鬆懈，為地方行政不能興利除弊的總根源，而官吏不能久於其任，則是官吏任事無從著力，也是不願用力的關鍵所在，雖然這是中央政府可以予以改善的。至於供應之煩：

　　　　凡上司往來經過，州縣必為之預備公館。及其到任，則通省屬員皆須稟見，近者三五日，遠者至一二十日，奔走道路，用度已屬不支，而到省後，又不能即時見面，而往往有耽擱數十日者。至於稟見之

---

150 同註 141。

　　日，饋送禮物以及門包等項，使費更屬殷繁。此等糜費非朘剝民膏，
　　即那移公項，前任如此送迎，後任又如此供應，若復不時更調，則
　　虧空愈多，州縣何以支持，百姓安得不苦累乎？

這裏指出州縣虧空，地方財政不敷施展之根本緣由，實自和珅以來養成的
積習。所以宣宗批道：「所論原是，然有不得不然之處。」[151] 督撫精神不
能集中於省政，州縣為彌補虧空而多方騰挪以至舞弊貪污，終於使地方政
治不能上軌道，遇到民亂或洋商不馴，也不能應付如常了。這位御史的言
論，實在洞中竅要，不可以老生常談視之的。

　　又如河工方面，歷來的言論，多關於疏導與築隄，往復嘵嘵，鮮及實
際。道光三年，山東道御史石時榘奏道：

　　河水奔，其患在山。夫兩山之間必有川，山有草木，如人獸之有毛
　　膚，雖遇霖雨，其下注之水，止有此數。及開墾耕種，無復樹根草
　　皮為之捍衛，一遇驟雨，沙土木石雜沓而下，水止數尺者，高可至
　　數丈。溝港川河，水來則漫，水去則淤，年復一年，潰隄防，淹田
　　舍，必至之勢也。

　　陝西榆林府綏德州等處所謂北山，二十年前，入山十數里無人烟，
　　今則皆有集場。年來渭水為患秦中，而孟津以上亦有河患，殆由此
　　也。若沁、漳、滹沱、永定等河，發源山西；山西本少平土，民依高
　　阜耕稼，不能培護塍坎，則亦水漲之由。而山木日少，耕地日多，
　　下游之患，固無足怪也。

他指出水患之源於未能保持上游水土，實為卓見。他又提出辦法：

　　今於未開各山，禁使勿開，已非易事，若奪其現有之業，使勿復種，
　　尤屬難行。此惟賢牧令實惠及民，官民一體，於有業之民，租山與
　　人者，諭令培護種樹，收利久遠，勿苟圖目前。其無他業而自種者，
　　勸諭紳士富戶，各愛井里，欲貲量予其值，歸公封禁。仍修治下游，
　　使水歸其壑，如此日復一日，月計不足歲計有餘，庶幾水患之原，
　　可漸止也。

---

[151]　《宮中檔道光朝奏摺》，第一輯，頁 223–225。

即以今日觀之，推行水土保持，基本上仍是御史石時榘所提的辦法，這一個治水的根本辦法，為《皇朝經世文編》中所未見，是一個十分精采的見解，但是宣宗批道：「必不能行之事」。[152] 從這裏，也可窺見宣宗性格保守之一面。

又如社會民生方面，道光元年，河南道御史牟惇儒奏，請限制當鋪利息，以為：

> 各處當鋪，官給以帖，准其開設，其每鋪所輸稅課，每年不過五六兩，而民間遇有急需，非當鋪則無可通融，是官為給帖之意，非為其有裨國課，而實為其有便民生也。

他指出當鋪在社會經濟上之作用，故政府應以政治力量限制當鋪之任意提高利息。「如此明定限制，於商人無損，而於貧民甚便，庶不失官為給帖之本意。」雖然宣宗認為牟惇儒的建議不明大體。以朝廷之尊，「通行飭諭，屑屑以典當利息，錙銖比較，成何政體？」[153] 但言官能為貧民生活著想，主張利用典當以調劑緩急之需，不失為一項特見。

清宣宗初期十餘年中，筆者從未發現過一位言官因其奏摺中有錯別字而受處分之事。相反地，見到的是他們言論的踴躍和內容的精采。言官的受獎和升擢，常見諸可靠的史料。本文至少可以澄清一個歷來見諸文人筆記的傳聞：「曹振鏞阻塞言路。」

---

[152] 同前書，頁 480–482。
[153] 同前書，頁 217–218。

## 附表三：言官上奏內容一覽表

| 時間 | 奏者 | 類別 | 結果 | 資料來源 |
|---|---|---|---|---|
| 嘉慶廿五年九月十三日 | 御史譚諟 | 編修官書 | | 清宣宗實錄(一)，卷4，頁24 |
| 嘉慶廿五年九月十七日 | 御史朱鴻 | 泛陳治道 | | 同前書，卷5，頁4 |
| 嘉慶廿五年九月廿二日 | 貴州道御史張聖愉 | 漕政 | | 同上，頁9-10 |
| 嘉慶廿五年十月十五日 | 四川道御史楊騰達 | 考試(中央) | | 同前書，卷6，頁18 |
| 嘉慶廿五年十月卅日 | 掌廣東道監察御史鄭家麟 | 地方財政 | | 同前書，卷7，頁37-38 |
| 嘉慶廿五年十一月二日 | 掌河南道監察御史蔣雲寬 | 賦役 | | 同前書，卷8，頁3-5 |
| 嘉慶廿五年十二月十一日 | 御史朱鴻 | 銓選 | | 同前書，卷10，頁23 |
| 嘉慶廿五年十二月十三日 | 浙江道御史梁中靖 | 錢法 | | 同上，頁27 |
| 道光元年正月六日 | 御史陳鴻 | 官吏廢置 | 部分採納 | 清宣宗實錄(一)，卷12，頁9-10 |
| 道光元年正月十八日 | 禮科給事中袁銑 | 泛陳治道 | | 宮中檔道光朝奏摺輯1，頁005-009 |
| 道光元年正月廿日 | 江南道監察御史李德立 | 泛陳治道 | | 同前書，頁011-015 |
| 道光元年正月廿二日 | 刑科給事中孫世昌 | 海禁問題 | | 同前書，頁015-017；清宣宗實錄(一)，卷12，頁36 |
| 道光元年正月廿二日 | 掌河南道監察御史蔣雲寬 | 彈劾官吏 | | 宮中檔道光朝奏摺輯1，頁017-018 |
| 道光元年正月廿二日 | 前御史余本敦 | 刑獄 | | 清宣宗實錄(一)，卷12，頁36 |
| 道光元年正月廿六日 | 山東道御史許乃濟 | 河工、彈劾官吏 | | 宮中檔道光朝奏摺輯1，頁018-020 |
| 道光元年二月一日 | 掌雲南道監察御史譚諟 | 彈劾官吏 | | 同前書，頁020-021 |
| 道光元年二月二日 | 江南道監察御史李德立 | 銓選 | | 同前書，頁024-025 |
| 道光元年二月三日 | 掌福建道監察御史朱鴻 | 彈劾官吏 | | 同前書，頁041-043 |
| 道光元年二月四日 | 掌陝西道監察御史陳繼義 | 社倉 | | 同前書，頁044-045；書2月3日；清宣宗實錄(一)，卷13，頁2-4 |
| 道光元年二月五日 | 掌廣東道監察御史鄭家麟 | 州縣需索 | | 宮中檔道光朝奏摺輯1，頁047-048；書2月3日；清宣宗實錄(一)，卷13，頁4-5 |
| 道光元年二月五日 | 掌廣東道監察御史鄭家麟 | 賦役 | | 宮中檔道光朝奏摺輯1，頁048-051 |
| 道光元年二月八日 | 吏科掌印給事中周鳴鑾 | 銓選 | | 同前書，頁053-054 |
| 道光元年二月八日 | 掌廣西道監察御史程伯鑒 | 泛陳治道 | 所奏甚是，不愧言官 | 同前書，頁054-056 |
| 道光元年二月十一日 | 江西道監察御史郭泰成 | 制度廢置 | | 同前書，頁057-058；清宣宗實錄(一)，卷13，頁15-16 |

| 日期 | 人物 | 類別 | 備註 | 出處 |
|---|---|---|---|---|
| 道光元年二月十四日 | 掌河南道監察御史蔣雲寶 | 刑獄 | | 宮中檔道光朝奏摺輯1，頁058-059 |
| 道光元年二月廿日 | 掌湖廣道監察御史邱家煒 | 銓選 | 所奏不可行，毋庸議 | 同前書，頁063-064；清宣宗實錄(一)，卷13，頁42-43 |
| 道光元年二月廿一日 | 巡視南城掌江西道監察御史王家相 | 考試(中央) | 交大學士、軍機大臣會奏，2月23日覆奏，宣宗批毋庸議 | 宮中檔道光朝奏摺輯1，頁064-065 |
| 道光元年二月廿二日 | 巡視南城掌江西道監察御史王家相 | 銓選 | | 同前書，頁066-067 2月21日；清宣宗實錄(一)，卷13，頁30 |
| 道光元年二月廿三日 | 浙江道御史梁中靖 | 驛改 | | 宮中檔道光朝奏摺輯1，頁068-069 2月21日；清宣宗實錄(一)，卷13，頁30-31 |
| 道光元年二月廿三日 | 浙江道御史梁中靖 | 彈劾官吏 | | 宮中檔道光朝奏摺輯(一)，頁067-068；清宣宗實錄(一)，卷13，頁33 |
| 道光元年二月廿四日 | 江南道監察御史李德立 | 彈劾官吏 | | 宮中檔道光朝奏摺輯1，頁071-072 |
| 道光元年二月廿四日 | 江南道監察御史李德立 | 工程 | | 同前書，頁072-073 |
| 道光元年二月廿六日 | 江西道監察御史郭奏成 | 鴉片 | | 宮中檔道光朝奏摺輯1，頁073；清宣宗實錄(一)，卷13，頁39 |
| 道光元年三月九日 | 巡城御史托明等 | 請獎官吏 | 所奏不當，言官受懲 | 清宣宗實錄(一)，卷14，頁12-13 |
| 道光元年四月二日 | 江南道監察御史李德立 | 地方治安 | | 宮中檔道光朝奏摺輯1，頁090-091 |
| 道光元年四月二日 | 湖廣道監察御史宋其沆 | 泛陳治道 | | 同前書，頁091-093 |
| 道光元年四月三日 | 江西道監察御史馬步蟾 | 河工 | | 同前書，頁094-095 書16，卷16，頁4-5 |
| 道光元年四月四日 | 江南道監察御史馬步蟾 | 風俗 | | 清宣宗實錄(一)，卷16，頁6 |
| 道光元年四月四日 | 江西道御史李德立· | 地方治安 | | 清宣宗實錄(一)，卷16，頁6-7 |
| 道光元年四月十日 | 江西道御史郭奏成 | 賦役 | | 宮中檔道光朝奏摺輯(一)，頁098；清宣宗實錄(一)，卷16，頁19-20 |
| 道光元年四月十一日 | 河南道監察御史李鏵頌 | 辦事革率 | | 宮中檔道光朝奏摺輯1，頁104-105 |
| 道光元年四月十三日 | 河南道監察御史李鏵頌 | 風俗 | | 同前書，頁105-106 書16，4月11日；清宣宗實錄(一)，卷16，頁22-23 |
| 道光元年四月十四日 | 掌山東道監察御史張元模 | 差務弊端 | | 宮中檔道光朝奏摺輯1，頁107-108；清宣宗實錄(一)，卷16，頁28-29 |
| 道光元年四月十六日 | 禮科掌印給事中四品卿銜曹恩殺 | 泛陳治道 | | 宮中檔道光朝奏摺輯1，頁109-110 |

| 時間 | 言官 | 議題 | 硃批 | 資料來源 |
| --- | --- | --- | --- | --- |
| 道光元年四月廿日 | 掌貴州道監察御史恆安 | 旗人問題 | | 同前書，頁110-113 |
| 道光元年四月廿八日 | 掌湖廣道監察御史邱家煒 | 倉政 | | 同前書，頁118-119 |
| 道光元年五月九日 | 掌雲南道監察御史譚言藹 | 幕友 | | 同前書，頁119-121；書5月6日，卷18，頁7-8；清宣宗實錄(一) |
| 道光元年五月九日 | 掌雲南道監察御史譚言藹 | 河工 | | 宮中檔道光朝奏摺輯1，頁121-122；書5月6日；清宣宗實錄(一)，卷18，頁9 |
| 道光元年五月廿日 | 山東道監察御史許乃濟 | 銓選 | 所奏甚是，批語獎勵 | 宮中檔道光朝奏摺輯1，頁124-126；書5月19日；清宣宗實錄(一)，卷18，頁22 |
| 道光元年五月廿日 | 掌廣西道監察御史程伯鑾 | 章程廢立 | | 宮中檔道光朝奏摺輯1，頁127-128 |
| 道光元年五月廿四日 | 江南道監察御史王茂松 | 泛陳治道 | | 同前書，頁129-132 |
| 道光元年五月廿六日 | 江南道監察御史李德立 | 禮制 | | 同前書，頁133-134 |
| 道光元年六月九日 | 掌貴州道監察御史張聖榆 | 邊防 | | 同前書，頁136-138 |
| 道光元年六月九日 | 掌貴州道監察御史梁中靖 | 地方治安 | | 同前書，頁138 |
| 道光元年六月十二日 | 浙江道監察御史梁中靖 | 差務弊端 | | 同前書，頁139-141 |
| 道光元年六月十五日 | 巡視南城掌江西道監察御史王家相 | 漕政 | | 同前書，頁141-148；清宣宗實錄(一)，卷19，頁23-24 |
| 道光元年六月廿九日 | 掌廣東道監察御史鄭家麟 | 彈劾官吏 | | 宮中檔道光朝奏摺輯1，頁159-160 |
| 道光元年七月十六日 | 巡視通州漕務給事中袁中銑 | 漕政 | | 同前書，頁168-173 |
| 道光元年七月廿六日 | 御史朱為弼 | 地方治安 | | 清宣宗實錄(一)，卷22，頁37-38 |
| 道光元年八月六日 | 御史李德立 | 地方治安 | | 同前書，卷22，頁3-4 |
| 道光元年八月十二日 | 浙江道監察御史梁中靖 | 鹽政 | | 宮中檔道光朝奏摺輯1，頁175-176；清宣宗實錄(一)，卷22，頁12-13 |
| 道光元年八月十八日 | 掌江南道監察御史佟濟 | 旗人問題 | 似是而非，毋庸議 | 宮中檔道光朝奏摺輯1，頁177-180；書8月16日，卷22，頁18-19 |
| 道光元年八月廿一日 | 兵科給事中喻溥 | 彈劾官吏 | | 宮中檔道光朝奏摺輯1，頁180 |
| 道光元年八月廿五日 | 御史李懋立 | 地方治安 | | 清宣宗實錄(一)，卷22，頁29-30 |
| 道光元年八月廿六日 | 御史李鋒頒 | 詞訟 | | 同上，頁31 |
| 道光元年八月廿六日 | 御史李鋒頒 | 地方治安 | | 同上，頁31-32 |
| 道光元年八月廿六日 | 御史俞恆澤 | 官吏廢置 | | 同上，頁32-33 |

| 時間 | 人名官職 | 類別 | 備註 | 出處 |
|---|---|---|---|---|
| 道光元年九月五日 | 山西道御史龔綬 | 大計 | | 宮中檔道光朝奏摺輯(一)，頁184-185；清宣宗實錄(一)，卷23，頁8-9 |
| 道光元年九月六日 | 給事中盛唐 | 風俗 | 違例奏請、降調 | 宮中檔道光朝奏摺輯(一)，頁185；清宣宗實錄(一)，卷23，頁9-10 |
| 道光元年九月廿日 | 江南道監察御史李德立 | 彈劾官吏 | | 宮中檔道光朝奏摺輯(一)，頁186-187 |
| 道光元年九月廿九日 | 掌山東道監察御史張元模 | 旗人問題 | | 同前書，頁203-205 |
| 道光元年十月五日 | 江南道監察御史馬步蟾 | 保甲 | | 同前書，頁205-206書10月4日：清宣宗實錄(一)，卷24，頁6-7 |
| 道光元年十月五日 | 江南道監察御史李德立 | 考試（中央） | | 同前書，頁206-207；清宣宗實錄(一)，卷24，頁7 |
| 道光元年十月十七日 | 掌江南道監察御史王茂松 | 詞訟 | | 宮中檔道光朝奏摺輯(一)，頁209 |
| 道光元年十月廿一日 | 工科給事中李逢烈 | 銀庫 | 切中時弊 | 清宣宗實錄(一)，卷25，頁7-8 |
| 道光元年十月廿四日 | 掌廣西道監察御史宗室福森住 | 地方財政 | 交軍機大臣等酌議面奏 | 宮中檔道光朝奏摺輯(一)，頁212-213 |
| 道光元年十月廿六日 | 陝西道監察御史王雲錦 | 河工 | | 同前書，頁214-215 |
| 道光元年十月廿八日 | 掌河南道監察御史牟惇儒 | 考試（中央） | 此條似可行亦難概准 | 同前書，頁215-216書10月27日：清宣宗實錄(一)，卷25，頁21-22 |
| 道光元年十月廿八日 | 掌河南道監察御史牟惇儒 | 商人問題 | 毋庸議 | 宮中檔道光朝奏摺輯(一)，頁217-218書10月27日：清宣宗實錄(一)，卷25，頁23 |
| 道光元年十月廿九日 | 掌江南道監察御史張元模 | 水利 | | 宮中檔道光朝奏摺輯(一)，頁219-223 |
| 道光元年十一月六日 | 浙江道監察御史任伯寅 | 泛陳治道 | 所論原是，然有不得不然之處 | 同前書，頁223-225 |
| 道光元年十一月七日 | 巡視西城江南道監察御史曠廣 | 宗室 | 與所論違悖、毋庸議 | 同前書，頁225-226書11月6日：清宣宗實錄(一)，卷26，頁8 |
| 道光元年十一月十四日 | 山西道監察御史龔綬 | 驛政 | 改 | 宮中檔道光朝奏摺輯(一)，頁229-230 |
| 道光元年十一月十六日 | 掌福建道監察御史朱鴻 | 風俗 | | 同前書，頁232-234 |
| 道光元年十一月十六日 | 御史文霈等 | 銀庫 | | 清宣宗實錄(一)，卷26，頁28 |
| 道光元年十一月十九日 | 御史阿成 | 工程 | | 同上，頁29 |
| 道光元年十一月十九日 | 河南道監察御史朱為弼 | 海防 | | 宮中檔道光朝奏摺輯(一)，頁234-236；清宣宗實錄(一)，卷26，頁30-31 |
| 道光元年十一月十九日 | 掌浙江道監察御史梁中靖 | 社會 | | 宮中檔道光朝奏摺輯(一)，頁236-237 |

| 時間 | 言官 | 類別 | 硃批／結果 | 出處 |
|---|---|---|---|---|
| 道光元年十一月十九日 | 給事中張鑑 | 軍餉 | 交慶祥等會奏，2年4月4日覆奏，批毋庸議 | 清宣宗實錄(一)，卷26，頁31-32、卷33，頁7-8 |
| 道光元年十一月廿四日 | 御史朱鴻 | 彈劾官吏 | | 同前書，卷26，頁38-39 |
| 道光元年十二月初四日 | 掌京畿道監察御史和精額 | 編修官書 | | 宮中檔道光朝奏摺輯1，頁245 |
| 道光元年十二月初七日 | 浙江道御史任伯貞 | 審判 | | 清宣宗實錄(一)，卷27，頁10 |
| 道光元年十二月十五日 | 掌陝西道監察御史王雲錦 | 泛陳治道 | 部分採納 | 宮中檔道光朝奏摺輯1，頁248-249 |
| 道光元年十二月十七日 | 御史佟濟等 | 章程廢立 | | 清宣宗實錄(一)，卷27，頁24-25 |
| 道光二年正月十二日 | 陝西道監察御史王雲錦 | 荒政 | | 同前書，卷28，頁10-11 |
| 道光二年正月廿二日 | 掌福建道監察御史朱鴻 | 編修官書 | | 宮中檔道光朝奏摺輯1，頁249-250 |
| 道光二年正月廿三日 | 御史魏成憲 | 章程廢立 | | 清宣宗實錄(一)，卷28，頁23 |
| 道光二年正月廿五日 | 福建建道御史董國華 | 官吏廢置 | 所奏似是而非，毋庸議 | 同上，卷27-28；欽定大清大會典事例(三)，卷1007，頁4 |
| 道光二年二月初二日 | 刑科給事中蔣雲寬 | 章程廢立 | | 宮中檔道光朝奏摺輯1，頁257-258 |
| 道光二年二月初三日 | 刑科掌印給事中喻文溥 | 地方治安、彈劾官吏 | | 同前書，頁258-259 |
| 道光二年二月初八日 | 御史許乃濟 | 關稅 | 所奏甚是 | 清宣宗實錄(一)，卷29，頁9-11 |
| 道光二年二月初八日 | 御史許乃濟 | 地方治安 | 所奏甚是 | 同上，頁11 |
| 道光二年二月初十日 | 稽查萬安倉掌山西道監察御史邱煌 | 彈劾官吏 | | 宮中檔道光朝奏摺輯1，頁267-268 |
| 道光二年二月十一日 | 浙江道御史任伯貞 | 荒政 | | 清宣宗實錄(一)，卷29，頁19-20 |
| 道光二年二月十五日 | 御史黃中模 | 銀漏 | 所奏是 | 同上，頁24-25 |
| 道光二年二月廿二日 | 掌浙江道監察御史梁中靖 | 工程 | | 宮中檔道光朝奏摺輯1，頁270-271 |
| 道光二年二月廿六日 | 軍機大臣會同吏部議覆給事中蔣雲寬 | 銓選 | 部分採納 | 清宣宗實錄(一)，卷30，頁16 |
| 道光二年二月廿九日 | 籌沖阿等給事中陳鴻 | 銀庫 | | 同上，頁22-23 |
| 道光二年二月廿九日 | 御史魏成憲 | 彈劾官吏 | 查無，言官受懲 | 同上，頁23-24 |
| 道光二年三月十一日 | 巡視南城江西道監察御史郭萊成 | 彈劾官吏 | | 宮中檔道光朝奏摺輯1，頁274-275 |
| 道光二年三月十九日 | 御史朱為弼 | 其他（檔案問題） | | 清宣宗實錄(一)，卷31，頁25 |
| 道光二年三月廿一日 | 河南道御史孫貫一 | 荒政 | | 同上，頁28-29 |
| 道光二年三月廿九日 | 戶部議覆御史常貴 | 倉政 | | 同上，頁38-39 |
| 道光二年閏三月初七日 | 禮科給事中張元模 | 賦役 | | 宮中檔道光朝奏摺輯1，頁278-281 |

| 日期 | 官員 | 類別 | 備註 | 出處 |
|---|---|---|---|---|
| 道光二年閏三月七日 | 福建道監察御史董國華 | 漕政 | | 同前書，頁281；清宣宗實錄，卷32，頁13 |
| 道光二年閏三月七日 | 御史董國華 | 地方治安 | | 清宣宗實錄(一)，卷32，頁12-13 |
| 道光二年閏三月十六日 | 刑科給事中王松年 | 詞訟、賦役、地方治安、考試(地方) | | 宮中檔道光朝奏摺輯1，頁289-292 |
| 道光二年閏三月十七日 | 浙江道監察御史任伯寅 | 彈劾官吏 | | 同前書，頁294-295 |
| 道光二年閏三月十九日 | 福建道監察御史董國華 | 鹽政 | | 同前書，頁295-300 |
| 道光二年閏三月廿七日 | 山東道監察御史吳傑 | 考試(地方) | | 同前書，頁303-305書閏3月26日；清宣宗實錄(一)，卷32，頁37 |
| 道光二年閏四月廿九日 | 河南道監察御史孫實一 | 河工 | | 宮中檔道光朝奏摺輯1，頁306-307 |
| 道光二年四月一日 | 御史邱家煒 | 商人問題 | | 清宣宗實錄(一)，卷33，頁2 |
| 道光二年四月十四日 | 御史孫實一 | 採購 | | 同上，頁30-31 |
| 道光二年四月十五日 | 巡漕御史俞恆澤 | 河工 | | 同上，頁33-34 |
| 道光二年五月五日 | 掌廣東道監察御史魏鑑 | 倉政 | | 宮中檔道光朝奏摺輯1，頁312-314 |
| 道光二年五月十二日 | 御史黃中模 | 地方治安 | | 清宣宗實錄(一)，卷35，頁15-16 |
| 道光二年五月十二日 | 御史黃中模 | 刑獄 | | 同上，頁16 |
| 道光二年五月十五日 | 御史邱家煒 | 考試(中央) | 言官受懲 | 同上，頁26-27 |
| 道光二年五月十九日 | 御史任伯寅 | 胥吏 | | 清宣宗實錄(一)，卷36，頁5-6 |
| 道光二年六月二日 | 福建道監察御史董國華 | 彈劾官吏 | | 宮中檔道光朝奏摺輯1，頁321-323 |
| 道光二年六月二日 | 福建道監察御史董國華 | 海防 | | 同前書，頁324 |
| 道光二年六月三日 | 山東道監察御史薩炳斌 | 章程廢立 | | 同前書，頁325 |
| 道光二年六月三日 | 御史尹濟源 | 詞訟 | 所奏是 | 清宣宗實錄(一)，卷37，頁4-5 |
| 道光二年六月四日 | 山東道監察御史吳傑 | 營務 | | 宮中檔道光朝奏摺輯1，頁326-327 |
| 道光二年六月七日 | 陝西道監察御史楊希銓 | 地方財政 | | 同上，頁328-329 |
| 道光二年六月十二日 | 御史梁中靖 | 胥吏 | | 清宣宗實錄(一)，卷37，頁20-21 |
| 道光二年六月十五日 | 掌山東道監察御史魏成憲 | 銓選 | | 道光2年6月分上諭檔，檔00331-00338 |
| 道光二年六月廿二日 | 御史曹能 | 胥吏 | 所奏是 | 清宣宗實錄(一)，卷37，頁34-35 |
| 道光二年六月廿七日 | 御史祥鑌 | 保甲 | | 同上，頁42 |
| 道光二年七月二日 | 掌京畿道監察御史朱為弼 | 荒政 | | 宮中檔道光朝奏摺輯1，頁338-339 |
| 道光二年七月廿六日 | 御史朱其沅 | 荒政 | 所奏甚是 | 清宣宗實錄(一)，卷38，頁37-33 |
| 道光二年七月廿七日 | 御史陶廷杰 | 地方治安 | | 同上，頁39 |

| 時間 | 言官 | 類別 | 結果 | 出處 |
| --- | --- | --- | --- | --- |
| 道光二年八月三日 | 御史余文銓 | 鹽政 | | 同前書，卷39，頁5-6 |
| 道光二年八月十四日 | 御史程邦憲 | 銓選 | | 同上，頁30-31 |
| 道光二年八月廿二日 | 巡視南城掌河南道監察御史郭泰成 | 錢法 | | 宮中檔道光朝奏摺輯1，頁342 |
| 道光二年八月廿二日 | 巡視南城掌河南道監察御史郭泰成 | 荒政 | | 同前書，頁343 |
| 道光二年八月廿二日 | 掌廣西道監察御史蔣廷箴 | 地方財政 | | 同前書，頁343-345 |
| 道光二年八月廿七日 | 御史郭泰成 | 水利 | 所奏紕繆，不可行 | 清宣宗實錄(二)，卷40，頁15-16；清定大清會典事例(三)，卷1007，頁5-6 |
| 道光二年八月廿九日 | 福建道監察御史趙柄 | 賦役 | | 宮中檔道光朝奏摺輯1，頁346 |
| 道光二年八月卅日 | 御史余文銓 | 賦役 | 所奏甚是 | 清宣宗實錄(二)，卷40，頁25-26 |
| 道光二年九月四日 | 御史程鏞采 | 地方治安 | | 同前書，卷41，頁7-9 |
| 道光二年九月十一日 | 浙江道監察御史羅宸 | 泛陳治道 | | 宮中檔道光朝奏摺輯1，頁347-348 |
| 道光二年九月十二日 | 御史程鏞采 | 漕政 | | 清宣宗實錄(二)，卷41，頁16-17 |
| 道光二年九月十三日 | 給事中張元模 | 荒政 | | 同上，頁18-19 |
| 道光二年九月十四日 | 給事中王家相 | 荒政 | | 同上，頁19-20 |
| 道光二年九月十六日 | 給事中王松年 | 考試（中央） | | 同上，頁23-24 |
| 道光二年九月十六日 | 山東道監察御史石時槃 | 銓選 | | 宮中檔道光朝奏摺輯1，頁350 |
| 道光二年九月廿六日 | 河南道監察御史孫貫一 | 泛陳治道 | | 同前書，頁351-354 |
| 道光二年九月廿七日 | 河南道監察御史孫貫一 | 漕政 | | 清宣宗實錄(二)，卷41，頁41-42 |
| 道光二年九月廿七日 | 御史陶廷杰 | 社倉 | | 同上，頁42-43 |
| 道光二年十月二日 | 給事中張鏜 | 泛陳治道 | | 清宣宗實錄(二)，卷42，頁5-7 |
| 道光二年十月七日 | 御史劉尹衡 | 賦役 | | 同上，頁15-16 |
| 道光二年十月九日 | 御史余文銓 | 需索 | 所奏是 | 同上，頁22-23 |
| 道光二年十月十二日 | 禮科給事中王九輝 | 水利 | | 宮中檔道光朝奏摺輯1，頁360-361；清宣宗實錄(二)，卷42，頁28-29 |
| 道光二年十月十二日 | 陝西道監察御史楊九畹 | 地方治安 | 所奏紕繆不可行，毋庸議 | 宮中檔道光朝奏摺輯1，頁362-363；清宣宗實錄(二)，卷42，頁31 |
| 道光二年十月十二日 | 陝西道監察御史楊九畹 | 旗人問題 | 毋庸議 | 宮中檔道光朝奏摺輯1，頁363-365；清宣宗實錄(二)，卷42，頁30-31 |
| 道光二年十月十二日 | 浙江道監察御史羅宸 | 賦役 | 煩瑣不可行，毋庸議 | 宮中檔道光朝奏摺輯1，頁365-366；清宣宗實錄(二)，卷42，頁29-30 |

| 日期 | 職官 | 事項 | 批示 | 出處 |
|---|---|---|---|---|
| 道光二年十月十二日 | 浙江道監察御史羅宸 | 賦役 | | 宮中檔道光朝奏摺輯1，頁367-370 |
| 道光二年十月十三日 | 山東道監察御史石時集 | 地方治安 | | 同前書，頁371-372；清宣宗實錄(二)，卷42，頁32-33 |
| 道光二年十月廿三日 | 御史溥治 | 考試(中央) | 紕繆，所奏不可行 | 清宣宗實錄(二)，卷43，頁8-9 |
| 道光二年十月廿七日 | 陝西道監察御史阿成 | 工程 | | 宮中檔道光朝奏摺輯1，頁375 |
| 道光二年十月廿七日 | 江西道監察御史程邦憲 | 漕政 | | 同前書，頁376-378 |
| 道光二年十月廿八日 | 御史馬步蟾 | 地方治安 | | 清宣宗實錄(二)，卷43，頁17 |
| 道光二年十月廿八日 | 御史當兆 | 邊防、官吏廢置 | | 同上，頁20-21 |
| 道光二年十一月初二日 | 江南道監察御史曹焜 | 河工 | | 宮中檔道光朝奏摺輯1，頁378-379 |
| 道光二年十一月初四日 | 署北城御史薩斌等 | 商人問題 | | 清宣宗實錄(二)，卷44，頁9 |
| 道光二年十一月初五日 | 給事中王松年 | 泛陳治道 | 毋庸議 | 宮中檔道光朝奏摺輯1，頁382-383；清宣宗實錄(二)，卷44，頁9-11 |
| 道光二年十一月十二日 | 御史陶廷杰 | 地方財政 | 所奏是 | 清宣宗實錄(二)，卷44，頁23 |
| 道光二年十一月十二日 | 御史陶廷杰 | 幕友 | 所論具是 | 同上，頁23-25 |
| 道光二年十一月廿日 | 御史程邦憲 | 荒政 | | 清宣宗實錄(二)，卷45，頁11-12 |
| 道光二年十一月廿二日 | 山西道監察御史劉尹衡 | 詞訟 | | 宮中檔道光朝奏摺輯1，頁387-388 |
| 道光二年十一月廿二日 | 山西道監察御史劉尹衡 | 鹽政 | | 同前書，頁388-389 |
| 道光二年十一月廿二日 | 御史程喬采 | 民間債務問題 | | 清宣宗實錄(二)，卷45，頁16-17 |
| 道光二年十一月廿二日 | 御史程喬采 | 地方治安 | | 同上，頁17-18 |
| 道光二年十一月廿四日 | 御史俞恆澤 | 地方治安 | | 同上，頁22 |
| 道光二年十一月卅日 | 禮科掌印給事中袁銑 | 泛陳治道 | | 宮中檔道光朝奏摺輯1，頁391-393 |
| 道光二年十二月初二日 | 掌湖南道監察御史邱家煒 | 荒政 | 所奏是 | 同前書，頁393 |
| 道光二年十二月初五日 | 御史趙炳柄 | 銓選 | | 清宣宗實錄(二)，卷46，頁6-7 |
| 道光二年十二月初七日 | 掌浙江道監察御史尹佩棻 | 泛陳治道 | | 宮中檔道光朝奏摺輯1，頁394-396 |
| 道光二年十二月初八日 | 御史尹佩棻 | 鴉片 | | 清宣宗實錄(二)，卷46，頁14-15 |
| 道光二年十二月初八日 | 御史尹佩棻 | 地方治安、鴉片 | | 同上，頁15 |
| 道光二年十二月十二日 | 御史佘文銓 | 胥吏 | | 同上，頁23-24 |
| 道光二年十二月十二日 | 御史佘文銓 | 胥吏 | | 同上，頁24 |
| 道光二年十二月十四日 | 前因科給事中袁銑 | 賦役 | 言官降調 | 同上，頁26；欽定大清會典事例，卷1007，頁8；欽定臺規，卷5，頁5 |
| 道光二年十二月十五日 | 御史趙炳柄 | 銓選 | | 清宣宗實錄(二)，卷46，頁30-31 |

| | | 其他（疆界劃分） | | |
|---|---|---|---|---|
| 道光二年十二月十八日 | 掌浙江道監察御史尹佩棻 | 官監 | | 宮中檔道光朝奏摺輯 1，頁 401 |
| 道光二年十二月十八日 | 御史佟濟 | 錢法 | | 清宣宗實錄(二)，卷 47，頁 6-7 |
| 道光二年十二月廿二日 | 御史楊騰達 | 荒政 | | 同上，頁 19 |
| 道光三年元月廿一日 | 史科給事中朱鴻 | 制度廢立 | | 宮中檔道光朝奏摺輯 1，頁 405-406 |
| 道光三年元月廿五日 | 兵科給事中許乃濟 | 鹽政 | | 同前書，頁 409-410 |
| 道光三年二月四日 | 巡視中城掌福建道監察御史董國華 | 彈劾官吏 | | 同前書，頁 410-411 |
| 道光三年二月廿七日 | 江南道監察御史程矞采 | 水利 | | 同前書，頁 412-413 |
| 道光三年三月三日 | 江南道監察御史宗文銓 | 地方治安 | | 同前書，頁 414-415 |
| 道光三年三月三日 | 御史陶廷杰 | 水利 | | 清宣宗實錄(二)，卷 50，頁 7-8 |
| 道光三年三月八日 | 御史宗文銓 | 水利 | | 同上，頁 15-16 |
| 道光三年三月十六日 | 御史董國華 | 社倉 | | 同上，卷 51，頁 15-16 |
| 道光三年四月十四日 | 御史程矞采 | 錢法 | 所奏不為無見 | 宮中檔道光朝奏摺輯 1，頁 423-424 |
| 道光三年五月一日 | 掌山西道監察御史龔綬 | 錢法 | 所奏是，另有旨 | 宮中檔道光朝奏摺輯 1，頁 423-424 書 4 月 29 日；清宣宗實錄(二)，卷 52，頁 1-2 |
| 道光三年五月七日 | 掌河南道監察御史郭泰成 | 地方治安 | | 宮中檔道光朝奏摺輯 1，頁 425-427 |
| 道光三年五月十八日 | 給事中清安等 | 關稅 | 所奏不准行 | 清宣宗實錄(二)，卷 52，頁 20-21 |
| 道光三年五月廿三日 | 給事中孫賁一 | 詞訟 | 無庸議 | 同上，頁 26-27 |
| 道光三年五月廿七日 | 浙江道監察御史熊遇泰 | 地方財政 | | 宮中檔道光朝奏摺輯 1，頁 428-429 |
| 道光三年五月廿七日 | 浙江道監察御史熊遇泰 | 審判 | | 同前書，頁 429-430 |
| 道光三年六月二日 | 陝西道監察御史陳溟 | 彈劾官吏 | | 同前書，頁 432 |
| 道光三年六月二日 | 陝西道監察御史陳溟 | 地方財政 | | 同前書，頁 433-434 |
| 道光三年六月十三日 | 江南道監察御史程矞采 | 幕友 | | 同前書，頁 436-437 |
| 道光三年六月廿五日 | 江南道監察御史王世紱 | 河工 | | 同前書，頁 437-438；清宣宗實錄(二)，卷 53，頁 33-34 |
| 道光三年七月六日 | 江西道監察御史羅志讓 | 水利 | 無庸議 | 宮中檔道光朝奏摺輯 1，頁 440-443 |
| 道光三年七月八日 | 御史蔡學川 | 荒政 | | 清宣宗實錄(二)，卷 54，頁 8-9 |
| 道光三年七月八日 | 御史楊希銓 | 荒政 | | 同上，頁 9-10 |
| 道光三年七月十日 | 巡視南城御史隆勛等 | 地方治安 | | 同上，頁 14-15 |
| 道光三年七月十一日 | 給事中許乃濟 | 水利 | | 同前書，卷 55，頁 15 |
| 道光三年七月十八日 | 陝西道監察御史陳溟 | 鹽政 | | 宮中檔道光朝奏摺輯 1，頁 443-445 |

| 日期 | 姓名 | 類別 | 結果 | 出處 |
|---|---|---|---|---|
| 道光三年七月十九日 | 掌廣西道監察御史蔣攸銛 | 荒政 | | 同前書,頁445-447 |
| 道光三年七月十九日 | 御史程喬采 | 荒政 | | 清宣宗實錄(二),卷55,頁5-6 |
| 道光三年七月廿二日 | 御史羅志謙 | 地方財政 | 毋庸議 | 同上,頁13 |
| 道光三年七月廿四日 | 御史趙柄 | 官吏廢置 | | 同上,頁18-19;欽定大清會典事例(三),卷1007,頁8-9 |
| 道光三年八月四日 | 御史陶廷杰 | 地方治安 | | 同前書,卷56,頁10-11 |
| 道光三年八月四日 | 御史陶廷杰 | 荒政 | | 同上,頁11-12 |
| 道光三年八月五日 | 湖廣道監察御史潘恭常 | 河工 | | 宮中檔道光朝奏摺輯1,頁450-451 |
| 道光三年八月九日 | 御史程喬采 | 水利 | 所奏甚是 | 清宣宗實錄(二),卷56,頁17 |
| 道光三年八月九日 | 御史程喬采 | 荒政 | 所奏甚是 | 同上,頁17-18 |
| 道光三年八月十六日 | 江南道監察御史佘文銓 | 荒政 | | 宮中檔道光朝奏摺輯1,頁451-453 |
| 道光三年八月十六日 | 江南道監察御史王世紱 | 荒政 | | 同前書,頁453-456 |
| 道光三年八月廿六日 | 掌京畿道監察御史梁中靖 | 荒政 | | 同前書,頁456 |
| 道光三年八月廿六日 | 京畿道監察御史程邦憲 | 地方治安 | | 同前書,頁457-458 |
| 道光三年九月四日 | 御史蔡學川 | 荒政 | | 清宣宗實錄(二),卷56,頁10-11 |
| 道光三年九月五日 | 江南道監察御史佘文銓 | 漕政 | 毋庸議 | 宮中檔道光朝奏摺輯1,頁458-459 |
| 道光三年九月五日 | 御史馬步蟾 | 河工 | | 清宣宗實錄(二),卷58,頁12-13 |
| 道光三年九月五日 | 御史宗文銓 | | | 同上,頁13-14 |
| 道光三年九月廿六日 | 禮科給事中朱為弼 | 荒政 | | 宮中檔道光朝奏摺輯1,頁460-462 |
| 道光三年十月七日 | 陝西道監察御史陳壩 | 荒政 | | 同前書,頁462 |
| 道光三年十月七日 | 陝西道監察御史陳壩 | 錢法、荒政 | | 同前書,頁463-464 |
| 道光三年十月七日 | 陝西道監察御史陳壩 | 鹽政 | 言官受懲 | 清宣宗實錄(二),卷60,頁7;欽定大清會典事例(三),卷1007,頁9 |
| 道光三年十月七日 | 陝西道監察御史陳壩 | 水利、地方治安 | | 清宣宗實錄(二),卷60,頁8-10 |
| 道光三年十月廿六日 | 江南道監察御史王世紱 | 考試(中央) | 無庸議 | 宮中檔道光朝奏摺輯1,頁472-474 |
| 道光三年十月廿六日 | 御史楊希銓 | 詞訟 | | 清宣宗實錄(二),卷60,頁30-31 |
| 道光三年十一月二日 | 御史董國華 | 育吏 | | 同前書,卷61,頁1-2 |
| 道光三年十一月三日 | 浙江道監察御史熊遇泰 | 荒政 | | 宮中檔道光朝奏摺輯1,頁474-476 |
| 道光三年十一月八日 | 掌湖廣道署山東道監察御史陶廷杰 | 鹽務 | | 同前書,頁476-480 |
| 道光三年十一月十一日 | 御史楊九畹 | 倉政 | 部分採納 | 清宣宗實錄(二),卷61,頁14-15 |
| 道光三年十一月十三日 | 山東道監察御史石時榘 | 私墾 | 無庸議 | 宮中檔道光朝奏摺輯1,頁480-482 |

| 日期 | 言官 | 主題 | 附註 | 出處 |
|---|---|---|---|---|
| 道光三年十一月廿四日 | 給事中朱為弼 | 地方治安 | | 清宣宗實錄(二)，卷61，頁30-31 |
| 道光三年十一月廿四日 | 給事中朱為弼 | 地方治安 | | 同上，頁31-32 |
| 道光三年十一月廿七日 | 掌山西道監察御史劉尹衡 | 荒政 | | 宮中檔道光朝奏摺輯1，頁482-483 |
| 道光三年十一月廿七日 | 御史劉尹衡 | 荒政 | | 清宣宗實錄(二)，卷61，頁38-39 |
| 道光三年十二月二日 | 前據御史程邦憲 | 荒政 | | 同前書，卷62，頁2-3 |
| 道光三年十二月五日 | 御史黃德濂 | 考試 | 所奏甚是 | 同上，頁6-7 |
| 道光三年十二月七日 | 給事中朱為弼 | 倉政 | | 同上，頁9 |
| 道光三年十二月十一日 | 工科給事中郭泰成 | 風俗 | | 宮中檔道光朝奏摺輯1，頁484 |
| 道光三年十二月十三日 | 御史王世紱 | 河工 | | 清宣宗實錄(二)，卷62，頁15 |
| 道光三年十二月十三日 | 御史王世紱 | 胥吏、幕友 | | 同上，頁15-16 |
| 道光三年十二月十三日 | 前據御史旌祺格格禮 | 考試(中央) | 交軍機大臣議奏，尋奏照舊 | 同上，頁17-18 |
| 道光三年十二月十九日 | 御史陳鑾 | 社倉 | | 同前書，卷63，頁5-6 |
| 道光三年十二月廿一日 | 御史王世紱 | 京察 | 所奏斷斷不可行 | 同上，頁9-11；欽定大清會典事例(三)，卷1007，頁9-11 |
| 道光三年十二月廿三日 | 巡視南城御史隆勛等 | 關稅 | | 清宣宗實錄(二)，卷63，頁17-18 |
| 道光三年十二月廿四日 | 工科給事中郭泰成 | 荒政 | | 宮中檔道光朝奏摺輯1，頁485-486 |
| 道光四年二月十一日 | 御史王世紱 | 荒政 | | 清宣宗實錄(二)，卷65，頁14-15 |
| 道光四年二月十一日 | 御史劉尹衡 | 荒政 | | 同上，頁15 |
| 道光四年二月十三日 | 御史童國華 | 鹽政 | | 同上，頁17 |
| 道光四年二月廿八日 | 給事中張元模 | 水利 | | 同上，頁39 |
| 道光四年二月廿八日 | 御史趙柄 | 倉政 | | 同上，頁39-40 |
| 道光四年三月二日 | 前據御史佘文銓 | 海禁 | | 同前書，卷66，頁2-3 |
| 道光四年三月三日 | 御史阿成 | 水利 | | 同上，頁3-4 |
| 道光四年三月三日 | 御史梁中靖 | 審判 | | 同上，頁4 |
| 道光四年三月五日 | 御史嵩山 | 商人問題 | | 同上，頁7 |
| 道光四年三月十六日 | 給事中朱為弼 | 水利 | | 同上，頁21-22 |
| 道光四年三月十六日 | 御史郎葆辰 | 水利 | | 同上，頁22 |
| 道光四年三月廿日 | 御史陳鑾 | 水利 | | 同上，頁26 |
| 道光四年三月廿四日 | 御史程邦憲 | 水利 | | 同上，頁33-34 |
| 道光四年四月八日 | 御史郎葆辰 | 地方治安 | | 同前書，卷67，頁7-8 |

| 時間 | 奏議者 | 類別 | 結果 | 資料來源 |
| --- | --- | --- | --- | --- |
| 道光四年四月九日 | 昨據御史錢議吉 | 荒政 | 所奏斷不可行 | 同上，頁 8-9 |
| 道光四年四月十二日 | 御史陳灃 | 河工 | | 同上，頁 14-16 |
| 道光四年四月十五日 | 御史蔡學川 | 幕友 | 所奏是 | 同上，頁 19 |
| 道光四年四月十五日 | 御史周貽徽 | 鹽政 | | 同上，頁 20-21 |
| 道光四年五月十六日 | 御史郎葆辰 | 地方治安 | | 同前書，卷 68，頁 13-14 |
| 道光四年五月十八日 | 御史程喬采 | 荒政 | | 同上，頁 17-18 |
| 道光四年六月三日 | 給事中郭泰成 | 社倉 | 所奏是 | 同前書，卷 69，頁 3-4 |
| 道光四年六月三日 | 御史熊遇泰 | 鹽政 | | 同上，頁 5 |
| 道光四年六月五日 | 御史程邦憲 | 詞訟 | 所奏是 | 同上，頁 6-7 |
| 道光四年六月五日 | 御史陶廷杰 | 倉政 | 所奏甚是 | 同上，頁 7-8 |
| 道光四年六月九日 | 御史薩斌中 | 漕政 | | 同上，頁 9 |
| 道光四年六月十三日 | 前據御史梁中靖 | 彈劾官吏 | | 同上，頁 15-16；欽定大清會典事例(三)，卷 1007，頁 11-12 |
| 道光四年六月廿八日 | 前據御史周貽徽 | 審判 | | 清宣宗實錄(二)，卷 69，頁 33 |
| 道光四年七月二日 | 御史薩斌 | 漕政 | 戶部議奏毋庸議 | 同前書，卷 70，頁 4 |
| 道光四年七月三日 | 御史吳恩詔 | 審判 | | 同上，頁 4 |
| 道光四年七月六日 | 御史李達辰 | 風俗 | | 同上，頁 8-9 |
| 道光四年七月十日 | 御史佟濟 | 軍餉 | | 同上，頁 11-12 |
| 道光四年七月十四日 | 御史程德潤 | 地方財政 | 無庸議 | 同上，頁 30-31 |
| 道光四年閏七月一日 | 御史陳灃 | 漕政 | 受懲 | 同前書，卷 71，頁 2 |
| 道光四年閏七月十一日 | 御史周貽徽 | 河工 | 所奏是 | 同上，頁 13-14，40-41 |
| 道光四年閏七月廿日 | 御史蔡學川 | 編修官書 | | 同上，頁 23-24 |
| 道光四年閏七月廿日 | 御史王世紱 | 鹽政 | | 同上，頁 24 |
| 道光四年閏七月廿七日 | | 鹽政 | | 同上，頁 37-38 |
| 道光四年八月十六日 | 前因御史王贈芳 | 官吏廢置 | 毋庸議 | 同前書，卷 72，頁 20-21 |
| 道光四年八月廿四日 | 御史陳肇 | 漕政 | | 同上，頁 31-32 |
| 道光四年九月六日 | 御史廣音保 | 工程 | | 同前書，卷 73，頁 7-8 |
| 道光四年十一月十日 | 御史陳善年 | 工程 | | 同前書，卷 75，頁 10-11 |
| 道光四年十一月十二日 | | 禮制 | 言官降調 | 同上，頁 13-14；欽定大清會典事例(三)，卷 1007，頁 12 |
| 道光四年十二月一日 | 御史楊煜 | 錢法 | | 清宣宗實錄(二)，卷 76，頁 1-2 |

| 日期 | 言官 | 類別 | 批示 | 出處 |
|---|---|---|---|---|
| 道光四年十二月九日 | 御史王丙 | 宗室 | | 同上，頁 9-10 |
| 道光四年十二月十日 | 前據管理街道御史祥麟籲等 | 地方治安 | | 同上，頁 11 |
| 道光四年十二月廿日 | 前據御史萬方雍 | 審判 | | 同前書，卷 77，頁 6-8 |
| 道光四年十二月廿五日 | 御史王世紱 | 走私 | | 同上，頁 8 |
| 道光四年十二月廿四日 | 御史錢儀吉 | 玩忽政令 | | 同上，頁 15-17 |
| 道光四年十二月 | 巡城御史武攀爾通河、劉尹武衡 | 地方治安 | 交部議敘（5 年 2 月 9 日） | 清宣宗實錄(二)，卷 78，頁 14；欽定大清會典事例(三)，頁 1007，頁 12-13 |
| 道光五年正月八日 | 御史楊焌 | 荒政 | | 清宣宗實錄(二)，卷 78，頁 8-9 |
| 道光五年二月廿四日 | 御史熊遇泰 | 關稅 | | 同前書，卷 79，頁 28-29 |
| 道光五年三月九日 | 御史隆勖 | 地方治安 | | 同前書，卷 80，頁 6-7 |
| 道光五年三月十五日 | 御史郎葆辰 | 刑獄 | 所奏是 | 同上，頁 12 |
| 道光五年三月廿日 | 御史薩斌等 | 舞弊 | | 同上，頁 20 |
| 道光五年三月廿四日 | 御史錢儀吉 | 漕政 | | 同上，頁 28 |
| 道光五年三月廿四日 | 御史錢儀吉 | 漕政 | | 同前書，卷 81，頁 28-30 |
| 道光五年四月十四日 | 御史郎葆辰 | 審判 | | 同前書，卷 81，頁 15-17 |
| 道光五年四月廿日 | 御史姚慶元 | 倉政 | | 同上，頁 26-27 |
| 道光五年五月十三日 | 御史楊焌 | 河工 | | 同前書，卷 82，頁 10-11 |
| 道光五年五月十八日 | 御史萬方雍 | 審判 | 所奏甚是 | 同上，頁 14-15 |
| 道光五年五月十八日 | 前據給事中郭泰成 | 商人問題（画積） | 傳旨嚴行申飭 | 同上，頁 15-16 |
| 道光五年五月廿五日 | 御史汪琳 | 漕政 | | 同上，頁 23-24 |
| 道光五年六月六日 | 御史王世紱 | 漕政 | | 同前書，卷 83，頁 8-9 |
| 道光五年六月十一日 | 御史賀熙齡 | 私墾 | | 同上，頁 18-20 |
| 道光五年七月廿日 | 御史黃德濂 | 銓選 | | 同前書，卷 86，頁 8 |
| 道光五年七月廿日 | 御史黃德濂 | 私卡 | | 同上，頁 8-10 |
| 道光五年七月廿六日 | 御史熊遇泰 | 營務 | | 同上，頁 22-23 |
| 道光五年八月五日 | 御史熊遇泰 | 漕政 | | 同前書，卷 87，頁 8-9 |
| 道光五年八月廿九日 | 御史王雲岫 | 海防 | | 同上，頁 37-38 |
| 道光五年九月二日 | 御史楊焌 | 工程 | 所奏甚是 | 同前書，卷 88，頁 2 |
| 道光五年九月十日 | 御史姚慶元 | 驛勤官吏 | | 同上，頁 15-16 |
| 道光五年九月十日 | 御史但明倫 | 京官考核 | | 同上，頁 16-17 |
| 道光五年九月十三日 | 御史熊遇泰 | 河工 | | 同上，頁 22 |

| 日期 | 御史 | 類別 | 切中時弊 | 出處 |
|---|---|---|---|---|
| 道光五年九月廿日 | 御史賀熙齡 | 刑獄 | | 同前書，卷89，頁14-15 |
| 道光五年九月廿三日 | 御史楊烜 | 營務 | | 同上，卷90，頁21-22 |
| 道光五年十月三日 | 御史劉尹衡 | 胥吏 | | 同前書，頁6-7 |
| 道光五年十月廿七日 | 御史汪程琳 | 章程廢立 | | 同上，頁44-45 |
| 道光五年十一月二日 | 御史劉尹衡 | 河工 | | 同前書，卷91，頁3 |
| 道光五年十一月四日 | 給事中熊遇泰 | 錢法 | | 同上，頁6-7 |
| 道光五年十一月七日 | 御史熊遇泰 | 漕政 | | 同上，頁8-9 |
| 道光五年十一月十四日 | 御史劉尹衡 | 漕政 | | 同上，頁15-16 |
| 道光五年十一月廿五日 | 御史劉光三 | 考試（中央） | | 同上，頁27-28 |
| 道光五年十一月廿五日 | 御史劉光三 | 玩忽政令 | | 同上，頁28 |
| 道光五年十一月廿五日 | 御史劉光三 | 玩忽政令 | | 同上，頁28-29 |
| 道光五年十一月廿六日 | 御史王雲岫 | 軍餉 | | 同上，頁39 |
| 道光五年十二月三日 | 御史廖敦行 | 審判 | 所奏是 | 同前書，卷92，頁6-7 |
| 道光五年十二月三日 | 御史楊殿邦 | 鹽政 | | 同上，頁9-10 |
| 道光五年十二月十一日 | 御史楊殿邦 | 河工 | | 同上，頁21-22 |
| 道光五年十二月十九日 | 御史劉尹衡 | 風俗 | 言官交部議處 | 同前書，卷93，頁8 |
| 道光六年正月廿一日 | 御史徐養灝 | 章程廢立、官吏廢置 | | 同前書，卷94，頁22-23 |
| 道光六年正月廿一日 | 御史黃德濂 | 考試（地方） | | 同上，頁23-24 |
| 道光六年二月一日 | 御史陳肇 | 鹽政 | | 同前書，卷95，頁1-2 |
| 道光六年二月十九日 | 御史何輝綬 | 胥吏 | | 同上，頁24-25 |
| 道光六年二月十九日 | 御史何輝綬 | 非法干預公事 | | 同上，頁25 |
| 道光六年二月十九日 | 御史楊殿邦 | 邊防 | | 同上，頁28-29 |
| 道光六年三月廿六日 | 御史王世紱 | 河工 | | 同前書，卷96，頁34-35 |
| 道光六年五月十六日 | 吏部議准御史但明倫 | 銓選 | | 同前書，卷98，頁22 |
| 道光六年五月廿日 | 御史張錫銘 | 祉倉 | | 同上，頁25-26 |
| 道光六年五月 | 給事中楊烜 | 河工 | | 同上，頁31-32 |
| 道光六年六月四日 | 御史廖敦行 | 鹽政 | | 同前書，卷99，頁2-4 |
| 道光六年六月十七日 | 御史安誠 | 倉政 | 所奏不准行 | 同上，頁20-21 |
| 道光六年六月十七日 | 御史薩斌等 | 其他（銷燬官印） | | 同上，頁21 |
| 道光六年六月廿三日 | 御史李達辰 | 胥吏 | | 同上，頁30-32 |
| 道光六年六月廿三日 | 御史李達辰 | 刑獄 | | 同上，頁32-33 |

| 時間 | 言官 | 類別 | 嘉獎 | 出處 |
|---|---|---|---|---|
| 道光六年六月廿九日 | 山東道監察御史吳傑 | 彈劾官吏 | | 同上，頁39 |
| 道光六年七月七日 | 御史伯明倫 | 地方治安 | | 同前書，卷100，頁13-14 |
| 道光六年七月十一日 | 御史汪珠 | 漕政 | | 同上，頁16 |
| 道光六年七月廿三日 | 御史伯明倫 | 保甲 | | 同前書，卷101，頁26-27 |
| 道光六年七月廿六日 | 御史熊遇泰 | 地方治安 | | 同上，頁40-41 |
| 道光六年八月廿二日 | 御史楊殿邦 | 軍紀 | | 同前書，卷104，頁3 |
| 道光六年八月廿八日 | 禮科給事中郭泰成 | 軍餉 | | 同上，頁29 |
| 道光六年八月廿九日 | 前據御史錢儀吉 | 彈劾官吏 | 言官交部察議 | 同上，頁30-31 |
| 道光六年九月十三日 | 御史寶瑛 | 軍紀 | | 同前書，卷105，頁36-37 |
| 道光六年十月一日 | 御史黃德濂 | 捐納 | 言官交部議處 | 同前書，卷107，頁2-3；欽定大清會典事例(三)，卷1007，頁15-16 |
| 道光六年十月七日 | 御史續齡 | 旗人問題 | | 清宣宗實錄(二)，卷107，頁25-26 |
| 道光六年十月廿八日 | 御史王若閞 | 荒政 | | 同前書，卷108，頁35-37 |
| 道光六年十月廿九日 | 巡城御史寶瑛等 | 胥吏 | | 同上，頁38-39 |
| 道光六年十一月十五日 | 御史汪珠 | 河工 | | 同前書，卷109，頁38-39 |
| 道光六年十一月廿五日 | 御史賀熙齡 | 邊防 | | 同前書，卷110，頁21 |
| 道光六年十二月三日 | 御史汪珠 | 鹽政 | | 同前書，卷111，頁7-8 |
| 道光六年十二月十日 | 御史吳敬恆 | 地方治安 | 所奏毋庸議 | 同上，頁27 |
| 道光七年正月一日 | 御史王雲岫 | 倉政 | | 同前書，卷113，頁25 |
| 道光七年二月十九日 | 巡視中城御史安誠 | 彈劾官吏 | | 同前書，卷114，頁24 |
| 道光七年三月九日 | 御史盛思本 | 地方治安 | 所奏是 | 清宣宗實錄(四)，卷115，頁7 |
| 道光七年五月二日 | 前據御史吳敬恆 | 地方財政 | 所奏無庸議 | 同前書，卷117，頁3 |
| 道光七年五月四日 | 御史程德潤 | 水利 | | 同前書，卷118，頁8-9 |
| 道光七年閏五月八日 | 御史盛思本 | 河工 | | 同上，頁20 |
| 道光七年閏五月十二日 | 御史阿成 | 軍紀 | | 同上，頁23-24 |
| 道光七年閏五月十八日 | 御史錢儀吉 | 漕政 | | 同前書，卷119，頁2-4 |
| 道光七年閏五月十八日 | 御史錢儀吉 | 河工 | | 同上，頁45 |
| 道光七年五月廿四日 | 御史牛鑑 | 軍餉 | | 同上，頁13-14 |
| 道光七年六月二日 | 御史蔣蔡堦 | 漕政 | | 同前書，卷120，頁25-26 |
| 道光七年七月三日 | 御史吳敬恆 | 銓選 | | 同前書，卷121，頁3-4 |
| 道光七年七月廿七日 | 御史李鵬 | 水利 | | 同前書，卷122，頁25-26 |

| 日期 | 奏者 | 事由 | 備註 | 出處 |
|---|---|---|---|---|
| 道光七年八月廿三日 | 御史蔣泰階 | 河工 | | 同前書，卷124，頁21-22 |
| 道光七年八月廿三日 | 御史蔣泰階 | 私墾 | | 同上，頁22 |
| 道光七年八月廿七日 | 給事中李遠烈 | 營務 | 雖係風聞，所奏甚是 | 同上，頁30-31 |
| 道光七年九月十一日 | 御史常恆昌 | 審判 | | 同上，卷125，頁17-18 |
| 道光七年九月十三日 | 給事中楊殿邦 | 鹽政 | | 同上，頁25-26 |
| 道光七年九月廿九日 | 巡城御史寶福等 | 彈劾官吏 | | 同前書，卷126，頁21-22 |
| 道光七年九月卅日 | 御史何輝緻 | 京察 | | 同上，頁30-31 |
| 道光七年十月十五日 | 御史安誠 | 工程 | | 同前書，卷127，頁27 |
| 道光七年十月十八日 | 御史景文 | 旗人問題 | | 同前書，卷128，頁8-9 |
| 道光七年十月十八日 | 御史黃德謙 | 彈劾官吏 | | 同上，頁9-11 |
| 道光七年十月廿四日 | 御史常恆昌 | 賦役 | | 同上，頁18 |
| 道光七年十月廿五日 | 御史盛思本 | 刑獄 | | 同上，頁19 |
| 道光七年十月廿七日 | 給事中吳傑 | 京察 | 所奏是 | 同上，頁23-24 |
| 道光七年十月廿七日 | 江南道道御史善綱 | 固執舊例 | 無庸議 | 同上，頁25 |
| 道光七年十一月十三日 | 給事中程德潤 | 禮制 | | 同前書，卷129，頁26 |
| 道光七年十一月廿五日 | 御史黃德 | 營務 | | 同前書，卷130，頁13-14 |
| 道光七年十一月卅日 | 御史汪琳 | 軍餉 | | 同上，頁19-20 |
| 道光七年十二月卅日 | 御史姜梅 | 地方財政 | | 同上，頁20-21 |
| 道光七年十二月廿七日 | 給事中吳其泰 | 彈劾官吏 | | 同前書，卷131，頁11 |
| 道光七年十二月廿一日 | 給事中托明 | 需索 | | 同上，頁30-31 |
| 道光七年十二月廿一日 | 御史周炳緒 | 保甲 | | 同上，頁31 |
| 道光八年三月一日 | 巡視北城御史英敏等 | 地方治安 | | 同前書，卷134，頁1 |
| 道光八年四月九日 | 給事中吳傑 | 刑獄 | | 同前書，卷135，頁9 |
| 道光八年四月十七日 | 御史曹宗瀚 | 河工 | | 同上，頁18-19 |
| 道光八年五月廿七日 | 昨據御史孫善寶 | 倉改 | | 同前書，卷136，頁45-46 |
| 道光八年五月卅日 | 御史常恆昌 | 審判 | | 同上，頁48 |
| 道光八年六月廿二日 | 御史阿成等 | 倉政 | | 同前書，卷137，頁33 |
| 道光八年七月十五日 | 御史常恆昌 | 地方治安 | | 同前書，卷138，頁29-30 |
| 道光八年七月十八日 | 御史吳敬恆 | 地方治安 | | 同前書，卷139，頁4-5 |
| 道光八年八月二日 | 御史阿成等 | 漕政 | | 同前書，卷140，頁3-4 |
| 道光八年八月廿八日 | 巡視中城御史祥鎮等 | 彈劾官吏 | | 同前書，卷141，頁25 |

| 日期 | 人名 | 類目 | 出處 |
|---|---|---|---|
| 道光八年八月廿九日 | 給事中宋其沅 | 審判 | 同上，頁26 |
| 道光八年九月三日 | 給事中錢儀吉 | 漕政 | 同前書，卷142，頁3-4 |
| 道光八年九月廿五日 | 御史孫善寶 | 漕政 | 同前書，卷143，頁25 |
| 道光八年十月十七日 | 御史常顯昌 | 銓選 | 同前書，卷145，頁8-9 |
| 道光八年十月廿日 | 御史姜梅 | 地方治安 | 同上，頁14-15 |
| 道光八年十一月六日 | 御史張曾 | 錢法 | 同前書，卷146，頁9-10 |
| 道光八年十一月十日 | 前據御史中張鑒 | 彈劾官吏 | 同上，頁28 |
| 道光八年十一月十日 | 前據御史王兆琛 | 銓選 | 同上，頁28-29 |
| 道光八年十一月十二日 | 前據給事中張鑒 | 河工 | 同上，頁30-31 |
| 道光八年十一月十二日 | 前據御史安明 | 考試（中央） | 同上，頁31-32 |
| 道光八年十一月廿四日 | 御史慕維德 | 泛陳治道 | 同前書，卷147，頁12-13 |
| 道光八年十二月八日 | 御史何輝綬 | 倉政 | 同前書，卷148，頁23 |
| 道光八年十二月八日 | 御史奇成額 | 漕政 | 同上，頁24-25 |
| 道光八年十二月八日 | 御史奇成額 | 漕政 | 同上，頁25 |
| 道光八年十二月九日 | 御史沈維皆 | 營務 | 同上，頁29-30 |
| 道光八年十二月十五日 | 御史部甲名 | 漕政 | 同上，頁37 |
| 道光八年十二月十八日 | 御史王兆琛 | 賦役 | 同前書，卷149，頁6-7 |
| 道光八年十二月廿四日 | 吏部議覆御史王兆琛 | 銓選 | 同上，頁16-17 |
| 道光九年正月廿七日 | 御史章沅 | 銀漏、鴉片 | 同前書，卷150，頁29-30 |
| 道光九年二月七日 | 給事中吳敬恆 | 地方治安 | 同前書，卷151，頁18-19 |
| 道光九年二月八日 | 御史王埼慶 | 倉政 | 同上，頁23 |
| 道光九年二月廿六日 | 給事中李達辰 | 保甲 | 同前書，卷152，頁16 |
| 道光九年四月一日 | 御史朱王林 | 河工 | 清宣宗實錄(五)，卷155，頁2-3 |
| 道光九年四月二日 | 吏部覆議御史安豐 | 胥吏 | 同上，頁3-4 |
| 道光九年四月廿六日 | 御史吳武敏 | 賦役 | 同前書，卷156，頁35-36 |
| 道光九年五月六日 | 御史奇成額 | 詞訟 | 同前書，卷156，頁9-10 |
| 道光九年五月六日 | 御史奇成額 | 幕友 | 同上，頁9-10 |
| 道光九年五月十九日 | 御史慕維德 | 社倉 | 同上，頁25 |
| 道光九年六月九日 | 御史宋劼穀 | 地方治安 | 同前書，卷157，頁10-11 |
| 道光九年六月廿五日 | 御史佛恩多等 | 彈政 | 同上，頁22-23 |
| 道光九年七月五日 | 御史沈維皆 | 彈劾官吏 | 同前書，卷158，頁7-8 |

| 日期 | 奏者 | 類別 | 批示 | 資料來源 |
|---|---|---|---|---|
| 道光九年七月五日 | 御史安明 | 彈劾官吏 | | 同上 |
| 道光九年七月六日 | 御史蔡維德 | 彈劾官吏 | | 同上，頁9-10 |
| 道光九年七月八日 | 御史宋劭穀 | 河工 | | 同上，頁14-15 |
| 道光九年七月廿一日 | 御史常履昌 | 工程 | | 同上，頁29-30 |
| 道光九年七月廿五日 | 四川道御史李鵬 | 銓選 | | 同上，頁37 |
| 道光九年七月廿六日 | 御史王贈芳 | 地方治安 | | 同上，頁37-38 |
| 道光九年七月廿六日 | 御史王贈芳 | 私礦 | 所奏是 | 同上，頁38-39 |
| 道光九年八月四日 | 御史張曾 | 考試（中央） | | 同前書，卷159，頁5 |
| 道光九年九月十二日 | 御史王贈芳 | 鹽政 | | 同前書，卷160，頁12 |
| 道光九年九月十三日 | 御史豫益 | 禮制 | | 同上，頁15 |
| 道光九年十月廿九日 | 御史姜梅 | 胥吏 | | 同前書，卷161，頁31-32 |
| 道光九年十一月八日 | 御史何煇綬 | 銓選 | 所奏甚是 | 同前書，卷162，頁11；欽定大清會典事例（三），卷1007，頁17-18 |
| 道光九年十一月廿四日 | 給事中章沆 | 漕政 | | 清宣宗實錄（五），卷162，頁25-26 |
| 道光九年十二月十一日 | 禮部議覆御史牛鑑 | 考試（地方） | | 同前書，卷163，頁11 |
| 道光九年十二月十五日 | 御史達鏞 | 考試（中央） | | 同上，頁14-15 |
| 道光九年十二月十六日 | 禮部議准御史牛鑑 | 禮制 | 毋庸議 | 同上，頁15-16；欽定大清會典事例（三），卷1007，頁18 |
| 道光九年十二月十六日 | 御史葛天柱 | 銓選 | | 同上，頁16 |
| 道光九年十二月廿一日 | 御史劉光三 | 地方教育 | | 同上，頁27-28 |
| 道光九年十二月廿三日 | 御史陸以烜 | 漕政 | | 同上，頁29-30 |
| 道光十年正月廿五日 | 御史王瑋慶 | 地方財政 | | 同前書，卷164，頁13-14 |
| 道光十年正月廿五日 | 御史王瑋慶 | 賦役 | | 同上，頁14-15 |
| 道光十年二月六日 | 御史王瑋慶 | 制度廢置 | | 同前書，卷165，頁7-8 |
| 道光十年二月七日 | 御史王兆琛 | 工程 | | 同上，頁9-10 |
| 道光十年二月十八日 | 御史程煥采 | 地方治安 | | 同上，頁21-22 |
| 道光十年二月十八日 | 御史程煥采 | 私設公堂 | | 同上，頁22-23 |
| 道光十年三月四日 | 刑部議奏御史宋劭穀 | 章程廢立 | | 同前書，卷166，頁2-3 |
| 道光十年三月七日 | 御史王鑣 | 胥吏 | | 同上，頁6-7 |
| 道光十年三月七日 | 御史范承祖 | 審判 | | 同上，頁7-8 |
| 道光十年三月十三日 | 御史徐廣縉 | 彈劾官吏 | 所奏甚是 | 同上，頁16-17 |

| 時間 | 言官 | 事由 | 所奏甚是 | 出處 |
|---|---|---|---|---|
| 道光十年四月十三日 | 御史王兆琛 | 彈劾官吏 | 所奏皆是 | 同前書，卷167，頁7 |
| 道光十年四月十三日 | 御史鄭瑞玉 | 需索 | 所奏是 | 同上，頁7-8 |
| 道光十年四月廿三日 | 御史劉光三 | 玩忽政令 | | 同上，頁19-20 |
| 道光十年四月廿七日 | 御史張曾 | 漕政 | | 同上，頁23-24 |
| 道光十年閏四月一日 | 給事中程德潤 | 玩忽政令 | | 同前書，卷168，頁1-2 |
| 道光十年閏四月十四日 | 兵部議覆御史宋劭穀 | 營務、銓選 | | 同前書，頁10-11 |
| 道光十年閏四月十八日 | 給事中常恆昌 | 社倉 | | 同上，頁17-19 |
| 道光十年閏四月廿五日 | 給事中牟鑑 | 地方治安 | | 同上，頁24-26 |
| 道光十年五月一日 | 前據御史徐廣縉 | 彈劾官吏 | | 同前書，卷169，頁1-2 |
| 道光十年五月五日 | 御史吳清鵬 | 胥吏 | | 同上，頁5 |
| 道光十年五月五日 | 御史吳清鵬 | 胥吏 | | 同上，頁6-7 |
| 道光十年五月七日 | 御史黃德 | 彈劾官吏 | | 同上，頁7-8 |
| 道光十年五月七日 | 前據給事中孫蘭枝 | 關稅 | | 同上，頁8-9 |
| 道光十年五月八日 | 御史王瑋慶 | 官吏廢置 | | 同上，頁10-11 |
| 道光十年五月十三日 | 御史張曾 | 商人問題 | | 同上，頁19-20 |
| 道光十年五月十六日 | 御史張曾 | 營務 | | 同上，頁22-24 |
| 道光十年五月廿二日 | 御史黃德 | 關稅 | | 同上，頁28-29；欽定大清會典事例(三)，卷1007，頁19-20 |
| 道光十年六月二日 | 給事中吳武啟 | 捐納 | | 清宣宗實錄(五)，卷170，頁2 |
| 道光十年六月五日 | 御史朱王林 | 鹽政 | | 同上，頁4-5 |
| 道光十年六月十八日 | 御史裴元俊 | 捐納 | 所奏甚是 | 同上，頁15-16 |
| 道光十年六月廿四日 | 御史邵正笏 | 鴉片 | 部分採納 | 同上，頁22-23 |
| 道光十年七月十日 | 御史范承祖 | 倉政 | | 同前書，卷71，頁10 |
| 道光十年七月十一日 | 御史范承祖 | 胥吏 | | 同上，頁10 |
| 道光十年七月十一日 | 御史宋劭穀 | 考試（地方） | | 同上，頁11-12 |
| 道光十年七月十三日 | 御史徐培深 | 旗人問題 | | 同上，頁13-14 |
| 道光十年七月十三日 | 御史徐培深 | 徭役 | | 同上，頁14-15 |
| 道光十年七月十四日 | 御史邵正笏 | 胥吏 | | 同上，頁15-16 |
| 道光十年七月十四日 | 御史范承祖 | 彈劾官吏 | | 同上，頁16-17 |
| 道光十年七月十八日 | 御史邵正笏 | 彈劾官吏 | | 同上，頁23 |
| 道光十年七月廿日 | 御史宋劭穀 | 幕友 | | 同上，頁27-28 |

| 日期 | 奏陳者 | 類別 | 採納情形 | 出處 |
|---|---|---|---|---|
| 道光十年七月廿三日 | 御史豫益 | 幕友 | | 同上，頁29-30 |
| 道光十年八月十四日 | 前據御史達鏞 | 督務 | 無庸議 | 同前書，卷172，頁13-15 |
| 道光十年九月廿九日 | 御史王瑋慶 | 社倉 | | 同前書，卷175，頁36-38 |
| 道光十年九月廿九日 | 戶部議駁御史鄭瑞玉 | 漕政 | 無庸議 | 同上，頁38-39 |
| 道光十年九月廿九日 | 戶部議駁御史鄭瑞玉 | 漕政 | 無庸議 | 同上，頁39 |
| 道光十年十月四日 | 御史裘元俊 | 督務、地方治安 | | 同前書，卷176，頁7-9 |
| 道光十年十月九日 | 給事中徐法績 | 地方財政 | | 同上，頁25-26 |
| 道光十年十月九日 | 御史慕維德 | 私藏軍火 | | 同上，頁26-27 |
| 道光十年十月九日 | 御史慕維德 | 審判 | | 同上，頁28 |
| 道光十年十月九日 | 給事中吳式敏 | 鹽政 | | 同上，頁28-30 |
| 道光十年十月十日 | 前據御史祥福 | 銓選 | 部分採納 | 同前書，卷177，頁24-25 |
| 道光十年十月廿七日 | 御史王瑋慶 | 京察 | | 同前書，卷178，頁25-26 |
| 道光十年十月廿七日 | 御史徐培深 | 錢法 | | 同上，頁26-27 |
| 道光十年十一月二日 | 御史達鏞 | 刑獄 | | 同前書，卷179，頁6-7 |
| 道光十年十一月二日 | 御史達鏞 | 宗室 | | 同上，頁7-8 |
| 道光十年十一月二日 | 給事中陶廷杰 | 戶政 | | 同上，頁8-9 |
| 道光十年十一月三日 | 給事中陶廷杰 | 禮制 | | 同上，頁10-11 |
| 道光十年十一月七日 | 御史范承祖 | 銓選 | | 同上，頁23 |
| 道光十年十一月七日 | 御史范承祖 | 地方治安 | | 同上，頁23-24 |
| 道光十年十一月十一日 | 御史周陪徽 | 漕政 | | 同上，頁36-37 |
| 道光十年十一月廿一日 | 給事中劉光三 | 地方治安 | | 同前書，卷180，頁17-19 |
| 道光十年十一月廿九日 | 前因御史葛天柱 | 彈劾官吏 | | 同上，頁31-33 |
| 道光十年十二月二日 | 給事中博治安等 | 玩忽政令 | | 同前書，卷181，頁3 |
| 道光十年十二月八日 | 御史卞士雲 | 胥吏 | | 同上，頁18 |
| 道光十年十二月九日 | 先是御史彭玉田 | 捐納 | | 同上，頁23 |
| 道光十年十二月十四日 | 御史梁萼涵 | 彈劾官吏 | | 同上，頁40-41 |
| 道光十年十二月十四日 | 御史周作楫 | 地方治安 | | 同上，頁41-42 |
| 道光十年十二月廿日 | 御史卞士雲 | 漕政 | | 同前書，卷182，頁6-7 |
| 道光十年十二月廿一日 | 御史李昭美 | 鹽墾 | | 同上，頁11-13 |
| 道光十一年正月廿一日 | 御史徐培深 | 考試（地方） | | 同前書，卷183，頁31-32 |
| 道光十一年二月一日 | 御史周作楫 | 徭役 | | 同前書，卷184，頁2-3 |

| 時間 | 言官 | 類別 | 備註 | 出處 |
|---|---|---|---|---|
| 道光十一年二月三日 | 御史奇成額 | 舞弊 | | 同上，頁3-4 |
| 道光十一年二月十三日 | 御史梁萼涵 | 地方治安 | | 同上，頁20-21 |
| 道光十一年二月十五日 | 前據給事中邵正笏 | 鴉片 | | 同上，頁23-24 |
| 道光十一年三月十六日 | 前據給事中托明 | 營務（馬政） | | 同前書，卷186，頁3 |
| 道光十一年三月十七日 | 給事中劉光三 | 地方治安 | | 同上，頁8-9 |
| 道光十一年三月十七日 | 給事中劉光三 | 荒政 | | 同上，頁9-10 |
| 道光十一年三月廿日 | 給事中王瑋慶 | 胥吏 | | 同上，頁15-16 |
| 道光十一年五月十日 | 御史瞿溶 | 地方治安 | | 同前書，卷188，頁13-14 |
| 道光十一年五月十一日 | 御史岳鎮南 | 鹽政 | | 同上，頁14-17 |
| 道光十一年五月十二日 | 給事中邵正笏 | 地方治安 | | 同前書，卷189，頁12-14 |
| 道光十一年六月十日 | 御史王鑄 | 地方治安 | | 同前書，卷190，頁14-16 |
| 道光十一年六月十六日 | 刑部覆議給事中劉光三 | 鴉片 | | 同前書，卷191，頁1-2 |
| 道光十一年六月廿日 | 御史徐培深 | 彈劾官吏 | | 同上，頁9-10 |
| 道光十一年七月二日 | 御史梁萼涵 | 風俗 | | 清宣宗實錄(六)，卷192，頁3-4 |
| 道光十一年七月三日 | 御史梁萼涵 | 地方治安 | | 同上，頁4-5 |
| 道光十一年七月廿四日 | 御史范承祖 | 地方治安 | 部分採納 | 同前書，卷193，頁21-22 |
| 道光十一年七月廿五日 | 御史李昭美 | 荒政 | | 同上，頁22-23 |
| 道光十一年七月廿五日 | 御史王瑋慶 | 賦役 | | 同上，頁25-27 |
| 道光十一年七月廿七日 | 御史卞士雲 | 社倉 | | 同前書，卷194，頁30-31 |
| 道光十一年八月一日 | 給事中徐法績 | 銓選 | | 同前書，頁122 |
| 道光十一年八月二日 | 給事中王雲錦 | 荒政 | | 同上，頁2-3 |
| 道光十一年八月十九日 | 御史裴元俊 | 荒政 | | 同前書，卷195，頁25-26 |
| 道光十一年九月七日 | 前據御史琦琛等 | 商人問題 | | 同前書，卷196，頁15-16 |
| 道光十一年九月七日 | 給事中王雲錦 | 商人問題 | | 同上，頁15-16 |
| 道光十一年九月十三日 | 前因御史裴元俊 | 鹽政 | | 同上，頁24 |
| 道光十一年九月十三日 | 御史韓大信 | 倉政 | | 同上，頁25 |
| 道光十一年九月十八日 | 御史范承祖 | 漕政 | | 同前書，卷197，頁3-4 |
| 道光十一年九月廿二日 | 御史陳焯 | 彈劾官吏 | | 同上，頁7 |
| 道光十一年九月廿六日 | 給事中王雲錦 | 考試（中央） | | 同上，頁11 |
| 道光十一年九月廿八日 | 御史恆青 | 刑獄 | | 同上，頁15 |
| 道光十一年九月廿九日 | 河南道御史富明等 | 其他（檔案銷燬） | | 同上，頁17 |

| 日期 | 人物 | 類別 | 備註 | 出處 |
|---|---|---|---|---|
| 道光十一年十月十四日 | 前據御史岳鎮南 | 彈劾官吏 | | 同前書，卷198，頁21 |
| 道光十一年十月廿二日 | 稽查海運倉給事中周貽徽 | 倉政 | | 同前書，卷199，頁12-13 |
| 道光十一年十月廿七日 | 御史黃德 | 走私 | | 同上，頁22 |
| 道光十一年十月廿七日 | 御史達鏞 | 考試（中央） | | 同上，頁22-23 |
| 道光十一年十月廿七日 | 御史馮贊勳 | 地方治安 | | 同上，頁24-25 |
| 道光十一年十月卅日 | 御史姚慶元 | 派差 | | 同上，頁29-30 |
| 道光十一年十一月廿三日 | 御史程光光等 | 彈劾官吏 | | 同前書，卷201，頁14 |
| 道光十一年十一月廿三日 | 前據御史姜梅 | 彈劾官吏 | | 同前；欽定大清會典事例(三)，卷1007，頁24 |
| 道光十一年十二月卅日 | 御史董秀秀等 | 彈劾官吏 | | 清宣宗實錄(六)，卷201，頁28 |
| 道光十一年十二月三日 | 御史彭玉田 | 胥吏 | | 同前書，卷202，頁4-5 |
| 道光十一年十二月四日 | 御史容和 | 胥吏 | | 同上，頁8-9 |
| 道光十一年十二月十三日 | 御史卞士雲 | 鹽政 | | 同上，頁27-28 |
| 道光十一年十二月廿日 | 御史陔青 | 旗人問題 | 毋庸議 | 同前書，卷203，頁8-9 |
| 道光十一年十二月廿日 | 御史宋劭穀 | 胥吏 | | 同上，頁9-10 |
| 道光十一年十二月廿日 | 御史宋劭穀 | 審判 | | 同上，頁10-11 |
| 道光十一年十二月廿二日 | 御史崎善 | 其他（私宰耕牛） | | 同上，頁12 |
| 道光十二年正月廿九日 | 御史那瑪益 | 差役 | | 同前書，卷204，頁22-23 |
| 道光十二年正月廿九日 | 御史范承祖 | 其他（私拆房舍） | 毋庸議 | 同上，頁30-31 |
| 道光十二年二月五日 | 御史范承祖 | 倉政 | | 同前書，卷205，頁13 |
| 道光十二年二月十六日 | 給事中劉光三 | 漕政 | | 同前書，卷206，頁1-2 |
| 道光十二年二月十六日 | 御史景斌 | 銓選 | 所奏不准行 | 同前書，卷2-3；欽定大清會典事例(三)，卷1008，頁1 |
| 道光十二年二月十六日 | 給事中劉光三 | 荒政 | | 清宣宗實錄(六)，卷206，頁4-5 |
| 道光十二年二月廿八日 | 御史達鏞 | 邊防 | | 同上，頁20-22 |
| 道光十二年二月廿九日 | 御史范承祖 | 審判 | | 同上，頁22-24 |
| 道光十二年三月十日 | 前據御史馮贊勳 | 地方治安 | | 同前書，卷207，頁20-21 |
| 道光十二年四月廿日 | 給事中隆勳 | 地方治安 | 言官受獎 | 同前書，卷210，頁12-13；清會典事例(三)，卷1008，頁1-2 |
| 道光十二年五月十日 | 御史陳焯 | 地方治安 | 所奏是 | 清宣宗實錄(六)，卷211，頁19-22 |
| 道光十二年五月十三日 | 工科給事中邵正筋 | 考試（中央） | | 同上，頁25 |
| 道光十二年五月十三日 | 工科給事中邵正筋 | 鹽政 | | 同上，頁25-28 |

| 日期 | 言官 | 類別 | 附註 | 出處 |
|---|---|---|---|---|
| 道光十二年五月十三日 | 山東道御史王恊夢 | 工程 | | 同上，頁29 |
| 道光十二年五月十五日 | 給事中王瑋慶 | 銓選 | | 同上，頁33-34 |
| 道光十二年五月十五日 | 御史邵甲名 | 胥吏 | | 同上，頁34-35 |
| 道光十二年五月十九日 | 給事中王瑋慶 | 保甲 | | 同前書，卷212，頁7-8 |
| 道光十二年五月廿五日 | 御史鮑文淳 | 漕政 | | 同上，頁14-15 |
| 道光十二年五月廿五日 | 福建道御史梁尊涵 | 考試(中央) | | 同上，頁19-20 |
| 道光十二年五月廿七日 | 御史筠深 | 審判 | | 同上，頁26-27 |
| 道光十二年五月廿七日 | 御史姚慶元、徐培深 | 地方治安 | | 同上，頁27-28 |
| 道光十二年六月初七日 | 給事中劉光三 | 地方治安 | | 同前書，卷213，頁10-11 |
| 道光十二年六月初九日 | 御史裴元俊 | 地方治安 | | 同上，頁18-19 |
| 道光十二年六月初九日 | 御史邵甲名 | 邊防 | | 同上，頁20-21 |
| 道光十二年六月初十日 | 給事中周貽徽 | 泛陳治道 | | 同上，頁21-22 |
| 道光十二年六月初十日 | 御史蕃綱 | 泛陳治道 | 所奏不可行 | 同上，頁22-23 |
| 道光十二年六月初十日 | 御史梁尊涵 | 地方治安 | | 同上，頁23-24 |
| 道光十二年六月初十日 | 前據給事中邵正笏 | 私墾 | | 同上，頁26 |
| 道光十二年六月十三日 | 前因御史韓大信 | 漕政 | | 同上，頁35 |
| 道光十二年六月十五日 | 御史和豐 | 泛陳治道 | | 同上，頁38-39 |
| 道光十二年六月十六日 | 前據御史裴元俊 | 銀庫 | | 同前書，卷214，頁1-2 |
| 道光十二年六月十七日 | 御史容和 | 審判 | | 同上，頁7 |
| 道光十二年六月廿一日 | 御史范承祖 | 銓選 | | 同上，頁15-16 |
| 道光十二年六月廿一日 | 御史舒德 | 地方治安 | | 同上，頁18-19 |
| 道光十二年六月廿三日 | 御史馮贊勳 | 地方治安 | | 同上，頁24-25 |
| 道光十二年六月廿三日 | 山東道御史王恊夢 | 工程 | | 同上，頁26-27 |
| 道光十二年六月廿三日 | 湖廣道御史馮贊勳 | 官吏廢置 | | 同上，頁29 |
| 道光十二年六月廿四日 | 給事中孫善寶 | 銓選 | | 同上，頁31-32 |
| 道光十二年六月廿四日 | 給事中阿成 | 荒政 | | 同上，頁32-33 |
| 道光十二年六月廿四日 | 給事中孫善寶 | 銓選 | | 同上，頁39-40 |
| 道光十二年六月廿五日 | 御史鮑文淳 | 鹽政 | | 同上，頁42-43 |
| 道光十二年六月廿五日 | 御史鮑文淳 | 地方治安 | | 同上，頁43-44 |
| 道光十二年六月廿九日 | 御史徐培深 | 荒政 | | 同上，頁54 |
| 道光十二年六月廿九日 | 給事中富兆 | 倉政 | 毋庸議 | 同上，頁54-55 |

| 日期 | 奏者 | 事項 | 備註 | 出處 |
|---|---|---|---|---|
| 道光十二年七月一日 | 巡城御史程煥采 | 荒政 | | 同前書，卷215，頁2 |
| 道光十二年七月四日 | 御史徐培深 | 禮制 | | 同上，頁14-15 |
| 道光十二年七月四日 | 御史陳煒 | 禮制 | | 同上，頁16 |
| 道光十二年七月四日 | 御史宋劭穀 | 章程廢立 | | 同上，頁16-17 |
| 道光十二年七月四日 | 給事中王瑋慶 | 商人問題（屯積） | | 同上，頁18-19 |
| 道光十二年七月六日 | 給事中揑克精額 | 地方財政 | | 同上，頁24-25 |
| 道光十二年七月九日 | 御史恆菁等 | 漕政 | | 同上，頁30 |
| 道光十二年八月三日 | 御史扎克丹等 | 工程 | | 同前書，卷217，頁2 |
| 道光十二年八月十九日 | 御史容和 | 倉政 | | 同前書，卷218，頁10-11 |
| 道光十二年八月廿一日 | 江西道御史那瑪善 | 漕政 | | 同上，頁18 |
| 道光十二年八月廿七日 | 御史馮贊勳 | 煙片 | | 同上，頁28-29 |
| 道光十二年八月廿七日 | 御史馮贊勳 | 錢法 | | 同上，頁31-33 |
| 道光十二年九月四日 | 御史周彥 | 海防 | | 同前書，卷219，頁10-11 |
| 道光十二年九月五日 | 前據御史辭德 | 審判 | | 同上，頁13-14 |
| 道光十二年九月十日 | 給事中寅德 | 胥吏 | | 同上，頁27 |
| 道光十二年九月十一日 | 御史鮑文淳 | 河工 | | 同上，頁29-30 |
| 道光十二年九月廿三日 | 御史慶昌 | 風俗 | 所奏是 | 同前書，卷220，頁14 |
| 道光十二年九月廿三日 | 給事中孫蘭枝 | 胥吏、彈劾官吏 | | 同上，頁15-17 |
| 道光十二年閏九月二日 | 前據御史周彥 | 錢法 | | 同前書，卷221，頁4-6 |
| 道光十二年閏九月十二日 | 給事中孫蘭安 | 銀漏 | | 同上，頁16-17 |
| 道光十二年閏九月廿四日 | 前據給事中邵正笏 | 私墾 | | 同前書，卷222，頁18-19 |
| 道光十二年閏九月廿五日 | 御史黃爵滋 | 地方治安 | | 同上，頁21-23 |
| 道光十二年閏九月廿六日 | 刑部議覆御史金應麟 | 彈劾官吏 | | 同上，頁24-25 |
| 道光十二年十月五日 | 御史周彥 | 鹽政 | | 同前書，卷223，頁12-13 |
| 道光十二年十月廿二日 | 前據御史董麟 | 玩忽政令 | | 同前書，卷224，頁17-18 |
| 道光十二年十月廿三日 | 御史瞿塔 | 彈劾官吏 | | 同上，頁21 |
| 道光十二年十一月七日 | 給事中辭安等 | 銀庫 | | 同前書，卷225，頁11-12 |
| 道光十二年十一月十日 | 御史徐培深 | 銀庫 | | 同上，頁17-18 |
| 道光十二年十一月廿六日 | 御史豫泰 | 商人問題 | | 同前書，卷226，頁17-18 |
| 道光十二年十二月三日 | 前據御史汪報原 | 地方治安 | 言官受獎 | 同前書，卷227，頁6 |
| 道光十二年十二月十四日 | 昨日御史徐贊善 | 泛陳吏道 | 言官降調 | 同上，頁24-25；欽定大清會典事例（三），卷1008，頁5-6 |

| 時間 | 奏議者 | 類別 | 結果 | 資料來源 |
|---|---|---|---|---|
| 道光十二年十二月廿三日 | 御史裴元俊 | 漕政 | | 清宣宗實錄(六)，卷228，頁17–18 |
| 道光十三年正月廿二日 | 御史徐廣縉 | 鹽政 | | 同前書，卷230，頁17–19 |
| 道光十三年正月廿八日 | 御史郭鳴高 | 保甲 | 部分採納 | 同上，頁32–33 |
| 道光十三年正月廿八日 | 御史宗賡 | 考試(中央) | | 同上，頁33 |
| 道光十三年二月廿七日 | 前據給事中吳敬恆 | 驛政 | | 同前書，卷232，頁21 |
| 道光十三年三月五日 | 前據給事中吳敬恆 | 驛政 | | 清宣宗實錄(七)，卷233，頁9 |
| 道光十三年三月九日 | 御史徐培深 | 倉政 | | 同上，頁13–14 |
| 道光十三年四月四日 | 前據御史梁尊涵 | 彈劾官吏 | | 同前書，卷235，頁3 |
| 道光十三年四月十日 | 給事中郭泰成 | 泛陳治道 | 所奏非是，毋庸議 | 同上，頁13 |
| 道光十三年四月廿一日 | 直督琦善等議覆禮科給事中握克精額 | 社倉 | | 同前書，卷236，頁12 |
| 道光十三年四月廿七日 | 御史帥方蔚 | 水利 | | 同上，頁27–28 |
| 道光十三年四月廿九日 | 御史宗室炳輝等 | 漕政 | | 同上，頁31–32 |
| 道光十三年六月十六日 | 御史朱嶟 | 泛陳治道 | 所奏甚是，可嘉之至 | 同前書，卷239，頁3–4 |
| 道光十三年六月十六日 | 御史郭鳴高 | 社倉 | | 同上，頁4–5 |
| 道光十三年六月十六日 | 御史常大淳 | 審判 | | 同上，頁5–6 |
| 道光十三年六月廿七日 | 御史周開麒 | 胥吏 | | 同上，頁23–24 |
| 道光十三年七月二日 | 御史趙敦詩 | 彈劾官吏 | 言官受懲 | 同前書，卷240，頁3–4、12–15；欽定大清會典事例(三)，卷1008，頁8–10 |
| 道光十三年七月九日 | 御史金應麟 | 錢法 | | 清宣宗實錄(七)，卷240，頁18–19 |
| 道光十三年七月九日 | 御史周開麒 | 銓選 | | 同上，頁19–20 |
| 道光十三年七月廿二日 | 御史黃爵滋 | 銀漏 | | 同前書，卷241，頁14–15 |
| 道光十三年八月五日 | 御史彭玉田 | 胥吏 | | 同前書，卷242，頁7–8 |
| 道光十三年八月廿一日 | 給事中金應麟 | 河工 | | 同上，頁19 |
| 道光十三年九月廿二日 | 御史俞煜 | 督務 | | 同前書，卷243，頁20–22 |
| 道光十三年九月卅日 | 給事中章沅 | 商人問題(囤積) | | 同上，頁32–34 |
| 道光十三年九月卅日 | 御史宗室炳輝等 | 漕政 | | 同上，頁44–45 |
| 道光十三年十月四日 | 御史朱達吉 | 水利 | | 同前書，卷244，頁5–7 |
| 道光十三年十月十四日 | 福建道御史彭玉田 | 地方財政 | | 同上，頁14–15 |
| 道光十三年十月十六日 | 御史豫泰 | 地方治安 | | 同上，頁15–16 |
| 道光十三年十月廿日 | 御史許球 | 漕政 | | 同上，頁20–22 |

| 時間 | 人物 | 類別 | 備註 | 出處 |
|---|---|---|---|---|
| 道光十三年十月廿日 | 御史劉誼 | 地方治安 | | 同上，頁 22-23 |
| 道光十三年十月廿七日 | 御史富彰 | 漕政 | | 同上，頁 33-34 |
| 道光十三年十月廿八日 | 給事中金應麟 | 舞弊 | | 同上，頁 41-43 |
| 道光十三年十一月七日 | 御史許球 | 刑獄 | | 同前書，卷 245，頁 6-8 |
| 道光十三年十一月七日 | 先是江西道御史那斯洪阿 | 泛陳治道 | 部分採納 | 同上，頁 9-10 |
| 道光十三年十一月十八日 | 御史尚開模 | 幕友 | | 同上，頁 26-27 |
| 道光十三年十一月十八日 | 御史劉誼 | 社倉 | | 同上，頁 27-28 |
| 道光十三年十一月十九日 | 御史劉誼 | 水利 | | 同上，頁 28-30 |
| 道光十三年十一月廿三日 | 前據御史劉誼 | 地方財政 | 毋庸議 | 同上，頁 32-33 |
| 道光十三年十一月廿九日 | 給事中金應麟 | 水利 | | 同上，頁 37-38 |
| 道光十三年十一月廿九日 | 山東道御史常大淳 | 考試（地方） | | 同上，頁 41 |
| 道光十三年十二月廿日 | 四川道御史達鏞 | 京察 | | 同上 |
| 道光十三年十二月廿日 | 御史劉誼 | 考試（地方） | | 同前書，卷 247，頁 18-19 |
| 道光十三年十二月廿日 | 御史朱逵吉 | 地方治安 | | 同上，頁 19-20 |
| 道光十三年十二月廿日 | 御史朱逵吉 | 邊防 | | 同上，頁 20-22 |
| 道光十三年十二月廿八日 | 給事中金應麟 | 漕政 | | 同上，頁 23-25 |
| 道光十四年正月廿一日 | 前據給事中寅德 | 審判 | | 同前書，卷 248，頁 15-16 |
| 道光十四年二月二日 | 署查倉給事中薩綝 | 風俗 | | 同前書，卷 249，頁 29-30 |
| 道光十四年二月四日 | 御史俞焜 | 彈劾官吏 | | 同上，頁 32 |
| 道光十四年二月五日 | 御史趙光 | 風俗 | | 同上，頁 35-36 |
| 道光十四年二月九日 | 給事中黃爵滋 | 漕政 | | 同上，頁 39-40 |
| 道光十四年三月一日 | 御史許球 | 社倉 | | 同前書，卷 250，頁 1-3 |
| 道光十四年三月一日 | 御史章煇 | 銓選 | | 同上，頁 3-4 |
| 道光十四年三月七日 | 御史沈鑅 | 地方治安 | | 同上，頁 12-13 |
| 道光十四年三月廿二日 | 先是御史蔡廣颺 | 漕政 | | 同上，頁 27-28 |
| 道光十四年三月廿四日 | 御史帥方蔚 | 章程廢立 | | 同上，頁 31-32 |
| 道光十四年四月一日 | 給事中金應麟 | 漕政 | | 同前書，卷 251，頁 1-2 |
| 道光十四年四月二日 | 署查倉給事中薩綝 | 鹽政 | | 同上，頁 3-4 |
| 道光十四年四月二日 | 給事中黃爵滋 | 泛陳治道 | | 同上，頁 4-5 |
| 道光十四年四月三日 | 給事中金應麟 | 驛政 | | 同上，頁 29-30 |
| 道光十四年四月廿五日 | 前據給事中琦琛 | 銀庫 | | 同上，頁 33-34 |

| 時間 | 言官 | 項目 | 結果 | 出處 |
|---|---|---|---|---|
| 道光十四年四月廿五日 | 給事中薩穆棻等 | 銀庫 | | 同上，頁 34–35 |
| 道光十四年五月十四日 | 前據給事中續齡等 | 玩忽政令 | | 同前書，卷 252，頁 10 |
| 道光十四年五月廿八日 | 御史翔鳳等 | 漕政 | | 同上，頁 30–32 |
| 道光十四年五月廿八日 | 給事中金應麟 | 刑獄 | | 同上，頁 32–34 |
| 道光十四年六月八日 | 御史曾望顏 | 玩忽政令 | | 同前書，卷 253，頁 13–14 |
| 道光十四年六月九日 | 御史鄭世任 | 關稅 | | 同上，頁 18–20 |
| 道光十四年六月十二日 | 御史那斯洪阿 | 倉政 | 所奏甚謬，毋庸議 | 同上，頁 24–26；欽定大清會典事例 (三)，卷 1008，頁 13–14 |
| 道光十四年六月十八日 | 昨據御史海謙 | 倉政 | 所奏毋庸議 | 清宣宗實錄(七)，卷 253，頁 34 |
| 道光十四年七月二日 | 前據御史許球 | 漕政 | | 同前書，卷 254，頁 1–3 |
| 道光十四年七月廿日 | 御史陸堯松 | 倉政 | | 同上，頁 31 |
| 道光十四年七月廿七日 | 御史尚開模 | 刑獄 | | 同上，頁 43–44 |
| 道光十四年八月四日 | 御史曾望顏 | 彈劾官吏 | | 同前書，卷 255，頁 4–5 |
| 道光十四年八月五日 | 御史伊克精額等 | 胥吏、彈劾官吏 | 所奏是 | 同上，頁 8–9 |
| 道光十四年八月十八日 | 御史富爾洪阿 | 水利 | | 同上，頁 22–23 |
| 道光十四年九月七日 | 給事中明奎等 | 地方治安 | | 同前書，卷 256，頁 12 |
| 道光十四年九月七日 | 御史中阪青等 | 地方治安 | | 同上 |
| 道光十四年九月十六日 | 御史郭鳴高 | 其他（檔案） | | 同前書，卷 257，頁 1–2 |
| 道光十四年十月三日 | 前因御史曾望顏 | 彈劾官吏 | | 同前書，卷 258，頁 2–3 |
| 道光十四年十月三日 | 前因御史曾望顏 | 彈劾官吏 | | 同上，頁 3 |
| 道光十四年十月廿三日 | 御史帥方蔚 | 採購 | | 同前書，卷 259，頁 13–14 |
| 道光十四年十月廿七日 | 御史章焯 | 漕政 | | 同上，頁 24–25 |
| 道光十四年十月卅日 | 給事中鼍洛 | 關稅 | | 同上，頁 27–28 |
| 道光十四年十一月二日 | 前因御史帥方蔚 | 彈劾官吏 | | 同前書，卷 260，頁 2–3 |
| 道光十四年十二月一日 | 御史承光 | 其他（官吏綱紀問題） 他 | | 同前書，卷 261，頁 1–2 |
| 道光十四年十二月九日 | 前據御史曾望顏 | 地方治安 | | 同上，頁 16–17 |
| 道光十四年十二月廿二日 | 前據御史許球 | 鹽政 | | 同上，頁 31–34 |

備註：1. 上表所列時間均以清宣宗實錄所載為準，且均為下諭時間，因而會有出入。有時會有出入。其中御史曾望顏奏摺輯 1，與宮中檔道光朝奏摺輯 1，因而與宮中檔奏摺時，則搭自宮中檔交辦。來自宮中檔時，均無批示，其餘極少，故仍以空白
　　　2. 凡「結果事項」為空白者，其資料來自清宣宗實錄；其資料來自清宣宗實錄，為空白者，結果事項為空白計。

# 左宗棠與台灣

李國祁

## 一、前　言

　　言及清季台灣近代化的經營，一般人總會想到沈葆楨丁日昌與劉銘傳，甚少有人注意到左宗棠與台灣的關係。其實，沈丁劉在十九世紀七十至九十年代的台灣認識，左宗棠在六十年代出任浙江巡撫及閩浙總督（1862至1866）時，很多即已言及或向清廷建議。如果說丁日昌劉銘傳的台灣經營，強烈受有沈葆楨的影響，則沈葆楨的大多數台灣認識，實是來自於左宗棠。蓋沈是左宗棠近代化經營的得力助手，無論是在福州船政局或台灣經營上，均表現出濃厚的蕭規曹隨的色彩。

　　今年是郭廷以教授百年冥誕紀念，郭師是中央研究院院士，國立台灣師範大學的名教授，中央研究院近代史研究所的創辦人，中國近代史學術研究上一代宗師。其對近代台灣史的研究，著有台灣史事概說一書，深受學術界推崇。作者授業於郭師，並追隨郭師在中央研究院近代史研究所工作多年。無論治學與為人均深受郭師影響。僅撰寫此一論文，以誌對郭師的尊敬與懷念。

## 二、左宗棠的經世思想與初步的台灣認識

　　左宗棠（1812至1885）出身寒儒家庭。父觀瀾教書為業。家境貧困。據左宗棠家書中稱：吾家積代寒素，先世苦況，百紙不能詳。並有詩云：

「研田終歲營兒哺，糠屑經時當夕餐，乾坤憂痛何時畢，忍囑兒孫咬菜根。」[1] 甚至某年除夕時，家中仍以稀粥果腹。宗棠兄弟三人，行么。聰穎過人。五歲入學，六歲讀孟子。儒學根基深厚，[2] 少年時即有才名。十七歲購讀顧炎武天下郡國利病書及顧祖禹讀史方輿紀要，奠定其對地理學的興趣，並自此日重經世致用之學。[3] 十八歲（道光十年，1830）父病故，即獨立應世。[4] 是年，氏於長沙得謁見湘省巨紳賀長齡。長齡賞識其才，譽為國士。允宗棠借閱所藏圖書，並時考詢其閱讀心得。[5] 後並贈予所領銜編纂之皇朝經世文編。而宗棠遂益沉潛於經世致用之學，於刑名錢穀，無所不通。[6] 亦因賀長齡之提攜獎掖，聲名大噪。時賀長齡弟賀熙齡主講城南書院，宗棠師事之，於城南書院讀書。熙齡對宗棠亦極賞識，待之若親近友人，兩人關係在師友之間。後並結為兒女親家。[7] 宗棠並因賀熙齡之介紹，得館於湖南籍巨宦兩江總督陶澍家，教其幼子陶桄讀書長達八年之久。[8] 得盡覽陶家所藏典籍圖書，使其經世之學益為精進。並與陶澍女婿胡林翼結為好友，日後對其事業與宦途影響極深。

　　左宗棠雖自少年時即有文名，青年以後並名噪湘省，唯科舉考試並不得意。中舉後[9] 曾三次參加會試，均名落孫山。其第三次一度錄取，旋因發現湖南所錄取者溢取一名，因而在放榜前又被刪去。故左宗棠自認為數奇，從此絕意於科舉考試，益注重經世致用之學。在經世致用之學中，氏

---

[1] 羅正鈞纂，左文襄公年譜，卷一，頁一下至二上。

[2] 同上書，卷一，頁三下至四上。

[3] 拙著，由左宗棠的事功論其經世思想，載於拙著，近代中國政治思想史論文集，國立編譯館出版，民國八十八年，頁一九九。

[4] 左宗棠母早於其父三年，即道光七年 (1827) 卒。

[5] 左宗棠，左文襄公全集，奏稿，卷五十七，頁三〇。

[6] 左氏自稱他精讀賀長齡領銜主編之皇朝經世文編，丹黃點遍。可知其對經世之學所下功夫之深。

[7] 賀熙齡聞左宗棠長男左孝威出生，曾告宗棠說：「宜婿吾女。」迨熙齡卒，宗棠遂按其遺意，令孝威與熙齡季女結婚。（見左文襄公全集，文集，卷三，頁廿八上至廿九下，冢婦賀氏壙志。）

[8] 左宗棠館於兩江總督陶澍家時，陶澍業已過世。

[9] 左宗棠於二十歲（道光十二年，1832 年）中湖南第十八名舉人。中舉後，結婚，入贅其妻周詒端家。

尤喜好地理學與兵學。因此於中國邊疆問題及當時中外關係深加用心。鴉片戰爭時期左宗棠雖館於陶澍家，卻經常致函賀熙齡，分析此戰應如何用兵；與英人相交，應如何因應。由於他所擬的辦法，每與林則徐在粵所行的，不謀而合，故在時人中，他最傾慕的，則為林則徐。宗棠一生雖仰慕林則徐備至，胡林翼一度並曾推薦之入林則徐幕府，未果，[10] 但僅得晤林則徐一面，即在林則徐因疾自雲貴總督任引退返閩，道經湘江，泊舟岳麓山下時，宗棠謁之於舟。兩人暢談一宵，極為相得。蓋宗棠熟知西北地理與史事，而林則徐鴉片戰爭時期獲罪被貶於新疆，對新疆經營有其實際經驗。兩人對新疆問題的看法與意見極其相近，真可謂相得益彰，相見恨晚也。故在經世思想上，左宗棠在時人中最崇拜林則徐，亦深受林則徐的影響。由此方可瞭解，左宗棠未曾到過台灣，但卻留心台灣問題，顯然亦是因其注重經世思想與邊務之故也。

　　左宗棠的經世致用思想大體上形成於其組率湘軍赴贛浙作戰之前。綜括言之，約具有下列諸項特點：

　　1.國家意識極強，是一位強烈的愛國主義者，有高昂的以天下為己任責任感。[11] 此由鴉片戰爭時其居於遠離沿海的湖南內陸，仍時刻致函賀熙齡討論中國應如何因應此一戰爭的表現最為真切。當時他所具有的世界觀，仍是以中國為中心，注重天朝體制的世界觀。他承認中國與西方國家的通商有其必要性；亦認定西人之長在船炮的精猛，中國必須師夷長技以制夷。因此他不是愚昧的閉關主義者。力持中國必須自強振興，成為主導世界的力量。

　　2.由於愛國，以及注重忠孝一體的觀念，他是一位視忠君與愛國是一體兩面的。他無論是未仕或出仕，絕對承認君權的正當性，是滿清王權的極端擁護者。[12] 因而清政府對他深加信任。而他在政治思

---

[10] 時左宗棠因與陶澍家續約在先，以及個人家事關係，未能前往。

[11] 可參閱拙著，由左宗棠的事功論其經世思想，頁二〇二至二〇三。

[12] 左宗棠曾將臣之事君，比之為女之字人。不可有怨翁姑之不慈，夫之難事，姒娣之不吾和。僮僕之不吾聽之心，祇當本乎大節，一切講義命二字。（見同上註所引拙著，頁二〇四。）

想上亦因此是主張中央集權者。他的注重邊疆經營，是要將中央政
府的權力擴張至邊疆每一個角落。而在邊區推行中華文教及行郡縣
制，則是這項擴張中央政府權力的重要內涵。由此方可瞭解，他為
何力主新疆與台灣的建省。

3.在經濟思想上，他是一位重農主義者，在未出仕前，他自己曾購置
田地，親自耕種，並著樸存閣農書，主小單位面積的精耕，亦即所
謂的區田法。他堅信農事為人生第一要務，耕讀並重是儒家優良的
傳統，中國士紳的特質。因此，他撰寫祠聯垂訓族人，應世守家法，
崇實務農。[13] 他視宗族集居與務農是構成中國優良傳統社會的兩大
基石，萬萬不可予以廢棄。因此他日後主持地方事務，必注重農事
的改革與建設。

4.由於以上三項特點，造成他的施政風格，要重本務實，講求效率，反
對一般士大夫的浮誇不實。他以為道光時代政治之壞，首在上下欺
朦，是非莫辨。因之為政當重綱紀，嚴主威，進人才，重農事。[14] 顯
然他是一位外儒內法的政治人物，與一般所謂的純儒，頗不相同。

5.在個性上，左宗棠有強烈的自信心，是一位樂觀主義者。他認定人
定勝天，天下無不了之事，無不辦之寇，亦未嘗無辦寇之人。天下
人才自足供一時之需。[15] 他不僅自負的自比為是如同諸葛亮一般的
人才，亦獎掖他所認定的人才。因而他的派閥觀念極深，在湘軍體
系中，自樹一幟。[16]

---

[13] 左宗棠撰其家祠聯稱：縱讀數千卷奇書，無實行，不為識字；要守六百年家法，有
善策，還是耕田。（左文襄公全集，聯語，頁一。）
[14] 拙著，由左宗棠的事功論其經世思想，頁二〇三至二〇五。
[15] 同上文，頁二〇四。
[16] 湘軍初起時，一般將之分為三大支：一、江忠源所創組的新甯楚勇。江忠源戰死
後，由劉長佑劉坤一統帶。二、曾國藩所募組的勇營，可視為湘軍主流。三、羅澤
南所募組之勇營，亦即所謂之老湘軍。此支日後大部分歸屬於左宗棠。左宗棠所率
之湘軍成軍較晚。其軍除自募者外，內中有老湘軍，甚至亦有黔軍，鮑超所部的湘
軍日後亦為其所有。可稱龐雜。但左氏自視為係湘軍中一大派系，有與曾國藩之湘
軍分庭抗禮之心。

6.由於科舉上的不得意，宗棠個人雖服膺儒家思想，但對孔孟之說，
少作高論。僅一意留心時事，沉潛於地理學兵學以及鹽河漕運與荒
政。他為明瞭天下地理形勢，曾要其夫人為之描繪空白地圖，他則
在圖上註明山川形勢及歷代重要用兵情況。[17] 他本人並抄讀畿輔通
志、西域圖志及各省通志。故日後用兵，多能於戰地形勢，瞭若指
掌。

7.極早即注意海權對中國的重要。他對海權的認知遠早於曾國藩李鴻
章等人。大約在鴉片戰爭方起之時，他已洞悉中國必須擁有強大的
海軍。故在曾國藩組練湘軍時，在他的積極建議下，成立水師。日
後他率軍在浙江作戰時，曾用法人仿造小火輪，試航於西湖。同治
五年 (1866) 更奏創福州船政局稱：欲防海之害而收其利，非整理
水師不可。欲整理水師，非設局製造輪船不可。泰西巧中國不必安
於拙也，泰西有而中國不能安於無也。雖善作者不必善成，而善因
者究易於善創。[18] 基於海權的重要，以及中國絕不可落後於人的
觀念，他決心創設造船廠，以建立中國新式的海軍。日後雖因清廷
調之擔任陝甘總督，負責西北經營，但他的海權認識仍是應該予以
稱道的。而正是因為這種海權的認識，才能促成他注意及台灣的重
要，主張積極予以經營。

要而言之，左宗棠由於在經世思想上有上述的這許多的特點，遂使
他一生注重邊疆問題，無論是陸疆或海疆，都是他極其留心的國家要務。
他要運用中央集權的政治手段，加強中央對邊區的掌控，使之透過政治文
教與社會經濟的交融，與中國本部地區結合成為一個整體，共禦敵國的覬
覦。其所發生的整個作用，亦即是邊區向內地（中國本部十八行省）各方
面看齊，內地加強對邊區同化的內地化作用。在清代的歷史上，是與雍正
時代的改土歸流，有異曲同工的效能。

---

[17] 左文襄公年譜，卷一，頁一七。
[18] 左宗棠全集，岳麓書社本，奏稿三，頁六〇至六一，0659號，擬請購機器僱洋匠試
　　造輪船先陳大概情形摺，同治五年五月十三日。

　　左宗棠由何時起注意及台灣問題，根據現存的資料，應該始於他率
軍在浙作戰，擔任浙江巡撫時。亦即同治元年 (1862)。此時與他的湘軍配
合作戰的，有林文察兄弟所率的台勇六千人。而台灣又發生戴潮春之亂。
當時福建巡撫是徐宗幹，久任官台灣，瞭解台灣情況甚深。左宗棠雖是浙
撫，而且率軍正在浙東地區與太平軍李侍賢所部鏖戰正殷，但他卻仍關懷
台灣的情況。屢屢致函徐宗幹，與之討論台灣問題。他此時對台灣問題的
看法，可由同治二年 (1863) 春致徐宗幹的函中得知，是：

> 「台郡兵事辦理稽時，致煩聖慮。吳鴻源曾玉明兩君恐難了此勾當。
> 未知九峰制軍（耆齡，閩浙總督）所委之曾元福畢竟何如？笨港探
> 報，三月廿三日曾鎮攻擊彰化之賊，大獲勝仗，何嚴兩賊自相爭鬥。
> 未知確否？軍營惡習，言勝不言敗，小勝則必報大勝，況探報則道
> 聽塗說之詞，尤未足據。尊處所得道府縣及各營所報，究竟云何？
> 乞并及之。台郡如鎖，澎廈如鑰，鹿耳門鹿仔港則啟鑰之竅也。兩
> 處為全台最要關鍵。而以現在形勢言之，則鹿港尤要。未知吳曾諸
> 君能力扼要津否？紅單船尚未抵甌，而甌洋著名盜魁已經擒獲，暫
> 可無須借助。如台郡需用，請公留之。好修莊打貓街殘破之後，賊
> 黨日多。來示所云，義旗一舉，脅從亦漸回心，殊為慶幸之至。此
> 方為公舊履，風土民情山川形勢均所深悉，乞詳以示知，俾得稍助
> 蓋畫。」[19]

　　由此函可看出宗棠雖不負責台灣的事務，亦未曾到過台灣，卻對台灣
的地理形勢，叛亂的情況，知之甚稔。更擔憂台灣鎮道的平亂禦患能力。
迨任閩浙總督後，他明白告知徐宗幹，他對在台官員的不滿說：

> 「台郡兵事尚未能克期告藏，將領互相觀望，唯知催索餉需，銳氣
> 索然，饋運難以接續。計彼間文武，除吳提督曾總兵曾副將外，又
> 有區道史道洪道等，彼此勢不相下，議事之人多，而任事之人少。
> 所謂謀夫孔多，是用不集也。史道虛浮夸誕，好為大言。前在閩時，
> 數數以兵事相干，弟知其不可，近已謝絕之矣。頻年涉歷軍事，於

---

[19] 同上書，書信一，頁四八八至四八九，0407 號，答閩撫徐樹人中丞。

用人一事頗嘗留心。大抵貴謀賤勇一說，未可盡恃。蓋好謀而成，原是統將之事，未可盡以此望之偏裨僚佐。就台事而論，施尊侯藍鹿洲一代曾有幾人？目前諸軍豈足語此。只求樸實勇敢，能得士心者。蓋亦戞戞難之矣。」[20]

他不僅對這些庸庸碌碌的台灣文武官員不滿意，即使對徐宗幹甚為信任力予推薦的丁曰健，雖稱道其對台灣北部情況的瞭解，與軍事部署尚為得宜，但對其一再索餉，亦殊為不滿。以為：「然使官軍猶蹈前轍，雖兵多餉足，亦奚以為？」[21] 他對台灣亂事的看法，認定必須能力戰數勝，然後義民才會出力相助。在致徐宗幹函中，他曾強調說：「凡兵事未有不痛剿而能撫者，未有著意主撫而能剿者。」[22] 堅持必須先以武力痛剿叛黨，然後方能言及其他。其所擬定的剿敵辦法，則是用林文察的台勇返台，由中路突擊，方可抑制叛黨的氣燄。宗棠對林文察及其台勇極為欣賞，以為此一部隊多是台地山內人，其家多在中部霧峰，如果其弟林文明由山內殺出，而林文察又由外自閩而衝入，則中路可通，叛黨被截為兩段。否則吳鴻源所率的官軍應當深溝築壘，固守其地。並當選派銳卒，時予突襲，斷其接濟，絕其後援以困之。如此方能早日平定亂事。此時他亦瞭解台灣居民中不僅有閩南客家的隔閡，即在閩南人中復有漳州泉州的區別。他同意當時台灣史道的看法，軍中不可全用泉州人，亦當間用漳州人，俾能有所平衡，避免引起地域隔閡的歧見。[23]

由日後亂事平定的發展來看。左宗棠究竟未曾至台，他的看法僅對了一半，即林文察返台，由麥寮登陸，攻克嘉義斗六，切斷了叛黨南北的結合。而真正能聯合義軍林占梅予叛黨致命打擊的，卻仍是丁曰健。左宗棠對於當時台灣總兵曾玉明甚不信任。但彰化卻是曾玉明率軍攻克的。左宗棠之所以不能認識丁曰健，極有可能是受林文察的影響。蓋丁林兩人在閩時即嫌隙甚深。台灣亂事平定後，丁曰健曾彈劾林文察於入山搜捕叛黨

[20] 同上書，書信一，頁五〇〇，0420號，答徐樹人中丞。
[21] 同上書，書信一，頁五二二，0441號，答台灣道丁觀察。
[22] 同上書，書信一，頁五〇〇，0420號，答徐樹人中丞。
[23] 同上書，書信一，頁五〇〇至五〇一，0420號，答徐樹人中丞。

時，頓兵不進，貽誤軍機，致而賊勢復熾。並致函左宗棠，歷陳林文察在
台種種的不法。[24]

　　戴潮春之亂雖於同治二年九月即平定，唯同治三年至四年間，餘黨洪
叢嚴辨等之亂幾遷延至同治五年左宗棠調任陝甘總督征剿捻回之時，台灣
的社會始終不夠安定。總之，戴潮春之亂使左宗棠開始對台灣問題深予注
意。他已瞭解台灣是民風剽悍的移墾社會，台灣動亂之多固在於文治的不
張，而更為重要的是地方文武官員的庸碌怠惰。因此他的治台認知，始終
要由調整人事，選派優良的文武官員赴台任職入手。更何況他是一位派閥
意識極強的領袖人物，他亦必須為他的部屬安插相當職位。於是台灣因之
成為其派閥發展的一個重要地區。

## 三、台灣文武官員中湘軍派系的形成與左宗棠治台政策的釐訂

　　台灣歸屬清版圖後，清政府對治台官員的選派，原立有良好的規範。
即必須由福建省的官員中，選擇政績優良者派任。再加以迴避本籍的規
定，故台灣地方官員經常多是浙江人。但是由於台灣孤懸海外，渡海來台
每有風濤之險；台灣的氣候濕熱，時有瘟疫，而且很多地方未曾開發，原
住民時而出草，因此一般官員其條件優越者，多不願來台任職。已來者亦
不願久留。清廷為矯正其弊，不僅多給養廉金，並定任滿返閩者，授予優
缺。仍然不能改變其風。所以台地官員素質不高。並因距中國本部遙遠，
中央政府的監督控制較為寬鬆，其官員行為亦較放縱，為非作歹者多於內
地。故日後丁日昌治台時曾感嘆說：「台灣吏治暗無天日。」不僅行政官
員如此，駐台武員情形更甚。班兵所形成的民間騷擾，素是台灣歷史上的
一大弊政。台灣當時的這種文武官員不良的情況，對左宗棠而言，反倒是
一項良好的機會，用以整頓人事，安插其部屬。更何況他的湘軍久在閩浙
地區作戰，不少部下亦具有擔任閩浙地方官員的資歷，調往台灣任官，合

---

[24] 重修台灣省通志，台灣省文獻委員會，民國八十七年，卷九，人物志，人物傳篇，
頁一八四，丁曰健。

乎規定。台灣既是眾人視為畏途的地方，派自己的幹部前往任職，更可獲得公正無私的美譽，亦少引起他人的非議。故左宗棠派遣自己的部屬赴台任官，確是一舉數得的人事措施，清廷亦是予以同意的。

今由手邊所集的資料，約可知由左宗棠本人直接奏調的，或經由沈葆楨或其他相關人士奏調左宗棠得力幹部來台而任鎮（總兵）道（道員）者，計有：吳大廷、夏獻綸、劉明燈、孫開華、曹志忠、劉璈、羅大春、張其光、吳光亮等。其中首先應予討論的，是沈葆楨與左宗棠的關係。如眾週知，沈葆楨（1820 至 1879）籍隸福州，係林則徐的外甥兼女婿。與李鴻章同年中進士。太平軍入江西時，任江西廣信府知府，夫婦以守城知名。曾國藩拔擢出任江西巡撫。故其與湘軍關係甚深。後因曾軍需索贛餉過甚，與曾交惡。因左宗棠率軍在贛作戰，兩人關係甚厚。左任閩浙總督奏創福州船政局時，沈丁憂在籍，故左奏薦擔任福州船政局船政大臣，可視為是左氏辦洋務新政的重要左右手。福州船政局籌辦期間所用的左之部屬原即不少，迨沈葆楨於同治十三年 (1874) 因牡丹社事件日軍侵台，來台負責台灣經營，於是不少左之幹部遂而亦隨之來台任官。故台灣官員中湘軍派系的成長，與沈葆楨有很大的關係，儘管沈葆楨經營台灣的時間甚短，僅一年半而已。

吳大廷與劉明燈均是左宗棠湘軍的核心幹部。吳大廷湖南沅陵人，係左宗棠軍中理財的能手。曾在浙江與福建為左宗棠辦理釐金與鹽務。曾任福建鹽法道，於閩省鹽務的整頓，貢獻厥偉。[25] 左宗棠係於同治五年 (1866) 奏派之擔任台灣道員。吳在台頗能革弊興學，官箴甚好。重修台灣省通志中稱他來台後：「盡革陋規，通飭屬下潔身自愛。於文教聘在籍進士施瓊芳主講海東書院。親自考核諸生詩文。並開局採訪節孝，予以旌表。於外交，時發生美商船在鳳山海面遭遇風難，上岸船員及船主盡為生番所殺。美方擬興兵問罪，而大廷交涉，平息其事。」大廷在台僅三年，同治七年 (1868) 因閩省大員與左宗棠有隙，諸事對吳杯葛，乃憤而辭職。沈葆楨奏聘擔任船政局提調，總理各國事務衙門雖仍飭其回任台灣道，大

---

[25] 拙著，由左宗棠的事功論其經世思想，頁二二九至二三○；二三五至二三七。

廷終仍力辭。[26]

　　劉明燈與弟劉明珍均是左宗棠麾下僅次於劉典的將領。明燈湖南武舉出身。似在左宗棠組軍時即與明珍率所部三千人參加，轉戰各地。其在福建作戰，表現尤佳。於左氏奏調其出任台灣總兵前，已官拜福建福寧鎮總兵。[27] 其地位似尚較台灣鎮為優。而宗棠將之與吳大廷同時奏派赴台者，實以台灣孤懸海外，地險民雜，移墾社會易亂難治。總兵如不得人，則台灣道亦孤掌難鳴，所以他要調得力武員與吳大廷相與配合。他認為劉明燈：「謀勇兼資，廉幹而善拊循，朴質而通方略，可望成一名將。」[28] 而且劉明燈不是隻身來台，是將他所部的楚軍新左營弁勇一同調赴台灣。可視為左宗棠調其親信湘軍入台之始。此後台灣遂成為湘軍的汛駐地之一。雖亦有少數淮軍，但直至劉銘傳時代，湘軍始終是台灣駐軍的主力。

　　夏獻綸是舉人出身。並非湖南人。籍貫江西新建。卻受知於左宗棠。初任職福州船政局，亦為沈葆楨所賞識。於同治十二年 (1873) 以福州船政局提調署任台灣道。於沈葆楨之開山撫番及折衝洋務，參贊尤多。[29]

　　由夏獻綸及吳大廷的資歷情況，可以看出，當時左宗棠與沈葆楨所建立的經營台灣與福州船政局用人模式是：先任職福州船政局。再以之任職台灣；或台灣卸職後，再轉任職於福州船政局。使此兩機構的關係，極為密切，而且此一模式亦為清中央政府所接受。故日後負責經營台灣者，常是由任福州船政局的船政大臣調任，或先由船政大臣調任福建巡撫，再命之負責經營台灣。沈葆楨以後之王凱泰與丁日昌等均是如此情形。只是清廷為打破閩台永為湘系勢力起見，王、丁兩人均是淮軍系統而已。清廷雖能在上層閩台的人事結構上有所突破湘軍系的獨佔，唯台灣的駐軍仍未能完全突破湘軍居多數的局面。此又與沈葆楨的態度有關。蓋沈葆楨的經營台灣，在武力上所依恃的，仍是湘軍。不僅孫開華、曹志忠等是湘軍，即

---

[26] 重修台灣省通志，卷九，人物志，人物傳篇，頁一八五至一八六，吳大廷。

[27] 左宗棠全集，奏稿三，頁一四四，0708 號，揀員調補台灣鎮總兵摺，同治五年十月初五日。

[28] 同上註。

[29] 重修台灣省通志，卷九，人物志，人物傳篇，頁一九五，夏獻綸。

羅大春、張其光、吳光亮無不與湘軍關係深厚，等同於湘軍的。

孫開華，湖南慈利人，與曹志忠均非左宗棠的嫡系湘軍，原是鮑超的舊部，亦即所謂湘軍中的霆軍。同治四年 (1865) 鮑超所部入粵會合左宗棠劉坤一之湘軍與粵軍在粵東會剿太平軍，時孫開華以總兵銜副將的身份，擔任鮑超的左翼軍圍攻嘉應州（今廣東梅縣）。嘉應州大捷後左奏准升為提督銜總兵，後出任漳州鎮總兵，並授命治理廈門海防。同治十三年 (1874) 曾奉沈葆楨之命來蘇澳參加開山撫番的工作。直至光緒初年，立功數定番亂。九年復返福建漳州鎮任，旋再調駐台北。中法戰爭時期於滬尾擊敗法軍，以軍功受世職。[30] 曹志忠似亦曾率軍參與粵東會剿太平軍的殘餘勢力。其官階略與孫開華相當。所部何時調來台灣，不詳。唯揆諸事實，似亦在同治末光緒初年開山撫番之時。[31] 中法戰爭時期駐守基隆，曾力戰擊退法軍之第一次登陸。

劉璈是湖南臨湘人，以附生從軍，是左宗棠的心腹幹部。左軍在浙作戰時，劉璈曾統領左宗棠部分親軍。亦曾署任知府。迨左軍調往陝甘剿辦捻回，劉璈則在左氏幕府，深受倚重。亂定後，署任蘭州知府。光緒七年 (1881) 出任台灣道員，協助閩撫岑毓英籌畫台灣建省，主移台灣道於彰化，並駐以副將。縣治則設鹿港。與岑毓英來台巡視，擬建省城于東大墩，目的均在開發中部，使台灣政經文教發展，南北中得以均衡。劉璈性情剛強固執，勇於任事。在台一力整飭吏治，提倡文教。[32] 唯湘軍派閥觀念極深，因而中法戰爭時期不肯傾心與淮軍將領劉銘傳合作，甚至多方掣肘，形成衝突，殊反映出台灣官員間的派閥相爭。

羅大春、張其光與吳光亮三人，嚴格而論，均非湘軍。如果將之視為湘軍，則亦是湘軍中籍貫並非湖南的將領。羅大春出身綠營，資格甚老。

---

[30] 左宗棠全集，奏稿二，頁三六〇，0606 號，嘉應州城賊首殲斃淨盡餘孽蕩平摺，同治四年十二月廿九日，及頁三六七，0608 號，上諭，同治五年正月二十三日；重修台灣省通志，卷九，人物志，人物傳篇，頁二九九，孫開華。

[31] 曹志忠所部於霆軍解散時，一度曾歸劉銘傳管轄，同治十年劉氏辭職，曾奏派該部二十營赴陝。

[32] 重修台灣省通志，卷九，人物志，人物傳篇，頁二〇二至二〇四，劉璈。

在太平天國興起前，他已於道光二十九年 (1849) 率軍在粵西平亂。太平軍
攻入浙江時，他以總兵身份協守杭州。城陷獲罪。因左宗棠的奏請獲釋，
留左氏軍中效力。[33] 從此成為左氏麾下得力的將領之一。左宗棠任閩浙
總督時，曾署任提督，本職為漳州鎮總兵，並精選所部接受西法練兵，使
用洋槍，是左軍的精銳部隊。迨劉明燈由福寧鎮調台，氏乃接任福寧鎮總
兵。[34] 羅大春的調台，似在同治末年，沈葆楨來台開山撫番時，時羅任漳
州鎮總兵，夏獻綸曾署漳州道，兩人剿匪合作無間。故沈葆楨用兩人共同
負責開闢噶瑪蘭廳蘇澳至山後奇萊一線的道路（今蘇花公路的故道）與撫
番的工作。[35] 當時他是以提督的身份率軍十三營，曾在大南澳與原住民血
戰。

　　張其光係廣東新會人，初以勇首隨左軍作戰，而且所率的是水勇。宗
棠曾用之為乍浦協副將。認為：張其光緝捕勤奮，久經戰陣。[36] 曾命帶
領紅單船水師由海上援粵。其光以總兵職位派往台灣之年代不詳。極有
可能，亦是在同治末年。而且其最初的職務仍應與水師有關。同治十三年
(1874) 沈葆楨來台開山撫番，張其光負責南路之射寮至卑南一線，長二一
四里。[37]

　　吳光亮也是廣東人，籍隸英德。其與左宗棠的關係主要受知於左之部
下康國器。左則因康國器的建議用之整頓順昌新營。[38] 並任命為南澳鎮
總兵。同治十三年因沈葆楨的奏調來台，負責中路的開山撫番，由林圯埔
至後山璞石閣。全長二六五里。[39] 是開山撫番北中南三路中最長者。開始

---

[33] 左宗棠全集，奏稿一，頁一五一至一五二，0107 號，懇准已革總兵留營差遣片，同
　　治元年十二月廿八日。
[34] 同上書，奏稿三，頁一四四至一四五，0708 號，揀員調補台灣鎮總兵摺，同治五年
　　十月初五日。
[35] 拙著，中國現代化的區域研究─閩浙台地區，台北，中央研究院近代史研究所出
　　版，民國七十四年，第二版，頁一七一。
[36] 左宗棠全集，奏稿三，頁二八八。
[37] 拙著，中國現代化區域研究─閩浙台地區，頁一七一。
[38] 左宗棠全集，書信一，頁五六一，0479 號，與康友之觀察；頁五六三，0480 號，答
　　徐樹人。
[39] 拙著，中國現代化區域研究─閩浙台地區，頁一七一。

工作較晚，始於光緒元年 (1875) 正月，十一月底即完成，甚為快速。以功授福寧鎮總兵。光緒三年調台灣掛印總兵，仍於後山辦理開山撫番事務。曾會同孫開華袁聞柝軍痛剿番亂，威服反叛者。並於五城埔里卑南成廣澳璞石閣車城等處廣設義塾，推行文教。亦曾平定彰化嘉義民亂。因與劉璈不合，調回閩省。後復調降三級。光緒十六年 (1890) 劉銘傳復起用之。乙未割台時，因唐景崧之邀，募勇來台，號稱飛虎軍。其部風紀不佳，曾趁危劫餉。迨八卦山為日軍攻陷，其部潰散內渡，憂憤成疾，光緒二十四年 (1898) 卒。[40]

　　由上述這些人物並不十分連續的記載，可以看出台灣文武官員在人事系統上的屬於湘系派閥，是長期緩慢形成的。最初左宗棠固然是蓄意的安排，實際上也可以說是自然形勢使然的。蓋閩浙兩省既是左宗棠湘軍的戰區，其兩地的文武官員自然會形成多由其集團中選派。台灣在行政區劃上既然是福建的一個道，而且向例文武官員是由閩省選派。於是湘軍系人員自然會被派來台，形成其派閥，特別在軍事方面。故至中法戰爭時，台灣清軍有四十營之多，其中屬於淮軍者僅章高元所部的兩營。後因劉銘傳的督辦台灣軍務，情形方有若干改善。但湘軍在數量上仍是較多。

　　台灣文武官員湘軍派系勢力的形成，在另方面亦是受閩浙總督的態度影響。自左宗棠以後，直至劉銘傳來台時期，閩浙總督計有：吳棠（1866至 1868）、馬新貽 (1868)、英桂（1868 至 1871）、李鶴年（1871 至 1876）何璟（1876 至 1884）、楊昌濬（1884 至 1888）。除滿人英桂不計外，其餘屬於湘軍派系者，雖僅有何璟及楊昌濬，但在時間上甚長。何璟在任八年，楊昌濬四年，共十二年，而且是銜接的，故其影響甚為可觀。其他三人雖非湘軍派系，唯馬新貽與左之湘軍的關係亦非尋常。馬氏在左宗棠擔任閩浙總督時，曾任浙江巡撫，亦曾重用左軍將領如張其光等。真正與左宗棠湘軍派系有隔閡者，則是吳棠。吳棠安徽盱眙人。雖非淮軍出身，因與李鴻章關係非淺，又是皖籍，可以視為皖系重要人物。而且其背後的真正支持者，是慈禧太后。吳棠與左宗棠的關係並不融洽，在任期間曾對左

[40] 重修台灣省通志，卷九，人物志，人物傳篇，頁二九八至二九九，吳光亮。

的措施頗有挑剔，反其所為。至於李鶴年，則是與湘淮兩系均無關係。氏是奉天義州人。少與文祥同學相交好。道光二十五年 (1845) 成進士，曾任御史，以彈劾肅順等受知於慈禧太后，並得文祥相助。同治初年出任湖北巡撫，旋調河南巡撫，以組織豫軍剿捻及治河之功擢升閩浙總督。李鶴年雖長於練兵治河，但思想保守，頑固自負，致而在閩督任內對繼沈葆楨負責經營台灣之閩撫淮系人物王凱泰多方杯葛。[41] 在其任內，湘軍系勢力似未曾受到重大抑制。甚至打擊淮系，應即是對湘軍系發展的一種相助。

　　至於左宗棠對於台灣政治軍事情況整體的認知，及其治台政策的釐訂，主要見之於他奏薦吳大廷劉明燈出任台灣道鎮，以及他離閩赴陝甘總督任前之籌辦台灣吏事兵務請責成新調鎮道經理等摺中。根據這些文件，可知他根本的認知是：台灣的問題首在於地理位置上遠隔重洋，聲氣與福建的不易相通。在台文武官員遇事專斷，多不遵令辦事，經常欺飾彌縫，以致吏治軍務均大壞。再加以移墾社會民風剽悍，民俗仇殺械鬥，勝者輒佔敗者家室田產，地方官不為按治，卻藉機勒索。於是形成民憤官之貪庸，多相率結黨，私鬥浸成巨案。故諺云：十年一大反，五年一小反。社會動盪不已。他根據一向所主張的：人治是政治軍務的根本，一切必須革除舊弊，為民謀福利的原則，要選派廉正明幹的官員如吳大廷劉明燈，負責台灣政治與軍務。處處以洗冤澤物為心，嚴操守，勤訪治，孜孜奉公。如此方能澄清治道，團結人心。他自己也深自痛責，由於軍務倥傯，他始終未能實現其親身赴台瞭解實況的心願。深覺得上負朝廷倚注之恩，下負士民望治之意。俯仰愧怍，莫可言宣。[42] 因而奏請朝廷允准由新任的台灣鎮道推行下列諸事：

　　1.恢復班兵制度：左宗棠深以台灣班兵制度的廢棄，名存實亡，一切仰賴募勇為憂。顯然他對台灣民間擁有武力，頗有疑懼。因此主張切實恢復班兵制度。以為三年更戍，可收軍力充足，治安防務鞏固

---

[41] 清史稿，列傳，卷二三七，頁一至三，李鶴年傳。

[42] 左宗棠全集，奏稿三，頁一四六，籌辦台灣吏事兵事請責成新調鎮道經理摺，同治五年十月初五日。

之效。

2. 加強台灣道的職權，恢復道標，申明鎮兵歸道察看監督：台灣在制度上，其道員原是具有兵備銜的分巡道。分巡道在明清制度上是一省的按察使司分駐於地方的分司，所以其道原是以掌理監察及司法事務為主。具有兵備銜則更可管理軍務。因此日後台灣道員更予以按察使的頭銜。但另方面台灣鎮的總兵又稱之為掛印總兵，即亦擁有單獨上奏之權。目的在使台灣的鎮道互相箝制監督。日後由於班兵的猖獗，台灣總兵既負責軍務，於是使得台灣道不敢過問軍務。而班兵制度敗壞後，軍人虛冒侵欺，縱兵為害、通匪，更成為台灣禍亂的根源。因此左宗棠一方面要想切實恢復班兵制度，一方面也要加強道員的職權，使之擁有親軍的武力，可監督總兵及軍務。

3. 整頓水師，使船械充實，員弁能戰：左宗棠對當時台灣水師徒有虛名，無一艘戰船，經費為武員侵吞，極為不滿。認定必須切實革除陋習，徹底予以整頓。

4. 完全革除規費，將樟腦鴉片鹽課收入悉數歸公：左宗棠認定台灣吏治之壞，亦在地方官長期以來有收取規費，以保私囊之陋習。廳縣有收至二萬兩者。台灣道除收取節壽之禮外，且將鴉片樟腦稅收概歸己有。台灣知府則據鹽為利。唯有盡數革除收取規費之陋習，台灣吏治方可澄清，結固民心。

5. 凡歸化生番，應比照內地人民，一視同仁：左宗棠對過去部議不允如此辦理，深以為是莫大失策。

6. 宜弛禁止內地人民來台移墾之令，並慎防洋人覬覦：左宗棠當時已瞭解中國本部地區生齒日繁，游民輻輳。與其任之犯禁偷渡來台入山開墾，何如弛禁開放，既可紓解內地人口壓力，亦可防止為洋人所趁。否則我棄人取，造成國家隱憂。

7. 台地產米，當廣立社倉，儲積米糧，以益民生。[43]

綜括上述諸項，可看出他對台灣的治理，除一再強調他所主張的首在得

---

[43] 同上奏，頁一四六至一四八。

人，徹底革除文武官員的舊弊外，極看重開山撫番，予已漢化的番民以漢人同等地位，以及開禁，允許自中國本部移民。他已看到台灣地位的重要，洋人的覬覦，如不及早開禁移民實邊，則我棄人取，後患無窮。故論及台灣的移墾弛禁開山撫番，他的提出是遠早於沈葆楨或夏獻綸等人。由於沈葆楨夏獻綸等與他的關係甚為親近，而看法的提出又晚遲將近八年之久，故可以肯定沈夏等的台灣弛禁以及開山撫番允許內地人民前來移墾的政策，應是受左宗棠的影響，至少亦應該是英雄所見略同的。

　　另外值得注意的是左宗棠雖提出台灣弛禁及開山撫番的看法，甚至主張已漢化的番民，即應作為漢人看待，但他並未進一步釐訂開山撫番的詳細內容。然而由他日後在新疆的經營，令回漢雜居，實力推行文教，促進回民的漢化，設立郡縣，推行科舉，然後奏請建為行省，可知他必然會以同樣的方法施行之於台灣。而這一套方法亦正是日後由沈葆楨經丁日昌岑毓英到劉銘傳在台灣所推行的。所不同的是左宗棠的台灣經營理念雖瞭解到台灣在中國海疆上地位的重要，然而他未提出如沈丁劉等開礦、修鐵路、設海陸路電線、與以輪船改善海上交通等現代化建設的構想，儘管他已奏准在福州創設船政局，仿造輪船。顯然在同治五年 (1866) 時，左氏的現代化的整體認知，尚未達到這種程度。

　　至於他對台灣水陸軍務改善的認知，恢復班兵制度，以及重建實力充足的水師，日後無論是吳大廷劉明燈沈葆楨，甚至丁日昌與劉銘傳，均未予以採行。蓋當時無論是班兵制度或台灣水陸制兵，均已敗壞至不堪整頓的地步。祇有徹底廢除，方是解決之道。在這方面左宗棠的思想顯然呈現出過份保守的色彩。他之所以如此保守，極有可能，其觀點建立在懼怕台灣地方性武力—台勇勢力過強，將危害及中央集權的推行。對於邊疆，他是一位中央集權主義者，主張增強邊疆與中央的凝聚力的，不論這種凝聚力是自動性的，抑或是強制被迫性的。

## 四、中法戰爭時期左與劉銘傳的衝突及力請台灣建省

　　左宗棠奉命調任陝甘總督，於同治五年十月（1866 年 12 月）離閩，直至光緒十年十月（1884 年 12 月）以欽差大臣督辦福建軍務身份抵福州，其離開福建長達十八年之久。就其個人言，其間剿捻平回，在西北立下不世之奇勳。後調往北京，並治理京畿地區水患。再出任兩江總督。迨再調來福建時，年已七十二歲高齡，垂垂老矣。健康情況並不十分良好，一目幾已失明，精神雖尚矍鑠，但言語迂闊，常嘮嘮叨叨，於其西北之功勳自詡不已。就當時閩省情勢言，與十八年前亦大不相同。首先當中法戰爭期間，福建與台灣均暴露在法軍攻擊之下。法人已佔領馬祖列島，作為攻台侵閩的根據地。其次，台灣由於情勢的緊張，清廷已旨派劉銘傳以巡撫銜前直隸提督的身份，來台督辦軍務。法軍於陽曆八月及十月兩次攻基隆。第一次雖告失敗，但第二次因劉銘傳顧及滬尾（今淡水）之危急，撤退大軍往援滬尾，僅據守獅球嶺八堵一線，基隆已落入法軍之手。幸而劉銘傳於十月初在滬尾奮力擊敗法軍，方穩住北台灣的局面。法軍在台灣北部雖未得逞，但在第一次攻基隆為劉銘傳擊敗後，卻轉而砲擊福州外港馬尾。不僅閩洋清方海軍遭受重大損失，即左宗棠用法人創設的福州船政局，亦為之全燬。故左氏抵閩後所面臨的局面亦是十分嚴峻的。所幸無論在福建或台灣仍有不少舊部或湘軍同僚居於重要的位置。就福建言，光緒十年(1884) 時閩浙總督最初是何璟。何璟雖非湘籍，但因在曾國藩軍中總辦營務處，素被視為湘系人物。與左宗棠最初關係不深，同治九年 (1870) 何璟出任山西巡撫，時左任陝甘總督，剿辦捻回，兩人乃有較多的交往。何璟出任閩督由光緒二年直至光緒十年，因法艦砲燬福州船政局及重創閩洋艦隊而罷職。[44] 故左宗棠來閩時，何璟已失勢，唯尚未離閩，兩人此時交往似不多。繼任者為楊昌濬。氏為湖南湘鄉人，以諸生從羅澤南治團練。

---

[44]　清史稿，列傳，卷二四六，頁三至四，何璟傳。

其率湘軍征戰太平軍，時間上早於左宗棠。同治元年 (1862) 從左氏入浙作戰，成為左之屬僚。時左軍攻石門，計有三大支，楊與劉典劉璈各領一軍，是左軍的主力之一。以戰功擢任浙江布政使。同治九年，出任浙江巡撫。後因案褫職。光緒四年復起，佐左宗棠辦新疆軍務，後任陝甘總督。迨中法戰起，左宗棠督辦福建軍務，昌濬奉旨佐之。何璟去職後，乃得繼任閩浙總督。[45] 由上所述，可看出楊昌濬與左宗棠關係的深厚。唯昌濬在個性上與左宗棠頗不相同。宗棠為人自我意識極強，行事固執己見，派閥觀念極深。昌濬則性格較為寬厚，有容人之量，因之能與劉銘傳和衷共濟，支持劉氏經營台灣。

　　此時台灣道是劉璈，如前所述，他係左宗棠親信幹部。為人在性格上，亦與左宗棠甚為相似。自我意識極強，有濃厚的排他性及派閥觀念，致而無法與劉銘傳合作共處。劉銘傳與左宗棠的積不相能，由來已久。早在浙西征剿太平軍時，李鴻章之淮軍與左宗棠之湘軍即發生爭功的不和。再加上左宗棠與曾國藩間因爭餉而有齟齬，李鴻章係曾國藩的親近學生，自然黨附曾國藩，使左李的關係雪上加霜。何況李鴻章在個性上與左宗棠相似，亦自我意識極強，派閥觀念濃郁，因之左李關係不好。劉銘傳既是李鴻章心腹大將，劉左的關係已注定難以融洽。除此之外，劉私人與左及其湘軍間亦有嫌隙。那就是在剿捻時，尹隆河之役湘軍鮑超所部與劉銘傳之銘軍相約並肩作戰，鮑超之霆軍於戰役中力救銘軍之厄，重創東捻。事後劉銘傳歸罪所部戰敗，係因霆軍遲至，鮑超因此氣憤病卒，霆軍遣散。正因為有這許多過節，所以光緒六年 (1880) 清廷擬派劉銘傳所部入西北協助左軍，左宗棠予以拒絕。目下兩人均在台海禦法，很自然地雙方難於合作。所幸的是左宗棠的抵閩督辦福建軍務，已在劉銘傳在北台灣擊敗法軍之後，左劉的不睦未曾影響北台灣的戰事。

　　點燃左劉在中法戰爭期間互爭的導火線，則是所謂的朱守謨事件。朱守謨是劉銘傳來台督辦軍務路過上海所收納擔任幕僚的記名道。其為人浮誇油滑好事，喜播弄是非，而且似與台灣道劉璈有若干關係。劉銘傳用之

---

[45] 同上書，卷二三四，頁三至四，楊昌濬傳。

駐守台北，負責聯絡士紳與後勤工作。氏與劉銘傳來台後所重用辦勇及軍務的助手李彤恩，積不相能。當法軍於一八八四年八月初在基隆登陸為劉銘傳擊退後，由於兵力不足，劉銘傳一面募招台勇，一面與諸將相議，棄守基隆，集中兵力於滬尾，以保衛台北。蓋基隆距台北較遠，中間隔有山地，可據險以守。滬尾地當淡水河入海口，距台北盆地近，無險可守。滬尾不守，則台北情勢危急。時李彤恩募有土勇一營，因是滬尾守將孫開華所引薦，乃配合孫部，亦駐守滬尾。撤退基隆，力守滬尾之議，據云即出於李彤恩之建議，並經討論後，劉銘傳乃予採行。

　　朱守謨目睹李彤恩因募勇參與軍務日益受劉銘傳重用，心中極為妒忌。乃在台北士紳處散佈謠言：李彤恩陰得法人數十萬金賄賂，故建議基隆撤兵，而劉銘傳竟為所惑。一時間台北士紳及外商間人心惶惶。而朱守謨竟然亦欲募勇。時彼與艋舺書識陳華相結。陳揚言已募得勇一千五百人，願意自備武器，包取基隆。要求劉銘傳給予勇餉每名月十二銀元。實際上，陳華所募者，大多是艋舺游手好閒之無賴。劉銘傳以所索之餉超過湘淮軍每名月銀四兩二錢太多，予以拒絕。而朱守謨竟事先答應。此時台北防務空虛，陳華所率之勇乃包圍劉銘傳官署索餉。頗有譁變作亂之可能。劉銘傳被迫允給十日口糧，飭其勇移往水轉（返）腳（今汐止），由曹志忠蘇得勝軍強迫解散五百人。餘眾中三百人由觀音山駐軍柳泰和部收編，其餘則資遣。費銀近二萬兩，方平息其事。朱守謨因此斥罷去職。

　　朱守謨被斥罷後，並未離開台灣，反而南下台南府城，投靠劉璈，多端讒詆劉銘傳及李彤恩。台灣雖屬福建省，由於遠隔重洋。福建甚少大員來台駐守。沈葆楨以後，清廷核定福建巡撫專責經營台灣，並每年冬春駐台。實際上，真正切實執行者不多。故台灣道即是獨當一面大權在握的行政首長。中法戰爭時，劉璈雖曾請派方面大員來台督理，唯內心中總以為所派來的必是湘軍領袖與自己仍可和衷共濟。殊未料清廷在派湘軍將領楊岳斌來台，楊予懇辭後，竟派淮軍將領劉銘傳前來，並予巡撫銜。因而劉璈心中深感不滿，一面在經費上儘其可能的予以杯葛：時道庫中存有現銀一百五十萬兩，劉銘傳要求撥餉銀五十萬兩，璈予拒絕；一面唆使朱守

譖往福州左宗棠處詆毀劉銘傳與李彤恩。遂而造成左宗棠對劉銘傳李彤恩的彈劾。

左宗棠是於光緒十年十月二十七日（1884 年 12 月 14 日）抵福州，已聞知基隆棄守，滬尾雖然擊敗法軍的進攻，但台北緊張，人心惶惶。傳言劉銘傳在基隆勝仗後，而竟棄守，因而對劉銘傳之措施深為不滿。及朱守謨的搧風點火，更為憤怒。乃於十月二十九日，亦即他抵福州後二日，毅然上奏彈劾劉銘傳及李彤恩說：

「伏查法夷犯台，兵不過四五千，船不及廿艘。我兵之駐基隆滬尾者，數且盈萬。雖水戰無具，而陸戰則倍之。撫臣劉銘傳係老於軍旅之人，何以一失基隆，遂至困守台北，日久無所設施？臣接見閩中官紳，逐加詢訪，並據台灣道劉璈抄呈台北府知府陳星聚所奉劉銘傳稟批，始知八月十三日基隆之戰，官軍已獲勝仗，因劉銘傳營務處知府李彤恩帶兵駐紮滬尾，平日以提督孫開華諸軍為不能戰，是夕三次飛書告急，堅稱：法人明日來攻，滬尾兵單將弱萬不可靠。劉銘傳為其所動，遽拔大隊往援，而基隆遂不可復問。其實二十日滬尾之捷，仍係孫開華諸營之功。即無大隊往援，亦未必失滬尾也。滬尾距台北府城僅三十里，如果岌岌可危，地方官有守土之責，其慎重當有過於他人者，而知府陳星聚屢次稟請進攻基隆，劉銘傳竟以無此膽識，無此兵力謝之。獅球嶺為台北要隘，所有法兵不過三百。曹志忠所部土勇客軍駐紮水轉（返）腳一路，不下八九營。因劉銘傳有不許孟浪進兵之語，即亦不敢仰攻。且聞台北各營將領及其土著之人，尚有願告奮勇往攻基隆者。劉銘傳始則為李彤恩所誤，繼又坐守台北，不圖進取，皆機宜之坐失者也。恭繹電旨：劉銘傳仍應激勵兵勇收復基隆，不得懦怯株守，致敵滋擾等因，仰見聖明洞燭，不稍寬貸。

臣思劉銘傳之懦怯株守，或一時任用非人，運籌未協所致。李彤恩不審敵情，虛詞搖惑，基隆久陷，厥惟罪魁。擬請旨將知府李彤恩即行革職，遞解回籍，不准逗留台灣，以肅軍政。並密敕劉銘傳，

速督所部，克日進兵，規復基隆，毋任該夷久於盤據。」[46]
由上所引可看出左宗棠不僅對李彤恩視為是基隆撤守的罪魁禍首，要將之
革職遞解回籍，不准在台逗留。對劉銘傳亦認定是怯懦退縮，不敢攖法人
之鋒。只是劉銘傳是巡撫銜的欽差大臣，他無權將之治罪。但言詞之間，
亦譴責備至。其不滿之意躍然紙上。在技巧上，他於摺中對自己受朱守謨
的唆弄隻字不提。當然由他在奏摺中所表示的輕視法軍武力的態度，以
及引陳星聚等的說法，可明顯看出，他對台灣北部的真實情況，似全不瞭
解，僅充滿了一股虛驕之氣。以為劉銘傳過於怯懦畏葸，致而北台灣的局
面困頓敗壞。

今日根據當時孤拔艦隊曾參加此次作戰凱旋號上的法軍上尉羅亞爾
(M.Loir) 的記述稱：第二次攻基隆法軍登陸作戰的軍隊，為一千二百人。
當時劉銘傳所部僅象徵性的抵抗，即撤退，放棄基隆，改守獅球嶺八堵一
線。顯然絕非左宗棠所聽閒言所云的據守獅球嶺法軍僅三百人。滬尾之役
法軍出動六百人，受損失約十分之一。雖死傷人數不多，但有高級軍官陣
亡。孤拔在致法政府報告中自認為損失慘重。故改採封鎖政策。[47]
由這些法方的記載，可瞭解左宗棠對當時北台灣的戰爭實況實在不夠
瞭解。而且他對李彤恩與劉銘傳的判定，顯然亦是極其不公平的。而他個
人在此奏摺中所提出的因應法方攻台的措施共有三項：

1. 贊同台灣道劉璈的建議，請總理各國事務衙門照會各國駐華公使，
   據理辯論法人封鎖台灣是不合國際公法。
2. 派已革職總兵楊在元密赴廈門一帶，確探情形，設法僱船，暗渡勇
   營援台。
3. 分兵駐紮馬祖芭蕉山等處，以圖首尾牽制。[48]

---

[46] 左宗棠全集，奏稿八，頁五二六至五二七，3151 號，行抵閩省詳察台灣情形妥籌赴
援摺，光緒十年十月廿九日。
[47] 詳情可參閱拙著，中法戰爭期間劉銘傳在北台灣迎戰法軍始末 —— 根據法國檔案
及當時外人記載所作檢討，歷史月刊，一九〇期，二〇〇三年十一月，頁四一至五
五。
[48] 左宗棠全集，奏稿八，頁五二七至五二八，3151 號，行抵閩省詳察台灣情形妥籌赴

顯然亦是緩不濟急的。而且當時法軍的進攻台灣與控制閩海，即是利用馬祖列島為其根據地的情況，他也不十分清楚。

　　清廷對於他的奏請所採的態度，是疑信參半。因而於十一月十八日（12 月 23 日）諭旨著襄辦福建軍務的楊岳斌從速赴閩轉台，查辦其事。如果李彤恩罪狀屬實，將不僅革職遞解回籍，應更加重治罪。目前先行革職，等候查辦。[49] 對於劉銘傳，未明示譴責，僅抄送左奏，令其答辯。而楊岳斌由於募勇的關係，則遲遲其行。迨他率勇抵達台灣，中法戰爭業已結束。故左氏的彈劾，可以說是雷大雨小，並未能一舉扳倒劉銘傳。甚至李彤恩名雖革職，由於劉銘傳的相護緩頰，中法戰爭時期仍得留台效命。戰後僅短期被遣送回籍。日後復來台，成為劉銘傳推行現代化新政得力的助手。

　　由於法軍的封鎖台灣，劉銘傳收到左宗棠的劾奏與上奏答辯，在時間上，已晚至光緒十一年春，其答辯在時效上自然略嫌稍晚，但是內容卻是非常真實中肯。其覆奏說：

　　　「查基隆退守情形已於上年八月十五日奏明在案，無庸瀆陳。謹將左宗棠所參各節為我皇太后皇上陳之：臣渡台時隨帶親兵一百二十名。其次，臣孫開華三營，曹志忠六營，每營精壯祇三百餘人。當由台南調來章高元淮勇兩營。其時台南疫癘盛行，兵丁多病，僅來五百人。嗣又添調巡緝營一營，合之劉朝祜百餘人，張李成土勇一營，統計基隆滬尾兩處共祇四千餘人。左宗棠疏稱基隆各營數且盈萬，不知何所見聞。自七月杪基隆疫作，將士十病六七，不能成軍。八月十三日之戰，九營僅挑選一千二百人，內中尚有抱病勉強應敵者。當孤拔未來之先，初九初十兩日，臣接香港上海電報，知其全股犯台。其時滬尾祇孫開華三營，劉朝祜一百餘人並張李成新募土勇一營，甫經到防。礮臺尚未完工，又無營壘。地勢坦平，無險可扼，危迫情形不待旁言，臣早已憂慮及之。曾函致孫開華李彤恩，

_____

援摺，光緒十年十月廿九日。

[49]　同上書，奏稿八，頁五二八，3152 號，附錄上諭，光緒十年十一月十八日。

如果敵犯滬尾，臣即撤基隆之守來援，囑令堅守以待。一面派員赴下游趕僱船隻，將軍火笨重之物先運下船。十二日孤拔率大幫兵船進口，臣料敵兵必由仙洞登岸。當同曹志忠等密商。如敵兵明日戰後即紮仙洞，則不致遽攻滬尾；如戰後收隊下船。我軍即須預備回援滬尾，以保後路。十三日酉刻，敵軍收隊全行下船。當接孫開華李彤恩劉朝祜先後來信，俱稱：法船五隻直犯口門，升旗開礮。臣同孫開華李彤恩已有成約，無用李彤恩虛詞搖惑。左宗棠疏稱李彤恩三次飛書告急，即係孫開華、李彤恩、劉朝祜三人三次之書，非李彤恩一人之書也。臣當即傳令拔隊。惟四十磅大礮二尊不能運動，埋於山下。其餘軍裝鍋帳，以及傷病勇丁，毫無遺棄。若果因李彤恩三次飛書告急，倉卒拔隊退回，軍裝焉能毫無遺失。」[50]

劉銘傳不僅將當時撤退的真實情況奏報，並於摺中亦指責左宗棠聽信劉璈不同的稟報。意見前後不符說：

「左宗棠前據劉璈稟報，奏稱孫開華所部並淮勇土勇三路迎戰獲勝。此次又奏係孫開華數營戰勝。不獨於台事未加訪察，即奏中亦有自相矛盾，不加斟酌。」[51]

對於左宗棠奏中所言台北知府陳星聚意見及募勇進攻基隆的問題，劉銘傳答辯稱：

「所陳台北距滬尾三十里，如果危急，地方官當慎重過於他人等語，查基隆距滬尾水程祇八十餘里，頃刻可至。臣五里安設一站，往來通信，尚恐聞警應援不及。若俟地方官（指陳星聚）稟報，必至滬尾失後，敵至台北城下，方能回援。台北府知府陳星聚屢次稟請進攻基隆，並有土著之人願告奮勇往攻基隆者，皆有其事。自滬尾捷後，俱以李彤恩所募張李成土勇得力，提臣孫開華、曹志忠、蘇得勝、柳泰和各請添募兵千人。台北府陳星聚等聯名稟請，基隆通判

---

[50]　劉銘傳，劉壯肅公奏議，卷二，頁一五，覆奏台北情形請旨查辦李彤恩一案以明是非摺。

[51]　同上書，卷二，頁十六。

梁純夫招募土勇二千，候補知縣周有基稟請招募一千，俱告奮勇進攻基隆。其時記名道朱守謨請假尚未銷差，倡言多招土勇，迅攻基隆。至於餉項軍械之有無不計也。忽有台北府書識陳華聲稱，願招土勇一千五百人，自備槍械，包取基隆。每月每勇需銀洋十二元。託親兵哨官奚松林來說。當經臣申飭不許多事。朱守謨聞有包取基隆之說，即私許陳華招募。及臣以淮楚營制每勇祇月餉四兩二錢。陳華大言輕敵，不知能否得力，即給如此重餉，何以服老勇之心，堅持不許添增口糧。該勇俱知台北府無兵，祇親兵數十名。即聚眾吶喊鼓噪。臣派弁往看，陳華所募，皆城外艋舺市井之徒，器械毫無。當傳陳華來見。諭以兵餉不能加增。如果能克基隆，立給賞號銀二萬。先發十日口糧。令其帶赴水轉（返）腳，聽候曹志忠調遣。嗣曹志忠見其勇多滋擾，器械毫無，不能見敵，不肯節制。臣令蘇得勝親至曹志忠營，與之密商，陳華土勇先行挾以兵威，裁去五百名。復調三百名赴觀音山歸柳泰和裁併，其餘隨即一併裁撤，費餉一萬餘兩。周有基募勇尚未成軍，即鬧餉鼓噪，經臣將已募四百餘人派歸柳泰和節制。梁純夫見土勇不遵約束，屢次滋事，不敢招募。此即左宗棠疏中所稱各將領以及土著之人願告奮勇往攻基隆者，係九月初旬事也。又紳士陳霞林等屢言內山禦番土勇常見仗，可以挑募，臣告知各軍前往內山選募，一面令工匠連夜修理各營所繳舊槍，分撥應用。」[52]

在答辯之覆奏中，劉銘傳更以軍餉不足，土勇尚未成軍，或器械不足；加以疫病流行，來說明之所以不能馬上反攻基隆的原因，他說：

「計查餉項，僅敷月餘。各軍招募有尚未成軍者，亦有成軍尚無器械者。時值疫氣染至台北滬尾一帶，軍民俱病。提臣孫開華署台灣鎮總兵章高元總兵柳泰和等俱抱重病。曹志忠六營營官無不病者。臣隨從文武員弁，日斃數人。自封口後，內地音信不通，兵單援絕，

_____

[52] 同上書，卷二，頁十六至十七。

土匪四起。臣日夜憂急，無所措手。」[53]

對於台北知府陳星聚他更指責年事已高，不諳軍務，是一位老邁糊塗之人說：

「台北知府陳星聚每見必催進攻基隆，臣因其年近七旬，不諳軍務，詳細告以不能進攻之故。奈該府隨言隨忘。紳士陳霞林并署淡水知縣劉勳皆明白暢曉，見將士多病，土勇尚未募齊，器械缺乏，俱知不能前進。陳星聚除面催進攻外，復稟請進攻。臣手批百餘言，告以不能遽進之道。該府復慫惥曹志忠進攻，并以危言激之。曹志忠一時憤急，遂有九月十四日之挫。幸傷人不多，未損軍銳。敵於十五日即渡河耀兵七堵。陳星聚始自言不諳軍務，不再妄言。此即左宗棠疏稱陳星聚屢次稟請進攻基隆之原由也。」[54]

關於李彤恩，劉銘傳於此摺中亦力言其才幹與貢獻，說：

「至浙江候補知府李彤恩本係滬尾通商委員，臣到台北，提臣孫開華稱其辦事勤能，熟悉洋務。現因身弱多病，決意乞退。臣商之提臣，台北現在用人之際，不可任其乞退。託其致書慰留。六月十二日臣同提臣並台灣道劉璈至滬尾察看礮臺地基，李彤恩扶病出見，瘦弱不堪。臣令其趕緊調養，不必請假。當委兼辦滬尾營務。六月十五日基隆開仗以後，李彤恩稟請買船填石塞口。時值秋茶上市，英商阻撓。李彤恩同英領事往復辯論，始將口門堵塞。隔日法船即至，英兵船告以口門封塞，隨即駛回。七月二十日臣至滬尾察看礮臺，孤拔親坐三號兵船亦至滬尾查探水道。並託英兵船代覓引港之人。若非李彤恩先期塞口，法船混入一隻，台北已不堪問。紳士陳霞林等每晤談時，輒稱其功。臣到台北，有言招募土勇者，臣因其所用土槍不能禦敵，不肯操練，未曾招募。李彤恩力保張李成打仗奮勇，請募五百名，發給後門槍二百桿，令其操練助防。八月二十日之戰張李成包抄得力，官紳共見共聞。十月初，臣因餉項支絀，

[53] 同上書，卷二，頁十七。
[54] 同上註。

札令李彤恩來城同福建候補知縣鄭建中會同官紳，辦理捐借餉事。
該守到後，即同陳霞林等議向城鄉殷戶借銀票二十餘萬元，毫無勉
強，現已辦成。如果李彤恩有誤大局之處，紳民當共切齒，曷有聽
其分派捐借者。該守不領薪水，未邀保獎，究其所辦數事，有裨於
大局，皆非淺鮮。左宗棠甫到閩一日，不加訪察，遂以劉璈之稟，
並朱守謨挾嫌傾陷顛倒是非之言，率行奏參。臣若緘默不言，使出
力有功之人忽遭不白之冤，當此孤島險危之地，軍務萬緊之時，臣
何以用人辦事。」

因此他請求清廷將李彤恩開復原官，暫免查辦。待軍務稍定以後，
再由楊岳斌或另派大員查辦。如果屬實，並請將劉氏本人亦一律從嚴治
罪。[55]

如果將上述左宗棠的彈劾奏摺與劉銘傳的答辯摺互相比照審閱，可
發現當時左宗棠確是如劉銘傳所言，來閩未久，為劉璈陳星聚朱守謨諸
人所蒙蔽。但左宗棠素來自信心極強，對劉銘傳成見又深，是絕對不會承
認自己有錯的。故此後他的部署是：一面設法突破法軍的封鎖，運送軍隊
來台；初欲僱用與法有仇的德國輪船，不成後，乃僱用民船及以軍隊化裝
成漁民偷渡來台；一面飭他已調派援台的王詩正等將領，抵台後雖須聽從
劉銘傳指揮，唯必要時，也可便宜行事，不必事事恪遵劉銘傳孫開華的命
令。此外，並派他所信任的其總辦營務處江蘇候補道陳鳴志刻日渡台，會
商台灣鎮道及地方士紳，逕自妥籌恢復基隆辦法。顯然他不相信劉銘傳孫
開華，要越過督辦台灣軍務的劉銘傳，擅自行事。他也要陳王等聯絡曹志
忠的湘軍，猛攻九弓坑獅球嶺，步步進逼。配合這些措施，他函催兩江總
督曾國荃，速派南洋兵輪前來，會合他的部隊，進攻馬祖列島。[56] 幸而清
廷對他的這些措施並不完全支持。對於他信任擬用為覓僱偷渡船隻的楊在
元根本懷疑其能力，飭左不可任用負責僱船事宜。亦令王詩正等抵台後須

---

[55] 同上書，卷二，頁十八至十九。

[56] 左宗棠全集，奏稿八，頁五二八至五三一，3154號，派員援台并會籌一切情形摺，
　　光緒十年十一月廿五日。

聽從劉銘傳節制。[57] 方未償事。否則在指揮權不統一下，台灣的局面必然大壞。

　　左宗棠此次彈劾的奏章雖未能打倒劉銘傳，但劉銘傳對左宗棠亦是心中不滿的。只是由於台灣屬於福建，他雖是欽差大臣福建巡撫督辦台島軍務，唯對曾任閩浙總督而現亦以欽差大臣督師福建的左宗棠，究竟是地位較低，甚至可以說是左的屬僚，一時間難於反擊的。他祇有忍耐等待時機。直至中法戰爭結束一個月後，方得到機會。劉銘傳以與商人勾結吞匿釐金等理由，嚴劾劉璈，亦即間接予左宗棠難看。時劉銘傳列劉璈有：吞匿釐金、剋扣軍餉、並吃空缺，貪淫好色、逼姦屬下幼女、命令武官獻女、大量任用私人、敗壞鹽課與官辦之煤礦等十八項罪狀。[58] 此時左宗棠已交卸督辦福建軍務一職，仍在閩等待還鄉。但體弱多病，已無能力對劉璈有所庇護。而且劉銘傳推薦陳鳴志繼任台灣道，陳鳴志亦是左宗棠的親信，使左雖有不快，亦難加以挑剔。清廷則是仿照左氏彈劾李彤恩的先例，將劉璈革職抄家，並派刑部尚書錫珍與江蘇巡撫衛榮光前來台灣查辦。後定罪斬監候，復改流配黑龍江病死。[59]

　　劉璈雖私行缺點甚多，然於台灣中部之設治，以及中法戰爭時期加強南部防務，多方與法交涉諸事，亦有其貢獻。祇因派閥觀念過深，處處杯葛劉銘傳，遭到劉銘傳嚴劾罷職發配黑龍江。故當時與湘軍關係較深者，每有不平之聲。

　　至於朱守謨，劉銘傳於光緒十一年正月時，即予奏參稱：「其斥罷後沿途招搖生事，逗留福州，鑽營差委，肆口讒謗，計敗戎機。」請旨將其革職永不敘用。[60] 而李彤恩則在中法戰後被遣送原籍，僅隔二月，復為劉銘傳召返起用。次年並正式奏報。[61]

[57]　同上書，奏稿八，頁五三一。

[58]　劉銘傳，劉壯肅公奏議，卷十，頁二至八，嚴劾劉璈摺，光緒十一年五月二十五日。

[59]　同上書，卷十，頁九，上諭，光緒十一年，六月十三日；重修台灣省通志，卷九，人物志，人物傳篇，頁二〇二至二〇四，劉璈。

[60]　劉銘傳，劉壯肅公奏議，卷十，頁一，奏參朱守謨片，光緒十一年正月。

[61]　同上書，卷九，頁十至十一，奏留李彤恩片，光緒十二年三月。

　　左宗棠的奏請台灣建為行省，其事在光緒十一年六月十八日（1885年7月28日），亦即其交卸督辦福建軍務的職務以後。而且僅三十八天以後，他即於陰曆七月二十六日（9月4日）去世。也許是因為他當時健康情形不佳，又收拾行裝準備返里的關係，他的此一奏摺並不太長，討論台灣應該建省的原因亦不詳細。因之要瞭解左氏對邊區建為行省的看法，仍應研讀其於回亂平定後，力主新疆建為行省的諸奏摺。實際上，由於注重邊疆問題，左宗棠在他未出仕以前，對於嘉道年間龔自珍等人的主張新疆建為行省，即深為贊同。主持西北軍務以後，由光緒三年六月十六日（1877年7月26日）起，至光緒八年九月初七日（1882年10月18日），先後五上奏摺，力請新疆推行郡縣，建為行省。[62] 其所持的理由，可歸納如下：

　　1.國防的因素：在光緒三年夏第一次奏請時，即明白指出：「重新疆者，所以保蒙古，保蒙古者，所以衛京師。西北臂指相聯，形勢完整，自無隙可乘。若新疆不固，則蒙部不安，匪特陝甘山西各邊時虞侵軼，防不勝防；即直北關山亦將無晏眠之日。」他對俄人的拓境日廣，隱憂不已。[63]

　　2.建省與推行郡縣制是一套注重民政與文教的政治制度，其立意在以民為本，與現行的軍事統治不同：今日之軍事統治，其首長將軍都統等，不諳民政，而望政教旁敷，遠民被澤，極其困難。官之不肖者，狎玩人民，以犬羊視之，民怨極深。長治久安，則在建省行郡縣制。[64]

　　3.建省行郡縣制在內涵上，則應廣設義塾，教以漢文，公文則旁注回文。如此文教的推行，可以使邊陲與內地的整合容易達成，民族之

[62] 左宗棠第一次上摺請建新疆為行省，在光緒三年（1877年）六月十六日。第二次在光緒四年正月初七日。第三次在光緒四年十月二十二日。第四次在光緒六年四月十八日。第五次在光緒八年九月初七日。

[63] 左宗棠全集，奏稿六，頁七〇二。2229號，遵旨統籌全局摺，光緒三年六月十六日。

[64] 同上書，奏稿七，頁一九四，2456號，復陳新疆情形摺，光緒四年十月二十二日。

間的隔閡可漸消泯。[65]

4.立國有疆，古今通義；天子有道，守在四夷。唯古今形勢不一，創
　制自亦有異。萬不可守往昔保守弭兵之舊說，當堅持地不可棄之定
　見，悉心經營。[66]

5.對於建省後的財政問題，他堅信可以較軍事統治時，更外有所節
　省。[67]

6.並在奏摺中將新疆情況與台灣作一比較，以為新疆幅員遠遼闊於台
　灣，南疆亦極富庶。對中國而言，地位更為重要。台灣都可以行郡
　縣制，移駐福建巡撫，新疆自應可以建為行省。[68]

在奏摺中左氏未提出移民實邊的問題，但在實際的做法上，他是積極鼓勵
漢人移墾，特別是對遣散的湘軍。他並在新疆執行回漢雜居的政策，欲強
使民族日益融合。

　　由於左宗棠鍥而不捨的屢次力請，清廷終於有所心動，旨令陝甘總督
譚鍾麟以及督辦新疆軍務的欽差大臣劉錦棠表示意見。譚鍾麟以為當先在
南疆廣設郡縣，即在喀什噶爾及阿克蘇設分巡道，交由欽差大臣治理。劉
錦棠則主張設甘肅巡撫駐烏魯木齊，治理新疆，裁去欽差大臣。[69] 均與左
宗棠請在新疆設總督駐北疆，巡撫駐南疆，同時廣設郡縣，有所不同。而
清廷最後則採取折衷辦法，於光緒十年九月（1884 年 11 月）下令新疆建
省，設甘肅新疆巡撫，駐烏魯木齊，隸屬於陝甘總督。而新疆設巡撫之所
以一定要扯上甘肅者，一則因當時新疆財政困難，仰賴陝甘接濟，一則因
北疆原有的郡縣與甘肅關係密切，而且甘肅原來未曾設有巡撫。可以說是
一種因陋就簡的措施。殊未料此一辦法日後竟為台灣建省時所仿效。

　　由上文所述左宗棠的屢請新疆建省，可以了解，左宗棠對於邊區改建
為行省所產生的作用，認識的極深。蓋如此行郡縣制與建省，使邊區受中

---

[65] 同上註。
[66] 同註 64。
[67] 同上書，奏稿七，頁一九五至一九七。
[68] 同上書，奏稿八，頁一四九，2882 號，光緒八年九月初七日。
[69] 陳旺城著，劉錦棠研究，中國邊政協會出版，民國九十二年，頁三一一至三一二。

國教化日深，與中國本部結合日密，逐漸融鑄成為一體，正是產生並增強所謂的內地化作用。故日後中國終能透過左宗棠與劉錦棠等的這種努力，乃能迄今保有新疆。

新疆建省的成功，自對台灣的建省產生鼓勵作用。故次年中法戰爭結束後，清廷乃考慮到台灣建省的問題，使左宗棠得提出其力主建為行省的建議。概括而言，左宗棠對於海疆台灣的看法，與其對陸疆新疆相同。在同治五年他離閩赴西北時，他已提出台灣開山撫番，已漢化的番民應給予與漢民同等的地位，以及台灣應開禁允許內地人民前來移墾之重要性等的看法。這一些不僅對光緒初年來台經營者沈葆楨丁日昌岑毓英劉銘傳等產生重大影響，而實際上亦正是他在新疆所推行者。也如同新疆的建省，他在光緒十一年奏請台灣建省的摺中，首先提出台灣在中國國防上地位的重要，是東南七省海上的屏障與門戶，他說：「且以形勢言，（台灣）孤注大洋，為七省門戶，關係全局，甚非淺顯。」亦認定台灣資源豐富，是極具開發價值的邊疆地區。強調說：

> 「台灣雖係島嶼，綿亙亦一千餘里。舊制設官之地，只濱海三分之一。每年收権關稅，較之廣西貴州等省，有盈無絀。倘撫番之政果能切實推行，自然之利不為因循廢棄，居然海外一大都會也。」[70]

因此他為「切實講求軍實，整頓吏治，培養風氣，疏浚利源，」堅持非有重臣專駐之不可。他檢討沈葆楨以降的治台政策，以為沈葆楨主移閩撫駐台，負專責經營台灣，原是一良好的政策。惜因與督臣李鶴年閩撫王凱泰相議，受王凱泰心懷畏怯的影響，而最後竟變成閩撫冬春駐台，實是一項失策。蓋台灣遠隔重洋，孤懸海外，往來不便，於台防乃督理流於形式。致而日後丁日昌仍有專派重臣督理數年的建議。根據他的檢討，解決台灣問題的最好辦法，是光緒二年（1876年）袁保恆奏請的建為行省。因此他主張仍採行其法，改福建巡撫為台灣巡撫，專門負責台灣的經營。

按刑部左侍郎袁保恆奏請台灣建為行省的原因，當時即知有二：一、

---

[70] 左宗棠全集，奏稿八，頁五九七，3192號，台防緊要請移福建巡撫駐台鎮攝摺，光緒十一年六月十八日。

確實認為有此必要，亦即如其在奏中所言：「台灣偏處海滋，物產豐饒，民番偪處，非專駐大臣，鎮以兵威，孚以德意，舉民風吏治營制鄉團事事整頓，未易為功。若以福建巡撫半歲駐台，恐閩中全省之政務道里懸隔，而轉就拋荒。台灣甫定之規模，去住無常，而終為具文。」[71] 二、則是以此打擊丁日昌。蓋當時台灣財政困難，獨立為行省後，閩省不再接濟，顯然對閩省去其一項沉重財政負擔，對台灣則財政困難，巡撫坐守困境，一籌莫展。丁日昌因此憤而辭職。袁保恆因在西北甚久，並曾為左宗棠湘軍辦理後勤業務。他的此一奏章極有可能，亦有抑淮助湘之意。而今左宗棠奏請按照袁保恆當年所擬的辦法，將台灣建為行省，改閩撫為台撫，使閩台分離，是否亦有當年袁保恆排淮的用心，則是應該探討的。就左宗棠此奏的內容觀之，應該是沒有的。蓋左的此奏與袁當年的最大的不同，即在於左承認閩台兩地有不可分的關係。他說：

> 「至該地（台灣）產米甚富，內地本屬相需，然謂分省而接濟難通，究不足慮。臣查台地未經開闢以前，如福州興化漳泉各屬，已概由廣東浙江兩省客商源源運濟。我朝天下一家，凡各行省，向無遏糶之舉。以台灣與內地只隔一水，便於販運，焉得有此疆彼界之見，因分省而遂阻撓？此固事之必無者也。協濟餉項，內地各省尚通有無，以台灣之要區，唇齒相依，亦萬無不為籌解之理，擬請於奉准分省之後，敕下部臣劃定協餉數目，限期解濟，由台撫臣督理支用，自行造報。不必與內地照商，致多牽掣。委用官員，請援江蘇向例，於各官到閩後，量缺多少，簽分發往。學政事宜，並歸巡撫兼管。勘轉命案，即歸台灣道就近辦理。」[72]

左宗棠顯然在此奏中，將一般對台閩分省的財政人事諸項顧慮，均一一提出解決辦法。

可以說是遠比袁保恆的奏請要周延多多。唯值得注意的是：在此摺

---

[71] 蔡冠洛編，清代七百名人傳，啟明書局，民國五十四年，頁二七七，袁保恆。

[72] 左宗棠全集，奏稿八，頁五九七至五九八，3192號，台防緊要請移福建巡撫駐台鎮攝摺，光緒十一年六月十八日。

中，他處處用內地與台灣對比，而不用閩省，多少仍留有排台灣於福建之外的嫌疑。他顯然視解決台灣財政困紐，絕非福建一省的責任，內地其他省份，亦應該有相同的責任。因此他在摺中用內地，而不用福建。

負責台灣經營的福建巡撫劉銘傳對於左宗棠台灣建為行省的辦法，不能放心。擔心自己將墮入如丁日昌的政治陷阱之中。乃以台灣財政難於自立，開山撫番尚未完成，反對此時（中法戰後）立即建省。[73] 但亦是湘軍領袖，與左宗棠有相當關係的李元度，則上奏贊同左宗棠的建議，台灣立即建為行省。清廷盱衡全局，基於注重海防的觀念，最後仍決定台灣建省，任命劉銘傳為台灣巡撫。劉銘傳在難於違抗中央命令的情況下，乃奏請仿照甘肅新疆之例，台灣巡撫應稱之為福建台灣巡撫。[74] 其始終不肯放手福建的原因，仍然是台灣財政不足自立。致使在台灣的建省問題上，看起來似湘軍系贊成，而淮軍系反對。幸而由於清廷的堅持，閩督湘軍領袖楊昌濬的態度寬宏，親自來台與劉銘傳協商，允台灣建省後，五年內在財政上福建仍予大力支援.。台灣的建為行省，終於在福建台灣巡撫的名稱下而得達成。

## 五、結　論

綜括上述各節的討論，可得到下列五項的結論：

1. 左宗棠的對海疆台灣的認識，是與他對陸疆新疆相同，均淵源於他注重經世致用之學，以及早年的喜好地理學與兵學，視兩地為禦侮與保衛中國本部的重要國防重鎮，因之必須實力經營，絕不可落入他國之手。

2. 他在經營兩地的政策上，亦採取相同的方法，對台灣主張要開山撫番，解禁允許漢民前來移墾，已漢化的番民予以漢民同等地位。對

[73] 劉銘傳，劉壯肅公奏議，卷二，頁二十六至二十七，台灣暫難改省摺，光緒十一年十月二十七日。

[74] 同上書，卷六，頁二至六，遵議台灣建省事宜摺，光緒十二年六月十三日。

新疆亦是要修建道路，鼓勵漢民及遣散的湘軍前來移墾，並令回漢雜居。均是用強制的方法，逼使邊區少數民族與漢族融合。

3.為了達成邊區與中國本部的結合，以及中央政府對邊區的掌控，他堅持推行文教，行郡縣制並建為行省。使此兩地區經由此項的努力，與中國本部密切結合，甚至變成為中國本部的一部份。他的這種措施是與雍正時期鄂爾泰在雲貴地區所推行的改土歸流（改世襲的土官制度為有任期並須迴避本籍的流官）政策相同，均是加強中國邊疆內地化的重要措施，而且在此等地區均得到相當的成功。

4.由於左宗棠個人派閥觀念極深，而湘人又極注重鄉土意識，故在他的蓄意扶植，以及後繼者集團意識影響下，台灣與新疆均成為湘軍系的勢力範圍，尤其在軍事方面。清廷雖在上層人事結構方面能夠突破此種情況的久存，但實際上對中下層卻影響不大。致而台灣在中法戰爭及戰後乃發生了湘淮系及左宗棠與劉銘傳之爭。左宗棠能借基隆之撤守與朱守謨的讒言，驅逐李彤恩，杯葛劉銘傳；劉銘傳則也藉彈劾劉璈，予左宗棠難堪。然由於清廷不為所惑，雙方均未能擊倒對方。台灣至少在軍事方面，湘軍仍然保有優勢，直至甲午戰後台灣民主國時期。

5.儘管左宗棠的派閥觀念甚深，我們仍必須承認他對台灣與新疆兩邊區的認知，確是極具遠見的。他在這兩邊疆地區強制推行內地化措施 ── 推行文教，行郡縣制與建為行省的成功，對日後這兩地區的歷史發展，也是有決定性影響的！

# 議會思想之進入中國

張朋園

人類在地球上聚居，長久以來，不斷尋求一個合理的政治制度，希冀在一起生活而沒有貴賤之分，有事共相商量，公平合理，大家感到滿意。然而想要得到一個完美的制度，顯然很不容易。截至目前為止，民主政治似乎只是一個比較合理的概念，要在如何能建立有效的運作。為此，人類一直在摸索實驗之中，最早是希臘羅馬人的試驗，他們實行直接民權，用「抓鬮」(by lot) 或投票的方式選賢任能來管理眾人之事。此一制度在小國寡民時代是有效的。及至人口增多了，國家擴大了，直接民權就難於落實，於是專制、威權型態的政治相繼出現，大多數的人被壓迫得喘不過氣來，民主政治的理想再度縈迴在人們的腦海中。思想家和政治家不斷為民主而奮鬥，西方在中古時代出現過民主國家，英國的君主讓權，議會政治出現。再經過美國和法國的革命，民主政治有全球化的趨勢。政治學家 Samuel P. Huntington 謂截至二十世紀末葉，民主政治曾經三波席捲全球。所謂民主三波，是帶一種潮汐的意味，潮來的時候，許多國家紛紛建立民主政治；退潮的時候，有些國家又回復到專制獨裁的狀態。Huntington 所劃分的三波潮汐，大致是這樣的：第一波，1828–1926，是一個長波，至 1922–1942 而反轉；第二波，1943–1962，是一個短波，至 1958–1975 反轉；第三波，1974 至今，仍在推進中。[1]

---

[1] Samuel P. Huntington, *The Third Wave: Democratization in the Late Twentieth Century* (Norman: University of Oklahoma Press, 1991); Samuel P. Huntington, "After Twenty Years: The Future of the Third Wave" *Journal of Democracy.* V. 8, No.4, (Oct. 1997) pp.5–6; Larry Diamond, "Is the Third Wave over?" *Journal of Democ-*

中國沒有在 Huntington 所指的民主潮中，因為其民主政治是失敗的。先是滿清政府預備立憲，建立了資政院 (1910–1911)，其旨趣在訓練人民如何議政，並沒有西方議院那樣的權力和地位。辛亥革命以後，雖有第一屆國會 (1912–1914) 和第二屆國會 (1917–1922)，不幸碰上袁世凱和段祺瑞兩個大軍閥，槍桿子控制之下，國會徒有虛名。1948 年國民黨建立的國會，一黨獨大，更是名不符實。共產黨政權至今歷半世紀有餘，仍無民選國會。惟中國雖確實沒有真正的民主政治，若以潮汐觀念察看，不能忽視潮來潮去的衝擊。本書介紹此四次議會選舉的過程，正要反應這一個事實。

選舉是人民踏上民主政治的第一步，Joseph Schumpeter 曾說，沒有選票就沒有民主。[2] 中國四次國會選舉有選票嗎？中國的選舉制度從何而來？是直接選舉，或是間接選舉？選民與人口的關係如何？有多少人真正的投下了神聖的一票？……這一連串的問題，明知答案多半是負面的，我們依然有必要加以分析研究和討論，主要是檢討失敗的癥結所在。政治學告訴我們，選舉的宗旨在：(1)防止暴政；(2)付託統治的權力；(3)人民意志的實現；(4)達成人民生活的保護與發展。[3] 本書即依此四原則來討論這四次議會選舉的經過及結果。我們發現運作不得其法及任意扭曲是其一，精英素質尤其關係民主政治的成敗。透視精英分子，可以了解民主政治的標桿雖在，卻是可望而不可及。

為了呈現一個比較完整的圖像，讓我們先回溯議會思想進入中國的概況。

---

racy, (July 1996), p.23.

[2]  Joseph A. Schumpeter, *Capitalism, Socialism and Democracy*, (New York, Harper, 1950), p.269.

[3]  Richard S. Katz, Democracy and Elections (Oxford: Oxford University Press, 1997), p.100.

（一）

議會思想於 1840 前後開始進入中國，引進的人大致可以分為三類：傳統有功名的紳士、政府官員、西方來華的傳教士。我們可以用知識分子 (intellectuals) 一詞概括之。這個名詞對傳統紳士與傳教士尚稱妥貼，因為他們的著作目的單純，原本旨在介紹。惟於政府官員則有矛盾之處，蓋既為官員，思想往往受到限制，不能盡情發揮，然早年之介紹西方事物者，政府官員得其機先，尤其是十九世紀旅遊尚不發達，能至西方者，幾全為涉外官員，如沿海官吏、外交官等。無論他們的報導有無扭曲，正因為其言之有物，為中國所需，以知識分子視之，似無不妥。

試一略為歸類，十九世紀四十年代至二十世紀初年，約有四十餘人的著作提及或多或少的西方議會論。茲將較重要者開列如下：

## 一、紳士知識分子

馮桂芬 (1809–1874)，《校邠廬抗議》 (1876)

王　韜 (1828–1897)，《弢園文錄外編》 (1882)

湯　震 (1857–1917)，《危言》 (1890)

陳　熾 (？–1899)，《庸書》 (1892)

陳　虬 (1851–1904)，《治平通議》 (1893)

鄭觀應 (1842–1922)，《盛世危言》 (1893)

何　啟 (1859–1914)、胡禮垣 (1847–1916)，《新政真詮》 (1899)

康有為 (1858–1927)，《七上書》 (1884–1898)

梁啟超 (1873–1929)，〈中國國會制度私議〉 (1910)

## 二、政府官員：

### ㈠沿海官員：

林則徐 (1785–1850)，《四洲志》(1842)

魏　源 (1794–1856)，《海國圖志》(1844)

徐繼畬 (1795–1873)，《瀛寰誌略》(1846)

### ㈡外交官員：

斌　椿 (1803–？)，《乘槎筆記》(1871)

志　剛，《初使泰西記》(1872)

郭嵩燾 (1818–1891)，《郭嵩燾日記》(1980)

張德彝 (1847–1919)，《海洋述奇》(1870)

黎庶昌 (1837–1897)，《西洋雜誌》(1900)

李　圭 (1842–1903)，《環遊地球新錄》(1878)

徐建寅 (1845–1901)，《歐遊雜錄》

馬建忠 (1845–1899)，《適可齋紀言紀行》(1896)

曾紀澤 (1839–1890)，《出使英法俄日記》(1893)

張蔭桓 (1837–1900)，《三洲日記》(1896)

崔國因 (1831–1909)、《出使美日秘日記》(1894)

薛福成 (1838–1894)，《出使英法意比四國日記》(1891)

黃遵憲 (1848–1905)，《日本國志》(1895)

宋育仁 (1857–1931)，《采風紀》(1896)

戴鴻慈 (1853–1910)，《出使九國日記》(1906)

端　方 (1961–1911)，《列國政要》(1907)

載　澤 (1868–1930)，《考察政治日記》(1909)

## 三、傳教士

麥都司 (Walter H. Medhust, 1796–1857)，墨海書館 (1835–1857)

裨治文 (Elijah Coleman Bridgeman, 1801–1861)，《亞美理駕合眾國志略》(1838)

慕維廉 (William Muirhead, 1822–1900)，《大英國志》(1856)

林樂知 (Young John Allen, 1836–1907)，《萬國公報》(1874–1906)

傅蘭雅 (John Fryer, 1839–1928)，《佐治芻言》(1885)

金楷理 (Carl T. Kreyer)，《西國近事彙編》(1873)

謝衛樓 (D. Z. Sheffield)，《萬國通鑑》(1882)

花之安 (Ernest Faber, 1839–1899)，《自西徂東》(1884)

艾約瑟 (Joseph Edkins, 1823–1905)，《西學啟蒙十六種》(1886)

李提摩太 (Timothy Richard, 1845–1919)，《泰西新史攬要》(1895)

李佳白 (Gilbert Reid)，〈列國政治異同考〉(1902)

茲略述各家論說如下。

（二）

　　林則徐是最早注意到西方議會的中國官員。林氏在廣東禁煙，面對西洋的堅甲利兵，不得不作"西夷"背景的了解，因此有《四洲志》之編著。我們感到驚訝的是，該書竟然提到了西洋的議會，特別是英、美、法三國的上下議院，頗有相當篇幅。該書敘述英國上下兩院的結構時，謂上院議員多王公貴冑，全院約 426 人；下院議員來自地方，"由各部落議舉殷實老成者充之"，共 658 人。談到議院的權力，指出"國王雖有權裁奪，但必由「巴里滿」[Parliament] 議允"；國王行事有失，承辦官員要交巴里滿議處。美國是一個沒有國王的國家，軍國大事，必"西業"會議而後行。西業即今之參議院 (Senate)，其議員經由選舉產生。選舉是將選票"暗書彌封存貯公所"，"以推荐最多者為入選"。法國設"占馬阿富" (Les Chambres)，其制度與英國相近。[4]

---

[4] 載王錫祺（輯），《小方壺齋輿地叢鈔再補編》（台北，文海影印，民國 53 年），卷 12，頁 20、30、32。

　　《四洲志》討論英、美、法議會的組織、權力關係、選舉等。林則徐介紹這些觀念時,相關的名稱都是音譯,例如上院譯為「律好司」,下院為「甘文好司」,原來就是 House of Lords,及 House of Commons 的音譯,但均未予轉換,不諳原文者,讀之有如丈二金鋼,摸不著頭腦。林則徐似乎對自己的著作並不滿意,加上內容需要進一步充實,因之決定敦請魏源作全面性的補充。

　　魏源是今文學家,主張經世致用,鴉片戰爭之前編輯《皇朝經世文編》及《聖武紀》,已是知名學者。魏源不負所託,完成《海國圖志》巨著,且一再增補,從初版 50 卷到四版 100 卷,約 180 萬字,可謂洋洋大觀。但是《海國圖志》所傳達的西方議會信息,並未超越林則徐的《四洲志》,原因是他的 "師夷長技以制夷" 思想限制了其個人視野,重點放在了解英人的堅甲利兵,於議會政治甚少措意,大多轉抄《四洲志》的內容,沒有進一步的發揮。比較突出的一點是,魏源提到了議院多數決的原則, "眾好好之,眾惡惡之;三占從二,舍獨循同" ,感覺其為一美好制度。[5]

　　林、魏之外,徐繼畬給了我們一本頗有可讀性的著作,《瀛寰誌略》。徐繼畬是魏源同時代的政府官員,鴉片戰爭初起,徐氏在沿海為官,1842年任廣東按察使,旋調福建布政使,1846 年升任福建巡撫。他與林則徐、魏源一樣,密切注意西洋人東來的問題。《瀛寰誌略》著筆於 1843,完成於 1846,於 1848 正式出版。相去《四洲志》6 年、《海國圖志》4 年。徐氏無疑讀過了林、魏的著作。由於他不以林、魏之著為滿足,參考了許多新的資料,果然予人耳目一新。徐繼畬稱英國的上院為 "爵房" ,下院為 "鄉紳房" ,頗為傳神。他同樣介紹西方議會的結構、權力關係,文字簡潔,沒有徐、魏的音譯缺點,可讀性大為提升,茲節錄原文一段如下。對英國議會的描寫:

　　　　都城有公會所〔即議會〕,內分兩所:一曰爵房〔即上院〕,一曰
　　　　鄉紳房〔下院〕。爵房者,有爵位貴人及西教師〔教士〕處之;鄉

5　魏源,《海國圖志》,上、中、下三冊(湖南長沙,岳麓書社,1998 [1884]),卷
　　59,頁 1611。

　　紳房者，由庶民推擇有才識學術者處之。國有大事，王諭相，相告
爵房，聚眾公議，參與條例，決其可否；復專告鄉紳房，必鄉紳大
眾允諾而後行，否則寢其事勿論。其民間有利病欲興除者，先陳說
於鄉紳房，鄉紳酌核，上之爵房，爵房酌議，可行則上之相而聞於
王，否則報罷。民間有控訴者，亦赴鄉紳房具狀，鄉紳斟酌擬批，
上之爵房核定。鄉紳有罪，令眾紳議治之，不與庶民同囚禁。大約
刑賞、征伐、條例諸事，有爵者主議；增減課稅、籌辦裕餉，則全
由鄉紳主議。此制歐羅巴諸國皆從同，不獨英吉利也。[6]

對於美國議會亦有簡明敘述，且特別指出參眾兩院為華盛頓所建立，因而
贊歎：〝華盛頓異人也，起事勇於〔陳〕勝、〔吳〕廣，割據雄於曹〔操〕、
劉〔備〕。既已提三尺劍，開疆萬里，仍不僭位，不傳子孫，而創為推〔舉〕
選之法，幾於天下為公，駸駸乎三代之遺意。〞[7] 特別提出總統由選舉產
生，其對美國的好感，甚為明顯。

　　《瀛寰誌略》於法國議會也有所討論，不贅述。總而言之，徐繼畬費
時五年完成的巨著，所傳達的信息，比之《四洲志》、《海國圖志》清新
可讀。魏源看了當亦自歎不如，1852 年將其《海國圖志》擴為 100 卷，括
引《瀛寰誌略》四萬餘字充實之，由此可見徐著的魅力。[8]

（三）

　　1840 年代，林則徐、魏源、徐繼畬的著作有開啟中國人初步認識議會
政治的作用。但不料此後三十餘年竟未見繼起倡言議會論者，原因是《瀛
寰誌略》出版後，官方與士紳之間皆對之反應冷淡，批評其內容〝頗張大
英夷〞，甚屬不當。[9] 這是鴉片戰爭後的一種情緒反應，造成 1851 年徐繼
畬從福建巡撫下台。如此後果，誰還敢逆勢發言，此所以三十年間知識界

---

[6]　徐繼畬著，田一平點校，《瀛寰誌略》（上海，上海書店，2001），頁 235。
[7]　同上，頁 277。
[8]　魏源，《海國圖志》，詳〈點校說明〉。
[9]　曾國藩評語，轉見徐繼畬著，田一平點校《瀛寰誌略》，〈點校說明〉。

噤若寒蟬，鮮見談論西方議會者。當然此一時期正值自強運動的高潮，朝野傾力建設兵工業，無暇思慮高層次的西方制度，也是議會論不受重視的原因。

但是這一個空檔有其填補者，他們是來自西方的傳教士。傳教士的目的固然在傳教，但為了增加東方人對他們的了解，介紹自己所來自的社會，同時也提到了他們的政治特色—議會。傳教士來華，大多先在東南亞停留，馬六甲、巴達維亞、新加坡是三個前進中國的中途站。針對中國的需要，他們於 1834 年在南洋創設一個名為「中國益智會」(The Society for the Diffusion of Useful Knowledge) 的組織，發行雜誌印行書籍，先後不下一百三十餘種。這些出版品是早年西知的來源。林則徐著《四洲志》時，即依據英人慕瑞 (Hugh Muray) 所著《世界地理大全》(The Encyclopedia of Geography) 為藍本，並參考美國傳教士裨治文 (Elijah Coleman Bridgeman, 1801–1861) 所著《亞美理駕合眾國志略》，得到進一步的信息。[10] 魏源節抄西人的著作甚多。徐繼畬更直接得到英國駐福州領事的幫助，增加了不少新的資料。由此可知議會知識的傳入，傳教士的關係不小。[11]

要特別提出的是麥都司 (Walter H. Medhust, 1796–1857)。麥氏其人屬英國倫敦會 (London Missionary Society) 傳教士，先在新加坡傳教，1835年經廣州來到上海。在新加坡時 (1819)，麥都司出版《地理便童略傳》一書，提及英國和美國的國會。他寫英國的上院，謂 "國內有兩大會，一是世代公侯之會，一是百姓間凡鄉紳世家大族者之會。" [12] 徐繼畬或許就是根據麥氏的這一句話而稱上下院為「爵房」和「鄉紳房」。《地理便童略傳》可能是中國讀者最早得悉的西方議會著作。

麥都司是傳教士，同時也是一位學者，他在上海的事業形成了一個文

---

[10] 魏源，《海國圖志》，〈原敘〉、〈後敘〉。

[11] 徐繼畬著，田一平點校，《瀛寰誌略》，〈點校說明〉；熊月之，《西學東漸與晚清社會》（上海，人民出版社，1994），頁 251；Fred W. Drake, *China Charts the World: Hsu Chi-yu and His Geography of 1848*, (Cambridge, Mass.: Harvard University Press, 1975), pp.34–43。

[12] 轉見熊月之，《西學東漸與晚清社會》，頁 96。

化傳布站，一個中心樞紐，關係著中國人早期的議會認識。麥氏在上海建有教堂和醫院，他更重視的是其一手經營的「墨海書館」(1835–1857)，這是一個圖書館，也是一個印刷出版機構，西方的活字滾筒印刷由其引入，是近代中國的第一家西式印刷廠。上海文教界多來利用，其文化中心不期然而形成。[13] 西方傳教士與麥都司有密切往來的，有慕維廉 (William Muirhead, 1847–1900)、偉烈亞力 (Alexander Wylie, 1847–60)、艾約瑟 (Joseph Edkins, 1848–1861)、韋廉臣 (Alexander Williamson, 1855–1857) 等，他們的著作多有論及西方議會政治者。

　　中國文化人亦與麥都司往還，如王韜、馮桂芬等，日後均成為政治思想界的大家。王韜早年曾任職墨海書館達十五年之久 (1849–1864)，他的早期西方認知可能受到麥都司的啟迪。王韜因同情太平天國而遭清廷追捕，麥都司之子麥華陀 (Walter H. Medhust) 伸予援手，介紹他去香港晤見理雅各(James Lagge)，成為理雅各翻譯中國經典為英文的得力助手。王氏因此而有機會遨遊英倫，親身體認英國議會，其政治思想為之大進。[14]

　　有一個小故事可以實證墨海書館的文化中心地位：1859 年王韜尚在墨海任職時，其友人蔣劍人來訪，在圖書館中得晤偉烈亞力。三人聚談時，偉烈亞力為他們介紹西方男女平等及君民同治的內涵，蔣劍人大加反對，謂絕無可能。王韜則在一旁無言以對。此反映 1860 前後的中國，士紳階級對平等自由觀念尚屬陌生，王韜等對議會仍無概念。但此類談話自有其耳濡目染的作用。[15]

(四)

　　沉寂三十年的議會論，在 1870 年代有了轉機。清廷逼於大勢所趨，先於 1861 年成立總理衙門，派遣使臣駐節西方，由閉關自守而轉向開放，

---

[13] 蘇精，《馬禮遜與中文印刷出版》（台北，學生書局，民國 89 年），頁 237–8。

[14] Arthur W. Hummel ed., *Eminent Chinese of the Ching Period* (New York: Columbia University Press, 1967). Under Wang Tao.

[15] 王韜，《王韜日記》（北京，中華書局，1987），頁 112–113。

官方與民間的觀念稍稍有所變動，言論的尺度也放寬了。例如徐繼畬的再次起用，其《瀛寰誌略》終於獲得肯定，成為同文館教本。這時候受傳教士影響的馮桂芬正構思他的《校邠廬抗議》，提出改革建議。另一位受傳教士影響的王韜，在英國遊歷二年之後，於 1870 年回到香港，他與留學生黃勝創辦了《循環日報》，有心將自己的見聞公諸於世。

《校邠廬抗議》於 1876 年正式出版，之前稿本已廣為流傳，書中有〈公黜陟〉一章，是不折不扣的選舉論。他主張官吏以選舉方式產生，謂選舉在中國本有由來。《堯典》中的"師錫"就是眾人選舉的意思。師，眾也；錫，舉也。孔子也說過："舉直錯諸枉，則民服"。孟子謂："國人皆曰賢，然後察之，見賢焉然後用之"，都是選舉的意思。《新唐書》〈趙憬傳〉云："宜採士譽，以舉多先用"，意即大家稱譽的，舉出來公用。歷代有會推，是大臣的權利。他建議中書以上的官吏有選舉六部長官的權利。地方知府以上的官吏也當用選舉產生。[16] 馮桂芬從西人的著作中得到選舉觀念，在中國的歷史裏尋找相近的事實，倡言中國亦當採行選舉制度。但馮的思想似乎並不成熟。既然「用其舉多者」，卻又說「候欽定」，或「大吏博採輿論折衷之」。汪榮祖謂「這是演義外來之文化於固有傳統架構之上」的矛盾。[17]

王韜於 1882 年將十年來在《循環日報》所發表的文字輯為《弢園文錄外編》發表問世，此書以西方議會為中心論旨，對英國議會政治印象深刻，認為英國的政治特色為「君民共主」。此一觀念發表後，使 1880 年代的政治論為之一變，有了新的突破。他說："泰西之國有三，一曰君主之國，一曰民主之國，一曰君民共主之國。"[18] 前人無此分辨，亦不敢分辨。王韜觀察英國議會政治的運作，得此結論。他說英國"所恃者，在上下情通，君民之分親；本固邦寧，雖久不變。"[19] 所謂上下情通，指的是

[16] 馮桂芬著，戴揚本評注，《校邠廬抗議》（河南鄭州，中州古籍出版社，1998），頁 72–73。

[17] 汪榮祖，《晚清變法思想論叢》（台北，聯經出版社，民國 72 年），頁 85。

[18] 王韜，《弢園文錄外編》（上海，1947），卷 1，〈重民下〉，頁 19。

[19] 同上，卷 4，頁 15–16。

"國家有大事則集議於上下議院，必眾論僉同然後舉行。"也就是說："朝廷有兵、刑、禮、樂、賞、罰諸大政，必集議於上下議院，君可而民否，不可行；民可而君否，亦不可行。必君民意見相同而後可頒之於遠近。此君民共主也，[20] 堪稱石破天驚之論。

王韜又說"君民共主"則強盛，"君主專制"則腐敗。他舉普、法兩國為例，1870 年普魯士之所以能戰勝法國，即因為前者為"議會君主制"，後者為"專制君主制"。[21] 如果中國亦推行君民共主，必定強盛：

> 中國欲謀富強，固不必求他術也，能通上下之情，則能地有餘利，
>
> 民有餘力，閭閻自饒，蓋藏庫帑無虞匱乏矣。[22]

1905 年日俄一戰，日勝俄敗，人謂這是君主立憲國戰勝了君主專制國。其實 1880 年代王韜已從普法戰爭得出此一結論，惟未引起共鳴而已。

王韜的「君民共主」論影響甚大，此後的鼓吹議會政治者，無不運用此一論點，企圖說服滿清政府接受。[23]

1880 年代討論到議會的知識分子，還有鄭觀應 (1842–1922)。鄭是廣東香山人，1858 年至上海，入傳教士傅蘭雅 (John Fryer) 的英華書院攻讀，奠定閱讀英文的基礎。其叔父為洋行買辦，隨之學習，先後任職洋商

---

[20] 同上，卷 1，〈重民下〉，頁 19；又見王韜，《弢園尺牘》，卷 2，頁13。

[21] 王韜，《普法戰記》；轉見忻平，《王韜評傳》（上海，華東師大出版社，1990），頁 112。

[22] 王弢，《弢園文錄外編》，卷 3，〈達民情〉，頁 7。

[23] 王韜以後以"君民共主"立論者，包括下列各家著述：

鄭觀應，（見夏東元編，《鄭觀應集》（上海，人民出版社，1982），頁 316）

錢德培，（見錢德培，〈歐遊隨筆〉，《小方壺齋輿地叢鈔》，卷 11，頁 393）

李　圭，（見黎庶昌，《西洋雜誌》（鍾叔河編，《走向世界叢書》第一輯（長沙，人民出版社，1985），卷 5，頁 5）

薛福成，（見薛福成，《出使英、法、意、比四國日記》（鍾叔河編，《走向世界叢書》第一輯（長沙，岳麓出版社，1896），頁 286、538）

陳　熾，（見陳熾，《庸書外篇》，卷下，〈議院〉，頁 1–2）

張蔭桓，（見《三洲日記》（《續修四庫全書》史部傳紀類，第 577 冊，卷 8，頁 601）

宋育仁，（見錢鍾書主編，朱維錚執行主編，《郭嵩燾等使西記六種》（北京，三聯書局，1998）何　啟、胡禮垣，（見《新政真詮》二編，〈新政代議〉，頁 15）

富順公司及太古公司。1878 年納貲為候補道員，在李鴻章幕幫辦洋務。此一經歷，使鄭氏的西洋知識不斷增進。據謂鄭氏在 1860 年代即開始關心時勢，1873 年《申報》創刊之後，即陸續在該報發表時論性文字，旋輯為《救時揭要》一書。1880 年擴為《易言》，1893 年改名為《盛世危言》，共 5 卷，1896 年擴充為 14 卷，1900 年刪定為 8 卷。[24]

　　鄭觀應，似乎要過了四十歲才對議會有比較清晰的概念。1873 年的《救時揭要》並無議會論，1880 年的《易言》雖有〈論議政〉一篇，僅得五百字，所論上下院與君主的關係甚為簡略。1893 年的《盛世危言》有〈議院〉一篇，約二千字，1896 年的 14 卷本增加一篇，合為〈議院上下〉，較為詳盡，且有論點。他說英國因有議會而強盛，海外土地二十倍於本土，"議院之明效大驗有如此者"。他又說日本"勃然興起"，與設議院有十分密切的關係。[25] 鄭觀應既討論議院的組織和結構，亦談到了選舉，力言中國應該設議院，他指出中國官員"畏葸、瑣屑、敷衍、顢頇"，要消除這些弊病，"非設議院不為功"。[26]

　　但鄭觀應有一個顧慮，中國人民的教育尚未普及，新聞傳播亦甚落後，處此情境，"公舉議員之法，殆未可施諸今日也。"[27] 人民教育程度不足，智慧因而未開，這是中國知識分子最感困惑的問題，因此許多人認為開國會尚非其時，鄭觀應就是一位典型的代表。鄭觀應的顧慮何嘗沒有道理，日後中國的國會確實混亂失序，為野心家所利用。但鄭觀應不久就改變了他的態度。1900 年盛宣懷曾有一函請教鄭氏，問"變法何者為先？"鄭回答說，"中國病根在於上下不通，……今欲除此病根，非順民情、達民隱、設議院不可。" 18 省各選派二人為代表，士農工商公舉三、四人，即可組成國會。[28]

---

[24] 據夏東元的考證，《救時揭要》刊於 1873 年，而非 1862 年。詳夏東元編，《鄭觀應集》（上海，人民出版社，1982，頁 932；易惠莉，《鄭觀應評傳》（南京，南京大學出版社，1998），頁 75–6。

[25] 夏東元編，《鄭觀應集》，頁 314。

[26] 同上，頁 315。

[27] 同上，頁 329。

[28] 同上，頁 322–4。

　　馮桂芬、王韜、鄭觀應都是 1870–1880 年代的知識分子，他們的議會論受到歡迎；翁同龢曾將馮桂芬的《校邠廬抗議》荐給光緒皇帝閱讀，王韜的《普法戰紀》等書暢銷中國和日本，鄭觀應的文字淺近，其《盛世危言》也"銷場甚暢"，一般中下層士子亦有閱讀者。總而言之，戊戌求變觀念的形成，這三個人的影響大有關係。[29]

(五)

　　回過頭來看傳教士的議論。首先是傅蘭雅。傅蘭雅 (1839–1928) 是英國人，一位不在傳教士行列的西方人。22 歲 (1861) 來華，長期在江南製造局擔任編譯工作，他經手翻譯的西方著作 140 餘種，大多為有關科技方面的知識，少數屬社會科學。在許多譯著中，惟《佐治芻言》談到了國會。[30]《佐治芻言》半譯半著，加進傅氏個人的一些意見。傅雖推崇"〔議會制度〕為各國政令內第一良法"，如果中國仿效，當以英國的君主立憲為模型。[31] 但鑑於選舉制度在西方少數國家弊竇叢生，傅氏對之頗不信任，感到不易在中國實行。[32] 他對於民主共和更是有所疑懼，認為當敬而遠之。他說了一句令人玩味的話："〔君主〕一人為害有限，終不如民亂之騷擾無窮也"，此言蓋受法國革命之影響。[33]

---

[29] 關於三人的影響力，見韋政通，《中國十九世紀思想史》（台北，東大圖書公司，民國 80 年），頁 496；忻平，《王韜評傳》（上海，華東師大出版社，1990），頁 26、27、115–6；夏東元編，《鄭觀應集》，頁 896；易惠莉，《鄭觀應評傳》，頁 339–340；《汪康年師友書札》（上海，古籍出版社，1986），頁 2978；蔣英豪，《黃遵憲師友記》（上海，上海書店，2002），頁 259。

[30] 《佐治芻言》的英文名稱為 *Homely Words to Aid Governance* 原譯自 William and Robert Chambers, *Political Economy* (1852) 一書。見葉斌，〈點校說明〉，傅蘭雅，《佐治芻言》（上海，上海書店）；王楊京，《傅蘭雅與近代中國的科學啟蒙》（北京，科學出版社，2000），頁 65–66；Jonathan Spence, *To Change China: Western Advisors in China, 1620–1960* (N. Y.: Little, Brown, 1969), p.154。

[31] 傅蘭雅，《佐治芻言》，卷 11，節98。

[32] 同上，卷 9，節 70。

[33] 同上，卷 10，節 78；參看 Edmund Burke, *Reflections on the Revolution in France*

　　傅蘭雅為推廣科技觀念，特於江南製造局內設立「格致書院」（1876–
1914，英文名稱為 Shanghai Polytechnic Institution and Reading Room），
邀請王韜、鄭觀應等參與教學，王韜且於 1885–1897 年間出任山長。傅、
王等合作，有許多創意。一個極其有意思的活動稱為 "四季課考"，是一
種論文競賽，邀請名家命題，歡迎年輕士子參加應考。有一次鄭觀應應邀
以議會論為題，人皆稱奇，錄之如下：

> 考泰西於近百十年間，各國皆設立上下議院，藉以通君民之情，其
> 風幾同於皇古。「書」有之曰：「民惟邦本，本固邦寧。」又曰：
> 「眾心成城。」設使堂廉高遠，則下情或不能上達。故說者謂中國
> 亦宜設議院，以達輿情，采清議，有若古者鄉校之遺意。苟或行之，
> 其果有利益歟？或有悉其間利害若何？能一一敷陳之歟？[34]

試題力言議會的功能為 "下情上達"，正是王韜、鄭觀應所強調者。參加
應考的情形不詳，但在《格致書院課藝》一書中，有許庭銓、楊史彬、陳翼
為等三人都以〈議院利害若何論〉為題，[35] 他們亦強調「上情可以下逮，
下情可以上達」。又謂「泰西之富強，大都由於議院」。這三篇論文或許
就是鄭觀應考題下的產物。另有王佐才之〈中國近日講求富強以何者為先
論〉建議「改內閣為公議院」，地方州縣「考取一二人來京〔參與〕」，可
「通上下之情」。似亦為課考論文。[36] 此一活動明顯有助於議院思想的傳
布。

　　與傅蘭雅同時的是林樂知。林樂知 (Young John Allen, 1836–1907) 是
美國南方監理會 (Methodist Episcopal Church South) 傳教士，1860 年來
華，長居上海 47 年之久。談林樂知必定要談《萬國公報》（1874–1906），
這是傳教士在華最有影響力的雜誌。該刊出版長達 32 年，如果加上它的

---

(New York, The Liberal Arts Press, 1955).

[34] 轉見王爾敏，《上海格致書院志略》（香港，中文大學出版社，1980），頁 68。

[35] 此或為後人所給予的題目。

[36] 《近代中國對西方及列強認識資料彙編》（台北，中研院近史所，民國 63 年），第
三輯，頁 730–732、829–833、849–851；《格致書院課藝》（出版時地不詳），卷
1，頁 33。

前身《教會新報》(1868–1874) 則為四十年。兩刊從頭至尾，幾乎完全由林樂知一人主編，內容除了傳教消息，還有西方國家的政治社會報導，議會政治亦包括在內。更重要的是《萬國公報》在上海發行，報社亦如前此之墨海書館，是來華傳教士的中途歇腳站。廣學會成立 (1887) 之後，《萬國公報》正式成為傳教士的言論機關。林樂知邀請名家執筆，內容豐富，可謂有聲有色。

　　《教會新報》與《萬國公報》都有議會論的文字。雖然早期來華的傳教士對政治並無興趣，[37] 但報導西方的文字不可避免的會提及議會，偶然亦有專題性討論。早在 1868 年九、十月間，《教會新報》刊有〈換主之國〉一文，謂 "美國君主，四年換位，皆由民間公眾「尊」之"。尊者，選舉也。這是早期提及選舉的文字。[38] 1870–1871 之際，《教會新報》連載斌椿所著《乘槎筆記》，談到了英國議院議事的情況。[39] 1872 年《教會新報》刊載〈美國近事〉，謂 "美國，民主之國也，傳賢不傳子，凡立君則臣民集議選於眾，擇賢立之。舊君遜位，退處為凡民。使舊君而眾仍愛戴也，可展期再為君四年。"[40] 敘述簡潔，讀之可對美國總統選舉有一清晰印象。

　　代《教會新報》而起的《萬國公報》，其議會論並不多見，但報導性的文字則連續不斷，例如金楷理 (Carl T. Kreyer)、林樂知主撰〈西國近事彙編〉(1873–1899)；林樂知著〈中西關係略論〉(1876)；花之安 (Ernest Faber) 著〈自西徂東〉(1879–1884)；李提摩太 (Timothy Richard) 譯〈泰西新史攬要〉(1894–1895)；林樂知著〈中東戰紀本末〉(1894–1896)；李佳白 (Gilbert Reid) 著〈列國政治異同考〉(1902–1903) 等，這些著作都提到了西方的議會政治，有的日後印成專書，發生更大的影響。

　　在此要介紹一些有關議會的篇章：1875年刊載〈譯民主國及各國章

---

[37] 王樹槐，《外人與戊戌變法》（台北，中研院近史所，民國 54 年），頁 86。

[38] 《教會新報 1868–1874》（台北，華文書局影印，民國 57 年），由於首頁均已略去，期別難於辨認。

[39] 同上。

[40] 《教會新報》，頁 1662。

程及公議堂解〉，這是一篇論西方民主及英美憲法的短文，以民主為題，而且提及了三權分立。原文說"寬政之國"，三權分立："一曰行權〔行政〕、二曰掌律〔司法〕、三曰議法〔立法〕。"以"寬政"二字形容民主極富深義。"公議堂"即議院。西洋各國皆設議院，以民選議員掌握一國之大政，是謂寬政。文字雖然簡短，但傳達了三權分立與議院大權的觀念，或許是中國最早介紹三權分立的文字。[41]

甲午戰爭爆發之後，《萬國公報》連載〈中東戰紀〉，報導戰情變化，中國的弱點曝露無遺。戰後林樂知將全文輯成《中東戰紀本末》單行本出版。第八章提出了設議院的〈變法建議〉。林氏很委婉的說：

泰西有君民共主之國，更有民主之國，中國勢殊可異，斷難冒昧仿行。然天之生人，無不付以自主之理，人之待人，獨不應略予以自主之權乎？[42]

為何設議院？他說：

民有隱衷，必須上達，宜准民間略仿議局之制，凡讀書明理能辦事通法律之人，任民公舉以入局。[43]

《中東戰紀》出版之後，清廷上下，包括光緒皇帝的師傅孫家鼐在內，都詳細閱讀，視林樂知為中國的"直諒之友"，一個難得的知己。[44]

1903 年似為《萬國公報》轉趨積極的一年，林樂知有〈中國今日之期望〉一文，謂中國革新為不可避免之趨勢，而改革之道，在於立憲。他建議中國先召開上議院，逐步實現下議院：

更有治本之主義在，從今年起當於北京集十八省大員，定一十八省行政之規則，名曰國會，以為上議院之起點，……亦即為立憲法之

---

[41] 《萬國公報》（台北，華文書局影印，民國 57 年），光緒元年 (1875) 4/3–9。由於影印本略去封面，期別難於辨認，僅錄其出版時間。

[42] 林樂知編，《中東戰紀本末》（上海，廣學會，光緒 22 年；台北，文海書局影印，無影印年代），卷 8，〈治安新策〉，頁 31。

[43] 同上，頁 32。

[44] 梁元生，《林樂知在華事業與萬國公報》（香港，中文大學出版社，1978），頁 136。

起點。[45]

　　日俄戰爭勝負不明之際,林樂知於 1904 年 8 月間撰〈中國立憲之希望〉,他指出中國的領土為他國戰場,委曲到了極點。為今之計,除了振興實業,應該立即設立議院。他建議"中國今日之上議院,可以曾任督撫之王大臣為之。" "下院由各行各業,略舉〔代表〕一人或二人"。地方亦同時設立議會,實行自治。林氏為中國的議會規劃出一套完整可行的辦法。[46]

　　《萬國公報》對中國知識界頗有影響。黃遵憲謂一出家門即得讀該報,觀念為之一變。[47] 康有為讀《萬國公報》連載的〈西國近事彙編〉,始對世界有所認識。1883 年起,自費訂閱該報。1894 年《萬國公報》徵文,康氏曾為文應徵而獲獎。[48] 梁啟超所受的影響更大,其所主持的《時務報》幾乎完全以《萬國公報》為模型,大談西洋近代的發展。戊戌變法失敗,《時務報》留下的空白,又由《萬國公報》填補。傳教士對中國的影響,實以《萬國公報》獨領風騷。[49]

(六)

　　來到十九世紀九十年代,知識界的思想為之一變。此一時期的代表人物有何啟、胡禮垣、康有為、梁啟超等;傳教士中則有李提摩太、李佳白等人。他們的議會思想更為積極,甚至於企圖有所行動。

　　何啟 (1859–1914) 與胡禮垣 (1847–1916) 早年在香港皇仁書院先後同學,以後何在英國取得醫學及法律學位,胡在香港《循環日報》擔任翻譯,

[45] 《萬國公報》,期 170 (1903/3),頁 21。

[46] 《萬國公報》,期 187 (1904/8),頁 19–21。

[47] 黃遵憲著,鍾叔河輯注,《黃遵憲日本雜事詩廣注》(湖南長沙,人民出版社,1981),頁 5–22。

[48] 蕭公權著,汪榮祖譯,《康有為思想研究》(台北,聯經出版社,民國 77 年),頁 390;朱維錚編,《萬國公報文選》,〈導言〉(北京,新華,1998),頁 80。

[49] 朱維錚,《求索真文明:晚清學術史論》(上海,上海古籍出版社,1996),頁 74。

不時撰寫時論。雖然兩人的事業發展各異，關心祖國改革則不約而同。何、胡兩人於 1887–1901 間合作撰寫改革論文多篇，輯為《新政真銓》一書出版 (1899)，轟動一時。

開議院為《新政真銓》的中心論點，他們以"民權"論代替"君民一體"論，提出嶄新的理論基礎，為清季輿論又一次之大突破。何、胡強調民權為強國之本，西方因重視民權而強，中國因忽視民權而弱，如何重振民權，開國會為不二法門。他們一再的要求說："設議院，立議員，復民權。"[50]

至於如何設立議院？何、胡主張一院制，設下議院而不設上議院，蓋"議院重才德，不重富貴"，有爵位者，如其"才德兼優，人必公舉以為政"，可謂真知卓見。

有中央議會，自必亦有地方議會。地方議會分為省、府、縣三級，他們所擬定的一套計畫是：省、府、縣各設六十議員組成議會，選舉有功名之紳士為議員：

> 縣議員於秀才〔生員〕中選擇〔舉〕其人〔由人民選舉〕；府議員於舉人中選擇其人〔由秀才選舉〕；省議員於進士中選擇其人〔由舉人選舉〕。中央議會代表，則由各省議員中選充〔互選產生〕。[51]

由於中國幅員廣大，除了中央議會，可劃分全國為東西南北四大區，每區亦設議會，由所屬各省之省議會聯合組成，討論本區域之相關事務。

何、胡的議院論以發揚民權為出發點，引起了保守主義者的反對。元老重臣張之洞大不以為然，於戊戌變法前夕發表《勸學篇》駁斥之，否定民權之說，當然也反對國會。張之洞以宋明以來理學家的三綱五常為立足點，指斥倡民權、開國會"無一益而有百害"：

> 知君臣之綱，則民權之說不可行也；知父子之綱，則父子同罪，免喪慶祀之說不可行也；知夫婦之綱，則男女平權之說不可行也。[52]

---

[50] 何啟、胡禮垣，《新政真銓》（不著出版地，1901(1899)），五編，〈書後〉，頁51。

[51] 同上，二編，頁 8。

[52] 張之洞，《勸學篇》，〈明綱第三〉（台北，文海書局影印，不著影印年代

張之洞否定自由權利之說，謂倡權利必"子不從父，婦不從夫，賤不服貴，弱肉強食，不盡滅人類不止。"[53] 又說"方今朝政清明，果有忠愛之心，治安之策，何患其不能上達，國會絕無必要。"[54]

何、胡深感張之洞的說詞"大累於世"，不得不予反駁。但他們不敢碰觸三綱五常的禁忌，不得不仍以"上下一心"去救援其民權觀念，他們是這樣說的：

> 夫議院之設，所以宣上德，通下情也。
>
> 民權者，合一國之君民，上下一心者也。
>
> 人人有權，其國必興；人人無權，其國必廢。
>
> 苟復民權而設議院，則興利除弊，雷厲風行，遠至邇安，君民愜治，誠中國之福也。[55]

措詞平穩溫和，未能掀起波瀾，保守主義仍然居於上風。

但我們必須肯定，何、胡以權利與議院相結合，有其劃時代的意義，是議院論的又一次突破。此後之談議院者，不能不強調權利；談權利者，必要求開議院，中國之走向議會政治，就顯得更有聲勢。

## (七)

李提摩太 (Timothy Richard, 1845–1919)為英國浸禮會(Baptist Church)傳教士，1870 年來中國，先在山西傳教，1887 年轉至北京，1890 年任天津《時報》主筆，1891 年任上海同文會總幹事，翌年該會改稱廣學會，1895 年加入強學會。李氏自謂所任一切都是為了傳教事業及推廣西學。

李氏的經歷顯示其活動力甚強。鑑於中國貧弱，頗有心助之現代化，在北京官場中出入，試圖有所影響。1895 年（光緒 21）他與翁同龢見面，提出"教、養、安、新"四大改革建議，翁同龢稱其為「豪傑也，說

---

(1898))，頁 13。
[53] 同上，〈正權第六〉，頁 25。
[54] 同上，頁 26。
[55] 何啟，胡禮垣，《新政真詮》，〈勸學篇書後〉，頁 38、39、44、48。

客也！」[56]

李提摩太的著述甚多，《泰西新史攬要》(1895) 一書享譽最廣。該書譯自英國史家 Robert Mackenzie（馬懇西）的 *The Nineteenth Century: A History*《十九世紀史》。柯林伍 (R. G. Collingwood) 批評馬懇西 (1823–1881) 只是一個三流史家，因為受十九世紀流行的社會達爾文主義影響，全書主調推崇十九世紀為進步的時代，專制已經過去，自由已經到來。[57] 李提摩太翻譯該書，或許正是看上了此一主調為中國所需要；中國的專制應該收斂，中國人應該自由。該書尚未正式出版之前，已有部份在《萬國公報》刊載。出版之後，行銷甚廣，一再重印，且有盜印翻刻者。[58]

進化論架構下的《泰西新史攬要》，對西方各國之議會敘述甚為詳盡，尤其對英國議會之改革，討論得很深入，列舉 1816、1828、1832、1872、1885 五次改革，人民之政治參與權力得以逐漸擴大，改革堪稱得宜。從前只有貴族與教士有權參與政事，改革之後，凡年滿 21 歲、有識字能力、年納一定稅金之男子，均享有選舉權。此後議院中人民代表的聲勢大壯。原文說：

> 民間所舉之新官〔議員〕既入議院，民隱無不上達，英國法律之有大弊者，咸予滷除，且雷厲風行，至為神速。[59]

又說：

> 舊日私操政柄之章程刪除殆盡，民間亦皆視國事如家事，報館之所持論、里巷之所偶語無非謂君實為民而設，故治國事首宜體民心，

---

[56] Timothy Richard, *Forty-five Years in China* (London, T. Fisher Unwin, 1916), p.256；李提摩太，〈泰西新攬要譯本後序〉，《萬國公報》第 76 冊，(1895/5)；翁同龢著，陳義傑整理，《翁同龢日記》（北京，中華書局，1992），頁 2843–4。

[57] R. G. Collingwood, *The Idea of History* (Oxford, Oxford University Press, 1956) pp.145–147；按馬懇西為一新聞從業員，曾一度從商，晚年對歷史發生興趣，著有 The United States of America: A History (1870) 等書，詳見 *Dictionary of National Biography* Vol.Ⅶ, p.605。

[58] 據說杭州有 6 種翻版，四川有 19 種翻版，湖南有一種節本。見《汪康年師友書札》，頁 2218；王樹槐，《外人與戊戌變法》，頁42；熊月之，《西學東漸與晚清社會》，頁 601。

[59] 英麥肯齊著，李提摩太譯，《泰西新史攬要》（上海，上海書店，2002），頁 105。

議院諸員非但為君主所命，兼為民人所舉，故欲為君理事，必先為民陳情，方協乎天理之公、人心之正。且此倡彼和，不啻萬口同聲，凡膺一命之榮者，欲辦一事，類先博考民情，然後順民情以圖國事，治國遂如視諸掌矣。[60]

《泰西新史攬要》不僅談君主專制政治之退卻，同時暢論民智之大進。著者謂人民參與政治，需要具有豐富之知識與智慧，此則非長期的全面教育培植不可，否則不易提升。英國議會政治之所以成功，正因人民教育大進，議員多為飽學之士。原文說：

英國制度既改，而後捨其舊而新是謀，英民各有公舉官長之權，不特皆知自重，且共孜孜向學，其關係之重如此，反是以觀，人苟無議論國事之權，自覺與禽獸無異，安知自重且亦何必通學問哉？[61]

李提摩太所以建議清廷採行其"教、養、安、新"四大政策，其觀念蓋得自《泰西新史攬要》。李氏所見為普世不易之理，代議政治需要品質崇高的精英分子，否則或不免成為誤國誤民的決策。

《泰西新史攬要》的結論或許正是李提摩太所殷切盼望者：

〔十九世紀〕，歐洲西半各國不按十數帝王之族隨意治民，而按民心以治國。六十年前〔指 1820 之前〕各國帝王於百姓之身家性命若為國家之所固有，隨意驅策無人敢抗，又不以教化為重，恐民既受教化，既不易範圍也。至於今，則諸國非帝王之所治，而民之所自治，比戶幾各有舉官之權，既有此權，內外大小諸事必將順民心以治理。從前歐民一百八十兆〔1800 萬〕皆如奴僕聽主人之約束，而不敢違背者，今則悉由自主，但自主而無識見何從措置，職此之故，國家廣設學校，俾人人識字、人人明理、人人受益。[62]

《泰西新史攬要》極有影響力。康有為將之荐給光緒皇帝。[63] 皇帝叫孫家鼐（帝師）為其講解。民間知道皇帝閱讀該書，隨著趨之若鶩。據李

---

[60] 同上，頁 110。
[61] 同上，頁 80。
[62] 同上，頁 407。
[63] 同上，馬軍，〈點校說明〉。

提摩太之言，李鴻章、張之洞都看過此書。鄭觀應與李提摩太往還密切，《盛世危言》多處括引李氏的觀點。康有為、梁啟超與李提摩太非常接近，受其影響更是不小。他們最早的宣傳品亦稱《萬國公報》，經李提摩太的建議而改為《中外公報》。[64] 嚴復是否因為讀了《泰西新史攬要》而想到要翻譯《天演論》，則有待考證。[65]

李提摩太自認其《泰西新史攬要》有更大的影響，影響到漢人要「趕逐」滿人下台。他在回憶錄中提到俄國駐華公使喀西尼 (Count Cassini) 與恭親王奕訢的談話。俄使問奕訢曾否讀過《泰西新史攬要》，奕訢頷首，俄使因問："你對此書有何意見？"奕訢回答："對中國可謂大有裨益"，俄使則發出了驚人的議論：

> 那麼，我恐怕你未明瞭此書之精神了。它教導人何謂民主，反對專制。如果這種觀念一旦成為潮流，你們六百萬滿洲人在自由選舉的情形下，必為四億多的漢人趕逐下台，而你亦須捲蓆歸田。[66]

李佳白 (Gilbert Reid)，美國傳教士，1883 年來華，在山東等地傳教，對中國的社會問題極為關心，有心促成改革，曾拜訪翁同龢晤談，提出「養民、教民、和睦、武備」四大改革建議。[67] 二十世紀之初，談議會政治的文字時有所見，但各家論著，多委婉含蓄，不受重視。李佳白撰〈列國政治比較論〉，以比較法說明各國政治制度之異同，淺顯易讀，極富啟發性。茲略舉其論點如下。

一、論君主與民主之不同，以中美"國主"為比較，中國的皇帝"專制獨裁"，美國的總統"代民理政"。

> 國主之異同，中國之主，終身在位，是為一世；美國之主，四年一

---

[64] Timothy Richard, *Forty-five Years in China*, pp.254–255.

[65] 《泰西新史攬要》於 1895 年出版，嚴復於 1396 年譯成《天演論》，1898 年出版問世。嚴氏早在 1879 年即自英學成歸國，何以 15 年後始從事翻譯工作，且選擇《天演論》為首譯，值得追問。

[66] Timothy Richard, *Forty-five Years in China*, pp.249–250.

[67] 李佳白，〈上中朝政府書〉，《萬國公報》，第 80 冊，(1895/9)；郭廷以，《近代中國史事日誌》(1895/1/20)；王樹槐，《外人與戊戌變法》，頁 57–9。

易，是為一任。中國之主，出於一氏，世世承襲，乃家也；美國之主，出於眾民，賢賢繼統，乃官也。中國之主，專制獨裁，故曰君主；美國之主，代民理政，故曰民主。中國之主，主權屬諸一人，以土地人民為其產業，故謂之大皇帝；美國之主，監理通國政治法律，兼理軍務，及一切交涉之事，故謂之大總統（西名曰百里璽天德）。[68]

二、論國會權限，以美國與法國比較，均民主之國，但法國下院權力大於上院。

國會者，合上下二議院之謂也。美、法二國皆有國會，而法國國會之權大於美國。……考法國至上之權在下議院，民權、軍機權、民主權，皆不及也。……法國以國會為主，因上下二院能隨意更改章程〔憲法〕，能合意選舉民主〔總統〕。[69]

三、論民權，美國最為發達，中國人民幾無權力可言：

美國民權之大，甲於天下，……官無一非人民所公舉。……且人民可以議國政之優劣，可以論官長之賢否，所以政即民政，權即民權，國主即民主〔民選〕。孟子曰：民為貴，君為輕，此之謂也。……至於中國，自宰相而下，至各處地方官，無一非皇帝簡派，升降黜陟，亦一聽皇帝之意旨。而人民議〔論〕國政之優劣，論官長之賢否者，以叛亂論。[70]

四、論議員，美國以國會議員代表人民，中國人民無有代表：

美國京師之下議院，係代民議事者，故亦曰代民院〔今眾議院〕；上議院係代表各邦議事者，故亦曰代邦院〔今參議院〕。……美國諺曰：未得代民權，不食公眾祿，良有以矣。中國不第民權小，而且無代民之法，以申民隱。……且此權原出於皇帝，而非出於民。此中美代民之異同也。[71]

---

[68]　《萬國公報》，期 169 (1902/2)，頁 2–3。
[69]　同上，頁 6。
[70]　同上，期 169 (1902/2)，頁 4。
[71]　同上，期 169 (1902/2)，頁 4。

李佳白又比較中、德政治異同，兩國均為君主之國，然德國有民選議院，中國無之。李佳白因而歎息道：「中國無此制〔度〕，所以民困不蘇，上下相隔，秕政莫過於斯。」[72]

　　綜合李佳白之比較論，旨在說明中國政治制度與西方之不同，明白指出中國不如西方，盼望中國急起改革，採行西方制度。

## (八)

　　康有為 (1858–1927)，廣東南海人，進士出身。20 歲 (1878) 時因偶然機會遊香港，得見「西人宮室之瓌麗，道路之整潔，巡捕之嚴密，乃始知西人治國有法度」，[73] 這是他最早對西方文明的直覺感受，留有良好印象。在此（17 歲）之前，他讀過魏源、徐繼畬的著作，知道中國以外尚有西方列國，但沒有深入的領悟。

　　此後康有為搜讀可得西書，他自己提及的有林樂知所編《西國近事彙編》，李圭所著《環遊地球新錄》，傅蘭雅的《佐治芻言》等書。蘇俄學者齊赫文斯基 (Sergei L. Tikhvinsky) 說康有為頗受《佐治芻言》的影響。蕭公權同意其說，認為康有為的西方知識得自《佐》書不少，甚至於說康氏《大同書》中的「公議院」一詞即可能得自《佐》書。[74] 傳教士中除了林樂知、傅蘭雅之外，李提摩太對康有為的影響也不小。李提摩太在他的回憶錄中曾說：「舉凡余從前所有之建議，〔康有為〕幾盡歸納為結晶，若特異之小指南針焉。」[75]

　　康有為在 1888–1898 年間，先後七次上書大談清廷改革之道，其中關於召開議院者，有第一、第二、第四各次，如果加上他為內閣學士闊普通武所草〈請定立憲開國會摺〉，共四次之多。此四次上書，先是說開國會於皇家有利：「皇帝高坐法宮之中，遠洞萬里之外，何奸不照，何法不立

[72] 《萬國公報》，期 178，頁 9。

[73] 康有為，《康有為自訂年譜》（台北，文海出版社影印，民國 61 年），頁 11。

[74] 蕭公權著，汪榮祖譯，《康有為思想研究》，頁 475、477。

[75] Timothy Richard, *Forty-five Years in China*, p.263.

哉";繼則說:有國會則"合四萬萬人之心以為心,天下莫強焉。"第三次仍採前人說法,謂國會有"以通下情"於政治發展為大利。為闊普通武所草的奏摺,真偽頗有爭議,無論如何,該摺從三世之義去說理,謂"春秋大義,擾亂之後,進以升平",中國當"上師堯舜三代,外採東西強國,立行憲法,大開國會"。可見康有為在戊戌變法時期,勸促皇帝召開國會之意,既明顯而又積極。

但康自第五書起即不再提國會之當否召開,急轉只大談開制度局。制度局是一個決策機構,只要"妙選天下通才二十人,以王大臣任總裁,每日值內,共同討論,皇上親臨,折衷一是,將新制新政,斟酌其宜,⋯⋯考覆至當,然後施行。"制度局之下有十二局,為法律、稅計、學校、農商、工務、礦政、鐵路、郵政、造幣、游歷、社會、武備等,顯然康已將制度局取代原先所擬的國會,十二局為執行機構。他似乎已感到開國會緩不濟急,只有制度局可以立竿見影,依靠皇權來改造中國。

為什麼會有如此的轉變?此應有兩個答案:第一,立開國會與康之三世之義說相矛盾;第二,康有為是個寡頭主義者。康有為在儒家思想中建立了一套"三世之義"的理論,所謂三世之義,即據亂世,升平世,太平世;據亂世無君,無法律,無禮儀;進入升平世之後,訂法律,嚴禮儀,是小康的局面;太平世則為大同世,《禮記》中的"大道之行也,天下為公⋯⋯"即是寫照。康有為說大同世為"公政府",是選舉產生的,公政府只有議員而無行政官,甚至於無議長,諸事從多數決。他指的就是議會政治的理想,此一觀念在閱讀西洋典籍時得到,加以詮釋發揮。

康有為雖然有如此一套理論,實際上他反對立即召開國會。他在《禮運注》及《孔子改制考》等書中明白的說,三世的演進,需要經過漫長的歲月。中國有堯舜之世的大同想像,實際上禹、湯、文、武、成王、周公都是君主之世,只能說已從據亂世進入了升平世,那堯舜之世,尚在遙遠的將來,中國的歷史上不曾存在。康有為在《孔子改制考》中說:"方今為據亂之世,只能言小康,不能言大同",[76] 可知康有為是反對立即開國

---

[76] 轉見孔祥吉,《康有為變法奏議研究》(瀋陽,遼寧教育出版社,1988),頁354。

會的。

　　康有為是一個寡頭主義者。論者謂，變法期間康有為畏懼保守勢力，不得不放棄開國會的想法，固然言之成理，實際上左右康的，恐怕還是他在性格上是個寡頭主義者。1915 年 Robert Michels 著《政黨政治：論民主政治中的寡頭主義傾向》說得非常清楚：政治行為，以寡頭主義為核心。[77] 康有為已看到議會政治的繁重程序。中國急需改革，開議院為緩不濟急。Robert Michels 告訴我們，即使是一個民主國家，其決策者不過是少數幾個人，餘者追隨而已。他又說，統治者傾向寡頭主義。寡頭主義是政治的鐵則 (iron law)。康有為不開國會但卻贊成地方議會，他是要以地方議會 “奉宣德意”，而不是下情上達。

　　思想界開國會的觀念在 19 世紀 90 年代大致已經成熟，康有為也獲得了付諸實現的機會，如果他勇往直前，國會開了，中國的命運又將如何？歷史學家不應去憶測，但康有為急轉直下，轉個彎就放棄了，中國的議會因此而往後延緩，繼續走著專制的歷史進程。

　　梁啟超 (1873–1929)，廣東新會人，舉人出身，17 歲 (1890) 在上海得讀徐繼畬的《瀛寰誌略》，“始知有五大洲各國”，同時獲悉江南製造局、同文館、傳教士等所譯西書三百餘種，一一翻閱，得以進一步了解西方。就在同年，拜康有為為師，康為之講解 “西學之梗概”。甲午年 (1894) 著《西學書目表》一書，述所讀西書甚詳。戊戌政變 (1898) 亡走日本，一年後能讀日文，西學更是一日千里，“思想為之大變”，這是梁啟超建立西學根柢的大略情形。[78]

　　1896 年（光緒 22）梁啟超著〈古議院考〉，對議會政治備加推崇，而且心嚮往之。但由於受康有為 “三世之義” 理論的影響，謂 “今日而開議院，取亂之道也”，原因是 “人民程度〔尚〕未及格”，不能肩負監督政府

---

[77] Robert Michels, *Political Parties: A Sociological Study of the Oligarchical Tendencies of Modern Democracy* (New York: The Free Press, 1968), pp.342–356.

[78] 梁啟超，〈三十自述〉，《飲冰室文集》（台北，中華書局，民國 49 年），卷 11，頁 16–17；梁啟超，〈汗漫錄〉，《新大陸遊記節錄》附錄，頁 150；梁啟超，〈西學書目表序例〉，《飲冰室文集》，卷 1，頁 122。

的責任。[79] 由此可知梁氏在戊戌變法時期對議會的認知，止於嚮往而已。

提升人民程度的辦法是「開明專制」，十年或二十年之後，人民有了運作議會的能力，便可召開國會。1905 年（光緒 31）梁著〈開明專制論〉一文說："開明專制，以發達人民為目的者也"，"凡國家如欲立憲，必當經過開明專制"，"今日中國當以開明專制為立憲之預備"。[80] 一言以蔽之，提高人民教育程度是達成開國會的不二法門。

但是就在同年，梁啟超轉變為積極的議會主義者。他似乎是受到精英主義 (elitism) 的影響，認為真正運作議會的是少數精英分子，而不是全體的國民。中國千餘年來的社會都由紳士階級（士大夫）所領導，由他們來運作國會，必可得心應手。[81] 此一轉變，立即將「開明專制」論置諸腦後，自此走上清季的立憲運動。[82]

梁啟超申論國會掌立法大權，是國家神經中樞所在。他說："今日之國會，所謂巴力門，立法之業……立國之大本大原"，[83] "立法權屬於多數國民"，[84] "議院所定之國典乃稱為憲法。"[85] 由此可知，國會並不僅僅是訴苦求情的場合。他推崇英國的議院，謂 "如英國之巴力門，有黜陟政府大臣之權，行政立法二權全歸國會之手。故英國之諺有曰：國會之權，無事不可為，除非使男變女，女化男，乃做不到耳。觀此可知其權力之大矣。"[86] 憲法成於國會，可知其擁有無上大權。"議院為今世最良之制度。"[87]

梁啟超論議院功能，已不僅僅是 "下情上達" 或 "君民一體" 的舊說法。前人嘗謂政體有三：君主之國、民主之國、君民共主之國。梁啟超將之

---

[79] 梁啟超，〈古議院考〉，《飲冰室文集》，卷 1，頁 94–96。
[80] 梁啟超，《飲冰室文集》，卷 17，頁 50；卷 18，頁 89–99。
[81] 張朋園，〈梁啟超的精英主義和議會政治〉，《知識分子與近代中國的現代化》（南昌，百花洲文藝出版社，2002），頁 330–344。
[82] 張朋園，《立憲派與辛亥革命》（台北，中研院近史所，民國 58 年），頁 41–51。
[83] 梁啟超，〈論立法權〉，《飲冰室文集》，卷 9，頁 102。
[84] 同上，頁 106。
[85] 梁啟超，〈各國憲法異同論〉，《飲冰室文集》，卷 4，頁 71。
[86] 同上，頁 73。
[87] 梁啟超，〈中國國會制度私議〉，《飲冰室文集》，卷 24，頁 9、11。

改為：“君主專制政體、君主立憲政體、民主立憲政體”，且謂君主立憲為“政體之最良者也”。只有君主立憲政體最為合理，適於中國之需要。在君主立憲政體下，以議院掌握國家大政，循憲法運作，國家必日益強盛。[88]

梁啟超的議會政治論大大超越前人，1910 年（宣統 2）著〈中國國會制度私議〉，深入討論如何建立國會，對於議會的組織、選舉、投票、政黨等均有討論。他主張二院制。中國雖無貴族，但地方上情況特殊，如蒙古、西藏與內地不同，二十二省亦互有差異，設上院可以調和衝突，加上元老人物，專業人物，借重其智慧，利多於弊，有設立之必要。

下議院按人口比例產生，估計清末中國有五億人口，如以 65 萬人產生議員一人計，可得議員 800 人；如以 50 萬人與 1 之比，可得議員 1,000 人。參考世界先進國家的議院組織，英國 670 人，為 4 萬 5 千與 1 之比；美國眾議院 386 人，為 19 萬與 1 之比。西方國家議會，大者不超過 700 人，小者在 300 人左右。[89]

梁氏主張大選區制，如此則議員名額分配比較平均，不致造成太多的不公平。[90]

選舉資格，梁氏仍循西方傳統，主張 25 歲以上本籍男子有選舉權，同時強調識字及納稅資格。梁氏已獲悉澳大利亞、紐西蘭及美國四州女性享有參政權，但無意仿效　他認為中國的大環境尚難接受。[91]

梁氏主張複式選舉，即兩階段之投票方式。第一階段在小區域中選民投票產生一定比例的選舉人 (electors)（如 3 萬人與 1 之比）；第二階段選舉人集中一地再次投票，互選定額議員。例如一省額定下議院議員 10 人，公民先在本縣選出選舉人若干人，全省數十縣的選舉人集中於省城互選 10 名定額議員。簡言之，第一次投票在縣，第二次在省；第一次是直接選舉，第二次是間接選舉。此一制度早年在歐美甚為流行，日本在明治 23–32 年 (1890–1899) 之間也一度採行，這可能是引起梁啟超注意的原因。梁

---

88　梁啟超，〈立憲法議〉，《飲冰室文集》，卷 5，頁 1。
89　梁啟超，〈中國國會制度私議〉，《飲冰室文集》，卷 74，頁 76。
90　同上。
91　同上，頁 27–73。

啟超說由於人民教育程度尚未提高，"選舉人之智能不足，誠不免有缺乏之感"，"惟有間接制可以略矯此弊"。加之中國幅員遼闊，間接選舉比較實用。[92]

梁啟超倡導政黨政治，謂議會的成功運作，有二大條件：一是"大多數人有批判政治得失之常識"，一是"有發達之政黨"。梁十分推崇英國的兩黨政治，希望中國有朝一日亦能走上此一途徑。[93] 從政治學的觀點言，二黨制為「理想型」(ideal type)，理想與實際之間，有著難以估計的距離。1906 年清廷宣布預備立憲，梁氏組織政聞社，準備積極參與，中國的政黨政治自此萌芽。

(九)

從書本上得來的知識是間接的，1861 年（咸豐 10 年 12 月）清廷設置總理各國事務衙門並派遣使節，才開始直接認識西方。清廷託請兩位洋員，海關總稅務司赫德 (Robert Hart) 及美國卸任公使蒲安臣 (Anson Burlingame)，暫充大清使臣，帶同中國隨員一同遊歷西方。百聞不如一見，增廣見識，展開了中國人對西方的親身體驗。他們記載了所見所聞，當然也看見了西方的議會。

隨著赫德前往西方的是斌椿和張德彝，與蒲安臣同行的是志剛。他們的地位都不很高，但都有筆記，留下了所得的議會印象。斌椿是同文館學生監督，志剛為總理衙門章京。斌椿對英國議院的古典建築印象深刻，驚歎其"高峻宏敞"。[94] 志剛看到了法國選舉的一些混亂情況，給予負面的批評。[95] 他們的觀察都不十分深入，所見多屬表面。

張德彝 (1847–1919) 的情況就不同了。張氏從 1866 年（19 歲）就讀

---

[92] 同上，卷 24，頁 75。

[93] 梁啟超，〈開明專制論〉，《飲冰室文集》，卷 17，頁 65、67；〈英國政界劇爭記〉，同上，卷 25 上，頁 4。

[94] 斌椿著，鍾叔河輯注，《乘槎筆記》（長沙，人民出版社，1981），見輯注。

[95] 志剛，《初使泰西記》（上海，人民出版社，1987），頁 22、70–71。

同文館時期即隨著赫德、斌椿出洋學習，1868 年又隨著蒲安臣環遊世界，
兩次出遊奠定了他認識西洋的基礎。以後二十一年間 (1870–1891) 先後以
參贊身份隨同崇厚、郭嵩燾、洪鈞、羅豐祿、那桐等出使法、英、俄、日
本等國。1902–1906 年晉升為駐英公使，共計 8 次出洋，每次出遊都有筆
記，題名《述奇》、《再述奇》……至《八述奇》，其中三次（一、四、
八）均有議院記述。例如 1868 年記美國選舉：其舉法係眾人書其所舉之人
投諸匭內，畢則啟匭，擇其多者立之，或官或民，不拘資格。[96] 所述為投
票程序，惜未有進一步之觀察。及至在英國所見，則詳述其選舉 “苞苴公
行”，有 “倖進之心”。又說競選者 “設法愚弄其民”。觀察頗為深入，
十分難得。1876–1878 年所記英國的議會更為詳細，如分析上下院的結
構、政黨的競爭、議長的權力，可謂更上層樓。[97] 張氏早年出洋只是一個
隨員，不須瞻前顧後，敢於直書所見，以後做了公使，反而不見類似的記
載。

　　對西方議會有深入觀察而且又有見解的使節，郭嵩燾是第一人。

　　郭嵩燾 (1818–1891)，湖南湘陰人，進士出身。以理性觀察西方事物，
多所稱道，甚至於羨慕嚮往。郭於 1876 年（光緒 2 年）受命出使英國，是
中國正式駐節西方的官員。郭氏出國之前曾言西方 “立國有本有末”，其
本在政教，但絕未想到政教的重心在議院。[98]

　　出國之前，郭嵩燾雖然讀過《海國圖志》與《瀛寰誌略》，對於西方
的議會政治只有粗略的印象。到了英國，他是以學習的心情去瞭解其巴力
門。1877 年 2 月 30 日及 3 月 13 日先後兩次去上下院旁聽議事，他在日記
中記：“下議院洋語曰「好斯曷甫格門斯」[House of Commons]，上議院
曰「好斯曷甫樂爾知」[House of Lords]”，可見他是到了英倫之後才將巴

[96] 張德彝，《歐美環遊記（再述奇）》（長沙，岳麓書社，1982），頁 74。
[97] 同上，頁 130；張德彝，《隨使英俄記》（長沙，岳麓書社，1986），頁 363、376、556。
[98] 郭嵩燾著，楊堅枝補，《郭嵩燾奏稿》（長沙，岳麓書社，1983），頁 345；郭嵩燾，《玉池老人自述》（在《中國野史集成》）（成都，巴蜀書社，1989），頁 251。

力門兩院名稱弄清楚。他仔細觀察議場的布置，坐次的安排，議員人數，辯論規範等等，他唯一的批評是：「上院視下院稍靜謐」，還沒有看出什麼門道來。[99]

　　郭氏對巴力門有好奇之感，因而進一步了解其歷史發展。1877 年 11 月 18 日有如下記述：「略考英國政教原始，議院之設在宋初，⋯⋯距今八百餘年，至顯理第三 [Charles III] 而後有巴力門之稱，⋯⋯即今之上議院也。一千二百六十四年，令諸部〔郡〕各擇二人，海口擇四人入巴力門，為今下議院所自始。」[100] 細細推敲之後，他得出了一個結論，英國立國之本在巴力門：

　　　　推原其立國本末，所以持久而國勢益張者，則在巴力門議政院有維
　　　　持國是之義。⋯⋯君與民交相維繫，迭盛迭衰，而立國千餘年終以
　　　　不敝。人才學問相承以起，而皆有以自效，此其立國之本也。[101]

這一段本原論可以看出他對巴力門深入探究的用心，也透露出一種嚮往的心情。接著他與英國駐華公使威妥瑪（Thomas Wade，時亦在倫敦）談到土耳其已經有巴力門，中國無之，不免為之歎息：

　　　　〔土耳其〕仿行西洋兵制，設立議院，此〔中國〕所以不能及也。[102]

不知從何處得悉德國宰相俾斯麥 (Bismark) 欲限制該國議院權力，曾逮捕議員數人，郭嵩燾批評俾斯麥之舉動「不學無術」，[103] 益見其用心深入議會政治。

　　郭氏注意到了議會政治即政黨政治。他說一個國家的政治，必有「愛憎」之分，議院產生「同異」兩黨，蓋屬必然。「使各竭其志意，推究辨駁，以定是非，⋯⋯問難酬答，直輸其情，無有隱避，積之久而亦習為風俗。其民人周旋，一從其實，不為謙退辭讓之虛文。」[104] 顯示郭氏對議會

---

[99] 郭嵩燾，《郭嵩燾日記》（長沙，人民出版社，1980），第三冊，頁 181–182、192–193。
[100] 同上，第三冊，頁 370。
[101] 同上，第三冊，頁 373。
[102] 同上。
[103] 同上，第三冊，頁 738–739。
[104] 同上，第三冊，頁 393，時在 1877 年 12 月 18 日。

政治已有深切的體會。他進一步追溯 "鏗色爾維諦甫" [Conservatives] 與 "類白拉爾" [Liberals] 兩黨的來源為 "多里" [Tory] 及 "非克" [Whigs]，從歷史中得到更多的了解。[105]

　　郭嵩燾原先有意將所見所聞一一報導回國，與國人分享他的個人感受，不料所著《使西紀程》（日記的最早部份）出版後即被保守派指為 "嘆羨西洋國政"，離經叛道，旋被銷毀。郭氏再也沒有勇氣傳達個人的見解。他的使英日記直到 1980 年才公諸於世，相去已是百年有餘，自然沒有發生過任何影響。我們今天來討論郭的思想，只能以知識分子視之；從了解郭氏，可以了解 19 世紀 70 年代進取型知識分子的思想趨勢。他們希望中國 "走向世界"，但所得到的回應卻是 "挫折"。[106]

　　另一位使臣黎庶昌 (1837–1897)，貴州遵義人，廩貢出身，可以說是一個職業外交官，早年隨郭嵩燾使英，隨劉錫鴻使德，均為參贊，1881 年升任駐日本公使。在歐洲期間，注意各國的社會和文化，有深入的觀察，所著《西洋雜誌》（1900 年出版）是一卷反映十九世紀西洋生活的 "風俗圖"。[107] 他也注意到了各國的議會政治，很能認識議會是民主政治的表現，謂在議會中：

　　　　眾意所可，而後施行，故雖有君主之名，而實民政〔主〕之國也。[108]

民主政治必然有政黨競爭，西洋各國都有政黨。政黨與朋黨不同，不要以為西洋的議場中 "人聲嘈雜，幾如交鬥"，實際上這是 "民政之效也"。[109] 黎氏是繼郭嵩燾之後，對西洋議會政治了解甚為透澈的一人。

　　張蔭桓 (1837–1900) 對西方有進一步的認識。張氏廣東南海人，監生，以熟習西方政情知名，在總理衙門行走。1885–1889 年（光緒 11–15）派駐美、日、秘公使，著《三洲志》（1896 出版），甚有內容。張氏十分留意

---

[105] 同上，第三冊，頁 366、469–70、593。

[106] 汪榮祖，《走向世界的挫折—郭嵩燾與道咸同光時代》（台北，三民書局，民國 82 年）。

[107] 黎庶昌，《西洋雜誌》（長沙，人民出版社，1981）（在鍾叔河編《走向世界叢書》第一輯）〈鍾叔河序〉。

[108] 同上，頁 426。

[109] 同上。

美國、英國的國會運作，一一詳為記載。例如記美國參眾兩院，不僅談其結構、選舉過程，同時注意到婦女參政權在美國四州興起情形。又談人口十年一調查與選舉之關係，此類報導，皆為前此之外交官所未見及。張氏又以長達萬言之篇幅錄下蔡毅所翻譯之美國憲法，謂"美國為民主之國，應譯其「創國例」備覽"[110] 雖然他對民主政治不敢贊一詞，但留下了深刻的印象。

張氏對西班牙議會亦有所記載，但不予重視，[111] 而於英國，雖非駐節所在，反多所留意，對上下院之描寫，入木三分。如謂：

> 上議院事簡，下議院事繁，國之政令皆自下議院議之。議成，上於上議院，視已成，無大更駁。下議院則自朝至於日昃，甚或卜夜。[112]

又謂：

> 大抵英之國權仍歸兩黨，附君者曰「保黨」[Conservatives]，樂民政者曰「公黨」[Liberals]。[113]

張氏之筆法極為謹慎，然字裡行間仍可窺得其對議會政治的好感。戊戌變法時期，翁同龢在日記中記其與張蔭桓接觸密商頻仍，雖未透露內容，他們同情變法似無疑問；康有為、梁啟超等受其影響，亦屬必然。[114] 張蔭桓因同情變法而充軍新疆，拳亂時期竟遭殺害。

崔國因 (1831–1909)，安徽太平人，進士出身，於 1889–1893 繼張蔭桓為美、日、秘公使，亦有日記，[115] 屬於"君民共主"論，並無突出之處。[116] 惟其早在 1884 年即提出請開國會的奏摺，令人好奇。崔氏為洋務派，似因此而熟習西方的議會制度，以詹事府左中允官銜上一摺，謂"後

[110] 張蔭桓，《三洲日記》（在《續修四庫全書》史部傳紀類，第 577 冊）（上海，古籍出版社，1995–2002），頁 284–7、331。

[111] 同上，頁 405。

[112] 同上，頁 427。

[113] 同上。

[114] 詳見《翁同龢日記》。

[115] 崔國因，《出使美日秘日記》（安徽合肥，黃山書社，1988）。

[116] 同上，光緒 15 年 11 月 10 日、光緒 19 年 1 月 24 日，《近代中國對西方及列強認識資料彙編》，第三輯㈡，頁 649。

患方深，請速籌布置＂，並附有＂設議院、講洋務二條，請實力實行＂片。
1880年代仍是兵工業為重的洋務時代，能提出制度革新與技術革新並行之
觀念，可謂空前。崔論議院，有謂：＂設上下議院，凡練兵籌餉各舉，使
斯民身居局中，悉其原委，而後兵可增，而不以為抽丁，餉可增而不以為
重斂＂。[117] 又說：＂設議院則財之不足可集眾議以籌＂，[118] 充分了解議
院的權力與功能。垂簾聽政的慈禧太后並沒有責備崔氏，摺子交給總理衙
門各大臣閱看之後，以＂毋庸議＂而作罷。或許就因為崔國因有此見解而
能繼張蔭桓出使西洋。如果崔的意見被接受了，中國將會是一個什麼樣的
變遷？值得我們思考。

薛福成 (1838–1894)，江蘇無錫人，副貢出身。出使前已官至按察使，
以通曉洋務而駐節歐洲，著《出使英、法、意、比四國日記》，所記有關
西方議會的訊息甚為豐富，不亞於郭嵩燾日記。薛氏為＂君民共主＂論
者，謂：＂君民共主，無君主、民主偏重之弊，最為斟酌得中。＂[119] 但
又謂：君民共主之國，＂其政權在議院，大約民權十之七八，君權十之二
三。＂[120] 因此評論說：英國君權，受到議會政治之限制，一時＂驟難更
張＂。他似乎有所顧慮而以此語圓場。

薛甚注意政黨政治，能辨別英為兩黨（＂公黨＂及＂保守黨＂），法
為三黨（左、中、右）。他喜歡英國的兩黨制，說英人好靜，議院中＂傾
軋之風尚不甚強，兩黨更替亦不頻繁＂；法國則＂負氣好爭，往往囂然不
靖。＂[121] 他形容英法議員為一種＂體面人＂，必須才華出眾，家道殷富，
實係政治學上的＂精英分子＂ (elites)，觀察相當深入。

惟薛氏未能詳論西方的選舉。1892年為英之大選年，薛的日記中不見
投票情形記載，讀者不免失望。選舉為西方人的經驗，中國人難以體會。

---

[117] 轉見孔祥吉，〈清廷關於開議院的最早爭議〉，《中國近代史複印資料》（北京，
1988），頁24–6。
[118] 同上。
[119] 薛福成，《出使英法意比四國日記》，頁286。
[120] 同上。
[121] 同上，頁197–198、515。

薛回國後 (1894) 即病故，三年後 (1897) 日記出版，對戊戌變法應有所影響。[122]

黃遵憲 (1848–1905)，廣東嘉應人，有舉人功名。自 1877–1891 年先後出任駐日、美、英等國參贊、領事，深入體會議會政治，尤其對日本明治維新最有心得。著《日本國志》(1895)，認為中國可仿效日本，建立議會制度。黃氏謂議會是一種"至巧"的制度：

> 議員由民荐〔選舉〕，荐而不當，民自任之；苟害於事，民亦自受。……官為民籌費而民疑，民為民籌費而民信；民以為分官之權，謀己之利，而官無籌費之名，得因民之利以治民之事。其所議當否，官又得操縱取舍於其間，終不至偏菀偏枯，仗豪農富商罔利以為民害，故議會者，設法之至巧者也。[123]

所以在他的觀念中，所謂君民共主，是"上下分任事權"，與一般所了解的"下情上達，君民一體"不同。他敦促人民請願召開國會，民間自組政黨以顯示民意，是外交官中見解突出的一人，日後成為戊戌變法的有力支持者。[124]

宋育仁 (1857–1931)，四川富順人，進士出身。1894 年隨龔照瑗出使英、法、意、比四國，任參贊，1896 年出版《采風記》，所述西方議會，謂有四大功能：

一、國本所在：

> 議院為其國國政之所在，其國國本之所在，其國人才之所在。

二、因議院而富強：

> 其變僻陋為富強，全得力於議院。

三、因議院而人民平等：

---

[122] 同上，頁 597。

[123] 黃遵憲，《日本國志》（上海，古籍出版社影印，2001），卷 1，〈國統志〉，卷 14，職官志。

[124] 同上，卷 37，禮俗志；鍾叔河輯注，《黃遵憲日本雜事詩廣注》，頁 5–22；張朋園，〈黃遵憲的政治思想及其對梁啟超的影響〉，《知識分子與近代中國的現代化》，頁 17–39。

其〔議院〕盡變舊漸之風，蕩然尊卑之分，則由彼教導其源，而議
院揚其波。

四、因議院而去專制：

因議院而大通民隱，君不能黷武、暴斂、逞刑、抑人才，進佞倖；
官不能估權、固位、枉法、營私、病民、蠹國。[125]

宋氏對議院之組織、地方代表之人數比例，一一詳記。又分析議員之出身
背景，謂多來自富有之中產家庭，有良好教育，“長於專門才藝，通達事
理，優於議論”，中國唯士紳階級可比類。言下之意，中國有士紳階級，
可以開國會。

## （十）

光緒末年全國輿論呼籲立憲，清廷逼於大勢所趨，於 1905 年 6 月14
日（光緒 31 年 7 月 16 日）派遣五大臣出洋考察憲政，戴鴻慈與端方一組，
載澤、尚其亨、李盛鐸一組，分途出洋。他們的考察報告有一定的影響。

戴鴻慈 (1853–1910)，廣東南海人，進士出身。先後至美、英、法、
德、丹麥、瑞典、挪威、荷蘭、比利時等九國考察，著《出使九國日記》
(1906)，內容甚為豐富，除了憲政，對財政、經濟、文化、教育均一並留
意。由於想知道的多，政治考察反而不甚深入。對議會政治有三點認識：
一，下院權力大於上院：“凡立一法，在下院議案已成者，貴族院〔上院〕
對之雖有修正之權，而無反抗之力。”[126] 二，議院中有政府黨與非政府
黨：“政府黨與政府同意〔一致〕，非政府黨則每事指駁，務使折衷至當，
而彼此不得爭執。”[127] 三，複式選舉：以德國為例，選民第一次投票，
250 人可產生選舉人一人。由選舉人舉行第二次投票，產生定額議員。[128]

---

[125] 宋育仁，《采風記》（出版者及城市不詳，1896），〈政術〉。
[126] 戴鴻慈著，鍾叔河輯注，《戴鴻慈出使九國日記》（長沙，人民出版社，1982），
頁 379。
[127] 同上，頁 378–9。
[128] 同上，頁 398。

　　端方 (1861-1911)，正白旗，舉人出身。出國考察歸來，著《列國政要》報告（1907年出版），與戴鴻慈列名，且由戴氏領銜。日後二人又聯名合奏〈請改官制〉及〈請設制度局〉二摺，力挺清廷之預備立憲。《列國政要》應為端方個人的見解，蓋其觀點與戴鴻慈的《九國日記》多有出入之處。例如《九國日記》推崇英國憲政，《列國政要》則以意大利憲法為最理想。本文視之為端方個人的著作。

　　《列國政要》凡132卷，以憲法10卷居首，餘為官制、教育、軍政、商政、財政、工藝、法律等。端方認識到憲法為立國之本，推崇意大利憲法。他說：“意大利憲法頒自國王而就商於議院，是其主權固在君主，與比利時主權在國會，實大懸殊也。”[129] 如採行意大利憲法，於君主最為有利。

　　但端方在奏摺中所建議的，是仿效日本，而不是意大利，蓋日本更重視君上大權之故。〈請改官制摺〉力言日本之集議院可為模型。集議院為明治初年 (1874) 所設元老院性質之臨時議會，清廷於宣統二年(1910)設資政院，似即脫胎於集議院。議員分兩類：一為王公勳爵，一為各省推舉，集議院有權“建議、條陳、兼通輿情而覘眾見”，另有財政預算決算之權，資政院亦一一仿效。

　　有中央議會，亦應有地方議會，“一省之議會實有參與立法之權”。未開國會之前，可於各省設省議會；在省議會之前，先辦府州縣議會。議員由選舉產生，大州縣二人，小州縣一人。凡此皆仿效日本。端方強調，地方議會即為地方自治。“在鄉者必有鄉會，以司立法，有鄉長以司行政”。鄉長一人，置議員數人至數十人不等，以戶口之多寡比例決定。[130]

　　從上述可知，端方對議會有相當了解。[131] 端方為滿清親貴中舊學新

---

[129] 戴鴻慈，端方，《列國政要》（不著出版地，1907），卷7，頁4。

[130] 端方，《端忠敏公奏稿》（台北，文海出版社影印，不著出版年），卷6，頁51-2、65。

[131] 據梁啟超云，1907年他曾為滿清親貴草擬預備立憲文字不下二十萬言，所指似即端方。見丁文江編，《梁任公年譜長編》（台北，世界，民國47年），頁205-6。無論如何，必須思想與時俱進，否則難於接受外來新知。

學皆有根柢者，與時俱進，難能可貴。

載澤 (1868–1930) 為滿清宗室，屬鑲白旗，貝子銜鎮國公。五大臣出洋，載澤與尚其亨、李盛鐸同組，1905 年 12 月間起程，1906 年 7 月回至上海。載澤所提《考察政治日記》(1909) 對預備立憲有推動作用。

載澤出國之前可能對君主立憲尚無認識，但半年考察期間，抱著學習心情，進步快速。他的重點考察，包括日本、英國、法國、比利時四國，每至一處，虛心尋訪，不恥下問。他在日本、英國、法國都聘請專家為其講解憲政，更拜謁日相伊藤博文請教，希望學得愈多愈好，所見所聞，一一納入日記。

他在日本時，有法學大家穗積八束作他的講師，為其講解日本二院制的由來，上院貴族，下院百姓，君主有裁奪之權，此予載澤「君上大權」觀念，牢不可破。伊藤博文建議中國採行日本憲法，蓋該憲法肯定君權神授，不可侵犯。[132] 日後清廷決定仿效日本，載澤的報告甚有關係。

載澤來到英國，得見泰晤士河畔的議會建築雄偉，為之震撼。他聘請學者埃喜來（原文不詳）為其講解大英憲政，埃喜來講到英國君主不干預憲政，立法大權在下議院，上議院鮮持反對意見。他在日記中一一記下："〔大英政權〕合君主、貴族、下議院議員三者組織而成，……實力歸於下議院。君主但據政府六臣批准，君主無不批行"，又說："上議院之權不及下議院……萬一兩院意見不合，下議院所爭執者，上議院不得不從。此雖無定例，但由來已久，為憲法所認可"。[133] 載澤至此對議會政治有進一步之認識，英日憲政差異甚大，頗感迷惑。

載澤在法國，請一位叫金雅士（原文不詳）的法官講解法國憲政，他在日記中說："英之下議院權重，法則兩院相埒"，他了解到英之上院為貴族，法國上院多地主。他沒有記述法國由君主轉變為民主的歷史，但回溯 "法國未立憲時，君主專制，貴族擅權，政治腐敗，人民愁苦"，似有

---

[132] 載澤著，鍾叔河注，《考察政治日記》（湖南長沙，岳麓書社，1986），頁 576、577、579。

[133] 同上，頁 596–601。

所自我警惕。[134]

載澤的考察不僅是君民權力問題，對於議會的結構組織亦相當留意，中央議會之外，又述地方議會。對於選舉，特別對複式選舉有所介紹：

> 選舉用「兩級遞舉法」，先於里長處注冊，納正稅之數能抵三日工值者，百人內推一人為代表，聚合成會，而後再用「得半加一法」公舉議員。[135]

所謂「兩級遞舉法」，就是複式選舉，「得半加一法」即過半數當選。載澤沒有提及投票，此為各家考察之同一缺點。

載澤考察歸來，曾經兩次上摺主張立憲，第一摺請"以五年為期改行立憲政體"，[136] 第二摺是一個密摺，說實行立憲有三大重要性："皇位永固，外患減輕，內亂可弭。"希望清廷"破釜沉舟，勇往直前"，[137] 似乎是綜合了日、英、法三國的憲法精神及歷史發展而得此結論。

## （士）

以上從時序先後簡略介紹議會思想進入中國的經過，歸納起來，大略可以分為四個時期：第一時期，從 1840–1870 這三十年間，是知識性的介紹時期。中國自古以來，沒有議會政治的經驗，時人將西方的議會情況介紹過來，經過了此一階段，中國人對西方的政治結構有所認識，但只是一些初步的了解，並無襲用的意念。林則徐、魏源、徐繼畬等官吏的著作屬於此類，傳教士有麥都司、裨治文、慕維廉、偉烈亞力、艾約瑟、韋廉臣等。第二時期，1871–1895，這二十五年間，士人視議會代表「君民一體」，內可以團結人心，外可以抗拒強權。王韜是君民一體論的創說者，日後不少人襲用他的說法，如馮桂芬、鄭觀應、郭嵩燾、黎庶昌、張蔭桓、

---

[134] 同上，頁 634、636。

[135] 同上，頁 631。

[136] 《清末籌備立憲檔案史料》（北京，中華書局，1979），頁 110–112。

[137] 《辛亥革命前後：盛宣懷檔案資料選輯》之一，（上海，人民出版社，1979），〈齊東野語〉，頁 26。

崔國因、薛福成等。傳教士則以傅蘭雅、林樂知等的著作最有影響力。第
三時期，1895–1904，民權說代起，強調議會表現人民的權力，「不出代
議士不納稅」的觀念取代「君民一體」而風行。何啟與胡禮垣最先提出此
一說法，黃遵憲、宋育仁、梁啟超等繼起發揚。傳教士中以傅蘭雅、林樂
知、李提摩太、李佳白等人的著作較有影響力。第四時期，1905 以後，議
會思想根植國內，人民起而要求付諸實現，因此有清廷之派遣五大臣出洋
考察憲政，不僅深入理論，同時考求實施的技術。戴鴻慈、端方、載澤等
人的著作屬於此類，梁啟超的議論尤為詳盡。至此中國進入緊鑼密鼓的實
行時期。

　　議會思想分成四個階段輸入中國，漸漸傳布全國。但受到影響的限於
知識分子，或教育程度較高的人士。在此以孫寶瑄為代表人物，其國會認
識心路歷程，在清末民初應是大同小異的。

　　孫寶瑄 (1874–1922)，浙江錢塘人，蔭生，是孫詒經的次子，孫寶琦
的胞弟，李瀚章的女婿。在清季，只是個掛名分部主事。到了民國，因其
兄的關係，任浙海關監督 (1912–1922)，歿於任，年 48 歲。孫氏從 19 歲
（1893 年）開始寫日記，受時代的影響，一開始便關心時勢。他的閱讀甚
為廣泛，中外兼顧，由於不諳西文，西方的知識大多來自翻譯作品。1890
年代的翻譯，幾乎由傳教士所主導。他常常提到閱讀《萬國公報》，甚至
於提起該報的主持人林樂知，可知他受《萬國公報》的影響不小。除了對
西方的事物好奇，他對西方的歷史亦有很高的興趣。常常在日記中抄錄一
些西方所發生的大事和人物。國人的著作，梁啟超的《新民叢報》似乎是
他最喜歡的，他因讀《新民叢報》而了解何謂 "解散議會"，何謂 "重新
選舉"，[138] 皆一一在日記中抄錄。

　　孫氏自述他的思想演變，從甲午乙未之交 (1894–5) 開始關心時勢愛談
變法，五年間思想 "凡數變"，他的注意力大半集中在議會政治問題上。
他自己的一段話這樣說：

---

[138] 孫寶瑄，《忘山廬日記》（在《續修四庫全書》史部，傳記類，第 579–581 本）（上
　　海，古籍出版社，1995–2000），580 冊，頁 565。

余當甲午 [1894] 乙未 [1895] 之交，始談變法，初則注意于學堂報
館，繼則主張民權，以為非先設議院，許公舉〔選舉〕，則一切法
不可變，變之徒滋擾。卒又偏于民權之不能無弊也，遂主持立憲政
體，納君權民權于法之中，而君民共治，為數年立論之歸束。[139]

檢視孫氏的日記，對議會有極大的好感，他說"國會及議院，治天下
之鍋爐也，能鎔化諸質而成器。"又說議會"如一身之腦髓，聰明智慧之所
出。"在議院中可以"融洽和合"，形成"一片天境"，在此種情況下，何
患"公理有不出哉。"[140] 議會之所以能成為一個完美的機制，是因為"公
舉〔選舉〕有法，辨難有規……意氣無所施，私智不得逞，……民智日
進，公理愈明。"[141] 這一類的贊許，隨處可見，可以了解他對議會的羨慕
和嚮往。

早先，孫氏並不主張即開國會，亦如時人的一個共同觀點，民智未開。
但 1898 年急轉直下，要求立即召開國會，是否受了康有為的影響，不得
而知。他指出中國"水旱饑饉，盜賊四起，貧困極矣。"惟有開國會，實
行選舉，盡去"貪虐之吏"，紓解民困，才能起死回生。[142]

1901 年孫氏受立憲思潮的影響，稱道選舉就是"參政"，[143] 也就是
政治學上的"參與" (participation)。選舉，"良法也。"[144] 選舉勝於禪
讓。他認為選舉創自華盛頓，推崇華盛頓勝過堯舜：

五霸不如三王，何也？王以仁義服人，霸假仁義者也。三王不如堯
舜，何也？二帝不利其子孫，三王利其子孫者也；堯舜不如華盛頓，
何也？堯舜私荐人于天，華盛頓定公舉之法者也。[145]

他所了解的選舉，就是中國古代的"投瓶"。謂"治平之機出於公議，公
議之人由於公舉；公舉之法決於投瓶〔票〕之為功也。大矣哉！東西各國

---

[139] 同上，580 冊，頁 85。
[140] 同上，579 冊，頁 476。
[141] 同上，579 冊，頁 738。
[142] 同上，579 冊，頁 702–3。
[143] 同上，580 冊，頁 202–3。
[144] 同上，580 冊，頁 311。
[145] 同上，579 冊，頁 485。

之興，皆行斯術也。"[146] 因此賦詩讚歎："蓍筊自古非良法，移作歐西選舉公；欲破天行千載虐，神機偏在一瓶中。"[147] 中國的選舉早已失傳，西方"凡國之宰相，由議院公舉，"[148] 令人敬佩。

孫氏進一步認識到與選舉相關的一些技術和程序，例如選舉必須先辦理人口調查，由於中國尚無此措施，不免為之歎息。[149] 又認為納稅與選舉為權利與義務的關係，[150] 實未料到今天已無此要求。對於議院仍會發生流弊，他說："較諸野蠻專制之國，其百姓苦樂，天淵之隔也。"[151] 表示容忍。

1905 年清廷宣布走向君主立憲，孫寶瑄感到無限欣慰，但此時他已認識到立憲的一些必要條件，以當時中國的環境，走上立憲之路並不容易。他指出："立憲二字非空言可以塞人望也。必其民體育發達，能任戰陣；實業熾盛，能荷賦稅；智慧充周，能參政謀；財藝精致，能盡職守；道德完全，能循法律。然後聚眾多分子，上自宰相，下及平民，組織醞釀而成大立憲社會，談何容易耶，談何容易耶！"[152] 他似乎預見中國議會政治的坎坷道路。

無論如何，前有郭嵩燾，後有孫寶瑄，他們的思想反應了 1870–1900 年代知識分子對議會政治的嚮往。中國人在知識分子、傳教士、外交官的引導下，找到了迎向議會政治的一個方向。[153]

---

[146] 同上，頁 765。
[147] 同上，579 冊，頁 765。
[148] 同上，579 冊，頁 769。
[149] 同上，580 冊，頁 311。
[150] 同上，580 冊，頁 583、590。
[151] 同上，580 冊，頁 457–8。
[152] 同上，581 冊，頁 378–379。
[153] 相關著作，請參考：耿雲志等，《西方民主在近代中國》（北京，中國青年出版社，2003）；熊月之，《中國近代民主思想史》（上海，人民出版社，1986）。

# 香港中央書院與清季革新運動

李金強[*]

　　中央書院 (The Government Central School) 為香港著名的官立中學。自 1861 年創校至今，已迄 140 年以上，創校時原名中央書院，於 1889 年始改稱為維多利亞書院 (Victoria College)，至 1894 年再改稱為皇仁書院 (Queen's College)，此一校名沿用至今。[1] 而校址亦由港島西邊的中、上環遷至東邊的銅鑼灣。該校以中、英雙語及西方史地、格致之學培訓學生，成為 19 至 20 世紀香港華人人才之所自出，其校友對於香港與中國的近代化，貢獻良多，名聞香江。

　　就香港一地教育而言，自宋元以降，國人相繼南移，故傳統文教早已移植本地，讀書識字及應試的傳統儒家中文書塾，散佈於港九新界各區，而以新界鄉村學校，學風最盛，堪稱絃歌不輟。[2] 然自鴉片戰爭 (1839–1842) 後，英國佔領港島，西力東漸，英美傳教士紛紛從澳門、馬六甲、曼谷等地遷入港島。一方面於本港建堂宣教；另一方面則開辦西式學校，於宣揚教義外，兼授中、英語文、西方史地、格致之學。藉以培訓華人子

---

[1] 中央書院成立至 1904 年之發展，參 "History of Queen's College," *The Yellow Dragon* (黃龍報), vol. 6, no. 8 (1905), pp.149–155; Gwenneth Stokes, *Queen's College: 1862–1962* (Hong Kong: The Standard Press, 1962), pp.16, 50, 63。

[2] 羅香林：《一八四二年以前之香港及其對外交通：香港前代史》（香港：中國學社，1959），頁 193–195；吳倫霓霞：〈教育的回顧（上篇）〉，王賡武主編：《香港史新編》（香港：三聯書店，1997），下冊，頁 424；"Village Education in the New Territories Region Under the Ch'ing," in David Faure, James Hayes & Allen Birch eds., *From Village to City: Studies in the Traditional Roots of Hong Kong Society* (Hong Kong: Centre of Asia Studies, University of Hong Kong, 1984), pp.105–118。

弟，借辦教育以達傳教之目的，其中尤以馬禮遜紀念學校及英華書院最為
著稱，為本港教會學校之濫觴，並為香港及近代中國培養中英雙語，通曉
西學精英之誕生。其中較著者如容閎 (1828–1912)、黃勝 (1825–1902)、黃
寬 (1827–1879)、何進善 (1817–1871) 等。[3]

此外，英人自於香港開埠殖民後，早已支付公帑，開辦官立學校，其
中值得注意者為 1861 年於港島開設官立中央書院，實施中、英雙語教學。
華人子弟相繼入學，從而亦培訓出一批殖民地雙語精英，不但成為香港華
人社會的領袖，且相繼參與清季改革與革命運動，聲名大噪。而以何啟、
胡禮垣、孫中山、謝纘泰等最為著稱。故晚近學者相繼對於 19 世紀下半葉
香港教會及官立學校畢業生，於清季中國改革與革命運動所扮演的角色，
作出探究。[4] 本文即就此一研究方向，綜合前人成說，以 19 世紀下半葉之
香港中央書院 (1862–1894) 為個案，探討該校與清季革新運動的關係，藉
此說明英治時期香港華人對於祖國的認同與關懷。

---

[3] 李志剛：〈早期傳教士由澳遷港之事業及貢獻〉，《香港基督教會史研究》（香港：
道聲出版社，1987），頁 10–15；劉紹麟：《香港華人教會之開基》（香港：中國
神學研究院，2003），頁 71–76，101–105，141–147，174–179，183–186；Carl T.
Smith, *Chinese Christian: Elites, Middlemen, and the Church in Hong Kong* (Hong
Kong: Oxford University Press, 1985), pp.13–33；黃文江：〈英華書院 (1834–1873)
與中西文化的交流〉，《アヅア史の諸問題：深澤秀男教授退官紀念論文集》（岩
手大學アヅア史研究室，1999），頁 23–39。

[4] Ng Lun Ngai-ha, *Interaction of East and West: Development of Public Education in
Early Hong Kong* (Hong Kong University Press, 1984), pp.134–137, 1477-151; K.C.
Fok, *Lectures on Hong Kong History: Hong Kong's Role in Modern Chinese History*
(Hong Kong: The Commercial Press, 1990), pp.15–27；劉蜀永：〈19 世紀香港西式
學校歷史評價〉，《歷史研究》，6 期 (1989)，頁 38–38；吳倫霓霞：〈孫中山早期
革命運動與香港〉，《孫中山研究論叢》，3 集 (1985)，頁 69–71。吳倫霓霞與霍啟
昌 (K.C. Fok) 的研究，均已注意中央書院課程，考試題目與香港雙語精英誕生的關
係。

## (一)背景與創立

　　1840 年代，英人管治香港前後，港島早有中文私塾 8 所之開辦。[5] 時港府開始選定港島太平山區、香港仔及赤柱 3 間華人私塾，給予每月 10 元的資助。為 3 校學生提供免費入學，是為本港官立學校的始設。50 年代初更將接受資助的私塾，統稱為鄉村中文學校(Government Village Schools)，交由以聖公會史丹頓牧師 (Vincent John Stanton) 為首的教育委員會 (Education Committee) 負責管理。故其教學除保留傳統儒家典籍外，更增設有關基督教信仰之課程，如聖經、祈禱文及聖公會教理 (Bishop Boone's Catechism) 等，藉以傳教，使其時官校成為宣教之場所。[6]

　　1850 年代以降，港府管治尤須傳譯人才。兼且香港社會出現變化，此即太平天國及二次鴉片戰爭之戰亂，使內地居民大批南遷，而廣州行商以及外國洋行亦相繼南移。隨著匯豐銀行、九龍倉、黃埔船塢等英資工商企業的開辦，本港經濟更見蓬勃。因此，中英兼備的雙語人才需求大增。政府有見及此，決定加強教育的規劃及發展，銳意改革，為未來之發展，培養人才。其中第四任港督寶靈（Sir John Bowring，任期 1854–1859）及第五任港督羅便臣（Sir Hercules Robinson，任期 1859–1865）尤其注意教育改革，使官立學校發展出現新的里程碑，香港中央書院即在此一背景下誕生。[7]

---

[5]　W. Lobscheid, *A Few Notices on the Extent of Chinese Education and the Government Schools of Hong Kong* (Hong Kong: China Mail Office, 1859), pp.19–20. 太平山區 3 所，香港仔2所，赤柱 3 所，合共 8 所 123 名學童。

[6]　W. Lobscheid, *A Few Notices on the Extent of Chinese Education, and the Government Schools of Hong Kong*, pp.24–25；王齊樂：《香港中文教育發展史》（香港：波文書店，1982），頁 113–119。至1852年聖公會香港區主教四美 (George Smith, 1815–1871) 代替史丹頓擔任主席。

[7]　50 年代香港社會的變化，參 James Legge, "The Colony of Hong Kong," (1872), *Journal of the Hong Kong Branch of the Royal Asiatic Society*; vol. 11 (1971), p.184；吳倫霓霞：〈教育的回顧（上篇）〉，頁 433。

　　50 年代中期港督寶靈開始關注香港教育，發現其時教育撥款極少，公共開支中警察部門費用為 8,620 鎊，而教育開支則只有 120 鎊，至為懸殊。[8] 而學童入學比率極低，[9] 故於 1856 年成立一由首席裁判司禧利 (C. B. Hillier) 為首的調查委員會(Commission of Enquiry)，研究香港教育問題，然終因亞羅號事件的發生，尚未展開工作。[10] 1857 年再任命歐陸差會 —— 原籍英國的巴冕會傳教士羅存德(Rev. W. Lobscheid) 為官校視學監督 (Inspector of Schools)，對本港官校展開調查，稍後並制訂《官立學校則例》 (Rules and Regulations for Government Schools) 十條，為本港第一份學校教育則例。該則例規定華人子弟可以免費入學；學生出席及整潔之注意；教師工作範圍；外賓及官員參觀禮儀；以至學校記錄、考試及校舍使用等規定。並獲寶靈批准，翻譯成中文，頒發各學校，依例執行。[11] 與此同時，羅存德亦要求擴充官校，故在寶靈任內，官校由1854 年之 5 間增加至1859 年之 19 間，而上課學生人數則由 112 人增至男生 873 人及女生 64 人。年度教育經費則由前此 120 英鎊增至 1,260 餘英鎊。由此可見，官立中文學校在 50 年代末期出現了量的擴充，為早期香港官校教育的飛躍階段。[12]

---

[8] G.B. Endacott, *A History of Hong Kong* (Hong Kong: Oxford University Press, 1964), p.138.

[9] 1854 年報告指出政府資助的學校有 5 間，出席學生共 112 人，而本地私塾約有 250 名學生。估計當時香港兒童超過 8,868 人，可見入學率甚低。有關政府報告參看 "Report on Education for the Year 1854," in Gillian Bickley ed., *The Development of Education in Hong Kong 1841–1897: As Revealed by the Early Education Reports of the Hong Kong Government 1848–1896* (Hong Kong: Proverse Hong Kong, 2002), p.44。

[10] 1856 年發生亞羅號事件，中英衝突，港督忙於交涉應付，而調查委員會兩名成員亦因事離港，故未能成事，參 G. B. Endacott, *A History of Hong Kong*, p.139。

[11] W. Lobscheid, *A Few Notices on the Extent of Chinese Education, and the Government Schools of Hong Kong*, pp.2–3；並參王齊樂，同前，頁 123–124，128–129。王氏指出羅存德此一調查記錄文獻，遲至 1910 年才從香港教育署中發現，並於 The Yellow Dragon，11 卷 9 期摘要刊登。

[12] "Report on Education for the Year 1859," in Gillian Bickley ed., op. cit., p.65. 期間官校始收女生。並參 G.B. Endacott, *A History of Hong Kong*, pp.138–139，又 G.B.

　　其次為港督羅便臣的改革，此與理雅各的建議具有密切關係。羅便臣上任後，隨即改組教育委員會為教育局 (Board of Education)，加強政府對教育事務的管控，繼而接受倫敦會傳教士理雅各 (James Legge, 1815–1897) 的教育改革建議書，進行改革。原來理氏早在 40 年代辦理英華書院時已關注香港教育問題，更深明香港教育制度缺點及其不足。理氏雖為傳教士，卻未受本身信仰所影響，鑑於前此英華書院辦學傳教及培訓傳道人的失敗，加上其個人翻譯及研究儒家經典，得悉中國文化不易為基督教所取代。理氏繼而觀察到 50 年代香港社會變化，英語需求日增，深悉政府及商界均急需一批通曉中、英文的實務人才，故於寶靈時，早已起而主張官校不宜推行宗教教育，轉而主張政府辦學宜重視英語及世俗教育，培訓社會所需之人才。此一建議獲得港督的認同及接納。[13]

　　理氏建議重點乃將港島現有學校合併，另建一新校舍而創辦一所中央書院，兼授中、英雙語，並聘請一位歐籍校長管理該校及監督其他官立學校。[14] 1861 年理氏的建議獲得羅便臣批准，立法局亦通過並授權教育局購買位於中環歌賦街 78 號地段，原屬美北浸信會差會之教產，作為新校校址。新校舍為一單層 H 型之樓宇，兩翼由中央大堂連接，除有二房間為正、副校長居所外，尚有課室四間。於 1862 年 1 月啟用，而於 2 月正式開學，是為中央書院的成立。並委任鴨巴甸大學 (University of Aberdeen) 一級榮譽畢業生的史釗活（Frederick Stewart，任期 1862–1881）出任校長，而中央書院即在史氏規劃下，日見成績。[15]

---

　　Endacott 的數字略有出入，現以 1859 年之教育報告為準。

[13] Ng Lun Ngai-ha, *Interaction of East & West: Development of Public Education in Early Hong Kong*, p.39.

[14] 有關理氏的改革建議，參看 "The New System Referred to in the Above Report- Prepared by the Reverend Dr. Legge," in Gillian Bickley ed., op. cit., pp.68–70。

[15] *The Yellow Dragon*, vol. 6, no. 8, p.150; Gwenneth Stokes, op. cit., p.16, 19, 21–22；美北浸信會差會傳教士早年於暹羅傳教，熟悉潮語。1860 年由於二次鴉片戰爭，香港出現排外及汕頭開為通商口岸。故該會決定以 20,500 元出售歌賦街教產，進入潮汕傳教。參李金強：《自立與關懷 —— 香港浸信教會百年史 1901–2001》（香港：商務印書館，2002），頁 21–22；又史氏生平與事功，可參 Gillian Bickley: The Golden Needle: the Biography of Frederick Stewart (1836–1889) (Hong Kong: David

　　成立後的中央書院發展迅速，學生人數不斷增加，1883 年學生人數已增至 556 人（參表一），校舍不敷應用。遂於 1884 年選取位於鴨巴甸街及荷李活道交界處興建新校舍，至 1889 年並改稱為維多利亞書院 (Victoria College)。[16] 至於舊校址則作為官立中央女校 (Central School for Girls) 之校舍，該校日後改名為庇理羅士女子中學 (Belilios Public School)，是為本港第二所官立中學。[17] 1894 年根據政府憲報所記，該校再改名為皇仁書院，此一校名沿用至今，而該校規模亦日見擴增。[18] 終於成為本港著名的官立中學。

## (二)學生、課程與考試

　　中央書院為仿傚英國文法中學體制而成的官校。開辦之初，分設中、英文部。其後劃分八級，最低班為第 8 級，最高班為第 1 級。以 7、8 級為初小部 (Preparatory school)；6 至 4 級為初中部 (Lower School)，學生可兼讀英文；3 至 1 級為高中部 (Upper School)，學生可兼讀中文。且一度設第 9 級。學生中不少為成年人，如第 8 級學生竟有達 25 歲者，而 1、2 級的學生則多有已婚者。十九世紀九十年代更開設師範生制度 (Pupil

　　　　C. Lam Institute for East-West Studies, Hong Kong Baptist University, 1997) 一書。

[16]　維多利亞書院新校舍由當時港督寶雲（Sir George F. Bowen，任期 1883–1885）於 1884 年 4 月 26 日進行奠基儀式，至 1889 年 7 月 10 日落成。Annual Report of the Headmaster of the Victoria College for 1889, p.219；見於香港大學之 HK Government Reports Online (1879–1941) http://sunzil.lib.hku.hk/hkgro.index.jsp; Gwenneth Stokes, op. cit., p.33。

[17]　"Report on Education for the Year 1894," in Gillian Bickley ed., op. cit., p.409; Gwenneth Stokes, op. cit., p.60. 該校為本港華人、歐亞混血兒、印度及歐洲裔中產階級家庭的女兒提供英式教育，並分設中、英文部，建校之初已有學生 402 人，然出席率只過半數。

[18]　Government Notification, No.38, *Hong Kong Government Gazette*, Feb. 3, 1894. 見 HK Government Reports Online (1879–1941) 有關更名事宜乃因其時香港有五間學校或書院均以維多利亞命名，故該校第二任校長韋特（G.H. Bateson Wright，任期 1881–1909）提出改稱皇仁書院 (Queen's College)，並獲接納。並參 Gwenneth Stokes, op. cit., p.63。

Teacher System)，培訓優秀學生成為教師。[19] 1862 年開辦之初，學生約 141 人，其後不斷增加，至 1895 年入學人數為 1,024 人（參表一）。就學生來源而言，其初以華人及歐亞混血兒為主，1867 年第六任港督麥當奴（Sir Richard Graves Macdonnell，任期1866–1872）批准該校招收本地的外籍學生，然人數不多。及至 70–80 年代，外籍學生漸增，分別來自印度、英國、葡萄牙、日本等國，以 1889 年韋特校長年報為例，該校學生共有華人及歐亞混血兒 790 名，英國 23 名、德國 4 名、猶太 8 名、印度 1 名、日本 10 名、回教徒 (Mohammedans) 36 名、帕西 (Parsee) 1 名，葡萄牙 46 名，外籍學生共 129 名，由此可見，該校學生來自世界各地，具有四海一家之特性。從而使書院內形成中外文化交流的學習環境，擴闊了學生的國際視野及世界觀。[20]

　　根據理雅各的構思，中央書院應為一所中英並重的學府，因此開辦之初，分別成立了中文班及英文班。入學兒童須要接受《三字經》、《千字文》等蒙學程度考試，[21] 合格者方能進入初小部修讀尺牘、古文、《四書》、《五經》、《史記》等中文科。完成初小後，通過考試進入初中部，則上午四小時學習中文，午後四小時學習英文。至 1865 年規定英文為必修科目。英文課程，主要包括閱讀、拼音、文法、作句等，課本從愛爾蘭訂購。此後陸續開設算術、歷史、地理、化學、歐幾理德幾何等科。70 年代以降，科目範圍更廣，包括拉丁文、翻譯（中譯英及英譯中）、代數、三角、測量、速記、常識、地圖繪畫，以至簿記、莎士比亞、動物生理學等，更設有師範理論及教學法以培育師範生。[22] 1891 年 9 月更加入體

---

[19] Gwenneth Stokes, op. cit., p.23, 33.

[20] Annual Report of the Headmaster of the Victoria College for the Year 1889, Jan. 10, 1890, p.220；見 HK Government Reports Online (1879–1941). Gwenneth Stokes, op. cit., p.17，該校舊生會及校報 *The Yellow Dragon* 亦因而借孔子所說「四海之內皆兄弟也」以喻該校華洋學生共學的特色；並參霍啟昌：《香港與近代中國》，頁 129–130。

[21] *The Yellow Dragon*, vol. 5, no. 3 (1903), p.52. 內記學童曾讀漢文三、四年，並能背誦《三字經》、《千字文》、《幼學詩》與《四書》者即可取錄。

[22] Annual Report of the Headmaster of the Government Central School for 1887 & 1888;

操。[23] 由此可見，中央書院課程以中、英語及西方史地、格致之學為主。至於學費方面，其初辦時不收取任何費用，然自 1863 年起，凡就讀英文班學生每月需付五角。1865 年全部學生均需收費，英文班每月一元，中文班每月收五角。[24] 80 年代先後多次加費，然入學人數依然有增無減。[25]

上述中央書院所開設之課程，顯然有助學生具備中西兼通的學養。現再以該校考試試題為例，進一步說明該校學生的智識水平。該校各年級學生所需考試之科目至 90 年代漸增至包括英文作文、文法、拉丁文、莎士比亞、歷史、地理、常識、翻譯、算術、代數、幾何、三角、測量等 13 科。茲就所見試題，並以作文、史、地、常識等科作為選例予以說明。1871 年度第一級的地理科要求考生繪一非洲全圖；1885 年度第一級歷史科為英國史，要求考生解答英國史上的人物，如政治家孟德福、摩爾、神學家藍敦、哲學家培根、詩人斯賓塞、航海家杜雷克等；比較愛德華二世及理察一世的統治；簡述威爾斯的征服等。1892 年英文作文題目為鴉片的吸食。以 1894 年度的考試題目為例：第一級的英文作文試題要求考生列出當時中日甲午戰爭發生的原因、推測未來可能產生的影響及分析中國海陸軍不敵日軍的原因。歷史科試題如比較英國威廉一世及亨利二世之統治；禁止宗教權為何帶來痛苦及何時得以解除；英軍成功佔領印度的主要原因等。地理科試題如畫一非洲地圖，列出赤道及回歸線，並劃界說明英、法、德三國在非洲的佔領地；列出歐洲主要的君主立憲王朝。[26] 常識科試題如試畫一

---

　　Annual Report of the Headmaster of the Victoria College for the Year 1889–1893. 見 HK Government Reports Online (1879–1941)；並參 Gwenneth Stokes, op. cit., p.26.

[23] Annual Report of the Head Master of the Victoria College for 1891, Feb. 16, 1892, p. 175. 見 HK Government Reports Online (1879–1941).

[24] Gwenneth Stokes, op. cit., pp.24–25.

[25] 1888 年學費由每年 12 元增至第一級 24 元，二及三級 18 元；1889 年增至第一級 36 元，二及三級 24 元。見 Annual Report of the Head Master of the Government Central School for 1888, Jan. 25, 1889, p.120; Annual Report of the Head Master of the Victoria College for 1889, Jan. 10, 1890, p. 221. 見 HK Government Reports Online (1879–1941).

[26] Anthony Sweeting, *Education in Hong Kong Pre-1841 to 1941: Fact and Opinion* (Hong Kong University Press, 1990), pp.36–38. Government Notification No. 25,

幅本校的平面圖；簡述本港的賭博條例及衛生署；說明頒授勛銜的競賽與衝突；鼠疫如何影響本校等。1895年度考試題目，第一級英文作文試題分別為說明在香港常見的體育與娛樂；山頂纜車記述；及外貿有利說。歷史科第一級試題，如說明英國宗教改革過程中個人信仰關懷，新措施及公眾反應；誰是亨利八世的最大外敵及其如何應付等。第二級試題如討論查理一世被處決是否公平；宗教改革意義為何；詹姆士二世為何失去王位等。第三級試題如查理一世及亨利五世的特性如何；玫瑰戰爭的主要戰役及其得勝者為誰。地理科第一級試題如畫一南美或歐洲地圖，並附其國家及城市；論述直布羅陀簡史，並說明馬爾他、香港對英國之價值。第三級試題如俄國及法國政體有何不同？試列出丹麥的殖民。第四級試題如清王朝的政治區劃；說明中國沿海省份及其省會；中國最大省份的位置、人口及物產為何；長江所經之地域及其支流為何。第五級試題如說明奧國之疆域；印度洋的主要港灣為何。第六級試題如何以得悉地球為圓而陸地為平；何之謂洋、海、灣、港、海峽、河灣、河口等。同年的常識考題則涵蓋範疇更廣，計要求考生指出何謂立憲歷史、大英百科全書、西方文明、市政府、原告及被告、香港之報業、香港警察之國籍、香港軍團何時招募，以及如何提高香港的供水等。[27] 這些常識題目更顯示出該校不但期盼擴闊學生知識水平，並求對身處的香港有更多認識。綜觀上述所舉的試題例子，除自然科學不列出外，餘皆以人文、社會科學為主，可見該院的學科與考試，為學生提供以英國語文為主的中、英雙語培訓；重視以西方為中心的世界史地教育；兼而關注中國及香港的現實情況，從而使學生除了獲得各種基本智識外，進而培養出具有瞭解世界各國、時局以至於對中國、香港問題的關心。尤有進者，該校除了校內考試外，更鼓勵學生參加公開考試。如參加英國牛津、劍橋兩大學在港舉行的牛津港區試及劍橋港區試，1894年

---

　　　*Hong Kong Government Gazette*, Jan. 19, 1895; p.45, pp.47–48. 見 HK Government Reports Online (1879–1941).

[27] Government Notification No. 49, *Hong Kong Government Gazette*, Feb. 15, 1896; pp.135–138, 141–142. 見 HK Government Reports Online (1879–1941).

該校 15 名考生，其中 8 名獲得證書，2 名成績優異，成績令人滿意、此一公開試的參加，目的在於作為投考英、美大學的成績依據。[28]

由此可見，中央書院學生在校方設計中西兼具的課程與考試中得以提高智識及學養，並孕育成為一具有現代智識及中西文化視覺的殖民地公民。而該校亦由此成為香港社會製造雙語華人精英的重要智識工場。

由於中央書院以英語為主及現代智識培訓學生，使本港出現了一批通曉英語的社會精英，與同時代中國以儒家經典為主之科舉教育體制相比，高下立見。故該校畢業生表現突出，除了擔任香港政府傳譯等公務員職務外，更投身買辦、外交、律師、銀行、醫生及教師等新式行業，成為香港及近代中國第一批專業份子。而十九世紀末葉，由於清廷在西方列強侵迫下，需要吸納通曉西學的人才，進行近代化建設，其中以沿海地區最為明顯。不少中央書院畢業生相繼受聘於總理衙門、海關、外交部、招商局等清政府部門，參與其時的洋務建設。[29] 又據 1891 年人口普查中顯示，該校 96 名畢業生中有 4 人擔任港府職務、9 人任職清政府及海關、電訊；40 人投身香港商界及其他專業、43 人則在各通商口岸、日本甚至世界各地工作。[30] 而更令人矚目者，該校不少學生為近代香港與中國史上的顯赫之士。以香港為例，如何啟、韋玉、胡禮垣、何東、劉鑄伯，均為本港政商名人；以中國為例，最著者莫如孫中山、謝續泰等投身革命，開創民國；其他較著者為梁敦彥、梁瀾勳、陳錦濤、溫宗堯、王寵佑、張煜全、羅泮輝、王寵惠、謝恩隆等紛紛回國擔任重要公職。難怪一位香港史學家形容

---

[28] Government Notification No. 72, *Hong Kong Government Gazette*, Mar. 2, 1895, p.141; Gwenneth Stokes, op. cit., pp.53–55. 見 HK Government Reports Online (1879–1941)。劍橋港區試於 1886 年始設，而牛津港區試則始設於 1888；直至 1913 年後才由香港大學入學試所取代。

[29] "Alumni of Queen's College," *The Yellow Dragon*, vol. 5, no. 3 (1903), pp.46–52. 記錄該校自 1872 至 1903 年間93 名優異成績學生畢業後的職業動向。並參王齊樂，同前，頁 254–256；該校中文教習曾達廷統計自 1862 年至 1903 年間畢業學生的社會活動情況。

[30] Annual Report of the Headmaster for the Victoria College for 1891, Feb. 46, 1892, p.175. 見HK Government Reports Online (1879–1941).

該校之學生乃「香港英才為中用」。[31]

### (三)革新運動的倡導與參與

　　1860 年代成立後的中央書院，適值列強相繼侵華，滿清統治出現動搖之時，而華人身處的殖民地香江，卻因採行英式自由貿易及三權分立政制，使社會、經濟日見發展與繁榮。中央書院華人子弟一方面在校學習中吸收西學新知而漸具現代知識；另一方面則目睹英人管治下香港體制的優越。[32] 而滿清統治下的中國內政腐敗，外交失利，國家主權備受外力侵凌，遂使該校學生及香港華人基於血濃於水，感同身受，民族情懷，由是滋生，起而關懷祖國，呼籲變法圖強以至於倡導革命。其中尤以何啟、胡禮垣鼓吹新政言論，取得中國近代思想史上改革家的一席地位。而孫中山、謝纘泰起而鼓吹革命，此即孫有四大寇之反清言聚；而謝則以中央書院學友為主體，於 1892 年組成輔仁文社（參表二），強調「盡心愛國」(Ducit Amor Patriae)，並以「開通民智討論時事為宗旨」，[33] 成為近代中國首見倡尊西學之「學會」，[34] 而最終則共同組成興中會，從事反清革

---

[31] Ng Lun Ngai-ha, op. cit., pp.131–156; 霍啟昌：《香港與近代中國》，頁 120，140–145。

[32] 王韜、胡禮垣、孫中山均先後對香港政治、社會與經濟的進步表示肯定。王韜：〈香港略論〉《弢園文錄外編》(1893)（瀋陽：遼寧人民出版社，1994，重刊），卷 6，頁 260–265；胡禮垣：〈康說書後〉，《胡翼南先生全集》（香港：1983，重刊），三集，頁 18–21；孫中山：〈在香港大學的演說〉，《孫中山全集》（北京：中華書局，1985），7 卷，頁 115。

[33] 霍啟昌：〈認識港澳史與辛亥革命的一些新方向爭議〉，《辛亥革命與二十世紀的中國》（北：京中央文獻出版社，2002），下冊，頁 2340–2348；Hsüeh Chün-tu, "Sun Yat-sen, Yang Chü-yün; and the Early Revolutionary Movement in China," *Revolutionary Leaders of Modern China* (London: Oxford University Press, 1971), pp.102–104. 賀躍夫：〈輔仁文社與興中會關係辨析〉，陳勝粦編：《孫中山與辛亥革命研究 —— 慶賀陳錫祺先生九十華誕論文集》（廣州：中山大學出版社，2001），頁 21–39。

[34] 王爾敏：〈清季學會彙表〉，《晚清政治思想史論》（台北：學生書局，1969），頁 134–165；指出近代中國知識份子於 1894 至 1898 年結社立會最盛，講論新知，

命，香港由是被譽為革命史上「全部的第一頁」，[35] 上述何啟、胡禮垣、孫中山、謝纘泰，均畢業於中央書院，謝氏且曾提及於中央書院就讀時，已結識校內外一批愛國青年，共同覺醒，謀求推動中國的革新。[36] 由此可見中央書院與清季改革及革命運動具有密切關係。現再以胡禮垣、何啟、何東、韋玉、謝纘泰及孫中山六名中央書院畢業生的生平及其參與改革革命的由來，作進一步之說明，藉以佐證中央書院與清季革新運動之關係。

　　(1)胡禮垣 (1847–1916)，廣東三水人，字榮懋，號翼南。其父獻祥營商，於 50 年代太平天國之亂時，攜同家人避亂流寓香港，從此定居本地。胡氏早年接受傳統儒家教育，參加縣級童子試 "輒冠其曹"，其後屢試不第，後棄科舉，曾追隨就讀聖保羅書院的伍廷芳學習英文，胡氏中英語文均具良好基礎。1862 年 15 歲時，進入剛成立的中央書院就讀，曾獲最佳英語演說及寫作獎，1872 年 25 歲，以優等成績畢業，留校擔任教師 (Pupil teacher)，任教中文三年。期間並在胡父經營的航運公司任職，繼而結識王韜，在其創辦之《循環日報》任職翻譯，與王韜成為知交。此後又回國於鄭觀應主持的上海電報局任職翻譯，1885 年與其好友匯豐銀行買辦羅鶴朋合資在香港開辦《粵報》，未及一年，以經營不善，結業告終。又南下婆羅洲營商，東至日本大阪、神戶兩地工作，目睹明治維新之日本，一舉擊敗中國於甲午戰爭，感觸尤多，其變法思想由是醞釀形成，起而關心中國時局及其未來路向。遂與校友及好友何啟合作撰著，出版《新政真詮》一書，該書大多出於胡氏之手筆，力主中國仿效英國行君主立憲，發展工商業及興辦新式教育，力求西學，藉此促進國家富強，從而與何啟共同聞名於近代中國思想史。[37] 謝纘泰並指出胡氏為「中國維新和獨立事業的堅決

　　　　鼓吹改革。輔仁文社創設於 1892 年，可視為近代學會之首創。

[35] 馮自由：〈香港同盟會史要〉，《革命逸史》（台北：商務印書館，1969），3 集，頁 227。

[36] 謝纘泰：〈中華民國革命秘史〉，《孫中山與辛亥革命史料專輯》（廣州：廣東人民出版社，1981），頁 292。

[37] 胡氏生平及其於《新政真詮》一書的著述角色，參李金強：〈胡禮垣與戊戌維新〉，《書生報國 —— 中國近代變革思想之源起》（福州：福建人民出版社，2001），頁 57–78；又胡氏與羅鶴朋合辦《粵報》，參 Carl T. Smith, "Compradores of the Hong

支持者。」並於 1903 年參與謝氏與洪全福所策動的廣州之役。[38]

　　⑵韋玉 (1849–1921)，廣東香山縣人，其父亞光於少年時，曾流落澳門成為丐童，由美國公理會傳教士禆治文 (Elijah C. Bridgman) 收留得以就學，其後出任有利銀行買辦而致富。[39] 韋玉早年畢業於中央書院，於 1867 年至英國留學，先後就讀於列斯特學校 (Leicester Stoneygate School) 及蘇格蘭之大來書院 (Dollar Institution)。於 1872 年學成回港，任職海關，1879 年其父去世，繼任有利銀行買辦之職，娶立法局議員黃勝之女為妻。此後參與社會公益，任東華醫院總理，倡辦團防局，1883 年被委任為太平紳士，於 1896 年出任立法局議員。時何啟亦同任立法局議員，二人關係密切，面對清季列強瓜分中國之際，韋、何二人曾致函主張對中國採行門戶開放政策的伯雷斯福勛爵 (Lord Charles Beresford)，促請英國協助中國進行改革以求存。及至孫中山創立興中會於香港，從事反清革命，由於何啟支持孫氏革命之關係，韋氏亦對革命表示同情，辛亥革命後韋、何二人同被廣東軍政府聘為總顧問官。[40] 此外，韋、何二人參與革命黨人的反清活動，亦為港府所知悉，從而影響對二人的信任。[41]

　　⑶何啟 (1859–1914)，廣東南海人，原名何神啟，字沃生。為倫敦傳道

　　　　Kong Bank," Frank King ed., *Eastern Banking: Essays in the History of Hong Kong and Shanghai Banking Corporation* (London: Athlone Press, 1983), pp.101–102，作者又認為胡氏因具有變法思想，而其友羅鶴朋亦受影響而有此傾向。

[38]　謝纘泰：《中華民國革命秘史》，頁 304；Harold Z. Schiffrin, *Sun Yat-sen and Origins of the Chinese Revolution* (Berkeley: University of California Press, 1968), p.306。

[39]　Carl T. Smith, "An Early Hong Kong Success Story: Wei Akwong, The Beggar Boy," *Chung Chi Bulletin*, no. 45 (1968), pp.9–14；內附韋亞光的英文自傳。

[40]　吳醒濂：《香港華人名人史略》（香港：五洲書店，1997），頁 3–4；關國煊：〈韋玉 (1849–1921)〉，《傳記文學》，60 卷 3 期(1992)，頁 139–140；吳倫霓霞：〈興中會前期 (1894–1900) 孫中山革命運動與香港的關係〉，頁 221。"The Hon. Mr. Wei Yuk C.M.G.," Arnold Wright ed., *Twentieth Century Impressions of Hong Kong* (1908) (Singapore: Graham Brash, 1990, reprint), p.109; Charles Beresford, *The Break-up of China* (New York: Harper & Row, 1899), pp.216–233.

[41]　CO. 129, vol. 399, p.271，並參霍啟昌：《香港史教學參考資料》（香港：三聯書店，1995），頁 56。

會名牧何進善（1817–1871，又名福堂）之子，出生後由理雅各為其施行
洗禮，成為香港第一間自立教會——道濟會堂的會友。1870 年八歲時入學
中央書院第四級，由於成績優異，翌年准予升讀第一級。於 1872 年 13 歲
時至英國留學，入讀 Palmer House School，繼而於 1875 年至鴨巴甸大學
(Aberdeen University) 習醫，成績優異，四年後取得醫學士及外科碩士，
並通過考試，獲取皇家外科院士銜頭。隨即轉習法律，或謂此一轉變，乃
受其英籍妻子雅麗氏 (Alice Walkden) 影響所致，何氏其後進入林肯法律
學院 (Lincoln's Inn) 修讀，三年後亦以優異成績取得出任大律師之資格。
於 1882 年與新婚妻子雅麗氏一同返港，發展律師業務。並於證卷交易及
土地投資中獲得成功。返港後之何啟，備受港府重視，出任多項公職，包
括被委任為太平紳士、公共衛生委員會非官守議員，以及香港立法局議員
(1890–1914)。何氏後為紀念亡妻雅麗氏，遂於 1887 年，出資支持倫敦傳
道會開辦雅麗氏醫院 (Alice Memorial Hospital)，於院內創辦香港西醫書
院，並參與教學。由此可見何氏對香港之政治與社會，貢獻良多，使其成
為 19 世紀下半葉香港重要之華人領袖，並獲英廷授予爵士勛銜。[42] 然自
80 至 90 年代間，何啟關懷國內政情，起而撰著，與胡禮垣先後發表文章，
批評清廷洋務及維新舉措。並於 1895 年結集成書，是為《新政真銓》一書
的出版，由是聲名大噪，成為清季著名的變法家。此外，由於孫中山就讀
香港西醫書院，遂與何氏建立師生關係，隨著孫中山於甲午戰後創設興中
會總會於香港，何啟成為其幕後之支持者，協助孫氏吸納會員以及策動起
義，由是更見知名。[43]

　　(4)何東 (1862–1956) 為歐亞混血兒，乃本港著名買辦家族，其弟何福、

---

[42] 何氏於 1890 年繼黃勝被委任立法局議員，見 CO. 129/244, pp.168–169. G.H. Choa,
*The Life and Times of Sir Kai Ho Kai* (Hong Kong: The Chinese University Press,
1981), pp.15–23; Tsai Jung-Fong, "The Predicament of the Comprador Ideologists-He
Qi (Ho Kai) and Hu Liyuan," *Modern China*, vol. 7, no. 2 (1981), pp.199–201；並參
吳醒濂：《香港華人名人史略》，已故名人，頁 1–2。

[43] 李金強：〈香港華人與中國——何啟、胡禮垣個案之研究〉，《書生報國——中
國近代變革思想之源起》，頁 40–56；吳倫霓霞：〈興中會前期 (1894–1900) 孫中山
革命運動與香港的關係〉，同前註，頁 220–221。

何甘堂先後為怡和洋行買辦，其過繼子亦為其姪何世榮則任匯豐買辦，姪世耀任有利銀行買辦，世光任沙宣洋行 (Davis Sassoon & Co.) 買辦，世亮任怡和買辦，四人均為何福所出。另一姪世華任有利銀行買辦，為何甘棠所出。[44] 何氏早年家貧，獲獎學金，於 1873 年就讀中央書院，畢業後留校任教，繼而任職粵海關。自 1883 年出任怡和副買辦，1894 年升為首席買辦。至 1900 年因健康辭職，由其弟何福繼任。離職後憑其財富及商場經驗，自行投資營商，業務包括地產、出入口貿易、航運、保險、金融、紡織等，大獲其利，從而成為本港世紀之交的首富，其物業遍佈港、澳、上海、英倫，且為本港最多物業的大業主。此後熱心香港教育，社會公益，以至國內賑災，歷任太平紳士，東華醫院總理，保良局總理、華商會所會長，日後且得以封爵。[45] 何氏對於中國素所關注，早年已參予清政府官督商辦企業的投資，至 1898 年戊戌政變時，康有為及其家眷逃難南下香江，亦曾獲其接待，並賜予金錢，始得安定，故康氏稱許何東為「今之俠士，義高海內」。[46] 此外，又據《中國日報》主筆謝英佰所說，由於何氏與潘達微、李煜堂、楊西岩、陳少白等革命黨人，私交甚篤，故同情及間接支持香港革命黨人的起義。及至民國，何氏關懷民瘼，參與華北賑災，奔走南北，呼籲軍閥止戰，並捐獻飛機，強化國防，難怪立傳者謂何氏「憂國憂時」。[47]

(5)孫中山 (1866–1925)，廣東香山人，父達成務農，其兄德彰早年移居夏威夷，經營畜牧墾殖致富，故孫氏得於 14 歲移居檀香山，接受西方文

---

[44] Lee Pui Tak, "Business Networks and Patterns of Cantonese Compradors and Merchants in Nineteenth-Century Hong Kong," *Journal of the Hong Kong Branch of the Royal Asiatic Society*, vol. 31 (1991), p.30, note 9；並參何文翔：〈何東家族〉，《香港家族史》（香港：明報出版社，1992），頁 69–71，74–75。

[45] 吳醒濂：《香港華人名人史略》，頁 1–2；David Faure ed., *A Documentary History of Hong Kong: Society* (Hong Kong University Press, 1997), pp.119–121; Lee Pui Tak, ibid., pp.8–9.

[46] 康有為：《康南海自編年譜》（北京：中華書局，1992，重印），頁 61，66。

[47] 譚永年、甄冠南：《辛亥革命回憶錄》（香港：榮僑書店，1958），頁 361–363；何文翔：〈何東家族〉，同前，頁 4–25；又何東被列入參與 1903 年壬寅廣州之役的名單，見 C. O. 129/317，頁 465。

化的洗禮。其後回港，1883 年入學拔萃書室，至 1884 年轉學中央書院，
1886 年入讀廣州博濟醫院醫校，翌年，轉學香港西醫書院，1892 年畢業後
行醫，於本港接受新式教育前後八年之久，時何啟倡言中國行新政，孫氏
為其學生，自受影響。[48] 期間信仰基督教，於 1883 冬由於課餘隨從區鳳墀
(1847–1914) 學習中文，而得以結識公理會醫療傳教士喜嘉理牧師 (Charles
B. Hager, 1850–1917)，遂與好友陸皓東同受喜牧施洗，歸信基督，而成為
公理會會友。然每週日卻至倫敦會道濟會堂參加主日禮拜，聽道於王煜
初牧師，其時，孫氏熱心教會事務，且協助喜嘉理牧師至澳門、香山一帶
傳教。[49] 上述區鳳墀、王煜初為其時香港基督界倡議清廷改革之最熱心
者，此即孫中山之革命運動與基督教發生關係之所由起。[50] 至中法越南戰
爭後，孫氏自謂已具變革思想，[51] 其後陸續發表〈致鄭藻如書〉(1890)、
〈農功篇〉(1891)、〈上李鴻章書〉(1894) 及〈擬創立農學會書〉(1895)
等文，倡論改革，而以農業改良為其鼓吹之所本。[52] 由此可見，香港實為
孫氏革新思想的溫床。

　　及至孫氏於香港西醫書院畢業後，相繼於澳門及廣州開設藥局，「藉
行醫而入濟世之媒」。在澳門設中西藥局行醫時，已經開始成立「少年中

---

[48] Horald Z. Schiffrin, *Sun Yat-sen and the Origins of the Chinese Revolution*, p.26, note
　　68. 孫中山面告傳秉常曾受教於何啟而得益。

[49] 馮自由：〈孫總理信奉耶穌教之經過〉，《革命逸史》，2 集，頁 10–15。羅香林：
　　〈國父與喜嘉理牧師〉，王瑛琦等著：《關於孫中山的傳記和考證》（臺北：文星
　　書店，1965），頁 115–130。又孫氏信教後，並協助喜牧至澳門、香山一帶宣教，
　　參 Charles R. Hager, "Some Personal Reminiscences" in Lyon Sharman, *Sun Yat-sen:
　　His Life and Its Meaning* (Stanford: Stanford University Press, 1934), pp.382–383.

[50] 張志偉：〈王煜初牧師傳 1843–1903〉，《近代中國基督教史研究集刊》，4 期
　　(2001)，頁 119–122。楊襄甫：〈區鳳墀先生傳〉，區斯湛、歐斯深編：《區鳳墀先
　　生傳：追悼會彙錄》（香港，1914），頁 1–7；鄭永福、田海林：〈孫中山與基督教
　　關係的歷史考察〉，《辛亥革命與近代中國——紀念辛亥革命 80 周年國際學術討
　　論會論文集》（北京：中華書局，1994），下冊，頁 1311–1343。

[51] 孫中山：〈中國革命史〉，《孫中山全集》，7 卷，頁 59。「余自乙酉中法戰後，
　　始有志於革命。」

[52] 孫氏此一系列文章的撰寫來由及出版，參李金強：〈孫中山之早期思想——農業
　　改良言論探討〉，《書生報國——中國近代變革思想之源起》，頁 156。

國黨」，亦以改造中國為宗旨，謀以和平手段，借請願方式爭取當道接納，希望以立憲政體取代君主政體。[53] 及至廣州設東西藥局行醫，於 1893 年冬又與鄭士良、陸皓東、尤列、陳少白、周昭岳、魏友琴、程耀宸及程奎光、璧光兩兄弟等人，聚會於廣州城南廣雅書局內之南園抗風軒，討論時局，並且提議成立「興中會」，以「驅除韃虜，恢復華夏為宗旨」，是為興中會創設的起始。[54] 此孫氏借結社而謀改革之時。

　　1894 年春，孫氏為求促成清廷改革，自廣州返回故里香山，起草〈上李鴻章書〉，謀求以上書方式，達致改革目的，[55] 可惜終因甲午戰爭爆發而未能成事。[56] 隨著清廷於甲午戰爭再次慘敗。孫氏「知和平之法，無可復施」，[57] 遂由改革走向革命。於檀香山及香港先後組織興中會，策動武裝起義，以達成救國目的。

　　(6)謝纘泰 (1872–1938)，原籍廣東開平，父日昌於澳洲營商，開設泰益號，經營出入口貿易。纘泰 7 歲受洗，1887 年 16 歲時回港，入學中央書院，畢業後任職政府工務局書記。在校時，已經認識校內外關心祖國的愛國青年，鼓吹改革。謝氏英文極佳，時於本港英文報紙發表言論，由是知名香江。與校友何東、何啟、胡禮垣相熟。[58] 至此，謝氏遂與楊衢雲及

[53] 孫中山：〈倫敦蒙難記〉，《孫中山全集》，1 卷，頁 50；羅香林：〈國父由滬赴檀與興中會的成立〉，《中華民國建國文獻 —— 革命開國文獻》（臺北：國史館，1996），頁 559–560；一說少年中國黨即為輔仁文社，榮孟源：〈興中會創立時間和地址考〉，《辛亥革命史論文選》（臺北：三聯書店，1981），下冊，頁 1257–1262；並參張玉法：《清季的革命團體》（臺北：中央研究院近代史研究所，1995），頁 152–156。

[54] 尤列：〈楊衢雲略史〉，頁 243；馮自由：《中國革命運動二十六年組織史》（上海：商務印書館，1948），頁 12；謂「總理曾提議組織革命團體，惟未成事」；又參張玉法：《清季的革命團體》，頁 157–158。

[55] 陳少白：《興中會革命史要》，頁 7–8，孫氏要求陳少白為其修改〈上李鴻章書〉，陳氏就隨便修改一下；孫中山：〈致鄭藻如書〉，《孫中山全集》，1 卷，頁 1。「每欲上書總署，以陳時勢之得失」，可知孫氏早有上書之志。

[56] 關於孫氏未能謁見李鴻章之史料考訂，參羅家倫主編：《國父年譜》（臺北：中國國民黨黨史委員會，1985，增訂本），上冊，頁 60–68。

[57] 孫中山：〈倫敦蒙難記〉，《孫中山全集》，1 卷，頁 52。

[58] 謝纘泰：〈中華民國革命秘史〉，頁 290–292，301，303–304，312；馮自由：〈老

中央書院校友等起而共同組織學會，是為輔仁文社之創設，並於 1895 年
參加孫中山所發起的香港興中會總會。謝氏與楊衢雲於會內自成一派，參
與策動乙未廣州之役，可惜事洩失敗。隨著 1900 年惠州之役再次起義失
敗後，楊衢雲被刺身亡，興中會陷於停頓。謝氏分途發展，於 1902 年成立
「和記棧」，以逐滿興漢為宗旨，獲得香港富商李紀堂、前太平天國洪秀
全族弟洪全福、容閎及泰晤士報記者摩禮遜 (G.E. Morrison) 等的支持。計
劃1903 年於廣州起義，可惜亦告失敗。[59] 謝氏從此退出革命舞臺。


## 結　論


　　香港自 1841 年為英國佔領而成為其殖民地後，隨著英國政教移植本
地，西式教育由是萌生。其初主要由來華傳教士辦學，以傳教為目的，早
期以馬禮遜紀念學校及英華書院最為著稱。及至 1861 年港府決定創立中
央書院，為香港官立中學之始設。該校以英國文法中學為藍本，採行中、
英雙語及西方史地，格致、商科之教學。華人子弟相繼入學，漸多英才，
香港由是成為近代中國新式教育及新智識分子，或稱雙語精英的搖籃。其
中中央書院學生，從其課程可知所受之教育得以通曉英語及西學。從其英
語、史地、常識的考題中，可知特別重視英國史，以至中外史地，並留意
中國與香港之現實情況。而同校師生，除華籍及中英混血兒外，其他英、
美、德、意、葡、印、菲、日各國人士皆有，故該校學生即在此一具有國際
色彩的學習環境中，得悉英國富強之由來，並具西學新知的積漸，養成跨
文化及比較文化的視野。其時適值列強入侵中國，對外慘敗，該校華人子
弟，血濃於水，祖國思念，由是而生。何啟、胡禮垣於甲午戰後「相與嘆
時事之日非，傷神州之板蕩，又復情不能已」。[60] 而出身中央書院的孫中

---

　　興中會員謝纘泰〉，《革命逸史》，2 集，頁 23；陳少白：〈謝纘泰之略史〉，《興
　　中會革命史要》，頁 56。
[59] 謝纘泰：《中國民國革命秘史》，頁 309–319；馮自由：《華僑革命開國史》（台
　　北：商務印書館，1975），頁 10–11。
[60] 何啟：〈新政始基序〉，《胡翼南先生全集》（香港，1983，重印），卷 7，頁 2。

山、謝纘泰、黃詠蘭、周昭岳、余育之、江維善、何啟等創立及支持香港的
興中會總會，[61] 其會章開宗明義指出「中國積弱，至今極矣……堂堂華
國，不齒於列強，濟濟衣裳，被輕於異族，有志之士，能不痛心」。[62] 遂
以其西學新知，兼具對殖民地政教制度優越的經驗，起而倡導中國革新，
謀求中國振疲起衰，走向富強，此為中央書院一校愛國華人子弟與清季革
新運動發生關係之緣起。

　　其次，該校學生，畢業後或留學英、美，或從事商業、教育、翻譯、
新聞、醫療、法律及中、港政府公職等新式專業，漸成社會顯達之士。而
中央書院畢業生，遂得以互相援引，亦自成一社會網絡，故能先後相繼起
而呼籲中國改革以至於革命。由此觀之，清季革新運動中，隱然出現中央
書院學生的身影。而該校之愛國華人子弟遂與近代中國命運一共浮沉。而
香港中央書院在中國近代史上顯露的聲華，顯然為治史者之不容忽略。

---

[61] 吳倫霓霞：〈興中會前期 (1894–1900) 孫中山革命運動與香港的關係〉，頁 218–
　　219。
[62] 馮自由：《華僑革命開國史》，頁 5。

### 表一：中央書院入學人數及全年平均出席率，1862–1911

| 年份 | 全年平均出席率 | 入學人數 | 年份 | 全年平均出席率 | 入學人數 |
|---|---|---|---|---|---|
| 1862 | | 141 | 1887 | 449 | 601 |
| 1863 | | 140 | 1888 | 467 | 634 |
| 1864 | | 161 | 1889 | 597 | 919 |
| 1865 | | 192 | 1890 | 758 | 1075 |
| 1866 | | 211 | 1891 | 759 | 1108 |
| 1867 | | 235 | 1892 | 728 | 1062 |
| 1868 | | 210 | 1893 | 683 | 1012 |
| 1869 | 218 | 228 (320) | 1894 | 545 | 1048 |
| 1870 | | 237 | 1895 | 547 | 1024 |
| 1871 | | 249 | 1896 | 521 | 988 |
| 1872 | | 305 | 1897 | 825 | 1212 |
| 1873 | | 349 | 1898 | 753 | 1344 |
| 1874 | 347 | 368 (528) | 1899 | 887 | 1344 |
| 1875 | | 410 | 1900 | 990 | 1440 |
| 1876 | | 419 | 1901 | 894 | 1483 |
| 1877 | | 455 | 1902 | 990 | 1434 |
| 1878 | | 459 | 1903 | 940 | 1453 |
| 1879 | 416 | 560 (590) | 1904 | 1000 | 1501 |
| 1880 | | 588 | 1905 | 1015 | 1416 |
| 1881 | | 562 | 1906 | 1005 | 1418 |
| 1882 | | 572 | 1907 | 991 | 1401 |
| 1883 | 394 | 556 | 1908 | 911 | 1270 |
| 1884 | 411 | 558 | 1909 | 805 | 1085 |
| 1885 | 437 | 596 | 1910 | 642 | 865 |
| 1886 | 446 | 610 | 1911 | 667 | 904 |

資料來源：Ng Lun Ngai-ha, *Interaction of East & West: Development of Public Education in Early Hong Kong*, p.165–166. 全年平均出席率的資料引自相關政府年報：Education Report for the year from 1862 to 1886; Annual Report of the Headmaster of the Government Central School for 1887 & 1888; Annual Report of the Headmaster of the Victoria College for the year 1889–1893; Annual Report of the Headmaster of the Queen's College for the year 1894–1911.
（ ）中的數字略有出入，資料引自 Government Notification, No.92, *The Hong Kong Government Gazette*, March 10, 1900.

## 表二：輔仁文社成員

| 姓　名 | 籍　貫 | 肄　業 | 職業及活動 |
|---|---|---|---|
| 楊衢雲（社長） | 福建海澄 | 聖保羅書院 | 聖約瑟書院教員，招商局書記，沙宣洋行副理，香港興中會 |
| 謝纘泰 | 廣東開平 | 中央書院 | 香港工務局書記，香港興中會 |
| 陸敬科 | 廣東南海 | 同上 | 中央書院教員 |
| 黃國瑜 | 不詳 | 同上 | 港府翻譯 |
| 溫宗堯 | 廣東新寧 | 同上 | 中央書院教員，自立軍起義 |
| 羅文玉 | 廣東順德 | 同上 | 聖若瑟書院教員 |
| 胡幹之 | 廣東番禺 | 聖保羅書院 | 沙宣洋行買辦 |
| 何汝明 | 廣東香山 | 同上 | 聖保羅書院教員 |
| 劉燕賓 | 不詳 | 聖若瑟書院 | 炳記船務書記長 |
| 溫　德 | 不詳 | 中央書院 | 政府翻譯 |
| 陳　芬 | 不詳 | 同上 | 同上 |
| 周昭嶽 | 廣東南海 | 同上 | 商人，香港興中會 |

資料來源：吳倫霓霞：〈孫中山早期革命運動與香港〉，《孫中山研究論叢》，3 集 (1988)，頁 72–73；馮自由：〈興中會時期革命之同志〉，〈興中會會員人名事蹟考〉，《革命逸史》，3 集，頁 63；4 集，頁 38–40。

# 尊經書院：四川大學的前身
## 1875–1903

蘇雲峰

## 一、前　言

　　尊經書院係由張之洞創建，後獲王闓運等人經營，為清季四川模範書院，最高學府。1903 年初與錦江書院及中西學堂合併，在尊經書院的原址上，建四川通省大學堂，同年 12 月，改名省城高等學堂。1910 年改為存古學堂，1927 年改為公立四川大學，1931 年與國立成都大學、國立成都師範大學合併為四川大學。[1] 所以說它是四川大學的前身。

---

[1] 胡昭曦，【四川書院史】，（成都：巴蜀書社，2000 年），頁120–121，頁 309。

　　張之洞 (1837–1909) 是一位有理想，有組織和執行能力的官員。一向主張教育改造社會，是清季教育改革的主要推動者。舉凡從舊書院的改革到新式學堂的建立，以及留學生的派遣和外籍教習之延聘，都有具體的表現。新式學堂方面可以拙著《張之洞與湖北教育改革》 (1976) 和《三（兩）江師範學堂：南京大學的前身，1903–1911》 (1998) 二書為代表。書院方面，他先後共創建五所，依次為湖北經心書院 (1869)、四川尊經書院(1875)、山西令德書院 (1883)、廣雅書院 (1888) 和兩湖書院 (1891)。前三所屬於傳統書院之改革，後二所為書院參考學堂制度，也就是依時勢從傳統過度到現代的蛻變。可以拙著〈廣雅書院，1888–1902〉為代表。前三所則以本文尊經書院為代表。

　　張之洞於同治 12 年 (1873) 6 月，奉旨充四川鄉試副考官，10 月簡放四川學政，迄光緒 2 年 (1876) 11 月任滿返京，為期三年。[2] 他認為學政的責任在興辦教育，改良學風，進而改善吏治和社會風氣。他糾正科場弊病，親手創立四川尊經書院，建立新制度，聘有名學者王闓運為山長，招生開講，嚴加督課，近三十年間培養千餘人才，對四川學風，有立竿見影的效果，對清季學術思想、政治文化和書院制度，都發生一定的影響。尤其資料顯示，在王闓運院長主持下，師生關係良好，書院物質與精神生活豐富，多采多姿，書院並不是「象牙塔」，而是社會活動的中心。

　　同治六年至光緒元年間 (1867–1875) 的四川總督為吳棠 (1812–1876)。由於吳氏為團練出身，而時值西南諸省社會動蕩，吳氏全力投於平亂和濟助雲貴等省鎮壓叛亂等軍事行動，以致川省民窮財盡，無所興作，吏治社會頹敗。[3] 教育文化和學風，亦深受影響。

　　張之洞於 1873 年夏抵任四川鄉試副考官後，即發現四川學風頹廢，士不悅學。這時成都雖有錦江（1729 年設，清末改為成都府中學堂）、芙蓉

---

[2] 胡鈞：《張文襄公年譜》，（北京：天華印書館，1939 年），同治 13 年正月。

[3] 吳棠，字仲宣，安徽人，道光 15 年 (1835) 舉人，辦團練，練鄉勇抵抗太平軍有功，由知縣升道員、布政使、漕運總督、署江蘇巡撫 (1864)、署兩廣總督 (1865) 調閩浙總督與四川總督 (1867–1875)。趙爾巽等撰，【清史稿】，（香港：文學研究社，1927 年），卷 425，列傳 212，頁 12222–12224。

（後改為成都中學堂）、潛江、元音、澤池、少城等書院，然造就不廣。
由於八股文乃明清兩代科舉考試時的一種文體，全文形式和字數有嚴格的
規定，限制學生的思想；內容須據【四書】經傳注疏，代古人發言，不得
自創新意。[4] 由於它是通過科舉考試的唯一敲門磚，各書院也只重考試帖
括，不復如晚明陽明學派講學的風氣，也不若阮元的詁經精舍及學海堂，
重視古經研習，輕視科舉。張氏主試過浙江鄉試，亦擔任過湖北學政，了
解各省科場情形，認為四川試場積弊較他省為深。他說：

> 舊時成都考試，凡攻訐冒籍槍替及身家不清者，提調官則不理，奸
> 徒糾眾伺學使轅門外，待其覆試而擒之，索重賄，名曰拉搕，其人
> 亦雇數十健兒為保護，鬥於學轅，動有殺傷。[5]

此外又有所謂訛詐、包攬、滋事等弊端，文武生員，多干訟事。他說：

> 川省人心浮動，獄訟繁多，大凡戶業公局唆訟詐財之案，必有文生
> 在內，燒香結盟糾眾滋事之案，必有武生在內。[6]

　　換言之，科舉試場有如黑社會，依靠金錢和暴力，而非學問。文武學
生均與黑金勾結。其學風之敗壞，由此可見。張氏不辭勞怨，夙興夜寐，
勇往直前，雖心力憔悴，亦有一番表現。他先後改革科舉棚（試）場積弊，
杜絕槍替、拉搕、訛詐、包攬、滋事等陋習；擬設書院，選高材肄業其中，
以糾正敗壞學風。

　　光緒元年 (1875) 張氏針對全省三萬學生，先後撰刊【輶軒語】和【書
目答問】二書，「開發初學，論卑易行，若能篤信而擇用之，雖暫無師，
必有所得」。【輶軒語】共六篇：語行、語學、語文、學究語、敬避字、磨
勘條例。[7] 「語行」言品德規範：勸諸生立志遠大，砥礪氣節；出門求師，
講求經濟；學必期於有成，戒濫保槍冒，不作冒名之士，食洋煙等。「語
學」言讀書方法，告諸生注意讀書門徑和方法，不分漢學和宋學門戶，由

[4] 何容主編，《國語辭典》，（台北：商務印書館，民國 70 年），冊 1，頁 11。
[5] 胡鈞：《張文襄公年譜》，同治 13 年正月。
[6] 同上書，同治 13 年至光緒 2 年。
[7] 張之洞，《輶軒語》，《張文襄公全集》（下簡稱張集），（台北：文海出版社影印
　　本，1963 年），頁 3753–85。

博而約，讀有用之書，真正作一個通經術，察時務，明理致用的學者。「語文」講有關科舉考之文章程式和書法。「學究語」針對鄉塾童蒙而發，諸如五經四書宜讀朱註，讀官本、唐詩、東來博議、史記精華等，對不率教的學生，「止可戒飭罰跪，勿重辱」等。「磨勘條例」為張氏之經驗談，告訴應鄉會試的方法。《書目答問》有四卷，選錄經史子集等所謂有用之書二千餘部，依經史子集四類編次成目，作為諸生選讀門徑。[8]　《輶軒語》和《書目答問》的影響不侷限於尊經書院和四川一省，實際普及全國，如梁啟超讀《書目答問》，始知有所謂學問。[9]

於興建尊經書院之後，張氏同時亦勸導紳富捐捨學田，獎勵私人興學。在教育行政方面，他整飭督學署檔案與內外景觀，裁革頂充書吏，拒收承差陋規二萬金，改恩優歲貢及錄遺諸費為常額，不許需索，所以他曾語人曰：「四川督學署積塵盈屋，我第掃除過半耳」，[10]　其任事之勤與成就之著，頗為特出。這些建設中尤以尊經書院延綿較久，影響較大。

## 二、張之洞的創設與規制

同治13年 (1874) 4月，退休在家的前總理衙門大臣薛煥 (1815–1880)[11] 率領全省縉紳15人，投書於張之洞，請建書院，以通經學古課蜀士。張氏接受其建議，經總督吳棠同意，立即著手興建，光緒元年 (1875) 2月完成，從全省三萬名學生中，挑選一百人，肄業其中。

舊時書院的建築設備，視書院功能而定，傳統書院主要功能有三，即教學、藏書和供祀，尊經書院情形，因查不到吳棠的籌建奏摺，不太清楚。

8　《張集》頁 3789，《書目問答》。
9　丁文江，《梁任公先生年譜長編》，（台北：世界書局，1958 年），頁 19。
10　《張文襄公年譜》，同治13年至光緒 2年；又《張文襄公全集》，頁 15，〈趙爾巽奏已故大學士（張之洞）前在四川學政任內，興學育才，成效卓著，請宣傳使館摺〉。
11　薛煥四川興文人，道光 24年 (1844) 舉人，咸豐 8年 (1858) 江蘇按察使，9年布政使，10年江蘇巡撫，同治元年辦理通商事務大臣，2年 (1863) 4月總署，5月工部侍郎，4年 (1865) 12月在籍終養，光緒 6年 (1880) 卒。魏秀梅，【清季職官表】，（中央研究院近代史研究所，2002 再版），頁892。

惟知院址在成都南門石犀寺附近，「規模宏大，堂室寬敞，中門橫匾有『石室重開』四個大字，大門左右邊的對聯為：『考四海而為雋，緯群龍之所經』。」[12] 內有講堂、食堂、院長齋舍、學生齋舍、尊經閣（圖書館）附祀祠和刻書局，未提庭院景觀。據王闓運【湘綺樓日記】，庭中有高大的杏花、葡萄棚及其他雜花，曾費萬錢種牡丹等花數十本，且有人送花盆來，秋月初明，景觀極佳。[13]

書院建成後，吳棠和薛煥請張之洞寫章程，張氏於是將學生所提 18 個問題，一一加以問答，寫成〈創建尊經書院記〉，[14] 內容包括創辦書院的宗旨、人事組織、課程、教學和課考方法、學生及圖書管理等有關制度，一一從正反利弊二面，討論剖析。〈尊經書院記〉寫於光緒 2 年 (1876) 11 月，亦即書院開辦一年又九個月之後，所代表的不僅是一個理念，也是一個在執行中的模式。依照這篇書院記，尊經書院的宗旨在提倡經史實學，講求名節，培養四川文化幹部，學成遣歸，各以所學倡導於鄉里，期藉此輾轉流衍，再傳而後，全蜀皆通博之士，致用之才。與當時一般書院只重科舉考試帖括，多不講課，僅有官師二課（考試），截然不同。

張氏主張，山長對學生的輔導應寬，但約束須嚴。山長主持院務，監院為輔佐，齋長負責管理學生，均受總督衙門之監督。曾擬請沈轂成、錢笏仙為山長，均以道遠婉辭。乃採委員制。吳棠延江蘇學者錢鐵江（保塘）、錢徐山（寶宣）共同批閱官、師課卷。[15] 監院為王心橋（1843 年舉人，曾任教諭）。隗瀛濤與胡昭曦均謂薛煥為第一任山長，但據張之洞光緒 2 年 (1976) 11 月 24 日致續任學政譚宗浚書，有：丁寶楨到任後，「必謀設山長，或仍舊委員，……敢請馳書相告」之語。王闓運到川後亦說：「尊經講席，虛懸二年」，[16] 證明尚未設山長。

---

12　隗瀛濤編，【四川近代史稿】，（成都：四川人民出版社，1990 年），頁 263。尊經書院門口的對聯於改為高等學堂後，仍掛在門口。

13　王闓運，【湘綺樓日記】，光緒 5 年 2 月 6 日，6 年 7 月 8 日，7 年 2 月 23 日。

14　張之洞，〈創建尊經書院記〉，【張集】，頁 3924–30。據此，吳棠的奏摺中詳記尊經書院創設的緣起，但查無此摺。

15　《繆荃孫年譜》，光緒元年刊。

16　【湘綺樓日記】，光緒 5 年 1 月 3 日。

　　尊經書院仿阮元廣州學海堂例，將院生百人，分習經學、史學、經濟、算學、詞章五門，每門各延一師，專責課士，後因經費不足而未行。[17] 院中不課時文，院生所習皆經史古學，其門徑一如《輶軒語》《書目答問》所示，主博通專精，學以致用，每日須作讀書日記。

　　尊經書院要求學生專心讀書，有月費和膏伙。除官、師二課外，書院設有講課制度。官課由督撫司道出題批改（有可能都由張之洞親自出題和批閱）；師課由院長（暫由委員）出題批改。張氏要求官、師二課之發題評卷，皆以啟發善誘為原則。每課出四題，分別為經解、史論、雜文與賦、詩各一題。限四日內繳卷。每課給膏火（獎金）百名，院生約七十名，院外投考生三十名，若院外生皆優異，而院生皆劣，則所取皆院外生。公平競爭，無徇私庇護，故諸生皆不敢鬆懈。張氏期望學生入院是為學問而非膏伙。同學應互相勉勵，勿以高材生自居，宜以超越【學海堂三集】及【詁經精舍之文鈔三編】為目標。關於漢學和宋學之爭，張氏主張「讀書宗漢學，制行宗宋學」。惟漢學須袪除空疏蔑古之弊，宋學則貴於躬行，而非空談。所謂「慎習」、「尊師」云云，即宋學也。於春秋三傳，張氏重左傳而輕公羊，與其後之王闓運不同。

　　至於讀書方法，要求須讀經史、小學（說文）、輿地、推步、算術、經濟（國朝掌故）和詩古文辭諸書。程度佳者兼二三個專門，性有所近者擇而讀之，期於必成。「非博不通，非專不精」。讀書須循序漸進，由小學（段注說文）而經學（先讀學海堂經解），與史學（先讀三史）。這些書都在【四庫提要】之中。認為依照各人的能力和興趣，大約需時四至十年，即可完成學業。若經費許可，入院者每人給【五經】、【說文】、【史記】、【史記合評】、【文選】各一部。其他書成都出版者，如【國語】、【國策】、【三國】等，價廉，「諸生節衣縮食，亦須置之」。學生每人有

---

17　《張文襄公年譜》云：「尊經書院成，選高材生百人肄業其中，延聘名儒，分科講授，手訂條教，略如詁經精舍學海堂例」，恐有誤，其實分講授之制並未實行。據〈尊經書院記〉云五門「各延一師，弟子各執一業，其法甚善，顧經費太巨，不能辦也，姑俟異日。算學難得師，省城有韓君紫汀精此，可以問業。」

讀書日記一冊，記每日看書頁數，某書卷數起迄，記下所得和所疑之處，以備山長講課時查考。

清代書院之「講課」，不同於明代書院之「講學」。講學之主講人發表個人修養理念和體驗，聽者不限人數，也無院內外之別。[18] 而尊經書院之講課方法，則係學生自己讀書，每五日（1887 年後改為十日）與山長會於講堂，監院呈學生所作讀書日記，山長摘其所習者問之。閱畢日記有講說問難，主講評其卷，指出乖合通塞之所在，並寫出一個正確解答，張貼於講堂，讓學生閱覽。若學生所記不實，或前所講授而不能答者受罰，重者夏楚，一課不中程者罰月費，二課戒飭，三課屏之院外。書院不課時文，因各郡縣書院已課過，「諸生無不習者，今復課之，贅也。」

尊經書院學生分為二類，一為院內生，一為院外生。院內生百名係由各州縣初選，經各府甄選送院，再由山長面試錄取。實際上開辦時未設山長，百名學生應均由張氏面試錄取。時四川全省有學生三萬人，錄取率是0.33%。故張氏說通省佳士，「大率心賞者，盡在書院」。院外生多時數百人，但應課時亦經山長面試一次，參檢其文理與字跡，合格才准註冊。但如果三課均不進入二百名之內者，除其名。院內外生均編有學籍，填具姓名籍貫。從《蜀秀集》[19] 所錄院生 94 人中，觀察其籍屬分佈，諸生來自35 個州縣，計 2 人以上者 20 處，1 人者 15 處。其中以成都縣 9 人，華陽縣 8 人為最多。這個分配正與以人口比例甄選之宗旨相符。

尊經書院的經費，有總計歲支，(6.12.29) 但不知其詳，僅在〈尊經書院記〉中規定「凡給月費、膏伙，監院冊其名，加山長圖記，乃以請於鹽道，鹽道亦書其名，舉其數，揭示於院門外。」據【湘綺樓日記】的零散資料估計，書院每年需約二萬兩。其中，山長年薪 1,400 兩，二監院年薪至少年需 1,200 兩，學生月費每年需數千兩，官師二課膏伙費千餘兩。還有門房僕役馬夫等費，書局開工後，「成綿道送釐金千兩，供書局之用」，(5.6.21) 開支不少。書院的經常費主要由鹽道支撥。鹽道是四川財政的主

---

[18] 呂妙芬，【陽明學士人社群】，（台北：中央研究院近代史研究所，2003 年）。

[19] 譚宗浚編，【蜀秀集】，光緒 5 年(1875) 刊本，9 卷。

要來源，且丁督曾向王氏透露，「省庫有銀四五百萬兩」，(9.3.23) 而當時的四川歲入才兩百萬兩，可說是省庫充沛，保證尊經書院能繼續營運。

院生一律住院中齋舍，東西上下四齋，院門戌時（晚 7–9 點）關閉，非院內生不得入院居住。設齋長四人，每齋（住 25 學生）一人。以學問優良者充之，由學政選用，負責管束學生，稽核課程。監院不得私派。學生不得嬉游賭博，結黨造謠，干與訟事，或訕謗主講。如學生犯規而監院和齋長不察，輕者記過，重者更換。學生請假依鄉里遠近批准假期，逾期不至者除名，以後候缺再補。

書院的尊經閣即圖書館，捐置四部書數千卷，其中除官撥外，張氏捐置二百餘部。若經費充足，凡切要同看者，「若注疏、經解、正史、【通鑑】、【提要】、【說文】、【玉篇】、【廣韻】及考據家最著之書，院中須各置十許部，供學生閱覽。至周秦諸子、大家文集之屬，雖費千金，其效甚巨，不足靳也。」後來還收藏中西時務報紙、掛圖、儀器和標本。尊經閣藏書，請兩位懂得圖書的非本城學生管理，增其月費。掌書生於每本書前額寫好書名標題，以便讀者檢閱。書不得借出書院，若有遺失，借書者另覓抄補，否則每函罰一個月膏伙費。但不能罰過重，因過重則人不敢借書，「失書猶可，束書不得讀，不可也。」刻書局規模不小，除刻張氏【輶軒語】、【書目答問】和〈尊經書院記〉外，後來還刻印王闓運的著作和學生的四個文集。此外，官書局刻書版藏於院者，印售時視紙料定價三等，刊播宣示，讓學生購讀。可以說，書院有豐富的圖書資源。張之洞除批閱學生課文外，也時以暇日蒞尊經閣為諸生解說。到各府州縣去主持歲科二試時，也挑選書院學生同行，幫助評閱試卷。故對諸生之學業、人品亦相當了解。

在張氏啟導課督之下，諸生勤於讀寫，三年中得文逾千篇，是一大成就。光緒 5 年 (1879) 10 月，繼任學政譚宗浚 (1846–1888)，[20] 選其精華者94 人 359 篇，略加刪潤，彙成《蜀秀集》9 卷。約分訓詁、考證、史傳、

---

[20] 譚宗浚，字叔裕，廣東南海人，同治十三年榜眼，長詞章，為張氏於京舊知。著有【希古堂集】，8 卷 (1995)，【荔村隨筆】(1994) 等書。

稽求器數、校刊經籍詞章五類。其中作品較多者四人：楊銳 33 篇為最多，其次毛瀚豐 30 篇，張祥齡 12 篇，廖登廷（平）9 篇，以上四人再加上彭毓嵩，即張氏所謂「五少年」，皆美質好學，為蜀士一時之秀者。且看張氏對他們的評語：

> 楊銳，綿竹學生，才英邁而品清潔，不染蜀人習氣。穎悟好學，文章雅贍，史事頗熟，於經學小學均有究心。廖登廷，井研學生，天資最高，文筆雄奇拔俗，於經學小學，極能研索，一說即解，實為僅見，他日必有成就。張祥齡，漢州學生，敏悟有志，好古不俗，文辭秀發，獨嗜經學、小學書，篤信古學，不為俗說所惑。彭毓嵩，宜賓學生，安雅聰悟，文藻清麗，甚能深索經學小學。毛瀚豐，仁壽學生，深穩勤學，文筆茂美。[21]

張氏離蜀後，於光緒 2 年 (1876) 11 月 24 日從綿竹旅次致書繼任學政譚宗浚說：「身雖去蜀，獨一尊經書院惓惓不忘，此乃建議造端，經營規劃，鄙人與焉，今日略有規模，未臻堅定，章程學規具在，斟酌損益，端賴神力，他年院內生徒各讀數百卷書，蜀中通經學古者，能得數百人，執事之賜也。」又云：通省佳士，「大率心賞者，盡在書院，請飭吏將歷年調院者，無論正備，總開一摺，分注籍貫，隨棚驗之。」[22] 並預期丁寶楨督川後必謀設山長，或仍舊委員，請譚馳書相告。足見其對書院及學生的關懷與期望之殷。

教育乃百年大計，尊經書院雖有朝氣，對政治社會尚難發生立竿見影的作用。據丁寶楨 (1820–1886)[23] 於光緒 3 年 (1877) 初抵任後的調查報告，四川在政治上「吏貪民玩、勢成岌岌……通省州縣……競尚奢靡，專工酬應，無端浪用，相率為常」；社會治安上「詞訟積壓，上控繁多，緝

---

21　張之洞，〈致譚叔裕書〉《張集》，頁 3961。
22　張之洞，〈致譚叔裕書〉《張集》，頁 3959–60。
23　丁寶楨，字樨璜，貴州人，咸豐 3 年進士，選庶吉士，母喪里居時平苗教亂有功，1860 年升岳州知府，1864 年任布政使，其間以平太平之亂最有功。其奏誅宦官安得海，尤膾炙人口。1876 年署四川總督。【清史稿】，卷 447，列傳 234，頁數 2491–93，〈丁寶楨〉。

捕廢弛，盜風日熾。」[24] 歷年「搶劫鉅傷重案不下數百起，而成都所屬尤多，並聞近年以來，距省二十里內外肆行劫殺，官吏幾不能過問」；[25] 財政上收支不平，全省「歲入不過二百十餘萬，而所出則幾至五百萬」，自同治元年起歷年如此，故民力重困已極；[26] 軍事上，「綠營氣習……較之他省尤甚，將弁群習為因循，兵丁日趨於流蕩，茶坊之聚會殆無虛日，煙館之開設半是營兵，所謂操練者初不過奉循故事，至於紀律一切殆蔑如矣。」[27] 在此情況下，尊經書院的情形不甚樂觀。

由於丁氏全力投入吏治和鹽政，無暇顧及書院，而譚宗浚似不甚積極，監院王心橋也疏於職守，以致書院條理錯亂。如尊經閣藏書遺失、殘缺與零雜、不堪檢閱，卻無人查問，便為一例。[28] 非請有學識和魄力者充當山長不可。


## 三、王闓運的經營


光緒 4 年 (1878) 8 月，丁寶楨延聘王闓運 (1832–1916) 為院長。王字壬秋，湖南湘潭人，咸豐 3 年 (1853) 鄉試舉人，自述質魯好學，刻苦自勤，實際天資優異，才華出眾，通經史百家，尤以詩文為最。[29] 然一生充滿矛盾，有經世之志，而仕途不順，思想激進，批判科舉八股，主張經史

---

[24] 丁寶楨撰：《丁文誠公奏稿》，（成都，南海羅述稷刊行，光緒 22 年），卷 13，頁 3–4。

[25] 《丁文誠公奏稿》，卷 13，頁 8。

[26] 《丁文誠公奏稿》，卷 13，頁 3–4。

[27] 《丁文誠公奏稿》，卷 13，頁 8。

[28] 王闓運撰，《湘綺樓日記》，（上海：商務印書館，1928 年），光緒 5 年 2 月初 9 日。

[29] 【清史稿】，卷 482，列傳 269，頁 13300–1。而後又主講長沙校經書院、衡州船山書院、江西高等學堂總教，弟子稱之為湘綺先生。民國三年 (1914) 出任國史館館長，五年 (1916) 卒。著作有《周易說》、《尚書箋義》、《尚書大傳補註》、《論語訓》、《禮經箋》、《詩經補箋》、《小戴記箋》、《周官箋》、《湘軍志》、《墨子》、《莊子》、《列子註》、《春秋公羊何氏箋》、《春秋例表》、《春秋遺傳》等多種。

實學，但卻又反對自強新政、學制改革與立憲運動，故其屢向曾國藩、李鴻章、左宗棠等人的建言，均未被接受，而心存不滿。[30]

他與張之洞的關係建立在同治末年，此年王氏赴北京會試落榜留京中，會張氏甫由湖北學政歸，在名士潘祖蔭家與王認識，對其詩尤為欣賞，曾曰：「壬秋之詩則信精美矣」；又謂「湘綺五古與樊增祥近體，皆名世之作，並稱洞庭南北兩詩人」。[31] 以後亦偶有書信，曾自稱「孝達吾黨也」，惟二人性格不同，故王氏主講尊經書院，非張氏所推薦，然其講學原則是：「勿抑勿推」，認真辦學，「貴在育才」，幾與張氏一致。

王氏任職期間，自光緒 5 年 (1879) 元月至光緒12 年 (1886) 2 月，共計七年兩個月，但其間返湘探親三次，第一次 (5.11.6–6.3.15) 四個月，第二次 (7.10.25–9.5.16) 一年半又二十天，第三次 (10.2.12–10.5.2) 兩個月又二十天，三次共二年四十天，故實際在尊經書院的時間僅五年餘。這時他四十出頭，精力旺盛，為人樂觀進取，與丁寶楨意氣相投，好參與社會活動，並非全力用於教學與研究。[32] 王氏大致以尊經書院為中心，除教學與研究外，還從事官場和社會的應酬，每日來問業的學生及來訪問的客人甚多。出城答訪、酬酢、觀戲、遊覽的時間亦不少。看起來，尊經書院已成為社區文化諮詢中心，對成都社會有一定的影響。由於本文重心在教學活動，故以下陳述，除了短暫的官場衝突外，均以書院的教學、管理、師生互動、和生活情趣為範圍。

王氏於光緒 4 年 (1878) 12 月 27 抵成都，丁寶楨對之有所付託與期許。王氏對尊經書院之陳設及一般印象頗佳。[33] 惟因久欠整飭，綱紀廢弛，而呈亂象，如前所述尊經閣藏書因無人管理而遺失，便是一例。王氏於光緒 5 年 (1879) 2 月 2 日移居君平里尊經書院，經與丁督、監院及諸生等廣泛接觸，瞭解情況後，便於 2 月 19 日舉行開學禮，甚為隆重。他記

[30] 呂實強，〈王闓運〉《中華民國名人傳》，（台北：近代中國出版社，民國74年），冊 3，頁 54–74。此文對王氏之性格有深刻描劃。

[31] 《張集》，頁 3950，〈張致潘伯寅書〉。

[32] 《丁文誠公奏稿》，光緒 3 至 5 年。

[33] 《湘綺樓日記》，光緒 5 年 1 月初 3 及 2 月初 2。

道：此日院中開課，黎明喚兩僕開門，藩臬二司及各道台相續到，丁總督
九點主持行禮，點學生名，司道坐二旁，禮畢退堂，諸生紛來請抄書，遍
見諸生。夜行東齋，凡占住者，俱已移出。工作進行快速，僅一個月間，
即先後改定書院條規章程。[34] 新定書院用費章程，[35] 住齋章程與膏伙章
程，整理尊經閣圖書，[36] 並開始夜巡齋舍，接見諸生，令分經授業。指點
功課。工作不分晝夜，院務很快就上了軌道。他於 5 年 (1879) 2 月 28 日與
同鄉敖金甫書云：

> 今年二月移入館中，以佔畢之荒儒，對卿雲之後輩，其為不稱，亮
> 荷深知。惟孝達（張之洞）創立不易，未經整飭。以闓運硜硜之性，
> 蒙諸生抑抑之謙，將廢者于是更興，未備者俄而悉備，甫及一月，
> 已有可觀，用報鄉先生，使知蜀才之盛也。[37]

如前所述，書院分官、師二課，他抵任之初，就向丁督表示，要變通
書院規制，使官課不得奪主講（院長）之權，主講亦不宜久設，仍當改成
學長，學長亦隨課絀取，以免競爭。[38] 茲見整頓頗有成效，自閏 2 月起，
擬定分經會講之法，改設堂餐，使諸生得收互相觀摩之益。並計劃栽培三
數高足，分習三科，然後改院長制為學長制。[39] 在他鼓舞之下，諸生亦有
欣欣之志，勤奮嗜學，紛來請業，形成一股新的讀書風氣。

由於他個性剛強，主見甚深，一上任即雷厲風行，又主官課不得奪主
講之權，引起學政和司道等人的猜忌與不滿，初以流言相譏，續則因禁止
學生應官課，遂與知府和藩司發生衝突。茲摘錄他 3 月間的日記三則，以
明其梗概。光緒 5 年 3 月 15 日他寫道：

> 翰仙（他的好友，機器局官員）來言蔡研農甚怪我多事，並以上司
> 學台相譏，余于俗人無爭而筆札頗咄咄逼人，與書藩司（程豫）辯

---

[34] 《湘綺樓日記》，光緒 5 年 2 月初 3 日。
[35] 《湘綺樓日記》，光緒 5 年 1 月 14 日。
[36] 《湘綺樓日記》，光緒 5 年 2 月初 9 及 26 日。
[37] 《湘綺樓日記》，光緒 5 年 2 月 28 日。
[38] 同上書，5 年 1 月 22 日。
[39] 同上書，5 年 2 月 28 日。

之，使知我非多事者耳。

3 月 18 日記述他因厭惡負責官課的彭姓知府吃洋煙，竟離席外出，牌示學生，不去應官課，而與藩使（司）程豫衝突，他說：

> 藩使委知府彭某來點名課（按是日係官課），院生出見之，（彭）訴其貧苦，欲留之飯與細談。彭乃於客座吸食洋煙。余甚怒，以其弱不忍責之，遂告以將出不復與見。今年議不作經文，而（藩使）程公限經文五道，余遂牌示禁院生應課，諸生來者紛紛，或欲請改題，余以程（豫）未足與語，亦姑任之。

3 月 24 日記著與司道衝突的原因，主要在王氏反對學生學經策和應科舉，引起程藩使夜間派人到院搜卷，監院憤怒，諸生左右為難，最後王氏妥協，令諸生繳卷。他說：

> 程藩使以諸生課卷不齊，縣牌來責，人言紛紛，有云鹽道怒我而挑之者，有云錢寶宣（是前負責評閱官師二課試卷的錢徐山委員）怨望而激之者，有云司道合謀振興文教、講習經策，慍我以不應試為教而來相齮齕者。伍嵩翁（錦江書院山長伍肇齡）及院生多來謀者，訖無善策。夜間遂有搜卷之舉，概不准作，以與畫一，監院亦洶洶然怒余。……已而廖生（季平）來言，去與往皆非策，欲辭去則樨公（丁寶楨）必問所以，切責司道，使留我而痕跡愈重，醜態百出矣。往則司道不能忘情，將以腐鼠嚇我。踟躕久之，忽悟莊生之言，彼且為嬰兒，吾將與之為嬰兒，但託言藩使自悔，令人勸諸生補作足矣。如法行之而眾囂悉定。

　　主講與官員衝突，在書院史上是屬罕見，其所以如此，一因王氏個人性格剛烈，二因王氏以學者自尊，鄙視官員，三因王氏反對科舉考試，排斥官課，以申主講之權，爭取學術獨立，但結果失敗。原因是書院的經費由政府支出，而學生也希望應官課，爭取膏伙費，準備應鄉試。這次衝突，使他失去面子，心裡很不舒服，遂於閏 3 月 19 日請辭，經諸生挽留，總督丁寶楨撫慰，[40] 只好留下來，惟工作仍極認真。以下分教學管理、師生互

---

40　《湘綺樓日記》，5 年閏 3 月 22 日。

動、書院生活與山長的心理矛盾四方面陳述。所據資料為【湘綺樓日記】，引文下括號內之數字為光緒朝（年、月、日）。

## ㈠教學與管理

在教學與管理方面，分為講學、點名出題、看課卷、定等第、巡齋、與接見院內外學生。原「五日一課」，諸生聚會於講堂之制，光緒 5 年 10 月起，改為每十日升堂講學一次。課考時間則改於每月初一、十五兩日，每逢此日，他朝食畢即出講堂升坐，點名後出題，令學生寫答。有時點名堂課後，「即設公膳，院生四十人會食（聚餐）。」(5.11.1) 他每天看課卷十至百本，定等第，有獎懲，如「稽考諸生日課，牌獎十餘人，申飭七人」(5.7.25)。為督促學生讀書，每月巡視四齋舍一至三次，白天或晚上，稽課講書，有問難，也有講書，如「巡四齋，考課，午飯後會講堂講經，諸生來問者多」(6.4.10)。「巡四齋，唯東下齋多勤學，發教獎之」(6.8.29)。發現齋裡多生面人，責令齋夫遷出。有一次在西下齋發現多居雜人，但肅靜規矩，他也不忍心趕人 (5.7.22)。「今年尚未巡齋舍，飯後往視，諸生及院外生同居者七十五人，皆整飭，無一放蕩者。」(7.6.8)

另一個重要工作是接見院內外學生，不定時，大致王氏以其住宅為中心，諸生自由入見問業，並個別呈繳日課，人數與時間不定，王氏皆一一解說，講畢或留飯。故師生感情融洽，有敬愛之風。計自 5 年 (1879) 一月至九月間，除一般門客外，王氏經常「竟日皆有問業者」，最多時竟達十餘次五六十人，也就是學生分批前來請業，每批數人。也有錦江書院的學生來請教者。其繁忙不言可喻。他此年 6 月 3 日寫道：「日力猶不足，甚竭蹶也。朝對百客，日答百函，殊非易事」。

關於尊經閣圖書管理方面，他發現殘缺零亂，限令舊管書生月內將存書退繳驗收，如有遺失，依定例每本罰銀三兩，由監院借抄補充，並停發二管書生二月份膏火。(5.2.9) 經處理後，「上閣檢書，六匱幸已齊全，收鑰自掌之」。(5.2.27)

院生等有偏差行為，立即糾正，如有學生告齋夫，他認為不妥，牌示

諸生：「如有列名公呈者，即為多事，必屏院外，冀以挽薄習」(5.2.17)。有一學生被人京控，匿居院中，令即移出，以免吏役登門。(5.7.13) 齋夫與院生長工鬥毆，齋夫受重傷將死，令監院處理。(5.8.24)「昨日捕獲之盜賊，夜凍而死，監院齋長未免草菅人命，余亦失檢，……不意諸人鹵莽如此。」(5.9.24) 於舉行鄉飲酒禮時，張楊二生忽然狂罵，一堂錯愕，被降為附課生，自罰月費一個月，即日移出書院，待改過後再議。同時也自罰為師之過酒銀十兩，並牌示諸生此事經過。(6.8.12) 對諸生好管閒事，亦認為不妥。出示：「諸生入院，宜專心習業，不問外事，自去年二月到館時，明申禁約。……頃與諸生極論此事，齋長猶曰未聞，恐諸生不曉此意，或明知而陽昧，故特牌示。其在外違約者，本不稽察，但有經長官告知，院冊即行除名，以遂其踴躍奮發之志。」(6.12.5) 學生間亦有不和者，如廖平和張、鄧、戴四位優秀學生不和，「余無以定，知人其難矣。」(6.11.21) 又如楊銳與張祥齡不和者四年，同學不解，後二人置酒修好，王氏欣喜，謂「此乃為學之效也。」(7.2.15)

院生人數原定百名，但時有增減，由於王氏認真教學，院外慕名而來者亦眾，據他批改課卷數按月統計，光緒 5 年 (1879) 初院生仍約百人。7 月後續增新生數批約三四十人，9 月鄉試，院生宋育仁、廖平、吳聖俞等 23 人中舉而離院，(5.9.8) 留約 66 人，10 月中學政送來清單，留諸生 200 人，增加一倍。此外，院外生慕名來見及來應考者，於 5 年 6 月時就逾數百人。[41] 院生大半住在書院，享有月費與膏火，可維持生活。此外，書院有位專門醫生名叫魯詹，可為書院全體員工診病，保證學生的健康。

諸生於王氏殷勤輔導下，多勤慎力學。著作甚豐，王氏擇其中之佳者，刻印【尊經書院初集】12 卷 164 篇，其中，易、書 18 篇（內山長 2 篇），詩 28 篇（內山長 2 篇），周禮 2 篇，禮經 12 篇，春秋 12 篇，禮記 11 篇，札記與論語 8 篇，爾雅、說文、孟子 20 篇，史、賦、詩 23 篇，詩、騷、表、議、書 16 篇，贊、論、連珠、箴、碑 14 篇，[42] 內容包羅萬象，且是

---

41　《湘綺樓日記》，5 年 6 月 10 日。
42　【四川書院史】，頁 235。

師生共同的創作，其親密之情，他本人的感受是「近世所難覯者」。於諸
生印象，尤以楊銳、張子紱、范溶、廖季平為最佳。廖生尤特出，除時以
公羊請業外，曾告訴王氏思作機器代牛挽自流井鹽井，[43] 足見其富有改革
與創新精神。楊、廖二人後來之成就，於尊經書院時已露其頭角。

### ㈡師生互動

　　王氏以身作則，亦師亦友，與學生關係良好。除經常接見院生外，於
升堂講學之日，於食堂設席，與諸生會食，行禮或論治家持身之道，如光
緒 6 年 3 月 20 日，「補開堂課，晨出點名，諸生皆設拜，衣冠濟濟，甚
整肅也。書院有相敬之風，然後知王道之易」也。最多的一次會食設十八
席，丁督及司道知縣等均來參加，至下午一時始散。(7.2.1)

　　王氏第一次返湘探親，有學生三十餘人送行，開船後還有學生同行
七里，及一路送禮者。(5.11.16–17) 回到書院時，「院中上下人等，俄頃
皆集，紛紜兩時許。」(6.3.15) 以後二次皆同。有一次，學生二十餘人公
宴，大設歌筵，「余以儒生宜開闊，不之阻也。」(5.5.4) 有時王氏亦「作
粥飴院中諸人」。院長生日和節慶，都甚熱鬧。如云「院中為我祝壽，陳
設甚盛，燈燭花爆，所費甚大，諸生及官員也送禮物。」(6.11.28) 7 年 2 月
29 日，夕食畢出堂，「聞齋中誼譁聲，乃豐兒與諸生食飲。余前年頗能令
院中清寂，自豐兒來，諸生情益親，而時譁笑聲聞於外」。「夜與諸生小
食，果酪、餅餌等果子，費四千錢。」(7.5.5) 同年 8 月豐兒在返湘途中病
逝（年23 歲），院中設靈位，院生公祭行禮，送輓聯，痛哭失聲。(7.8.19)
可見，書院一若家庭。

　　謝師宴，亦常舉行，光緒 5 年鄉試，院生中試者23 人，其中 16 人
「公宴余於二仙菴，魯詹（醫者）為客。……院生於我皆親愛，近世所難
覯者。」(5.9.30) 翌年，「院中諸生 60 人修去年故事，會宴於內齋，設戲
終日，余因飭廚辦設一席，補去年陪媒之局。」(6.5.4) 甚至有秦姓學生取
妾，請他飲酒，他還隨機講為妾之道。這位學生為他介紹婢妾，看了三次都

---

[43] 《湘綺樓日記》，5 年 3 月 27 日。

不滿意，有一次「秦生迎四女，待余擇之，其中杜姓女似可為」。(5.9.20)
但杜女要求以彩鳳轎來接，乃拒之。(5.9.22) 最後也取了一妾，如云：「午
令妾女治具，邀張三嫂一飯，辭不至」。(6.7.15) 又云：「妾女出看腳神
（戲名），在院僕嫗並出。」(6.10.1) 足見書院並非女性禁地。

### ㈢物質及精神生活

　　書院內的物質及精神生活，相當充沛，多采多姿。王氏的收入甚豐，
年薪最少 1,400 兩，(6.10.5) 另外替人看稿，僅光緒 5 年就收二次「潤筆
費」，每次百兩。還有人以百金求見，他說此人必非有用之才，待調查。
此外，丁督年節送米炭等禮物，院生亦有送贄禮者。自 5 年 2 月至 7 年 2
月，他寄銀回湖南老家七次，每次百兩至四百兩，共計 1,600 兩。這都不影
響他在書院的生活品質。且有很多學生向他借錢。(5.7.10) 如「錦芝生借三
百金，以百金自用，百金與景韓，共用五百金矣。」(6.12.23) 出手大方。
他的住所分為內齋（臥房）、外齋（客廳）和正房（書房），還有其他房
間供豐兒和汾、滋二女同住，他指導他們讀書，請劉嫗照顧起居生活。他
常外出訪友、郊遊，交通工具是昇（由人力夫背）、轎和馬，他養有三匹
馬，有馬夫，自喻是善御者。「二日薄暮，騎訪陳仲仙，還而馬驚不肯入
內院，幸習馬，否則失禮矣。」(6.7.2) 院裡廚房用石炭為燃料，照明除臘
燭外，全院有油燈 78 盞。生活資源豐富，所以歲末自我檢討：「起居飲食
較常侈汰，而功課（他規定自己每日抄經一葉讀唐文一篇）較常減少。」
(7.12.29)

　　精神生活方面，有生日娛樂、鄉飲酒禮、祭魁星、游山玩水等活動。
如「豐兒生日，招幻人作戲竟日，諸生設食，至午夜始散。」(6.8.5) 院中
為王氏祝壽，「九點至內院受賀生日，出講堂，諸生拜畢，范教授、王心
橋及冉、毛、薛三監院等出賀，或為我設燭中庭，及院外諸生，共設三席，
至下午二點客始散。晚上諸生外設六席，縱飲亦歡。」(6.11.29)「同鄉二
十人為我補作生日，設四席，唱戲，上午九點至下午七點始散，費兩百千
錢。」(6.12.25)「除夕料理歲事，暮設二席，邀諸生入會食，夜復飲。」

(6.12.30)「生日，院生欲公宴祝賀，於二十八日出遊迴避，二十九日晚始返。丁督邀入督署，司道縣官員皆來賀。」(9.11.29) 多麼快樂！

從祭禮及鄉飲酒禮等活動，亦可看到尊經書院和錦江書院的關係。「祭尊經閣先師（孔子），文武同鄉依次聚集，推我主祭，畢，還院。」(5.2.8)「與諸生演釋奠禮及鄉飲酒禮凡二次，手腳生疏。」(6.8.10)「行鄉飲酒禮，請錦江院長主持，諸生至者四十餘人，齊之以禮，甚為整肅。」(6.8.12)

魁星是掌管文運的神，蜀俗有祭魁星的活動，「今日請魯詹治具，院中祭魁星，設二十席，請八學官及諸生百餘人會飲。」(5.7.5)「錦江書院祭魁星，設飲，往會。」(5.7.5)「院中燃燈七十八盞，以祭魁星，姑從之。」(5.8.1)

書院對社會並非封閉，他每日都接見來訪外賓，書院食堂也有條件對外開放，如「今日（好友）翰仙借院中設席，歡送友人，至午夜始散。」(5.7.12)「藩使請宴，三書院山長及十營官同來，可謂文武大會。」(7.1.9)「有人欲借院中迎娶，恐男女客人太多，不可。」(7.2.25)

除了答訪朋友外，師生亦常遊山玩水，「尋春西城」(5.3.12)，「巡四齋，學者多出游矣。」(5.3.30)「三月三十日至巫山，行十五日，四月中回書院。」(6.3.30–6.4.15)「十五日晨，呼昇夫，將游丹景山，看牡丹……一路坐昇，偶亦騎行，至二十一日下午始返院。」(7.3.15–7.3.21) 9年8月，陪丁寶楨總督遊山玩水一整月。一路開懷暢談，不亦樂乎！

### ㈣王氏去留的矛盾

王氏自評：「余行甚端，而言不檢，以端故無咎，以不檢，故多謗，良友屢箴而不能改」(5.5.27) 由於好批評官員，常得罪人，謗亦多。心理上總覺得形單勢孤，而屢有辭職之意。如光緒5年10月7日他記道：

　　昨與丁公言天地閉，賢人隱，聖人作，萬物睹。聖則吾不能，賢則
　　未敢自謝。當今之時，非獨總督非隱，主講亦豈可為隱歸與？老糠
　　可然（燃），不必吹藜，今年若不成行，明春定當還里。

同日與朋友（鄧）彌之書訴苦，亦有辭職之意：

> 講席非可久居，一日不勝其勞，僅可一年留去，思而去之，上之上也。丁公處尚未辭。

又與其妻書云：

> 家嫂（眷）皆不能來，久留山中，亦復岑寂，擬於十一月十六日起程還湘。

如前所述，他於此 11 月 16 日如期起程返湘，這是第一次。行前尤留章程十餘條，交新監院遵行，又立齋長及書局（即刻書局）管理事宜，書院事務則請將軍都統丁价藩照料。[44] 由於丁督與學生的挽留，光緒 6 年 3 月回到書院。7 年 8 月「督府令鹽道定明年講席，辭不受聘」(7.8.25)，10 月再度返湘，一拖就一年半，在丁寶楨來函屢催後，於 9 年 (1883) 5 月 16 日，重返尊經書院。這時的學政為邵積誠（實孚），[45] 兩舊監院中，毛在薛去，新來一姓王者。[46] 十月設分教，[47] 人數未詳。作為院長的他，仍包攬一切。不過，這次王氏採取與以往完全不同的觀念與態度。口頭上雖強調安貧樂道，但在充滿酒食聲色，講究勢利的官場文化中，他銳氣消減。9 年 8 月，他與丁督游山玩水一整月，相談甚歡，但論及人事，又生欲辭又留的矛盾。5 日他寫道：

> 與榘公（丁寶楨）談人物及院中事，便言不可再館之意，以求賢忘勢之雅，而俗人以為嗜利偏私之陋，久交如翰仙且與司道比而疑我，蓋財之中人者深，而貧士之不能自振也久矣。故非辭幣（不加薪）不足以示廉，非留蜀不足以明節……余今年處事，殊異往日，漸有巧言如流之效。

所謂殊異往日的態度就是「倦於誨」(9.10.7) 與「溫良恭儉讓，絕口不談人事，以救前失」(10.5.20) 的遁世思想，難怪「院務如亂絲，頗難料理」

---

44　《湘綺樓日記》，光緒 5 年 11 月 16 日。

45　邵積誠，字實孚，號怡璞，福建侯官人，1868 年進士，光緒 8 年 (1883) 12 月為四川學政，1895 年貴州按察使，及布政使。魏秀梅，【清季職官表】，頁 923。

46　《湘綺樓日記》，光緒 9 年 5 月 19 日及 6 月 15 日。

47　《湘綺樓日記》，光緒 9 年 9 月 29 日及 10 月 27 日。

(10.6.29)。在這期間，他曾二次請辭，而皆為院生稟督署挽留。(10.7.1) 但光緒 11 年 9 月鄉試，院生中舉者多為通材，「深喜教學之功」。[48] 光緒 12 年 (1886) 1 月，訓示諸生，為學在得師而非從師，決心離開書院，[49] 3 月返長沙，4 月丁寶楨因患麻痺症不治身死，他不再返回四川，而主講長沙校經書院。

## 四、王氏離蜀後的變遷

王氏離蜀後的情形，據胡昭曦【四川書院史】，尊經書院繼續有山長主持，先是由監院薛華墀代理山長一年。1887 年由伍肇齡接任。伍氏為四川邛崍人，進士出身，翰林院庶吉士，曾任錦江書院山長，與王氏常有往來。於其所編【尊經書院課藝二集序】中說，尊經書院創辦「十餘年來，登進者，歷科轉盛，風會所趨，人皆知讀書之有益矣」。[50] 可知尊經書院之教學活動不斷。但偶爾也出現脫序現象，如 1892 年時，有「聚賭內室，放馬講堂者」，時任襄校之廖平言於學政瞿鴻禨，加以整頓，始有復興之象，然亦以此遭忌。翌年因書院內有朋黨之爭，廖平乃憤而辭職。[51] 1896 年由原任錦江書院山長的江蘇寶應人劉岳雲出任。劉氏編寫【四川尊經書院講義】，講解「聖諭」、【四書】、【五經】，認為學之大要在經師家法。在他領導之下，尊經書院仍依舊規。每十日聚院生一會講堂，講學問難。[52] 1897 年，改由宋育仁接任，宋氏四川富順人，14 歲時即入尊經書院讀書，也是王闓運喜歡的學生之一，1893 年舉人，1895 年狀元，具有新思想，和潘祖蔭、鄧鎔、吳之英、廖平等在尊經書院裡辦「蜀學會」，續

---

[48] 王代功，【清王湘綺先生闓運年譜】（下簡稱年譜），（台北：商務印書館，1978 年），頁 130。

[49] 【年譜】，頁 130–131。

[50] 【四川書院史】，頁 235。

[51] 【四川書院史】，頁 274。

[52] 【四川書院史】，頁 235，由尊經書院於光緒 22 年刻印的【尊經書院講義】，現藏西南師範大學圖書館。

辦【渝報】及【蜀學報】，宣傳變法維新，主張廢八股，改試策論，講實學，興辦學校，給院生注入新的學習內容。[53] 最後一任山長為杜嗣蘭，時在 1902 年，杜氏曾任溫江教諭。但翌年即改為大學堂。[54] 旋於 1908 年改為高等學堂，學堂門口仍採用尊經書院的對聯：「考四海而為雋，緯群龍之所經。」其監院住所則改為教育總會。[55] 是年有高等學堂畢業生普通班 8 班 308 人，優級師範 19 人。[56] 可見原書院的規模可容納數百人。1910 年改為四川存古學堂，廖平為校長。1912 年改為四川國學院附屬國學學校，1913 年改為四川國學學校，1919 年改稱四川公立國學學校，1927 年改為公立四川大學，1931 年與成都大學及成都師範大合併為國立四川大學。[57] 1938 年程天放任校長時，校內地方色彩甚濃。[58] 1943 年，黃季陸為校長，他回憶說，當時仍保留「樸實敦厚」學風。這與尊經書院山長王闓運及存古學校校長廖平有關。舊日鑽研古籍的國學大師仍在，在錦江邊可以遇見穿長袍，邁方步的學生徘徊吟誦，春節時仍有學生向老師行跪拜禮。抗戰時中央研究院史語所所長傅斯年，思與川大合作，老教授不表歡迎，有人說，「傅先生中文不通，讀古書句讀都弄不清楚」呢！可見尊經書院的遺風猶存。[59]

## 五、結　論

尊經書院，前有張之洞之經始，後有王闓運之耕耘，二人皆以身教，倡節義，尚廉恥，講實學，主致用。王氏且以濁濁之清，貶論當世。二人

---

[53] 【四川書院史】，頁 236。

[54] 【大公報】，光緒 29 年 8 月 19 日。

[55] 傅樵村，《成都通覽》（宣統元年），冊 2，頁 21。

[56] 《成都通覽》，冊 2，頁 63-64。

[57] 【四川書院史】，頁 309，〈四川大學沿革圖〉。

[58] 王萍、王正華，〈程天放〉【中華民國名人傳】，（台北：近代中國出版社，1985），頁 460-477。

[59] 黃季陸，〈國立四川大學—長校八年的回憶〉，【黃季陸先生論學論政文集】，（國史館，1986 年），頁 1742-1744。

均欲力救頹風，挽狂瀾於既倒。惟思以教育改造政治社會，難有立竿見影之效，然教育百年大計，尊經書院於四川人才培養及全國學術風氣，實有深遠影響。可從三個方面去解說。

第一：清代書院至清季時有 3868 所，四川有 383 所，在全國 31 省中，排名第二。惟只重考課，甚少講學，且學生所習，皆為八股制藝，不及經史實學，即令著名書院如長沙嶽麓書院，亦課時文。同治間，胡林翼在湖南建箴言書院時，曾國藩建議他「宜擇精帖括制藝者為師，不宜求古。」[60] 可見一般。故張之洞於〈尊經書院記〉中感嘆曰：「今天下之書院，不溺於積習者罕矣。」湖北的經心書院和尊經書院一樣，都以阮元的學海堂為模式，重新建立純粹以經史古學為研究對象的書院。這種風氣亦影響部分四川書院。他以後在山西創建的令德書院和在廣東設立的廣雅書院，都本著這一學術化的原則，不反對學生參加科舉考試，但絕對不課時文，而鄉試中舉者甚眾。稍後在湖北所建的兩湖書院，參酌西方學堂制度，故在清季的書院改革上，他佔有重要的地位。

第二：最近出版的【張之洞全集】，附有一個張氏著作刊本調查，其中【書目答問】、【輶軒語】（偶附刊〈尊經書院記〉），各有約二十個版本，包括：手寫本、木雕本、本刻活字本、石印本、鉛字本和袖珍本。出版者有他的弟子、地方官員、學者、出版家和藏書家等。出版時間從 1875 年至 1926 年。出版地包括四川、北京、天津、上海、湖北、湖南、貴州、山西、陝西、山東、廣東、福建等省，「傳播的十分廣泛，影響巨大」。[61] 1942 年，程天放還利用川大保存的尊經書院存古堂三個板片修補重印，以廣留傳。

由尊經書院刻書局刻印的學生課藝，共有四個文集：一是學政譚宗浚選編的【蜀秀集】(1875)，9 卷 359 篇。二是山長王闓運選編的【尊經

---

[60] 王德昭，【清代科舉制度研究】，（香港：中文大學出版社，1982 年），頁 103，111。

[61] 苑書義、孫華峰、李秉新主編，【張之洞全集】，（河北人民出版社，1998 年），冊 10，頁 10831–10837，〈刊本〉。

書院初集】(1885)，12 卷 164 篇。三是山長伍肇齡選編的【尊經書院二集】(1891)，8 卷 92 篇。四是山長劉岳雲選編的【尊經書院課藝三集】(1897)，8 卷 58 篇。這些文集的木刻版，以及【輶軒語】、【書目答問】、【尊經書院記】的刻版，現在都藏於四川大學圖書館。[62]

　　川大畢業生胥端甫云：「南皮張之洞……奏設尊經書院……一切章程手自訂定，著【輶軒語】、刻【書目答目】，教蜀士以讀書方法，四川人士研究學術之風氣於是復興」。又曰：「自王湘綺主講成都尊經書院，經今文學始由湘入川，士風文風為之一變，是與文翁之化蜀，又未始不可同年而語哉」。[63] 錢基博也說，「五十年來學風之變，其基發自湘之王闓運，由湘而蜀，由蜀而粵而皖，以匯於蜀。其所由來者漸矣，非一朝一夕之故也」。[64] 其後湘綺高弟子廖平對其師之公羊學，更有所發明，後以「今文學」傳康有為，康加以闡發而有託古改制之說，推動政治革新，張氏弟子楊銳亦參與其事，導致戊戌政變之發生，也就是尊經書院透過學術傳播，發揮了對全國學術和政治革新運動的影響。關於康有為如何受到廖平的影響，據說，康在北京翰林院編修沈曾桐處看過廖的【今古文考】，贊同一些觀點，1890 年春回到廣州，悉廖平應張之洞之邀訪問廣雅書院，住廣雅書局，前去拜訪，交談中，康對今文學也有批評，廖另贈【知聖篇】與【避劉篇】，康亦不甚同意。數日後，廖回拜，終於說服康秦始皇並未消毀先秦之六經，康為之折服，從此棄舊說，成為堅定的今文學派。稍後在萬木草堂撰【新學偽經考】與【孔子改制考】二書，觀點與廖雷同。[65]

　　第三、為四川培養眾多人才。估計至少二千餘人，他們雖不必都依照張之洞原來的創設宗旨，學成歸鄉里講學，移風易俗。在學術思想上，雖

---

[62] 【四川書院史】，頁 245。

[63] 胥端甫，〈王湘綺與尊經書院〉【民主評論】，卷 11，期 2（1960 年 1 月），頁 20-22。

[64] 轉引自呂實強，〈王闓運〉，同上書，頁 62。

[65] 隗瀛濤，【維新之夢—康有為傳】，（成都：四川人民出版社，1995 年），頁 96-97。童強的【康有為傳】也持同樣的觀點。但【康南海先生自編年譜】未提與廖相會之事。

有崇古趣向，但不乏倡導維新和主張革命者。【四川近代史稿】說：「尊經書院成為培養四川人才的搖籃」，統計「尊經書院從 1875 年建立到 1902 年改為四川省城高等學堂的 29 年期間，培養了許多優秀人才，對四川乃至全國都產生了重要的影響。」[66] 胥端甫據毛一波〈蜀中文士〉一文，舉其著者有廖平等五十一人。謂彼等「或受業於尊經書院，一秉師承，或次為後進，亦有私淑之雅，皆直接間接與尊經書院發生關係者」。[67] 茲舉其與尊經書院有密切關係之十二人，以見一般：

楊銳 (1857–1899)，四川綿竹人，1875 年入尊經書院，為張之洞所謂「五少年」之一，1885 年舉人，其後隨張之洞於兩廣總督及湖廣總督幕府工作，其間兼兩湖書院史學教習。1889 年張之洞推薦應經濟特科，考取內閣中書，與劉光第、譚嗣同、林旭充任軍機處章京，參與新政，並在北京創辦蜀學堂，政變失敗，棄市。[68]

廖平 (1852–1932)，原名登廷，字季平，1875 年入尊經書院，為張氏「五少年」之一，1879 年舉人，1890 年進士。曾任尊經書院襄校和都講，1898 年前後任井研來風書院山長，倡導維新。1910 年任四川存古學堂校長。[69] 著有【今古學考】(1886)、【三巴金石苑目錄】一卷、【經難經釋補正】（北京：中國書店，1985 年）等書 120 種。是近代兼通經今古文學的名家，[70] 如前所述，亦是影響康有為的一人。

張森楷 (1858–1928)，字式卿，早年就讀錦江書院與尊經書院，是王闓運的學生。1925 年執教於成都大學，著名歷史學家。著有【通史人表】、【二十四史校勘記】、【史記新校注】等書。[71]

駱成驤 (1865–1926)，四川資中人，15 歲入尊經書院，1893 年舉人，

---

[66] 轉引自【四川書院史】，頁 246。

[67] 轉引自胥端甫，〈王湘綺與尊經書院〉，頁 20–22。

[68] 【清史稿】，卷 464，列傳 251，頁數 2744–12745。謝放，【中體西用之夢—張之洞傳】，頁 44。

[69] 謝放，【中體西用之夢—張之洞傳】，頁 44。

[70] 李耀仙，【廖平與近代經學】，（成都：四川人民出版社，1987 年），頁 10。此書對廖平的經學作了詳實的介紹和分析。

[71] 【百年名校—四川大學】，（成都：四川大學出版社，1996 年），頁 130。

1895 年狀元，戊戌維新時期在京參與創辦蜀學堂，講習新學。1912 年任四川高等學校校長，及高等學校改制時，任四川大學籌備處處長等職。[72]

宋育仁 (1857–1931)，四川富順人，1875 年入尊經書院，1882 年舉人，1886 年進士，翰林院庶吉士，曾任資州藝風書院山長，倡導維新，1891 年著【時務論】，系統地闡述變法主張，1894 年 5 月出使英法意比四國，留心觀察歐洲各國政經文教制度。1895 年著【采風記】，介紹西歐各國政情風俗，戊戌時期任尊經書院山長，辦「蜀學會」、【渝報】、【蜀學報】，宣傳維新。[73]

吳之英，四川名山人，1875 年入尊經書院，1881 年貢生，後在尊經書院及其他書院任教，精研經史文詞，參與創辦蜀學會。[74]

劉光第 (1859–1898)，字斐村，四川富順人，錦江書院肄業，1882 年舉人，1883 年進士，刑部主事，與楊銳等為軍機處章京，參與戊戌政變，為六君子之一。[75]

向楚 (1880– )，字仙喬，四川巴縣人，舉人出身，國立成都大學教授，大同中國文學院院長，四川省教育廳廳長，四川大學文學院院長。[76]

謝无量，字通用，四川梓潼人，廖平的弟子，1912 年任四川國學院院長，廣東大本營秘書，雲南陸軍大學及吳淞中國公學教授，1931 年國民政府監察委員。[77] 四川大學教授，中央文史館副館長等職。

傅增湘 (1872–1950)，四川江安人，1898 年進士，翰林院編修，袁世凱的秘書，直隸提學使，北洋女子師範學堂總辦，憲政編查館諮議官，1917 年教育總長，徐世昌總統顧問等職。[78]

---

[72] 【百年名校—四川大學】，頁 131。

[73] 【四川近代史稿】，頁 278–282。

[74] 以上駱、宋、吳三人，見謝放，【中體西用之夢—張之洞傳】，頁 45。

[75] 橋川時雄，【中國文化界人物總鑑】，（北京：中華法令編印館，1940 年），頁 673。

[76] 【中國文化界人物總鑑】，頁 122。

[77] 【中國文化界人物總鑑】，頁 761。

[78] 【中國文化界人物總鑑】，頁 53；【天津近代人物錄】，（天津市：地方史志編修委員會，1987 年），頁 352。

張瀾 (1872–1955)，字表方，四川南充人，1902 年入尊經書院肄業，成績優異，翌年被選送留日，入東京宏文師範學院，1906 年任成都東文學校監督，1926 年至 1930 年，任國立成都大學校長。為著名教育家和社會運動家。[79]

蒙文通 (1894–1968)，四川鹽亭人，四川存古學堂及四川國學院就讀，廖平的弟子，1927 年及 1929 至 1930 年，為四川成都大學教授兼中文系主任，1937 年以後，任四川大學教授及教務主任，河南大學及北京大學教授等職。[80] 著有【廖平先生傳】等書。

由上所見，確知尊經書院是清季四川培育人才的重要場所。張之洞提倡於先，王闓運苦心經營於後，二人均功不可沒！

關於誰是四川大學的前身問題，【百年名校—四川大學】的作者從近代新式教育的觀點，認為四川大學建校的前身是創辦於 1896 年的中西學堂。而且強調是經過許多專家學者研究後一致確定者。[81] 我倒同意胡昭曦和謝放的看法，認為尊經書院才是四川大學的前身。理由有五：一、尊經書院自創設之年起，一直是四川彙集全省精英的最高學府。二、尊經書院於 1903 年改為大學堂，及 1908 年改為高等學堂時，仍舊是全省最高學府。三、1927 年由尊經書院及錦江書院系列合併出來的大學，已用「公立四川大學」之名，而由中西學堂演變出來的，名叫國立成都大學。直到1931 年，三校合併為國立四川大學，1943 年黃季陸為校長時，還說尊經書院的「樸實敦厚」遺風猶存。可見他認同尊經書院為其前身。四、中國歷代所建的書院甚多，但壽命都很短，無人能寫出一所書院的完整歷史。尊經書院能保持 29 年連續不斷的經營紀錄，且有翔實的教學管理、師生互動、與書院生活等紀述，是一篇活的書院史，在歷代書院史中，實屬罕見。五、一所學校的發展，從傳統到現代，貴在歷史的連續性，不宜以新學舊學為界線將之切斷。【百年名校—四川大學】的〈人物篇〉，亦介紹

---

[79] 【百年名校—四川大學】，頁 109–115。
[80] 【中國文化界人物總鑑】，頁 666；【百年名校—四川大學】，頁 134。
[81] 張廷茂，【百年名校—四川大學】，頁 12–17。

了尊經書院的學生楊銳、廖平、張森楷、張瀾、駱成驤、蒙文通等人，以他們為四川大學之光。若不承認尊經書院為前身，何以如此？所以我認為尊經書院是四川大學的前身。

# 文廷式遺稿《知過軒譚屑》之史料價值

王爾敏

## 一、緒　言

今年 (2004) 是先業師郭廷以先生百歲冥誕。實自去年 (2003) 內，我自己在台北《漢學研究通訊》發表拙文〈郭廷以先生與中國近代史之學術建樹〉乃是一個默默懷仰紀念，表達我私自的感恩與崇敬。而寫作自更準備得早。是 2002 年冬至日所草成。不久就在 2003 年 4 月奉到近代史所陳永發所長通函相約，所中為共宗紀念郭廷以所長百歲冥誕，以表彰其辛苦創所，領導學術，培育後進，開建學風之勞勩，設想出一本同仁回憶錄式的一門實錄。我自欣然接受所囑，作一個訪談紀錄，此書已於 2004 年 4 月問世，題稱《郭廷以先生門生故舊憶往錄》，達六百餘頁。近代史所之群策群力，共襄盛舉，表現了一個學術團體的合作精神。

同時期在 2003 年中，師範大學我的同窗學長李國祁、呂實強、張玉法、張朋園、陳三井、魏秀梅等，也要集合量宇師門人，共同協力作一個學術論文集，以各人研治專長，呈獻紀念量宇師百歲冥誕。幾位熱心學長號召，我自心願附驥，也可報答師門諄諄教誨之恩。

今當同門學長等合力同心為紀念量宇師教誨之深恩厚愛，將各用心寫作論文結成學術論文紀念集。吾從同輩賢哲之後，思考切於量宇師教誨之實例者，生平中可以選作文廷式手稿《知過軒譚屑》以為個人之謹記師

恩。這也可以代表業師對門人學養的培訓。有一點背景只有王聿均先生一人知道，我亦封藏至今，此文完成後一定先交王先生一閱，以證明我非任意編造。而以此文用作紀念量宇師之領導學術，注意史料收藏之用心，備見篳路藍褸情況。自具一定意義。

　　郭廷以業師開建近代史研究所，以經費之不足，圖書設備，毫無可恃，只靠我等幾位學長呂實強、李國祁、賀凌虛到各大圖書館抄錄書目。王聿均先生在所中提調一切。也曾借閱他校一、二種書，立即就被收回。資料取得是何等困難。其時量宇師盡心努力向藏書家商借一些書籍資料供近史所抄錄參閱。在此情況下，量宇師借到《知過軒譚屑》交王聿均先生拿給我抄寫。這本手稿不到一萬九千字，是文氏手稿。我慎重抄寫，其中有塗改刪削文字，我亦儘量保存，將刪削文句以每字旁加一圓點標出。只有一些完全塗黑不能辨識者方不抄入。以六百字稿紙抄三十三頁。從文中看出這是原手稿之二、三兩卷。文氏在書中有云：「岑毓英之為人，駱文忠（秉章）所謂：蛇蝎之性者也。陰險特甚，而善事在己上者。其遣子至合肥而親執贄，余已記之前卷矣。乃其子尤軟媚，趨承禮親王門下，如僕隸然。」[1] 由此文句中，得知前有一卷，無足疑也。吾本認真抄錄，而王聿均先生前來收回原稿，似須匆匆送還原藏書人。而所抄之本，則竟存我處。量宇師並未再有提及。王聿均先生亦不再提。我保存這一抄本直至今日。

　　說及此情已是四十年前之事。所幸三十年前我所敬重的史家老前輩趙鐵寒先生編纂出版《文芸閣先生全集》全十冊，台北文海出版社印。以為文氏身後第一個全集。其資料根據大部出於清史名家李宗侗教授的收藏，多為文氏親筆手稿，十分珍貴。所惜並未見收錄《知過軒譚屑》。十年以前大陸中華書局在 1993 年 1 月刊印《文廷式集》上、下二冊，全 1539頁。[2] 據湯志鈞先生序所言為當今最全之全集，比趙鐵寒本多有超過。我其時有一碩士班門人郭哲任同學就乘此書出版做了文廷式研究，亦將有十

[1] 文廷式著，《知過軒譚屑》（傳抄本），8頁B（複頁以A、B標示正背兩面，下同此例）。

[2] 《文廷式集》，全二冊，汪叔子編，北京，中華書局，1993年1月第 1 版。

年之久。細覽其提示文氏生平著作解題，提到《知過軒譚屑》而不知其所
在。現在引據於次以供考索：

> 《知過軒譚屑》：《易氏藏稿目》著錄藏有稿本一冊，今存佚不詳。
> 按李蘇菲《萍鄉三學者生卒及其著述》著錄有《譚屑》一種，未記
> 卷數。或即同書。[3]

如此介紹，當知《知過軒譚屑》原手稿便為易培基所收藏。易氏為李宗侗
教授外舅，趙鐵寒先生所編《文芸閣先生全集》即出此淵源，不知為何竟
漏列此書？當作存疑。惟此書亦未能收入《文廷式集》。吾手中之傳抄本
甚願歸宿於萍鄉文氏後人為優先，或則歸之於李宗侗教授後人。只要二家
一有招呼，吾即將抄本奉寄。

## 二、光緒聖德記

　　文廷式 (1856–1904) 字道希，號芸閣，又號羅霄山人，晚號純常子。江
西萍鄉人，生於廣東潮州，自幼受學於粵省，先後並問學於廣州學海堂、
菊坡精舍。光緒八年舉順天鄉試。光緒十六年 (1890) 恩科中試，殿試獲
一甲第二名及第，授翰林院編修。初文氏在廣州學海堂、菊坡精舍肄業，
已通曉時務，嫻熟掌故。得游廣州將軍長善幕，遂而結識其子志銳、其姪
志鈞成為至交。長善二女亦得受教於文氏。光緒十五年大婚，長善二女選
命為瑾、珍二妃。文氏因二妃之故遂倍蒙主知，每承超擢。遂竭誠以為帝
黨，筆下無不載頌聖德。其所見見於《知過軒譚屑》者，可引據若干以供
世人參考。

### 1.恪遵慈訓

> 庚寅（光緒十六年，1890）冬間，上命製衣。適造辦處官員未值班。
> 上怒，命傳慎刑司，將予杖。太后聞之，召上告曰：造辦處司員曠
> 職，誠當罰。然本朝家法，不輕杖職官。可令該堂官議處。嚴諭御

---

[3] 《文廷式集》，下冊，1528 頁。

前太監曰：皇帝既傳慎刑司，亦不可使無事，誰激皇帝怒者？眾曰：
某某。太后叱令慎刑司杖之。事已，福箴廷協揆曰：太后之慎重家
法，皇上之恪承慈訓，國家萬年有道之基也。[4]

### 2.優容直臣

（光緒十八年）十二月二十一日 (1893.2.7) 御史王濂奏：優伶賤質，
不宜近至尊。有「小叫天」、「十三旦」者，聞嘗召入。又有「俞莊
兒」者，聞尤得親近。此等污穢之人，豈可令其出入宮禁云云。又
謂皇上必不能知此等賤人，度必有熒惑聖德者。奏入。上大怒曰：
不知他還想說甚麼？命樞臣傳入詰問。俄傳入軍機房。張之萬頓足
（原注：與王濂同鄉）曰：你為甚麼參到皇上？遂問其上摺是何意
思。王濂曰：小臣風聞如此，以為有關聖德，故不敢不奏。上又令
軍機問之曰：伊摺中言有熒惑者，試問熒惑者誰？王濂奏曰：臣惟
不知何人，度必當如此。若確知其人，亦必寫入摺中，不敢隱也。
上又傳問，此摺有無主使？何人代撰？王濂奏曰：臣奏稿在懷中，遂
以原稿遞軍機大臣曰：上問主使，此即主使矣。軍機一一覆奏。上
欲即加以罪，軍機為碰頭乞恩。及上請懿旨，乃得寬免。聖朝容納
直臣，可謂盛典。然批鱗敢諫，實與林紹年摺並稱切直之尤矣。[5]

### 3.大臣蒙混弄權為帝識破

在文廷式這本手稿有多處隱情曲折記載，世所未見，於此列舉一項，
具見人事起伏嬗變，翻雲覆雨，險惡難測：

英法使臣薛福成任滿已久，急於求代。時合肥（李鴻章）保列者，以
內閣學士志銳為首。壬辰（十八年）四月奏保者也。當更易美日秘
使臣，時志以詹事應升閣學，連見兩缺，皆不得遷。總署王大臣遂
探上意，以蕪湖道楊儒易之。楊儒素未保列出使單中，忽焉膺命。

---

[4] 文廷式著：《知過軒譚屑》，3頁 B。
[5] 《知過軒譚屑》，7頁 A、B。

時議已怪之矣。是時洪鈞主持，以帕米兒界俄，大理寺少卿延茂劾
之。至冬間，又連為右庶子準良所劾。則以為盡出於志銳也。怨之
甚。又恐其使還之日入總署，足以禍己也。乃固結徐用儀，日夜謀
沮其使英法。至癸巳（十九年）四月，薛事已竣，不能不奏更換矣。
先是英人聞合肥之保志銳，大喜。以為其籍在旗，又上二嬪之兄，
由翰林出身，門第科目，足重壇坫。甚欲得之。洪鈞、徐用儀所謀用
之廣西按察使胡燏棻，任天津道時，英人有交涉事，頗恨其憒憒。
其使臣及領事屢言於合肥之前。四月十七日合肥電致總署，謂英人
不願胡藩（原注：時署廣西布政使），願得一旗員。洪與徐秘其言，
密電致薛使，言中國必遣胡燏棻充使云。二十五日薛回電云：胡藩
事已告外部。並轉稟君主。（原注：此兩電聞竟未呈閱，真欺矇之
至矣。）二十九日遂具奏，以胡充使。胡亦素未列入單中者也。上
震怒，詰王大臣何以先未具奏輒商英國之由。（原注：聞慶邸奏時
以英人願胡燏棻為言。）又責樞臣譯署諸臣蒙蔽。（原注：當時詰
責之詞，樞譯大臣甚秘之，僅於毓慶宮大臣聞此而已。）王大臣始
惶悚無地。上臨極十九年，專委重大臣，至此始深知其不可信也。
都人士皆額手稱慶云。[6]

似此委婉機密關節，文氏何以能知之綦詳。其注中所言毓慶宮，即來自翁
同龢之相告也。文氏手稿中稱帝德之處尚多，或見其寬容馭下，因多見於
小節，不及遍論。惟此當知文氏之為帝黨無疑。至文氏筆下亦多稱頌慈禧
太后，載述甚多。學者宜細心研探可也。

## 三、朝政掌故

我在近十來年退休前後，在大學為博士班開講《掌故學》與《中國古代
典籍》更番隔年講授。七年之中講過三個年次。開講之始先說歷史知識以
吸取掌故為最重要。而掌故並不是故事，世人往往誤用。在本節談及朝政

---

[6] 《知過軒譚屑》，23頁B－24頁A。

掌故，讀者自會明白掌故絕不是故事 (story)。清史研究之難，在於掌故，
不在故事。文廷式生平以詩詞著名，尤其他是晚清詞學大家，與王半塘、
朱古徵鼎峙而為三大詞家。[7] 是文界所公認。但其博通古今掌故，於清代
人之著作典籍有深厚研究並有著作。如要修撰清史藝文志，勢須參考文氏
之書稿。《清人著述目錄》稿本七冊。文氏既久任京官，其於朝政掌故自
然留心，可舉《知過軒譚屑》中之隨手記述，以增常識。

### 1.御門典禮

御門典禮，蔭軒師（徐桐）言之極詳，徐頌閣（郙）師云：余值內
廷三十年，所不及見者此事而已。滿洲閣學無所事事，唯上御門之
日，應以清語讀本。若有刑部勾到本，則以清語敘述案由。今時無
精通繙譯者，即此一端，已不能舉行舊典矣。[8]

### 2.官員罔忽掌故

自來御史職司在上封事，進彈章，卻決不能遞摺奏事。而晚清御史往
往忽此規制，文氏諷其不諳掌故。

近時小小典故，多不由舊章。太常寺奏：禮節務從刪簡，《禮記》所
謂：大禮必簡者殆於近之。又諸臣亦多不諳掌故，有御史而率同鄉
官謝恩者（原注：御史只許封章言事，不能專摺奏事。謝恩誤也。）
有輿轎而直過午門者，有應遞遺摺而不遞者。其餘瑣瑣之事變遷尤
夥。[9]

### 3.科場積弊

科場之弊至今日而極甚。有傳遞者，有換卷者，有出場之後飛信入

---

7 文廷式著，《純常子枝語》，揚州古籍出版社，1990 年 3 月 1 版，錢萼孫（仲聯）
  序。
8 文廷式著，《知過軒譚屑》，3 頁 B— 4 頁 A。
9 《知過軒譚屑》，8 頁 A、B。

謄錄所改易文字者，有俟接場之人將文字入號中始行抄寫者。至於懷挾書籍，連號倩代之類，猶屬弊之小小者也。又如主試交通關節，罪本極重，稍知名節者，尚不肯為之，惟拜房一事，則各自習為故常。每有即用大挑知縣到省，富家子弟先行拜認師生，一得闈差，則先送關節。分房者不過十餘人，大抵各有所私，則互相知照，及薦其溫卷時，必雜以文理謬戾或迂滯晦澀之卷，謂之插花。主司取中者，往往墮其術中。近乃愈趨愈巧，兼與外簾官通同，使某卷必入某手。辛卯科（十七年），余在南昌親見其事。問之江南浙江兩省，其弊亦略同。[10]

## 4.考試試差與閱卷大臣

考試試差，閱卷大臣，向例只開列侍郎以上官，候御筆點派。癸巳（十九年）恩科侍郎以上官列名者僅十三人，遂併內閣學士開列（原注：辛卯已開列，未點派耳）。於是閱卷者有王文錦、志銳，皆閣學也。壬辰年（十八年）散館，命烏拉喜崇阿為閱卷大臣，烏本外班，例不得閱散館卷，亦以人數不足，添派滿洲侍郎由文進士出身者，僅阿克丹、景善、裕德及理藩院侍郎五人。又值班上陵，每遣出一、二人，故遇有校文之役，往往有不敷之患也。

志伯愚（志銳）云：閱卷之時，福箴亭（福錕）告之曰：君初次閱卷，須知各卷中非有大謬，不可粘籤。字畫偶誤，不必計也。自曹振鏞苛求筆畫以來，日甚一日，至近數年乃稍寬矣。又四月初五日部員考試，御史有用耗羨者，耗字作禾旁本不誤，而閱卷大臣陳學棻粘籤以為誤字，抑置十七名，遂不得以御史用，聞者大譁。故福箴亭相國有此囑也。然可謂嘉言矣。[11]

---

[10]　《知過軒譚屑》，4頁B－5頁A。
[11]　《知過軒譚屑》，22頁A、B。

### 5.軍機章京考試

　　凡考軍機章京及總理衙門章京，皆在軍機處閱卷者，則軍機大臣總理各國事務大臣也。不糊名，不易書，故取錄之人大抵可預先擬議，十不失二三也。今年（十九年）五月十二，軍機章京顧璜奉命典廣東鄉試，應傳額外一人。於是又應考取章京。日來奔競者如織。然度其得記名者，早在樞臣心目矣。[12]

　　凡考軍機章京，惟內閣中書及六部司員正途出身者得與。每衙門例只選八人，若不足八人之數，則本衙門盡行送考。然近時仕途壅滯，雖吏、禮兩部願考者亦過十人。內閣則七十餘人，戶、刑部則四十餘人，本衙門堂官先考以論，然後取八人送考。然大致書法文義居半，而情面亦居半。故往往有觖望者。[13]

　　送考軍機者共五十五人（原注：內閣、戶、禮、兵、刑、工各八人，吏部僅七人）。自六月初一起（指光緒十九年）分三日考（原注：初一、初二各十八人，初三十九人）。初一日題：志廣體恭論，出《荀子》。初二日題：激濁揚清論，出顧夷「義訓」（原注：《事類賦》誤引為《尹子》，見汪繼培考證）及《唐書》。初三日題：練迹校名論，出《後魏書》蕭寶寅傳。其實《子史精華》、《佩文韻府》諸書所有。考者即在軍機處限四刻交卷（相當今之一小時）。以一開又二行（原注：二百六十字）為各格。有攜帶類書者，多能點題之出處。所取三十四人，亦不盡關此也。[14]

　　文廷式熟悉本朝掌故，其所載述，不見正史，更遠勝於詞書。詳盡而深細，非親見親知不能如此周備，可供好學之士，採擇以解清代典章制度。凡治清史自當廣為搜羅，傳示後世。

---

[12] 《知過軒譚屑》，26頁A。
[13] 《知過軒譚屑》，26頁B－27頁A。
[14] 《知過軒譚屑》，30頁A。

四、國土甌脫

　　文廷式學識廣博，不拘門類，多有涉獵，並存著述，於史學一門，掌
故之外兼熟地理，著有《元史西北地附考》。是頗熟悉邊疆。在其《知過
軒譚屑》於當世列強之侵佔邊地，深具警覺，隨時勢而有簡單論述，雖未
加詳究，則亦可略悉梗概：

### 1.西北邊地

　　光緒十八年 (1892) 閏六月，陝甘總督楊昌濬奏報英俄兩國分別侵佔坎
巨提、帕米爾。坎巨提是中國朝貢國，帕米爾是西邊領土。坎巨提問題立
即由駐英公使薛福成展開交涉，而帕米爾俄人進佔甚難驅之撤回。因乃成
為中國棘手問題，文氏於當年留下一些主政官員之紀載。

　　　　李少荃相國（李鴻章）於帕米爾事函致總署，以為此地實中國之故
　　　　土，若失之，則新疆西藏皆岌岌可危。洪（指洪鈞）圖為俄人所欺，
　　　　實為大謬。此時必須力爭，多爭一分，則少受一分之損云云。恭邸
　　　　（恭親王）聞之曰：即此一事，足以見老成謀國。前者人或過詆之，
　　　　今當少矣。[15]

　　　　聞新疆巡撫電云：俄人進兵不已，兵士積憤，將與之戰。開釁既關
　　　　大局，久抑其鋒，大沮士氣，邊防尤形棘手矣。楊昌濬請軍械辦邊
　　　　防，恐天山南路自此無寧日矣。[16]

帕米爾之受俄侵奪，乃洪鈞繪圖，誤及邊地，洪鈞戴罪，同官畏悚，終影
響到朝廷修會典圖，文氏與沈曾植皆以熟悉地理而受徵調編會典，總裁官
因帕米爾之受侵，終不敢重新製圖，改襲道光朝舊圖校勘復用。文氏乃記
述其苟且敷衍：

　　　　數年以來，會典館奏請飭各省繪詳細地圖，自是要務。而各省能測

---

[15] 《知過軒譚屑》，2頁 B。

[16] 《知過軒譚屑》，5頁 A、B。

量之人至少，惟廣東省先成，合法。江蘇、浙江亦可望成。而其餘
之不足依用者至夥。請展限之奏，亦相繼達天聽。幾於所向可期，
汗青無日矣。適是時帕米兒棄地事以洪鈞繪圖而誤。達官悚懼。遂
定議一切依舊圖，但以道光一統志略校得失云。余以總裁殷勤咨取
到館，聞明歲當改法速修。沈子培（曾植）云：使總裁為苟，我輩
為簡，固官書之舊規也。可為一笑。[17]

袁爽秋已授蕪湖道（原注：袁昶），余問其帕米兒事。伊亦言，俄
人已得大門，斷無即止門閾之理。或入西藏，或求得新疆，必飽所
欲而後快也。爽秋論事甚明，然在譯署則附和徐（用儀）洪（鈞）
之甚，所以保全官職，無足深論。[18]

楊昌濬、余聯沅奏，俱請起劉錦棠督辦新疆軍務。而總署主持其事，
竟不行。[19]

總署覆奏言地理，謂帕米兒地從來未收入版圖。已屬巨謬。至謂皇
圖（朝）西域圖志，但有塔馬干，無塔馬爾干之地，中國不宜過問。
譯音凡兒爾、特歹等字，自來或多或少，無關宏旨。乃借此為遁辭，
欺罔君上，不知譯署諸臣何昧盡天良至於如此？若非冥昧中有使之
者，則不能逃列祖列宗之責也。[20]

文氏之抨斥總理衙門大臣，乃憑其深厚地理知識。故指出帕米爾唐代已入
版圖，可舉其所記：

帕米兒唐之白米斜川也。英人前言，以圖示譯署時，各大臣茫然不
知其何所指，可歎。[21]

## 2.西南邊地

中國西南藩屬已為英法掠取，而其駸駸內向，連及於擴佔中國領土，

---

17 《知過軒譚屑》，5頁B－6頁A。
18 《知過軒譚屑》，8頁A。
19 《知過軒譚屑》，5頁B。
20 《知過軒譚屑》，10頁B。
21 《知過軒譚屑》，8頁A。

英國勢強，未嘗稍間息。藉印度之名，行侵略之實。文氏亦有所記述。

印度攻野人山，地名息馬。使臣薛福成電云：在中國界內。雲貴總督（王文韶）電云在界外。界內地名息嘛，現安謐無事。界外百二十里，地名息馬，印人方用兵云。然無論界內界外，印度之兵即英國之兵。俄若啟釁新疆以窺西藏，英必借端以窺我滇邊。三數年後，邊事不可問矣。（原注：壬辰十二月十三日記。）[22]

中國商於緬甸者，十餘萬人，幾於與彼國人民相埒。未知英人得緬後將用印度之法治之歟？抑以法人治越南之法治之歟？要之，此時吾民之在疆外者，迫窘詰屈無以自存，尤可念也。[23]

野人山之在滇邊，猶帕米兒之在新疆南路也。過此以往，均無險可扼，自俄人得意於帕米兒，而英人不復肯讓野人山矣。十年前友人黃豪伯（黃楙材）已為余極言野人山之要，且言英人以利誘野番，又以威脅之。必得願而後止。迄今觀之，信可畏也。滇督之才尚優，然邊事則不知勝任與否？聞野人山北境有甌脫千八百里，兼通四川西藏，將來疆場之大患也。[24]

越南遣使到京，言苦法人凌虐不已。仍乞中國保護。不知譯署何以籌之。[25]

## 3.東北邊地

康熙位下凡二十四房，宗室則自稱為二十四門。奕山任領侍衛內大臣，二十四門中所罕有者也。聞其孫溥頤云：出自十四阿哥。余謂奕山為揚威將軍（按此文氏之誤，奕山為靖逆將軍，而奕經則為揚威將軍），不過不能戰耳。惟咸豐八年(1858)任黑龍江將軍時，與俄使木哩斐岳幅(Nikolai Muraviev)會勘定約，巧辭以怵朝廷，遂將黑龍江、松花江左岸由額爾古訥河至松花江海口作為俄羅斯國所屬

---

[22] 《知過軒譚屑》，4頁 A、B。
[23] 《知過軒譚屑》，10頁 B－ 11頁 A。
[24] 《知過軒譚屑》，9頁 A。
[25] 《知過軒譚屑》，8頁 A。

之地。無故蹙地數千里，開東方無窮之患，此則罪不容誅者也。[26]
文氏悲慨激憤之言，自足暴庸臣誤國之甚。而不知鴉片戰爭前期道光皇帝
派奕山為靖逆將軍，督師廣州，以抗英軍，並未接戰受到英軍圍城聲言開
砲轟擊，奕山未戰已嚇破膽，並在三日內向廣州地方紳民籌足六百萬兩白
銀作為贖城。道光尚在飛檄催戰，奕山已棄城退走。抑且在中英江寧條約
訂定，其所付六百萬贖城之款並未從賠款額中扣除。英人直以戰爭額外之
利待之，其在賠款額中扣除江南各處之付銀免攻之款，只有二百五十萬。
此則粵省紳民血汗以為庸劣之將所付出買命之錢。奕山之罪真是罄竹難
書。

## 五、臧否人物

　　文廷式遺稿《知過軒譚屑》之中，所載清代掌故及品鑑人物為最當時、
最親歷，亦記述最多，人物尤其多而不常見，甚有歷史價值。茲特選錄最
特殊稀見者數則，以備學界考校。俱以宦場同官為宗：

### 1.烏拉喜崇阿

　　烏拉喜崇阿字達峯，余鄉試座師也。任兵部尚書。人極長厚，同列
多凌之。惟聞之饒繩武（原注：士端，己丑進士，久館烏宅），則其
友愛不易及也。達峯兄弟五人，惟少者最不肖。其父卒時，呼之至
榻前，囑之曰：汝兄弟數人，某已出繼，某某亦能當差，汝早得科
第，惟五兒恐不能成立，吾以囑汝。則伏地流涕曰：敬諾。父卒之
後，待其弟數十年如一日。其弟異常不才，又善揮霍。達峯年六十
時，弟亦五十矣。其妻謂之曰：叔費家財無已，每年不能存一錢，
君有子，宜為之謀，可自此分析，將來猶足勉立門戶，不然害且不
可勝言。達峯漫應之。既而久不行。其婦又促之，泫然曰：吾當時
跪受遺囑，未嘗定年限也。乃卒不分析。嗚呼！達峯師於世人未有

---

[26] 《知過軒譚屑》，9頁A。

不譏其顛頂者，余亦十年來又不三、四見，然此一節，足以勵薄俗矣。[27]

## 2.孫楫

順天府尹孫楫，貪劣驕縱。自歷任兩廣以來未之有改也。李總督瀚章以其為樞臣之胞姪也，保荐之。未幾擢大京兆。乖謬如故。郝聯薇為東路同知，以事小忤之，訶斥過甚，歸而服洋烟自盡。臘月生日，廣受屬員壽禮，以豐殺為等差。人人知之。及李侍御慈銘劾奏十條，軍機大臣面請上旨，刪去七條，只查三條。而徐協揆、翁尚書亦承意阿護矣。是非之不明，貪庸之得意，詎有已哉！[28]

順天大災，府尹孫楫淡不置意，惟觀劇宴飲是務。於是各屬頗有承其意欲諱災者。近在輦轂，而玩視民瘼如此，前此所未有也。[29]

文氏述言之軍機大臣即當時之孫毓汶，而孫楫則其胞姪。恃有內援，而貪墨不法，置京師水災而罔顧，大臣相與迴護，不免使文氏大失所望。

## 3.文治

文治為內閣學士，幾於十年不遷矣。前者人以內行敦篤保奏，以其廬墓三年也。然其人舉動迂謬，極多可笑。每出門，必錮禁其妻而後行（原注：其妻寶文靖姪女也，自嫁之後，雖兄弟不得見）。類有心疾，如唐李益之妬癡者。其爭鐵路摺，有云聞鐵路而心驚，睹電桿而淚下。僻謬如此，宜為醇邸所劾奏也。[30]

## 4.朱一新

朱蓉生一新之劾李太監，其時尚萌孽耳。數年以來，勢乃愈張，內外各官入其彀者指不勝屈。甚且鬻學政，賣使臣矣。將來之憂，正

---

27　《知過軒譚屑》，28 頁 B。
28　《知過軒譚屑》，10 頁 A、B。
29　《知過軒譚屑》，31 頁 B。
30　《知過軒譚屑》，9 頁 B。

未有艾。友乙山人告余曰：蓉生真便宜，將有大名於後世。余曰：蓉生誠有先識，然恐當擬之為秦博士正先耳。慨歎何極！[31]

## 5.張蔭桓

張蔭桓之許美利堅禁華傭也，粵人銜之次骨。故歸途不敢過金山，而取道英法。又曾於美利堅賠償焚毀華人房屋之款，侵蝕至十餘萬。其與洪鈞之以地媚俄羅斯，厥罪維均。而二人顧不相能，爭權相軋，殆無虛日。然各能不惜財費，以結要人。故乘上之仁厚，肆所欲為，與樞臣挾優聚飲，連日接月。小雅所刺，不意吾親見之。[32]

## 6.梁于渭、劉嶽雲、況周儀

學問之事，所以變化氣質。然有氣質極下者，加以熱中貪財，則狂惑瞀亂，無有紀極。廣東之梁于渭（原注：己丑進士禮部主事），江南之劉嶽雲（原注：丙戌進士戶部主事），所行所言，皆似有心疾。梁則刻行卷謂在母之辰是非紛起，賴恩人之力，始得歸梁云云。及娶韓氏，則訛索錢財，無所不至。又自命宗室，有宗室主事缺出，爭於禮部堂官之前，謂己當補。於是始盡開其差事。梁之講金石，實金石之恥也。劉則與其父不合。其父來京，幾為所驅。又歸病重，發電促之歸。歸則已小愈矣。劉遂回京。適於先數日總理衙門考取章京已畢。劉上書翁尚書，求獨考，不能，則號於人，謂其父特假病以害己也。又嘗於道以車碰人車，訛索賠償。種種可笑，劉之講算術，實算術之羞也。況周儀（即今世人熟知之晚清詞人況周頤）者，廣西舉人，捐內閣中書。其素行猥薄，壬辰（十八年）妻卒，不數月而續娶河南申氏女。申氏頗富。至癸巳（十九年）三月有孕，況乃誣其與人奸私，非己有。謂其妻母曰：與我銀三千，我則承之。否則休棄云云。一時聞者無不駭怪。以為衣冠之敗類。況之講詞曲，

---

31　《知過軒譚屑》，2頁A。
32　《知過軒譚屑》，12頁B。

　　亦詞曲之辱也。此等謬戾之徒，吾懼其小小著述或有流傳於後，特
　　書其十之一二，以正告後人。[33]

閱讀文氏之品鑑同代人物，鮮明嚴正，詞無假借。可謂論世知人，砥礪士
類，表率一代諍言。國家已臨衰頹末世，尚存一分正氣，實是難得。其所
詆議者尚有其他多人，不及備舉。甚望其書傳世，使論史者有所藉手。亦
足為任官治事者，食民貢賦者，借資鑑戒。

## 六、餘　論

　　前節四項領域，分述文廷式《知過軒譚屑》之蓄存史料，雖其書不過
一萬八千餘字，而在此則仍是標舉其特具之資材，已足以看出其價值。

　　除前列四端重點之外，其於京中仕宦之觀劇風氣，亦有可靠提示。前
引光緒聖德，有御史王濂之直指皇帝親近戲子。即可知王室喜愛觀劇，帶
使社會流風披靡。奏中之十三旦（侯玉山）、小叫天（譚鑫培）、俞莊兒
（俞玉琴）俱在光緒中葉成名，乃真人真情真事，非謠播虛傳。當日官場
多有所覺。可舉文氏載述：

　　張丹叔（張聯桂字丹叔）中丞言：前日與張大學士（張之萬）談，
　　京師近日有三變。燒料鼻烟壺佳者值千金，一也。戲價每一晝夜四
　　五百金（原注：前十年猶不過百金），二也。四王畫軸，至下者亦
　　三四百金（按指王時敏、王鑑、王原祁、王翬四大家山水畫），三
　　也。余謂會館之多，酬酢之繁，皆從前所未有。此恰如隆冬之時忽
　　異常酷燥，正所以釀大風大雪耳。其危可翹足待矣。[34]

　　事實上，京劇繁盛五十年正是起端於光緒十年前後至民國初年 (1885–
1935)。京劇藝術，達於極高水準。正面看來，當用作文化史料。文氏此
書，尚更記述光緒在位以來，京城官員常三五人約合招客會飲，亦必出貲
招演一日夜之戲以侑觴，成為一時風氣，亦在光緒十年後盛極一時。京劇

---

[33] 《知過軒譚屑》，27頁B－28頁B。
[34] 《知過軒譚屑》，18頁B－19頁A。

人才之眾亦共集此期。比起後世官場奢靡，直是小兒科。一日共擲四五百金，豈得稱之為浪費，成全多少藝人，維繫小民生計，活躍社會生機，皆在於此也。

　　對於文氏之書，尚須作一簡要交代。據《文廷式集》和錢萼孫（即錢仲聯）著《文廷式年譜》及補遺，俱已注明其手稿《知過軒譚屑》一冊為易培基收藏之物。惟趙鐵寒前輩編成《文芸閣先生全集》十冊，並未見收錄此稿。因是均注明存佚未詳。吾固當在此時提出將傳抄本公之於世。亦願歸趙文氏家人。

　　再須特別暴表於學界者，是文廷式對此書有一重要自註。寫於其書名《知過軒譚屑》題目之下曰：「此日記之類，文筆尚未檢點，不足示人。藏之家塾，以備百年後考察風氣而已。」此言展示於世，可免世人再多考校推敲，且明言此是日記，不足持疑也。

　　此書共有三卷，乃出文氏自訂，只出現於第三卷，而二卷文字較多，卻無標示。至第一卷當有其書而卻不在吾所傳抄之數，定已亡佚。文氏既言百年後藉以考察風氣，本意在指其亡故以後。然此書自光緒十八年至二十年逐日筆記。從 1892 年以至今日，已逾百年。真可證物換星移，世事滄桑。其書自彌足珍貴。

中華民國 93 年 7 月 14 日
寫於新大陸之柳谷草堂

# 清遺民的晚清記憶
## ——劉聲木個案研究

吳志鏗[*]

## 一、前　言

　　過去數十年來，學界對晚清歷史不斷研究，成果推陳出新，疊有創獲，
新見輩出，對晚清歷史的觀感與評價，亦迭有改變。過去的解釋傾向於站
在革命黨立場，對清廷的表現幾乎全然否定抹煞，滿清腐敗無能的刻板印
象深入人心。但是，隨著對晚清的了解日漸加深，越來越多的學者及其論
著對清廷的作為多能予以肯定，甚至在二十餘年前即有外國學者呼籲應該
重新評價清末現代化的成就。[1]　平心而論，晚近學者之所以肯定晚清的表
現，主要是建立在兩個基礎上：一是相對於過去受到無論是國民革命或共
產革命派的影響，清末的改革易於被否定抹煞，如今承平之時傾向同情改
革，因而予以肯定；[2]　一是相對於民國時代的紛爭擾攘毫無建設，讓晚清

[*]　本文初稿曾於台灣師大歷史系教學研討會上宣讀，承蒙廖隆盛、林麗月、陳惠芬三
　　位老師提供意見。稿成之後，復蒙魏秀梅教授仔細校閱，並代補若干註釋，謹此申
　　謝。
[1]　民國七十年八月二十二日，中央研究院近代史研究所主辦的「中國近代的維新運動
　　－變法與立憲研討會」上，艾愷 (Guy S. Alitto) 的發言。
　　張朋園在會中提出論文〈預備立憲的現代性〉，對清廷的預備立憲極為肯定，因而
　　引發熱烈的討論。雖然多數學者質疑清廷實施預備立憲的動機，但對清廷在預備
　　立憲時期的作為則仍予肯定，甚至另舉實例或補充史料以資證明。見，《中國近代
　　的維新運動－變法與立憲研討會》（南港，中央研究院近代史研究所，1982），頁
　　108-124。
[2]　張玉法，〈學者對清季立憲運動的評估〉，《中國近代的維新運動－變法與立憲研

的新政、立憲顯現極為特出的成就。誠如張朋園在「變法與立憲」的研討會上所說，「與其說是滿清末年諸事腐爛，不如說民國初期諸事腐爛、諸事不成。」[3] 換句話說，儘管學者雖已能體認晚清確有貢獻，但是，那是相對比較而言，無論如何，一般還是認為，清廷的無能與不願誠心改革仍是無可否認的事實，對晚清還是負面的評價居多。

　　然而，相對於後世學者對清廷的客觀批判性的評價，清末民初時人則有不少對清廷仍持完全肯定的態度，不帶任何條件，其支持信仰毫無保留。較為人矚目且為數眾多活動頻繁的，厥為民初復辟派人士。不過，他們被認為是「腐敗頑劣」，是「中國政治及思想近代化的絆腳石」，[4] 另亦有少數特立獨行如辜鴻銘者，由於對中國傳統文化幾近於偏執的熱愛，他對晚清的一些人事也同樣無條件的擁護。例如，他在八國聯軍之後為慈禧開脫辯護，給慈禧和清朝幾近於肉麻的讚美和高度的評價。他認為慈禧品德高貴，才識出眾。她的統治高明之至，既不排外也不親外，既不極端保守，也不一意圖新，以寬廣的胸襟，有智慧的駕馭各類臣下，清王朝的統治已經惠澤中國人民二百多年了。[5] 這些看法雖是出自內心的肯定，但是其中卻含有為個人政治利益打算或出於個人感情因素，並非客觀檢討之後的評論。

　　不過，另有一類可視之為「清遺民」的人士，他們對清廷、清政極為感懷，他們對晚清的觀察倒不一定是出於政治利益或私人感情等因素，但卻仍和一般人及後世的學者的看法不同，究竟一般清遺民對晚清的看法如何？本文即以劉聲木為代表，予以爬梳探討，並析論其間差異之原因。

　　劉聲木，原名體信，字述之，後改名聲木，字十枝，安徽盧江人。生於 1878 年（清光緒四年）。1950 年任上海文史館館員，1959 年病逝。[6]

---

討會》，頁 158。

[3] 《中國近代的維新運動－變法與立憲研討會》，頁 124。

[4] 胡平生，《民國初期的復辟派》（台北，學生書局，1985），緒言，頁 Ⅷ。

[5] 黃興濤，《文化怪傑：辜鴻銘評傳》（台北，知書房，2001 年），頁 155-9。

[6] 有關劉聲木生平，主要參閱劉聲木撰，劉篤齡點校，《萇楚齋隨筆續筆三筆四筆五筆》（北京，中華書局，1998），前言，頁 1-6。

　　劉聲木為清末官至四川總督的淮系大將劉秉璋第三子，可謂達官顯宦之後，曾於光緒末年分省補用知府。就廣義而言，劉聲木亦屬上層官紳統治階層，仍屬既得利益階級，他對清廷的感情與效忠，自較他人更深。不過，劉聲木一意著述，無心仕進，每遇實授，輒辭不就。入民國後，自命為清朝之人，更不樂仕進，以遺民自況，潛心著述，頗思以學術救國。他感嘆世衰道微，以致慘遭亡國之痛，遂於著述中極力呼籲回復傳統禮義倫理，以挽回世道人心。就其形跡而言，劉聲木在清末即自絕仕途，與典型「不仕新朝」之遺民並非同類，實較類於所謂平時即歸隱之「逸民」，[7] 然就其思想心態而言，則確可歸類為清遺民之屬。正因此故，劉聲木對清末史事人物的觀察，並無身為既得利益者的糾葛，自較其他「清遺民」客觀而尤值得注意。

　　由於劉聲木出身官宦世家，對清末官場及宮廷秘辛頗有耳聞，他對清廷及清政的認識，自應有其獨到之處。從他的著作《萇楚齋隨筆、續筆、三筆、四筆、五筆》所透露出來的訊息，似乎他對晚清的記憶，與一般「貪污腐敗無能」的刻板印象顯有不同。他對清末滿人的表現似乎頗有好感，[8] 對清的衰亂覆滅之因，亦自有其看法。他的不同於一般的觀感究竟係由於掌握了特殊的資訊來源，或是另有緣故？而他對晚清積極正面的記憶，與晚近學者對清季的新政與立憲的作為頗能予以肯定，性質是否相同？此外，作為清遺民而言，普遍對清朝多懷有孺慕之情，劉聲木對晚清正面的記憶印象，是否和其他遺民相同？此頗耐人尋味。本文主旨，主要

---

[7]　何冠彪，〈論明遺民之出處〉，見何冠彪，《明末清初學術思想研究》（台北，學生書局，1991），頁 102–5。

[8]　本文所謂「滿人」，係泛指包括蒙古、漢軍在內的「旗人」而言。由於清廷採行「滿洲本位政策」，特別照顧「八旗」將士，相對於漢人，旗人在清代已成高高在上的統治階層，蒙古、漢軍亦呈相當程度的「滿化」。一般所謂的「滿漢衝突」，就實際利害觀點而論，多是指「旗漢衝突」而言。本文仍沿用傳統「滿漢衝突」的用法，以「滿人」泛稱「旗人」。此用法與王鍾翰以是否在旗定義「滿族」，若合符節。王鍾翰，〈關於滿族形成中的幾個問題〉，見王鍾翰，《清史新考》（瀋陽，遼寧大學出版社，1997），頁 46–61。關於滿洲本位政策，參閱吳志鏗，〈清代前期滿洲本位政策的擬訂與調整〉，《台灣師範大學歷史學報》22 期（台北，台灣師範大學歷史系，1994 年 6 月），頁85–117。

即在透過劉聲木對晚清的記憶，藉以管窺清遺民的國家認同問題及其特色，並嘗試分析其時代意義。

有關清遺民的研究，過去多著重在復辟派及其活動，或對少數著名人物如王國維、辜鴻銘等特殊言行的研究，而較少及於像劉聲木之類的小人物。對於劉聲木的研究，多著重其學術方面。新近發表的林志宏論文：〈清遺民的心態及處境：以劉聲木《萇楚齋隨筆》為例〉，則專從清遺民的身分角色著眼，探討劉聲木面對劇烈變動的時代如何自處。主要從劉聲木的心態、對倫常綱紀禮俗秩序的看法、在民國以後的動態三方面觀察。[9] 雖然該文在劉聲木對清亡的觀感及檢討方面亦曾有論及，但焦點擺在清季世衰道微禮俗綱紀的輪替。本文則針對劉聲木眼中的清末史事及人物深入探討。

## 二、對晚清失政的檢討

劉聲木的著作「萇楚齋隨筆」，主要在彰顯禮教倫常德行，以遂行其「學術救國」之志，故內容以討論目錄版本、學術源流、著述體例等為多，記錄史事、時事者亦不在少數。由於他的出身家世，使他對時事及政壇內幕亦頗有所聞，乃就平日所見所聞，隨手摘抄，雜錄成篇，其中頗有可觀之獨家記事，對晚清史事的了解，頗有助益。然而，他對晚清記事目的仍在藉以抒發，加以為時人或賢者諱，敘事多半較為簡略，不易從他的著作中對晚清得到較為整體的印象與描述。不過，就身為清遺民而言，劉聲木對清亡的傷感與錐心刻骨之痛，永難磨滅，因而字裡行間，緬懷大清榮耀，或追述清末失政根由，或評論在事諸人等，撫今追昔之餘，其對晚清之記憶與印象，仍可略窺一二。

在劉聲木記憶中，道光以前仍保有盛清遺緒，人民安樂富足。他因當時大學士英和可以占有大片房產而感嘆：「在嘉道間，吉林英煦齋相國和

---

9　林志宏，〈清遺民的心態及處境：以劉聲木《萇楚齋隨筆》為例〉，《東吳歷史學報》第九期（2003 年 3 月），頁 183–218。

即住于是（案：指北京西堂子胡同），胡同內地產房屋，皆為相國一家所
獨有。想見當日海宇承平，人民殷富，士大夫席豐履厚，尤非他人所能及。
今雖欲勉強學步，早已望塵莫及。」[10] 可見，他認為嘉慶道光以前的大清
帝國仍為承平殷富之世。

　　即使是經過太平天國及捻、回大亂之後的同治年間，劉聲木仍然認
為是昇平之世。他記載四川「蘇遺班」，係指乾隆帝八十大壽時，蜀人至
蘇州招來之崑曲班，因而留居四川。他說：「同治末年，盱眙吳清惠公棠
（案：吳棠諡勤惠，原文有誤）督蜀時，適值粵捻皆平，政事多暇，雅好
崑曲，每晚叫蘇遺班數人至署清唱，以聞其曲。亦當時海內昇平，閭閻安
樂，情殷祝嘏之盛事，士大夫好曲之雅意也。」[11]

　　就一般常識而言，清季自道光咸豐以降，內亂外患頻仍，已是所謂的
「世衰道微」之時，何以劉聲木仍然認定直至同治時期仍為昇平之世？最
主要的原因在於他認為作為維護傳統秩序的儒術仍然維持不墜，禮義尚未
頹壞，士人尚知愛惜名節。他說：「道咸年間，士大夫崇尚名節，動靜以
禮，高自期許。雖一嚬一笑，罔不矜慎」。[12] 又說：「粵匪未兆亂以前，
海內尊尚儒術」。[13] 即使是在內亂方殷的咸豐年間，「士大夫敦品力學，
矜尚名節，有非光緒以後所能夢見者」。[14] 他還讚揚李鴻章貴為蘇撫，
卻以專席款待他那僅具縣丞資格前往投效的叔叔為例，說明李鴻章愛屋及
烏，不遺故舊。因而推論同治年間「風氣樸厚，學士大夫砥行礪節，多有足
傳於後世者」，並因而推論能削平粵捻諸匪，致至太平，絕非偶然。[15] 他
引錄仁和知縣譚獻評論同治朝中興成功的原因：

　　　然竊以危而後安，斡旋氣運，實儒者之效，正學之昌，而後有此承
　　　平之一日。何以明之？曾文正（國藩）、胡文忠（林翼）非元功與？

[10] 劉聲木撰，劉篤齡點校，《萇楚齋隨筆續筆三筆四筆五筆》，頁 635。
[11] 劉聲木撰，劉篤齡點校，《萇楚齋隨筆續筆三筆四筆五筆》，頁 974。
[12] 劉聲木撰，劉篤齡點校，《萇楚齋隨筆續筆三筆四筆五筆》，頁 592。
[13] 劉聲木撰，劉篤齡點校，《萇楚齋隨筆續筆三筆四筆五筆》，頁 252。
[14] 劉聲木撰，劉篤齡點校，《萇楚齋隨筆續筆三筆四筆五筆》，頁 969。
[15] 劉聲木撰，劉篤齡點校，《萇楚齋隨筆續筆三筆四筆五筆》，頁 1012。

> 非大儒與？倭文端（仁）之弼亮、羅忠節（澤南）之百勝、何剛節之
> 效命疆場、呂文節（賢基）之慷慨遂志，其人皆學希聖，言必仁義，
> 粹然儒者。而整躬率物，因事納忠，中外人望，如霍山吳司寇（廷
> 棟）者，復左右之，不獨功名相伯仲，而氣誼亦實應求。[16]

又說：

> 賢人君子，挽人心之淪喪，昌正學於絕藝，則有道德之孚，講習之
> 益，衣冠之耆碩振祓於上，韋布之士修明於下，學術有本原，風俗
> 因而歸厚。所由廓清安定，父老以為復見太平者，賢人君子與有力
> 焉。[17]

劉聲木認為譚獻的看法是「深得撥亂反正，治平天下之理」。「鉅人長
德」，「以禮義廉恥維繫之」，始能治國平天下。換言之，風氣樸厚篤實，
賢人君子在位，儒術正學昌明，這是劉聲木對昇平的定義。

　　那麼，究竟在劉聲木記憶中，清政何時開始敗壞？透過劉聲木對一些
事情的評論，大體可以尋繹得出，光緒中葉以前，大清國勢雖然已經江河
日下，但綱紀仍存。例如，光緒初及中葉，時人努力搜求重印散佚古書，
他認為這是「光緒甲午以前，四海安謐，京都士大夫歌舞昇平，頗欲追蹤
乾嘉盛事」。[18] 又如，戴名世《南山集》重印，道光廿一年十二月有不著
名氏者重為編輯，刪去其中「持議過當、立言太激、行文太率者」陸拾餘
篇，為拾肆卷，補遺一卷，附桐城戴存莊撰《宋潛虛先生年譜》一卷，改
題為宋潛虛撰，易書名為《宋潛虛先生文集》，他認為這是「於表章先哲
之中，猶知有所顧忌」。至光緒十八年的重印本，即以《南山集》出名，
他認為這是「殊失崇奉王章之道」。不過，總的評論仍然予以肯定，認為
「光緒中葉，時事雖非，綱紀尚存，制義仍為兩朝掄才大典」。[19] 原來，
在他眼中，科舉是維持綱紀的最佳工具，即使政事日非，只要科舉不廢，
綱紀仍得延續。

---

[16] 劉聲木撰，劉篤齡點校，《萇楚齋隨筆續筆三筆四筆五筆》，頁883。
[17] 劉聲木撰，劉篤齡點校，《萇楚齋隨筆續筆三筆四筆五筆》，頁884。
[18] 劉聲木撰，劉篤齡點校，《萇楚齋隨筆續筆三筆四筆五筆》，頁946。
[19] 劉聲木撰，劉篤齡點校，《萇楚齋隨筆續筆三筆四筆五筆》，頁619。

　　另外，劉聲木也從「世道人心」的角度觀察，他舉經常與外人打交道而受辱的海關道為例。有曾任關道者憤恨不平的表示，「西人侮辱中國官吏，無所不至」；也有關道抱怨，「關道雖然缺好，全受西人之氣，所得者，乃受氣錢耳」。這兩位抱怨的關道因為職務關係必須與外人打交道，雖能獲得好處，卻積忿不平，與後來唯知諂媚外人的官員相較，他認為這是「光緒初年，士大夫猶能知恥自愛如此，非若後來之愈趨愈下也。」[20] 依此看來，在他的心目中，光緒初年士大夫並未汲汲營利，猶知恥於為外人所辱，世道人心還不至於大壞。至於一般人民，猶能遵守綱紀，不敢僭越服色。「大紅半截身風帽及黃色馬褂，平民無人敢服用」，白色衫褲，名為上色，「非讀書人及老爺、少爺、師爺不敢用」，「生意人及他人，只能穿藍色、灰色而已」。白紙扇、團扇亦為讀書人等之專利，「他人皆用黑油紙扇」，當時界限如此之嚴，因此，他認為「光緒中葉，可稱季世，綱紀猶存，名器仍未盡濫也。」[21]

　　由上可知，劉聲木認為清政大壞應該是清光緒末葉甲午以後的時期。他說：「我朝至光緒末年，綱常名教，幾於掃地盡矣。」[22] 又說：「吾觀光緒中葉以後，誠衰世之文，宣統以後，則亂世之文。」[23] 他認為詩文流弊關乎天下治亂，光緒宣統之交，正可由文字窺知亂象已具而必亡。

　　劉聲木認定光緒中葉以後大清走向衰亡啟自何時？他並未明言，只是多處提及以光緒中葉為分野。為何如此認定？此或許可以從其父劉秉璋在四川總督任內處理教案尋出端倪。劉秉璋於光緒 12 年任職，初上任即面對「第二次重慶教案」。[24] 劉秉璋實際到任於該年十月，中外和解談判已近尾聲，最後刑責定案由劉接手。劉秉璋考量教民羅元羲平日恃教欺民，渝民之鬧事打教，實由對羅元義積怨所釀而成，且民眾前往挑釁時，羅偃眾

20　劉聲木撰，劉篤齡點校，《萇楚齋隨筆續筆三筆四筆五筆》，頁 588。
21　劉聲木撰，劉篤齡點校，《萇楚齋隨筆續筆三筆四筆五筆》，頁 262。
22　劉聲木撰，劉篤齡點校，《萇楚齋隨筆續筆三筆四筆五筆》，頁 655。
23　劉聲木撰，劉篤齡點校，《萇楚齋隨筆續筆三筆四筆五筆》，頁 856。
24　呂實強，〈重慶教案〉，《中央研究院近代史研究所集刊》，第三期下冊（台北，中央研究院近代史研究所，1972 年 12 月），頁 462。

械鬥，殺傷多命，致民眾益加忿恨，教案因而擴大，乃以械鬥為首之例，予以斬首梟示。在此次教案的白果樹另案中，有石匯者，因抗拒營勇彈壓，擊斃楊姓什長，乃處以匪徒之例，亦被斬梟。劉秉璋自認此係秉持陛見慈禧時之訓示，「持平」處理。[25] 李鴻章則頗不以為然，連連致電說項，並予以警告，「公欲於初到任時立威，以期壓服教民，將來自己必為國家受大禍」。[26] 果然，光緒21年四川再度發生教案。此次教案以成都為中心，蔓延川西、川南各屬三十餘州縣，範圍雖廣，並無洋人、教民被殺害，唯賠償數額之鉅與處分之重，與案情極不相稱，劉秉璋甚至因而遭革職永不敘用。之所以如此，洋人群起抗議地方官保護不力甚或縱容為害，並將矛頭指向劉秉璋，殆為主要原因。[27] 劉聲木讚賞前案「因教案而能誅其教民」，「為數百年來所未見未聞之事」，仰賴國威方得如此，於後案則致力批評法國教士、公使挾怨報復施壓，終使清廷屈從。[28] 前後兩案相隔不過九年，結果卻大相逕庭，因此，劉聲木推論，「大抵教民驕橫，始於光緒中葉」，之前國威尚在，「吏治澄清，大小職官，尚知自愛，決不敢以媚教甘冒不韙」，甲午之後，國勢陵夷，「求之後世，不可得矣！」[29]

　　如再深入追究，「光緒中葉」又以何時為轉捩點？個人推斷，劉聲木應是以光緒皇帝親政為其中分野之關鍵。此留待下節討論。

　　平心而論，劉聲木如此觀察，確有其道理。張秋雯研究成都教案的影響，認為清廷無力保護封疆大臣，致川民對政府信心大失，故光緒 24 年再度發生之余棟臣打教，竟公然與官軍作戰，且廣獲知識分子與富豪、民

---

[25] 朱孔彰編，《劉尚書（秉璋）奏議》（台北，文海出版社，據光緒戊申江寧刊本影印），卷四，頁 55。

[26] 此段文字見於劉聲木撰，劉篤齡點校，《萇楚齋隨筆續筆三筆四筆五筆》，頁 1056。在吳汝綸編，《李文忠公（鴻章）全集》（台北，文海出版社影印本），電稿卷八頁六，「寄川督劉仲良」，則有：「總署本日電，法使知羅元義已斬，請免梟示。本處已允，希轉電川督照辦云，務勿梟示並覆。」可見李鴻章銜總署之命說項，確有此事。

[27] 此案詳情見張秋雯，〈光緒二十一年成都等處教案〉，《師大歷史學報》第三期（台北，台灣師範大學歷史學系，1974 年 6 月），頁 295。

[28] 劉聲木撰，劉篤齡點校，《萇楚齋隨筆續筆三筆四筆五筆》，頁 650。

[29] 劉聲木撰，劉篤齡點校，《萇楚齋隨筆續筆三筆四筆五筆》，頁 1056。

團之支持，其後鐵路風潮爆發，四川民軍紛起，戕殺總督而為辛亥革命之前導，實良有以也。[30] 由此可知，劉聲木的觀察頗有其識見。不過，根據呂實強的研究，劉秉璋辦理第二次重慶教案偏向紳民顯而易見。教民羅元義雇募人手擊退群眾，傷亡雖多，卻是出於自衛，結果被判斬梟，而前往打教紳民無一獲罪。[31] 張秋雯也認為劉秉璋對成都教案之蔓延，確應負相當的責任，清廷斥責他任意廢弛，也非冤枉。[32] 劉聲木則認為其父乃「持平」辦理，並大肆宣揚為數百年難得之作為，其為父諱，為父彰顯，應不足為怪。

　　劉聲木所明言認定的清末衰亡，應啟自戊戌變法。他批評北宋王安石變法以致亡亂天下，並將清末比擬於北宋。他說：「我朝之易社為屋，其情形與北宋極相類。自引用夫己氏（按：應指康有為）後，已覺綱紀蕩然，倫常盡變，不待宣統辛亥以後，早已潛移默運於此，名教掃地盡矣。」[33] 由此可知，他認定戊戌變法為清末諸亂亡徵象之所兆，其觀感之惡劣，可以想見。

　　不只對戊戌變法，劉聲木對清末的新政、立憲等，同樣心懷惡感。他敘述改革官制以後的情形：

> 光緒末年，設立新部，所謂司員，賢愚不一，頗為輿論所譏。尤以郵傳部為最甚。當時人士，以少爺部呼之，內容可想。司員既多，終日在部中閒居無事，相與聚賭為樂，排九搖攤，無所不至，輿論大譁。事為本部尚書□□陳玉蒼尚書璧所知，下一通飭，嚴行禁止。不肖司員，仍私帶棋子入部，以賭贏虧，堂官雖知之而無之何。[34]

他描述光緒 29 年經濟特科廷試的情形說：

---

[30] 張秋雯，〈光緒二十一年成都等處教案〉，《師大歷史學報》第三期，頁 310。關於光緒 24 年余棟臣打教，參閱呂實強，〈義和團變亂前夕四川省的一個反教運動〉，《中央研究院近代史研究所集刊》第一期（南港，中央研究院近代史研究所，1969），頁 113–48。

[31] 呂實強，〈重慶教案〉，《中央研究院近代史研究所集刊》第三期下冊，頁 470–1。

[32] 張秋雯，〈光緒二十一年成都等處教案〉，《師大歷史學報》第三期，頁 309。

[33] 劉聲木撰，劉篤齡點校，《萇楚齋隨筆續筆三筆四筆五筆》，頁 81。

[34] 劉聲木撰，劉篤齡點校，《萇楚齋隨筆續筆三筆四筆五筆》，頁 562。

當時應試之人，大半官吏，曾任實缺，平日頤指氣使，成為習慣。
應試之日，有攜紙捲煙、呂宋煙及雜色各煙，在殿廷內嗅者。醇親
王，即後為攝政王，時為監視王大臣，大呼：『不許在內嗅煙，要
嗅出去嗅。』有冒昧無知者告曰：『嗅煙包，不致有火燭。』實屬
大膽妄為。[35]

在他筆下，直如上演一幕幕活生生的「新政現形記」。

他對清末修訂法律也很反對，說：

宣統二年間，議改律例，實行以泰西法律治國。論者每借口以《大
清律例》不合用為言，殊不知我朝雖由滿洲入主華夏，而律例非由
滿洲帶來，乃我華歷代相傳之法律，皆根據《唐律疏義》三十卷。
……是以歷宋元明而至我朝，遞加損益，大抵古法重，後法輕。至
我朝深仁厚澤，流被天下，所有從前嚴刑酷法，業已損之又損，幾
於刪去殆盡。其或繼周者，亦無可損益矣。而論者猶以為言，殊屬
莠言亂政。[36]

總之，劉聲木對清末的戊戌、新政、立憲等改革相仍極為不滿，認為「新
政屢行，鄉俗驟變」，乃大亂將至之徵兆，「宜乎宗社為墟」。[37]

在清末的政治革新中，劉聲木對新式學堂的設立也很不以為然。他稱
讚俞樾「無須開學堂」的主張，認為「朝廷以中西學試士，士子自能在家學
習」。雖然俞樾為人所誹笑，但劉聲木卻認為「果如太史（俞樾）所云，天
下不致紛更，或不至有宣統之變。」[38] 換言之，要不是有西學堂及其他改
政措施，清廷還不至於滅亡。民國 13 年，張作霖的演講被刊登在申報上，
強調學堂要講道德、讀孔書、從倫常上做起，家庭要專制，不可以講平等
自由。這些話，劉聲木讚為「真當今學堂之藥石，家庭之龜鑑也！」[39] 顯
然，他對新學堂、新家庭倫理觀念是難以接受的。

---

[35] 劉聲木撰，劉篤齡點校，《萇楚齋隨筆續筆三筆四筆五筆》，頁 598。
[36] 劉聲木撰，劉篤齡點校，《萇楚齋隨筆續筆三筆四筆五筆》，頁 1029。
[37] 劉聲木撰，劉篤齡點校，《萇楚齋隨筆續筆三筆四筆五筆》，頁 572。
[38] 劉聲木撰，劉篤齡點校，《萇楚齋隨筆續筆三筆四筆五筆》，頁 913。
[39] 劉聲木撰，劉篤齡點校，《萇楚齋隨筆續筆三筆四筆五筆》，頁 550。

最令劉聲木難以接受的是科舉的廢除。他之所以反對廢除科舉，前文曾經提及，主要或許在於他認為科舉考試制藝，只要制藝仍為掄才大典，即可維持綱紀於不墜。一般人認為人才今不如古，乃由於制藝八股之誤，劉聲木頗不以為然，他引用左宗棠的話背書。左宗棠在家書中稱讚八股，「真作八股者，必體玩書理，時有幾句聖賢話頭留在口邊」，工八股文者，「其心思較之他人，尚易入理。」劉聲木認為這些話「至為精審」，並因此高度評價左宗棠「非文正（曾國藩）所能及」。[40] 在他看來，「八股人」之尚易入理，在於能以戒慎之心體玩聖賢之理，左宗棠這番話正可為八股平反，而八股自無廢除之理。然而，事實的發展卻是八股、科舉同遭停廢。當舉國莫不痛心疾首于考試制度，他稱讚日本狩野博士「深服舊制防弊之嚴，掄選之公」，識見遠過群倫。[41]

劉聲木對廢除科舉雖沒有直接的文字批判，但對取代科舉的一些措施弊端大加撻伐。例如，對遊學國外之畢業生授予進士、舉人資格，劉聲木便為文嘲弄：

> 各國留學生考試，賞翰林、進士、舉人有差，又有牙科進士等名目，意在崇拜西歐，極力則倣。據西歐人云，牙醫一科，各國並不重視，安有類於進士等名目。此又變本加厲，騰笑萬方，無怪洋翰林、洋進士、洋舉人嘖嘖在人耳目。尤可笑者，日本留學生多有未入學堂，只購講義一部，作為校外生，……中華人則不然，既不入學，並可不讀講義，屆時亦可高列，人多謂金錢作用，理固宜然。中有某某為早稻田大學校外生，本校既屬高材，考試又授檢討，名列清班，朝廷特許，誰敢不遵？聞其致書舊館職，前輩誤為「前輦」，研究誤作「研宄」。[42]

再如，記留學生進士唐寶鍔誤唐明皇為唐太宗，誤吐蕃為俄羅斯，且強不知為知的教訓博通舊學之考生，騰笑報章。[43] 又如，清末聞人王闓運僅

---

[40] 劉聲木撰，劉篤齡點校，《萇楚齋隨筆續筆三筆四筆五筆》，頁 941、943。
[41] 劉聲木撰，劉篤齡點校，《萇楚齋隨筆續筆三筆四筆五筆》，頁 586。
[42] 劉聲木撰，劉篤齡點校，《萇楚齋隨筆續筆三筆四筆五筆》，頁 779。
[43] 劉聲木撰，劉篤齡點校，《萇楚齋隨筆續筆三筆四筆五筆》，頁 765。

為舉人，清廷為收攬人心，特授翰林院檢討，並加翰林院侍講銜，卻遭王
闓運取笑，讓劉聲木感嘆「以翰林為嘻笑怒罵之具」。[44] 翰林原為清望之
官，須具進士資格者方得授予，如今竟因廢科舉而廣開方便之門，其批評
清末名器太濫，實是意有所指。

　　科舉既已廢除，倖進之徒得以藉機竊取名器，使原本已壞之士風猶如
雪上加霜，更為墮落不堪。劉聲木深切痛責清末翰林院諸公竟然盜賣皇家
庫藏《永樂大典》，「我朝養士數百年，末流乃竟如此，無怪宣統辛亥，
殉國難者，屈指可數，廉恥道喪，禮教淪胥久矣！」[45] 又說：「自光緒以
後，中堂、尚、侍等人，自開古玩鋪，碑帖店，自題店招牌，公然出入其
間，肆無忌憚。且有自稱門生，孝敬為太平錢，養廉公費為點心錢者。廉
恥道喪，實始於此。我朝之易社為屋，亦未嘗不由於此，非真一夫憤呼，
萬眾皆叛也。」[46]

　　綜上所述，劉聲木對清政的敗壞，主要歸咎於新政、學堂和廢科舉。
這種認知大體上和其他遺民類型人物頗為類似。例如胡思敬，劉聲木極為
讚同其所著各書要旨，「皆言國朝所以亡亂之由」，「由於紛更舊制，以
致綱紀蕩然，奸盜遂乘之而起」，「言之最為深切著明」。[47] 又如，惲毓
鼎認為大清亡國原因：一、皇室子弟不爭氣。二、開放民權。三、學生出
洋及教育制度改革為直接原因。他說：「列聖二百年之成法，痛與鏟除，
無事不紛更……釀成土崩瓦解，眾叛親離之大局」，「亡國有三妖，一是
東洋留學生，二是新軍，三是資政院和諮議局」。[48] 陳夔龍也認為學堂亡
清。他說：「學堂之害，於今為烈。試問今日革命鉅子何一非學生？造成
棄禮蔑義，無父無君。」[49] 他也認為廢除科舉是亡清原因之一，說：「末
世不察，至薄帖括為小技，而未審先朝駕馭英雄之轂，即在乎此。科舉一

[44] 劉聲木撰，劉篤齡點校，《萇楚齋隨筆續筆三筆四筆五筆》，頁779。
[45] 劉聲木撰，劉篤齡點校，《萇楚齋隨筆續筆三筆四筆五筆》，頁50。
[46] 劉聲木撰，劉篤齡點校，《萇楚齋隨筆續筆三筆四筆五筆》，頁969。
[47] 劉聲木撰，劉篤齡點校，《萇楚齋隨筆續筆三筆四筆五筆》，頁260。
[48] 惲毓鼎，《澄齋日記》，轉引自孔祥吉，〈清王朝亡國實錄─讀惲毓鼎《澄齋日
記》〉。見孔祥吉，《晚清史探微》（成都，巴蜀書社，2001），頁386-8。
[49] 陳夔龍，《夢蕉亭雜記》（台北，文海出版社影印本），卷一，頁71。

廢，士氣浮囂，自由革命，遂成今日無父無君之變局。」[50] 陳曾壽甚至以不進洋學堂為選婿的條件，其對學堂之痛惡銜恨，自不待言。[51] 繆荃孫所論最為扼要剴切，他說：「國家因兵敗而圖強，因圖強而變政，因變政而召亂，因召亂而亡國。」[52] 又說：「自新學日行，舊學日落，焚坑之禍，寓於無形」。[53] 又說：「自戊戌變政，新黨首倡破壞三綱，十餘年來，邪說漸漬人心，忠臣義士之氣，因此少衰」，以致國難一起，國祚立移，「而當時握兵守土諸大員，有望風而匿者，有開門而揖者」，與城共存亡誓死不去者，屈指可數。[54] 觀感類似或許不足為奇，值得注意的是他們用字遣詞的雷同。同樣強調三綱之敗壞，同樣將西學比擬為焚書坑儒。[55] 顯示他們對清亡及傳統儒學綱常等即將見棄而憂心如焚，致有過當的比喻。

就今人的了解，清之滅亡，絕非如此單純簡化所能理解。在他們以外禍作為單一線索的解釋之外，更根本的原因應在於內政不修、吏治不良，以致於民不聊生，當時的許多記載均可探尋出大量類似的訊息。例如，李星沅日記反映道光後期的官場貪瀆成風，上下集體舞弊粉飾，而漕運問題叢生，相關人員寄生於此，夙有「弊海」之稱，傳遞了山雨欲來風滿樓的訊息。[56] 又如，張集馨的自訂年譜及日記中所透露出的訊息也是一樣，在道光、咸豐及同治初年，清朝政治賄賂公行，政以賄成，巧立名目，橫徵暴歛，陋規相沿成習，高壓苛索，草菅人命，種種弊病，不一而足。[57] 此種帝國衰亡徵兆絕非光緒中期以後始然。李國祁統計清代基層地方官的平均任期，發現清代初期長於晚期，呈遞減趨勢，而各地遞減最大的差距

[50] 陳夔龍，《夢蕉亭雜記》，卷二，頁 10。

[51] 丁燕石編，《溥儀和滿清遺老》（台北，世界文物，1984），頁 9。

[52] 繆荃孫，《藝風堂文漫存》（台北，文史哲出版社，1973），卷二，頁 22。

[53] 繆荃孫，《藝風堂文漫存》，卷二，頁 18。

[54] 繆荃孫，《藝風堂文漫存》，卷四，頁 17。

[55] 劉聲木曾說：「自光緒戊戌以後，一時人士，風馳雲驟，醉心歐化，大有焚書坑儒之勢。」見劉聲木撰，劉篤齡點校，《萇楚齋隨筆續筆三筆四筆五筆》，頁 7。

[56] 何漢威，〈《李星沅日記》中所見道光朝後期的政治社會〉，見郝延平、魏秀梅主編，《近世中國之傳統與蛻變—劉廣京院士七十五歲祝壽論文集》（南港，中央研究院近代史研究所，1998）頁 311–42。

[57] 張集馨撰，《道咸宦海見聞錄》（北京，中華書局，1981），丁名楠序，頁 1–13。

均在嘉道時期，故嘉慶道光時期是清代吏治敗壞的轉捩點，國運盛衰的關
鍵。[58] 甚至，劉聲木對此類弊端亦有記載。他記載他的父親劉秉璋在浙江
巡撫任內整頓州縣交代積弊時說：

> 各省州縣交代冊籍，向例存于府署，不肖縣令因緣為奸，每將已徵
> 未解錢糧，混入民欠項下，新舊兩令對分，舊令約得十之七。本府
> 太守，每年例有州縣陋規，素來代為隱瞞，以示恩惠。非久任府廳
> 州縣者，不能知也。先文莊公（劉秉璋，諡文莊）官贛省時，已略
> 有所聞，屢次訪問，從無以實情告者，及光緒十二年任浙撫時，復
> 私向桐城吳春泉觀察世榮盤詰。觀察歷任州縣，卓著循聲，遂將秘
> 密情形和盤托出，無少隱諱。先文莊公……查出州縣已徵未解錢糧
> 混入民欠者，僅浙江一省，已多至伍拾柒萬參千餘兩，盡力嚴追，
> 僅追出拾玖萬玖千餘兩。此事歷來所未聞，我朝二百餘年，亦從無
> 一人議及。[59]

浙江省錢糧每年徵額約 281 萬兩，[60] 在道光末期即經常無法足額徵解。此
或許因為戰爭，或因天災，[61] 猶有可說，但將已徵未解錢糧作為民欠，且
為數 57 萬餘兩之高額，積弊不可謂不深。而民欠之彌補，除仰賴虛報挪移
作假外，當然又須苛索騷擾民間，滋生民怨。值得注意的是，劉聲木對此
積弊說是「歷來所未聞」，「從無一人議及」，但卻又矛盾的說是「官贛
省時已略有所聞」。此或許為彰顯其父「德政」之詞，然似此有意遺忘光
緒之前的弊政，頗耐人尋味。

　　再以州縣辦理人犯越獄案件為例，劉聲木說：「同光以來，每見督撫
奏報此案（犯人越獄），均言知縣先期因公進省，成為印板文章。其實因
公者何事，迄無一人為之言明，粉飾可笑。……聞因代人受過，知縣必與

---

[58] 李國祁等，《清代基層地方官人事嬗遞現象之量化分析》（台北，行政院國科會，
1975），頁 40–1。

[59] 劉聲木撰，劉篤齡點校，《萇楚齋隨筆續筆三筆四筆五筆》，頁 610–1。

[60] 王慶雲，《石渠餘記》（台北，文海影印本），卷三，頁 33。

[61] 李國祁，《中國現代化的區域研究—閩浙台地區，1860–1916》（南港，中央研究
院近代史研究所，1982），頁 26。

以津貼，買山有資，勝於作典史多矣。」[62] 如此關係治安的人犯越獄重大案件，地方官上自督撫下至州縣、典史共同粉飾，且自同光以來即已相沿成習，顯見地方行政之疲玩與沈痼之深。以今日視之，其危害不啻動搖國本。不過，劉聲木似乎不以為意。

　　再以廢科舉之後官場上小人充斥的問題而論，劉聲木認為清末的改官制、廢科舉，不學無術之徒得以倖進冒濫，廉恥道喪，綱紀因而敗壞。晚清官場非科舉正途出身任官者比比皆是，此趨勢乃起自咸同時期，由於內憂外患，戰亂頻仍，經由捐納及軍功保舉出身者劇增。至於廢科舉以後的情況惡化，其實是與當時清廷當政者操弄有關。據《人鏡畫報》於光緒33 年9 月7 日所載：「近日維新以來，凡任用私人，廣結奧援者，動曰破格用人。破格用人，其實固依然完全之人格，未見其果破也。有之，則自覺悟和尚之當偵探始。」同日又於社論〈說保案〉評論：「自捐納停，科舉命革，所有貴游之子弟，督撫之私人，舍保舉無倖進之門。故以保薦一途，直為內外大吏最新一種之交換酬贈品。」[63] 胡思敬也記載：「近世保舉之弊，十倍於捐納，百倍於科舉」，剿匪獲盜、河工合龍、各館修書、慶典、海防、勸捐、招墾、籌辦電報、鐵路、救護商船、督銷緝私、釐金等各色名目，均有保案，致「刁紳、劣幕、紈褲皆竄名其中」。[64] 另據李國祁統計廕生出身者出任地方官，從歷朝大多不及5% 的比例，在宣統朝陡增至33.3% 的高比例，此項統計數字或因資料欠缺，與實際情況恐或有所出入，但在科舉廢除，其他任用人材管道尚未建立的過渡時期，此種具有特殊政治身分與關係者能得大用，則無庸置疑。[65] 由此可知，停廢科舉捐納之後所任用之人以特定權貴身分及特權保薦居多，郵傳部被譏為「少爺部」，絕非憑空杜撰，而遭輿論批評最力者則為查緝革命黨所破格任用的特務，甚至任用素行不良之覺悟和尚。與此相較，洋進士、留學生的不堪與危害，反而是最少的。劉聲木置特殊身分、特權濫保不予置評，而大

---

[62] 劉聲木撰，劉篤齡點校，《萇楚齋隨筆續筆三筆四筆五筆》，頁 1053。

[63] 《人鏡畫報》，第 13 冊（光緒 33 年 9 月 7 日），頁 243、246。

[64] 胡思敬，《退廬全集》（台北，文海出版社影印本）。《國聞備乘》卷二，頁 24。

[65] 李國祁等，《清代基層地方官人事嬗遞現象之量化分析》，頁 31。

力抨擊諷刺洋進士、留學生，實是有其命意所在。

　　至於士習士風的敗壞，冰凍三尺更非一日之寒。劉聲木以翰林諸公盜院藏永樂大典，因而感嘆士習末流廉恥道喪，並歸罪「階之厲者，實夫己氏引用一班鷹犬所致也。」[66] 這裡的「夫己氏」，所指可能是袁世凱，更可能是康有為。[67] 但無論所指何人，都是光緒末期之事。事實上，永樂大典之遭竊乃其來有自。據繆荃孫所述，永樂大典正本藏乾清宮，嘉慶時大火，付諸一炬。副本藏翰林院，原有一萬多冊，北京條約簽訂之後，使館林立，與翰林院密邇，書遂漸漸遺失，至光緒元年（乙亥）重修翰林院，已不及五千冊。次年（丙子），繆荃孫請問前輩，只餘三千餘冊。光緒 12 年（丙戌），繆得親閱永樂大典九百餘冊，所存應不止此數。唯至光緒 19 年（癸巳）已剩六百餘冊，庚子遭八國聯軍劫灰，只剩三百餘冊。[68] 從以上永樂大典流失的情形來看，光緒朝之前即已非常嚴重，換言之，如果從永樂大典流失來觀察士人廉恥道喪，顯然光緒之前即已敗壞不堪，而不必等待康有為為之惡端。劉聲木對繆荃孫敘述永樂大典流失過程應知之甚詳，卻仍只著眼於光緒末期，甚至聚焦歸咎於一二人，實是只見秋毫而不見輿薪。

　　內政不修之外，清亡的另一重要原因實是漢人意識擡頭，反抗清廷滿洲本位的不公平統治。劉聲木以嘉慶四年開例令宗室與天下士子同例鄉會試，認為此例「殊足以平宗室與滿漢之意見。若果能事事早行革除，真我國家億萬年有道之長基，焉有宣統辛亥之變？」[69] 又說：「恭忠親王治國三大政（案：指不借外債、督撫用漢人、不修頤和園），果能歷久不渝，

---

[66] 劉聲木撰，劉篤齡點校，《萇楚齋隨筆續筆三筆四筆五筆》，頁 50。

[67] 劉聲木曾以「夫己氏」痛詆袁世凱為奸雄，素不好學，專以爵祿利誘人，卒攘大位。（劉聲木撰，劉篤齡點校，《萇楚齋隨筆續筆三筆四筆五筆》，頁 185）如果以引用一班鷹犬致殉國難者屈指可數終至轉移清祚來看，在此應指袁世凱而言。不過，以劉聲木較注重士習，又比擬康有為禍清如同王安石亡宋，則應指康有為較為可能。

[68] 繆荃孫，《藝風堂文集》二（台北，文海出版社，據癸丑印行之《藝風堂文續集八卷》版影印），卷四，頁 3。

[69] 劉聲木撰，劉篤齡點校，《萇楚齋隨筆續筆三筆四筆五筆》，頁 1060。

滿漢之意見既平，自不至有宣統辛亥之變。」[70] 他還說：「光緒末年，京師有近支排宗室，宗室排滿，滿排漢之謠。朝廷每一舉措，大眾必追尋原委，漢深以用一漢人為幸。志伯愚都護銳（志銳，宣統三年任伊犁將軍）深知其然，上書言近支王公朋黨，決非國家之福。疏入，攝政王不省。未幾，果有宣統辛亥之變。」[71] 由此可知，劉聲木對漢人意識擡頭已有所體認，甚至認為如果延續恭王親用漢人政策，或於宣統始政及早改正，就不會有後來的亡國之禍。不過，劉聲木並未因此而檢討清亡原因在於一般所批評的皇族排漢集權，而是專注於「近支王公朋黨」。他先引用明朱賡論歷代朋黨之禍，「黨愈眾則害愈深，變愈大」，他認為「其言深切著明」，「我朝之易社為屋，亦未嘗不由於此。」[72] 或許是劉聲木既視清廷為合法正統政權，對清廷的統治應無條件接受，而將漢人的爭權視為亂臣賊子無法無天的毀棄綱紀倫常之舉。但對於近支王公唯知爭權無法振作，以致為袁等所乘因而傾覆，則極為在意。

　　總之，劉聲木對清亡極為感嘆，認為清末自戊戌起的一連串政事更迭改易為首要原因。其中尤以興學堂、廢科舉、改政制，致綱紀不振，最是他批判的焦點。不過，對於興學堂、廢科舉與政治改制如何造成清亡，他並沒有很清楚的論述，只是大略點到為止的提到禮教淪胥、廉恥道喪、倫常綱紀敗壞等。相對的，當今學者常見檢討的外力入侵、人口壓力、吏治不良及滿漢問題，則為他所忽略。僅管在他所熟知的事實中，有許多和他的立論矛盾不符之處，他也同樣視而不見。或許，這只是本文用以觀察的敘述文本的缺失，劉聲木隨筆式的簡略摘述與議論，難免掛一漏萬。或許，這是因為他強調傳統倫常秩序，觀察角度因而不同。當然，也有可能是因為他要強調清末的失政，因而對前此清政的缺失便予以選擇性的失憶，因而形成其一廂情願認定的清亡考察紀錄。

---

[70] 劉聲木撰，劉篤齡點校，《萇楚齋隨筆續筆三筆四筆五筆》，頁 755。
[71] 劉聲木撰，劉篤齡點校，《萇楚齋隨筆續筆三筆四筆五筆》，頁 207。
[72] 劉聲木撰，劉篤齡點校，《萇楚齋隨筆續筆三筆四筆五筆》，頁 207。

## 三、對慈禧太后與光緒皇帝的觀感

既然劉聲木對綱紀倫常等傳統秩序非常在意，對於維護傳統秩序的象徵性人物光緒皇帝以及實際主掌維護之權的慈禧太后，他又是如何看法，值得進一步討論。

大體而言，劉聲木對慈禧有相當正面的描述。雖然他知道清朝之更祚，「不亡於宣統，而亡於咸豐。……我朝天下，仍覆於葉赫之手」，[73]但在他筆下，慈禧形象可謂充滿睿智，極為正面健康。尤其與他筆下的光緒皇帝對照觀察，兩者更成顯著的對比，光緒皇帝的形象充滿灰色、暴燥、剛愎、懦弱、低能等負面觀感。

劉聲木筆下的慈禧，在很多方面有很多足可稱述者。例如上節討論劉秉璋辦理教案，最初得以遂行其志的「持平」辦理，嚴加懲戒教民，就是秉持慈禧的訓示，「總要持平云云，言之又言，大有諄諄告誡之意」。[74] 言下之意，對慈禧主政之下，國威仍在，綱紀不廢，因而能以強直面對西方列強，頗為欣賞。反之，光緒親政以後即無法維持，致使劉父因教案而去職。不過，對於慈禧在庚子因為強要對西方報復而引發義和團事變，幾乎斷送國祚，劉聲木則未予提及。

再就兩人對甲午戰爭的態度而論。劉聲木論甲午戰爭起因，乃因光緒困於慈禧尊嚴之下，「久思出人頭地」，「意欲耀武國外，憑陵母后，輕視日本」。加以翁同龢誤信張謇之言，以為日本不足平，「迎合上意，極力主戰」，以致喪師辱國，國勢不振。[75] 在他的評論中，光緒判斷錯誤過於輕日，又識人不明，招為黨與，以與母后憑陵，實是不智不孝之至。他還以熟悉外舅吳長慶部隊因朝鮮壬午事件輕易平事的權威姿態，說明當時身為吳長慶幕僚的張謇何以輕日，以證成自己的看法。事實上，甲午之時輕

[73] 劉聲木撰，劉篤齡點校，《萇楚齋隨筆續筆三筆四筆五筆》，頁 208。
[74] 劉聲木撰，劉篤齡點校，《萇楚齋隨筆續筆三筆四筆五筆》，頁 1056。
[75] 劉聲木撰，劉篤齡點校，《萇楚齋隨筆續筆三筆四筆五筆》，頁 822。

日的不只是主戰的所謂的帝黨，一般朝臣及慈禧也有同樣的誤會。當時翰
詹科道官員的言論可為代表。他們多認為日本夜郎自大，民窮國弱，主張
應以漁船、商船或分北洋艦隊之半，以奇兵直搗日本。[76] 而且，慈禧態度
原本也是主張不可示弱，應積極添兵朝鮮，敗戰之後，才急急謀和。[77] 再
者，甲午之役的真正起因，乃日本一意挑釁，「帝黨」主戰只是強力回應而
已，並非主動蓄意挑起戰爭。即令主導政局的慈禧、李鴻章等極力避戰，
最終仍是無法避免。

　　至於戰敗的原因，他將矛頭對準光緒皇帝「昧於外情，輕於嘗試」，
對於李鴻章處境之難，則頗能諒解。他說：「文忠久知淮軍暮氣甚深，海
軍又屬新練，厭戰主和，原屬不得已之苦衷。力沮戰端，終不見納，致遭
不幸，文忠一人，實難尸其咎也。」對於李鴻章因阻止北洋海軍直搗日本
而受謗，則認為是李的自知之明，使海軍猶得苟延殘喘數月。[78] 然而，淮
軍為何暮氣甚深及北洋海軍為何厭戰，劉聲木均略而不提，此或許是另有
顧慮。[79] 關於北洋海軍厭戰，一般人耳熟能詳的主因之一，就是移用海軍
經費以重建三海及頤和園工程，[80] 致北洋海軍無從提昇戰力，士氣渙散，
軍心不振。在劉聲木心目中，對於能夠維持大清綱紀於不墜的賢者慈禧，
應諱其瑕而彰其瑜，因此，只能歸罪於光緒皇帝及「帝黨」。

　　再就兩人就醫的態度而論。劉聲木敘述慈禧「每遇不豫之時，與諸醫

---

[76] 莊吉發，〈中日甲午戰爭期間翰詹科道的反應〉，見《甲午戰爭一百週年紀念學術
研討會論文集》（台北，台灣師範大學歷史系，1995），頁 168–74。

[77] 江中孝，〈試論中日甲午戰爭時期的帝后黨爭與和戰之爭〉，見《甲午戰爭九十周
年紀念論文集》（濟南，齊魯書社，1986），頁 150。

[78] 劉聲木撰，劉篤齡點校，《萇楚齋隨筆續筆三筆四筆五筆》，頁 1094–5。

[79] 關於淮軍習氣甚深，個人曾撰〈甲午戰役吳大澂與所部湘軍失利原因之檢討 —— 兼
論清季湘軍、勇營的綠營化〉一文，認為湘淮軍等勇營成為正式經制軍後，「勇營
綠營化」的結果，原本針對綠營缺失而矯正的勇營優點均遭修正，已與綠營等同，
因而綠營弊端—亦即所謂的習氣，重見於勇營。見《甲午戰爭一百週年紀念學術研
討會論文集》（台北，台灣師範大學歷史系，1995），頁 335–61。

[80] 關於慈禧太后挪用海防經費以興建頤和園等，雖有眾多議論，但因收支提撥挪移頻
頻，迄無可考。相關經費的收支挪移，較晚近的研究及詳盡的資料搜集統計，見王
家儉，《李鴻章與北洋艦隊—近代中國創建海軍的失敗與教訓》（台北，國立編譯
館，2000），頁 484–505。

談笑如家人，以自己病狀告之。並告以昨日服何醫之藥，有無效驗，令其自相斟酌藥方。惟恐以天威不違顏咫尺，使人矜持失措，或有錯亂，故降心相從如此。」反觀光緒皇帝，「久病未愈，早入膏肓。有時肝氣大發，憤無所洩，以手扭斷某太監頂戴，以足跌翻電氣燈。情勢日亟，遂有令各省督撫保荐名醫之上諭。一時到京者約六七人」，為光緒帝所信任之曹智涵，「請假回籍，後稱疾不至」，即使江蘇巡撫私添公費每月二千金、川資三千金，曹醫已收復退，不為鉅金所動。言下之意，隱喻光緒之行事乖張，不易相處，即使相得之名醫，在重利誘惑之下，仍視為畏途。至於其他名醫，則橫遭光緒羞辱，「上海陳蓮舫比部□鈞，又最為德宗所深惡，始則批其擬方中有云：『名醫伎倆，不過如此，可慨也夫。』繼則俟比部方已上呈，袖中出一紙，自開病狀，與比部所開脈案全不相同，終則面擲其方于地。」[81] 兩相對照，在劉聲木筆下，慈禧是久歷世故，敝屣尊榮，極為和易近人，光緒皇帝則是狐疑變態囂張，作賤他人不餘遺力。

　　劉聲木還稱譽慈禧精通醫理。他說：

> 光緒三十四年，泗州楊杏城侍郎士琦宣慰僑胞，回朝先請病假。及假滿召見，孝欽顯皇后（慈禧太后）垂詢疾狀，諭以宜服□□□□等藥，並言現在無好醫生，服藥只好自己做主云云。翌日又召見，復問昨日所言之藥服否，侍郎叩首曰：藥已全服，病已全去。孝欽顯皇后笑曰：我固知此等藥，定可治此病也云云。[82]

他在此敘述之前，先舉例說明咸豐皇帝能反駁當時名醫吳廷棟所開之藥方，因而稱道「兩聖人聰明天亶，固非尋常帝王所能幾及也」。[83] 顯然，在他眼中的慈禧，是和可以乾綱獨斷的咸豐皇帝並駕齊驅，並超越一般帝王。當然，如此敘述另外亦有表彰其關愛臣下、慈祥御下之一面。光緒皇帝同樣能自開藥方駁斥名醫，在他筆下，似是只有負面的無理取鬧與苛虐下人，其對光緒皇帝之觀感，不言可喻。

---

[81] 劉聲木撰，劉篤齡點校，《萇楚齋隨筆續筆三筆四筆五筆》，頁 589。

[82] 劉聲木撰，劉篤齡點校，《萇楚齋隨筆續筆三筆四筆五筆》，頁 585。

[83] 同上註。

　　平心而論，光緒皇帝以脾氣暴燥著名，對下人可謂極盡凌虐之能事。此應是戊戌之後，光緒被囚瀛台，慈禧早有廢立之意，四周服侍之人多為慈禧眼線，胸懷鬱悶，心緒不穩，因而尋下人出氣。再者，因「沈痾已久，易生暴怒」，對醫生不甚信任。「醫入請脈，不以詳告，令自揣測」，「及書脈案，稍不對症，即弗肯服，有時摘其未符病情之處，御筆批出，百端詰責」。[84] 雖然不信任醫生，但整體而言，光緒帝還不至於如劉聲木所述的驕妄賤視名醫。依照光緒 33 年被召入宮的名醫力鈞的經歷，「儘管最後力鈞終於完全順從皇帝的指揮，但剛開始有一段時間他曾成功的說服皇帝聽他的話，在一個月的獨診期的後半段，也多有互相讓步的情形。」[85] 光緒皇帝最初曾給予力鈞機會以嘗試他的方法，顯示光緒並非固執不通，後來力鈞願意接受光緒的指揮且能互相讓步，應是光緒皇帝也有一番折服力鈞的醫學知識。再以同樣被召入宮的杜鍾駿為例，光緒皇帝也會質疑他的診斷和用藥，經他再次說明，便博得光緒的微笑認可：「汝言極是」。[86] 不過，杜鍾駿的記載也描述了光緒對御醫的狐疑和對底下辦事人員的不信任。光緒一再派人叮嚀吩咐，不准更動所擬開藥方，甚至還傳話勿與陳蓮舫串通，其對陳蓮舫之惡劣，應屬特例。另外，據文廷式所述，光緒皇帝生母之逝係「由醫官進藥不慎之故」，[87] 其對醫生的不信任，恐或亦與此有關，服藥自較常人狐疑。

　　再就清末官場貪污而論，劉聲木曾記載光緒好貨不成之例。他說：「又聞太平崔惠人星使國因，出使美日秘三國時，陛辭請訓，德宗景皇帝面諭以在外洋須用參肆千金購一極大八音盒進御云云。星使至咨刻，亦從未見奏報。星使自言之如此。」[88] 此事得自崔國因之言，而崔某又故意不為光緒買辦，自無從查證。無怪乎劉聲木最後亦以存證之語氣作結。一般對光

[84] 劉體智，《異辭錄》（北京，中華書局，1988），頁 216。

[85] 張哲嘉，〈清宮醫藥檔案的價值與限制〉，《新史學》10 卷 2 期（台北，1996 年 6月），頁 183。

[86] 杜鍾駿，〈德宗請脈記〉，原載《近代史資料》56 集，見莊建平等編，《落日殘照紫禁城》（成都，四川人民出版社，1999），頁 373。

[87] 文廷式，〈聞塵偶記〉，《近代史資料》第 44 號（1981 年 1 月），頁 46。

[88] 劉聲木撰，劉篤齡點校，《萇楚齋隨筆續筆三筆四筆五筆》，頁 588。

緒皇帝的認識，多認為他服用甚儉，且政變後亦已失勢，無人為之供應，自亦無從奢華。[89] 然而，慈禧的貪婪好貨窮奢極欲揮霍無度，則是極為普遍的認識，即使對清廷頗有好感者，亦不稍諱。如胡思敬敘述慈禧貪奕劻兩女「日挾金數千以博（麻雀），輒佯負，往往空手而歸」，[90] 此事劉聲木的弟弟劉體智也有類似的記載。他說：「慈聖春秋高，恣為娛樂，好貢獻。慶邸（奕劻）宗支稍遠，恃其嬌女四格格者供奉內廷，以固其寵。歲費巨億，竭其祿俸所入，兼廣納貨賄，猶乏於用。」[91] 其他相關的記載實在不勝枚舉，光是服飾一項，即已令人嘆為觀止。[92] 值得注意的是，劉聲木對慈禧的奢貪毫無片言隻字提及，反而記載了慈禧懲處犯奢之臣下。光緒某年四五月間，慈禧由頤和園回宮，「路過某街，見有高搭天棚，逾于尋常者，問之，為內務府某司員家，立諭以報效銀貳拾萬兩，送至內務府應用。」[93] 他記載此事之前，先敘述了道光皇帝懲處奢侈臣下之事例，以慈禧比附道光之節儉，真可謂煞費苦心。

事實上，慈禧之貪婪窮奢揮霍，絕非劉聲木所能予以諱飾，而慈禧之懲奢也是絕對無效的。慈禧懲奢之法，不過是令奢侈官員額外報效，將臣下可能係貪婪所得贓款，以黑吃黑的方式搜括納為己有而已。她是「懲他人之奢」，而不「懲己之奢」的。更重要的，她只「懲奢」而不「懲貪」，懲奢是用以放縱自己的貪婪。甚至，她還有意無意的放縱臣下貪

---

89　例如，文廷式所記，光緒因天冷，「於馬掛上重加馬褂」，以無裘故也。蓋光緒「平日便服甚稀」狐裘、羊裘各一，適狐裘裂縫，修治未畢故也。」又說：「內務府於上前皆多所闕乏，固由戶部撥款間嘗不足，亦奉職不共之效也。此志伯愚侍郎（志銳）為予言。」見文廷式，〈聞塵偶記〉，頁 48。對照王照所述，光緒宮中設備簡陋，衣鞋寒傖，更可見所言不虛。（王照，《方家園雜詠紀事》，見榮孟源、章伯鋒主編，《近代稗海》第一輯，頁 20-1）當然，兩人均屬所謂的帝黨，一因甲午戰敗去職，一因戊戌政變亡命海外，且曾淪為階下囚，筆下對光緒皇帝自會寄予較多的同情。

90　胡思敬，《國聞備乘》（台北，文海出版社影印本），卷三，頁 11。

91　劉體智，《異辭錄》，頁 199。

92　莊吉發，〈慈禧的服飾〉，原載《故宮文物月刊》二卷 10 期，見莊吉發，《清史拾遺》（台北，學生書局，1992），頁 295-303。

93　劉聲木撰，劉篤齡點校，《萇楚齋隨筆續筆三筆四筆五筆》，頁 587。

賕，以便多得貢獻。胡思敬認為「自西巡以後，貢獻之風日盛，奕劻所獻尤多」，「奕劻貪婪之名，上下皆直言不諱，言路以是參之」，而慈禧僅「付之一笑」，「既知其弊，不急罷貢獻，猶縱兩格格入宮以博奕戲弄為事」。[94] 另外，據《枕盧所聞錄》批評榮祿：「滿洲所謂世臣，大抵如此，胸無點墨而服御必精，每一顧盼，光彩照人，使寒士見之奪氣。又庚辛以後，貪風甚熾，皆欲彌補亂中所失。慈禧不能正己，致臣下相習成風，朝政不綱，皆由此也」。[95] 劉體智也說「慈聖晚年，不免於寡人好貨」，且有私蓄三千萬，雖然他為慈禧開脫，說「無與於政事」，[96] 但奕劻等之貪婪與政以賄成，且自庚子辛丑以來越演越熾，則實是為奉獻慈禧而來。劉聲木的另一記載也可以互相印證。他說，各省督撫原先進京遇慶典有所貢獻，不過二、三十金，「至庚子拳匪亂後，各省督撫於每年照例貢品之外，四時皆有貢獻，並聞每次須貳萬金，或多至數萬金不等。且多屬舶來品。內廷喜其新奇，且不知其價也。」[97] 極為諷刺的是，光緒皇帝也曾經盡法懲貪，整頓內務府，只是傀儡皇帝自身難保，故「每每中止，欲求其悛改難矣！」[98] 於是，曾為慈禧繪像的美國女畫師只好曲予解釋，認為慈禧的奢侈是管理不良所致。也可能是制度的僵化，也可能是遭身邊信賴寵幸的人所愚弄欺騙，她甚至還以一些瑣碎之事來表彰慈禧的「節儉」。[99] 不過無論如何，慈禧愛收獻禮與奢侈則是無可否認的事實。劉聲木一再指摘清末朝政綱紀敗壞，名器太濫，廉恥道喪，歸咎於清末的廢科舉變官制等，卻對較有實際影響的政以賄成且「成於慈禧」的原因略而不提。其有意為

---

[94] 胡思敬，《國聞備乘》，卷三，頁 12。

[95] 瞿銖菴（庵），《枕盧所聞錄》（台北，文海出版社據民國 24 年版影印），頁 85。

[96] 劉體智，《異辭錄》，頁 214、217。另，宋玉卿編，《戊壬錄》（見《中國野史集成》47，成都，巴蜀書社，據民新中國圖書局編印版影印，1993）亦載「西后宮中，數達三千餘萬」（卷下，頁 13）。

[97] 劉聲木撰，劉篤齡點校，《萇楚齋隨筆續筆三筆四筆五筆》，頁 1023。

[98] 文廷式，《聞塵偶記》，頁 48。

[99] Katherine Augusta Carl, *With the Empress Dowager of China* (London: KPI, 1986. First published in 1906), pp. 271–6. 又見凱瑟琳‧卡爾 (Katherine Augusta Carl) 著，晏方譯，《禁苑黃昏——一個美國女畫師眼中的西太后》（上海，百家出版社，2001），頁 216–9。中文本略有刪節。

慈禧隱諱寡人好貨之疾，或以「不知其價」為之開脫，甚至有意無意嫁禍光緒皇帝，兩人在他心目中的地位，不啻有天淵地壤之別。

　　劉聲木的其他很多記載都對慈禧有溢美之詞。例如有關北京「太平桶」之事，因光緒戊申（34 年）三月，京師大柵欄農工商部所設之商品陳列所大火，慈禧深以本地火災為憂，即命民政部於內外城沿途多備水桶，即俗所謂太平桶者。後惟兩宮蹕路所經之處及前門大街有之。雖然他知道「桶約尺許高，吸水不及半擔，桶外油以綠色，桶架則紅色，徒為觀覽之用，杯水車薪，實屬無濟於事，然尚非奉懿旨，不能有也。」[100] 所謂太平桶（木製）或太平缸（陶製），為中國傳統城市用以備禦火災之具，早於雍正六年，雍正帝即曾令各地方省會仿照京城之例，多設水桶及其他救火器具等。[101] 時至清末，租界各種新式西洋水龍早已屢見不鮮，其效用遠勝舊式水龍，更無論水桶。至於舊城區，以上海為例，先前所設之水桶已因易於朽腐而盡廢無存，改以水缸之後，「平時則用木蓋，以備關鎖，冬令則投硫礦以免冰凍」，終歲需人經營，年久仍虞破碎，多置則礙行人，且十缸之水亦不足供一龍之用」，因此乃議以開井及裝設自來水。[102] 再以天津為例，光緒33 年，其似為新政而設之太平缸「涓滴毫無，祇成虛設」，經查之後，才知道是「因疫氣流行，故不蓄水以防有礙衛生」。[103] 換言之，水桶既無益於救火，又不利於行，更不利於衛生，乃該遭淘汰之物，北京之設而停廢，應是此故。如今，其他地區早已停廢，另謀他途，而首善之區的北京竟因慈禧而設，實屬愚蠢落伍之至。劉聲木並未遁居世外，且能閱報獲得新知，太平桶徒為觀覽虛設亦有所認知，唯在劉聲木眼中，

---

[100] 劉聲木撰，劉篤齡點校，《萇楚齋隨筆續筆三筆四筆五筆》，頁 968。

[101] 中國第一歷史檔案館編，《雍正朝起居注冊》（北京，中華書局，1993），雍正六年九月十四日，頁 2241。又見，中國第一歷史檔案館編，《雍正朝漢文諭旨匯編》四，「上諭清冊」（廣西師範大學出版社），頁 245。

[102] 何良棟輯，《皇朝經世文四編》（台北，文海出版社影印本），卷四十，頁 4–6。本註及前註承蒙許孝誠先生提供資料，謹此申謝。

[103] 《人鏡畫報》第十冊，光緒33 年 8 月 15 日，頁 191。第十一冊，光緒33 年 8 月 22 日，頁 210。畫報上有當湖外史評論：「今日新政之虛設，豈獨一水缸為然哉？」故推斷太平缸為新政產物。

將此事曲意引導為慈禧愛民之德政，且美化為若非慈禧聖明，不能有也，真是化腐朽為神奇。

　　再以陳夔龍之調任四川、湖廣總督一事為例討論。劉聲木記載此事，因陳妻為尚書許庚身之從堂妹，「憚於路遠，不願隨往，亦有人為之上聞，奉旨調任直督」。他並評論道：「王道不外乎人情，此等舉措無關宏旨，猶有康乾年間君臣如家人遺意。許夫人禧身，以一婦人而改恩命，尤我朝所未有也。」[104] 此事據胡思敬所述，陳夔龍娶許庚身侄女為妻，經同為僚婿的廖壽恆荐於榮祿，大受寵任，屢次超擢，「皆榮祿之力也」。

> 夔龍既由妻黨顯貴，曲意媚內，事無大小，必承意以行。……其夫人籍隸錢塘，每思戀江南風景，輒不樂，又新喪愛女，以南人不服北方水土（時夔龍任河南巡撫），乃謀調江蘇。蒞任未久，升川督，夫人又不欲往。夔龍計無所出，乃私于奕劻，令（趙）爾巽以兩湖（湖廣總督）讓之，而令錫良以四川讓爾巽。以一女子之愛憎，牽動數省督撫，當時用人之得失，蓋可睹矣！[105]

此事雙方記載略有出入，唯胡思敬記載陳任職較為詳盡正確。陳夔龍在光緒33年7月任川督，34年2月調湖廣，宣統元年12月才轉任直督。[106] 對於陳夔龍如何得以轉調，劉聲木含糊其詞的說「有人為之上聞」，胡思敬則直指「私于奕劻」。至於如何私法，應是指陳夔龍妻拜奕劻福晉為義母，故陳為奕劻之義女婿。[107] 其中乾兒女婿如何孝敬乾爹娘，以貪財好賄出名的奕劻，可想而知。胡思敬被劉聲木評為言國朝亂亡「最為深切著明」，在胡眼中是「政由閫內」、「政以賄成」的不堪之事，在劉聲木的諱飾美化之下，反成主政者兼顧人情之王道表現，比美於康乾盛世，為慈禧之德政美事再添一椿。

　　劉聲木也借瞿鴻禨之口，稱讚慈禧善待漢人官僚。據瞿鴻禨自云：

104　劉聲木撰，劉篤齡點校，《萇楚齋隨筆續筆三筆四筆五筆》，頁59。
105　胡思敬，《國聞備乘》，卷二，頁5。
106　魏秀梅編，《清季職官表》（台北，中央研究院近代史研究所，1977），人物錄，頁174。
107　徐一士，《一士類稿、一士譚薈》（重慶，重慶出版社，1998），頁150。

在政府時，與慶親王本極水乳融洽，幾于言聽計從。……自夫己氏
（案，指袁世凱）當國，久存（曹）操（王）莽之心，路人皆知。深
為所忌，極力以讒言交亂，終成水火。其擠排異己者，尤以自己及
滿洲鐵寶臣尚書良等數人為最，皆有欲殺之志。是以當時擬旨中，
本有「革職並驅逐回籍」之語。孝欽顯皇后親筆去之，並云罪不至
此，亦可謂天恩高厚矣。[108]

瞿鴻禨去職，固由於與慶、袁內鬥，然真正原因則在洩密於報社，此事坊
間頗多傳聞。[109] 瞿之著作中不見此段，唯一再表示天恩高厚，「重負聖
恩」。[110]

　　劉聲木也稱讚慈禧的學識。他先以順治時兵部主事張宸撰寫皇后祭
文，令世祖為之墮落，因而頌揚清朝「列聖相承，萬幾餘暇，稽古右文，
陶鎔百代，是以代言諸臣所擬，真能辨別涇渭，抉擇至當」。換言之，張
宸雖擅著作，亦賴聖君為之鑑別賞識，始能有成。接著再以康熙時初入翰
林院的黃之雋為例，因撰寫中元太廟祭文為康熙賞識，立予編修之職。最
後則以慈禧於逃難陝西時，「翰林院撰〈擬御製太白山碑文〉不能稱旨」，
後由瞿鴻禨改擬，「始稱善」。劉聲木因此讚嘆：「我朝帝王之學，不特
在盛時足以高天下，時雖晚近，猶能辨別淑慝，如燭照數計，洵足超軼前
代也！」[111] 慈禧僅能粗通文墨，經吳相湘披露故宮所藏慈禧罷斥恭王之
親筆詔後，其文句不通，別字連篇，幾為眾人所知。[112] 但在劉聲木筆下，
慈禧稽古右文之功德雖未能與順治、康熙等列聖並駕齊驅，但其學識尚足
以甄別鑑賞，勝過前代帝王。

　　劉聲木也稱讚慈禧的身體強健，而光緒則孱弱不堪行步。他記載慈禧
參觀農工商部所屬農事試驗場，「慈聖步履甚健，場中周圍約十餘里，盡

---

[108] 劉聲木撰，劉篤齡點校，《萇楚齋隨筆續筆三筆四筆五筆》，頁 584。
[109] 胡思敬，《國聞備乘》卷二，頁 6。
[110] 瞿鴻禨，《恩遇紀略》、《舊聞紀略》、《聖德紀略》、《儤直紀略》（台北，文海
　　　出版社影印合訂本）。頁 86。
[111] 劉聲木撰，劉篤齡點校，《萇楚齋隨筆續筆三筆四筆五筆》，頁 838。
[112] 吳相湘，《晚清宮廷實紀》（台北，正中書局，1952），頁 103 及所附圖片。

皆步行。德宗則以兩人小肩輿隨後」。此外，他也藉此事表彰慈禧的書法
與學識。當參觀時，園內如豳風堂、暢觀樓、邑春堂等，「皆慈聖御命名，
並御書其字，以示商部人員，命其照書懸掛」。[113] 慈禧初掌政權僅能粗通
文墨，其後屢屢接觸文書、詞臣，學識書法似應有所精進。唯究竟精進至
何程度？似無人能探測其底蘊。試以畫作為例，慈禧在中秋節賞賜臣僚之
畫菊作品係由畫院如意館代筆，所題詩則由南書房輪值翰林如張百熙等交
由門人再轉交諸多友人所作。[114] 以慈禧平日用以排遣自娛，且致力頗多
之作畫，成效仍僅能由臣工代筆，則其書法、文章容或有所精進，應屬極
為有限。此時之御書及命名，是否真能出自慈禧，實頗令人懷疑。據瞿鴻
禨所述，慈禧雖能於外國使臣及眷屬前當眾揮毫福壽大字，但御賜神廟扁
額、碑文，則由瞿預擬上呈。瞿亦常代筆題御筆畫及篆寫御寶，[115] 可見
劉聲本確有溢美之嫌。

　　總之，在劉聲木保留下來的紀錄中，慈禧是幾近完美的，而光緒則幾
乎一無是處。光緒帝主政之後，先有甲午之敗，復有戊戌之改制亂法，清
朝因而衰亡。因此，劉聲木所一再強調的光緒中葉清室開始走向衰亡，應
可認定光緒主政為其中的主要關鍵。而其記憶中所保留的光緒帝形象如此
不堪，自能理解。至於慈禧形象近乎完美，主要則應在於慈禧能維持大清
綱紀。

## 四、對滿人的觀感及國家認同

　　一般對滿人的看法是不士不農不工不商的一群特權階級，很多有關清
末的記載也多會強調滿人的貪污腐敗無能。但在劉聲木筆下，滿人則有另
一番面貌。例如，他為恭親王打抱不平，一般多將中興之功歸美於曾左胡
李，「而不知當日能削平大難，推賢任能，其功尤在恭忠親王」。其「當

---

[113] 劉聲木撰，劉篤齡點校，《萇楚齋隨筆續筆三筆四筆五筆》，頁 950。

[114] 高樹，《金鑾瑣記》，見《清末稗史精選叢書》（四川，重慶出版社，1998），頁89。

[115] 瞿鴻禨，《恩遇紀略》、《舊聞紀略》、《聖德紀略》、《儤直紀略》，頁 18、87。

國時，用人行政，備極苦心孤詣」，自備記名冊一本，京官五品以上，外官司道以上，每人均加註考語，以備用人時憑冊支配，可見其憂勤惕厲之切。[116]

劉聲木對文祥也非常稱讚。他說：「光緒年間，滿洲文百川相國祥，當時應補授文華殿大學士一缺，自謂功業不如合肥李文忠公鴻章，願以己缺讓之，故文忠以漢人得授斯缺。……相國生平居宦，亦矯矯自厲，不隨流俗。文忠每與先文莊公語及，以旗人中之鸞鳳稱之。」[117] 文祥的氣度見識及其事功，前輩學者多已有論及，[118] 劉聲木所述，適可為文祥之所以能贏得李鴻章等漢官稱道，作一補充說明。

劉聲木也非常稱讚官文。官文與胡林翼「同官一省，交歡至好，公事始能劃一，當時天下稱為美談。」曾國荃繼任湖北巡撫，與其意見不合，馴至互相揭參，兩人均遭清廷罷斥。後來官文路過南京，曾國藩親自出迎於下關，登舟致歉，官文一笑而罷，不提前事是非。「論者論文恭（官文諡號）善能容人，雅量殊不可及。於剿平粵捻一役，雖無赫赫名，其推賢讓能之功，甚為宏偉，宜與當時所謂曾、左、胡、李諸公，並垂不朽也。」[119]

除以上三位較為著名的滿人外，一些滿人稍有可稱述者，劉聲木均不吝筆墨，為之記載。如安徽巡撫英翰：「滿洲英果敏公翰帶印出省閱兵，行至盧州府境，無為州知州□□陳少卿刺史□□迎於境外。瀕行時，果敏贈刺史錢肆期票大錢伍百串，以償其供應夫馬之費。刺史謙稱至再，不敢收領。果敏不允，並聞於他縣辦供應者皆然，誠晚近中體恤屬員之善政」。[120] 又如，宗室溥良：「粵捻匪平後，任江蘇學政，真能弊絕風清者，只有宗室溥玉岑尚書良。尚書考試，論字不論文，然確無弊竇，士林

[116] 劉聲木撰，劉篤齡點校，《萇楚齋隨筆續筆三筆四筆五筆》，頁 754–5。
[117] 劉聲木撰，劉篤齡點校，《萇楚齋隨筆續筆三筆四筆五筆》，頁 599。
[118] 王家儉，〈文祥對於時局的認識及其自強思想〉，《國立台灣師範大學歷史學報》第 1 期（台北，台灣師範大學歷史系，1973 年 1 月），頁 219–39。魏秀梅，〈文祥在清代後期政局中的重要性〉，《國立台灣師範大學歷史學報》第 32 期（2004 年 6 月），頁 121–145。
[119] 劉聲木撰，劉篤齡點校，《萇楚齋隨筆續筆三筆四筆五筆》，頁 1050–1。
[120] 劉聲木撰，劉篤齡點校，《萇楚齋隨筆續筆三筆四筆五筆》，頁 988。

亦悅服無異言。」[121] 又如，極受乾隆皇帝寵愛之成親王永瑆，工於書法，其手臨之「停雲館」全帖，商人竟索價數千金，劉聲木稱讚其「以天潢貴胄，好學與常人同，尤為難矣。」[122]

　　至於能維持天朝上國顏面以與外國分庭抗禮者，劉聲木則更予以大書特書。例如，他稱讚端方不先拜各國領事，說：「各國領事駐劄各埠者，權限甚小，職分甚卑。我國從前昧於外國情事，雖以督撫之尊，到任必先拜領事。」而端方「曾出洋考察，稍明外國情勢。到任月餘，與各國領事兩無往來，繼令津海關道與各國領事聲明：各國領事如不來見，以後交涉，只能與關道接洽，不能逕與直督交涉。各國領事會商數次，卒先行來見。」對於這樣的表現，他認為是「差強人意」，可惜「行之僅此一次，亦無第二人第二次踵行，國家已易社為屋矣。」[123]

　　又如，劉聲木稱讚豫師：「滿洲預習之都護師，早從滿洲倭文端公仁等游，立身正直，崇尚宋儒」，撰《漢學商兌贅言》，「吹噓明經之焰，以推波助瀾，欲以挽已溺之人心，亦不為無見」。「生平最惡洋字，其家中無一物來自泰西，洋布亦屏去不用，坑墊、椅墊等，皆以北京土布為之」。他還感嘆，如果人人如此，則洋人勢將無從通商、傳教。豫師罷官後，「創設會輔堂」，「親臨講學，孜孜不倦」，每次來聽講者，仍有百餘人。科舉廢除八股，豫師為之痛心不已。[124]

　　大體而言，劉聲木所記載的滿人事蹟並不多見，所記載多為正面稱讚，幾乎不見任何批評指謫。即便或有，亦於批評之中，另寓認可或惋惜之意。例如，記載安徽巡撫福濟，「語其門人合肥李文忠公鴻章云：『凡事總須以不肖之心待人』。雖是忿激之談，言之不無稍過，竊謂苟處亂世，確須以中丞待人之法行之，勿謂盡人皆君子也。」[125] 又如，記載光緒初年號稱「清流派」四大金剛之一的宗室寶廷：「寶廷以任福建試差，歸途

121　劉聲木撰，劉篤齡點校，《萇楚齋隨筆續筆三筆四筆五筆》，頁 1053。
122　劉聲木撰，劉篤齡點校，《萇楚齋隨筆續筆三筆四筆五筆》，頁 601。
123　劉聲木撰，劉篤齡點校，《萇楚齋隨筆續筆三筆四筆五筆》，頁 97。
124　劉聲木撰，劉篤齡點校，《萇楚齋隨筆續筆三筆四筆五筆》，頁 593–4。
125　劉聲木撰，劉篤齡點校，《萇楚齋隨筆續筆三筆四筆五筆》，頁 604。

買江山船女為妾，自行奉聞。奉旨言其任意妄為，旋奉部議革職。」外間
頗有稱其得美婦者，劉聲木則力辯其非，所買之妾「並無中人之姿，面上
且有小痘斑」，只因寶廷「眼素短視，又在燈紅酒綠之下，看視未真」，
「以此去官，殊不值也。」[126]

　　劉聲木還為滿人大力辯誣伸冤。例如，他盛稱四川按察使如山的書
法，並為其遭人誤解舉證辯誣。他說，如山「書法追蹤六朝，流動自喜，
不似他人以板重擅長。在同光間，以書法擅名一時。尤善畫山水及寫生，
並指頭畫。」不過，由於晚年「倦於應酬，多由門客代筆」，遂遭誤解為
「不工書」，甚至誤認為「自書者，不如門客所書」。其實，曾為代筆的門
客陳質莘，學書法於如山，每見親筆，「摩挲愛玩，不忍釋手，亦自謂弗
如遠甚」，[127] 可見其謬誤之甚。此外，劉聲木也為如山的丟官極表不平。
他記載，如山因不滿李鴻章、張樹聲兩督撫讓司道久候不至，忿然曰：「一
督撫不迎接，一督撫不受迎接，督撫威燄，一至於此乎？我等何不亦買一
督撫坐坐，亦可以此傲人。」此語傳至張樹聲，遂深銜之，以兩廣總督隔
省奏劾，使之落職。他認為如山「不忍小忿，致遭意外之虞，可謂不幸之
尤者矣。」[128] 此事劉聲木記載發生於光緒年間張樹聲入都陛見道經天津
之時，應為光緒四年底之事。[129] 劉聲木又載如山為直隸按察使。事實上，
遍翻有關如山的傳記資料，多僅載官至四川按察使，[130] 且其任按察使時

---

[126] 劉聲木撰，劉篤齡點校，《萇楚齋隨筆續筆三筆四筆五筆》，頁 603。

[127] 劉聲木撰，劉篤齡點校，《萇楚齋隨筆續筆三筆四筆五筆》，頁 73–4。

[128] 劉聲木撰，劉篤齡點校，《萇楚齋隨筆續筆三筆四筆五筆》，頁 74。

[129] 何嗣焜，《張靖達公（樹聲）奏議》（台北，文海出版社影印本，1968）卷首，頁
　　2、4。

[130] 就個人所見，有關如山傳記資料載為官至四川按察使者，有寶鋆，《國朝書畫家
　　筆錄》（台北，文史哲出版社據宣統三年刊本影印，1971），卷四，頁 38；震鈞，
　　《國朝書人輯略》（台北，文史哲出版社據光緒 34 年刊本影印，1983），卷一，頁
　　24。吳心穀，《歷代畫史彙傳補編》卷一，頁 11（見于玉安編，《中國歷代畫史
　　匯編》，天津古籍出版社，1997 年）。載為官至直隸按察使者，有李濬之，《清畫
　　家詩史》（台北，明文書局，1985）卷庚下，頁 38；李放（充國），《八旗畫錄》
　　（于玉安，《中國歷代畫史匯編》），頁 48。據魏秀梅，《清季職官表》（台北，中
　　央研究院近代史研究所，1977），直隸按察使，頁 806–810，不見如山任職紀錄，
　　故從之。

間相當晚，在光緒九年三月至十一年三月，而張樹聲死於光緒十年，如確
有其事，或應為如山任長蘆鹽運使，而非直隸按察使。[131] 無論真實情況
如何，劉聲木為多言無辜遭漢官挾怨報復落職的滿人抱屈，則為事實。至
於張樹聲以何理由，隔省參劾且能成功，劉聲木則仍其記事風格，不予討
論。

　　總之，劉聲木對筆下滿人，唯有稱道、惋惜、辯誣及抱屈，絕不敘述
其惡跡。即便對屢屢遭到上官考核不佳而去職之江西布政使文輝亦然。他
說：

> 文友石方伯輝，滿洲正藍旗人，官至江西布政使。其胞姪女為恭忠
> 親王福晉。其任贛藩時，適湘鄉曾文正公國藩任江督，新寧劉忠誠
> 公坤一任贛撫。劉忠誠於同治年間及光緒初年在官時，頗有厲精圖
> 治之稱，於方伯心弗善也，又知其有奧援，乃於年終密考時劾之。
> 時恭忠親王方綰樞府，寢其事不下。劉忠誠公三年密考皆如此，仍
> 不得去位，又轉懇曾文正公加考言之，復不能去。適其時各省大計，
> 乃填入「疲軟不能任事」，露劾於外。恭忠親王仍主樞府，見之曰：
> 『如是，不能不去矣。想文某亦太難也。』

文中，只提及文輝恃有恭王之奧援，而不提其惡行劣跡，最終僅以「疲軟
不能任事」劾之以去，乍看之下，反而呈現湘系漢官大員劉坤一、曾國藩
一再逼迫，聯手欺壓滿人之事實。事實上，據劉聲木之弟劉體智所述，文
輝「性愚闇，不明政務，幕友門丁為政，頗有簠簋不飭之名」。[132] 劉體
智為劉秉璋第四子，所撰《異辭錄》廣為研究近代史事者所引用。由於共
同的家世背景，劉聲木與劉體智對晚清史事的記載有頗多係出於共同的
來源，所載史事雷同之處不少。關於文輝之事，兩人應同樣得自其父劉秉
璋。當時劉秉璋繼文輝之後接任江西布政使，劉坤一及文輝兩當事人都
曾向劉秉璋抱怨。不過，兩人所載有所出入，如劉體智載大計考語為「疲

---

[131] 張鳴珂，《寒松閣談藝瑣錄》卷二，頁1，載如山「浙江糧儲道，升長蘆運司」。見
　　于玉安編《中國歷代畫史匯編》。
[132] 劉體智，《異辭錄》，頁64-5。

軟不謹」，與劉聲木所載的「疲軟不能任事」有別。「不謹」與「不能任事」，筆下輕重立判，更何況劉體智具體指實「不謹」之事。劉聲木如此敘述，其對滿人的隱諱，可謂不遺餘力。

　　或許，劉體智對於滿人的觀感不佳，認為「事理不明」為旗人通病，[133]故兩人對於有關滿人的記載，差異頗大。尤其，頗多有關滿人負面之記載，在劉聲木書中均付諸闕如。例如，為劉聲木所稱道善待屬員的英翰，劉體智則記其雖有若干部下著稱於時，「論其功績，尚在若有若無之間」。蓋「軍營習氣，賊去則虛報戰事，果敏（英翰諡號）所當者捻匪，行蹤飄忽無定，其擊走與自走本無分別。幸未逢勁敵，得以功名終，亦云幸矣！」[134]雖無惡詞批評，但言下之意，英翰實有虛報戰功、浪得虛名之嫌。

　　再如，為劉聲木所稱道通曉外洋挫折外國領事的端方，劉體智則記載因為恃有內援，不可一世，欲掌外部而不欲就江督、直督之任，氣慨盛侵瞿鴻禨、那桐等老臣，卻又因案而跪求總管太監小德張，乞哀權貴宗室載濤為之緩頰。又記載李鴻章之子李經邁與之交往的經驗，其平日白吃依附，有事則另攀權貴的炎涼醜態，畢露無遺。[135]

　　又如豫師，劉聲木推崇其立身正直，以「正學」拒斥洋化，並講學予以發揚。劉體智同樣記載講學之事，唯特加按語，「受其感化，只北方學者，且在高位居旗籍者為多」，並且強調其主講會輔堂時，利用出題暗寓「易位」之意，與在通州書院主講的弟子相互呼應，「建儲之策，與有力焉」。[136]原來豫師以講學為徐桐所傾服，慈禧太后擬議廢帝，立端王載漪子為「大阿哥」，徐桐「主之甚力，實皆豫師本謀也」，[137]劉聲木獨漏此段連《清史稿》都有之記載，或恐為避免與「立身正直」相矛盾。

　　再以寶廷為例，劉聲木雖直書其買妾丟官，卻力辯其非得美婦，頗為

---

[133] 劉體智，《異辭錄》，頁168。
[134] 劉體智，《異辭錄》，頁26。
[135] 劉體智，《異辭錄》，頁198、230–1。
[136] 劉體智，《異辭錄》，頁179。
[137] 趙爾巽修，《清史稿》（中國，出版資料不詳），列傳252，頁1。又見金梁，《光宣列傳》（台北，文海影印本），列傳252，頁1。

其惋惜。劉體智則記其先前赴浙典試曾買船妓，為避人耳目而別行，結果
人船俱杳。此番赴閩典試，再買江山船妓，懲於前失，同行回京，卻為道
路指目，不得不自行奉聞，因而去職。寶廷曾彈劾工部尚書賀壽慈「認市
儈妻為義女」，兩相對照，遂為人訕笑，並為詩嘲諷曰：「昔年浙水載空
花，又見閩孃上使槎。宗室八旗名士草，江山九姓美人麻。曾因義女彈烏
柏，慣逐京娼吃白茶。為報朝廷除屬籍，侍郎今已婿漁家。」[138] 此詩曾
為劉聲木引用「宗室八旗」至「美人麻」兩句，以證明寶廷所買妾並非美
婦，其餘均諱而不言。

　　在劉聲木筆下，真正稍有微詞的滿人，殆只有松壽一人。中法戰役，
劉秉璋任浙撫，松壽為乍浦副都統，時海疆戒嚴，松壽意欲招兵防守，劉
秉璋告以「海防在寧波，不在乍浦，如真乍浦有事，則浙省安危，在此一
舉。成敗皆劉某一人之責，決不諉過他人」。松壽為圖卸責，據此入奏，
言「劉某自認浙省軍務由伊一人負責」。劉聲木先記其事，再加案語曰：
「先文莊公生平嘗云：『見利思義，見危授命，久要不忘平生之言。雖不
能幾，願終身矢之。』是先文莊公立身大節，即以此三事為依歸。（松壽）
將軍與先文莊公交淺，宜乎多此一舉也。」[139] 這是因為松壽誤解劉父，不
得不辯。唯所加微詞，亦僅止於「圖卸」，且為之轉圜解釋為「交淺」。

　　劉聲木獨漏滿人的負面記載，究竟是無心之失，抑或劉體智對滿人特
存偏見？頗值得更進一步探討。平心而論，劉體智曾入李鴻章家塾從習英
語，與李氏父子門生故吏極為熟稔，又為孫家鼐女婿，館於其家，更能與
聞機要，[140] 於滿人諸事，因而所知較為詳盡。唯劉聲木所遺漏者，頗多
並非獨家僅見之秘辛，其有意隱諱，昭然若揭。茲再舉劉秉璋奏請緩加旗
餉一事為證。劉體智記曰：

　　　　歸政、大婚，兩次大典，賚及赫德。其餘軍功，督撫提政，無論存
　　　　歿，皆叨異數。所遺者，惟先文莊及沈文肅（葆楨）二人。文肅歿

138 劉體智，《異辭錄》，頁 109–10。
139 劉聲木撰，劉篤齡點校，《萇楚齋隨筆續筆三筆四筆五筆》，頁 542–3。
140 劉體智，《異辭錄》，劉篤齡前言，頁 2。

已久，或一時遺漏。文莊以浙撫任內，奏請緩加旗餉，增練海軍，與醇親王設施大政全然相反，致忤邸意，故不及。李文忠（鴻章）函，則謂邸於此事，並無意見云。[141]

又記云：

先文莊乞歸田里，凡八上章，皆蒙溫旨。李文忠公書曰：「近年以來，未之有也。」其後，文忠與余偶言及此，曰：「此許恭慎（許庚身，諡恭慎）之力也，事後乃知耳。人告尊翁，言醇賢王以緩加旗餉事，盛怒之下，得閻文介（閻敬銘，諡文介）一言而解。文介終年不得見王，尊公惡乎知之云。」文忠之言，自必有據。壽州（孫家鼐）、嘉定（廖壽恆）兩相國致文莊書，至今猶在，皆云：「朝邑（閻敬銘，陝西朝邑人）之力」。壽州書云：「加餉為邸意，是劾邸也。」嘉定書云：「大疏既上，丹初（閻敬銘，字丹初）譽不容口。」同一當道，而見聞不同如此。章京中有同年友傳語相告，則云：「醇邸見疏大怒，曰：『漢人太無良心，做旗人官，而於區區之餉，猶吝之耶？』朝邑（閻敬銘）曰：「王毋然。使疆臣人人如浙，則國家不患貧矣。」章京之言，未必全虛，而又有同異。[142]

前段文字，劉體智以其父在光緒皇帝大婚及親政大典時均遭遺漏封賞而抱屈，並推測原因應為上奏緩加旗餉忤逆醇親王之故。後段文字則記載當事諸公之傳聞異詞。雖然劉體智客觀的並列李鴻章的異詞，但依據文中所引用諸人文字的鋪排方式，他應該較為相信劉秉璋是上奏得罪醇親王之故。劉秉璋此疏可見於《劉尚書（秉璋）奏議》，[143] 劉聲木應知之甚詳。如前所述，劉聲木敘事為父隱惡揚善，著作中另有多則提及劉秉璋之行事，為之表彰不餘遺力，此事劉秉璋言所當言，致忤逆當道，其公忠體國不畏權勢，理當更為劉聲木所張揚，反而未予提及，頗有蹊蹺。推敲其中原故，應以此事涉及滿人利益，在清末民初滿漢種族仇恨問題方張未平之際，甚

---

[141] 劉體智，《異辭錄》，頁113。

[142] 劉體智，《異辭錄》，頁120。

[143] 劉秉璋，〈密陳辦海軍疏〉，見朱孔彰編，《劉尚書（秉璋）奏議》，卷4，頁15–6。

為敏感。前曾提及，劉聲木對漢人意見不平導致清亡已有所體認，醇親王不顧國用匱乏，意欲為旗人加餉，無異印證滿人之專圖己利而不恤漢人。而劉秉璋奏請應將有限款項專用於國防所急需之海軍，暫緩旗人加餉，義正詞嚴，頗令醇王及滿人難堪。如果再表彰其事，無異加重滿人罪孽，容易激起漢人不平之氣，自以不提為宜。即使因此犧牲表彰其父的機會，也在所不惜。由此可知，劉聲木對滿人的褒揚與隱諱，其命意所在，應是盡力調和滿漢，避免因漢人排滿革命，對滿人誤解加深，致決裂擴大。

　　如上所論，劉聲木對慈禧和滿人每多揄揚，並隱其穢跡，他對清的溫情似乎超過客觀理智的認知，所造成的效果甚至可能扭曲事實，這和他認真求是以學術救國的宗旨不甚相符。清朝既亡，劉聲木對清的溫情認同是否足以激發積極延續清社之心，進而希冀清廷復辟？

　　就一些跡象顯示，劉聲木對清廢帝的處境待遇頗抱不平。他特別記載丁卯年 (1927) 上海《時事新報》所載德國退還前帝私產，「於是威廉第二雖剝奪政治軍事一切威權，而在經濟上，又成德國一大勢力」。他因而感嘆「德人之急公好義，興登堡之不忘舊恩，誠孔子所謂夷狄之有君，不如諸夏之無也矣。」[144] 辛未年 (1931) 報載比較各國廢皇財產，中國廢帝溥儀最貧，「其所執之珍寶，多屬贗鼎，此外無他財產」，而德廢皇因興登堡發還財產而為最富，益令他感嘆「何晚近之世，忠君親上者，多在彼族乎」！[145] 尤其，盛宣懷遺產數千萬兩，其繼妻贍養之豐，以數百萬兩生息供應，而清末供給同治帝兩太妃之贍養費用，每月僅各五百兩，除痛罵盛宣懷僭妄驕橫無人臣理外，為清室不平之氣，意在言外。[146]

　　或許由於個性使然，此種不平之氣似乎僅止於感嘆世事多變。不過，也有可能因為各國皇室同樣紛紛遭廢。自宣統三年清帝讓位以後，「歐洲各國，亦同時多事，十年之間，不可勝紀，……誠五大洲亙古之變局也。」[147] 因此，即使劉聲木對清廢帝寄予同情，但既為歷史大勢所趨，

---

[144]　劉聲木撰，劉篤齡點校，《萇楚齋隨筆續筆三筆四筆五筆》，頁 196。
[145]　劉聲木撰，劉篤齡點校，《萇楚齋隨筆續筆三筆四筆五筆》，頁 805。
[146]　劉聲木撰，劉篤齡點校，《萇楚齋隨筆續筆三筆四筆五筆》，頁 101–2。
[147]　劉聲木撰，劉篤齡點校，《萇楚齋隨筆續筆三筆四筆五筆》，頁 263。

自無能為力，不必因而謀求溥儀之復辟。甚至，他對一些遺老的作為反應
甚為冷淡，還予以冷嘲熱諷。例如，和劉聲木一樣不願在著作中記載民國
年號的勞乃宣，曾於辛亥年 (1911) 撰〈共和正解〉，又於甲寅年 (1914) 撰
〈續共和正解〉，以周朝「共和」比附共和之民國，希冀袁世凱猶如召穆公
等之代周厲王暫掌政權，將清室復辟寄望於袁世凱。[148] 劉聲木雖肯定其
對清之忠心，但認為空言無益，因為袁雖堪稱奸雄，卻素不好學，「不能
如王莽之事事仿周禮，曹操之橫槊賦詩」，想要以文字感動袁世凱，「譬
之與土偶人說語」。而且，袁專以利祿誘人，勞乃宣想要以封袁世襲罔替
之王爵祿誘，更如大石投海，毫無用處。[149] 顯然劉聲木對袁有較為深入
清楚的認識。當宣統皇帝被趕出故宮，避入日本使館，旋往天津租界居
住，鄭孝胥「猶日進講通鑑數頁」，他評為「迂謬不解事」，成為「千古
笑柄」。[150] 相較於那些謀求復辟的遺民，劉聲木顯然更為務實，較能體
認時勢。換言之，即使劉聲木並不認同民國，應該未必想要恢復大清。

　　再以實際將復辟付諸行動的張勳而論。顧涵若（恩瀚）在所著書《竹
素園叢談》中盛讚「張勳以一武人而深明大義」，並為之大鳴不平，深信
「復辟一役，千秋自有公論」。[151] 劉聲木對此似乎反應平淡，認為「千古
不平之事多矣，焉能起皋陶，一一為之斷明？」[152] 劉聲木書中褒揚守節盡
忠者屢見不鮮，何以對張勳不置一詞，甚至不願為之聲援？當時頗獲民間
支持的國民黨和共產黨一直都在批評清朝的腐敗與無能，民間輿論對復辟
觀感不佳，對所引起之政局騷動尤為不滿。如前所述，劉聲木既已體認由
帝制走向共和已為大勢所趨，又不樂見滿漢衝突擴大而力圖彌縫其間，當
亦不願因為清室復辟引起爭端，故對復辟諸人事不表肯定。

---

[148] 勞乃宣，《韌叟自訂年譜》（台北，廣文書局，據辛酉 (1921) 年刊本影印），頁
　　　22。劉聲木此處記載稍有出入，誤為〈共和解〉、〈續共和解〉。劉聲木撰，劉篤
　　　齡點校，《萇楚齋隨筆續筆三筆四筆五筆》，頁 185。
[149] 劉聲木撰，劉篤齡點校，《萇楚齋隨筆續筆三筆四筆五筆》，頁 185–6。
[150] 劉聲木撰，劉篤齡點校，《萇楚齋隨筆續筆三筆四筆五筆》，頁 233。
[151] 顧涵若，《竹素園叢談》。見楊壽楣編，《雲在山房叢書三種》（台北，文海出版
　　　社影印本），頁 2。
[152] 劉聲木撰，劉篤齡點校，《萇楚齋隨筆續筆三筆四筆五筆》，頁 118。

　　劉聲木在氣類上雖屬遺民，不認同民國，希望恢復傳統儒家三綱五常的倫理禮治統治秩序，卻不樂見清室復辟。平心而論，儒家差序格局的禮治統治秩序只能見之於帝王統治，民國以後，共和既已普及人心，以民初情況，欲求恢復儒家禮治秩序，捨清室復辟外，絕無他途。因此，其所企盼嚮往之秩序，絕無重現之可能。劉聲木此種心態註定遭到嚴重挫折，只能布衣帕首消聲匿跡於市廛，鬱鬱以終。

## 五、結　論

　　劉聲木對晚清的記憶，將清室亂亡歸罪於晚清的變更政制，而罪魁禍首指向力倡變法的光緒皇帝，對發動政變的慈禧太后有極好而近於完美的印象，對滿人也是稱譽有加。這一份對晚清的歷史記憶，顯然與革命派及共黨派的看法極為兩極對立，與當代學者的研究成果也頗多不符之處。

　　大體而言，劉聲木建構其晚清歷史記憶的方法，在以隱惡揚善、曲解美化、委婉解釋、選擇性的遺忘等手法，有目的、有意識的保留對清廷統治及其相關一切的美好印象，藉以宣揚其恢復三綱五常等舊秩序的理念，亦用以平衡歧視、仇恨滿人的偏差思想。這是經由其自身經驗，配合其目的，有意識的創造出不同歷史記憶，故所得清末歷史和一般歷史學家所描述的歷史頗有不同。就寫作或保存紀錄而言，劉聲木只是強調其所想要強調的部分，做出合乎自己特定意識的解釋，並未顛倒黑白，亦未篡亂假造史實，仍不失其學術立場，或違背其學術良心。足見他對清室雖然懷抱極大溫情，卻仍保持理性明智。

　　一般對於此種心態，多目之為守舊，一味鄙斥新學新制，企圖挽回舊秩序，以便把持既得利益。梁啟超在評論民初復古思潮時，曾有很好的分析。他說：「今都會之地，士大夫群居相語，每一矢口，輒相與太息於人心風俗之敗壞」。他們以自由平等諸邪說敗壞人心風俗，因而一反民國元二年乃至清末諸所規畫建置之新政，必欲返回前清而後快。他們「儼以道德為其專賣品，於是老官僚、老名士與道德家，遂儼成三位一體之關係。而

欲治革命以還道德墮落之病者，乃逕以老官僚老名士為其聖藥，而此輩亦幾居之不疑。」事實上，「中國近年風氣之壞，壞於佻淺不完之新學說者，不過什之二三，壞於積重難返之舊空氣者，實什而七八。」[153] 易言之，敗壞人心風俗者，即此輩也。清室之敗壞滅亡，亦壞亡於此輩。而此輩之所以在民國猶能位居要津，彈冠聯翩，專城相望者，主要即在於辛亥革命為一「不完全的革命」。雖然清室已遭鼎革，卻仍留溥儀於故宮，前清官僚大量充斥於民國政府之中，遂予守舊復辟者無限遐想空間，致使復古守舊思潮一時之間成為主流意見。無怪乎後來馮玉祥將溥儀逐出清宮，其目標即在剷除復辟根源以使中國真正走向共和，以了結未完之革命。[154] 劉聲木的守舊觀念和復辟有其相通之處，但並不贊成復辟，或與他並無既得利益有關，亦應與其一貫的理性明智有關。

　　這樣一份既理性明智又充滿溫情的偏差晚清記憶，看似矛盾不可理解，實是劉聲木安身立命的依據。在他心目中理想的傳統儒家三綱五常倫理道德之秩序既已不可能實現，藏之於撰述記錄中，不僅可以時時緬懷，假以時日，或能影響及於他人，尤勝於目睹其幻滅。他安於貧困寂聊而專志於著述，自是有此理想寄託予以支撐。更有甚者，保留這份記憶，亦為用以對抗民國的利器。一般遺民拒絕民國，所採用手法方式，不外拒用民國年號、使用前清官名稱呼等，似較為駝鳥式的消極無用，甚且可能招來不識時務之訕笑。利用經過刻意篩選的記憶，將晚清諸多美好事物呈現，和民國以來的亂象相比，較能有力的質疑推翻清廷的正確性，進而挑戰民國成立的合法性。最近學者以「歷史記憶」討論清末歷史，發現革命派利用發掘明末清初主要為明遺民的漢族歷史記憶，作為推動反清反滿的力量，如王泛森研究章太炎即是。[155] 對劉聲木而言，他也發掘保留明遺民

---

[153] 梁啟超，〈復古思潮平議〉，見梁啟超，《飲冰室文集》之三十三（台北，中華書局，1983 年台三版），頁 70。

[154] 關於溥儀被逐出宮及民初對清的情感兩歧態度，參閱沙培德，〈溥儀被逐出宮記——一九二〇年代的中國文化與歷史記憶〉，見中華民國史料中心編印，《一九二〇年代的中國》（台北，史料中心，2002 年），頁 1–32。

[155] 王汎森，〈清末的歷史記憶與國家建構：以章太炎為例〉，《思與言》（34 卷 3 期，

的歷史記憶，不過，目的不在強調他們的抗清，而是強調他們的堅毅與忠貞不二，反而會有鼓動忠於清室的相反效果。同樣的，清末民初革命派大力蒐羅出版滿清污穢不堪的歷史，劉聲木也極力保留清代的歷史，惟所保存之記憶內容大不相同，作用亦大相逕庭，歷史記憶之為用大矣！

　　此外，作為清遺民的身分，劉聲木對晚清的記憶還有一值得注意者。傳統遺民為堅持故國衣冠，「不僅在精神上與新朝隔絕（拒不出仕），在空間上也必須與城市隔絕（不入城市）」。[156] 事實上，民國時代的清朝遺老，多數避居租界，「輒以餘貲作富翁而享清福，否則依附皇室，食俸為生，仍不失祿足代耕之樂」。[157] 供養清室費用來自民國政府，這些清遺民不只無法與民國斷絕關係，甚且要間接接受民國供養。租界之繁華，遠較城市尤甚，這些清遺民多數厭惡西學新制，亦鄙夷洋人，竟須淪落租界，與之雜處，亦頗為諷刺。劉聲木雖不至如此進退失據，卻同樣不避城市，並未在空間上刻意與民國隔絕，其所仰賴者，唯存一份與多數民國人不同之晚清記憶而已。對過去歷史無法與民國時人分享同樣的記憶，自亦無法融入民國社會，因而不必在形跡上刻意隔絕。

---

1996），頁 1–18。
[156] 林麗月，〈故國衣冠：鼎革易服與明清之際的遺民心態〉，《台灣師範大學歷史學報》第 30 期（台北，台灣師範大學歷史系，2002 年 6 月），頁 54。
[157] 劉體智，《異辭錄》，頁 206。

# 馬一浮之功夫論

陸寶千

## 一、前　言

　　莊子曰：人之生也，一受其形，不亡以待盡，與物相刃相靡，其行盡如馳而莫之能止，終身役役而不見其成功，苶然疲役而不知其所歸，可不哀耶。人之生也，固若是芒乎，其我獨芒而人亦有不芒者乎。感慨蒼涼，余每讀而悲之。雖然，人固有不芒者，儒家曰聖人，道家曰真人，釋家曰佛。聖人之境曰仁且智，真人之境曰逍遙喪我，佛之境曰三藐三菩提。所以達其境者，儒以禮，道以虛，釋以禪。焚坑以後，儒道皆馳神於外而亡其術，誦仲尼之言者，溺於利祿，樂老莊之道者，惑於神仙，洙泗之濱，藐姑射之麓，罕有至者。有人自蔥嶺來，衒其貝葉曰：是中有八萬四千法門，於是中夏玄談之士，笏履之客，遇則披靡矣。陶令之攢眉，顧歡、范縝、崔浩、傅奕之斷斷，悉不能遏梵音之響遠。有唐韓愈出，東望孔林，鬱鬱蒼蒼，始曰：道在是矣。然李翱而外，不聞探勝者。迨宋而濂洛關閩金谿諸君子，相繼出入二氏，返求六經，安身立命之教，由是大明。蒙古之入湘也，嶽麓諸生燔焉，八旗之渡江也，南畿、三吳、八閩、兩粵，蕺山石齋師弟，羣以血肉撐拒，沒虞淵而取落日，皆天地之正氣，儒行之極則也。俄而珠申之帝，鎮儒以臥碑，繫士於八股，民行失照乘之珠，國步無鐸聲之引。迎西潮之洶湧，遂無操舟之師。近世紹興馬湛翁明道於西湖之上，講學於爾雅之臺，遙紹婺源，旁汲曹溪，冶六藝於一鑪，貞南鍼於滄海，蓋三百年來，僅見斯人。倭寇既降，湛翁東歸，而烽煙未歇，神州

蕩析，皐比無所施設。於是委心任運，處困心亨。丁未夏初，乘化而去。顧其接引後生，警策其耳目，清發其靈府者，散於講錄、書札、韻語，數十年來，逐漸為人淡忘。昔人憾儒家無小學一段功夫，故根基不立，觀乎佛教能以一句佛號，普攝三根，匹夫匹婦，皆可自修，若儒家此憾不釋，後人將指仲尼為天縱之聖而不可及矣。今收拾湛翁當日指點學者工夫之語，都為一篇，比而觀之，或可為有志聖道者，築一根基乎。世人或謂儒門淡薄，吾師棲霞牟先生則稱儒家有富貴氣，學者苟能拾湛翁所示崇階而登之，必可見東魯宮廟之翬飛，鐘鼓之鏗鎗，而黃中通理，美感於心焉。

## 二、功夫之根源

儒家所謂「功夫」者，吾人從事於道德修養以臻聖域之謂也。何以能作道德修養？曰人性本善故。何以人性本善？曰人性即乾元故。易曰：大哉乾元，萬物資始。乾道變化，各正性命。元者善之長也。故曰人性本善。何以知人性本善？曰心善則顯性善也。復象曰：復，其見天地之心乎？馬浮曰：

> 伊川易傳以為動而後見天地之心。天地之心於何見之？於人心一念之善見之。故禮運曰：「人者天地之心也」。程氏遺書云：「一日之運，即一歲之運，一人之心，即天地之心」。蓋人心之善端即是天地之正理。善端即復則剛浸而長，可止於止善，以立人極，便與天地合德。[1]

人之善心即天地之心，亦謂之「仁」，故乾文言曰「元者善之長也，君子體仁足以長人」。馬浮之解「仁」曰：

> 仁是性德，不是知識，不是情見。[2]
>
> 仁是心之全德，即此實理之顯現於發動處者，此理若隱，便同於木

---

[1] 頁5，第一冊。
[2] 頁801，第二冊。

石，如人患痿痺，醫家謂之不仁。[3]

從來說性德者，舉一全該則曰仁。開而為二，則為仁智，為仁義。開而為三，則為知仁勇。開而為四，則為仁義禮智。開而為五，則加信而為五常。開而為六，則並知、仁、聖、義、中、和而為六德。就其真實無妄言之，則曰至誠。就其理之至極言之，則曰至善。故一德可備萬行，萬行不離一德。[4]

馬浮又稱仁之所開為修德，並明兩者之關係曰：

學者當知有性德、有修德。性德雖是本具，不因修證則不能顯，故因修顯性，即是篤行為進德之要。全性起修，即本體即功夫，全修在性，即功夫即本體。修此本體之功夫，證此功夫之本體，乃是篤行進德也。[5]

又曰：

然又須明性修不二，不是性德之外別有修德。修德須進，性德亦有進。性德本無虧欠，何以須進？當知天地之道只是至誠無息，不息即進也。[6]

並以論語克己復禮一語為具體之例，以為：

視聽言動皆禮，即是仁，不須更覓一個仁。因為仁是性德之全，禮即其中之分理。此理行乎氣中，無乎不在，人秉是氣而能視聽言動，亦即秉是理以為視聽言動之則。循此理即是仁，違此理即是不仁。詩曰：天生烝民，有物有則，民之秉彝，好是懿德。禮也者，理也，則也。所以有此理者，仁也，具此德者，性也。性德之所寓者，氣也，即此視聽言動四者是也。窮理即是盡性之事，盡性即是踐形之事（即是於氣中見得理）。[7]

故馬浮一再以識仁、求仁勸勉學者：

---

[3] 頁 180，第一冊。
[4] 頁 18，第一冊。
[5] 頁 122，第一冊。
[6] 同上。
[7] 頁 72，第一冊。

學者之事，莫要於識仁、求仁。[8]

所願賢留意者，莫要於識仁。須知程子之言識仁，與孟子之言盡心知性一也。[9]

學者總以識仁為亟。識仁，即是識得此心之本體。[10]

求仁、識仁，即是盡心、踐形、剋實言之。謂之功夫。

## 三、功夫之進向 —— 自己體究

功夫者，實行義理之學也。馬浮以為此事不能向外追求，只有向自己內心體究，故曰：

義理之學，須自己向內體究方有入處，若祇從文字上尋求即是全盤講究明了，還是不相干。[11]

余病今人無論學儒學佛，並逐名言，求之在外，將謂可從人得，不知體究自性，於自己日用動靜中全無干涉，業識茫茫，何時頓了。[12]

此謂功夫不在文字上。又曰：

竊謂學以窮理盡性為歸，務在反躬自得，然後前聖立教之旨，可以默契。不必以喻人為急，尤不可以相詘為高。（與沈上道[13]）

竊以儒佛禪教等是閒名，古聖為人，唯有指歸自己一路是真血脈，雖其門庭施設，各應機宜，達者知歸，元無多子，人法己盡，取捨自忘。不假分說，自然冥契。[14]

此謂功夫不在辯論上，亦不在尋求與他家分別上。且此學不從人得，即使講聽亦僅助緣而已，嘗告復性書院諸生曰：

中土聖賢之學晦而不明久矣，吾以炳燭餘年，獲與諸君一日共學，

---

[8] 頁 56，第一冊。
[9] 頁 805，第二冊。
[10] 頁 1108，第三冊。
[11] 頁 1132，第三冊。
[12] 頁 109，第二冊。
[13] 頁 454，第二冊。
[14] 頁 491，第二冊。

雖其言未足以為益，其屬望諸君負荷斯道之心，實無有盡。昔明道
先生在扶溝日，謝顯道、游定夫俱從之學。明道語之曰：公等在此
只是學其言語，何不自己用力去。佛弟子阿難云：自我從佛發心求
道，常自思惟，無勞我修，將謂如來惠我三昧，不知身心本不相代。
此二則語，深望諸君留意。蓋義理之學，所以不同於俗學者，正在
不從人得。須是自家著實體究，方有入處。講論只與作緣，實不濟
事也。諸君若體究有得，自知受用，於一切境界能作得主，於一切
事理更無疑，方知此言不繆。否則雖朝夕相語，只是一場鈍置，都
無饒益。[15]

且功夫至證悟時，即使聖人亦無法相傳，故曰：

古人所謂不傳之學者何？蓋即自得之學也。惟須自得，故不可得。
故曰：「向上一路，千聖不傳」。[16]
乾元用九，是大機大用，是孔子如來行履處。禪家所謂「向上一路。
千聖不傳」，非不傳也，不可得而傳也。直須自證自悟，始得到此，
凡教家極則語，如聖諦第一義，皆用不著，故謂唯「廓然無聖」一
語差相似耳。[17]

至於如何自己體究聖學？馬浮以為應從程朱入門。

## 四、功夫之入門 —— 從程朱入

求仁功夫，雖只能由自己實踐，實踐之路，自來有程朱陸王之別，馬
浮主張由程朱入門，其言曰：

儒家之言，至二程而極其醇，至晦庵而極其密，此百世之師也，學道
不師程朱，是謂出不由戶。遺書具在，世人忽焉不之讀，讀者或又挾
其成心以測之，蔽惑所以日深，道之不明，豈非不善學之過與。[18]

---

15 頁 696，第一冊。
16 頁 1059，第三冊。
17 頁 840，第二冊。
18 頁 423，第二冊。

公於禪教二門，涉獵已久，汎汎尋求，終無把鼻，曷若歸而求之六
經，取法宗賢，約而易入。欲請先看二程遺書，平心玩味，則舊來
諸見漸可消融，如晉人聞樂彥輔談義，自覺言語之煩矣。此是承氣
湯之後改進四君子，公莫謂彼自無瘡勿傷之邪。[19]

蓋陸王一路，容易使人執性廢修，馬浮嘗評王龍溪曰：

龍溪之言，疏而無當，王學末流，只見個昭昭靈靈底，便以為是，
此所謂光影門頭事也。學者必須朱子入，方可千了百當。[20]

修養功夫，有其次第條目，由程朱一路，容易入手，故馬浮以為：

竊謂欲求門徑，莫如先讀朱子文集。晦翁與朋友論學書最多，其言
為學功夫、次第、品節、條目，最深切詳盡。於學者之弊，亦摘發無
遺。但虛心平氣以讀之，自能時見己之病痛所在，因而用力。無以
急迫之心求之，自有循循之效，此浮年來讀朱子書所親歷之言。[21]

馬浮所示程朱之門，應以讀書研求義理始。

## 五、功夫之外緣 —— 讀書

程朱教人，首重讀書，馬浮亦曰：

若夫先聖之教，備在經籍，德性之本，具於一心，為仁由己，不假外
求，讀書窮理，實有餘師。樂取於人，咸資淑艾。深之以思繹，益之
以講貫，謹之于隱微，篤之於踐履，其日進於道也，夫孰禦之。[22]

且以佛教為例，其教徒在修觀習行之前，必須先明教理，以免盲修瞎煉，
故曰：

從上古德修習觀行者，莫不先資於教，深明義相，嚴淨毗尼，勤行
懺悔。凡此皆以助發觀行，令速得相應。夫教觀一也，蕅益云：「觀

---

[19] 同上。
[20] 頁 592，第一冊。
[21] 頁 424，第二冊。
[22] 頁 499–500，第二冊。

非教不正，教非觀不傳。有教無觀則罔，有觀無教則殆」。[23]

儒家義理，具載於經書，故馬浮謂讀經可以發露正念，其言曰：

> 學者用力之方，讀經最為要緊，蓋經為義理之總匯，薰習既久，則知見習氣，不知不覺間可逐漸消除，初念亦可逐漸發露。然亦必須將經義一一切己體會，返躬實踐方有益處。否則專求文字訓詁，轉增知見，無益也。[24]
>
> 心緣義理，即是正念，時時住於正念，則雜念無自而生。尋常以雜念為患者，只是心無主宰，故得力必在讀書。凡讀書不得力者，只為務多聞而不求義理耳。聖人之學無他，只是氣質清明，義理昭著，逢緣遇境，一切時皆作得主，不被他人惑亂耳。時人大患莫過於氣昏，障礙自心虛靈，遂使義理無從顯現。能祛得一分昏蔽，必還得一分清明，此乃心體之本然，不從外得也。[25]

正念可在讀書過程中安住，隨而指導吾人之行為，故讀書為功夫之重要外緣，不唯儒家如此，馬浮以為佛家亦如此也，其言曰：

> 從來雲月是同，溪山各異，並不相礙也。無論儒佛，凡有言教，皆以明性道為歸。然見性者多，盡性者少，說道者多，行道者少。若其門庭施設，方便應機，大都曲為今時，亦不可為典要。唯有指歸自己一路是真血脈。故凡學道人，必以見性為亟。見性方能行道，行道方能盡性，然後性不是空言。先要知見正，功夫密，久久純熟，時至理彰，方得驀地日用處自然合轍，乃可與古人把手共行。到此田地，一切正常，並無奇特。知見正，在讀書窮理，就善知識抉擇，不輕疑古人，不輕信時人。到知得徹時，觸處洞然，自不留餘惑。功夫密，在日用上，無論動靜語默，應緣涉境，違情順情，總是一般。行得徹時，無入而不自得，佛氏喚作塵塵三昧，如此乃有相應分。[26]

---

[23] 頁 485，第二冊。

[24] 頁 1138，第三冊。

[25] 頁 726，第一冊。

[26] 頁 682，第一冊。

書中所獲之義理，身體而力行之，是所謂向內體究也。力行之初步為「敬」。

## 六、敬 —— 功夫之起步

### 1.釋敬

或問敬，馬浮曰：

主一無適之謂敬。心不雜亂，謂之主一，不外馳，謂之無適。孟子所謂求放心，程子所謂心常在腔子裏，即一心收斂向內之意。一心能收斂向內，自然不雜亂、不外馳，即是敬也。心一於敬，然後本具之義理方能顯現，而為一心之主宰，則應事接物自然不致有差忒。若無向內收斂工夫，則中心無主，氣常浮散，發之於外，即不中節。又曰：「欽明文思安安」，欽然後能明，明然後能安，欽即敬也。[27]

此謂「攝心不亂」也。

心主於義理而不走作，氣自收斂。精神攝聚則照用自出，自然寬舒流暢，絕非拘迫之意，故曰主一無適之謂敬。[28]

此謂攝心並無拘束之意

以率氣言，謂之主敬。以不遷言，謂之居敬。以守之有恆言，謂之持敬。[29]

此指不同狀態下之「敬」。馬浮乃述敬之重要曰：

儒家說敬，種種方便，教人有個入處。須知敬是一切三昧根本。視聽言動，不離此三昧，即行、住、坐、臥不離此三昧，然後自心所具之理（佛氏謂之性功德）方能隨處顯現，而成為大用，非如死堆堆如三家村土地神，毫無用處也。[30]

---

27　頁 1182，第三冊。
28　頁 108，第一冊。
29　同上。
30　頁 733，第一冊。

敬之反面為「肆」，馬浮以為此兩者之辨，乃定民志之始。

> 欲定民志，塞人患。莫先於敬肆義利之辨已。體信達順，成於敬也。
> 悖德亂常，由於肆也。循理處善，以存義也。陵暴爭奪，以詢利也。
> 吉凶違應，治亂存亡之驗，皆於是乎決之。根於心者至微，而見於
> 事者至著，不可掩也。古之教人以敬，今之教人以肆。古之學者為
> 義，今之學者為利。此其異趣也。然人之冒利而求肆者，非性也。
> 其所漸漬陷溺者然也，導之以敬，而暴慢之心無入也，示之以義，
> 而鄙詐之心無入也。敬義立而德不孤，亦在所養而已。[31]
> 君子學以化民成俗。夫曰化民，則非化於民也。曰成俗，則不為俗
> 所成也。學者尚能審夫此，亦可以知所擇矣。[32]

## 2.敬之本 —— 忠信

馬浮曰：

> 有人貌似恭，而心實散漫，謂之自欺，謂之不誠，便不是敬，敬必
> 以忠信為本，心主忠信方是敬。如無忠信之意，徒在外表矯飾，則
> 是作偽，為君子所深戒。人只有心存忠信而不敬者，故忠信二字，
> 可以互訓。[33]

何謂忠信？馬浮釋云：

> 曾子聞一貫之旨，直下承當，及門人問，只道個夫子之道，忠恕而
> 已矣。盡己之謂忠，推己之謂恕，此事學者合下可以用力。己所不
> 欲，勿施於人，推己之事也。行有不得，反求諸己，盡己之事也。
> 此亦是澈上澈下語。到得一理渾然，汎應曲當，亦只是個忠恕，別
> 無他道。學者須於此信得親切，行得真實，方可以言窮理，方可以
> 言致知。[34]

---

[31] 頁 197，第二冊。
[32] 同上。
[33] 頁 1190，第三冊。
[34] 頁 114，第一冊。

### 3.敬之存養

敬是一種心態，經常維持此心態，謂之存養功夫，馬浮曰：

> 儒家不事靜坐，而事存養，存養之道為敬。[35]

又曰：

> 當知未識此理，只緣誠敬工夫欠缺之故，唯誠敬乃能識得此理。既
> 識得此理以後，仍須以誠敬存之。誠敬工夫不容間斷。果能誠敬，
> 自不須防檢，不須窮索也。仁是本體，誠敬是工夫，體用一原，即
> 工夫，即本體。[36]

此即謂敬與誠同時存在，書院門人記曰：

> 問：語類（朱子語類）卷十八有云「祇持敬，不時時提撕，亦易昏
> 困」。嘗聞心主乎身，而敬為人心之主宰，既須更加提撕，不知又
> 將何物來提撕？答云：所謂提撕，祇是纔見有私意上明，便屏去，
> 正是主宰處，正是此心常存。若放過，便昏卻，便是空言持敬。[37]

此謂敬須不時自我提撕，以免放逸。又舉佛家為例：

> 瑞巖悟後，每自呼曰：「主人公在否」？自應曰：「諾」。復詔曰：
> 「常惺惺著」。應曰：「諾諾」。看他與後人作榜樣，提撕警切如
> 此，所謂暫時不在，即便不堪也。儒者謂敬是常惺惺法，其語實出
> 瑞巖，蓋直內之功，不容間斷．與禪家得力處初無有二也。[38]

並進而謂敬可含佛家止觀之法。曰：

> 先儒嘗謂敬是常惺惺法，今謂敬亦是常寂寂法。惟其常寂，所以常
> 惺。寂故不散，惺故不昏。當體清明，義理昭著，然後天下之至賾
> 者始可得而理也，天下之至動者始可得而止也。無無止之觀，無無
> 定之慧，若其有之，必非正觀，必為狂慧。故曰：「未有致知不在

---

[35] 頁 1188，第三冊。
[36] 頁 679，第一冊。
[37] 頁 1104，第三冊。
[38] 頁 547，第一冊。

敬者」。敬實雙該止觀二法，由此可知。[39]

又謂敬可具佛家「轉識」之用：

> 孟子所謂「必有事焉」、「勿忘勿助」。佛氏言「都攝六根，淨念相
> 繼」，頗為近之。起滅不停，全是妄心。敬則住於正念，不為物轉，
> 久久純熟，則六根門頭皆成大用，即是轉六識成妙觀察智，轉前五
> 識成成所作智也」。故曰「敬用五事」是盡己之性也。[40]

### 4.敬與其他德相之別

「敬」之心態，易與他種心態相隨，門人問曰：

> 敬即是慎獨否？先生曰：慎獨者，敬之一事，言居敬則慎獨在其中
> 矣。敬兼始終內外、動靜而言。慎獨只在不睹不聞之間，故曰敬之
> 一事。[41]

此謂敬與慎獨不同。又曰：

> 若就功夫言，敬可至剛毅，剛毅不能生敬。剛者無欲，毅者強忍。
> 謂為敬之效驗則可，謂敬前先剛毅則不可。

此謂敬與剛毅不同。又曰：

> 敬靜互根，敬則自然虛靜，卻不可將虛靜喚作敬。敬則自然和樂，
> 人之以敬為拘迫者，祇是未嘗敬亦不識敬也。[42]

> 攝事歸理，會物歸心，舍敬何由哉。敬只是收放心。心體本湛然常
> 存，由於氣習或昏焉或雜焉，斯不免於放。然操之則存，亦自不遠
> 而可復，昏者復明，雜者復純，乃可與窮理，可與盡心，故曰：未
> 有致知而不在敬者。豈是程子旋添得出來。敬則自然虛靜，敬則自
> 然無欲。須知虛靜無欲乃心之本然，敬則返其本然之機也。[43]

以上謂敬與靜、虛不同。

---

[39] 頁 84，第一冊。
[40] 頁 583，第一冊。
[41] 頁 1192，第三冊。
[42] 頁 1110，第三冊。
[43] 頁 819，第二冊。

## 七、功夫之實行

### 1.察識

馬浮所重之敬，乃是聖賢功夫之基本狀態，真正之功夫為察識與涵養。馬浮稱察識曰：

> 學者於一念發動處能切己省察，克去私欲，便是良知之發露。正須從此用工，切不可輕輕放過。[44]

所察者乃此心動念之幾。馬浮曰：

> 「唯幾也，故能成天下之務」直是難明。（有無之間者幾，以其不可見，故曰幽）動以天則聖，動以人則凡。若在眾人分上，一念不覺，即名為惡。然依覺故有不覺。覺與不覺，皆就動念上分途，故幾亦通聖凡而言，若念念是覺，安得有凶？壇經所謂「真如自性起念」（真如即念之體，念即真如之用）乃專指聖人之幾耳。近溪先知覺後知，兩個合成一個之說，亦別無特，即所謂背塵合覺，前念後念不異而已。來問如何方能使兩個合成一個？答云：若念念之中不思前境，唯此一念炯然現前，自不見有兩個矣。[45]

又謂察識須隨事勘驗自心：

> 大凡說義理，舉即有，不舉即無。義理決不在言語，言語直饒說得分曉，全不濟事。此在日用間逢緣遇境，不自放倒，隨事勘驗，自心義理必漸能顯現，然後應物無差。但一有自是之念存，則全被障覆，故不能發用成顛倒，徒增煩惱。只有在日用上恆思盡分，盡得一分，便有一分受用。所以造次顛沛必於是，不是難事，但切勿自許為已能日月一至便休，此最是障也。[46]

---

[44] 頁 1156，第三冊。
[45] 頁 553，第一冊。
[46] 頁 865，第二冊。

又舉察識在日常生活中之運用，曰：

> 「至窮理之方，自是要用思惟」，欲入思維，切忌自謂已瞭。若輕
> 言已瞭，決定不思，是閉門而求人也。讀書既須簡擇，字字要反之
> 身心。當思：聖賢經籍所言，即是吾心本具之理，今吾心現在，何
> 以不能相應？苟一念相應時，復是如何？平常動靜云為之際，吾心
> 置在何處？如此方有體認之意。當思：聖賢經籍所言，皆事物當然
> 之則，今事當前，何以應之未得其當？苟處得是當時，復是如何？
> 平常應事接物之時，吾心如何照管？如此，方有察識之意。無事體
> 認自心是否在腔子裏，有事時察識自心是否在事上，如此方是思，
> 方能窮理。[47]

## 2.涵養

涵養者，心內常念義理也。馬浮以為此屬佛家之漸教，其言曰：

> 儒者示教之言亦有頓漸。如通書曰：「學聖人有要乎，曰：有，一而
> 已。一者何？無欲也。無欲則靜虛動直，靜虛則明，動直則公。明通
> 公溥，庶矣乎？」此頓教之旨也。伊川曰：「涵養須用敬，進學則在
> 致知」。又曰：「未有致知而不在敬者」，此漸敬之旨也。[48]

心中常念義理者，體認天性也，故曰：

> 儒者窮理盡性之學，須是於斯道認得端的，粹然循乎天性之自然，
> 非有迫而為之也。孟子曰：盡其心者，知其性者也。聖人，人倫之
> 至，不過能盡其性，不曾於性上加得毫末。所謂性者，非有渾然一
> 物可以把捉，但隨時體認，不令此心走作嚮外，則得之矣。程子教
> 學者涵養須用敬，進學在致知，此言最為切要。[49]

涵養之功，先行於閒靜之時，其後則在酬酢萬變之中：

> 窮理之功，不必定在博覽，須於簡要處用力。大約每日治事之餘，

---

[47] 頁 115，第一冊。
[48] 頁 81，第一冊。
[49] 頁 424，第二冊。

總須有一二時放教閒靜，令可從容涵泳體味此理，久久自覺氣定神
凝，雖酬酢萬變，而方寸自然寧貼。所謂氣質清明，義理昭著。象
山言得力處便是省力處，是指出這箇消息，自無許多勞擾。吾觀今
人通常病痛，只是太忙，終日膠膠擾擾，即無事時亦是忙。此心念
念起滅不停。無主則不定，孟子所謂氣蹶則動志也。法家之失煩，
煩則亂矣。道家勝之以簡，儒家持之以敬，本領皆在虛靜處。此仲
弓可使南面也。[50]

### 3.察識在涵養之中

　　聖學功夫，有程朱、陸王之別，此即察識、涵養之偏重與先後問題。
馬浮言雙方同異而頗右程朱，略謂：

程朱陸王豈有二道，見性是同，垂語稍別者，乃為人悉檀，建化邊
事耳。禪語謂之雲月是同，溪山各異。程門下有龜山、上蔡兩派，
龜山重涵養，上蔡重察識。象山、陽明天姿絕人，自己從察識得力，
其教人亦偏重察識。朱子早年學禪，亦從察識來。後依延平，承龜
山一派。及與南軒交，盡聞胡氏之說，則上察之緒也。晚年舉伊川
「涵養須用敬，進學在致知」二語教學者，實兼楊謝二家法乳。然
其所自得，則楊謝未足以盡之，故其為說最醇密。[51]

朱子之意是涵養與察識並重，但須從涵養中察識，重涵養。至於象
山，則先察識而後涵養，重察識。故朱陸同異，此是綱領。然朱子
重涵養非輕察識，陸子重察識亦非輕涵養。但察識不能一悟便了，
悟後亦必須有涵養功夫以保任之，然後察識方能精純。若只察識而
不涵養，則本源來清，物欲夾雜，其弊至以人欲為天理，故王學末
流，多成狂禪。不如先事涵養，察識自在其中，工夫穩當。蓋未有
有涵養而無察識者，故朱子教人從涵養入手，真是千了百當。[52]

---

[50] 頁 885，第二冊。
[51] 頁 542，第一冊。
[52] 頁 1139，第三冊。

其評陸王曰：

> 象山先立乎其大者，與陽明致良知之說，皆是察識邊事。然象山陽
> 明教人雖重察識，其涵養均甚深。但門人相傳，便不免有偏重察識
> 而遺涵養之類。[53]
>
> 陽明教學者致良知，要於一念發動處用力，是察識。然又常謂必有
> 事焉，正戒慎恐懼工夫，是涵養。[54]
>
> 象山學本自悟，不假師承，直指人心，重在察識。其資秉近於上蔡。
> 上蔡初見明道，說史事背誦如流，明道責之云：賢卻記得許多，可謂
> 玩物喪志。上蔡為之汗流浹背。又語之云：「即此便是惻隱之心」。
> 不云羞惡而云惻隱者，以惻隱之心失，則麻木無所覺也。上蔡從此
> 悟入，故遂以覺言仁。孟子之說四端，明道之講識仁，陽明之說良
> 知，皆是重在察識。實則涵養不密，察識便不能精，雖有時亦綽見
> 天理，而流弊所至，或不免鹵莽承當，陽明末流，便有此失。[55]

故馬浮主張涵養重於察識，察識正在涵養之中。

> 或問：學者用工，專就事上察識，如何？先生曰：固好。但恐涵養
> 不足，不但不能明辨是非，反而易被物欲所蔽，難免不以人欲為天
> 理。人之氣稟不同。利根者不事讀書窮理，專就事上察識，自有悟
> 處。至於根鈍之人，不教他從讀書窮理上用工，將從何處入手？能
> 讀書窮理，而又能返躬體會，兩者兼顧，最為妥當。如此用力既久，
> 則習氣自然漸漸消除，性體自然漸漸顯露，如此涵養，則察識自在
> 其中，始無流弊。[56]
>
> 慈湖正是先察識，後涵養。禪家悟處，即是察識。淨除現業流識，
> 即是涵養。察識是隨緣薦得，忽然瞥地，此有時節，不假用力。學
> 者用力處只在涵養。涵養熟，自能悟，悟後仍要涵養，故澈頭澈尾
> 只是一個涵養，而察識自在其中。工夫間斷，只是未熟，熟則不憂

---

[53] 頁 1165，第三冊。
[54] 頁 1166，第三冊。
[55] 頁 961–962，第三冊。
[56] 頁 1148，第三冊。

間斷矣。[57]

涵養與致知，朱子雖說要齊頭作，然仔細體會「涵養須用敬，進學則在致知」兩句語氣，似乎又不是平看，蓋朱子之意重在涵養，能涵養則察識自在其中。[58]

孟子曰：學問之道，欲其自得之也。易傳曰：默而識之，不言而信，存乎德行。孔子學不厭，教不倦，本領在默而識之。會得此語，自知所用力。維天之命，於穆不已。天何言哉，四時行，百物生。夙夜基命宥密，無聲之樂也。此皆從默上顯體。默而識之，即是涵養功夫，不言察識而察識在其中。鳶飛戾天，魚躍於淵，不到默識心融田地，不能上下察也。[59]

人不必馳求，歆羨、躁妄方是欲境界。只散漫、怠忘、急迫便是欲境界，便是不敬。當此之時，若能一念猛自提警，此心便存。佛氏所謂一念迴機，便同本得，固自不妄。但人心昏雜過久，雖乍得迴機，不免旋又放失，故須持敬功夫，綿綿不間斷，久久純熟，方得習氣廓落，自然氣質清明，義理昭著。到此田地：方可說到不違仁，才有默而識之，不言而信氣象。才是涵養深厚，才可明倫察物，理無不明，物無不格。故察識即在涵養之中，不可分為二事也。[60]

### 4.刊落習氣

察識與涵養，乃功夫之積極面，自另一面言之，即是刊落習氣。馬浮曰：

人人本來自性具足，但為習氣纏縛，遂至汩沒，不得透露。所以從上聖賢，只是教人識取自性，從習氣中解放出來，習氣廓落，自性元無欠少，除得一分習氣，便顯得一分自性。[61]

---

[57] 頁 610，第一冊。
[58] 頁 1168，第三冊。
[59] 頁 818，第二冊。
[60] 頁 819，第二冊。
[61] 頁 80，第一冊。

人之初念未有不善，所以流於不善者，習氣錮蔽使之然也。錮蔽淺者，初念有時發露，但不能久。及錮蔽日深，發露亦不能，則役於形體，溺於習氣，以致顛倒失常，輾轉為惡，此最可懼。先聖教人，莫不使人保護初念，扶育之，擴充之，使其日長，使其不變。如孟子言：苟得其養，無物不長，苟失其養，無物不消，故教人識取四端，不失其赤子之心。陽明之致良知，皆是這個意思。[62]

禪師家有言：人若以好名利、求仕宦之心求道，則成道久矣。此言可發人深省。人只是被習氣染得深了，熟處難忘，這邊放不下，那邊自然放下。君子謀道不謀食，憂道不憂貧。人有心事放不下者，即其所憂謀之事也。此重則彼輕，此軒則彼輊，果能愛道謀道，自然放不下以道為事，則習氣一邊，自然放下矣。[63]

馬浮曾略舉習氣如下：

從上聖賢，曲垂方便，只是奪取粗識，教人淨除習氣，別無他道。習氣若盡，真心自顯，脫體現成，更無欠闕。孔門克己復體，即釋氏轉識成智也。非徹證二空，不名克己。不論凡情聖見，總須鏟除，纔有纖毫，無自由分。世間種種辯智，總屬情塵意計，增長人我，輾轉繫縛，無有了期。譬如掘坑自埋，乃言求活，安有是理。

此以辯智為習氣也。

性只是善，無有不善，只是仁，無有不仁，其有不善不仁者，習也。程子曰：纔有一毫私吝心，便與天地不相似。人心本無私吝，本與天地相似，其有私吝者，亦習也。吾昔嘗言，今人類只在習氣中生活，今之所以為教，所以為政，全是增長習氣，汨沒自性。一旦習氣廓落，自性發露，方知全體是錯。地無分於歐亞非澳，人無分於黃白棕黑，國無分於大小強弱，其有作是計較者，私吝心也。吝只是小。程子曰：小人不合自己小了。以佛法言之，私是我執，吝是法執，並是虛妄習氣。此執不盡，終不見性。今學者用力，在隨時

---

[62] 頁1138，第三冊。
[63] 頁844，第二冊。

隨地，自己嚴密勘驗私吝心之發動，便以義理對治。義理本是自性所具，其中不容一毫私吝。義理昭著，私吝自消。故明得一分義理，即消得一分私吝。習氣消盡，全體是性，便是聖賢。[64]

此以私吝為習氣也。又曰：

大凡言近夸汰者，其自視甚高，謂人莫己若，莫吾知。滿腔都是驕吝之私，難與適道。既知此是病，如瘡疣在身，必抉而去之，不可一日安也。如其自視欿然，常若不及，人倫日用之間常覺有多少不盡分處，見他人有一長，必自以為不如，常責己過，不求人知。能如是，乃可為近道之資矣。須知一切知見情解，全是勝心客氣，必鏟除淨盡，然後此理始顯。[65]

此以貢高為習氣也。又曰：

自覺矜心未去，只因未嘗用窮理致知工夫耳。若真能窮理，矜心自無處安著，亦無自而生，顏子便是榜樣。[66]

此以矜心為習氣也。


## 八、功夫之境界

經過察識、涵養，並刊落習氣，久之道德上必有進境，馬浮以為此種成長吾人不自知，故曰：

進德之驗，如人孩童漸至少壯，血氣日盛，膚革充盈。方其長也，初不自知，只是生機自不容已。其退惰也，如人衰老，日就隤敝，神氣消索，亦不自知，只是生機日漸減少。平時不過髮長，及髮白面皺，皆不自知。此喻雖淺而實切。變化密移，其所由致，皆潛行密運之中。及其形著，皆為粗迹。其未形未著之時，乃其本也。故涵養純熟，然後氣自常定，理自常明，逢緣遇物，行無所事，毫不

---

[64] 頁875，第二冊。
[65] 頁518，第一冊。
[66] 頁495，第一冊。

費力。

又曰：

> 只是俛焉日有孳孳，死而後已，雖聖人分上日新之功，亦只是個不
> 自知，不容己。天地之大化，亦只是箇不自知不容已。會得此旨，
> 則一切勝心、客氣、私智、妄計，豈復尚有絲毫存在耶。必如此，
> 方可入德，方許見性。[67]

然馬浮當達此最高境界，常曰：

> 諸惑不起，實有其事，未詣斯境，鮮不謂誕。不欺在己，豈以誑人。[68]
> 一理渾然，則人我不成安立。須是實到此田地始得。[69]
> 「知」，是知此理。唯是自覺自證境界，拈以人不得，如人飲水，
> 冷暖自知。一切名言詮表，只是勉強描模一個體段，到得此理顯現
> 之時，始名為知。一現一切現，鳶飛魚躍，上下與天地同流，左右
> 逢源，觸處無礙，所謂頭頭是道，法法全彰，如是方名致知，所謂
> 知之至也。[70]
> 到得知至以後，意誠、心正、身修乃是發悟。以後保任長養之事，
> 譬如順水行船，便易為力。[71]

丁未花朝，馬浮有詩擬告別諸親友，曰：

> 乘化吾安適？虛空任所之。形神隨聚散，視聽總希夷。漚滅全歸海，
> 花開正滿枝，臨崖揮手罷，落日下崦嵫。[72]

不久馬氏下世，此詩成為絕筆。吾人可由此詩以體湛翁之道行德境矣。

---

[67] 頁 808，第二冊。
[68] 頁 444，第二冊。
[69] 頁 800，第二冊。
[70] 頁 112，第一冊。
[71] 同上。
[72] 頁 758，第三冊。

## 九、心中意與眼前竹

吾人苟依馬浮所示之功夫途轍，證之其晚年親現之人格境界，可以
不惑於儒門矣。雖然，顏習齋與李剛主嘗詆宋儒為無用，信其言也，則世
上何需此聖人為也？馬浮固曰：人心所存者，不敬則肆，其所由者，非義
即利，而其發見於外者，不出言行二端。[73] 言與行於何見之？曰：事上見
之。昔日禪家悟道後，仍須在烈火中走一遭，即是此意。故發為事功，方
為儒、佛分判處，然按馬浮所言，仍有啟人疑竇者：

> 嘉道以來，士流好談經濟，包慎伯、龔定庵、魏默深宜為魁，皆才
> 士好夸，并心外營，哆口橫議，負不遇之戚，飾譁眾之言，欲以希
> 用當世耳。百餘年來，此風彌煽，遂使人懷刀筆，家榮冠劍，國政
> 決於屠販，清議操於童蒙，皆此曹有以導之。[74]

龔魏之論，懍於燕巢之危也，而馬浮非之何也？又曰：

> 今時學者每以某種事物為研究之對象，好言解決問題，探求真理。
> 未嘗不用思力，然不知為性分內事，是以宇宙人生為外也。自其研
> 究之對象言之，則己亦外也。彼此相消，無主可得，而每矜為創獲，
> 豈非虛妄之中更增希望？以是為窮理，只是增長習氣，以是為致知，
> 只是用智自私，非此所謂窮理致知也。[75]

馬浮謂今時學者之研究工作為增長習氣，恐不足以服學校師生之心也。

復性書院之初創也，馬浮請襄於熊十力，十力報稱書院講習之道，偏重向
內，將至遺棄事物，同於寺僧。又謂雖聖人復生，亦不能不採現行學校制，
予來學者資格出路，不如此將不足以得人。浮復書云：

> 本末始終，自有先後，不可陵節而施。若必用今之所以為教之道，
> 又何於學校之外增設此書院。先立乎其大者而其小者從之。精義入

---

[73] 頁 1259，第二冊。
[74] 頁 618，第二冊。
[75] 頁 114，第一冊。

　　神，所以致用，未有義理不明，而可以言功業者。若其有之，亦是
　　管仲器小之類，非所貴也。性分內事即宇宙內事，體物而不可遺。
　　古德言，但患自心不作佛，不患佛不會說法。今亦可言，但患人不
　　能為成德之儒，不患儒不能致用。[76]

同時亦有人謂書院宜做宋胡文定經義、治事兩齋制度，以便學人就性之所
近，分別研究者。浮答曰：

　　胡文定分經義、治事為二，未免將體用打成兩截。經義體也，治事，
　　用也。有體必有用，未有通經義而不能治事者。若治事而不本於經
　　義，則是功利耳。豈足為法。書院教人，重有明體以達用。體用實
　　不可分，故與文定之意不同。[77]

又復性書院學規為浮所訂，一曰主敬，二曰窮理，三曰博文，四曰篤行。
釋之云：主敬為涵養之要，窮理為致知之要，博文為立事之要，篤行為進
德之要，四者內外交徹，體用全該。[78] 馬浮廣博文立事之義云：

　　故言博文者，決不是徒誇記覽，徒騁辭說，以衒其多聞而不切於事，
　　遂可以當之，必其閎通淹貫，畜德多而謹於察物者也。言立事者，
　　不是智效一官，行效一能，不該不遍，守其一曲，遂足以當之，必
　　其可以大受，當於物而卓然不惑者也。[79]

夫曰：「但患人不能為成德之儒、不患儒不能致用」，「未有通經而不能
治事者」，「博文」必須「蓄德多」、「立事」先求其能「大受」，則馬浮
固是重德性之知而輕聞見之知也，彼以為既有德性之知則聞見之知可以自
然而致，是義也，馬浮數數言之，茲更舉若干言例以為證：

　　從來儒者，不徒以文詞為尚，尤貴有治事之長。義理既明，自能應
　　物無礙，何施不可。[80]
　　義理是本，事功是跡，義理是體，事功是用，跡自本出，用由體發，

---

[76] 頁 539，第二冊。
[77] 頁 1179，第三冊。
[78] 頁 107，第一冊。
[79] 頁 118，第一冊。
[80] 頁 765，第二冊。

未有無本之跡，亦有未無體之用。時人專尚事功，而不知講求義理，正是不揣其本而齊其末。[81]

所謂學以致用者，乃自然之效。學養有素，則事至物來，自有一個當然之則，不待安排。所謂舉而措之，謂之事業也。如著意用上，則不免騖外，計較之心生，必墮入功利去矣。[82]

依於仁之後，始說游於藝，仁者不患無藝，藝者不必有仁。心通乎道，則其發用流行之妙，無施而不可。以是而為藝，藝必精，亦非俗之所謂藝者所能夢見也。[83]

夫由體而發之用，不待安排之則，由仁而發之藝，乃道德也，非世智也。昔王陽明格竹而病，以為格得眼前竹，如何誠得心中意？今吾人所疑於馬浮者，乃誠得心中意，如何可以格得眼前竹？蓋馬浮於心意、性、理之別，乃綰合程朱與陸王、而非融合二家所致。斯意也，吾將別為一文以闡之。

附註：本文皆取材於浙江出版社在一九九六年出版之馬一浮集

---

[81] 頁 1181，第三冊。
[82] 頁 672，第一冊。
[83] 頁 549，第一冊。

# 中國早期的電價糾紛 1918–1937

王樹槐

## 前　言

　　中國早期電氣事業面臨的困難有內外兩大部份：內部的困難為資金不足，設備不良，人才缺乏，管理不善；外部的困難則為用戶的不合作，如欠費、竊電、強用電流、集體要求減價等。內外困難又相激相盪，使問題更加惡化。

　　電價的糾紛主要原因來自電價。電價可分為兩部份：一為使用電流的價格，一為裝置電器及用電手續等費，亦有價格的規定，本文稱之為雜項價格。電流價格為主要部份，且每月須付一次，是為電價糾紛的重點所在，但雜項價格雖然較少，且多僅付一次，但亦常為糾紛的內容，不宜忽略。

　　電價問題是發展電業的關鍵問題，也是社會經濟發展的重要問題。電價定得高，固然有助電氣業者收入增加，進而吸引更多的資金投入電氣事

業，使其快速發展，同時電廠的設備改良，規模擴大，產量增加，成本降低，提供更優質的電氣服務，刺激更多的消費，因而降低電價。

但電價定得高，用戶負擔重，尚未促進電業發展之前，已使消費者望而卻步。消費停滯，推廣困難，則業者的收入未必能增加，電氣事業未必能快速發展，甚至成為停滯的狀態，勉強維持已屬不易。中國早期的電氣，以提供照明為主，最易受到其他照明物質的競爭，如臘燭、煤油、植物油等，用戶可以隨時停止用電。電熱使用電流量大，相當的不經濟，其競爭的物質，如煤、柴、煤氣等，皆具有強烈的競爭力，沒有電氣的時代，傳統熱源的使用已非常習慣，故電熱的使用，早期非常少。電氣提供工業用的動力，也受到工廠自設發電機的威脅，這種威脅已普遍的存在。民國 18 年，中外工廠自備電機者 149 廠，發電容量 308,126 kw，遠超過官營和民營電廠的發電容量 (253,978 kw)。民國 21 年，華資工廠自備電機者 129 家，發電容量178,545 kw，約為公營和民營電廠發電容量 (273,224 kw) 的 65.3%，[1] 可見威脅之大。市場上有如此強大的競爭力，電價不能訂得太高，此其一。

電燈、電熱、電力自有其優點，為人民所愛用，若電價太貴，非一般人所能負擔。人民既愛用電氣，又希望節省費用，兩難之間，往往受到電氣的誘惑，採取省費的作法，如欠費、竊電、減價等，不僅使電氣業者受到傷害，也使社會道德沉淪，故電價不宜訂得太高，此其二。

國家經濟發展，農工業佔很重要地位，其中工業尤甚。為了發展經濟，電業界也有其責任，提供價廉物美的電氣服務，刺激農工業發展，增加電力消費，實為利人利己之事，故電價不能太貴，此其三。

如何訂立合理的電價，是一項非常複雜的問題。其定價高低，又與其所處的社會經濟環境有密切關係。影響電價的因素很多，必須多方面考察。

本文研究中國早期的電價糾紛，對於電價訂立的問題，應先有個概

---

[1] 建設委員會編，《全國發電廠調查表》，南京，建設委員會，1929，頁 1；建設委員會編，《中國電廠統計》，南京，建設委員會，1932，頁 8。

念。有此概念，始能對電價糾紛的處理，才能有所了解。故本文第一節討
論電價訂立的問題。電價糾紛在中國早期電氣事業史上是一件非常普遍的
現象，根據不完整的統計，自 1918 年至 1937 年，多達 67 次。這些糾紛自
難一一敘述，其大概情況，應先有一個全盤的了解，故本文第二節列一統
計表，並略加分析。每一個案雖有其相同之點，但亦有其特殊之點，並不
能以統計來表示。而其特殊之點，常為個案的關鍵所在，故本文選擇 10 家
公司，其所發生的電價糾紛，既有代表性，又有特殊性，分別加以敘述，
作為本文的第三節。有了這三節論述之後，接著便是對整個電價糾紛作一
綜合性的歸納與分析。這些糾紛牽涉到三方面：業者、用戶與政府，三方
面的作為與互動關係，以及全案的結果，作為本文的第四節。這是本文的
架構。至於斷限方面，以能找到最早之電價糾紛為起點（1918 年），止
於中日戰爭開始之年（1937 年）。地區方面，因資料關係，東三省及熱河
未包括在內。所有的案件以民營電廠為限，且以用戶不滿提出要求減價為
主，官方核減營業章程內之電價，不在統計之內。在結論中，將對電價糾
紛的因素，作一綜合性的敘論，並一探此類糾紛解決之道與其歷史意義。

　　本文所用的名詞，電氣、電流代表一般性的綜合名詞，電燈、電熱、
電力則分別代表使用性質的名詞。

## 一、電價訂立的問題

　　如何訂立電價，1930 年代有三種學說：

　　㈠　成本說 (cost of service theory)：電價之決定，純以電氣生產成
本為標準，再於成本外加一定的利潤，亦稱為成本加利法 (cost plus profit
method)。

　　㈡　價值說 (value of service theory)：即經濟學上的利用學說，以需
要與供給狀態為原則，電價之決定，完全基於用戶對該電氣所能容忍之價
值。

　　㈢　最大利益說 (theory of maximum earning)，則為供給者對需要者

以取得最大利益為目的。[2]

　　這三種學說，都可以合併使用，第二、第三種學說，純為經濟學說，就市場來考量。但電氣事業是公用事業，政府對電價必須加以相當之限制，則最簡單、最有效的學說則為成本加利潤的方式，必須維持業者的成本與適當的利潤，否則無人投資於此業，但亦不能過高。成本的分類，有分為直接成本與間接成本，或稱之為固定成本與變動成本（或操作成本 operating cost），前者指發電與供電設備所需之利息、折舊與維持此等設備所需之經費；後者指業務操作及管理所需之經費，如燃料、機油、人員薪金、事業費用等。也有將成本分為三部份，除上列兩部份外，將用戶費從業務費中分出，如收費、查表、統計等費，因此等費用與用戶多寡成比例也。[3] 也有人將電費分成三部份：1.需量費 (demand charge) 即設備費之利息、折舊等固定費用按實際或假定之需要量分攤；2.電度費 (out-put charge)，按用電度數收費；3.用戶費 (consumer charge)，[4] 這三種收費中，包括成本與利潤在內。

　　清末民初，中國自辦電廠剛剛萌芽，清政府對電廠的管理原未注意，既無專責機構，又無一定規程，當時政府所關心者為股款中有無外資，其次是電燈線勿與電話線相碰，如此而已。[5] 民國 3 年，開始草擬「電氣事業取締條例」，民國 7 年 4 月，由大總統公布實施。雖然列出 63 條，注意的重點在技術安全（即電廠及路線工程規定）及社會安定問題（即對外防止外資滲入，對內防止營業區的爭奪），電價問題，僅第 16 條規定：「電氣

---

[2] 錢仲超，〈電價及其制度〉，《電業季刊》（以下簡稱《電刊》），卷 4，期 1 (1933.12)，年會論文，頁 15–16。

[3] 同上註，頁 17–18。張斯敏，〈台灣電力公司之售電業務〉，《台灣銀行季刊》，卷 19，期 3 (1968.9)，頁 351–382。沙燕昌，《公用事業費率與資本形成》，（台北：聯經出版事業公司，1987），頁 7–8。陶柳門，〈合理化與電廠〉，《電刊》，卷 2，期 2 (1931.12)，論著，頁 38。

[4] 〈關於北平華商電燈公司底度問題審查意見〉，《電刊》，卷 6，期 2 (1936.9)，專載，頁 1–2。李彥士述，〈各國電價制度之研究〉，《電刊》，卷 2，期 1 (1931.9)，譯著，頁 4，將收費分為負荷費、經營費、用戶費，其意義與上述三種分法相同。

[5] 交通鐵道部交通史編纂委員會編，《交通史電政篇》，（上海：編者印，1936），第 6 章，頁 1。

事業者所定之營業價目及供給電氣章程,交通部或主管官署認為公益上之必要時,得令更改之。」[6] 「公益上」作何解釋,並未說明。電價問題,當時尚未形成一項強烈的觀念,由實際的事例中,亦尚未注意及此。[7] 對電價的訂立,由各電廠自主,大致而言,不外乎考慮到成本與利潤兩方面,政府未加干涉。

　　民國十七年建設委員會(以下簡稱建委會)成立後,為發展中國電氣事業,訂立許多相關的法規,對電價問題,雖注意之,但以此問題至為複雜,難以訂立各廠相同的單一的電價。電價的訂立,必須考慮下列各種因素:

　　㈠　各廠成本不同。有六種情況造成電廠單位成本不同:1.電廠規模大小不同,小廠成本高,大廠成本低。 2.電廠所在的地理位置不同,靠近燃料區、交通便利區,運輸成本低,反之則高。人口集中的城市,線路設備省,電氣在線路上的損失也較少。 3.發電動力不同,水力發電省,蒸汽發電次之,柴油發電或煤氣發電較貴。 4.資金來源不同,除股本外,銀行貸款利息低,錢莊或私人貸款利息高。 5.管理方式不同,佳者成本低,劣者成本高。 6.政府政策不同,公營電廠政府有補助;民營電廠,不僅無補助,且有些地方政府徵收營業稅外另加其他附捐,兩者成本自不相同。

　　㈡　市場競爭力不同。電氣因使用方式不同,使用量多少不一,所遭遇的競爭力不同,電燈因使用量少,所遇的競爭力也少,而電熱、電力則不同,因之三者的訂價也相差很大。

　　㈢　使用時間不同。不同時段,電氣需要量不同。尖峰時段,電廠必須充足供應,但離峰時段,電氣往往浪費很多,若同一取價,離峰時段則更少人用電。為了鼓勵離峰時段多用電氣,常有優待折扣。

　　㈣　使用效果不同。營業用電的效果比較大,電廠則多收費;非營業用電(如家庭用電)所產生的價值較小,定價比較低。

---

[6] 同上,頁 2–10。《交通公報》,期 21 (1918.9),頁 11–12。
[7] 王樹槐,〈中國早期的電氣事業,1882–1928〉,中央研究院近代史研究所,《中國現代化論文集》,(台北:近史所,1991),頁 461–464。

　　㈤　使用量不同。電廠為了鼓勵多消費，對使用電量較多者，或給予折扣，或採歷級制，用愈多，價愈低，費愈省。

　　由於以上五種因素，電價的訂立，必須採取多元化，政府則難以規定單一的價格。各地電價不同，一般民眾難以了解，常會懷疑自己的電價過高，因而造成電價糾紛。

　　電價關係到業者的生存與利潤，也關係到用戶的負擔，政府必須採取行動，對電價加以合理的干涉。中央主管機關建委會，對電價的干預，在原則上，認為大廠的電價應比小廠便宜，所以將電廠分為 4 等：發電容量 100 kw 以下為四等電廠，100–1,000 kw 為三等電廠，1,000–10,000 kw 為二等電廠，10,000 kw 以上為一等電廠。用此種分法來考慮電價的高低，只能作為大概的參考，仍然難以解決電價的問題。政府對電價的控制，最有效的辦法是審核各電廠的營業章程，核定電價的高低。但中央主管機關對各地的情況未必能完全了解，希望地方監督機關（縣、市、省建設廳等）做初步的審查，簽註意見，做為建委會的參考。

　　電價問題，總得有個法規，以便業者、用戶、監督機關有所依循。茲將相關條文要點列後：

　　民國 18 年 12 月 21 日，國民政府公布「民營公用事業監督條例」，其第 9 條規定：其全年純利達實收資本總額 25% 時，其次年應減少收費，或擴充設備，由監督機關斟酌用戶代表及民營公用事業雙方之意見決定之。（民國 22 年修正：超過 25% 時，其超過之半數，應用以擴充或改良設備，其餘半數，作為用戶公積金，以備減少收費時之用。）[8]

　　對民營電氣事業規定較多且較實際者為民國 20 年 6 月公布之「電氣事業取締規則」，23 年 1 月修正公布，有關修正部份，列於括弧中。[9]

　　第 36 條，電氣事業營業章程如須變更（後修改為電氣事業訂立或修

---

[8] 《建設委員會公報》（以下簡稱《公報》），期 1 (1930.1)，頁 79–82；期 2 (1930.12)，頁 33–34。

[9] 《公報》，期 43 (1934.8)，頁 155–171，建檔，23–25，5–1。此項規則曾於 26 年 7 月再度修正公布。建檔，23–25，5–2。時近對日抗戰，已無意義。

正有關公眾用戶之收費及各項規章），應由地方政府附具意見轉請建委會核准，經核准後，應有一月以上之通告，方得實行。

第 38 條，用戶電表應由電氣事業人置備。

第 39 條，電氣事業人得向用戶酌收下列保證金：

㈠　用電保證金，不得超過每期應收之電費，（後修改為：包燈制，不得超過每期應收電費之一倍；電表制，每安培不得超過 3 元）。

㈡　電表保證金，不得超過原價；不收電表保證金，得酌收表租。（後加上：但不得超過電表原價 2%。）

第 40 條，底度之規定：一等電廠，每安培不得超過 2 度。二等電廠，每安培不得超過 3 度。三等電廠，每安培不得超過 4 度。四等電廠每安培不得超過 5 度。（後將三、四等電廠合併，不得超過 4 度。如不用底度，得用最低電費，其比例準用前項之規定。）

第 41 條，應以較廉之價格供應自來水、電車等公用事業。（後修改為：供給電力用電，應另行規定較廉之價格，如供應自來水、電車等公用事業，應較廉於普通電力價格。）

第 42 條，供給路燈，應廉價取費，但不得低於普通用戶電價之半。

第 44 條，添設（後加僻遠二字）用戶桿線時，得酌收補助費，但不得逾增加費用之半。（後改為：不得逾請求用電者所需桿線工料費之半數。）

從上面這些簡單的規定看來，建委會所能做的，以第 36 條為主，也最為重要，其他則為一般原則性規定，仍然不能有效而公平的處理電價問題，各地也常發生爭執。此外，尚有許多雜項費用，未包括在法規之內，如申請用電註冊費、裝燈費、移表費、接電費、燈泡費、因故停用後的復電費，不用電時的拆表費等，各公司收費不一，[10] 用戶亦多不滿。

---

[10] 日本當年也收取若干雜項費用，裝燈不收費，用以鼓勵多裝也，但拆表時則收取較高費用，因不願用戶停用也。朱謙然，〈調查日本電廠管理情形報告書〉，《電刊》，卷 5，期 3 (1935.9) 專載，頁 7–8。

## 二、電價糾紛案件統計

　　根據不完整的資料，按時間先後，將電價糾紛列一簡表，以明糾紛發生的次數、頻率與地區的分佈，茲列表如下：

### 表 1　電價糾紛表，1918–1937

| 年、月 | 省、縣、市 | 公司 | 用　戶 | 指責與要求 | 方　法 | 結　果 | 資料來源 |
|---|---|---|---|---|---|---|---|
| 7.5 | 河北北京 | 華商 | 用戶700餘戶 | 反加價反現洋支付 | 呈控拒付 | 不加價以銀元計付 | 檔，1，1–1 |
| 9.4 | 湖北沔陽 | 普新 | 商會、商店陳蔚文 | 加價未改善燈光不明 | 呈控拒用、拒付 | 未停電者補費取締陳舊電機 | 檔，15，8 |
| 9.6 | 江蘇溧陽 | 振亨 | 用戶聯合352家 | 價貴、破壞環境等15項 | 呈控拒用、拒付 | 調解減價，並改善設備 | 檔，11，54論文A |
| 11.12 | 江蘇青浦 | 珠浦 | 省議員率領 | 設備不良取價過高 | 呈控 | 部派員往查未再提電價 | 檔，11，45–1 |
| 13.2 | 江蘇無錫 | 耀明 | 米業公會 | 反加價全邑裝路燈 | 不明 | 不明 | 上海時報13.2.28 |
| 13.7 | 河北北京 | 華商 | 全國商聯會 | 電價過高浮收電費 | 呈控 | 略減電價減驗表費 | 檔，1，2–2 |
| 14.10 | 浙江永嘉 | 普華 | 用戶200餘家 | 加價未經核准 | 聯合抗議 | 維持原價不減 | 檔，13，20–1 |
| 16.5 | 江蘇揚州 | 振揚 | 32商團 | 反加價 | 停付、抗議 | 減少加價增加全夜燈 | 檔，11，15，16 |
| 16 | 安徽蕪湖 | 明遠 | 用戶賴文瀾等 | 反加價 | 抗議 | 暫加年後復原價 | 檔，12，2–2 |
| 17.2 | 浙江永嘉 | 普華 | 用戶400餘家 | 查竊電栽誣勒罰，反加價 | 呈控 | 電價略減 | 檔，13，21–1 |
| 18.1 | 廣東潮安 | 昌明 | 用戶 | 設備不良要求減價 | 呈控 | 未減價 | 檔，23，9–1 |
| 18.4 | 江蘇上海 | 閘北 | 商會代表 | 反底度要求減價 | 赴市府請願 | 減價、底度延後實施 | 申報18.4.8 |
| 18.5 | 江蘇鎮江 | 大照 | 商會等70餘團體 | 減價等10項 | 結隊請願停付 | 減價 | 檔，11，35論文B |

| 18.7 | 江蘇 吳縣 | 蘇州 | 鐵織業公會 | 要求減價 | 赴市府請願 | 不明 | 檔，11，24–1 |
|---|---|---|---|---|---|---|---|
| 19.3 | 廣東 汕頭 | 開明 | 同安公會 | 要求減價 | 呈控並向法院訴訟 | 市府駁回法院結果不明 | 電1:3(19.12)，分14、18 |
| 19.9 | 江蘇 宜興 | 耀宜 | 五校校長等人 | 燈光不足要求減價 | 呈文縣府 | 縣議會支持減價 | 檔，11，31–2 |
| 19.9 | 浙江 富陽 | 萍利 | 土劣唆使 | 要求減價 | 不明 | 不明 | 電1:3(19.12)，分49 |
| 19.11 | 廣東 潮安 | 昌明 | 用戶 | 燈光不明要求減價 | 呈控 | 所控不實免議 | 公12(19.12),16 |
| 20.2 | 浙江 象山 | 明星 | 商店 | 燈光暗淡要求減價 | 呈控 反加價 | 減價 | 檔，13，25–1 公16(20.5),164 |
| 20.11 | 浙江 永嘉 | 普華 | 商店 王壽記 | 勒收電費要求減價 | 呈控 | 調解減價 | 檔，13，21–1 公20(21.2),107 |
| 20.12 | 浙江 平湖 | 明華 | 用戶後援會 莫寄蘋等 | 送電用電應兩得其平 | 登報發起 | 無人附從自動撤銷 | 檔，13，6–1 公21(21.4),117 |
| 21.9 | 江蘇 嘉定 | 黃渡 | 用戶 | 苛章壓迫 | 呈控 | 查辦公司，令註冊 | 公 25(21.12), 132 |
| 21.12 | 江西 九江 | 映廬 | 總商會 | 要求減價共同整理 | 呈控 | 減價整理無良策 | 檔，14，2 |
| 22.4 | 湖南 長沙 | 湖南 | 電燈較表減價促進會 | 要求較表減價 | 結合報館阻用戶付費 | 減價 | 檔，16，4–2 電4:1(22.12)，文27–28 |
| 22.6 | 江蘇 溧陽 | 振亨 | 用戶、商會 | 指責5項要求減價 | 鳴鑼通告拒付 | 調解減價其他指責未提 | 論文A |
| 22.8 | 江蘇 松江 | 松江 | 用戶聯合會 | 減價整理 | 呈控，學校加入呈控 | 整頓、罰款、減價 | 檔，11，2 |
| 22.8 | 江蘇 南匯 | 南沙 | 用戶聯合會 | 減價、優待機關團體 | 呈控拒付 | 調解減價優待 | 檔，11，55–2 |
| 22.9 | 河北 北平 | 華商 | 煤舖公會 | 減底度 | 呈控 | 減底度，換小表 | 檔，1，5–1 電6:2(25.9)，文3–9 |
| 22.9 | 安徽 蕪湖 | 明遠 | 用戶 吳禮賓等 | 要求減價 | 呈控、集會、脅迫停電 | 調解減價 | 檔，12，2–2 |
| 22.9 | 江蘇 泰縣 | 振泰 | 用戶322人 錢漢民等 | 要求減價等共10項 | 呈控、登報、發傳單、停付、停用 | 減價、降底度 | 檔，11，42 |

| 22.10 | 安徽大通 | 振通 | 用戶 | 小月減費電表減底度 | 要挾公司 | 未減 | 電 4:1(22.12)，文 21 |
|---|---|---|---|---|---|---|---|
| 22.11 | 江蘇鎮江 | 大照 | 減價委員會 | 要求減價 | 團體抗議黨部支持 | 減電力價 | 論文 B |
| 22.11 | 河北北平 | 華商 | 電料業公會 | 多收表租 | 向法院呈控 | 免退費 | 檔，1，5–1 |
| 23.1 | 福建福州 | 福州 | 用戶 | 公司壓迫用戶 | 全市罷用 | 不詳 | 檔，1，2–2 |
| 23.6 | 河北北平 | 華商 | 商會 | 退還多餘保證金 | 呈文市府 | 分期退還 | 檔，1，5–1 |
| 23.7 | 浙江長興 | 長明 | 用戶 | 浮收電費 | 呈控 | 減價，罰公司 300 元 | 檔，13，9–2 公43(23.8), 52 |
| 23.8 | 江西九江 | 映廬 | 用戶 | 浮收電費 | 呈控 | 不了了之 | 檔，14，4 |
| 23.8 | 浙江金華 | 金華 | 用戶 40 家 江永康等 | 要求減價 | 呈控 | 減價 | 檔，13，34–1 |
| 23.9 | 江蘇奉賢 | 立亨 | 縣商會 | 濫收電費限制裝表 | 呈控 | 減價 | 公 45(23.10), 57–58 |
| 24.1 | 廣東江門 | 新光 | 議會 | 要求減價 | 議會送有提議 | 不明 | 電 5:2(24.9)，分 14 |
| 24.5 | 江蘇崑山 | 泰記 | 用戶聯合會 張頌平等 | 要求減價廢除底度 | 黨部召集會議 | 公司嚴拒無結果 | 檔，11，19–2 |
| 24.5 | 浙江吳興 | 吳興 | 綢緞電力用戶 | 減電力價 | 拒付 | 調解減價用戶付清欠費 | 檔，13，14–2 |
| 24.6 | 江蘇南通 | 通明 | 電力用戶聯合會 | 要求減價 | 呈控停付 | 調解自動減價用戶付清欠費 | 電 5:2(24.9)，文 1–3 |
| 24.6 | 浙江杭州 | 杭州 | 絲業公會 | 電力價過高 | 呈控 | 減電力價改歷級制 | 檔，13，3–2 |
| 24.7 | 江蘇南匯 | 大明 | 電力用戶 | 電力價過高底度外加 | 用戶與公司交涉 | 不詳 | 檔，11，21–3 |
| 24.9 | 浙江平湖 | 明華 | 用戶 | 要求減價 | 與公司交涉 | 公司自動減價 | 電 5:3(24.9)，文 3 |
| 24.9 | 江蘇吳縣 | 蘇州 | 用戶聯合會 | 要求減價 | 呈文黨部 | 黨部批駁 | 電 5:3(24.9)，文 2–3 |

| | | | | | | |
|---|---|---|---|---|---|---|
| 24.9 | 河北 保定 | 保定 | 前商會會長 等 | 要求減價 | 鼓動用戶拒 付 | 調解減價 | 檔，1，92–2 電 5:4(24.12)， 文 17–20 |
| 24.11 | 河北 獲鹿 | 內地 | 用戶團體 122 戶 | 要求減價 | 呈控、拒付 | 減價 | 檔，1，14–2 公 60(25.1)，85 |
| 25.1 | 江蘇 溧陽 | 振亨 | 用戶聯合辦 事處 | 供電時間不足 未依約減價 | 登報、停付 並組糾察隊 | 路燈免費 | 論文 A |
| 25.1 | 江蘇 青浦 | 七寶 | 商店 47 家 | 未減價，反而 調高電價 | 拒付，拒用 | 調解減價 半數路燈免 費 | 檔，11，46–2 公 57(24.10), 41 |
| 25.2 | 江蘇 上海 | 華商 | 全省國貨工 廠聯合會 | 要求減價 | 呈控 | 批駁 | 公 62(25.3), 114 |
| 25.3 | 浙江 永嘉 | 普華 | 姚時中等 5 人 | 設備不良 價高 | 呈控 | 呈控不實 | 檔，13，22–2 公 63(25.4)，83 |
| 25.5 | 浙江 嵊縣 | 開明 | 用戶 | 機器陳舊 電價高 | 拒用、拒付 | 減價 | 檔，13，39–2 |
| 25.6 | 江蘇 奉賢 | 立亨 | 電氣消費合 作社 | 要求減價 日夜供電 | 停付 | 減價 | 檔，11，69 |
| 25.7 | 河北 北平 | 華商 | 公用事業整 理委員會 | 減價並多負擔 建設費 | 命令 | 不明 | 檔，1，7–1 |
| 25.7 | 山東 長山 | 周村 | 絲蔴棉織業 | 不明 | 不明 | 公司自動減 價 | 公 67(25.8), 79 |
| 25.7 | 浙江 象山 | 明星 | 用戶聯合會 | 電價高 壓迫用戶 | 呈控 開會 | 調解減價 修改營章 | 檔，13，26–2 |
| 25.8 | 江蘇 東台 | 東耀 | 商會 | 要求減價 | 縣長示意減 價 | 減價 | 檔，11，52–1 |
| 25.9 | 浙江 永嘉 | 普華 | 用戶 | 要求減價 | 呈控 | 減價 | 公 69(25.10), 56 |
| 25.10 | 福建 福州 | 福州 | 省會各區代 表 | 要求減價 | 呈控 | 暫緩減價 | 檔，21，2–2 |
| 25.12 | 江蘇 青浦 | 珠浦 | 商業公司 | 要求減價 | 登報、發傳 單 停付 | 調解減價 | 檔，11，45–3 |
| 25.12 | 湖南 岳陽 | 東海 | 縣府、軍 人、劣紳 | 遍設桿線，半 價 通宵供電 | 拘捕公司經 理通宵供電 | 不明 | 電 7:(26.3)， 文 15–16 |
| 26.1 | 江蘇 松江 | 松江 | 用戶聯合會 商會領導 | 電表快 電價貴 | 停付 | 減價 | 檔，11，3–3 |

| 26.1 | 福建<br>廈門 | 廈門 | 商會<br>糖油公會 | 變更底度未經<br>縣呈報 | 呈控<br>反對增加底<br>度 | 底度未公布<br>公司收費為<br>難 | 檔，21，6–2 |
| 26.4 | 湖北<br>江陵 | 沙市 | 金銀首飾業<br>公會 | 違法收費 | 呈控 | 省府支持公<br>司 | 公 77(26.6), 83–<br>85 |
| 26.5 | 湖南<br>邵陽 | 光明 | 同業公會<br>減價委員會 | 減價，或收回<br>公營 | 散布謠言<br>阻止交費 | 價未減 | 檔，16，9–2<br>論文 C |

資料來源說明：「檔」代表建設委員會電氣檔案 23–25，號碼代表省別，如江蘇省：檔 11，
以下號碼代表宗號及冊號。

「電」代表《電業季刊》（其下「文」代表文牘，「分」代表分會紀事），
「公」代表《建設委員會公報》，括弧內年月係為民國紀元。

論文 A　代表〈振亨電燈公司發展史，1915–1937〉，《中華民國建國八十年學
術討論集》（台北：近史所，1991 年）。

論文 B　代表〈江蘇省第一家民營電氣事業 —— 鎮江大照電氣公司，1904–
1937〉，《中央研究院近代史研究所集刊》，期 24，1995 年 6 月。

論文 C　代表〈寶慶光明電燈公司早期的發展，1925–1949〉，《邵陽文史》，
第 24 輯，1996 年 10 月。

其他說明：呈控 —— 呈文控告或抗議。

拒用 —— 拒用電燈或電力。

拒付 —— 拒付電費。

停付 —— 暫時停付電費，或存款備付電費。

## 表 2　各省電價糾紛案件表

單位：次數

| 省別<br>年別 | 江蘇 | 浙江 | 河北 | 廣東 | 安徽 | 湖南 | 福建 | 湖北 | 江西 | 山東 | 合計 |
|---|---|---|---|---|---|---|---|---|---|---|---|
| 7 | | | 1 | | | | | | | | 1 |
| 9 | 1 | | | | | | | 1 | | | 2 |
| 11 | 1 | | | | | | | | | | 1 |
| 13 | 1 | | 1 | | | | | | | | 2 |
| 14 | | 1 | | | | | | | | | 1 |
| 16 | 1 | | | | 1 | | | | | | 2 |
| 17 | | 1 | | | | | | | | | 1 |
| 18 | 3 | | | 1 | | | | | | | 4 |
| 19 | 1 | 1 | | 2 | | | | | | | 4 |
| 20 | | 3 | | | | | | | | | 3 |
| 21 | 1 | 1 | | | | | | | 1 | | 2 |
| 22 | 5 | | 2 | | 2 | 1 | | | | | 10 |
| 23 | 1 | 2 | 1 | | | | 1 | | 1 | | 6 |
| 24 | 4 | 3 | 2 | 1 | | | | | | | 10 |
| 25 | 6 | 4 | 1 | | | 1 | | 1 | | 1 | 14 |
| 26 | 1 | | | | | 1 | | 1 | 1 | | 4 |
| 合計 | 26 | 15 | 8 | 4 | 3 | 3 | 3 | 2 | 2 | 1 | 67 |
| % | 38.8 | 22.4 | 11.9 | 5.9 | 4.5 | 4.5 | 4.5 | 3.0 | 3.0 | 1.5 | 100.0 |

　　從上表看來，民國 17 年以前，案件比較少，一年之中，最多者只有兩件。此 11 年中（自民國 7 年至 17 年），只有 10 案，平均每年不到一件。18 年至 21 年，則略有增加，最少的一年也有兩案，此 4 年中，共有 13 案，平均每年 3.25 案。自 22 年起則大增，至 26 年 6 月止，4.5 年中，共有 44 案，平均每年 9.8 案，與前 4 年比較，則增加兩倍多。案件增多的趨勢非常明顯。何以會如此？可能的解釋是：

㈠　早期的政府不太注意對公用事業的監督，一切多聽其自然。國民政府成立後，則多重視對電業的監督，公布許多法規，對電廠要求較嚴，用戶愈來愈了解電氣公司的缺點所在，可以引用法規條文來指責公司，爭取自己的權利。

㈡　用戶對周圍各地的電價也愈來愈明白，時間愈近，消息愈靈通，自然會與自己的電價加以比較，當發現自己的電價較高時，不免會有些不平的感覺。

㈢　用電的人愈來愈多，時間一久，其與電氣公司的糾紛也愈來愈多，積怨也不免會增加。這些積怨的人，也難免不找機會，鼓動風潮。即使無怨的人，為了省費，也會樂意附從，因而造成電價風波。實際上電價風波發起人或領導人，多與公司有些私怨。

㈣　經濟不景氣。民國成立後，內戰頻仍，日本又加強對中國的侵略：民國 20 年的918 事變，侵略東三省；民國 21 年 128 事件，攻擊上海；民國 22 年佔領熱河；民國 24 年則欲分化中國華北，成立冀東自治政府；凡此皆對中國經濟影響甚大。民國 20 年，長江大水災，23 年全國大旱災，其他大小水旱災幾乎每年都有，民眾受災慘重，民不聊生。再加上世界經濟大恐慌，外國以低廉物質向中國傾銷，造成中國物價下跌，國際收支失平，農村破產，城市蕭條，絲茶二業海外市場喪失，業者瀕臨絕境，期待政府救濟。凡此種種，皆對中國經濟造成重大傷害，民生困苦，物價下跌，唯有電價依舊，乃引起民眾反感，電價糾紛因之增多。

就地區而言，江蘇第一，浙江次之，河北第三，廣東第四，其他各省相差不大，此種現象，可能有下列兩種解釋：

㈠　機率關係。大致而言，該省電廠多少，與該省的電價糾紛成正比。茲將電價糾紛較多的前 4 省，其民營電廠數在全國總數中所佔的比例及位次，列表如下：

表3　四省民營電廠數佔民營電廠總數比例及位次表

| 年別<br>比例<br>省別 | 1933 | | 1936 | |
|---|---|---|---|---|
| | 佔總數% | 位次 | 佔總數% | 位次 |
| 江蘇 | 27.2 | ② | 24.8 | ② |
| 浙江 | 27.9 | ① | 26.0 | ① |
| 河北 | 2.1 | ⑪ | 2.9 | ⑧ |
| 廣東 | 9.4 | ③ | 8.2 | ③ |
| 全國總數 | 427 廠 | | 415 廠 | |

資料來源：建設委員會《中國電廠統計》，第4號，民國
　　　　　22年，表4；第7號，民國25年，表1。
說　　明：限於民營電廠。北平市併入河北省，上海市併
　　　　　入江蘇省，東北三省及熱河未計入。

　　從上表看來，江蘇、浙江、廣東電廠最多，居前三名，河北電廠不多，
居第 11 位或第 8 位，說明電價糾紛次數與電廠多寡，與機率有關，但並
非必然的因果關係，尚有其他因素影響糾紛的發生。

　　㈡　社會因素。發生電價糾紛較多的省分，多為經濟發達、人文薈萃
之區，知識開通，對政府法令規章較為明白，喜歡舞文弄墨，動輒提出控
告，不僅用戶控告電業公司，電業公司亦提行政訴訟，不服建委會及省政
府的處理，如江蘇省江都振揚電氣公司與泰縣的振泰電氣公司。[11] 但大都
市如上海市、南京市等反而較少糾紛，原因是風波是以電價過高為主因，
如果大都市電價較廉，則風波自少。上海華商電氣公司有兩次用戶不滿的
記錄，實則只是新聞報導，用戶不滿，並未形成風波。第二次只有國貨聯
合會的控告，但遭受到批駁即止。閘北水電公司，只是用戶向市府請願，
並無下文，絕不像其他地區，電價爭議達數月或數年之久，愈是現代化的
都市，依賴電氣的使用愈深，用戶所能使用的拒用方法，已不可能；拒付
電費，用戶多，如不團結，拒付者少，則對公司威脅不大；反之，如公司

---

[11] 本文，頁 404–405、432。

剪線停電，亦足以反制用戶。案件的多少，視社會情況而定。

　　用戶使用的方法，幾乎全部為集體行動方式，一兩人者，則不可能發生作用。[12] 集體行動，不論是利誘、強迫、或請求，以達到集體威脅業者為目的。

## 三、代表性個案的敘述

　　案件的統計，只能了解其大概情況，各案的內在情形，發展經過，前後因果關係等，以及各案的特性，則非統計所能表示，必須就每一個案加以探討。前表1所列67件電價糾紛，涉及10省、2院轄市、40縣、44家電氣公司，自無法一一敘述。本文選擇10家有代表性的公司加以敘述。所謂代表性者，一就地區而言，希望各省能選一代表公司，此為第一考量，如無則免選，資料不全者不選。二就公司數量而言，發生電價糾紛的公司多少不一，為求平衡起見，江蘇選三家公司，浙江選兩家公司，其餘則各選一家公司。三就發生糾紛特色而言，各地不同，雙方爭執的方式也不一樣，一省若有多家發生糾紛，就其中具有特色者選之。所謂特色者，如發生時間較早，發生次數較多，事件經過較長，資料較完備者。10家公司之中，三家已有專文論述，即溧陽振亨公司、鎮江大照公司，邵陽光明公司，此處不再重覆。由此10家電氣公司所發生的電價糾紛，大致可以瞭解當時糾紛的一般性質與特殊情況。

### ㈠北平華商電氣公司

　　就所得資料，第一件電價風波發生於北京華商電燈公司。公司辦理不善，送出危險，致遭市民控告。民國七年，因增加電費，由0.24元一度增至0.26元一度，並按現洋與鈔票各半繳費，用戶全體反對，約有700餘戶停止付費。京師市政公所邀請交通部、內務部、農商部及京師警察廳開會

---

[12] 民國19年12月，浙江平湖，莫寄蘋利用三家報紙刊登廣告，煽動風潮，籌組用戶後援會，因其為竊電被控，無人附從，自動撤銷了。建檔，23–25–13，6–1。

討論，民國 7 年 5 月 22 日，決定處理原則：一方面保護公司，一方面嚴加取締。治本之計，先從調查入手：公司內部組織、營業狀況、桿線設置、停電出險原因等，檢查後再集會商議處理辦法。治標之法，增加電費既未報官，自七月一日起，恢復原價，每度 0.24 元，以銀元結算，由農商部於六月六日布告市民，俾公司不致有損失，而市民亦可息爭，[13] 結束此一電價風波，前後不到兩個月。這是該公司第一次電價風波。

　　第二次電價糾紛發生於民國 13 年 7 月，全國商聯會京兆事務所呈稱：北京電燈公司違反民國 8 年股東會決議原案，從民國 11 年度起，每度溢收電費 0.04 元，迄今竟達 40 餘萬元，公司營業跡近詐欺取財。以北京一隅而論，該公司營業最佳，推算成本（含人工、官息、折舊等），每度 0.2 元，盈餘已多，今則每度 0.24 元。東安市場電燈房，每度 0.168 元，大森里電燈廠每度 0.2 元，均比北京電燈公司便宜，請大部追償商民損失，並依法懲處，以平公憤。[14] 13 年 9 月 17 日，交通部令公司聲復多收電費之事。後因討論修改營章，公司提出不減價之理由，謂民國 7 年煤一噸 7 元，13 年則漲至 9 元一噸，因之電價未減，只是驗表費由 5 元減至 1 元。聲復之事，也就不了了之，交通部也不再追問。[15]

　　第三次電價糾紛發生於民國 22 年底，原因是民國 20 年 6 月建委會公布電氣事業取締規則，其中第 39 條規定電表保證金與月租，兩者只能擇一收取，不得兼收。當時各電氣公司多有兼收者，北平華商電氣公司即如此。得知此項新規則的電料行，即由電料業同業公會主席武化成代表，向地方法院提出控告，要求將歷年所收的表租退還。公司則稱：新營業章程尚未經政府核准，不得實行，故仍照舊章收費。地方法院以此事函詢建委會，建委會復稱：按第 74 條規定，以前如有不合本規定之處，應呈請建委會核定，限期更正，不得託詞遷延。但華商公司營業章程，因註冊手續迄未由

---

[13]　民國 7 年 5 月 23 日，收視察陸家鼎、技士陳定保報告，公司營業報告（民國 7 年 5 月至 8 年 4 月），23–25–1，1–1。

[14]　民國 13 年 7 月 5 日，商聯會呈，建檔，23–25–1，2–2。

[15]　民國 13 年 6 月 7 日，公司呈營業章程起至 14 年 2 月 7 日止，呈修正之營章止，建檔，23–25–1，1–1 起至 2–2 止。

市政府送到本會，「查核經過情形，尚無遷延朦混之事實，已經收取之表租，自可免予追溯，以後該公司亦不得將押表費及表租同時併收。」[16] 結束第三次電費風波。

第四次風波為底度之爭。民國 22 年 9 月，華商電氣公司修改營章，3 安培電表定為 6 度（每安培以 2 度計），5 安培電表定為 20 度（每安培以 4 度計），[17] 市政府與建委會均不同意，建委會乃令修改營業章程，結果 3 安培定為 5 度，5 安培者定為 10 度，核准實施。[18]

民國 23 年 5 月，北平市煤舖同業公會呈稱：據會員雙聚興等商號函稱：大多數用戶設置 5 安培電表，底度為 10 度，4 月至 8 月 5 個月中，每戶用不到 5、6 度。五月一日全體代表會議，決議呈請市政府廢棄底度，建委會未允。[19] 市政府亦未同意，但允先核算以往用戶用電是否超過底度，未超過者，可更換較小電表。23 年 6 月，換小電表者超過 2,000 多戶，24 年 2 月，市政府令公司將每安培底度減為一度，公司以修改營業章程非呈請建委會核准不可。建委會對此大減底度，認為與取締規則不符，礙難核准備案。此後底度案成為建委會與市政府之間的持續爭執，而時間已迫近年底，建委會乃公函行政院，將此案延至 25 年底再決定。[20]

民國 25 年 12 月，市政府及建委會所派之委員張家祉、高敏學二人在北平集議，商討底度問題，雙方同意：1.5 安培電表者 3 度，3 安培者 4 度，5 安培者 8 度，10 安培者 16 度，並定 26 年 2 月底以前為研究實查期間，屆時由市政府辦文，函建委會核准，最遲在四月一日實施，[21] 結束此一爭執，經過時間兩年又半，採取折衷辦法，已低於電氣事業取締規則。

---

[16] 民國 22 年 10 月 16 日，地方法院函，22 年 10 月 26 日復函，建檔，23–25–1，5–1。

[17] 民國 22 年 9 月 18 日，公司營業章程，建檔，23–25–1，4–1。

[18] 民國 22 年 10 月 2 日至 23 年 1 月 19 日，建委會、市府、公司三方面來往函件，實施日期 4 月 1 日，建檔，23–25–1，5–1。

[19] 民國 23 年 5 月 8 日市府函，5 月 23 日建委會回函，建檔，23–25–1，5–2。

[20] 公司函民營電業聯合會（以下簡稱民電會），一年來的底度之爭，《電刊》，卷 6，期 2 (1936.9)，頁 3–9。

[21] 民國 23 年 8 月 23 日，公司呈建委會；23 年 10 月 26 日市府咨建委會，建檔，23–25–1，5–1。

　　第五次電費糾紛發生於民國 23 年 6 月間，原因是市政府據北平商會呈稱：要求電表保證金應該降低，並退還多餘的保證金。6 月 16 日，市政府訓令降低保證金。退還保證金餘額一節，應俟保證金數額解決後再行核准。公司降低保證金定 9 月 6 日實行，並呈請建委會，保證金「不能溯及既往，以杜紛爭。」建委會批准。此事公司未事先向市政府呈報，市政府社會局至感不快。市政府於 10 月 26 日咨建委會，對「自實行之日起生效，不溯既往」，大加反對，理由是這種說法，祇能指收入而言，而保證金並非收入，而是存在公司的押款，早晚須退還，與不溯既往毫無關係，應該退還差額，令公司退還，相應咨請查辦。這等於將了建委會一軍。

　　建委會知道問題出在公司未向市政府社會局呈請轉送建委會，因之回函時表示：公司逕呈本會，只是請求法律上的解釋，與其他呈報事項不同，並無牴觸。新法實行時，用戶無立即要求退回全部差額之理。此項差額總數十餘萬元，政府亦應體諒事業人的困難。新舊保證金差額，可於相當時期內調整，毋須強為規定也。[22] 市府雖不再對抗建委會，但仍警告公司，不按呈報程序，「以後毋得玩忽，切切此令。」[23] 結束此次保證金風波。

　　第六次的風波發生於民國 25 年 7、8 月間，冀察政務委員會設立公用事業整理委員會，先後向華商電氣公司施壓，要調閱帳冊，要整理公司，並提出整理五項方案，第一項為減輕用戶負擔，謂電價比上海、廣州、杭州都高，每度應由 0.22 元減為 0.2 元。[24] 民國 26 年 3 月 19 日，冀察政務委員會電行政院院長蔣中正與建委會，謂迭據股東及商會呈控：公司辦理不善，社會輿論亦多責難。本會負有監督之責，令北平市政府轉飭公司整理，未據切實遵辦，茲由本會遴派監理官三人前往督辦，以期改善，請行政院及建委會備案。[25] 行政院函建委會徵詢意見，建委會回復云：本會無案可稽，電業以省市為地方監督機關，本會同意由市政府社會局轉飭改

---

[22] 民國 23 年 11 月 20 日函市府，建檔，23–25–1，5–1。
[23] 民國 23 年 11 月 6 日，公司私函惲震，建檔，23–25–1，5–1。
[24] 民國 26 年 4 月 1 日，公司密呈，附件，建檔，23–25–1，7–1。
[25] 民國 26 年 3 月 19 日，政務委員會電，建檔，23–25–1，7–2。

善，不宜逕派人員施行監督，致亂行政系統，所請未便照准。[26] 華商電氣公司亦接到市政府轉來冀察政務委員會派人監督之訓令，除表示反對外，並請建委會依法糾正。[27] 4 月 17 日，齊敘函告惲震：此日北平《世界日報》報導，商會於 4 月 10 日會議，公司未遵命減價，自今年 1 月 1 日起，按每度 0.2 元付費，已收者如數退還。齊敘評云：電料行、商會委員，「互相聯合，且有地方當局為背景，大作無理之要挾。」[28]

　　民國 26 年 7 月 7 日，盧溝橋事變，七月底北平失陷後，華商公司被日本強行接管，成立「北京電業公司」，29 年成立華北電業公司，收購原華商公司股票，「北京電業公司」改稱北平分公司。[29]

　　此案之特色：公司電價較高，用戶只是呈控，而市政府採取主動與公司為難，建委會頗有意維護公司，以致市政府與建委會發生爭議，說明建委會的主管監督權有其侷限。

## ㈡湖北沔陽普新電燈公司

　　第二件電價風波發生於湖北沔陽新堤普新電燈公司。公司初辦時，16 支光每盞 0.8 元。民國 7 年因煤價過高，商會召集會議，加洋一角，但燈光仍暗，相率停點，期與脫離，又由商會召集會議，再加洋一角，希望公司購買新機，但至民國 9 年，公司仍未購機，各商集會，全體退點，由商會呈請交通部派員查驗，令公司購買大機。[30] 公司辯稱：以往加費，眾皆樂從，未強也。公司發電容量 37 kw，可開 1,500 餘盞電燈，往年只開 800 餘盞，近年 900 餘盞，加上路燈（24 盞），公司自用燈（28 盞），尚未滿千，不致燈光不明。如燈光有暗，願受罰；如陳蔚文誣控，亦應按律究

---

[26] 民國 26 年 3 月 31 日，密函行政院，建檔，23–25–1，7–2。
[27] 民國 26 年 3 月 30 日，公司密函，建檔，23–25–1，7–2。
[28] 民國 26 年 4 月 17 日，齊敘函，附當日世界日報相關消息。
[29] 北京市地方志編纂委員會，《北京志》，工業卷，（北京：北京出版社，2001），頁 10。但電氣新報社編，《北中友電氣事業便覽》，（東京，該社，1940），頁 38，謂七七事變後，華商公司由北平市接管。
[30] 民國 9 年 4 月 6 日，4 月 20 日，商會呈，建檔，23–25–15，8。

辦。陳蔚文，曾任商會會長，選舉舞弊，偽造選票，借樹私人，有會董 10 人可作證。新任會長金華係陳幫。陳蔚文攻擊公司，因其前曾購機架線被取締，因而與公司結怨。此次則遭痞首勒令各商店停電。[31] 此事真相，有待地方監督機關查報，據實業廳及縣府查報稱：一、原裝機時，擬每月每盞收 1.2 元，今雖加至 1 元，比原擬電價尚少 0.2 元，且比武漢地區電燈價尚廉。二、目前開燈千盞有零，燈光不致昏暗。三、查問用戶，有云燈光不明亮，有云數年來都明亮，而目睹電燈甚亮。四、去冬昏暗，因竊電太多。總結公司應無問題，而各家名為停電實未停電者，應補交電費，以昭公道，[32] 暫時結束此一風波。

　　上次加價購機案延至民國 14 年，公司購換大機後，商人盧萬豐，曾因竊電被查獲，盧使其子率眾圍毆公司員工，幸得警士等人當場解救，幾無生還之望，[33] 自此結怨，因其家住機房附近，控告公司，驚動其屋。縣府派縣佐查勘，縣佐向公司勒索 200 元未遂，呈稱：「房屋情跡已見危險，不無可虞。」盧某毆人之事，則稱並無警士其人。[34] 公司不服，呈稱：盧某挾嫌尋隙，實業廳科長朱兩玉係其妹丈，縣佐在伊勢力之下，矇稱竊電不實，而謂房屋有震動，公司開辦將近 10 年之久，並無第二人控告有震動之事。實則盧某與張香秋、顏耀秋、陳蔚文等（均係竊電者）集資購機，欲排擠也。實業廳來文，限一個月內改善，文到二個月內擇地遷移。公司回稱：遵令改善，遷移則難以奉命。[35] 由於公司一再向交通部呈訴，舉出具體事實，且事關公司存活問題，交通部乃咨省重查，派漢口電話局長汪文明往查，由於汪文明為人公道，交通部改變其態度，於 15 年 9 月咨省長：公司請求保護，請詧酌辦理，[36] 始真正結束此一風波，前後已 6 年有餘。地方惡勢對公司之違害，於此可見。

---

[31] 民國 9 年 4 月 13 日，交通部咨湖北省長，9 年 4 月，公司呈，建檔，23-25-15，8。
[32] 民國 9 年 6 月 22 日，收湖北省長咨，建檔，23-25-15，8。
[33] 民國 14 年 6 月 9 日，收公司呈，建檔，23-25-15，9-1。
[34] 民國 14 年 11 月 5 日，省府咨，據縣佐報告，建檔，23-25-15，9-1。
[35] 民國 14 年 12 月 27 日，公司呈，15 年 3 月 25 日，公司呈，建檔，23-25-15，9-1。
[36] 民國 15 年 4 月 16 日、5 月 3 日、9 月 14 日，咨省，建檔，23-25-15，9-1。

### ㈢浙江永嘉普華電氣公司

　　浙江永嘉普華電氣公司，民國 7 年前的電價：16 支光每月 1.06 元，表燈每度 0.2 元。7 年，因煤漲，約加二成，16 支光，月收 1.2 元，每度 0.24 元。13 年，因改全夜燈，16 支光增為 1.4 元，表燈每度 0.27 元。次年，用戶 86 家聯名抗議，謂公司未經呈准即擅自加價。公司則稱：營章曾呈報註冊，經前徐知事核准，該用戶係「挾私混訴」。此為該公司第一次電價糾紛。實業廳初批未據呈報有案，後又改稱據知事查明，並無不合。[37] 省府認為廳縣未詳查，即轉呈交通部，殊欠公允，請部派幹員徹查。交通部則以實業廳查報不實，批飭用戶等應逕呈省長核辦。[38] 公司一面控告用戶領導人葉聘三散布流言，經永嘉地方法院審判廳判決：散布流言，損害他人業務上信用，罰 60 元。[39] 一面向省府呈述：葉聘三自願拆表斷火，已非燈戶，其所運動商董徐縉鄉等人（前月徐家竊電被查獲取締）抗議，實際上表戶共 351 戶，承認新電價者 304 戶，並無要求減價之議。電價增加係因全夜燈之故，何加價之有？省長據此，准予維持新價。[40] 結束第一次電價風波。此案對公司有利，係政府強力支持，法院且判葉某有罪。

　　第二次電價案發生於民國 17 年，只因公司在勝利之餘，修改營章，提高電價，16 支光增為 1.6 元，每度增為 0.3 元，而此時溫州電報局長顏如簴呈控，據商民 400 餘家呈稱：該公司查緝竊電，擅入民家，栽誣勒罰，[41] 兩案併在一起，交通部批令電價太高，宜減。公司雖然辯護，但仍將電價降低，16 支光改為 1.35 元，每度改為 0.25 元，比上次略減，結束第二次電價糾紛案。

---

[37] 民國 14 年 10 月 3 日，公司電呈，14 年 11 月 4 日，葉萃康等 86 家商號呈控，14 年 11 月 27 日，交通部咨省查辦，並附件，建檔，23–25–13，20–1。

[38] 民國 15 年 2 月 6 日省咨，15 年 3 月 19 日，用戶再呈，15 年 4 月 16 日交通部批，建檔，23–25–13，20–2。

[39] 民國 14 年 10 月 28 日，法院判決書，建檔，23–25–13，20–2。

[40] 民國 15 年 10 月 2 日，省咨交通部，建檔，23–25–13，20–2。

[41] 民國 17 年 2 月營章，17 年 2 月 8 日，電報局長呈控，建檔，23–25–13，21–1。

　　第三次電價糾紛發生於民國 20 年 10 月間，王壽記等商號呈控公司有 6 大缺點：[42]

(一) 勒迫改裝電表，不分已裝或未裝燈者，統按初裝價收費。

(二) 16 支光月收 1.35 元，表燈每度 0.25 元，比杭州、滬江、甬、寧諸商埠及鄰近電廠都貴。電力價雖廉，初級 1-125 度，每度 0.13 元，但向織布廠收費每度 0.25 元，與營章不符。

(三) 路燈半價，每盞應為 0.675 元一月，但實收 0.7 元一月，與營章不符。

(四) 坐度，2 安培電表，已裝表者 5 度，新裝表者 10 度，兩者不平等，相差甚大，營章內並未載明。

(五) 巧立名目收費，如電表保證金、電費保證金、電表月租、接電費、註冊費等。

(六) 公共危險：路線陳腐，變壓器舊損，多逾年限，曾引起觸電死亡與火災等事。

其他呈控者甚多，如用戶李鈞等、王順和等（兩次呈控）、永嘉針織業同業公會等，多謂電價太高。21 年 6 月，建委會批示：營業章程尚無不合。[43] 商會乃於 6 月 28 日召集雙方會議，決定減費辦法，列表如下：

---

[42] 民國 20 年 10 月 31 日，王壽記等商號呈，建檔，23-25-13，21-1。

[43] 呈文，自民國 20 年 11 月 24 日起至 21 年 4 月止，21 年 6 月 1 日，建委會批，建檔，23-25-13，21-1。

## 表4　普華公司減費表

單立：元

| 項　目 | 原　價 | 減後價 | 減　少% | 提議減者 |
|---|---|---|---|---|
| 驗表費 | 2 | 0.5 | 75 | 會議 |
| 移表費 | 2 | 0.5 | 75 | 公司 |
| 復電費 | 1 | 0.5 | 50 | 公司 |
| 裝工費 | 1 | 0.5 | 50 | 公司 |
| 過戶費 | 1 | 0.2 | 80 | 公司 |
| 接電費 (2A) | 3 | 0.6 | 80 | 商會 |
| 接電費 (3A) | 3 | 0.9 | 70 | 商會 |
| 坐度 (2A) | 8 | 5 | 50 | 商會 |
| 坐度 (2A) | 9 | 8 | 11 | 商會 |
| 保證金 (5A) | 20 | 15 | 25 | 商會 |
| 保證金 (10A) | 30 | 15 | 50 | 商會 |
| 月　租 | 0.8 | 0.2 | 75 | 商會 |

資料來源：民國 21 年 6 月 26 日，優待辦法，建檔，23–
　　　　　25–13，21–1。
說　　　明：(2A) 等表示 2 安培電表者。

　　由上表看來，公司自動減讓者多為不常用者，商會提出者則較為重
要。接電費凡改裝電表者免繳。公司為了達成改裝電表的目的，亦樂於達
成協議，電價並未減低，算是公司一大收穫。建委會准予備案，結束第三
次電價糾紛。

　　第四次電價糾紛發生於民國 25 年 3 月，姚時中等 5 人呈控公司 10 大
缺點，如設備陳舊、路線危險、燈光暗淡、浮收電費等，建委會認為呈控
者無電業常識，本可置之不理，惟間有桿線部份、溢收電表保證金、拒絕
供電及路中植桿等，令廳轉飭公司聲述。建設廳呈稱：公司並無浮收接火
費及拒絕供電等事。建設會乃令廳轉飭公司減低電燈、電力價，原有電力
第一級 1–30 度，每度 0.12 元太高，令改為第一級 0–50 度，每度 0.1 元，

51 度以上 0.07 元。自 26 年 1 月起，電燈每度減為 0.23 元，27 年 1 月起，再減為 0.22 元，結束此一電價糾紛。[44]

### ㈣江蘇揚州振揚電氣公司

　　江蘇揚州振揚電氣公司成立於民國 2 年，是時定價：包燈 16 支光 1.2 元，表燈每度 0.2 元，須坐燈 10 盞（或坐度 100 度）。民國 11 年，開放全夜燈，電價分為半夜燈和全夜燈。民國 16 年 7 月，增加電價，先期通知各燃戶，部分用戶反對，自此開始電價的爭議，經縣商會召集各業董及燃戶代表會議，定出新價，廳長批准，公司照新價收費，但用戶 22 團體反對，縣長交付仲裁，略減電價，但用戶與公司雙方都不滿意，雙方分別向省府提行政訴願，建設廳長於 17 年 8 月 3 日取消仲裁價格，並規定照 16 年 7 月以前價格收費，公司遵辦。18 年 11 月，公司修改營章，不分半夜燈全夜燈，統一訂價，因之價格增加，建委會於 12 月核准試用半年（自 19 年 1 月 1 日起實施），建設廳壓下公文，未令縣長公布。用戶 32 團體反對加價，並停止付費，以示抗議。19 年 5 月，因電價爭議過久，公司與用戶雙方均蒙不利，經商會調解，於 5 月 6 日達成協議，但建委會拒予備案，批飭靜待建設廳呈核。5 月 14 日建設廳做成決定，呈建委會核准，其實新價與和解協議之價全同，只是在手續上應由建設廳主辦而已。此案至此告一段落，茲將電價爭議過程，列表如下：

---

[44] 民國 19 年 5 月 14 日，廳呈，建檔，23–25–13，15–2。

表 5　電價爭議過程表

| 年、月 | 調整原因 | 半夜燈 16支、每度 | | 全夜燈 16支、每度 | | 政府 | 公司 | 用戶 | 結果 |
|---|---|---|---|---|---|---|---|---|---|
| | | 16支 | 每度 | 16支 | 每度 | | | | |
| 2 | 初價 | 1.2 | 0.2 | | | | | | |
| 11 | 開全夜燈 | 1.2 | 0.2 | 1.5 | 0.25 | | | | |
| 16.7 | 加價 | 1.5 | 0.25 | 1.8 | 0.25 | 廳長批准 | 照新價收費 | 用戶反對 | 商會召集調解 |
| 16.8 | 調解結果 | 1.38 | 0.25 | 1.68 | 0.25 | 廳長批准 | 照新價收費 | 用戶否認調解 | 縣長交付仲裁 |
| 17.6 | 仲裁結果 | 1.335 | 0.225 | 1.635 | 0.275 | 廳長否決仲裁 | 公司不滿仲裁 | 用戶反對仲裁 | 回復 16 年前電價 |
| 18.11 | 修改營章 | 1.38 | 0.24 | 1.38 | 0.24 | 建委會批准試用 | 公司修改營章 | 停止付費 | 不分半夜全夜新價 |
| 19.5.6 | 和解價 | 1.32 | 0.22 | 1.32 | 0.22 | 建委會否決備案 | 和解 | 和解 | 靜候建廳決定 |
| 19.5.4 | 廳呈決定 | 1.32 | 0.22 | 1.32 | 0.22 | 建委會核准 | 公司提訴願 | 用戶提訴願 | 進行行政訴願 |

資料來源：民國 19 年 5 月 14 日廳呈、19 年 5 月 21 日公司呈、建檔，23–25–11、15–2。

　　除了電價之爭外，用戶尚有其他指控，如電表不能自備；除了電表押金外，又加收月租金；初裝時驗表費 1 元，如用戶要求驗表，每次收費 4 元；路燈每盞 0.9 元；這些都太貴。此次一併解決：路燈改為 0.66 元；電表租金及初次驗表費取消，用戶要求驗表，每次收費一元；由用戶自備電表，須經公司較驗，收費 1 元。以上各點，完全達成用戶的要求。

　　這次電價風波的原因，因為增加電費而起，但公司供給全夜燈，成本幾增加一倍；電價不分半夜全夜，也是一種進步的措施，提高電價，在所難免。至於電價較鎮江大照為貴，實因地區不同，情況有別。建設廳查帳，公司 18 年盈餘，官利不到一分，運輸不便，煤價增高，自屬實情，[45] 此為用戶對電價認知的落差。另一原因則為私怨，領導抗議者「賴文瀾、張毓慈、陸觀賢三家，皆因積欠燈費，任催不付，照例停火，有帳可稽。」且纏訟經年。[46]

　　用戶拒付電費，自 18 年 12 月起至 19 年 4 月止，前後 5 個月，積欠 6～7 萬元，加上路燈欠費 2 萬餘元，共約 9 萬元左右，[47] 此 9 萬元，約相當公司 18 年收入（約 17 萬元）的 53%。公司在財務上所受的壓力之大，於此可見。無怪乎公司在和解時，本不願意退還多收之電費，至此則將多收之電費由縣府以所欠之路燈費相抵，但建設廳不同意。

　　建設廳認為兩者應分別處理，路燈費由縣府籌的款分年攤還，公司多收之電費應退還給用戶。公司認為退費有困難，且於法無據。16 年加價之款，係依商會公斷，建設廳核准，由縣府公告而實行，後廳令取消，公司亦停止多收，不應該退還。建設廳最後決定，多收之款，定 19 年 8 月 1 日前還清。這種處理，顯然不公平，公司係依法收取。所欠路燈費未即清償，卻限公司於一個半月之內歸還多收之費；即使多收之費應該退還，兩

---

[45] 同上註，振揚公司 18 年收入 168,495 元，（見公司第 13 屆賬略，建檔，23-25-11，15-2）。大照公司 18 年收入 352,197 元，（見王樹槐），〈江蘇省第一家民營電氣事業—鎮江大照電氣公司 (1904-1937)〉，《中央研究院近代史研究所集刊》，期 24 (1995.6)，頁 554。電價低者，營業額超過振揚一倍以上，兩者不能相比。

[46] 民國 18 年 7 月 13 日，公司呈，建檔，23-25-11，15-1。

[47] 民國 19 年 5 月 21 日，收公司呈，建檔，23-25-11，15-2。

者也應公平處理。

路燈欠費，至民國 19 年 4 月 15 日止，共計 22,371 元，縣府每年多籌
5,088 元付欠費，則需 4.4 年才付清，事實上至 22 年底縣府所欠路燈費，
不但未減少，反而增加，計 28,973 元。23 年起，原有路燈預算 8,800 元減
為 3,000 元，則何年何月才能付清？建委會早見及此，在核准廳呈解決方
案時，認為退費亦應分年為之。[48]

這次政府的處理，中央、省級、縣府步調不一致，非常尷尬。省建設
廳批准之案，縣長可以否決，另付仲裁。仲裁的結果，省建設廳又予以否
決。建委會批准之電價，建設廳不予發表，形同否決。業者與用戶之間達
成的和解，建委會以前次被省建設廳否決的經驗，不願准予備案，批飭靜
候建設廳呈核。三級機關的互動，自然引起用戶與公司的不滿，公司曾兩
次提出行政訴願。

公司第一次向省政府提出訴願（原訴願書未見），據省府決定書，其
重點只有兩點：一為用戶與業者已經和解，此為買賣自由，政府何用干涉？
一為退費事，當事人已和解放棄，何勞政府干涉？且計算有困難。省府決
定書認為：公用事業與民間買賣不同，由主管機關決定為正辦。多收之費
本應退還，如當事人願意拋棄，官廳可以不干涉。至謂計算困難，殊屬不
見充分有理。[49]

公司對此種答覆不滿意，乃向建委會再提行政訴願，謂省府漏列三項
重要訴願未決定：

㈠ 建設廳撤銷原縣所為之處分，實屬滑稽，根據何法？

㈡ 民國 18 年修改營章，曾奉建委會批准有案，何以建設廳未准行縣
府公布？

㈢ 建委會與建設廳派員視察，曾令公司與燃戶自行和解，和解後官
廳何以不承認？[50]

---

[48] 民國 19 年 3 月 4 日，公司呈，5 月 4 日，廳呈，5 月 20 日，訓令廳，25 年 2 月 1
日，收公司呈，建檔，23–25–11，15，16–1。

[49] 民國 19 年 6 月 6 日，原決定書，建檔，23–25–11，15–2。

[50] 民國 20 年 3 月，公司呈，建檔，23–25–11，15–2。

由此可知，省府的決定在避重就輕。20 年 5 月 28 日，建委會決定書批答如下：[51]

㈠ 建委會核准之案，建設廳仍有呈請變更之理，且本會批准係暫行備案，仍可修改。

㈡ 建設廳撤銷仲裁會之裁決，本其職權可以不核准。

㈢ 和解協議違反民營公用事業條例，並以公司片面呈請，不能認為有效。

㈣ 多收電費應退還，建設廳曾令未解決前不准加價（公司亦遵此令停止加價，但在此之前公司是遵照建設廳批准之令加價的，著者註）。

綜觀建委會決定書的批答，較之省府，強而有力，一派官腔，意在官官相護。此案至此才算真正結束。自發生至此，將近 4 年了。

### ㈤安徽蕪湖明遠電氣公司

第一次電價糾紛發生於民國 16 年，當時電價每度 0.22 元，因煤價高漲，每噸 24 元，該公司自動加價，每度 0.235 元，引起公憤，經各官廳及商會出為調停，念其成本攸關，暫增價額，一俟煤價降至 17 元以下，即行恢復原價。16 年秋，煤價即下跌，該公司仍照加價矇收。17 年冬，市民質問，並得黨部支援，公司始於 18 年 1 月宣告恢復舊價。[52]

第二次電價糾紛發生於民國 22 年 7 月，公司印發營業新章程，對電費略有增加，並訂 9 月 1 日實施。8 月 2 日，吳禮賓等 15 人登報反對，通告全市，在未解決之前，每度價格暫以 0.18 元算付。9 月 16 日，用戶代表等 59 人向建委會呈稱：目前百業凋零，民生枯涸，日用所需，莫不減價，獨電氣業加價。用戶等反對之項目如下：

㈠ 裝設電氣用品手續費太貴。

---

[51] 民國 20 年 5 月 28 日，建委會決定書，建檔，23–25–11，15–2。

[52] 民國 22 年 9 月 16 日，用戶代表呈，22 年 9 月 22 日，公司呈，建檔，23–25–12，2–2。

㈡　節省用電，人之常情，不足底度，亦照底度收費。

㈢　攤販裝燈，例收 1.78 元，而今加至 2.0 元。

㈣　目前煤價最上等不過 12 元，公司應自動減低電價。

㈤　公司脅迫裝表，非購公司電表不可，自備電表則多方挑剔，並重
收費用。

㈥　甲用戶積欠電費，乙用戶接住其房屋，必先清償甲用戶所欠電
費，不知根據何法？

用戶除要求改正上列各點外，並要求以煤價高低為準，按原始定價每度
0.18 元為比例定電價，自 9 月 1 日起核減，以往矇收之費如數退還，或提
充地方公益事業，以徹詐欺，並將以停火反對公司。[53]

公司經理吳興周首先致函惲震，說明吳禮賓等人，「平時頗多興風作
浪，或因追索積欠，或因查獲竊電，挾有嫌隙，希圖報復。」次則呈文建
委會，對用戶攻訐各點加以說明：[54]

㈠　裝費太貴，係包括屋內燈料、屋外接電在內，推行電表制，用戶
多有誤會。

㈡　用戶根本不明瞭底度之意義。

㈢　公司尚不願輕易為攤販裝燈。

㈣　公司全年純利未達 25%，電價比安慶、大通等電廠尤廉。

㈤　驗表無不依法行事。

㈥　並無其事。

建委會一面令廳查明制止用戶之行為，一面也令公司改正三點：

㈠　標準表迄未送會，應速辦，以昭信用。

㈡　營章內應加 16 支光 1.2 元一月，移表費 1 元應明白規定。

㈢　用戶自備表，亦應收回，以符法令。

22 年 10 月 4 日，縣公安局召集雙方會議，決定每度仍為 0.22 元，另

---

[53]　民國 22 年 9 月 16 日，9 月 28 日，用戶代表呈，建檔，23–25–12，2–2。

[54]　民國 22 年 8 月 16 日，吳興周函，22 年 11 月 21 日公司呈，建檔，23–25–12，1，
2，《電刊》，卷 4，期 1 (1933.12)，文牘，頁 3。

擬三項辦法：底度減 1 度；接火費不取工資，由用戶酌給酒資；用戶如嫌電表過大，可換小表。

　　用戶代表認為此次會議，係公安局獨斷獨行。代表未簽字，通知各用戶，萬勿因交涉未了付費，並聲言非達到目的不可。用戶同時調查各地電價，呈送一份七地區電價比較表給建委會，並列出用戶的希望目標。建委會批用戶有誤會，電價「各埠情形不同，成本互異，不能一律」，0.22 元一度並不高。用戶可依法陳述，不得巧立用戶代表名目，並指令建設廳，縣府所擬三項辦法，1、3 項可行，第 2 項詞意含混，俟公司修改營章時再核定。[55]

　　當公司與用戶相持不下時，建委會派設計委員陳宗漢前往調查，據其報告，自民國 22 年 9 月至 23 年 1 月，用戶欠費 77,237 元，約為此 5 個月應收款 190,000 元的40.7%。公司財務上所受的壓力不為不大。建委會仍堅持不減價，謂公司「負債甚多，營業不振，維持現狀，已屬力有未逮，自無減價之可能。」電價應與同業電廠比較，並附表以證明明遠公司電價不高，商會不能附和減價，令廳轉飭第二行政專員，妥為開導。[56] 建委會為慎重起見，令首都電廠廠長潘銘新加以研究。潘簽註意見：公司經濟基礎未固前，電價似未便減低，其他雜費在可能範圍內，應儘量減除，以輕用戶負擔。[57] 建委會指令建設廳：轉知第二行政專員，切實開導，公司應整頓積弊與善良用戶保持好感，如莠民搗亂，地方官廳自當依法處理。[58] 觀其語氣，至為堅定。

　　此事之解決，待公司聘請李彥士為經理後，經第二專員公署召集雙方會議，達成協議。8 月間建設廳呈解決辦法 6 項，與公司原定營章及用戶原期之要求比較，列表如下：

---

[55] 民國 22 年 10 月 30 日，11 月 18 日，用戶呈，11 月 25 日，12 月 15 日，令廳，建委會批，建檔，23–25–12，2–2。

[56] 民國 23 年 5 月 11 日，5 月 16 日，訓令廳，建檔，23–25–12，3–1。

[57] 民國 23 年 5 月 3 日，潘簽呈，建檔，23–25–12，4–1。

[58] 民國 23 年 6 月 7 日，令廳，建檔，23–25–12，4–1。

### 表6　電價糾紛協議表

| 辦法 | 項目 | 22年公司營章 | 廳呈協議辦法 | 用戶原期之要求 |
|---|---|---|---|---|
| 1 | 電價，每度 | 0.22元 | 0.21元 | 0.18元 |
| 2 | 底度，3A者 | 8度 | 5度 | 不限底度 |
| 3 | 保證金，3A者 | 20元 | 15元 | 5元 |
| 4 | 接火費 | 4元 | 1元 | 免費 |
| 5 | 過戶後欠費 | 未提 | 按接戶之意願處理 | 拒絕負責 |
| 6 | 攤販包燈 (25W) | 2元 | 1.8元 | 1.78元 |

資料來源：民國 22 年 10 月 30 日，用戶呈，23 年 8 月 21 日，廳呈，建檔，23–25–12，2–2，4–1。

　　建委會對此次解決辦法表示滿意，准予備案，結束此一風波，前後已經歷一年之久，其結束之原因：一在中央主管機關之堅持，地方機關之協助；一在李彥士接任經理後，願意妥協，因為整頓公司必先解用戶糾紛，用戶積欠已多。用戶也達到部份目的。折衷妥協是解決問題的有效辦法。

### ㈥浙江吳興電氣公司

　　民國 24 年 5 月，吳興電氣公司電力用戶：絲織業 144 戶，碾米業 11 戶，鐵工豆腐雜業 30 戶，共 185 戶。電力收費：絲織業、碾米業每度 0.08 元，鐵工豆腐雜業每度 0.12 元，共用電力 1,441,867 度，共收電費 120,052 元。[59] 是月，絲織電力用戶要求減價，聯合各戶抗不繳費，其中 122 戶，一個月欠費 10,935 元，相當於該公司每月平均電力費收入的 109.3%，公司呈請建委會協助追取。建委會認為公司的電力價應採歷級制，對大戶應有優待，每度 0.08 元雖非過高，但為工業計，可酌減。章程係民國 18 年呈核，亦應修改。[60] 商會曾於 8 月 5 日召集雙方調解，但未有結果，[61] 自此之後，雙方利用《湖州公報》第一版半幅版面，互相攻擊辯駁。

---

[59] 民國 24 年 9 月，統計表，建檔，23–25–13，14–2。
[60] 民國 24 年 7 月 12 日，公司呈，7 月 27 日，批，建檔，23–25–13，14–2。
[61] 民國 24 年 8 月 16 日，《湖州公報》。

　　民國 24 年 8 月 6 日，絲織業、機織業同業公會首先在《湖州公報》上
發表攻擊公司的宣言，同日，湖州達昌絲織廠亦發表敬告各界書。次日，
公司提出答辯，共計 15 條，8 月 11 日，重登一次。是日綢業公會對公司
的答辯提出若干反駁。8 月 16 日，絲織業、機織業同業公會亦提出反駁，
計 11 條，部份論點已不再提及。公司亦於 16 日對綢業公會提出答辯。雙
方一來一往，頗為熱鬧，這是本案的一大特色。茲將雙辯駁之要點，列表
如下：

### 表 7　電氣公司與電力用戶辯駁表

| 項　目 | 用戶指責各點 | 公司辯駁各點 |
|---|---|---|
| 1.電力價 | 電力價較他埠同等電廠為高。 | 各地情況不同，不能相比。 |
| 2.路線危險 | 沿街路線舉手可攀，危險。 | 因街道狹窄，房屋低矮，不能植桿。 |
| 3.路燈 | 星火路燈，若有若無。 | 公司供電路燈，10 餘年來損失 10 萬元。 |
| 4.電表 | 電表快 20%，用電增多為證。 | 用電增多因季節不同，可依章驗表。 |
| 5.電流中斷 | 電流時常中斷。 | 因油漆木桿，且在黎明 4–6 時半停電。 |
| 6.巧立名目 | 收押櫃費，又收養表金。 | 依規定可收押表金或表租。 |
| 7.底度 | 底度高。 | 依規定可定 9 度，現定 5 度，反遭攻擊。 |
| 8.油價 | 油價跌 40%，原 100 元一噸，現 64 元。 | 不知何所據，可就近油行調查。 |
| 9.公布資產 | 公布資產，說明不能減價原因。 | 公布資產是政府應做的事。 |
| 10.無力付費 | 無力付費目為聯合要挾。 | 獨不付電費，非要挾為何？ |
| 11.不良用戶 | 公司藉端登報取締不良用戶。 | 政府法令，報館有聞必錄。 |
| 12.違反規則 | 何以底度不受規則限制？ | 依規定送電 18 小時，至中午 12 時止，以免違反規定。 |

　　雙方激烈爭辯之後，縣長黃人星於 8 月 21 日召開調解會，達成三點決議：

　　㈠　九月一日起，每度以 95 折計算，即 0.076 元，減少 0.004 元。

　　㈡　欠費一律於九月前付清。

　　㈢　公司自動修改營章，實行歷級制。

建委會於 11 月 23 日批准，結束此次電力價風波，前後恰好是 3 個月。公司估計減低電力價，實行歷級制，依建委會定價，一年損失 23,622 元。[62]

### ㈦福建福州電氣公司

　　福州電氣公司是二等電廠，民國 18 年 2 月時，公司的電價每度 0.28 元，建委會令其修改為 0.24 元，公司推拖，建委會於 18 年 6 月 11 日，令其遵照前令修正，報領執照，勿自誤，否則嚴加處分，或停止其營業。公司始知事態嚴重，才修改，建委會准予備案。[63] 但公司未立即呈報營業章程，此事仍在拖延中。建委會於 19 年 2 月再催換照，但公司只呈報表燈價每度 0.24 元，其他電力價、電表押金、包燈價等均未列入。19 年 6 月，公司始將電力價、包燈價申報，電力價，第一級，1–500 度，每度 0.15 元，實在太貴；包燈價 16 支光，月收 1.2 元，尚可。建委會令其修正，電力價第一級減為 0.099 元，餘均應減低。19 年 11 月 24 日，給予執照。[64] 前後拖延一年又 8 個月之久，此公司之特色就是會推拖。

　　民國 20 年 6 月，公司用電保證金，3 安培、5 安培原定為 15 元，但用戶用電多超過此數，故增為 20 元，23 年建委會令公司修正，公司請暫緩，建委會准於 25 年 1 月更正實施，公司又請緩辦。25 年 7 月，建委會令於 25 年 10 月 1 日更正實施。是月，省府函附公司呈文，請折衷辦理，建委會又准予變通，但令電價 0.24 元應減為 0.23 元；26 年 7 月 1 日起，再

---

[62] 民國 24 年 9 月，公司估計表，建檔，23–25–13，14–2。

[63] 民國 18 年 2 月 18 日，交通部咨省，18 年 3 月 19 日，建委會令修正電價，18 年 6 月 11 日，嚴催，18 年 6 月 20 日，廳呈，7 月 1 日，准備案，建檔，23–25–21，1–1。

[64] 民國 19 年 2 月 6 日，令建設廳，3 月 7 日，廳呈，3 月 24 日，令建設廳，6 月，公司呈，7 月 7 日，廳呈，11 月 24 日給照，建檔，23–25–21，1–1。

減為 0.22 元。保證金、表租、接電費、底度均須修改營業章程辦理。[65]

民國 25 年 9 月間，福建建設廳長陳體誠代公司說項，私函惲震，請變通辦理，惲震未回應。當時建委會專門委員鮑國寶正在福州協調省府對公司監督權的問題，陳體誠託他帶私函給惲震，說明公司猝減 8、9 萬元為難，認為電價 0.24 元減至 0.22 元，用戶減輕 1 角，但公司則減少很多，擬酌減電力價，26 年時，由 0.099 元減為 0.09 元。表租，因大半商人未繳電表保證金，公司不欲以保證金引起反感，對於已繳保證金者，表租分兩年遞減。用電保證金一律收 20 元，未納者不能迫其補納，已繳者 3 安培電表，改為 9 元，退換舊表時退費。因數目過鉅，即時退費有困難。原擬安裝 1.5 安培電表，因購買電表有困難。擴充設備，整理桿線，遷移桿上電表，需數萬元；遷移抽水廠，又需 5 萬元。請維持，賜教。[66]

正當公司在拖延修改營章時，用戶得知此消息，首由省會保甲第 4 區全區代表 15 人代電建委會及行政院（時已增至 5 保甲區代表 26 人），指責公司 10 點：[67]

(一) 桿線陳舊，折斷即有觸電危險，前年曾電死人。

(二) 電價貴，應遵政令減價。

(三) 押櫃、接電費、底度都高，應減。

(四) 既收電表保證金，又收月租，太苛。

(五) 設儲蓄部，無準備金，無擔保，一旦倒閉，誰負責？

(六) 用戶被迫蓋印於契約，受害無窮。

(七) 燈數增多，燈光如鬼火，是公司偷用戶之電，用戶竊電送法院，公司偷電則無事，不公平。

(八) 商號倒閉欠費，由承接人交納，連累保人賠償，不公平。

(九) 電表應懸室內，可避風雨，免漏電。

(十) 取締規則 16 條有但書，電表不在用戶保管範圍之內，不負責，公

---

[65] 民國 23 年 8 月 25 日，廳呈，9 月 10 日，令建設廳，25 年 10 月 21 日，黃煇簽，建檔，23–25–21，2–1。

[66] 民國 25 年 9 月 8 日，陳體誠私函，建檔，23–25–21，2–1。

[67] 民國 25 年 10 月 4 日，第 4 區代表呈，建檔，23–25–21，2–1。

　　司擅自抹去。

　　公司未正面未回應用戶的指責，唯呈文建委會，大意與建設廳長致惲
震私函相同。黃輝對公司新要求，於審查時表示：

　㈠　電價由 0.24 元減為 0.23 元，前准延至 27 年 1 月實施，准再延。

　㈡　底度 3 安培者 3 度，原為公司自定，現欲增至 9 度，雖合乎法
　　　令。許多公司都在法令最高限度以下，如允許，將何以應付其他
　　　公司。

　㈢　1.5 安培電表，原由公司提出，已核入營章，如今公司請緩辦，出
　　　爾反爾，惟理由尚屬正當，擬准。

　㈣　營章已發文，為了政府威信，似不宜再改。

結果電價可暫緩減低，3 安培、5 安培底度改為 6 度及 10 度，底度未便獨
許；經濟燈（1.5 安培）暫緩；用以回覆省政府，[68] 結束此一風波。電燈
每度 0.24 元，自 19 年至 26 年，前後七年有餘，未曾調低，其推拖之功，
於此可見。其所以能如此者，省府建設廳極力支持實為主因，難怪用戶批
評公司云：「該公司專用勾結手腕，欺壓燈戶，……前年閩變，勾結偽府
丘兆琛壓迫用戶，釀成全市罷電之風潮。」[69]


## 四、案件的綜合分析

　　電價糾紛牽涉到三方面：業者、用戶與政府，三方面的責任、作為以
及互動的影響，各案不同，因時因地因人而異，欲對全部案件有一綜合的
了解，必須就這三方面求其共同的特色，方能得知其共通的意涵。最後則
探討全案的結果。茲就這四方面分別加以分析。

### ㈠業者的責任與困境

　　電氣業者生產電氣，與其他商品生產者有相同之處，即須提供品質優

---

68　民國 25 年 10 月 21 日，黃輝簽，11 月 5 日，回文省府，建檔，23–25–21，2–1。
69　民國 25 年 11 月 26 日，用戶呈行政院文，建檔，23–25–21，2–2。

良、價格合理的產品。除此之外，尚須與專營區內用戶保持良好的社會關係，使得彼此之間互助互榮，共謀社會經濟發展。然而當時的電氣業者，難以做到這三點。電價糾紛主要原因是電價過高與供電品質不良，此與電廠規模大小有密切關係，故首先宜釐清這種相關的程度。茲將發生糾紛電廠的發電容量作一統計，列表如下：

### 表8　各省電廠發電容量表

單位：kw

| 容量<br>省別 | 6-100 | 101-500 | 501-1,000 | 1,001-5,000 | 5,001-10,000 | 10,000- | 合計 |
|---|---|---|---|---|---|---|---|
| 江蘇 | 6 | 5 | 1 | 2 | 1 | 2 | 17 |
| 浙江 | 4 | 2 | 0 | 2 | 0 | 1 | 9 |
| 河北 | 0 | 0 | 1 | 1 | 0 | 1 | 3 |
| 廣東 | 0 | 2 | 0 | 1 | 0 | 0 | 3 |
| 湖南 | 1 | 1 | 0 | 1 | 0 | 0 | 3 |
| 安徽 | 0 | 1 | 0 | 1 | 0 | 0 | 2 |
| 福建 | 0 | 0 | 0 | 2 | 0 | 0 | 2 |
| 湖北 | 1 | 1 | 0 | 0 | 0 | 0 | 2 |
| 江西 | 0 | 1 | 0 | 0 | 0 | 0 | 1 |
| 山東 | 0 | 1 | 0 | 0 | 0 | 0 | 1 |
| 合計 | 12 | 14 | 2 | 10 | 1 | 4 | 43 |
| % | 27.9 | 32.6 | 4.6 | 23.3 | 2.3 | 9.3 | 100.0 |

資料來源：建設委員會編，《全國電氣事業調查表》，民國23年，（南京，建委會，1935），相關頁次。南京圖書館特藏部、江蘇省社會科學院經濟史課題組編：《江蘇省工業調查統計資料，1927-1937》，（南京，工學院，1987），頁344-371。

滿洲電氣株式會社，《中南支各省電氣事業概要》，（滿洲，滿洲電氣協會，1939），相關頁次。

興中株式會社編，《北支に於ける電氣事業概況》，（東京，該社，1938），頁8，44，54。

說　　明：發生電價糾紛者共44家公司，其中一家係購電，未列入各電廠之發電量，以民國23年、24年為主，特殊者則以糾紛發生之年為主，如沔陽普新公司，以19年為主，東台東耀公司，以25年為主。上海市、北平市分別併入江蘇省、河北省內。

　　由上表看來，發生電價糾紛的電廠，其發電容量在 500 kw 以下者，佔總數的 60.5%，501 至 5,000 kw 者佔29.9%，5,001 kw 以上者，佔 11.6%。電廠愈大，其發生糾紛的機會愈少，因其電價較低，供電品質較佳。此點足以說明業者應負的責任較大。上表中 10,000 kw 以上者尚有 4 家，佔總數的 9.3%，似乎有點突出，此處應加以說明。

　　民國 18 年，上海商會代表赴市府請願，要求上海閘北水電廠減價，結果即如所願，電價由每度 0.22 降為 0.20 元，19 年再降為 0.18 元，電力價亦降低。民國 18 年，公司欲實行底度制，閘北各團體反對，公用局出面與公司酌商，暫緩實施，後因煤價上漲，公司呈准於 20 年 1 月 1 日實施，但公司未即實施。後又因滬戰影響，延至七月實行，消費者至此無怨言。[70] 由於電價合理，用戶未再表示不滿。上海華商電氣公司早期的缺點在技術方面，民國 9 年交流電機損壞，次年用戶致函公司表示不滿，只願付半費，也有人抗議電價比租界貴，而光則不及。十一年修好電機，[71] 並未釀成風波。民國 25 年，全國國貨工廠聯合會要求減價，經建委會批駁，[72] 也就平靜了。由此看來，上海閘北與華商兩公司，雖曾有過電價糾紛，但並不嚴重。

　　杭州電氣公司於民國 24 年發生一次電力價糾紛，由杭州絲業同業公會呈控，謂電力價過高，請減價。公司雖然表示絲業公會計算有問題，同時各地情況不同，不能相比，但即於 1 月之內，向建委會表示，俟此次風波平靜後，以完全自動方式，將原來的二級制改為歷級制，減價，第一級每度 0.064 元，建委會改為 0.062 元。[73] 此事即迅速獲得解決。

---

[70] 《申報》，民國 18 年 4 月 8 日，《閘北水電公司 21 年業務報告》，頁 23，建檔，23–25–72，12–2。王樹槐，〈上海閘北水電公司的電氣事業，1910–1937〉，國史館，《中華民國史專題第二屆討論會論文集》，（台北：國史館，1993），頁 431。

[71] 王樹槐，〈上海華商電氣公司的發展，1904–1937〉，《近世中國之傳統與蛻變—劉廣京院士七十五歲祝壽論文集》，（台北：中央研究院近代史研究所，1998），頁 602–603。

[72] 《公報》，期 62 (1936.3)，頁 114。

[73] 民國 24 年 6 月 4 日，杭州市絲織業同業公會呈國府，要求減價，6 月 11 日，建委會函知杭州公司，7 月 4 日，陳令莊（管理主任）即函潘銘新表示，7 月 24 日建委

　　四廠之中，只有北平華商電氣公司的問題比較嚴重，前後發生六次之多，市府及建委會命令公司減少電力價者尚未計入，原因是該公司經營不善，協理朱深曾被股東控告貪污。民國 25 年，公司總投資 925 萬元，短期負債 175 萬元，長期負債將近 300 萬元，合計佔總投資的 51.4%。[74] 以致利息負擔過重，導致電價過高。用戶雖不滿而呈控，但糾紛難以解決，北平市政府有意刁難者居多，商會只是配角而已，其間政治糾紛遠大於電價糾紛。

　　以上四廠，只有北平華商公司的糾紛比較嚴重，其他三公司略有問題，但並未構成重大糾紛，更未釀成風潮。由此可見，大廠發生電價糾紛者不多，即使有，也不過少數電廠而已。茲再申述當時電廠的困難：

　　1.供電品質不良，約可分為下列 4 方面：

　　A.電力不足，電壓降低，燈光不明，此類指控最為常見，如沔陽普新公司、溧陽振亨公司、青浦珠浦公司、永嘉普華公司、南匯南沙公司、邵陽光明公司、宜興耀宜公司、象山明星公司、湖北沙市公司、潮安昌明公司等，大致而言，一般小廠都免不了這方面的缺點，原因是設備不良、機力不足所致，不過竊電增多，也是造成燈光暗淡的原因。

　　B.供電時間不足，公司有縮短供電時間者，如提早停電或延後供電。鎮江大照公司、象山明星公司、溧陽振亨公司、邵陽光明公司等，曾被指控。此類指控，自以小廠為主，大電廠日夜 24 小時供電，則無此現象。

　　C.經常停電。小型電廠，設備簡陋，又多無備機，一旦出事，唯有停電一途，如宜興耀宜公司，民國 19 年 7 月停電，9 月才恢復。象山明星公司，民國 26 年 6 月停電，到 8 月才修復。南匯南沙公司，經常停電，最為特出，用戶指出，民國 21 年 5 月完全停火，6 月只有 1 日放光，7 月至 12 月，每月皆有停電日，1 日、4 日或 8 日連續停電，22 年 2、3 月間，亦完全熄燈，4 月至 7 月停火 40 餘天，總之無一月有完全放光者，該公司並未反駁，只稱這是以前公司的事，與現在公司（接盤者）無關，難怪當地用

---

　　會函告公司新歷制表，建檔，23–25–13，3–2。

[74] 民國 22 年 9 月，用戶聯合會常務理事王漱凡呈，建檔，23–25–11，55–2。

戶要求，如停電，公司應分送洋燭。

　　D.路線危險，用電不安全。用戶多指控路線陳腐，使用裸線，電桿亦年久未換，時有折倒之虞，常有觸電傷人事件發生，民國二年的下關電廠、四年的江都振揚電廠、五年的蘇州振興發電廠，曾走火。後來的北平華商、江都振揚、鎮江大照、宜興耀宜、永嘉普華、吳興、福州等公司用戶提出此類指控。民國18年7月，振揚公司云：「通商各大埠及內地各市鎮電燈公司之路線，皆係高懸之裸體線，並非揚州一處。」[75] 觸電傷人斃命者，民國20年，保定電氣公司一人，濟南公司一人，24年蒙箇大光公司一人，25年福州公司三人。陳東云：「走火事情，尤屬數見不鮮。」[76]

　　2.電價問題

　　一般而言，小廠成本高，主要原因有二：設廠資金每kw成本高，機器多用柴油或煤氣，燃料成本高。廠小，產量少，因之單位成本高。此外，成本非一成不變，自然災害、社會動亂、物價上漲、內部經營等，都可能導致成本的增加。一旦成本增加，則必須調整價格。價格的調整，首須經過地方監督機關簽註意見呈請建委會核准，次則由用戶接受，許多糾紛因此而起。一旦成本下降，用戶會藉口要求減價，也常會引起糾紛。舉例言之，沔陽普新公司，因增加0.2元電價造成糾紛。永嘉普華公司，民國7年因煤漲加價二成，民國13年因開放夜燈加價，造成兩次電價糾紛。鎮江大照公司，因煤漲調整電價，造成第一次糾紛。其他公司，如蕪湖明遠、長沙湖南、保定中國內地等公司，皆因煤漲加價，後煤跌，用戶要求減價，因而造成糾紛。

　　其次是公司擅自加價造成糾紛，如北平華商公司、溧陽振亨公司、鎮江大照公司、長興長明公司、永嘉普華公司、邵陽光明公司、浙江金華公

---

[75] 《上海時報》，民國2年1月9日；4年12月7日；5年4月17日。民國18年7月13日，公司呈，建檔，23–25–11，15–1。

[76] 《電刊》，卷1，期4(1931.3)，文牘，頁32–34；卷2，期2(1933.3)，文牘，頁22–23；卷6，期1(1936.6)，文牘，頁8，建檔，23–25–21，2–2。陳東，〈電線走火之起因及防止〉，《中國電界論壇》第一集，（上海：新電界雜誌社，1933.6），電燈，頁19。

司等。也有因電價過高引起用戶反對者,這類例子較多。亦有因減價引起用戶不滿,認為減得太少,如東台東耀公司,原為 0.3 元一度,該縣縣長示意,減價可免糾紛,公司減為 0.26 元,商會不滿,要求減為 0.22 元,結果以 0.24 元收場。[77]

　　成本增加,如果是由於內部經營不善而引起的,則應由業者自行整頓經營,自負其責任,如蕪湖明遠公司,不可增加電價。如果是由外部環境引起的,如能自行負擔,則為最佳之處理。如上海閘北水電公司,民國 21 年 128 事件損失約 80 萬元,電廠約佔 70 萬元,又當年營業額比上年減少 130 萬元,乃於 22 年向銀行及錢莊借款 215 萬兩,始解決財務上的困難,並未因此提高電價。[78] 如果因為生產原料增加成本而必須提高電價,則須得到政府的支持與用戶的認同,不可擅自加價。

　　3.公關難為

　　維持良好的社會關係,應是雙方面的事,好的電廠與好的用戶,若由電廠單方面來做,則難矣。當時社會風氣欠佳,欠費、竊電的情形非常普遍,對公司造成嚴重的打擊。民國 19 年,如皋振蒲電氣公司云:「公司營業虧耗原因,實由欠費、竊電兩項所致。」[79] 22 年,安徽省會電燈廠報告云:「近年營業未能發展,原因甚多,其最著者,厥為用戶欠費及竊電。」[80] 25 年 3 月 14 日江蘇建設廳呈云:太倉友華電燈廠失敗原因,「電費難收,私燈充斥。」[81] 這些只是大概的描述,茲將欠費與竊電分別舉例說明。

　　民國 18 年,廣州電力公司經理蕭冠英報告,民國 12 年至 17 年,用戶共欠 2,203,582 元,每年欠費自 25 萬至 52 萬元不等,平均一年欠費 367,264 元。前後 200 多萬元的欠費,與其股本 300 萬元相去不遠。欠費者

---

[77]　民國 25 年 8 月 24 日,廳呈;9 月 26 日,商會呈;10 月 15 日,廳呈;11 月 18 日,令廳;建檔,23–25–11,52–1。

[78]　〈上海閘北水電公司的電氣業務,1910–1937〉,頁 404–405,仍照 19 年電價收費,電燈價,第一級,每度 0.18 元。

[79]　《電刊》,卷 1,期 2 (1930.8),參考,頁8。

[80]　民國 22 年 10 月,建檔,23–25–12,7–2。

[81]　《公報》,期 63 (1936.4),頁 69。

所欠之費，佔其應付電費的比例，以路燈最多，佔 92.8%，公署佔 91.3%，街坊佔 72.8%，市局佔 50.8%，報界佔 49.4%，普通用戶佔 12.9%。[82]

　　福州公司用戶欠費，民國 17 年 1 月至 19 年 11 月止，列表如下：

### 表 9　福州公司用戶欠費表

單位：元

| 單位名稱 | 欠　　額 | 佔總數% |
|---|---|---|
| 軍　　隊 | 96,788 | 38.2 |
| 警　　察 | 96,075 | 37.9 |
| 學　　校 | 11,119 | 4.4 |
| 機　　關 | 35,479 | 14.0 |
| 社　　團 | 14,120 | 5.4 |
| 合　　計 | 253,581 | 100.0 |

資料來源：《電刊》，卷 1 期 4 (1931.3)，同業，頁 12。

平均每年為 86,942 元，約相當於該公司（民國 19 年 8 月份收入 87,000 餘元，支出 86,000 餘元）一個月的收入或支出，為數不為不多。由欠費單位看出，軍隊、警察居第一、第二位，兩者合計佔 76.1%，代表一般的情況。

　　第 3 個例子為浙江平湖明華公司，民國 22 年，平湖駐有第一區團第 2 甲保衛團，欠費 6 個月，屢催不應，公司派 3 人前往剪線，被該團團丁將 2 人架至團內，群相肆毆，重傷一人，口吐鮮血，手足傷一人，手臂不能伸屈，幸一人回公司報告，當由工務主任率 4 人前往勸解。該團團長方菊人，喝令團丁閉門攢毆，各受重傷，同遭拘禁，復由廠方再三來電交涉，始全數釋回。方菊人自知理虧，自毀器具並囑團丁裝傷，訴請縣府矇驗，以冀脫罪。[83]　此案已變成互毆案，但據常理推斷，電廠員工尚不致毆打團丁。

---

[82]　《電刊》，卷 1，期 3 (1930.12)，同業，頁 15。

[83]　《電刊》，卷 3，期 4 (1933.9)，同業，頁10。

　　竊電對公司的危害甚大，一則加重機力的負擔，燈光不明，正常用戶嘖有煩言；一則公司收入減少，經營困難，業者不得不採取行動，加以取締。漢口既濟水電公司對查獲竊電有詳細的統計，查獲竊電案之多，令人驚訝，民國 22 年，查獲 4,209 戶，23 年查獲 5,772 戶，24 年查獲 9,339 戶，三年之間增加一倍以上。偷漏之電約為出售電的 60% 至 86%。民國 24 年竊電戶為用戶總數的 44.4%。民國 22 年，該公司分析竊電戶中，公務人員 2,040 戶，佔竊電總數的 48.5%，普通住戶 1,334 戶，佔總數的 31.7%，商店 835 戶，佔 19.8%。就罰款收入來看，每戶平均數愈來愈少，但罰款佔電業收入比例卻愈來愈大。竊電之多，實足以驚人。[84] 未能查出者可能不少。

　　北平華商電氣公司，民國 22 年檢查 12,870 家，確定竊電者 1,900 家，有嫌疑者 1,483 家，兩者合計達 3,383 戶，佔檢查總戶數的 26.3%，此一比例，也足以驚人。次年（23 年），查獲竊電 3,800 餘戶，24 年查獲 6,400 餘戶，[85] 一年比一年以倍數增加。

　　此種情況，一因竊電案非常普遍，一因公司查緝較為嚴厲。查緝的方式，一為懸賞告密，一為公司派員查探，不論何者，最後由公司派人親往緝獲，以達到取締竊電的目的。用戶對公司的查緝竊電，非常不滿，在許多攻擊電廠的文字中，或向官廳控告的呈文中，都充滿了怨氣。民國 9 年，普新公司用戶指稱，點燈之戶，稍有不慎，即苛責或送官懲辦，或勒取罰金，眾人側目。[86] 民國 19 年，潮安昌明公司用戶指稱：公司深夜搜查民戶私居，苛罰竊電用戶。[87] 比較具體描繪公司搜查用戶竊電的情形，則為平湖用戶在當地《小平湖人報》、《平民日報》上的廣告：

　　　　「檢查用戶，其紛擾情形，頗足駭怪……廠中近派執員工匠等多
　　　　人，不穿制服，不分晝夜，或踰牆而入，或猥升樹木而上，或奪門

---

84　既濟公司 22–24 年業務報告，建檔，23–25–15，1–1，2–1。
85　《電刊》，卷 5，期 4 (1935.12)，同業，頁 9–10。公司 22 年、23 年業務報告，見 26 年 3 月 30 日，公用事業整理委員會，〈整理方案〉，建檔，23–25–1，5–2，7–1。
86　民國 9 年 4 月 6 日，商會呈，建檔，23–25–15，8。
87　民國 19 年 11 月 7 日，用戶呈，建檔，23–25–23，9–1。

而進，入室闖房，登樓越屋，一聲呼嘯，洶湧狂奔，一時屋上瓦礫
聲、樹枝折斷聲、牆頭墜磚聲、門戶洞闢聲，人類雜沓，東奔西走，
居戶見此素不相識之野蠻人物，舉家驚惶，……一味蠻橫滋擾後，
三五成群，奪門而出。」[88]

此類的怨言，不勝枚舉。民國 25 年 11 月 2 日，江蘇電業聯合分會言：各
地檢查私燈、竊電，或因追索欠費停電，用戶反感，懷恨，利用時機，鼓
動風潮，報復私怨。[89] 在此情況下，公司欲維持良好和諧的社會關係，難
矣！

## ㈡用戶的心態

　　用戶是電氣消費者，其基本心態要求物美價廉，價格依價值而定，價
值依心理而定，心理常受主觀與客觀環境的影響。電氣的價值以實用為
主，此種價值觀念變化不大，則其對價格高低之感受，受環境影響較大，
產生比價的心理。中國商場自古即有「貨比三家不吃虧」的諺語。比價結
果，方知自己所付的電價是否合理。如有不合理的感覺，則要求減價亦為
自然之事。為達到此目的，最有效的方式是集體行動。集體行動必有倡導
者，其人感受價格不公平的心理可能較強，或許他對公司早有所不滿，則
藉此機會，發洩心中的怨氣。所以用戶的心態，約可分為 4 種：一、物美
價廉，二、貨比三家，三、集體行動，四、首倡者或有私怨，藉此報復。
茲分述如下：

　　1.物美價廉。

　　消費者希望物美價廉，乃人之常情，而當時的電氣，尤其是小型電廠
的電氣，合乎「物美」的標準殊為不易。電氣事業是專營事業，當地沒有
第二家可得電氣，在此種情況下，物既不美，則唯有希望價廉了，因之更
會對電價產生不滿的心理，要求減價便成了電價糾紛的主題，指責電氣品

---

[88] 《平民日報》，民國 20 年 12 月 29 日、30 日，《小平湖人報》，民國 20 年 12 月 29
日。
[89] 《電刊》，卷 7，期 1 (1937.3)，會務，頁 8。

質不良及其他缺點，便成了配料。每當降價之後，糾紛便解決了，配料雖然提及，但其實行，則不甚急迫，甚至也就不了了之。此類例子甚多，以溧陽振亨公司為例，民國 9 年發生第一次電價風波時，用戶要求改善者，竟有 15 項之多，其中屬於價格方面者只有 3 項，其他12項，包括電桿、電線、電機、燈光、環保等，連公司註冊問題亦在要求之列。雙方協議時，註冊、環保等問題雖未再提及，但增加「此次用戶所置備之汽燈、發電機並各項損失等費，均應由公司負責。」公司的人事也在干涉之內，配料之多，可以想見，能否真正做到，大成問題。民國 22 年第二次電價糾紛時，則只談電價問題了。[90]

　　2.貨比三家。

　　消費者的心態是貨比三家不吃虧，價格是否公道，常採取比較的方式，當資訊傳播較快的江浙地區，比價的心理特別強烈，這也是江浙地區電價糾紛較多的原因之一。鎮江大照公司用戶呈請商民協會整理委員會調查各地電價，發現大照公司電價比北平、上海、無錫、蘇州、常州、南京、長沙都高，因而呈請黨部要求減價。後又得知上海浦東、閘北、翔華等公司即將降價，市民聞之，多表憤慨。雖然公司聲稱減價有困難，也提出大照的電價和南京、丹陽、揚州等地比較，並不算貴。[91] 但用戶聽不進去。

　　蘇州鐵機絲業同業公會將蘇州公司電價與上海各廠及戚墅堰電廠比較，要求減價。潮安昌明公司用戶，以比價為理由，指控公司價貴。保定電燈公司用戶與天津、石門比價，且將煤價一併比較，石家莊中國內地電燈公司用戶，亦復如此。邵陽光明公司，每度 0.23 元，只比長沙高，比湖南其他地區都低，然而用戶仍不滿意，以比價為理由，要求減價。

　　公司應付比價的方式，首在說明各地情況不同，不能相比。如江都振揚電氣公司，價比長江對岸大照公司為高，但江都倒底不在江邊，運費因

[90] 王樹槐，〈振亨電燈公司發展史，1915–1937〉，《中華民國建國八十年學術討論集》，（台北：中央研究院近代史研究所，1991），頁 114–118。

[91] 王樹槐，〈江蘇省第一家民營電氣事業—鎮江大照電氣公司，1904–1937〉，頁 539–540。

之每噸增加 3 元。浙江嵊縣開明公司，為了證明電價不能比，將各地情形不同，成本各異，加以說明，用戶不聽。公司又會同縣商會各派代表分赴紹興、上虞、蕭山、金華各地電廠實地調查，結果證明開明公司電價較低。用戶仍置之不顧。公司復請杭州公司電務課員到縣，向用戶詳述中央有關電價之規定及其意旨，但仍屬無效。結果仍以減價了事。[92] 青浦珠浦公司，以本廠地區狹小，用電甚微，自難與上海浦東公司相比。吳興公司答覆用戶比價時，提出電價不能相比的 6 項因素：機體成本貴賤不同、營業範圍大小不同、電費收入多寡不同、負債利率高低不同、員工薪資多少不同、其他種種牽制不同，故不能劃一定價。[93]

　　比價並非用戶的專利權，既然比價，公司也可以舉出對自己有利的比價。崑山泰記公司列出一比價表（包括用電保證金、月租、底度、電價等項比較），證明其公司電價與太倉耀妻公司相同，而比常熟、松江、南翔（生明）等公司都低。長興長明電氣公司，亦以比價證明該公司電價並不高。金華公司以比價來證明該公司電價合理，較貴者，可舉出十餘家公司。青浦七寶公司，得黨部、區長、鎮長等支持，亦以價比鄰近各廠低廉，反對用戶要求減價。[94] 照理說，政府監督電氣事業機關，應該明白電價相比的困難，然而北平市政府，謂北平華商電氣公司電價比上海閘北公司、北平電車公司都貴，要求華商公司減價。[95] 民國 23 年，蕪湖地區用戶，要求明遠公司減價，舉出一些公司電價比較低者為理由。建委會認為用戶代表多有誤會，以電價「各埠情形不同，成本互異，不能一律」拒之，並謂該公司 0.22 元一度，價並不高。由於用戶一直要求減價，半年之後，建委會也提出一份比價表，共列 20 家公司，價比明遠高者 14 家，低者 5 家，以證明明遠公司電價並不高。[96]

---

[92] 民國 25 年 5 月 4 日，公司呈，7 月 29 日，廳呈，建檔，23–25–13，39–2。
[93] 《青浦民眾》，民國 26 年 1 月 30 日。《湖州公報》，民國 24 年 8 月 7 日。
[94] 各相關公司檔案，見建檔，23–25–11，20–1，46–2。23–25–13，9–2，34。
[95] 民國 23 年 5 月 4 日，市府函，建檔，23–25–1，5–1。
[96] 民國 22 年 11 月 25 日，批用戶代表呈，23 年 5 月 16 日，令廳，附電價比較表，建檔，23–25–12，2–2，3–1。

　　當時的電價非常混亂，實際上也無法統一，比價變成了一場混戰，各取所需，連要求加價的太倉耀婁公司，也以比價做為其堅強的理由，列出太倉附近 21 家公司電價表（包括資本、發電容量、發電時間、電價），考慮固然十分周到，但未蒙建委會批准。[97]

　　電價不是不可以比較，唯其中牽涉的因素很多，只有主要因素相同時才可以比較。

　　3.集體行動。

　　電價糾紛，形成用戶與電氣公司的對壘，所有糾紛案件，用戶採取集體行動，用意在人多勢眾，便於達到減價的目的。表 1 案件所用的名稱不同，如用戶、商店、用戶代表、商會、同業公會等，都是集合名詞，更有一些臨時創立的新詞，如用戶聯合會、用戶後援會、減價委員會、電燈較表減價促進會、電氣消費合作社、用戶聯合辦事處等，更明白表示其臨時組合的意義與性質。

　　結合用戶的方式，約可分為 4 種：

　　A.利誘方式。以減價為號召，鼓動民眾，集結用戶。用戶希冀廉價的電氣，自然隨聲附和。一般而言，大多數是採取此種方式，用戶簽名蓋印即可，發起人則串通商會或同業公會，共同進行。

　　B.唆使方式。用戶或有觀望者，發起人除利誘之外，亦於私下唆使或勸說者，以期達到進一步的行動，如停用電流或不交電費等。民國 14 年，永嘉葉萃康唆使各店抗不交費。富陽萍利公司稱：當地土劣暗中唆使。[98]

　　C.欺騙或脅迫方式。發起人先以空白紙向用戶宣稱要減價，誘其蓋印，實則朦繕一致自願停火的公函，呈送縣商會，等到公司派人去剪線時，用戶方知被朦騙。發起人為了防止用戶付費，則私立罰則，如有違者，立予處罰，或組織糾察隊，監視用戶，不得付費，或使人祕密破壞，或使人前

---

[97] 民國 20 年 8 月 26 日，廳呈，附公司函，耀婁公司電價比 7 家公司低，與 3 家公司同價，一家不明，但比 9 家公司高，唯只有兩家公司發電容量比耀婁低，其餘都高，建檔，23–25–11，49–2。

[98] 建檔，23–25–13，20–1，《電刊》，卷 1，期 3 (1930.12)，分會，頁 49。

往滋擾，如南沙公司用戶聯合會，以搜查日貨為名，將天章號貨物搬走，又派無賴至餐館、旅社等處滋擾。總之欲使用戶採取一致行動。[99]

　　D.集各方式之大成。青浦七寶商會主席李啟賢，嗾使爪牙壓迫電廠減價，其胞弟李郁盛召集用戶，以減價利誘，強迫用戶剪線，如不從，則祕密破壞電線保險絲，使該戶無電可用。遇到剛強者，則堅決邀請宴飲，挹借汽油燈，乞憐給予面子。[100] 此種方式，從利誘、欺壓、破壞到求情，可謂集方式之大全。

　　大體而言，以第1種方式最為普遍，能減電價，用戶自然樂從。第3、4種方式，雖有，並不多見。

　　4.挾嫌報怨。

　　電價糾紛發起人，大部份是正派人物，用正常的方法謀求減價，但也有不少的發起人，採用不正當的手段，集結用戶抗爭，其過於熱心之處，不免別有用心。電氣公司為了維獲本身營業，對欠費、竊電有所行動時，不免得罪了地方上土豪劣紳，或有勢之人，若干發起人確實是為報復私怨而起的。

　　民國8年，湖北沔陽前商會會長陳蔚文，私置電機，出線栽桿被禁止；9年偷接電燈又被查獲，因而生怨，呈控公司機器陳舊，燈光暗淡。沔陽商會呈文亦云：「點燈之家，稍一不慎，即苛責或送警懲辦，或勒取罰金，眾人側目。」[101] 無異自己承認用戶結怨由來。民國14年10月浙江永嘉普華公司用戶葉萃康唆使86家商號抗議電價太貴等事，縣府批示該商「挾私混訴，殊屬非是。」12月，縣知事查明「葉萃康以不付表租細故，致啟爭執，唆使各店抗不交費，業經該公司呈訴永嘉地方廳，判罰有罪。」葉某的罪名是散佈流言，損害他人業務上信用一罪，罰60元。[102] 民國18

99　民國24年11月21日，收保定公司呈，建檔，23–25–1，10–2。民國25年5月4日，嵊縣開明公司呈，建檔，23–25–13，39–2。民國25年12月29日，振亨公司電，建檔，23–25–1，54–2。民國23年1月27日，南沙公司呈，建檔，23–25–11，55–2。湖北普新公司案，建檔，23–25–15，8。

100　民國25年4月2日，七寶公司呈，建檔，23–25–11，46–2。

101　民國9年4月6日，商會呈，建檔，23–25–15，8。

102　民國14年10月2日，公司呈，14年10月15日，縣批。10月28日，永嘉地方審

年，振揚公司用戶少數代表，因欠費剪線嫌隙，纏訟年餘，趁此風潮，鼓動停付電費。[103] 民國 20 年 12 月 15 日，浙江平湖明華公司用戶莫寄蘋家竊電被查獲，同月 25 日葛景伊家竊電被查獲，兩人於 12 月 29 日在當地兩家報紙刊發發起用戶後援會，意圖煽動風潮。[104] 民國 22 年，安徽蕪湖明遠公司用戶吳禮賓等 15 人，「平時頗多興風作亂，或因追索積欠，或因查獲竊電，挾有嫌隙，私圖報復。」[105] 民國 22 年 8 月，南滙南沙公司案，第一區區長楊造時，女中校長趙心梅、商會主席潘子民、平民教育館館長王漱凡等，因竊電或折價不遂，組聯合會，阻礙公用事業。[106] 民國 23 年振泰公司案，用戶吳惠春，因私接電燈被查獲，與賈和哉、錢漢民（推銷煤油者）三人聯合，破壞調解。[107] 民國 24 年，南通通明公司少數用戶，挾嫌藉端組用戶聯合會，對抗公司。[108] 民國 25 年，這類的例子更多，挾嫌報復公司者：青浦七寶公司用戶前商會會長李啟賢、浙江嵊縣開明公司用戶縣商會主要分子及土劣等、溧陽振亨公司用戶周玉麟等人。[109] 以上這些案例，多因欠費、竊電而起，公司得罪了他們。

　　除了上述欠費、竊電原因外，尚有奇特的原因。民國 23 年，振泰公司案，錢漢民等人因電妨礙他們煤油推銷。民國 24 年，保定公司因拒絕與代理商會會長梁鳳池所經理之元吉銀號往來存款，激怒梁某，因而煽動風潮。湖南岳陽軍政土劣聯合強迫東海公司遍設桿線，通宵供電、半價付

---

　　　判廳判決書。12 月 12 日，廳令知事查明。建檔，23–25–13，20–1。
[103]　民國 19 年 1 月 23 日，公司呈，建檔，23–25–1，15–1。
[104]　《小平湖人報》，民國 20 年 12 月 29 日。《平民日報》，民國 20 年 12 月 29 日、30 日。
[105]　民國 22 年 8 月 16 日，公司呈，建檔，23–25–12，1–1。
[106]　《電刊》，卷 3，期 4 (1933.9)，江蘇分會，頁 19。
[107]　民國 23 年，振泰公司案，建檔，23–25–11，42–2。
[108]　民國 24 年 6 月 12 日，公司呈民電會，《電刊》，卷 5，期 2 (1935.9)，文牘，頁 1。
[109]　民國 25 年 4 月 6 日，黨部等機關呈，建檔，23–25–11，46–2。民國 25 年 7 月 15 日，公司呈，建檔，23–25–13，39–2。振亨公司於民國 23 年起加強查緝竊電，24 年，重大案件者起訴兩家，周玉麟為其中之一，25 年，尚在審理中，後周被判刑。公司 23 年，年報，25 年 6 月 1 日，公司呈，12 月 7 日朱大經視察報告，建檔，23–25–11，54–2。

費，其目的在迫使公司遷移，便利其親友劣紳等另行設廠。[110] 公司之公關難為，於此可見。

### ㈢政府的角色

政府處在電氣業者與用戶之間，角色非常重要，既是法令規章制定者，又是執行者，可以決定業者與用戶各別的責任與兩者之間的關係；既要維護電廠的生存與發展，又要保護消費者用電的品質、安全與合理的價格，在兩者之間要取得平衡，實非易事。我們要探討的是：政府的政策為何？如何處理電價糾紛？茲分兩方面加以探討：

1.政府的政策

政府的政策，可分成兩部份：一為保護消費者，希望電廠提供優良的電氣，這點由取締規則可以看出，對電廠的要求是多方面，從建廠的工程、人員的任用、電廠的管理，都有規定。從註冊、每年業務呈報的情況看來，都很用心，但效果並不很好，原因是政府對電廠規模的大小、設備的優劣，路線的情況，並無規定，這方面應是業者本身的事。此外，建委會成立時，民營電廠已普遍設立，民國18年，建委會的統計，已有523家，如要規定電廠最低的資本額及其規模，已經遲了。這些小電廠，半數以上根本不向政府立案註冊，若干小廠連政府規定申請註冊的表格也不會填寫，難怪供電的品質很差，政府也無能為力。

二為電價合理的問題，政府希望對業者與用戶雙方都很公平。電價關係到業者的生存與發展，也關係到用戶的負擔是否合理。在當時，這是業者與用戶最重要的問題，也是電價糾紛的關鍵所在。政府核定電價的高低，完全按成本與合理的利潤來考量。電廠的大小成本不同，政府為了有個粗略的規劃，將電廠按發電容量多少分成4等，電價與底度依此有個概略的標準。然而這種規劃本身不太健全，其原因有二：1.各等級之間仍然相差很大，如1,000 kw到10,000 kw為二等，其間差距10倍，也難以公

---

[110] 民國24年9月14日，公司呈，《電刊》，卷5，期4 (1935.12)，文牘，頁17，民國25年12月，公司函，《電刊》，卷7，期1 (1937.3)，文牘，頁15–16。

平。 2.即使同樣的發電容量，其發電度數未必相同，即機量困數與負荷因數未必相同，則每度分攤的成本不同。實際上，民國 26 年統計，一等電廠每度最低 0.13 元，最高者 0.25 元。相差 48.0%（以最高者為基數）。二等電廠最低者 0.10 元，最高者 0.38 元，相差 73.7%。三等電廠最低者 0.20 元，最高者 0.42 元，相差 52.9%。四等電廠最低者 0.17 元，最高者 0.45 元，相差 62.2%。[111] 若以二等電廠最低價與一等電廠最低價比較，二等電廠反低；四等電廠與三等電廠比較；亦有同樣情況，說明等級之分並不能概略規範電價的高低。

　　底度的高低，建委會明白規定按電廠等級決定：三等電廠每安培 4 度，四等電廠 5 度，而一、二等電廠只有 2、3 度。政府如此規定，基本理念是以此做為基本電費，小廠成本高，故底度高，意在維持小電廠的生存，但未考慮小電廠多設在鄉鎮，用戶少，且多貧困之家，所以底度之爭，多發生在小電廠所在之地。一、二等電廠底度低，則爭執者少。底度之設，固然有其必要性，而三、四等電廠電價已貴，底度似可比照一、二等電廠辦理，不必特意提高。政府後來將三、四等電廠底度合而為一，每安培同為 4 度。為了小用戶，各地又增設 1.5 安培電表，底度再度降低，早知如此，又何必當初？小電廠電價貴，底度又高，因而用戶少；用戶少，公司收入少，難以做合理的降價，多少有點惡性循環作用。

　　公司獲利最大的限度，民國 19 年訂立民營公用事業監督條例，規定公司獲利達實收資本 25% 時（除去借款利息及折舊等一切開支），其次年應減少收費或擴充設備。22 年修正：其超過 25% 的半數，應以擴充或改良設備，其餘半數應作為用戶公積金，以備減少收費之用。[112] 這種 25% 純利的規定，實在太高，至少電氣事業難以達到此目標，甚至若干公司還在虧本的情況中。倒閉關門的也不少。[113] 一旦用戶要求減價時，公司即

---

[111] 建設委員會編，《全國電氣子業電價彙編》，（南京：建委會，1937），頁 196。紀瑞明，〈我國現行電價之檢討〉，《中國電力》，卷 1，期 6 (1937.6)，頁 357–358。

[112] 民國 18 年 12 月 21 日公布，22 年 11 月 2 日修正公布，《公報》，期 1 (1930.1)，頁 81；期 35 (1933.11)，頁 111。

[113] 建設委員會編，《全國電氣事業調查表》，民國 22 年，（南京：建設委員會，

搬出此一規定來對抗。建委會也知道，此一標準難以達到，惲震云：「投資的報酬並不一定在百分之二十五，所謂百分之二十五，就是二分半的利息，要辦得好才能享受這種權利，辦得不好，就不能享受這種權利。」這就無客觀標準可言了。政府當初設立此項標準的目的何在？是維護公用事業？抑或在防範公用事業獲利太多？但民營業者卻希望以此為利器，阻止用戶要求減價。惲震後來又表示：此後關於減價，當先商得公司負責人同意，再下令實行。[114] 看來他頗有維護電氣事業之意。

### 2.電價糾紛的處理

建委會對業者與用戶之間的糾紛，早有構想，首先是對用戶竊電問題規定處理法則。民國19年4月24日公布「電氣事業人處理竊電及追償電費規則」，22年1月6日修正為「電氣事業人處理竊電規則」，26年7月再修正一次。[115] 對於軍警政機關強用電流，亦有所規定。[116] 對於用戶動輒組織聯合會，停付電費等行為，可分為兩部份：一為制止用戶非法活動，一為處理電價問題，分述如下：

### A.制止用戶非法活動

用戶聯合行動，自民國7年第一件電價糾紛起即已實行，民國18年以前，已有由商會、商聯會、同業公會等出面要求減價，政府未加干涉。18年大照公司案，由商整會、縣政府、省建設廳出面調解，但都站在用戶這一邊。用戶人多勢眾，聲勢高漲，進而組織聯合會。第一次使用聯合會名稱者為民國20年的用戶後援會，最多之年為民國22年，共有6次之多。其實用不用聯合會名稱並不重要，用其他社團名稱者，如用戶代表、商會、

---

1934），頁36–60；《全國電氣事業調查表》，民國23年，（南京：建設委員會，1935），頁30–58。

[114] 民國25年11月1日，民電會第8屆年會，惲震致詞。大會期間，大照公司提議，純利未滿25%時，政府勿偏袒用戶，強令減價，大會決議於次日建委會邀請8位代表茶話時，婉達此意，因得惲震之同意。《電刊》，卷7，期1 (1937.3)，會務，頁4、13、21。

[115] 《公報》，期5 (1930.5)，頁76–78。建檔，23–25，4。

[116] 民國22年12月13日公在，「取締軍警政機關部隊及所屬人員強用電流規則」，23年1月17日修正公布，《電刊》，卷4，期3 (1934.6)，文牘，頁13–15。

同業公會等名稱，同樣有效。建委會對用戶的聯合行動，拒絕付費，頗思加以制止，先就用戶停付電費加以禁止，如民國 19 年的振揚公司案民國 22 年的南沙公司案。對蕪湖明遠公司案，則禁止用戶不得巧立用戶代表名目。民國 23 年振泰公司案，則進一步禁止用戶不得宣言停付電費，作非法運動，已將用戶集體行動目為非法活動。[117]

　　民國 23 年 11 月，民營電業聯合會江蘇分會提議，請中央通飭各地黨部不得干涉電廠業務。[118] 24 年建委會呈文國民政府，請取締電氣不良用戶通令，謂政府立法原意在使地方政府監督指導，以維護電氣事業而利民生，但縣黨部准許當地組織用戶聯合會，或其他類似名稱，糾紛日益擴大，此與立法原意抵觸，有干涉行政之嫌，黨部不得干預電廠職權。5 月 13 日，國府批准，建委會乃發布取締不良用戶通令：

　(1) 民營公用事業辦理不善，由專門技師查明確有實據者，可限令改善，當循正當途徑辦理。

　(2) 如有藉端組織用戶聯合會名義，或類似名稱者，應一律嚴加制止，以利公用事業。[119]

　　此項通令公布後，用戶雖有所顧慮，[120] 但仍不能阻止用戶之聯合行動，民國 25 年、26 年，使用用戶聯合會名稱者仍不少，建委會一再令廳取締，但效果不佳。民國 26 年 4 月，建委會函行政院：兩年以來，本會對上項通令，隨時注意貫澈，一方面制止電氣用戶非法舉動，一方面取締電氣事業人不合法之營利，但用戶之非法舉動仍所在多有，公然登報通告緩付電費，或變更核准之營章，本會察看情形，確有日久玩生之弊，請通令

[117] 民國 19 年 1 月 28 日，令廳，12 月 30 日，令廳，23 年 1 月 22 日，令廳，批用戶，建檔，23-25-11，15-1；55-2；42-1。民國 22 年 12 月 5 日，令廳，建檔，23-25-12，2-2。

[118] 民國 23 年 11 月 2 日，《電刊》，卷 5，期 1 (1934.12)，分會，頁 37。

[119] 《電刊》，卷 5，期 1 (1935.3)，文牘，頁 1-3。《公報》，期 52 (1935.5)，頁 123-124。

[120] 民國 24 年 8 月，吳興絲織業公會，指責公司將無力繳費且為聯合要挾而報官請取締不良用戶，足見該公會想避開不良用戶之名。《湖州公報》，民國 24 年 8 月 6 日，用戶宣言。

各省市轉飭所屬，一律嚴加制止。[121] 足證建委會之制止用戶非法活動並無效果，根本原因在省縣級監督單位，無意去嚴格執行。

　　B.電價的處理

　　用戶與公司發生電價糾紛時，用戶人多勢眾，公司也有其品質上的缺點，小廠的電價也比較高些，建委會解決之道，希望公司在電價上讓步，酌量減低，採取的方法有四：⑴勸導公司，⑵折衷酌減，⑶由地方機構處理，即由地方政府決定，或由地方社團調解，⑷自行干預。茲分述如下：

　　⑴勸導公司減價。這樣的例子甚多，茲舉二例以證之。大照公司第二次電價風波，民國24年6月，經建委會朱大經審查處理，甚為公正，減少電力價，表燈及電力價皆採歷級制，酌減保證金，並勸大照公司，減價既可聯絡用戶感情，輔助工商發展，且可推廣營業，增加收入，對電廠並非完全不利，宜開放眼光，務其遠大。[122] 民國24年5月浙江吳興公司案，綢緞電力用戶要求減價，公司拒絕，建委會乃勸公司：電力每度0.08元，雖非過高，但為工業計可酌減，章程係民國18年呈核，亦應修改。[123]

　　⑵折衷酌減。建委會做最後決定，往往參考各方面意見，作一折衷裁決，茲舉二例證之。振泰公司每度0.3元（因全夜燈之故），用戶要求減為0.22元，建委會定為0.28元。[124] 浙江嵊縣開明公司案，民國25年，公司定價第一級（0–30度），每度0.3元；用戶要求減為（0–4度）0.24元；（4度以上）0.20元；縣長建議價（0–15度）0.28元，（15–30度）0.27元；建委會裁決（0–50度），每度0.27元。[125] 看起來建委會定的價格比縣長建議價低，但建委會將級距拉長，也是一種折衷的辦法。地方政府有時也以折衷辦法處理，長沙湖南電燈公司案，建設廳呈稱：「總期於公司現況與市民要求雙方並顧兼籌，量予權衡，折中解決，以息紛爭。」

---

[121] 《公報》，期76 (1937.5)，頁63–64；期77 (1937.6)，頁64。

[122] 民國24年8月9日，函大照公司，建檔，23–25–11，37–2。

[123] 民國24年7月27日，批公司，建檔，23–25–13，14–2。

[124] 民國22年至24年，建檔，23–25–11，42–2。

[125] 民國25年7月10日，廳呈，7月15日，公司呈，7月18日，用戶呈，7月29日，令廳，建檔，23–25–13，39–2。北平華商公司減電力價，也採用此法，在組距上折中。民國23年5月22日，復公司函，建檔，23–25–1，5–1。

建委會核准。[126]

　　(3)由地方機構處理。先述由地方政府決定。按照處理程序，先由地方政府處理，然後再呈報建委會核定，因之地方政府的處理，常成為解決糾紛的關鍵所在。民國 18 年鎮江大照公司案，原價每度 0.24 元，縣府建議每度 0.22 元，而建設廳改為 0.2 元一度，比首都電廠價（0.22 元）尚低，公司不服，建委會電氣事業處處長鮑國寶致函建設廳長王柏齡，表示以 0.22 元一度為宜，但又不想損及建設廳的威信，故云：「公事方面，吾兄長才，必可設法補救。」建設廳已成騎虎，只得堅持已見，以 0.2 元一度結束。[127] 廣東潮安開明電燈公司，民國 18 年，每度大洋 0.32 元，交通部曾令減價，省府函建委會，表示以運費貴，故價高，且用戶 8 折，機關團體 5 折。建委會函省，謂價不高，准予立案。用戶不滿，指責多端，建委會令建設廳查復，建設廳則稱所控各節並非事實，建委會只得批示准予免議。[128] 當時的廣東成半獨立狀態，建委會只能聽之而已。民國 24 年保定電燈公司案，原價每度 0.3 元，用戶要求減價，公司即自動減少一分，定次年三月一日實行，河北省建設廳令即於下月（10 月）實行，並表示將據商會意見，再打 93 折，建委會認為 0.29 元一度可行，但建設廳不公布，結果協議再減為 0.27 元一度。[129] 振揚公司案，業者與用戶已達成和解協議，但建委會仍然要等待建設廳決定。由此看來，地方政府有相當的決定權。事實上建委會有許多事情不得不依賴地方政府以行使其職權。地方社團，解決電價糾紛，多採取協調方式，此種方式最為有效，案例約有 11 件之多，地方政府及中央主管機關，多樂見其成。

　　(4)建委會的干預。建委會有時不滿意地方機構的處理，則採取干預的方式。干預有順利者，有不順利者，上面所述的折衷酌減是干預順利的案

---

[126] 《電刊》，卷 4，期 1 (1933.12)，文牘，頁 28。

[127] 民國 18 年 11 月 21 日，批大照公司，12 月 11 日、12 日，鮑國寶與王柏齡來往函件，建檔，23–25–11，35。

[128] 民國 18 年 5 月 10 日，令廳，20 年 1 月 9 日，令廳，建檔，23–25–23，9–1。

[129] 民國 24 年 9 月 9 日，公司呈，11 月 21 日，公司呈，12 月 16 日，廳呈，12 月 21 日批，建檔，23–25–1，10–1、10–2。

例，但不順利的案件較多。最明顯的例子是北平華商公司案，建委會頗同
情華商公司，但遭受北平市政府的刁難者甚多。振揚和儀徵大新兩公司的
訴願，頗令建委會相當難堪。[130] 民國 23 年，蕪湖明遠公司案，建委會強
力干預，並以比價方式強調明遠公司電價不貴，但仍以調解減價收場。長
沙湖南電燈公司案，電價每度 0.18 元，省府決定減一分，建委會表示 0.17
元一度，在全國電價中，實屬僅見，但仍照省府辦法定案。民國 24 年，廈
門電燈公司營章，原定 3 安培 5 度為底度，建委會改為 6 度，此事未經過
市政府轉呈，商會得知消息，謂公司變更底度未經地方機關附具意見，違
背法令，通知同業照原底度交費。公司呈請市府公告新底度，市府不理，
以致公司收費為難，建委會只好向省政府解釋：25 年 12 月間，為求簡便
起見，參照原案，酌予核定，請貴府察照轉飭實行在案。各項費用均已核
減，至於底度依法每安培 3 度之規定，本會減為 2 度，對用戶之利益維護
也。[131] 此事拖延至 26 年 5 月間，尚未解決。由這些例案看來，建委會的
權力頗受限制。

## ㈣全案的結果

全案的結果，採用統計方式，以探討用戶達成減價及他項目標的比
率。

---

[130] 振揚公司向省府控訴建設廳，不服，又向建委會再提訴願，其間也牽涉到建委會。
大新公司則因檢查電表事，建委會認為公司不對，公司乃向行政院提出訴願，其時
已成立行政法院，此案轉到行政法院，結果判建委會敗訴。民國 26 年 6 月 23 日，
判決書，建檔，23–25–11，42–2。

[131] 民國 26 年 3 月 31 日，收商會呈，4 月 9 日批，5 月 5 日，公函省府，建檔，23–25–
21，6–2。

## 表 10　用戶達成目標比例表

單位：次數

| 年別 | 減價 | 達成他項目標 | % | 未減價 | 未達他項目標 | 不明 | 合計 |
|---|---|---|---|---|---|---|---|
| 7 | | 1 | | | 1 | | 1 |
| 9 | 1 | | | | 1 | | 2 |
| 11 | | | | | | | 1 |
| 13 | 1 | | | | | 1 | 2 |
| 14 | | | | 1 | | | 1 |
| 16 | 1 | | | | 1 | | 2 |
| 17 | 1 | | | | | | 1 |
| 小計 | 4 | 1 | 55.6 | 1 | 3 | 1 | 10 |
| 18 | 2 | | | 1 | | 1 | 4 |
| 19 | 1 | | | | 2 | 1 | 4 |
| 20 | 2 | | | | 1 | | 3 |
| 21 | 1 | 1 | | | | | 2 |
| 小計 | 6 | 1 | 63.3 | 1 | 3 | 2 | 13 |
| 22 | 7 | 1 | | 1 | 1 | | 10 |
| 23 | 3 | 1 | | | 1 | 1 | 6 |
| 24 | 6 | | | 2 | | 2 | 10 |
| 25 | 9 | | | 1 | 2 | 2 | 14 |
| 26 | 1 | 1 | | 1 | 1 | | 4 |
| 小計 | 26 | 3 | 74.4 | 5 | 5 | 5 | 44 |
| 合計 | 36 | 5 | | 7 | 11 | 8 | 67 |
| % | 61.0 | 8.5 | 69.5 | 11.9 | 18.6 | | 100.0 |

資料來源：同表 1。

說明：每小計之％，係將減價及他項目標合計，除以總數，總數不含不明者之
　　　數，合計之％亦同。

　　從上表看來，減價的成功率為 61.0%。如已達到減價的目標，則達成

他項目標成功率不計；如未達到減價目標，則計其達成他項目標的次數，其成功率亦有 8.5%。兩者合計，成功率為 69.5%，不可謂之不大。從時間方面來看，愈近則成功率愈大。民國 18 年以前，前成功率只有 55.6%，18年至 21 年，則增為 63.3%，22 年至 26 年增為 74.4%，說明愈後用戶對處理電價糾紛的技巧愈高明。社會群眾為了自身的利益，加上有心人的煽動與組織，其力量愈來愈大，政府取締不良用戶的通令，根本不發生效力。

用戶成功的案件，各地情況不同，茲按省區分，列表如下：

### 表 11　用戶成功案件地區分佈表

單位：次數

| 項目\省別 | 減價 | 達成他項目標 | % | 不減價 | 未達成他項目標 | 不明 | 合計 |
|---|---|---|---|---|---|---|---|
| 江蘇 | 18 | 1 | 82.6 | 3 | 1 | 3 | 26 |
| 浙江 | 11 | | 78.6 | 1 | 2 | 1 | 15 |
| 河北 | 3 | 3 | 85.7 | | 1 | 1 | 8 |
| 廣東 | | | 0 | 1 | 2 | 1 | 4 |
| 安徽 | 1 | | 33.3 | 1 | 1 | | 3 |
| 湖南 | 1 | | 50.0 | 1 | | 1 | 3 |
| 福建 | | 1 | 50.0 | | 1 | 1 | 3 |
| 湖北 | | | 0 | | 2 | | 2 |
| 江西 | 1 | | 50.0 | | 1 | | 2 |
| 山東 | 1 | | 100.0 | | | | 1 |
| 合計 | 36 | 5 | | 7 | 11 | 8 | 67 |
| % | 61.0 | 8.5 | 69.5 | 11.9 | 18.6 | | 100.0 |

資料來源：同表 1。

說明：不明者，既係不明，則從總數中減去，再求其%。

由上表看來，用戶達成減價及他項目標佔 69.5%，未達成目標者佔30.5%，因為案件太少的省份，用戶達成目標的比例並無太大的意義，如山

東等省。湖北、廣東兩省無一件達成目標，原因是當地政府支持公司。案件較多的三省，比較觀之，甚有意義。河北省用戶成功比例最高，因當地政府支持用戶，北平市政府甚至採取主動，處處與華商公司為難；江蘇省居次，浙江省居第三，則表示這兩省的用戶知識水準較高，對電氣法規比較瞭解，電氣資訊亦較多，鄰近電價可供比較。這兩省用戶成功的比率相差不多，江蘇略勝一籌。江蘇的民營電廠並不比浙江多，何以江蘇發生糾紛比較多，成功的例子也比較多，則因江蘇的社會經濟環境比浙江進步，用戶使用的方法也較為有效。

用戶對付電氣公司最有效的辦法是拒用電氣與拒付電費。此次 67 次案件中，使用這種方式者有 22 次之多，其中只有兩次未成功，即湖北、湖南各一次，原因是政府支持公司所致，另一次的結果不明（福州），總計達成目標的成功率 86.4%，其效果真大。河北保定公司，在這種拒付電費的壓力之下，竟然連續兩次減價。民國 24 年，保定公司的電價每度 0.3元，8 月，保定商會呈請減為 0.25 元一度，公司表示願減一分，建委會批准可行。用戶不滿意，繼續發動拒付電費。公司於 24 年 11 月呈請儘快公布 0.29 元一度，勿再變更。公司不僅收不到電費，銀行方面，因見公司收入發生影響，拒絕墊款；公司向禮和洋行購機草約，亦無法成立；公司在此種壓力之下，只好同意每度再降為 0.27 元。[132] 由此可見，拒付電費所帶來之壓力。統計表中有 22 次拒絕付費及拒用。其中 12 次是江蘇用戶使用的，浙江用戶只使用 2 次。在方法上，江蘇用戶比較有效，沒有一次失敗。這也是江蘇用戶成功較多的因之一。


## 結　論

電價糾紛是一種社會現象，相當普遍的社會現象，個人因素固然有，但佔的份量不大，不足以解釋發生這種現象的基本原因。我們不能責備電氣業者，也不能責備用戶，政府也盡了他們的努力，雖然三方面都有缺

---

[132]　民國 24 年 11 月 21 日，收公司呈，建檔，23–25–1，10–2。

點，未能做到盡善盡美，但在當時的歷史背景之下，形勢比人強，三方面都不能控制這種局面，大家像處在一個巨大的漩渦之中，載浮載沉。

理想的電廠是什麼？根據當時一些電氣專家及業者的意見，應具備下列五條件：

(一) 電量充裕 —— 不僅供電充足，備用電機亦充足，以防萬一停電。

(二) 電壓均勻 —— 燈光不致忽暗忽明，光線閃爍；電壓忽高，馬達易熱起火，燈泡易壞；電壓忽低，馬達拖力不足，燈光暗淡。

(三) 電流不中斷 —— 供電穩定持續。

(四) 服務態度好 —— 接電迅速、防竊設備周全，不致查竊電而擾人清靜。

(五) 電價合理 —— 電價固然要考慮成本與利潤，但不以賺錢為唯一目的，並期有助於地方工商業發展。[133]

就當時的情況而言，大多數電廠距離此項條件甚遠，尤以小廠為甚。以全國最富裕的江蘇省（含上海）為例，民國 24 年，全省民營電廠共 112 家，一等廠只有 2 家（閘北、華商），二等廠只有 4 家（蘇州、大照、武進、振揚），三等廠 20 家，四等廠 86 家，意即有 76.8% 的電廠其發電容量在 100 kw 以下，最小者只有 8 kw（共兩家，一家用戶不明，一家只有 55 戶）。[134] 大多數電廠如此之小，距離理想電廠甚遠。設立電廠，最起碼的手續是向政府註冊，表示一切已合乎規定，但據統計，領有執照者，民國 21 年只佔民營電廠總數的 32.6%；22 年，佔 42.6%；23 年，佔 45.5%；24 年才超過半數，佔 51.5%。[135] 至少半數以上電廠在民國 24 年前未符合規定。欲求理想的電廠，難矣！

理想的用戶又如何？理想用戶必須具備下列四條件：

---

[133] 王崇植，〈理想的電廠〉，《中國電界論壇》，經營，頁 27–29。陶柳門，〈合理化與電廠〉，《中國電界論壇》，經營，頁 52–53。童受民，〈本縣（南匯縣）電氣事業之過去與未來〉，建檔，23–25–11，55–2。

[134] 南京圖書館部、江蘇社會科學院經濟史課題組編，《江蘇省工業調查統計資料，1927–1937》，（南京：工學院出版，1987），頁 360–371。

[135] 建委會，《中國電氣事業統計》，第 7 號，民國 25 年，頁 19。

㈠ 遵守電廠規定，如電價或其他規章不合理，可提出要求改革，不可竊電或欠費。

㈡ 輔助電廠，電廠為公用事業，大家愛護之，有不良事件，協助廠方處理。

㈢ 充實電氣知識，為自身安全，也為社會安全計。

㈣ 多利用電氣，有助電氣事業發展，但不要浪費。[136]

如果以此四項標準來衡量當時的用戶，少數或可符合，大多數則未能做到，也不願做到。

當時資本不足，大多數業者只能設立一個三、四等電廠。電廠小，品質欠佳，單位成本高，是造成電價糾紛的主要原因，加上其他所涉及的問題，約可分為下列六項：

㈠ 品質問題。電廠小，品質差，原因是建廠資金難籌。福州電燈公司，原期集資 12 萬元，而實收之數僅 4.5 萬元，[137] 不及其半。上海閘北水電公司官商合辦，原期集資 26 萬兩，以集股困難，向日商借 40 萬兩，[138] 反而超過原定資本。民國 24 年，江蘇省民營電廠 112 家，資本 5,000 元以下者 14 家（另 4 家資本不明，但不致超過 5,000 元，合計 18 家），佔 16.1%， 5,000–10,000 元者 15 家，佔 13.4%，10,000–100,000 元者 62 家，佔 55.3%，10 萬元以上者 17 家，佔 15.2%（含 100 萬以上者 3 家）。最少者只有 1,000 元資本。[139] 由此可知，資金之難籌（10 萬元以下者佔 84.8%）。資金不足，三、四等電廠佔大多數，其品質自然欠佳。

㈡ 電價問題：電廠愈小，每 kw 投資額愈多。以民國 21 年為例，一等電廠每 kw 須投資 376 元；二等 416 元；三等 592 元；四等 833 元。[140] 四

---

[136] 參考王崇植，〈理想的用戶〉，《中國電界論壇》，電燈，頁 11–12。

[137] 東亞同文會編，《支那省別全誌》，卷 14，福建省，《東京：東亞同文會，1920》，頁 807–808。

[138] 財政部年鑑編纂處，《中國經濟年鑑》，民國 23 年，（上海：商務印書館，1935），頁 K758。李平書，《且頑老人七十歲自敘》，（台北：文海影印本，1974），頁 194。

[139] 同註 134。

[140] 《中國電氣事業統計》，第 4 號，民國 22 年，頁 10。

等電廠為一等電廠的 2.22 倍，須多一倍多的投資。小電廠多使用柴油機
或煤氣機，以江蘇為例，使用這兩種動力者達 87.5%。使用蒸汽為動者佔
8.9%，其餘為混合制（部份機器使用蒸汽、柴油或煤氣），[141] 則小廠燃
料成本自高。成本高，則價貴。用戶所關心者為電價。以 16 支光（約 20
w）為例，通常每月電費約 1.2 元，一年為 14.4 元，以兩盞計，約為 29
元。此項開支，對一般家庭而言，已屬不輕。民國 7 年，朱紹熙云：中國
電燈收費，16 支光至 25 支光者，月收一元內外，較之美國，已高出數成。
中產之人，已覺繳費為難。[142] 若改用電表，表燈第一級，全國平均每度
0.25 元，以 20 w 燈泡兩盞，每日使用 5 小時，則月需 1.5 元，年須 18
元。[143] 雖比包燈便宜，但須付押表金或月租，對普通家庭，仍然是一大
負擔。如果使用煤油燈，民國 15 年，調查北平市郊 100 農家，平均一年所
費煤油費為 2 元。民國 19 年，調查上海附近 140 農家，所得資料，自耕農
每年平均煤油費 7.5 元，半自耕農 7.2 元，佃農 3.2 元。[144] 相較之下，煤
油燈省費甚多。城市居民亦可由此推知。電價高自然會影響其銷售量。

　　㈢　市場供求問題。資金難籌是一回事，但即使籌得足夠的資金，建
立大型電廠，是否有足夠的市場可以消化其產品，則又是一回事。用戶的
有效需求亦為電氣事業發展的關鍵問題。北平華商電氣公司與上海閘北
水電公司同為一等電廠，兩者的電力價不同，第一級電價，前者 350 度
以下，每度 0.1 元；後者 150 度以下，每度 0.07 元，原因是，閘北水電公
司的電力用戶用電量佔公司出售電氣的 71.1%，而北平為非工業區，電力
用戶用電只佔 10%，意即需求量不大，故兩者負荷不同，抄見單位成本不
同：前者每度 0.13 元，後者每度 0.038 元，這是因為需求量低，負荷輕，
電流多流失（前者路線損失 42%，後者只有 10%）。[145] 杭州電廠，經張

---

[141] 同註 134。

[142] 朱紹熙，〈電燈收費不可過重說〉，《中國電界論壇》，電燈，頁 1–2。

[143] 每晚自 6 時至 10 時，計 5 小時，20 × 5 × 30 × 2 ＝ 6,000 w，即 6 度。

[144] 馮和法，《中國農村經濟資料》，（台北：華世影印本，1978），期 1，頁 315，
657。

[145] 民國 23 年 5 月 22 日，復公司函，建檔，23–25–1，5–1。

人傑大力擴建之後，其銷售量並未大量增加，其增加的比例，比不上南京首都電廠、武進的戚墅堰電廠，也比不上上海各華資電廠，此因市場需求量較少之故。[146]

　　有效需求是指用戶在其購買能力之內，能負擔電費的支出。有效需求大，表示社會購買力強，亦即經濟情況好，工商業發達，需求量自高。如經濟不景氣，購買力低，則有效需求量自少。但電氣的使用，自有其吸引力，實際需求並未減低，用戶為了省費，暗的方面，使用欠費、竊電等方式達到其使用電氣的目的；明的方面，則要求減價，因而電價糾紛因經濟不景氣而增多，此為民國 22 年以後糾紛增多的原因。

　　㈣　專營權的條件。電氣事業必須有專營權，否則各廠林立，天下必大亂。專營權的設立，必須具備下列三個條件：[147]

　　1.僅此一家生產，供應全部市場所需。

　　2.可利用人為或自然因素，阻止新生產者進入。

　　3.此項產品替代彈性非常低，亦無適當之代替品。

檢視此三項條件，1、2 兩項可以說做到了，但第 3 項未能做到，因為當時用電多以點燈為主，替換彈性非常高，可以輕易改用煤油、植物油、蠟燭或煤氣，因此，用戶只須團結起來，即可迫使電廠停業。有此利器，業者自易屈服，用戶達到目的的機會非常大，這也是當時電價糾紛較多的原因之一。當時代進步，用電的方式增多，用戶很難拒絕使用，且非用不可，則電廠籌碼大增，用戶反居於劣勢，無法達成團結的行動。

　　㈤　中央權力的侷限。建委會在理念上以成本加利潤作為定價的標準，在方法上將電廠分為 4 等，作為定價的參考，但並不可行，實際上也未做到，好在建委會並未堅持此項原則，原因是成本難以公平計算，生產成本高導致單位成本高，電價因而增高，猶有可諒，如果因管理不善，內部腐化、貪污，導致成本增高，以此成本加諸用戶，則有欠公道，在實際

[146] 王樹槐，〈張人傑與杭州電廠〉，《中央研究院近代史研究所集刊》，期 43 (2004.3)，頁 37、44。

[147] 陸民仁，《經濟學》，（台北：三民書局，增訂六版，1980），頁 4–5。

的案例中，政府頗感難以處理。政府公權力難以發揮，導源於政治結構與
社會組織。中國軍隊，向由國家供養，供養不足，則就地取食，用電付費，
對他們而言，幾為不可能的事。社會基層組織，以縣為單位，其所屬保安
隊、警察局、消防隊等，既以服務社會為主，亦當取之於社會。電氣事業
的定價，本來具有多面的妥協性，對公務機關及其所屬，多有優待，連社
團如商會、報社、學校等，亦有優待。既然如此，欠費、竊電乃成為普遍
現象，能不付費者自視為光榮。這種現象。無異增加公司成本，也使得電
價居高不下，政府無能為力。

　　當時對電氣事業監督機關可分為三級：縣政府、省建設廳、建委會。
縣政府以調解為主，自然先考慮地方多數人的利益，且多屈從地方有力
人士的意見，地方社團就是社會基層勢力的結合，常能影響縣府政策。如
果電價糾紛發生在省會，則省建設廳便成為地方監督機關的決定者，建委
會雖然為最後的決定者，但基本上有其困難：1.必須依賴地方政府為之監
督；2.電價高低，必須顧及業者的利潤與地方的情況，所以營業章程必須
由地方政府簽註意見呈核，藉此維持一公平合理的電價。事實上，地方政
府常具有決定性的意見。處理電價糾紛亦復如此。

　　㈥　電氣事業的發展，綜觀以上的錯綜複雜的情況，電廠距理想甚
遠，用戶也不理想，政府雖有心維獲雙方的利益，但困難重重，幾至愛莫
能助。既然如此，政府不必硬性規定以電廠大小來考量電價與底度，也
不以維持電廠生存為主要目標，而是採取一種自然淘汰法，適者生存。
電價太貴應予降低；底度太高應予以修法減低。事實上維持電廠亦非易
事。若干小廠之停閉、虧本者甚多。民國 22 年統計：虧本者佔民營電廠總
數36.6%，其中四等廠佔同等廠 47.6%，三等者佔同等廠 32.7%。民國 23
年，虧本者佔總數的 35.7%，四等電廠佔同等廠的 49.3%，三等者佔同等
廠的 17.1%。24 年虧本者佔總數的 33.0%，四等者佔同等廠的 43.0%。三
等者佔同等廠的 18.1%，[148] 由此可知，虧本電廠之多，尤以小廠為甚。

---

[148] 《中國電氣事業統計》，第 4 號，頁 12；第 5 號，頁 18；第 6 號，頁 13；第 7 號，
頁 13。

由此三年比較觀察，虧本比例有下降的趨勢，說明業者在調整其經營。不適者自動停閉。據《中國電氣事業統計》：民營電廠，22 年比21 年，減少6 家，23 年又減少 5 家，24 年再減少 8 家。這是歷年統計減少的數字，減少尚不多。據《全國電氣事業調查表》，民國 22 年，民營電廠已經停業者 89 家，佔以往民營電廠總數 531 家的16.8%。民國 23 年，已經停業者累計共 121 家。佔以往民營電廠總數 555 家的 21.8%，比上列統計多出許多。[149] 可見停業者之多。

　　人在困難之中會走出一條道路，用以解決問題，其可能的方式有三：1.自行淘汰或由鄰近電廠併購。 2.向大廠購電轉售，不須增加機器而能擴大經營，且能日夜供電。 3.增加資本，改善設備，整頓業務，繼續經營。這三種方式之中，以第二種最為有效，但須建立大廠，合併小廠，發展電氣網。亦可以現有的大廠為中心，建立電氣網。民國 20 年 4 月，惲震即提出呼籲，〈建立電氣網〉有許多優點，重要者有下列 4 項：

　　　1.供電普及與穩定：電廠相連，電源眾多，斷電機會少，並可普及鄉
　　　　村。

　　　2.成本減輕：可節省燃料費及管理費。

　　　3.減少備用機量：各廠備用機量少者為常用機量之半數，可減少，亦
　　　　即減少資本與成本。

　　　4.調劑負荷分配：常用機量亦可減少四分之一，則投資亦可相對減
　　　　少。

實行辦法有二：一為由各廠自動組合，一為政府出資建造大廠，強迫各廠聯接。[150] 民國 24 年，童受民亦呼籲小廠購電出售，優點是不必添購機器，而電量可隨時擴充，不致停電，且可日夜供電，發展地方工業。[151] 事實上若干小廠是採擇此法，向浦東電氣公司或向戚墅堰電廠購電。電氣發展，由小廠併為大廠，或建立新發電中心，統一各小廠，是為正常的趨勢。

---

[149]　《中國電氣事業統計》，第 6 號，頁 3；第 7 號，頁 3。《全國電氣事業調查表》，
　　　民國 22 年，頁 36–60；民國 23 年，頁 30–58。公營官商合營、中外合營等除外。
[150]　惲震，〈電氣網之重要〉，《中國電界論壇》，雜類，頁 62–72。
[151]　童受民，前引文，建檔，23–25–11，55–2。

日本佔領台灣期間，亦發生電價糾紛，1930 年間，新竹市日陰俱樂部要求
6 燭光減價二成，並取消電球交換費，未得結果。43 名市民組「新竹電氣
降價促成同盟會」，要求減價，亦無結果。日本在台的電氣事業，以官營
為主，1911 年第一家民營電廠成立，此後最多時有 17 家，然而陸續被官
方合併，至 1944 年，全部合併，成立統一的台灣電力株式會社。[152] 由此
看來，電廠的統一是一必然趨勢，可以提高電氣品質，減低電價，政府似
不必刻意維持不良的小電廠。統一的電廠，由中央統一監督或管理，達成
統一的訂價，可省去許多不必要的糾紛與困擾。

　　任何一件新的產品或新的發明，最初的時候，總不免有些瑕疵，必須
經過一段時間的改進，在使用方面，也須經過一段時間的學習與改良，才
會進步，愈後愈好，電氣事業亦然，這似乎是現代化的正常過程，唯過程
的長短，則依地區而定，如當地社會經濟情況良好，政治制度優良，人民
品德高尚，則使用的過程會快速的適應與進步，否則較慢。總之，經過一
段時間之後，集體的電價糾紛便成為歷史名詞。

---

[152] 林蘭芳，〈工業化的推手 —— 日治時期台灣的電力事業〉，國立政治大學歷史系
　　研究部，博士論文，（台北：2003 年 6 月），頁 185、330–331。

# 蔣介石與蘇俄軍事顧問
## ——以《事略稿本》為中心之討論

陳三井

## 一、前　言

　　俄國顧問在中國，共產國際與中國革命，孫中山與蔣介石和蘇聯顧問之間欲迎還拒、若即若離的微妙關係，一直是學術界窮追不捨，不斷推陳出新的課題，而其成果亦頗令人矚目。[1]

---

[1] 相關之著作，茲舉在台北出版，較為重要之專書與論文如下：
　　㈠專書
　　　王健民，《中國共產黨史稿》，三冊，大陸問題研究所叢書，1974 年 9 月。
　　　王聿均，《中蘇外交的序幕—從優林到越飛》，中央研究院近代史研究所專刊，1963 年 11 月。
　　　李雲漢，《從容共到清黨》，中國學術著作獎助委員會，1966 年 5 月初版。
　　　蔣永敬，《鮑羅廷與武漢政權》，傳記文學出版社，1972 年 3 月初版。
　　　郭恆鈺，《共產國際與中國革命—第一次國共合作》，東大圖書公司，1991 年 4 月再版。
　　　郭恆鈺，《俄共中國革命秘檔，1920–1925》，東大公司，1996 年 1 月。
　　　郭恆鈺，《俄共中國革命秘檔，1926》，東大公司，1997 年 3 月。
　　　李玉貞，《孫中山與共產國際》，中央研究院近代史研究所，1996 年 10 月。
　　　周　谷，《孫中山與第三國際》，大地出版社，1997 年 10 月。
　　　Moscow, Canton, Peking: Early Diplomatic Relations between the Soviet Union and China, Tamkang University, 2000 年。
　　㈡論文
　　　王聿均，〈加拉罕與廣州革命政府〉，《孫中山先生與近代中國學術討論集》，第 3 冊，1985 年 12 月。
　　　王聿均，〈蔣中正先生訪俄及其觀感〉，《蔣中正先生與現代中國學術討論集》，

隨著俄國檔案的解密與「大溪檔案」的開放，預期這一方面的研究將

第 2 冊，1998 年 12 月。

蔣永敬，〈鮑羅廷使華始末記〉，《傳記文學》，32:5（1978 年 5 月）。

蔣永敬，〈鮑羅廷與中國國民黨之改組〉，《中華民國建國史討論集》，第 3 冊，1981 年 10 月。

蔣永敬，〈三月二十日事件之研究〉，《中華民國初期歷史研討會論文集》，中研院近史所，1984 年 4 月。

蔣永敬，〈中山艦事件原因的考察〉，《歷史月刊》，21 期，1989 年 10 月。

蔣永敬，〈馬林與國共合作〉，《近代中國》，137 期，2000 年 6 月。

蔣永敬，〈孫中山先生與越飛聯合聲明前的談判〉，《近代中國》，130 期，1999 年 6 月。

蔣永敬，〈蔣中正先生赴俄考察記〉，《近代中國》，136 期，2000 年 4 月。

李國祁，〈先總統蔣公早年對共產主義及蘇俄的認識〉，《台灣師範大學歷史學報》，15 期，1987 年。

李國祁，〈鮑羅廷策劃下中共勢力的快速擴張〉，收入氏著《民國史論集》，南天書局，1990 年 2 月。

陳存恭，〈黃埔建校前後在華南的蘇俄軍事顧問〉，《黃埔建校六十周年論文集》（上），國防部史政局，1984 年 6 月。

陳存恭，〈蔣公中正與俄德籍軍事顧問〉，《先總統蔣公百年誕辰紀念論文集》（下），國防部史政局，1986 年 10 月。

余敏玲，〈蘇聯對中國的軍事援助，1925–1930〉，《中國現代史專題研究報告》⒅，1996 年 12 月。

余敏玲，〈蔣介石與聯俄政策之再思〉，《中央研究院近代史研究所集刊》，34 期，2000 年 12 月。

韓迪德，〈蘇俄軍事顧問與中國國民黨，1923–27〉，《中華民國建國史討論集》，第 3 冊，1981 年 10 月。

楊奎松，〈孫中山的西北軍事計劃及其夭折 —— 國民黨謀求蘇俄軍事援助的最初嘗試〉，《郭廷以先生九秩誕辰紀念論文集》，上冊，中研院近史所，1995 年 2 月。

楊天石，〈蔣介石的赴蘇使命及其軍事計劃〉，《中國現代史專題研究報告》⒅，1996 年 12 月。

陳慈蓉，〈「孫越宣言」的再解讀及其相關的幾個問題〉，《中華軍史學會會刊》，第 2 期，1997 年 5 月。

吳文津，〈戰略上之分歧：民國十二年蔣中正先生赴俄報聘之研討〉，《蔣中正先生與現代中國學術討論集》，第 2 冊，1986 年 12 月。

陳三井，〈俄國新檔中所見的孫中山〉，《孫中山與現代中國學術研討會論文集》，國父紀念館，1998 年 6 月。

王正華，〈寧漢分裂前中國國民黨的黨務會談〉，《近代中國》，第 156 期，2004 年 3 月。

有重大的突破，展現新的面貌。遺憾的是，一般通俄文、能夠看到俄文原檔的學者並不太多，所幸李玉貞女士個人和黃修榮先生所主持的翻譯班子所做的檔案翻譯、出版和整理工作，[2] 大大彌補了這方面的缺憾。至「大溪檔案」即使已經開放，由於數量十分龐大，亦非少數個人短期間內所能充分利用。「大溪檔案」現已正名為「蔣中正總統檔案」，其內容依性質可分為：籌筆（已出版有目錄兩巨冊）、革命文獻、特交文卷、特交文電、特交檔案、領袖家書、文物圖書、蔣氏宗譜、照片影輯和其他類共十項，數量相當驚人。其中第七項的文物圖書，又包括《事略稿本》（1927–1948，274 冊）、《事略簡編》（1927–1934，4 冊）、《困勉記》（光緒 10 年至 1943 年，8 冊）、《游記》（光緒 19 年至 1943 年，2 冊）、《學記》（光緒 20 年至1943 年，3 冊）、《省克記》（1915–1942，2 冊）、《愛記》（1916–1943，3 冊）等共 458 冊。[3] 特別是起自 1927 年下迄 1948 年的《蔣總統事略稿本》，曾摘抄蔣氏之日記，有極豐富且具價值的史料。《事略稿本》由許卓修等人仿毛思誠的體例編修，[4] 採編年體，按年月日先後依次敘述，以毛筆謄寫，每年少則六冊，多則十餘冊，並經蔣氏核閱定稿。在全部《蔣介石日記》[5] 尚無緣見天日之前，這應是深入蔣氏內心

---

[2] 李玉貞譯，《聯共、共產國際與中國，1920–1925》，第 1 卷，東大圖書公司，1997 年 5 月。中共中央黨史研究室第一研究部譯，《聯共（布）、共產國際與中國國民革命運動，1920–1925》，北京圖書館出版社，1997 年 1 月。另編《文獻資料選輯，1917–1925》一冊。中共中央黨史研究室第一研究部譯，《聯共（布）、共產國際與中國國民革命運動，1926–1927》，上、下二冊，北京圖書館出版社，1998 年 11 月。另編有《文獻資料選輯》二冊。中共中央黨史研究室第一研究部譯，《聯共（布）、共產國際與中國蘇維埃運動，1927–1931》，北京，中央文獻出版社，2002 年 5 月，共四冊。另編《文獻資料選輯，1927–1931》兩冊。總計這套檔案文獻，前後分三次出版，目前已出刊 12 冊，時間起迄為 1920–1931 年。

[3] 序言，《蔣中正總統檔案—事略稿本》（以下簡稱《事略稿本》，國史館出版，2003 年 7 月。

[4] 許兆瑞，〈許卓修先生對近代史研究之貢獻 —— 紀念先叔逝世二十週年兼述「大溪檔案」整編之經過〉，《近代中國》第 125 期(1998.6)，頁 141–150。

[5] 蔣介石與蔣經國每天都有親自寫日記的習慣，特別是自來台開始，一直到兩人分別臥病為止，幾十年從不間斷。日記都是用毛筆寫的，原稿裝訂典藏，再請專人重新謄寫過。這些日記（包括隨扈日誌）在蔣經國逝世後，隨著蔣孝勇的移居舊金

世界最可靠的第一手材料。現《事略稿本》已由國史館正式印行，先發行八冊，時間起自 1927 年 1 月至 1929 年 12 月。茲根據《事略稿本》、《蔣介石年譜初稿》，並輔以其他檔案史料，把蔣介石與俄國顧問之間，特別是與鮑羅廷之間的關係，作一分析整理，並通盤探討。

## 二、從同情到失望 ── 蔣介石對俄國革命的認識

蔣介石生於 1887 年，早年接受傳統的私塾教育，其對外國的瞭解和認識，多得自塾師，但亦屬一鱗半爪，並無系統。

蔣氏曾於 1929 年自述：「我對於蘇俄革命的感想，可分兩時期：從蘇俄革命 (1917) 時起，到我赴俄之時 (1923) 止，為第一時期；赴俄之後到現在 (1929)，為第二時期。第一時期的感想是同情的。第二時期的感想是失望的。感想之所以變遷，乃是實地考察的結果。」[6]

蔣氏對俄國革命的看法，由同情而失望，甚至到採取公開反對的心路歷程，可能投射到以後對俄國顧問的態度上，所以我們有必要先就其變化過程做一瞭解。

蔣介石何時開始注意社會主義及共產主義的問題，並無確切資料可考。1919 年加拉罕 (Leo Karakhan) 發表對華宣言，願援助中國人民脫離外族壓迫，放棄帝俄在華特權，頗引起中國知識分子的嚮往。蔣氏於是年十一月曾撰〈世界各國政府對付俄國勞農政府的手段如何？〉一文，投稿於《星期評論》，暇時，並閱讀《俄國革命記》，亦學習俄文，準備一有機會，能夠赴俄觀察。[7] 1921 年 3 月 5 日，他曾上書孫中山，除主張緩選總統外，並建議以蘇俄自強自立為師法，團結內部，放棄外交。[8]

山，已全部帶出國。蔣孝勇死後，現交由其妻方智怡保管。然由於蔣經國遺命，這些資料近期之內尚無公諸於世的可能。參閱王力行、汪士淳合著，《寧靜中的風雨 ── 蔣孝勇的真實聲音》，天下文化出版社，1997 年 5 月。

[6] 《事略稿本》(5)，頁 424。

[7] 毛思誠，《民國十五年以前之蔣介石先生》，中央文物供應社，1971 年 10 月重印出版，卷 1，頁 114、116。

[8] 中國第二歷史檔案館編，《蔣介石年譜初稿》，檔案出版社，1992 年 12 月，頁

　　蔣氏雖然沒有在俄國革命之初，實現親赴蘇俄實地考察的決心，但他個人自承是同情共產黨革命的，所以他曾經說出：「俄國革命在近代革命歷史上，開闢了一個新紀元」這樣的話，並坦陳，當時如有人攻擊俄國革命，他必力與之爭，由此一點來證明他早期對共產黨革命的態度，並無絲毫成見。[9]

　　及至 1923 年蔣介石奉孫中山之命率團考察俄國歸來，他的態度由是產生極大的轉變。蔣氏赴俄考察的夢想雖然終於實現，但這一趟「破冰之旅」，對蔣而言，可以說是「乘興而去，敗興而歸。」其中癥結不少，論者已多，茲略作歸納，說明如下：

### ㈠「關於中國民族解放運動和國民黨」的重要決議

　　蔣在臨行前夕（11 月 28 日）收到共產國際包含八項的決議，在決議中，批評國民黨及蔣本人，認為國民革命之所以迄今未能得到成功，在於未曾注意及勞動大眾及農民與城市市民的階級利益，使其投入革命。故中國國民黨的國民革命必須澈底的改變其方針，完全走蘇俄共黨的路線，且文字十分嚴厲，幾乎完全用命令與必須的口吻。[10] 因此，蔣氏閱後，深為憤怒，怫然說：「吁！觀其論調，不認識本黨如此，應愧自居為世界革命之中心。」[11]

### ㈡對外蒙的侵略野心

　　蔣氏於十月二十一日晤蘇俄外交人民委員契切林 (Georgy Chicherin, 1872–1936)，談蒙古問題時，發現俄人並未放棄其侵略外蒙的野心，也就

---

　　　62。

[9]　蔣介石，〈本黨國民革命和俄國共產黨革命的區別〉，《先總統蔣公思想言論總集》（中國國民黨黨史委員會出版，1984 年 10 月），卷 10，演講，頁 389。

[10]　Dieter Heinzig, Martin Wilbur，吳文津、王聿均、李國祁、陳存恭等人皆曾論及。此處參閱李國祁，〈先總統蔣公早年對共產主義及蘇俄的認識〉，《師大歷史學報》，15 期，頁 243。

[11]　《民國十五年以前之蔣介石先生》，卷 1，頁 294。

是蘇方對外蒙視同禁臠，不容他人染指的態度，給蔣留下了十分惡劣的印象，以致對蘇俄援助中國的誠意，深表懷疑。[12]

### ㈢西北計劃的夭折

所謂「西北計劃」，孫中山是戰略的提出者，蔣介石是具體計劃的製定者，主要是 1922 年陳炯明叛變後，孫中山被迫放棄他長期企圖作為根據地的廣州，決心將戰略重心轉向中國西北，打算利用俄國的軍火，在新疆的烏魯木齊或外蒙的庫倫建立革命武裝的計劃。蔣氏銜命到蘇聯後，前後會見了蘇聯革命軍事委員會副主席斯克良斯基 (I. M. Sklansky, 1892–1925)、紅軍總司令加米涅夫 (C. C, 1881–1936) 及契切林，討論了西北計劃，但這個計劃觸及了蘇俄最敏感的問題，蘇方不可能同意孫、蔣利用外蒙古來進行活動的想法，因此否決了「西圖」戰略，讓蔣氏不免失望。[13]

綜上所述，於是有 1924 年 3 月 14 日蔣氏致廖仲愷書中的對俄痛切批評，內云：「以弟觀察，俄黨殊無誠意可言，即弟對兄言俄人之言，只有三分可信者，亦以兄過信俄人，而不能盡掃兄之興趣也。至其對孫先生個人致崇仰之意者，非俄國共產黨，而乃國際共產員也。……俄黨對中國之惟一方針，乃在造成中國共產黨為其正統，決不信吾黨可與之始終合作，以互策成功者也。至其對中國之政策，在滿、蒙、回、藏諸部，皆為其蘇維埃之一，而對中國本部，未始無染指之意。」[14] 這代表蔣氏對蘇俄侵略中國本質的認識，不信任中透露著失望之情。

經過實地考察的結果，從失望到公開決裂，大致表現在 1929 年。是年 4 月 25 日，蔣在長沙市民歡迎大會上，以〈本黨國民革命和俄國共產革命的區別〉為題演講，從理論上比較俄國共產革命和中國國民革命的根本差別。就革命的動機說，前者的動機起於階級鬥爭，起於恨；後者則是求民族獨立，求人類和平，是起於愛。就革命的性質說，前者是階級革命，

---

[12] 王聿均、蔣永敬、陳存恭、楊奎松的論文均談及此點。

[13] 楊奎松首先提出「西北計劃」的問題，以後陸續加以討論的有楊天石、蔣永敬和余敏玲。

[14] 《民國十五年以前之蔣介石》，卷 2，頁 333。

以無產階級的利益為本位；後者是全民革命，以全社會全民族為本位。就革命的方法說，前者專講階級鬥爭和武裝暴動；後者則是統一全民族革命的力量，不論屬何階級，都統一在國民革命旗幟之下。由以上的分析，可說明共產革命不適於中國的理由。因以恨為動機的革命，不適於中國和平的、寬厚的和光明的民族性；以階級為本位的革命，無論就中國的社會狀況或國際地位說，都沒有在中國實行的餘地；以階級鬥爭、武裝暴動和奪取民眾等方法的革命，無論就打倒帝國主義說，或解放農工說，在中國都不能實行。[15]

以上所述，乃蔣介石對俄國革命的認識，從同情而失望到公開反對的變化過程。

## 三、俄國顧問紛紛東來

從黃埔軍校成立到北伐前後，在「聯俄容共」政策大纛之下，俄國顧問紛紛東來。據非正式統計，最盛時期俄國顧問共有 58 位在南方政府工作。[16] 蔣介石與這些俄國顧問的互動關係如何？他如何看待這些顧問？雙方是相互尊重、真誠合作，還是各懷鬼胎？會不會有喧賓奪主的情形？這是筆者比較感興趣所要探討的問題。

根據軍校籌備委員之一的王柏齡（茂如，1889–1942）的回憶，最初黃埔建校籌備處暫設於孫中山坐船「大南洋號」上，而四位蘇俄顧問早就來了，他們雖然革了命，洋習氣並未革除，既輕視黃面孔，更趾高氣揚，竟是目中無人。他們見蔣先生時，態度高傲，言語不遜。[17]

蔣介石一度辭卸軍校籌備委員長離粵，有人把責任推到他與俄國顧問的齟齬上。例如：

---

15 同註 9，頁 387–392。

16 李玉貞，《孫中山與共產國際》（中央研究院近代史研究所，1996 年 10 月），頁 397。

17 王柏齡，〈黃埔軍校開創之回憶〉，《中國國民黨第一次全國代表大會史料專輯》（中華民國史料中心，1984 年），頁 383。

第一次軍校籌備會議（二月八日），蔣介石與俄國顧問為建校計劃
意見相左，憤而辭職。

蔣介石和蘇聯顧問對於軍校課程內容與管理方式產生重大歧見，由
於蔣的計劃受到蘇聯顧問的反對，他又不能完全行使職權，因此憤
而辭職。[18]

事實上，俄國顧問在軍校除進行技術性的教學工作外，他們多半只執
行參謀作業，備諮詢，擬計劃，提建議而已。他們的權限應不至大到直接
與蔣介石起衝突，蔣氏也不會因與他們的意見不合而辭職。所以，蔣氏的
請辭，應是「內患」而不是「外憂」造成的！

不管如何，蔣介石與幾位俄國顧問之間的關係，還是值得探討的。

### ㈠巴甫洛夫（P. A. Pavlov，即Govoroff, 1893–1924）

巴甫洛夫在中國時用名高和羅夫，1893 年出生在一個沙皇高級將領的
家庭，後參加革命，投入紅軍。到中國來之前，他是紅軍第 13 軍的軍長。
為了幫助孫中山創建一支新型的革命軍隊，他於 1924 年 6 月間來華出任
孫中山政府的總軍事顧問。他到廣州之後，有鑒於軍隊的彈藥武器十分缺
乏，急電蘇聯政府給南方政府運送急需的武器，又因軍隊紀律不佳，建議
成立軍事委員會，他自己並出任顧問。正當他長才待展之際，孰料因赴石
龍考察，不幸於 7 月 18 日在珠江落水身亡。[19]

巴甫洛夫之喪，孫中山親臨主祭，於 8 月 4 日率領廣東黨政軍官員在
軍校舉行隆重的追悼會，蔣介石自然參加。蔣氏在巴甫洛夫短暫的停留廣
東期間，兩人的交往似不多。

6 月 26 日，「公接高和羅夫，還《俄國革命軍組織及戰略》書（凡
4572言）」[20] 這大概是巴氏自撰介紹紅軍組織與戰略的簡本，篇幅不大，
借給蔣氏參考，蔣閱後歸還。

---

18　Frederic F. Liu（劉馥）, A Military History of Modern China, 1924–1949, (Princeton
　　Univ. Press, 1956), p.9.
19　李玉貞，前引書，頁 397–400。
20　《蔣介石年譜初稿》，頁 206。

　　8 月 2 日，晚蔣介石召集軍校各職教員學生暨特別區黨部各組組長臨時會議，講明辦事應痛除舊習及組長的責任，特別提到對巴甫洛夫的佩服。內云：「我們革命黨，不但辦事不要拘泥陳腐的習慣，就是戰術戰略上說，如高和羅夫將軍所說的，他們俄國革命戰術，完全不照德國、法國的原則，而他們就像拿破崙的戰術一樣，學他一種特別的戰術原則，這句話真是不錯的。我們革命軍這十幾年來不能得到勝利，就是拘泥各國戰術原則的結果，這是我對高和羅夫將軍最佩服的地方。」[21] 蔣介石現學現賣，把得自巴甫洛夫書中的啟發，很快的灌輸給黨政軍各級幹部。

　　巴甫洛夫雖然英年早逝，「遺恨何如」，[22] 但卻在眾多重要俄國顧問之中，與蔣介石維持著最沒有爭議的賓主關係。

## ㈡加倫（B. K. Blucher, 1890–1938，布魯輟，布留赫爾，化名加倫）

　　加倫為蘇聯統帥，國內戰爭時期的英雄，傑出的軍事家，第一批蘇聯元帥之一。1921–1922 年任遠東共和國軍事部長、人民革命軍總司令。1924–1927 年擔任廣州政府總軍事顧問。

　　1924 年 7 月，巴甫洛夫在石龍溺水身亡後，蘇聯政府應孫中山之請，於 8 月委派布留赫爾前來擔任廣州政府總軍事顧問。他以良好的品質，優秀軍事家的態度和氣質頗得人們的愛戴，親切的「加倫將軍」表示了人們對他的態度。蔣介石一直同他保持良好關係，直到 1935 年，蔣還向蘇聯政府提出要求派加倫來中國幫助抗日。[23]

　　蔣介石訪俄時，曾經與當時擔任紅軍第一軍軍長兼政委的布留赫爾具體討論了在軍校裡培養指揮人員和招收學員的問題，[24] 所以兩人算是舊識。又有一說，蔣介石訪俄於 1923 年 11 月回國途中，在火車上巧遇布留赫爾返回其西伯利亞遠東軍總部任所，兩人相見恨晚，頓生愛慕之意。[25]

---

[21]　同上註，頁 223。

[22]　此係孫中山致送匾額，參見《民國十五年以前的蔣介石先生》，卷 2，頁 404。

[23]　李玉貞，前引書，頁 497。

[24]　同上，頁 359。

[25]　周谷，《孫中山與第三國際》（大地出版社，1997 年 10 月），頁 215。

根據《蔣介石年譜初稿》或其他資料所留下的記載，蔣氏與加倫兩人互動的情況遠不及後來與鮑羅廷之頻繁密切。

1925 年 6 月 17 日，《日記類鈔》載：「晚嘉（加）倫來談政府及軍事委員會組織，至十二時方去。自知愚甚！嘉倫亦一外交家也。」[26]

倒是白崇禧（健生，1893–1966）的回憶，對加倫有較多的描述，並涉及蔣介石與加倫的情誼，值得注意。白崇禧指出加倫將軍，「曾受高等教育，待人和善，學問淵博。他因為是革命軍軍事總顧問，我是總司令部幕僚長，兩人經常接觸，所以知之甚深。平日行軍，他素不坐轎，好騎馬；我從小即有騎馬之嗜好，人馬總形影不離。每日作戰，總司令部召開高級軍事會議，加倫將軍必定提出數個方案以供參攷，其胸懷甚為寬大，無論是否採納，全不在意。大體上言，自北伐以來，加倫將軍與我們相處非常融洽，蔣公待之殊厚。」[27]

事實上，根據 A. H. 卡爾圖諾娃的《加倫在中國》、切列潘諾夫 (A. I. Cherepanoy) 的回憶錄和俄方檔案顯示，加倫對蔣介石的計劃還是有頗多意見的。他說過，中國人歷來喜歡搞計劃、方案之類，蔣介石也不例外。他對蔣介石的一份文件—〈計劃與提出計劃的政治上軍事上的理由〉，曾提出洋洋灑灑的十五點實質意見，對進行中的北伐戰爭，也有若干的批評。[28]

### ㈢季山嘉（N. V. Kuibyshev，化名季山嘉，Kissanka）

由於加倫與鮑羅廷不合，俄方改派化名季山嘉的古比雪夫，接替首席顧問。季山嘉是外高加索人，在革命內戰中建有軍功，曾任外高加索區的軍團司令，他於 1925 年 10 月抵達廣州。1926 年春，鮑羅廷等北上，季山嘉在廣州可說是志得意滿，此時他以首席顧問的身分擔任軍委會及國

---

[26] 〈蔣介石日記類鈔・黨政〉㈠，《民國檔案》，1998 年 4 期，頁 5。

[27] 陳三井等口述訪問，《白崇禧先生訪問紀錄》（中央研究院近代史研究所，1989 年 3 版），上冊，頁 59。

[28] 中共中央黨史研究室第一研究室編，《共產國際、聯共（布）與中國革命文獻資料選輯 (1926–1927)》，北京：圖書館出版社，1998 年 8 月，上冊，頁 209、251。

民革命軍總監的顧問，羅克覺夫 (Victor Rogachev) 擔任參謀團顧問，雷米（Remi，化名伍格爾夫）擔任航空局顧問，雪米諾夫 (Smirnoy) 擔任海軍部顧問。於是俄方有理由相信他們已成功地掌握了南方政府的軍事領導權，且對其政策—北伐毫無忌憚地進行干預，甚至對蔣作人身攻擊，在軍校中詆毀蔣不革命，與段祺瑞同樣是要打倒的對象，在在踰越了「顧問」的身分，自然也因此使得蔣有所戒備。[29]

在蔣介石眼中，季山嘉是個「專橫」之人，不斷的釋出不滿的聲音，請看下面幾段記事：

1926 年 1 月 19 日：「公近對羅、季二顧問主張，心輒不樂，嘗謂：『我以誠往，彼以詐來，非可與共事之同志也。』」

2 月 7 日：「上午十一時，季山嘉就談政局與軍隊組織，語多諷刺，又若甚疑懼公者。因喟然曰：『今之中國社會與空氣，無怪其以土耳其為殷鑒，並鄙中國軍人盡為貪劣者也。嗚呼，國家若此，軍人如彼（感觸現象），能不深用汗顏耶。』」

2 月 11 日：「蘇俄同事疑忌我、侮弄我，或非其本懷，然亦何為而然，惟有以誠格之。」

2 月 22 日：「晚，赴俄顧問宴，席終坐談，多主北伐從緩。」[30]

季山嘉主要反對蔣介石立即北伐的主張。根據楊天石的研究，季山嘉在黃埔軍校會議上以及在和蔣介石的個別談話中，都明確表示過自己的意見。這些意見，從顧問團寫給蘇聯駐華使館的報告中可以知其梗概。該報告認為，"國民黨中央缺乏團結和穩定，它的成員中包含著各種各樣的成份，經常搖擺不定"；又說："軍隊缺乏完善的政治組織，將領們個人仍然擁有很大的權力。在有利的情況下，他們中的部分人員可能反叛政府，並且在國民黨右翼的政治口號下，聯合人口中的不滿成份。另一方面，國民革命軍何時才能對北軍保持技術上的優勢還很難說。"據此可知，季山

[29] 陳存恭，〈蔣公與俄德籍軍事顧問〉，《先總統蔣公百年誕辰紀念論文集》（國防部史政編譯局編印，1986 年 10 月），頁 356–57。

[30] 《蔣介石年譜初稿》，頁 528、536、539。

嘉和蘇俄顧問們認為，由於政治、軍事等方面的條件還不成熟，因此，北伐應該從緩。然而，蔣介石容不得反對意見，二人的裂痕由此肇端。[31]

季山嘉不僅公開反對北伐，甚至攻擊蔣個人為新軍閥，而且破壞北伐計劃，這是蔣所無法忍受的。蔣介石在《蘇俄在中國》一書中，對此有露骨的表示。"15年(1926)1月，本黨第二次全國代表大會開會，……提出北伐的主張。在會期中及會議後，汪兆銘對於北伐，均表示贊成，鮑羅廷亦未表示異議。……不料自鮑回俄後，俄國軍事顧問團長季山嘉忽在軍校會議中，極力宣傳北伐必敗之謬論。他對我面談的時候，反對北伐的意思，也逐漸暴露出來。廣州市面接連的散播傳單，反對北伐，並攻擊我個人為新軍閥。最後，季山嘉更是明目張膽，破壞本黨的北伐計劃。[32]

證之蔣介石的年譜和日記，雙方一再交鋒，矛盾擴大，互信已告動搖。

2月27日：「上午，往訪季新（汪精衛）主席，報告要事及對季山嘉之我見，彼允即進行。季之專橫矛盾，如不免除，不惟黨國有害，且必牽動中俄邦交，然料其為個人行動，決非其當局者之意也。下午與季新兄議事，季山嘉已自知其錯誤，並露辭去之意，不知其尚有何作用也。」[33]

3月12日：「午後四時，季山嘉就談，極陳北伐之不利，公力辟其謬妄。」

3月18日：「與史顧問論季山嘉之過失，以後應改正各點。」[34]

季山嘉為抵制北伐計劃，建議由海道派兵運往北方，蔣氏譏其為「兒戲欺人之談」。季山嘉又提議勸蔣赴北方練兵，藉以迫蔣離粵，使黨軍失去重心。[35]

在這種情況下，雙方已很難共事，不是蔣介石辭去軍事委員會委員及廣州衛戍司令等職，就是蘇方遷就蔣介石意見召回季山嘉，因為他們也承

[31] 楊天石，《蔣氏秘檔與蔣介石真相》（北京：社會科學文獻出版社，2002年2月），頁108。

[32] 蔣介石，《蘇俄在中國》，參閱《先總統　蔣公思想言論總集》，卷9，專著，頁42。

[33] 〈蔣介石日記類鈔・黨政〉㈠，《民國檔案》，1998年4期，頁7。

[34] 《蔣介石年譜初稿》，頁545、569。

[35] 李雲漢，《從容共到清黨》，頁487。

認，蘇俄軍事工作人員太冒進了，一方面他們忘記了自己只是顧問而不是指揮官，一方面做出了種種使蔣介石與俄方和與國民政府疏遠的事情。[36]

## 四、相看兩厭─蔣與鮑羅廷關係

鮑羅廷 (Mikhail Markowich Borodin) 於 1884 年 7 月 9 日出生於俄國西部的俄羅斯境內一猶太後裔家庭中，年輕時為碼頭船工，1900 年加入俄國社會民主工黨，1904 年奉列寧之命赴瑞士，隨列寧工作。列寧逃亡海外，鮑於 1908 年遠居芝加哥，不久與當地一立陶宛姑娘結婚。十月革命後，鮑羅廷自美返國，派在蘇俄外交部工作。1919 年 3 月鮑出席第三國際成立大會後，列寧派之前往美國活動，又赴墨西哥負責籌建墨共組織，12 月又到西班牙活動。1921 年 1 月任第三國際駐德國代表。1922 年化名赴英從事地下工作，引起英國當局注意，被判刑入獄，後遭驅逐出境。鮑羅廷回俄不久，因與列寧關係密切，即於 1923 年 5 月奉派出使廣州，10 月初到達廣州。其人精通俄文、法文、德文、英文，有豐富的國際地下工作經驗。抵廣州後，受到孫中山盛大歡迎，孫與之朝夕相共，對之信任有加，逾於常格。[37]

蔣介石受到孫中山「聯俄容共」政策的影響，與鮑羅廷之間亦有一段蜜月合作期，彼此互相利用，但以後即因「三二〇事件」而導致衝突決裂，其間錯綜關係至為複雜，本文無暇細論，僅只探討兩人關係惡化的點點滴滴。

自孫中山逝世後，經廖仲愷被刺、中山艦事變（鮑不在廣州）等一連串事件的衝擊、再加對北伐政略和戰略的分歧以及國共發展策略的對立，在在激發了蔣介石與鮑羅廷關係的緊張，這方面論者已多，如蔣永敬、李雲漢、郭恆鈺、陳存恭等，故在此不贅。

---

[36] 〈索洛維約夫給加拉罕的信〉，《聯共（布）、共產國際與中國國民革命運動 (1926–1927)》（上），卷 3，頁 177。

[37] 周谷，《孫中山與共產國際》，頁 202–205。

　　蔣氏與鮑羅廷關係的惡化，是全面性的，象徵著從孫中山到蔣介石與俄共和第三國際顧問關係的總攤牌，這不僅涉及蔣氏個人的面子和尊嚴問題，也關係到國民黨發展的生死存亡問題。首先，我們來透視蔣氏與鮑顧問交鋒的一些內心反應記錄：

　　1926年2月3日：「鮑羅廷自北回，晚來述觀測情形。彼以解決土地問題，為革命之基礎，余亦為然，惟憂無法引起全國大革命矣。余言北伐非大革命，現在國民政府，亦不足為真正革命政府也。彼默認不答。余少頃自悔失言。」

　　1926年4月30日：「下午二時至四時半，與鮑羅廷顧問商議黨爭，交換意見，彼尚有猜忌之點也。」[38]

　　5月16日：「下午往訪鮑顧問。余甚以兩黨革命小黨勝於大黨為憂；又以革命不專制不能成功為憂；又以本黨黨員消極抵制共產黨，而不能積極奮發自強為憂。彼甚動聽也。」

　　5月17日：「晚與鮑顧問談黨事，左右為難也。」

　　5月21日：「上午，與鮑顧問商議宣言。……革命須求自立，不可勉強遷就，世界革命應統一指揮，但各國革命政權仍須獨立，不能以用人行政亦受牽制，一國政治不能獨立，在於其不能自主也。」

　　7月2日：「上午，往訪鮑羅廷，談至下午二時半回寓。余甚以其對黨意見為不然也。以本黨有歷史、有主義，不可勉強也。」

　　7月23日：「下午，與鮑顧問談革命方略及政治主張，彼以余言為然。」[39]

　　12月31日：「晚，歡宴譚主席及各委員，公致詞畢，鮑羅廷即在席間，公開痛詆黨部與軍政各種問題之錯誤，表示其極端之憤懣，無異嚴厲之教訓，與對部屬之責備。」[40]

北伐軍佔領武漢與南昌之後，國民政府和國民黨中央是遷往武漢還是

---

[38]　〈蔣介石日記類鈔・黨政〉(一)，《民國檔案》，1998年4期，頁7、10。
[39]　〈蔣介石日記類鈔・黨政〉(二)，《民國檔案》，1999年1期，頁4、5、6。
[40]　《民國十五年以前的蔣介石先生》，卷3，頁1356。

遷往南昌，引爆了鮑羅廷和蔣介石權力之爭。鮑羅廷確信，倒蔣的時機已經成熟，他爭取唐生智，企圖在軍事上和政治上孤立蔣介石，最後奪取他的權力。[41] 蔣鮑的關係已勢同水火，也面臨攤牌的時刻。請看這時蔣氏如何節節反撲：

1927 年 1 月 12 日：「到武昌，民眾開會歡迎，到者數萬人。晚宴會，鮑羅廷在席間面辱公袒護黨中老朽，喪失革命精神，聲色俱厲，特使公感受難堪，意在逼公消極辭退也。而公則動心忍性，不與計較，惟自矢必伸中華民族之正氣，以救黨國，謂俾外人知國人不可侮也。」[42]

1 月 19 日：「抵九江。程潛來談，論及黨事，公直言與鮑羅廷不相容，並謂革命至此，如終受帝國主義與外人壓迫，其將何以承黨國付託之重任乎？不禁欷歔！」[43]

1 月 21 日：「公痛斥鮑曰：蘇俄解放被壓迫民族之說，我信其不誤，然其所派之人如鮑等，其最近之行動，與其主義云云完全相反，徒使國人喪失人格，倍受壓迫耳。凡有正氣者，誓必驅而逐之。」[44]

1 月 30 日：「撤去鮑顧問名義之議，久不能決。至 27 日晚始得譚延闓、戴傳賢同意。公曰：吾欲使政府與黨部貫通一致，故非去鮑不可。吾人當不顧外間之誹議，以期立於革命獨立之地位，橫暴如鮑羅廷，不能速去，尚何能革命乎？又曰：惟欲革命，亦非去鮑不可，以其實為革命障礙也。否則何必汲汲去之，黨中幹部多不知原委，一味遷就畏縮，為可嘆也。」[45]

2 月 6 日：「譚延闓、宋子文來訪，言鮑羅廷願來隨營而不問中央事，公不允，必令其回俄，謂但可保全其顏面。」[46]

---

[41] 郭恆鈺，《共產國際與中國革命》（東大公司，1991 年），頁 256–257。
[42] 《事略稿本》(1)，頁 16–17。
[43] 《事略稿本》(1)，頁 22。
[44] 《事略稿本》(1)，頁 27。
[45] 《事略稿本》(1)，頁 31–32。
[46] 《事略稿本》(1)，頁 38–39。

2月15日:「公以近日環境惡劣,大受刺激。嘆曰:看人面目,受人輕侮,遭人疑謗,被人壓迫,受他人之播弄,為部下所脅制,此最難堪者。」[47]

3月10日:「李烈鈞來,談漢口瘋狂情形,公曰:共產黨自以為陰謀之毒,不知其狡計皆為人利用。鮑氏之肉,尚足食乎?」[48]

4月20日:在南京東南大學,召開黃埔同學會演講。公曰:「鮑羅廷,他是第三國際派來的代表,在中國實在太橫行無忌了。你們大家沒有看見,還不知他那種飛揚跋扈壓迫的情形,竟至此極。我們是一個革命者,豈能聽其所為,坐觀黨國危亡,甘受壓迫,而不與之爭鬥反抗嗎?……鮑羅廷的居心,就是要消滅中國國民黨,要破壞中國國民革命。中國國民黨消滅之後,共產黨才可以擡起頭來。……鮑不止是欺負我一個人,不止是壓迫我一個人,完全是欺負我們中國國民黨,欺負我們中國人,我那裏可以輕易放過。」[49]

而從俄國檔案中,蔣介石與維經斯基(吳廷康,Gregori Voitinsky, 1893–1953)於2月22日和23日在九江的談話,也透露了非撤換鮑羅廷不可的理由。蔣說:「鮑為我們的國民革命做了不少事。他為建立我們革命和黨的鞏固基地付出了辛勞。但是近來鮑開始執行分裂國民革命運動的政策。這樣的政策對於中國革命今後的命運非常危險。我個人對鮑沒有任何惡感。我迄今為止一直把他當作老師看待。但我現在反對他,因為他在堅持會造成兩個政府的危險方針。」[50]

蔣氏雖表示對鮑沒有惡感,但對這一段不愉快的合作經驗依然耿耿於懷。直至1931年3月,蔣仍把湯山事件時的胡漢民,比作昔日的鮑羅廷,是他一生不幸遭遇的「二奸」,因為「鮑使國民黨徒受惡名,而共產黨受其實惠,今胡則使國民黨受害,而彼個人自取其利。鮑使國民黨革命破壞

---

[47] 《事略稿本》(1),頁48。

[48] 《事略稿本》(1),頁117。

[49] 《事略稿本》(1),頁309–316。

[50] 〈維經斯基和蔣介石在九江的談話記錄〉,《聯共(布)、共產國際與中國國民革命運動(1926–1927)》,(下),頁133。

而不能建設，胡則使國民革命阻礙而不能統一；鮑使國民黨制度法律皆陷於散漫割裂不能運用，胡則使國民政府與行政院隔斷，必欲以五院牽制政府，而且使各種法律不能久存。」[51]

　　據鮑羅廷自己的看法，蔣介石在到達南昌之前，還能聽他們的，但占領上海之後，便徹底脫離了革命，在外國帝國主義的影響下轉入資產階級反革命陣營，所以他堅決主張同蔣介石作堅決徹底的鬥爭。[52] 鮑羅廷坦白承認，「我們利用了蔣介石，並準備拋棄他，就像拋棄一個擠乾的檸檬一樣。」他甚至透露，以當時共產黨人與國民黨左派聯盟所擁有的軍事力量，是可以奪取南京的，「這樣做就會給我們提供一個迅速除掉蔣介石的機會。可是我們沒有這樣做。這是我們所犯的第一個大錯誤。」[53]

　　喧賓奪主，或反客為主，賓主已到了相看兩厭的程度，不啻宣告從孫中山到蔣介石這一段與俄國或共產國際顧問之間的革命合作關係，已到了劃下休止符的時候了。

## 五、結　語

　　蔣介石是一位軍人，他所具有的領袖魅力 (Charisma) 是軍人式的，注重威嚴，有一種霸氣，對人要求效忠與絕對服從。[54] 身為黨政軍領袖，他最不能忍受的就是別人的驕橫跋扈，不服從命令，目無法紀。在他的眼中，李宗仁、李濟深、白崇禧，甚至宋子文，都是屬於驕橫跋扈型。[55] 而俄國或共產國際顧問中，稱得上「專橫」、「橫暴」的，大概只有季山嘉與鮑羅廷兩人。

---

[51] 《蔣中正總統事略稿本》（未出版），1931 年 3 月 1 日。
[52] 〈鮑羅廷關於中國政治局勢的報告〉，1927 年 5 月初於漢口，上引書，頁 220。
[53] 〈鮑羅廷在老布爾什維克協會會員大會上所作的「當前中國政治經濟形勢」的報告〉，同上書，頁 500–01。
[54] 李國祁，〈孫中山與蔣中正先生用人風格的比較探討〉，《國父建黨革命一百週年學術討論集》，第四冊，頁 111。
[55] 參閱拙作，〈蔣介石眼中的民國人物—以《蔣總統事略稿》為中心之討論〉，南京大學第四次中華民國史國際學術討論會論文。

　　終蔣介石一生，與他共事合作過的外國顧問，先後有俄、德、日、法、美等國的政治和軍事官員，為數眾多。一般而言，蔣與法、日兩國顧問的合作，大抵能做到相敬如賓，合作愉快。1939 年 10 月 19 日法籍顧問白爾瑞 (Berger) 辭行時，還特別向蔣介石感謝垂愛德意。[56] 蔣氏引用德國軍事顧問，一度備受國內外各方的指責，蔣本人對佛采爾（魏澤爾，Georg Wetzell）的軍事才能雖予充分肯定，[57] 對其忠誠與作戰經驗能力同表可佩，但亦不諱言其缺點，那就是「對人事之考察指揮與組織能力，不甚豐富，故不僅對中國軍官時有意見，而且對德國顧問亦不免有偏重不公之時。至於外交與政治，則未甚注意。」[58]

　　抗戰期間，蔣與美國史迪威 (Joseph W. Stilwell) 的合作關係，無異蔣鮑關係的又一翻版。史迪威來華出任中國戰區統帥部參謀長，經數度召談後，在蔣介石眼中的史迪威，基本上是個不懂禮貌、不知尊重的人，「對中國軍官及軍事之報告，皆極輕視，且加侮蔑」，蔣亦「深以史氏缺乏作戰經驗，徒尚感情，不顧軍事基本原則為慮。」[59] 史迪威在華十年，能操華語識華字，但性情粗率，善忤上官，而於中國文化、政治、時代精神、人物鑑別，皆乏真知。史氏曾在羅斯福、邱吉爾出席之百餘人軍事幕僚會議上討論反攻緬甸案中，公然醜詆中國軍隊之無能，作戰之不力，以及統帥之寡斷與善變。[60] 史迪威在他的日記中，通常以「花生米」綽號稱呼蔣介石，動輒以"白癡"、"笨蛋"、"糊塗蟲"消遣中國將領，形容蔣是「一個頑固、無知、滿腦子偏見和自負的暴君」。[61] 於是白宮顧問、羅斯福總統代表居里 (Lauchlin Currie) 奉派來華到渝 16 日，先後謁見蔣委員長十四次，談話內容涉及史迪威者七次，蔣氏告以史迪威人地不宜，性格乖

---

[56] 《總統蔣公大事長編初稿》，卷 4，上冊，頁 1480。

[57] 馬振犢、戚如高著，《蔣介石與希特勒—民國時期的中德關係》，（台北：東大公司，1998 年 2 月），頁 123。

[58] 〈抗戰前的中德關係史料選輯〉，《近代中國》，第 45 期（1985 年 2 月）。

[59] 《總統蔣公大事長編初稿》，卷 5，上冊，頁 44、101。

[60] 梁敬錞，《史迪威事件》，（台灣：商務印書館，1971 年），頁 3、7。

[61] 約瑟夫·W·史迪威著，《史迪威日記》，（北京：世界知識出版社，1992 年 2 月），頁 114。

戾，恐難完成任務，[62] 會談難有交集，終還是走上調回一途。

　　以蔣介石的地位，從北伐到抗戰的過程中，他所要求於友邦軍事顧問者，不外個人尊嚴、事權統一指揮與國政獨立自主三大基調。不幸從鮑羅廷、季山嘉到史迪威，在蔣介石眼中，他們的性格驕橫，行事作風強悍，處處掣肘，反客為主，不但難以充分配合，甚且齟齬叢生，摩擦不斷。基於「操之在我則存，操之在人則亡」的考量，蔣氏最後不得不為自己所服膺的主義和所追求的革命，採取斷然處置，無怨無悔的向前行。

---

[62] 同註 60，頁 6。

# 戰後國共軍事鬥爭的轉折：
# 1947 年山東戰場的剖視

張玉法

## 一、前　言

　　一九四六年一月至一九四七年一月，國共雙方在美國的參與下進行和談。和談期間幾度下令停戰，各地並設軍事調處執行小組從事仲裁工作。此期間，共軍在山東地區以攻擊偽軍為名，對國民政府收編為國軍的偽軍和山東各專員區所守衛的據點肆加攻擊，並佔領許多城鎮，到一九四六年六月以後，國軍對共軍局部加以反擊，收復部分城鎮。從和談期間的實際情況看來，國共雙方對和談並無誠意和信心，只是在國際壓力下，不得不做。因此，國共雙方在和談期間，一面保衛並伺機擴張己方的佔領區，一面即積極從事戰爭的準備。一九四七年一月美國調處失敗以後，國共雙方即正式展開軍事攻防。一九四七年被學者視為戰後國共鬥爭的轉折年代[1]，亦即國消共長的年代，就山東戰場而論，一九四七年的國共戰爭陷於膠著，較大的戰爭雙方互有勝負，整體而言，國軍尚居優勢。本文僅從戰爭史的角度，檢視一九四七年國共軍在山東地區的攻防及勝負大勢，藉以了解戰後國共軍事鬥爭的若干轉折。

---

[1] 金沖及，《轉折年代 —— 中國的 1947 年》，（北京：三聯書店，二〇〇二）。

## 二、國軍魯南會戰：臨沂戰場的勝利與萊蕪戰場的失敗

一九四七年一月，共軍在山東南部和西南部發動前所未有的大攻勢，以進兵徐州為目標。當時山東地區的共軍屬於三個系統，一為陳毅的山東軍區，二為劉伯承的晉冀魯豫邊區，三為栗裕的蘇魯邊區。蘇魯邊區於一九四六年底受國軍壓擠，共軍大部移入魯境。對國軍發動攻勢的主要為陳毅部和劉伯承部，總兵力約四十萬人，分自魯南、魯西南展開攻勢。魯南方面由陳毅指揮，一路由臨沂南下佔郯城，一路由臨沂南下佔邳縣復回師攻台兒莊，一路由臨沂西南下佔嶧縣（一月十日）、攻臨城。魯西南方面由劉伯承指揮，下城武，佔定陶，陷曹縣，侵單縣，至一九四七年一月底，除金鄉、濟寧、魚台、菏澤仍在國軍手中外，津浦鐵路以西、黃河以南之魯西南地區，皆入共軍之手[2]。當時國軍的戰略是將陳毅在沂蒙山區的勢力和劉伯承在魯西南的勢力遮斷，俾能各個擊破[3]。

面對共軍攻勢，國民政府主席蔣介石於一九四七年一月初構思遏阻隴海鐵路東段及魯南陳毅部要旨，一月八日計劃從四方面對陳毅部進行包圍：①第五軍南下鄆城，由鉅野出濟寧；②李默庵（第一綏靖區）駐東海或沭陽；③第十一師由八集茂出邳縣、郯城；④王耀武自濟南派一軍出萊蕪[4]。蔣介石邊構思邊下令，一月九日電時在鄭州的陸軍總司令顧祝同，指示作戰方針，須先集中兵力對付隴海鐵路東段及魯南之陳毅部，再對付魯西之劉伯承部：

> 此次隴海東段與魯南之決戰，實為剿匪戰成敗之唯一關鍵，……第七十五師（軍）與第五軍全部佔領范縣後，即應南調，向鄆城與鉅

---

2　國史館編，《中華民國史事紀要》民國三十六年一至三月份，頁四二六～四二七；王德，〈陳毅在山東〉，中共臨沂地委黨史資料徵集委員會編，《憶沂蒙》（濟南：山東人民出版社，一九八五），頁六五二謂共軍佔嶧縣在一月十三日，俘國軍二十六師師長馬勵武、第五十一師師長周毓英。

3　國防部史政編譯室檔案，543.6/2760.2魯中戡亂戰役案（十三）之一，魯中會戰。

4　國史館藏蔣總統檔案，《蔣總統事略稿》，民國36年1月8日。

野轉進，以策應隴海東段與魯南之作戰，必須先集中我主力對付陳
毅一股以後，再肅清劉伯承（誠）股，此為既定不易之方針[5]。（括
號內的字為原文）

按范縣在黃河以北的魯西，距魯南較遠；鄆城、鉅野均在黃河以南的魯西
南，距魯南較近。國軍將魯西戰場移至魯西南，可與魯南戰場配合，向共
軍陳毅部施壓。

一月十日，蔣介石電王耀武，指示沿膠濟路各部盡量南移，以策應徐
州對蒙陰、沂水線之作戰，並指示向萊蕪、新泰推進部隊，必須於一月二
十日前準備完成[6]。一月十二日再電王耀武，指示向萊蕪、新泰挺進，必
須有獨立作戰之實力，其在第一線者，須有一個軍以上之兵力，在其直後
方之預備隊亦須有一個軍，至少要有三兩師控制於吐絲口與萊蕪附近，並
構築堅強之核心工事，以鞏固後方，而使其主力仍可增援前線[7]。

此期間，參謀總長陳誠制定魯南會戰計劃，以徐州、濟南為基地，集
中三十一萬兵力，擬南北夾擊，在臨沂（中共山東省政府及新四軍軍部所
在地）地區與共軍決戰。陳誠並坐鎮徐州調度一切。一月三十一日，徐州
綏靖公署主任薛岳令歐震兵團由徐州以東隴海路新安鎮等站向北攻擊，目
標為臨沂；令李仙洲兵團由濟南以東膠濟路明水等站向南攻擊，目標為萊
蕪、新泰、蒙陰。歐震為整編第十九軍軍長，在他指揮下的部隊有：整編
第十一師：師長胡璉；整編第六十四師：師長黃國樑（六十四軍軍長初為
張馳，後為黃國樑，軍改為整編師）；整編第七十四師：師長張靈甫；整
編第八十三師：師長李天霞；第七軍：軍長鍾紀（後改整編第七師）；整
編第二十五師：師長黃百韜；整編第六十五師：師長李振；第六十七師：
師長何文鼎（後改整編第六十七師）；第二十四集團軍（轄第一、二、三、
四師）：總司令郝鵬舉。李仙洲為第二綏靖區副司令官，在他統轄下的部

[5] 國史館藏蔣中正總統檔案，革命文獻—戡亂時期—軍調期間共匪擴大叛亂情形下
　　㈡，蔣主席致顧祝同一月佳電；此電《蔣總統事略稿》民國 36 年 1 月 9 日曾有徵
　　引，惟將「剿匪戰」改為「堵遏共軍」。
[6] 國史館藏蔣中正總統檔案，《蔣總統事略稿》，民國 36 年 1 月 10 日。
[7] 同上，民國 36 年 1 月 12 日。

隊有：第四十六軍（整編第四十六師）：軍長韓練成（轄第一七五師：師
長甘成城；第一八八師：師長海競強；新編第十九師：師長蔣雄）；第七
十三軍：軍長韓浚（轄第十五師：師長楊明；第七十七師：師長田君健；
第一九三師：師長蕭重光）；第十二軍：軍長霍守義（轄第一一一師：師
長李書維；第一一二師：師長王肇治；新編第三十六師：師長曹振鐸）。
另有隴海路、津浦路守備兵力整編第二十師（師長楊幹才）、整編第二十
八師（師長李良榮）、整編第五十七師（師長李琰）、整編第七十七師（師
長王長海）、新編第十師（師長王贊臣），膠濟路守備兵力第八軍（軍長
李彌）、第五十四軍（軍長闕漢騫）、第九十六軍（軍長初為廖運澤，後
為陳金城）[8]，不備舉。

　　為了對抗國軍的進攻，中共華東野戰軍和華東軍區的兵力幾乎全部投
入。華東野戰軍共二十七萬餘人，編組如下：司令員兼政治委員：陳毅，
副政治委員：譚震林，副司令員：栗裕，參謀長：陳士榘。轄第一縱隊（轄
第一、二、三師及獨立師）：司令員兼政委葉飛；第二縱隊（轄第四、五、
六師）：司令員兼政委韋國清；第三縱隊（轄第八、九師）：司令員何以
祥、政委丁秋生；第四縱隊（轄第十、十一、十二師）：司令員陶勇、政
委王集成；第六縱隊（轄第十六、十七、十八師）：司令員王必成、政委
江渭清；第七縱隊（轄第十九、二十師）：司令員成鈞、政委趙啟民；第
八縱隊（轄第二十二、二十三、二十四師）：司令員王建安、政委向明；
第九縱隊（轄第二十五、二十六師）：司令員許世友、政委林浩；第十縱
隊（轄第二十八、二十九師）：司令員宋時輪、政委景曉村；第十五縱隊
（轄炮兵團四、工兵團一、騎兵團一）：司令員陳銳霆、政委張藩。華東
軍區有兵力六十四萬人，其編組如下：司令員陳毅、政委饒漱石，膠東軍

8　國史館編，《中華民國史事紀要》民國三十六年一至三月份，頁五六八；王德〈陳
　　毅在山東〉，中共臨沂地委黨史資料徵集委員會編，《憶沂蒙》（濟南：山東人民
　　出版社，一九八五）頁六五三；山東省政協文史資料委員會、萊蕪市政協文史資料
　　委員會合編，《萊蕪戰役紀實》（北京：中國文史出版社，一九九五），頁二三～
　　二四。部分軍事主管，依劉鳳翰〈陳誠與抗戰後之整軍〉一文（《近代中國》第一
　　一七、一一八期）增補。

區司令員許世友、政委林浩，渤海軍區司令員袁也烈、政委景曉村，魯中軍區司令員王建安、政委向明，魯南軍區司令員張光中、政委傅秋濤。另有第十縱隊兼蘇中軍區、第十二縱隊兼蘇北軍區[9]，不備舉。

　　一九四七年一月下旬，國共軍在嶧縣、棗莊地區的戰役結束，共軍第一、二、三、四、六、七縱隊集於臨沂周圍休整，第九縱隊在膠東，第十縱隊在膠濟路西段，第八縱隊在博山、萊蕪間。國軍徐州綏靖公署的主力集於徐州以東隴海路沿線新安鎮地區，準備進攻魯南。國軍的魯南會戰計劃，是以臨沂、蒙陰為目標，具體的部署分南北兩個戰線，在南線方面，以整編第十九軍軍長歐震，率八個師組成主要攻擊兵團，自台兒莊、新安鎮、城頭一線，分左、中、右三路向臨沂方向壓進。左路為第十一、五十九、六十四三個整編師，由整編第十一師師長胡璉指揮，自邳縣一帶沿沂河西岸北進；中路為第七十四、八十三兩個整編師及第七軍（相當於整編師），由整編第八十三師師長李天霞指揮，自新安鎮一帶，沿沂河、沭河的中間地帶北進；右路為第二十五、六十五兩個整編師及六十七師（相當於整編旅），由整編第二十五師師長黃百韜指揮，自阿湖一帶沿沭河東岸北進。在北線方面，以第二綏區副司令官李仙洲指揮第四十六、七十三、十二軍（均相當於整編師）組成輔助攻擊兵團，自淄川、博山、明水向萊蕪、新泰一帶進擊[10]。

　　一月三十一日，南線國軍開始北進。二月一日，中路國軍整編第七十四師收復郯城，共軍第一縱隊葉飛部、第三縱隊何以祥部等均向臨沂南郊撤退。郯城為臨沂南面的門戶，蔣介石獲悉郯城收復之後，對軍隊主動出擊、迫陳毅主力後撤甚感欣慰[11]。當夜參謀總長陳誠、徐州綏靖主任薛岳等向蔣電呈，以郯城收復後將士疲憊，擬待整補休息後再攻臨沂，並擬抽一部分軍隊增援豫東，兜堵共軍劉伯承部。蔣以「放棄主戰場已經捕獲之戰機，而轉移目標於支戰場」，適中共軍「聲東擊西、避實就虛之狡計」，

[9]　上引《萊蕪戰役紀實》，頁一九～二二。

[10]　中共萊蕪縣委宣傳部編，《萊蕪戰役資料選》，頁二～五。

[11]　國史館藏蔣中正總統檔案，《蔣總統事略稿》，民國 36 年 2 月 1 日。

乃於二月二日飛徐州召開軍事會議，決定繼續對臨沂方面展開攻擊[12]。其間，魯中軍區共軍解四師（廖容標）、解九師（錢筠）等由博山南下，經蒙陰增援臨沂；魯南軍區台兒莊、棗莊一帶共軍，則移向郯城以西佈防[13]。實則，此時共軍在南北兩戰線已採隱藏主力、堅壁清野、誘敵深入、待機而殲戰法，並將作戰重點轉移至北線。蔣介石對共軍戰法的轉變並不清楚，對南北兩線共軍行動飄忽、堅壁清野，則頗有所感。一九四七年二月七日《蔣總統事略稿》記云：

> 我軍向臨沂第一目標大埠一帶推進之張靈甫師，當行抵其地時，敵蹤民影，兩無覓處，即自萊蕪向新泰南進之第四十六師，其所遭者亦復如此，由此可見陳毅殘股狡猾飄忽，⋯⋯不僅當地之老弱婦孺俱裹脅以去，即凡有水井、土灶之處，亦皆為之填塞傾倒，其移走丁壯與糧食，則無論矣[14]！

　　中路國軍於二月十五日佔領臨沂，並在臨沂附近搜出共軍遺留之重要武器。蔣介石據此判斷共軍撤守臨沂並非有計劃行動，決定繼續追擊[15]。此期間國軍在魯南各線進攻的情形：在魯南東側，自海州北上的郝鵬舉的第二十四集團軍，在海州以北與蘇魯邊區共軍鏖戰，郝原降共，新於一月二十七日通電歸順國民政府，受任為第二十四集團軍總司令。二月七日，郝鵬舉在作戰中為共軍所俘，副司令畢書文代其職，繼續與共軍作戰。在魯南西側，國軍於台兒莊、嶧縣、棗莊、臨城一帶與共軍對峙，棗莊於二月四日、十八日兩度收復，嶧縣於二月十八日收復，台兒莊一直掌握在國軍手中。國軍整編第十一師胡璉部由臨城沿津浦路北上，於二月二十四日進佔滕縣，並抵鄒縣南部。在魯西南方面，國軍於二月十一日收復單縣，二月十五日收復定陶，二月十六日收復曹縣，二月十八日收復鉅野，二月二十二日收復鄆城[16]。

---

[12] 同上，民國 36 年 2 月 2 日。
[13] 國史館編，《中華民國史事紀要》民國三十六年一至三月份，頁四一八～四一九。
[14] 國史館藏蔣中正總統檔案，《蔣總統事略稿》，民國 36 年 2 月 7 日。
[15] 同上，民國 36 年 2 月 16 日。
[16] 一九四七年二月六、九、十、十二、十八、十九、二十日《大公報》（天津）；國史

　　共軍慣用的戰法是在國軍分路進攻時，選擇突進超前的部隊加以分割圍殲，以挫敵鋒。但此次南線國軍北進，採「集中兵力，穩紮穩打，齊頭並進，避免突出」的戰法，使共軍無出擊機會，且節節敗退。另一方面，自膠濟路南下的李仙洲兵團於二月四日佔萊蕪，二月八日佔新泰，不僅威脅魯南共軍後方基地，且孤軍深入。華東野戰軍司令員陳毅，在毛澤東的同意下，在臨沂為國軍佔領前即改變戰略：①位於臨沂東南和西南地區的第二、三縱隊，由參謀長陳士榘指揮，實行正面防禦，節節抵抗，遲滯敵人，推遲國軍佔領臨沂的時間。②以第一、四、六、七等四個縱隊隱藏北上，會同已由膠濟路南下和位於泰安西南地區第八、九、十等三個縱隊，共殲李仙洲兵團。③以地方武力進逼滋陽，並在運河上架橋，造成共軍將西渡黃河的假象[17]。

　　二月十日晚，共軍第一、四、六、七等縱隊分三路隱蔽北上，預定十六日到達萊蕪地區集結。隱蔽北上的部隊分為三路：①左路第一、第六縱隊，挺進萊蕪西南方向的羊流店地區。②中路第四縱隊，直進蒙陰。③右路第七縱隊直進青石山以東蔡莊、上溫地區。至於原在北線的共軍：第八縱隊開進新泰東北的張莊地區，第九縱隊由膠東開至南麻地區，第十縱隊開至萊蕪西南面的魯西鎮地區[18]。

　　南線共軍隱蔽北上的情形，可以第六縱隊第十八師師長饒守坤的經歷見聞為例，作一描述：

　　　　一九四七年二月十日黃昏，風雪彌漫，春寒料峭。我六縱十八師自
　　　　魯南費縣以東沿著崎嶇的山路向北疾進，直赴萊蕪以北的地區參
　　　　戰。……在強有力的政治思想工作的鼓動下，指戰員仍冒嚴寒、踏
　　　　冰雪，餓了啃口煎餅，渴了喝口冷水，繼續行軍。鞋底磨穿了，用
　　　　破布包著腳走。……我們所遇的村鎮，都是一片燈火，一片忙碌，

---

館編，《中華民國史事紀要》民國三十六年一至三月份，頁四四四～四四五、四九五～四九七、五一三、五六八、六二二～六二三、六七一、六八〇。收復曹縣，見《蔣總統事略稿》。

[17]　王德，〈我參加萊蕪戰役〉，《萊蕪戰役紀要》，頁四六～四七。

[18]　〈戰役綜述〉，《萊蕪戰役資料選》，頁八。

婦女們碾米磨麵、做軍鞋、攤煎餅；男青壯年則推小車、擡擔架，組成強大的後勤保障運輸隊；小孩和老人們則在路口巷道站崗、查路條、封鎖消息。……十八師經過六夜急行軍，行程四百多華里，按時到達上級指定的羊流店以北地區待命[19]。

北線共軍集結萊蕪戰場的情形，可以第九縱隊司令員許世友的描述作為一個例子：

二月五日清晨，啟明星尚未隱沒，東方露出淡淡的魚肚白，我縱駐地的村口大道上就沸騰起來了。凜烈的寒風裡，戰士們身著膠東被服廠趕製出來的米黃色的新棉軍裝，精神抖擻，意氣風發。紅旗在隊前飛舞，戰馬昂首嘶鳴，鄉親們放鞭炮、吹鎖吶、敲鑼打鼓，歡迎子弟兵踏上新的戰鬥征程。大道兩旁，兒童團員搶著幫戰士扛背包，大娘大嫂們拿出剛煮熟的雞蛋往戰士們的手裡塞，……二月十六日，我縱到達南麻地區待命[20]。

共軍主力所以由臨沂附近隱密開至萊蕪附近，如前所述，目的在圍殲自博山、明水南進萊蕪、新泰地區的李仙洲兵團。此兵團由第二綏區司令官王耀武秉承參謀總長陳誠之命，直接指揮。當一月八日王耀武奉到國防部之命，以第十二軍、第七十三軍及整編第四十六師由萊蕪、新泰進出直搗臨沂側背之後，王耀武以作戰地區山巒重疊，交通線狹隘，不適合大兵團作戰，向國防部建議，以第五十四軍及整編第四十六師進出諸城、莒縣，以威脅臨沂側背，未為國防部採納[21]。王耀武只好依國防部的指示部署：①派在博山、明水、萊蕪之間活動的第十二軍軍長霍守義率領該軍一一一師、一一二師進駐萊蕪城；新編第三十六師進駐萊蕪以北的吐絲口鎮。②派駐膠濟鐵路東端闌村的整編第四十六師師長韓練成率該師乘火車至博山集中，之後進向新泰縣城。③派副司令官李仙洲率幕僚人員組前方

19　饒守坤，〈橫刀立馬，阻敵五萬兵〉，《萊蕪戰役紀實》，頁五四～五七。
20　許世友，《我在山東十六年》，頁一一一～一一二。
21　此下對萊蕪戰役的敘述，除特別註明者外，參考國防部史政編譯室檔案，543.6/2760.2，魯中戡亂戰役案㈤，第二綏靖策應「魯南作戰」戰鬥詳報。

指揮所，指揮所初設於博山，之後隨部隊進駐萊蕪[22]。

　　國軍各部隊奉令之後，分別展開行動，第十二軍於一月十三日在濟南以東明水、白泉鎮間集結完畢。十五日上午開始行動，軍部帶一一一師和新編三十六師為左縱隊，一一二師為右縱隊，向吐絲口前進，繼而又改為梯隊前進，一一一師在前，軍部、新三十六師、一一二師跟進，於十七日佔吐絲口、十八日佔萊蕪。共軍對進入沂蒙山區的國軍，採清野政策，據一一一師前衛團的官兵所見，沿途的情形是：「該團尖兵連為我嚮導，被老百姓拴在門框上的手榴彈炸死，不僅全莊找不到一個人，連水井也找不到。」吐絲口鎮的情形是：「至於老百姓，大多數早在五天前就躲到山裡去了，現在住在這裡的都是老年人，身體有病不能動的，你們不能指望他們給你們作什麼活。」第十二軍到達吐絲口住了五天，由於給養用完，即於一月二十四日自動撤往博山，以便補充給養。當時李仙洲的指揮所已至博山，督促第十二軍速遵命開萊蕪，二月四日，十二軍進佔萊蕪[23]。

　　繼十二軍南下的是四十六軍（整編第四十六師）。四十六軍是由膠縣集結於淄博地區的。二月二日進至博山南的何莊，五日進抵萊蕪東南約十五公里的顏莊。南下之時，十二軍正在萊蕪一帶負責警戒，但據四十六軍所見，淄博與萊蕪之間似為「無人之境」，在共軍的清野政策下，「沿途村莊群眾，早已空室清野，所到之處，吃的用的全找不到。在道路上、村里村外和房前房後，到處埋設有地雷，一不小心觸著就會喪命。」四十六軍經過幾天行軍後，抵達目的地，二月八日將顏莊南的新泰縣城佔領。其後數日，續攻擊前進，二月十三日直逼蒙陰，威脅臨沂側背。四十六軍通過顏莊後，十二軍自萊蕪調回膠濟路張店、明水一帶，守備膠濟鐵路，將新編三十六師配屬七十三軍，駐守吐絲口[24]。

　　隨四十六軍之後南下的是第七十三軍。第七十三軍於二月二日接到與

---

[22] 王耀武，〈萊蕪戰役國民黨軍被殲記〉，《萊蕪戰役紀實》，頁一一九。

[23] 同上王耀武文，頁一一九；孫煥彩，〈萊蕪戰役中的國民黨第十二軍〉，《萊蕪戰役紀實》頁二二四～二三○。

[24] 周競，〈萊蕪戰役桂系四十六軍被殲經過〉，《萊蕪戰役紀實》，頁二一四～二一五；李仙洲，〈萊蕪戰役始末〉，《山東文史集粹：軍事卷》，頁二○三～二○五。

十二軍對調的命令，王耀武命七十三軍軍長韓浚留七十七師守鄒平、長山
等待交防，囑一九三師提前出發修整博山至吐絲口的公路，之後即會同第
十五師開往萊蕪以南的顏莊（博山距顏莊一百二十餘華里）。第七十三軍
第十五師和第一九三師於二月四日在博山集結完畢，五日軍部率該二師南
下，到二月九、十日間，李仙洲的指揮所，七十三軍一九三師、十五師，
均集於顏莊附近[25]。

　　在北路國軍進抵顏莊、新泰後，南戰場發生變化。共軍在其山東省政
府所在地臨沂地區未作激烈抵抗，王耀武從空中偵察，判斷共軍主力可能
放棄臨沂，調北戰場作戰，感於部隊分散吐絲口、萊蕪、顏莊、新泰各地，
至為不利，乃調整部署：令第四十六軍自新泰撤至顏莊地區，李仙洲的指
揮所及七十三軍由顏莊撤至萊蕪地區。但參謀總長陳誠認為王耀武對敵情
判斷錯誤，不同意其將全線後縮，有電致王耀武略謂：

　　　　匪軍在臨沂等地失敗後，已無力與我軍主力作戰，有北渡黃河避戰
　　　　的企圖，著該司令官派一個軍進駐萊蕪，一個軍進駐新泰，誘敵來
　　　　攻，不使其繼續北竄。待我守軍將敵吸引住後，再以部隊迅速增援，
　　　　內外夾擊而殲滅之。

蔣介石亦親函王耀武，支持陳誠的看法與佈局，命李仙洲所率之四十六軍
再佔新泰，並命南戰場的整編第十一師、第六十四師等西進臨城，沿津浦
路北上，兜堵可能西走的共軍[26]。整編第十一師於二月二十四日佔滕縣，
並抵鄒縣南部。

　　如前所述，二月十五日，南戰場共軍放棄臨沂。二月十九日，王耀武
發覺共軍有進攻新泰、萊蕪的意圖，即令在新泰的第四十六軍退至顏莊、
在顏莊的第七十三軍一九三師北撤萊蕪，並令七十三軍的七十七師速自張
店經博山南下歸建。當時共軍主力已集於北戰場，陳毅以第八、九縱隊於

---

[25] 韓浚，〈國民黨第七十三軍和整編第四十六師萊蕪就殲記〉，《萊蕪戰役記實》，
　　頁一六五～一七〇。
[26] 王耀武，〈萊蕪戰役國民黨軍被殲記〉，頁一一八；王德，〈我參加萊蕪戰役〉，
　　頁四八。

博山、萊蕪間伏擊國軍第七十七師；以第六縱隊攻擊吐絲口（在萊蕪北）之新編第三十六師；以第十縱隊等攻佔錦陽關（在萊蕪、新泰間偏西），阻擊可能由明水（濟南東、張店西）南援之國軍；以第一、四、七縱隊等攻擊萊蕪、顏莊、新泰地區之國軍，另從南戰場抽調第二縱隊主力北上為預備隊[27]。

　　二月十九日，國軍七十七師由張店經博山南下，二十日中午經過青石關，行至吐絲口東十六公里的麻山峪附近的和莊地區，預先埋伏的共軍第八、九縱隊突然發起攻擊。七十七師就地抵抗，並電萊蕪李仙洲求援。戰至二十一日上午九時許，援軍不至，師長田君健及衛士三人在青石關南麓為共軍包圍，田以手槍自戕，副師長陳某率殘餘官兵三百餘人突圍，輾轉逃至濟南[28]。

　　在共軍第八、九縱隊於二月二十日在和莊地區伏擊國軍七十七師之際，第六縱隊（國軍方面當時的了解是第一縱隊葉飛部）亦於二月二十日對吐絲口地區國軍新編第三十六師進行攻擊。吐絲口鎮亦名口鎮，是明水、博山通往萊蕪的丫字形公路的交叉點，是由膠濟鐵路進入沂蒙山區的咽喉要道，口鎮東西長約三里，南北寬約二里，面積比萊蕪縣城還大，有居民五千人（或云四千戶以上）。鎮周圍築有土牆，牆基由石塊疊成，土牆向四面開有六個門，東側牆外有一條寬四二〇米的沙河。國軍於環繞圍牆構築了多層次的防禦工事，牆外挖了深二米、寬三米的外壕，壕外置有鹿砦。李仙洲兵團的軍用物資倉庫設於此，儲有彈藥百噸、糧食數十萬斤。共軍於二月二十日夜對口鎮第一次攻擊，曾用人梯搶佔圩牆，在西門控制了數十米長的突破口。二十一日晚再次攻擊，佔了小東門，國軍仍節節抵抗。共軍第六縱隊司令王必成對攻破小東門後的戰場描寫是：

---

27　栗裕，〈萊蕪戰役初步總結〉，《萊蕪戰役紀實》，頁六～七；王德，〈我參加萊蕪戰役〉，同上，頁四八～四九。

28　楊曉春，〈憶和莊之戰〉，《萊蕪戰役紀實》，頁二四一～二四四，謂七十七師南下在二十一日，戰敗在二十二日，師長田君健係自戕；王泰秋（七十七師營長），〈國民黨軍七十七師在和莊被殲〉，同上，頁二三五～二三九，謂七十七師自博山出發為二月二十日，戰敗在二十一日，師長田君健被擊斃。

敵人憑借既設陣地，拼死抵抗。我攻擊部隊與敵逐屋、逐街爭奪。我
佔領房頂，敵人即在房內向房頂打槍；我在牆上挖洞前進，敵人即
以密集火力封鎖，並以燃燒彈焚燒房屋，不讓我部隊有掩身之地。
我指戰員們冒著熊熊烈火，前仆後繼，英勇拼殺。先後攻佔了小東
門以西的全部街區，控制了鎮口全部街區的三分之二，將敵人壓縮
到東北一隅。但這時我軍傷亡較大，進展緩慢，激戰到二十二日黎
明，被阻於大柳巷以西，與敵處於相對峙的狀態。

當口鎮爭奪戰正在激烈進行之際，華東野戰軍指揮部得知在萊蕪地區的國
軍擬於二月二十三日突圍北上，口鎮南距萊蕪僅三十里，共軍華野指揮部
為阻止萊蕪地區國軍北上，命第六縱隊一面攻擊口鎮，一面派軍於口鎮以
南建立口袋陣地。固守口鎮的國軍新編三十六師師長曹振鐸與七十三軍軍
長聯絡中斷，察覺共軍進攻的火力減弱，即乘機率殘部由東門突圍，沿山
路退向博山方向，後輾轉至濟南[29]。

　　共軍於二月二十日開始攻擊萊蕪、顏莊、新泰地區的國軍。王耀武於
二月二十一日乘轟炸機至吐絲口、萊蕪、顏莊、何莊、大塞、淄川、博山
等地上空視察，見大量共軍向各地守軍蜂擁猛攻，尤以萊蕪、吐絲口兩地
最為慘烈，乃以無線電話與李仙洲通話，勉以堅苦支持。於電呈蔣主席將
戰場情形有所報告後[30]，當晚即令該地區部隊全部撤至膠濟路上的明水
及其以南地區待命。李仙洲即召集第七十三軍軍長韓浚、整編第四十六師
師長韓練成、指揮所高級參謀王為霖等開會。李仙洲以撤退困難，主張就
地固守；王為霖以責任問題，主張撤退。最後達成撤退協議。至於撤退時
間，李仙洲主張應立即撤退，韓浚主張二十二日早上開始，韓練成以準備

---

29　國防部史政編譯室檔案，543.6/2760.2，魯中戡亂戰役案㈡，陸軍新編第三十六師
　　吐絲口戰役經過報告；王必成，〈華野第六縱隊萊蕪戰役參戰紀〉，《萊蕪戰役紀
　　實》，頁三二～三九；饒守坤（六縱十八師長），〈橫刀立馬，阻敵五萬兵〉，同
　　上，頁五八～六三；陶振民，〈萊蕪戰役中的口鎮戰場〉，同上，頁六七、七二；
　　陳仁洪，〈飛兵殲頑敵，萊蕪奏凱歌〉，《山東黨史資料》一九八七年第三期，頁
　　五八～六七。
30　國史館藏蔣中正總統檔案，革命文獻—戡亂時期—軍調期間共匪擴大叛亂情形下
　　㈡，王耀武呈蔣主席二月馬電。

不及，堅決主張二十三日早上撤退。最後達成二十三日早上撤退的協議。至於撤退的部署，依各部隊的位置分為兩路：以第七十三軍為左路，沿周家店、吐絲口通明水的公路前進；以第四十六軍為右路，經孝義集達到吐絲口後，在第七十三軍後跟進，指揮所隨四十六軍行動。左右兩路相距六里。共軍的部署是：以第一、七縱隊為右路，由葉飛指揮，自西面圍殲七十三軍；以第四、八縱隊為左路，由王建安指揮，自東面圍殲四十六軍；第六縱隊在口鎮以南，佈置袋形陣地，負責在北面阻截[31]　。

　　二月二十二日，第四十六軍退入萊蕪縣城，與七十三軍匯合。第七十三軍和四十六軍原定二月二十三日晨六時自萊蕪北撤，因第四十六軍軍長韓練成臨時不知去向（受中共運動脫離指揮，李仙洲不知），延至八時部隊才出發。左路通過周家店、右路通過孝義集後，受到西、東兩側共軍的攻擊，國軍空軍副司令王叔銘率飛機炸射西側共軍，未能抑止共軍的攻擊，建議李仙洲退回萊蕪固守待援，但萊蕪已於十二時許為共軍佔領，李仙洲認為不如突圍至吐絲口鎮與三十六師會合。但由於西、東、南、北各路共軍已合圍，將李仙洲所率的部隊壓迫在南北四、五里，東西五、六里的谷地內。七十三軍軍長韓浚對戰場的描寫是：

> 此時四十六師的另兩個旅又竄離它的前進路線西邊平行線，將我七十三軍的一九三師和十五師的部隊完全衝亂，同時又有幾千人的運輸部隊，和萊蕪縣李縣長帶領的將近兩萬老百姓，男男女女、老老幼幼，從我部後方倉皇奔竄而至，把幾萬人的前進部隊攪成一團，軍找不到師，師找不到團，團找不到營連排，營連排也掌握不到士兵，指揮系統完全為之打亂。在解放軍方面，則正以排山倒海之勢，向我包圍射擊，包圍圈越縮越緊，槍聲越打越烈。萊蕪李縣長所帶來的難民中有一部分人從便衣中掏出武器，開槍助威，裡外夾擊。分不出是敵是我、是民是兵，東打西竄，南打北逃，糟成一團，亂成一片。雜以爆炸、喊叫、踐踏、以及難民中呼兒喚女之聲，驚心

---

[31] 李仙洲，〈萊蕪戰役始末〉，《山東文史集粹：軍事卷》，頁二○七～二○八；栗裕，〈萊蕪戰役初步總結〉，《萊蕪戰役紀實》，頁八。

動魄，慘厲無比。

戰至中午，整編第四十六師師長韓練成率少數部隊向東南山地逃去，經共區至青島，以「突出重圍」之身，飛抵南京受到嘉獎（後被任命為總統府參軍長）；如前所述，防守吐絲口的曹振鐸師，則乘共軍圍殲七十三軍、四十六師之際，突圍經淄博至濟南。到下午三時許，李仙洲與韓浚共同率殘部向北突圍，嗣以李仙洲左腿下部受傷，與韓浚失去聯絡，走至吐絲口鎮南約三、四里處，因流血過多，摔倒在山溝裡，為共軍所俘。另一方面，韓浚繼續率部突圍北走，至吐絲口近郊，受到共軍炮火密集射擊，知吐絲口已為共軍所佔，繼續率部向博山方向突圍，衝到博山西南約二十里的青石關地區，部下只剩千餘人，受到共軍的圍攻，韓浚乃棄械投降。萊蕪戰役至是結束[32]　。

萊蕪戰役結束前後，南北戰線尚有其他場景。南戰線方面，國軍於二月十五日佔據臨沂後，集結於臨沂周圍者有第七十四、八十三、六十五、二十五、六十七整編師，第十一、五十九、七十七、二十、六十四整編師則進行打通台兒莊至濰縣公路的軍事行動。此期間，共軍第三縱隊和第二縱隊第五師（第四、六師調北戰場）撤至臨沂通往蒙陰的公路兩側地區防守，二月十七日擊退沿臨蒙公路北進的國軍八十三師的一個團。北戰線方面，二月十八日，駐守掖縣的國軍第八軍一一六師奉命支援魯中戰場，但行至沙河鎮一帶受到共軍第九縱隊二十七師的截擊。到二月二十三日，國軍一一六師戰敗，無法自昌邑地區西援。另一方面，王耀武於二十三日夜將膠濟路西段的第十二軍和淄博地區的五個補充團撤至濟南，共軍乘勝佔據博山、淄川、明水、鄒平、益都、周村、張店等重要城鎮；而共軍膠東

---

[32] 李仙洲，〈萊蕪戰役始末〉，《山東文史集粹：軍事卷》，頁二一一～二一四；王耀武，〈萊蕪戰役國民黨軍被殲記〉，《萊蕪戰役紀實》，頁一二二～一二三；韓浚，〈國民黨第七十三軍和整編第四十六師萊蕪就殲紀實〉，同上，頁一七八～一八一。韓練成赴青島轉南京事，見康矛召（華東野戰軍政治部新華社前線分社社長），〈憶韓練成將軍〉，同上，頁二六九。按韓練成至一九四八年十月始轉往共區，一九五〇年加入共產黨，一九八四年韓病逝後，中共始公佈其於國共戰爭時期的身份。見崔唯志、唐秀娥，《沂蒙解放戰爭史》（北京：解放軍出版社，一九九二），頁二〇一。

軍區部隊，亦發起膠濟路東段戰役，於三月二日攻佔高密，三月十一日攻佔膠縣。此時華東野戰軍主力已集中於以淄川為中心的膠濟路兩側，進行整補[33]。在物資補給方面，自東北運抵煙台、龍口的物資，起卸之後即以汽車經平度、高密大量南運[34]。

萊蕪戰役，國軍傷亡約一萬人，被俘四萬六千八百人，共軍陣亡一千四百五十九人，負傷七千零七十人，失縱三百八十八人[35]。徐州綏靖公署主任薛岳以此被撤職。此後月餘，國軍在山東地區未再有大規模的進攻行動[36]。

魯南會戰失敗的原因，蔣介石於二月二十三日、二十五日均有檢討，要點有二：其一、高級將領小勝即驕，臨沂收復後，陳誠以共軍已向黃河以北潰退，即託病休假，不意陳毅主力，已轉往萊蕪、吐絲口一帶。其二、共軍善於偽裝，戰爭之際，原已投降編入國軍的共軍作內應，更有穿國軍制服的共軍混入戰地，擾亂視聽[37]。二月二十六日，蔣介石在南京召開軍事會議，除檢討吐絲口戰役失敗的原因外，重對山東地區的軍事加以部署，以確保津浦和膠濟兩交通線為主。在津浦線方面，佔領大汶口和泰安，與魯南臨沂聯成一線，使陳毅的共軍無法越過津浦路以西；在膠濟線方面，堅守濟南、濰縣、高密、青島各據點。南面以臨沂為據點，西面以濟南、泰安、大汶口為據點，北面以張店、濰縣、高密、青島為據點，將沂蒙山區的共軍主力圍堵起來，俟機進攻[38]。

[33] 中共萊蕪縣宣傳部編，《萊蕪戰役資料選》，戰役綜述，頁一六～一九；《沂蒙解放戰爭史》，頁二〇六～二〇七；中共山東省委黨史研究室編，《新民主主義革命時期中共山東黨史大事記》（山東大學出版社，一九九二），頁四五六～四五七；第二綏靖區司令部二處民國三十六年工作報告，山東檔案館藏，J013-01-11 號史料。

[34] 上引第二綏靖區司令部二處民國三十六年工作報告。

[35] 《沂蒙解放戰爭史》，頁二〇三；軍事科學院軍事歷史研究部編，《中國人民解放軍戰史》第三卷（北京：軍事科學出版社，一九八七），頁八四，謂共軍傷亡八千八百人。

[36] 《中國人民解放軍第三野戰軍戰史》，頁一〇三。

[37] 國史館藏蔣中正總統檔案，《蔣總統事略稿》，民國 36 年 2 月 23 日、25 日。

[38] 國史館編，《中華民國史事紀要》民國三十六年一至三月份，頁七〇四～七〇六。

### 三、國共軍在津浦路、膠濟路和沂蒙山區戰爭的持續

　　萊蕪戰役以後數月，山東地區國共軍之間的戰爭，在津浦線上，集中在鄒縣至濟南間，兼及此段鐵路以西的魯西地區；在膠濟線上，集中在濰縣、膠縣間，兼及此段鐵路以北的膠東地區；同時集中在臨沂、濟南地區的國軍，則俟機再進攻沂蒙山區。

　　在津浦路及其以西方面，二月二十四日夜共軍攻齊河（濟南西），二十五日夜共軍攻晏城（津浦路之一站，在濟南西北、齊河北），均被國軍擊退。二十七日，在滋陽被圍一年零三個月之國軍吳化文部，派兵南下，與自滕縣北上之國軍整編第十一師胡璉部會師，收復鄒縣，之後向曲阜挺進。此期間，魯西國軍收復鄆城，黃河以南、運河以西各縣，均為國軍收復。二十八日，津浦線兩側之國軍收復曲阜和汶上[39]。

　　在沂蒙山區方面，一九四七年三月三日，陸軍總司令部分設徐州司令部及鄭州指揮所，由陸軍總司令顧祝同統一指揮，將豫東、魯西、魯南兵力，編組為三個兵團，向沂蒙山區進攻。第一兵團：司令官湯恩伯、副司令官李延年（駐臨沂），轄整編第八十三師：師長李天霞；整編第七十四師：師長張靈甫；整編第六十五師：師長李振；整編第五十七師：師長李琰（段霖茂）；整編第二十八師：師長李良榮；整編第二十五師：師長黃百韜。第二兵團：司令官王敬久、副司令官邱清泉、吳紹周（自冀魯豫戰場調來），轄整編第八十五師：師長吳紹周；整編第七十五師：師長柳際明（沈澄年）；整編第七十二師：師長傅義（楊文瑔）；第五軍，軍長邱清泉（轄四十五師、九十六師、二〇〇師，第五軍後後改整編第五師）；整編第八十四師：師長張光瑋（吳化文）。第三兵團：司令官歐震，副司令官李玉堂、胡璉。轄第七軍，軍長徐啟明（鍾紀）（轄第一七一師、一七二師）；整編第四十八師：師長蘇祖馨（張光瑋）；整編第六十四師：

[39] 國史館編，《中華民國史事紀要》民國三十六年一至三月份，頁七一七、七二七。

師長黃國樑；整編第二十師：師長楊幹才；整編第十一師：師長胡璉；整編第九師：師長王凌雲。

第一兵團集結於東海、新安鎮、郯城、臨沂等地區，第二兵團集結於金鄉、滋陽、汶上以南及鄆城一帶，第三兵團集結於濟寧、滋陽一帶。配合作戰的有第二綏區的第九十六軍（軍長陳金城）、第五十四軍（軍長闕漢騫）、第十二軍（軍長霍守義）、第八軍（軍長李彌）、新編第三十六師（師長張漢鐸），均在膠濟線；第三綏區（司令官馮治安）的整編第七十七師（師長王長海）、整編第五十九師（師長劉振三），在蘇魯交界的津浦線附近的台兒莊、嶧縣、棗莊各地[40]　。

此期共軍在山東的兵力，除華東軍區所轄魯南軍區、魯中軍區、膠東軍區、渤海軍區、濱海軍分區的地方武力外，主要為華東野戰軍：司令員兼政治委員陳毅，副司令員栗裕，副政治委員譚震林，參謀長陳士榘。轄第一縱隊：司令員葉飛（轄第一師：師長廖政國；第二師：師長劉飛；第三師：師長劉亨雲；獨立師：師長方升普）；第二縱隊：司令員韋國清（轄第四師：師長朱紹清；第五師：師長姚運良；第六師：師長滕海清）；第三縱隊：司令員何以祥（轄第七師：師長賀健；第八師：師長王吉文；第九師：師長郭廷萬）；第四縱隊：司令員陶勇（轄第十師：師長張震東；第十一師：師長譚知耕；第十二師：師長彭德清）；第六縱隊：司令員王必成（轄第十六師：師長張雲龍〔代〕；第十七師：師長梁金華；第十八師：師長饒守坤）；第七縱隊：司令員成鈞（轄第十九師：師長熊應堂；第二十師：師長殷紹禮；第二十一師：師長謝銳〔代〕）；第八縱隊：司令

[40] 中共臨沂市委黨史委、中共蒙陰縣委編，《英雄孟良崮》（無出版時地，栗裕題書名在一九七九年），頁一九八，孟良崮戰役敵軍戰鬥序列表。但將整編第四十八師及第七軍列入第一兵團，將整編第八十四師列入第三兵團，皆依據國軍戰史改正，見國防部史政編譯室檔案，543.6/2760.2魯中戡亂戰役案㈥，陸軍總司令徐州司令部魯中會戰第一期經過概要；㈡，魯中會戰，第一、孟良崮戰役。但國軍戰史未將整編第九師列入第三兵團。《英雄孟良崮》原列第二綏靖區之七十三軍，已在萊蕪戰役中消滅。軍事長官姓名，參考劉鳳翰，〈陳誠與抗戰後之整軍〉，《近代中國》第一一七、一一八期，但部分軍事長官姓名與國軍戰史有異，將國軍戰史所列姓名括於下。

員王建安〔兼〕（轄第二十二師：師長李迎希；第二十三師：師長陳宏；第二十四師：師長周長勝）；第九縱隊：司令員許世友〔兼〕（轄第二十五師：師長聶鳳智〔兼〕；第二十六師：師長劉涌；第二十七師：師長孫瑞夫）；第十縱隊：司令員宋時輪（轄第二十八師：師長宋時輪〔兼〕；第二十九師：師長蕭鋒）。另有第十一縱隊、十二縱隊，在江蘇[41]。

當時共軍陳毅部的所在地，主力在梁邱山地（費縣與滕縣之間）至徂徠山（新泰與泰安之間）以東地區，一部在濰縣東北，另一部在明水、周村地區。此外，共軍劉伯承部在魯西的聊城、陽穀間以及東阿、平陰、肥城等地區[42]。

國軍進攻的計劃是：首先在大汶河兩岸及津浦路兩側與共軍主力決戰，打通津浦路之徐州、濟南段，和滋陽至臨沂的公路，全部佔領中共的魯南區，然後將主力推至泰安、萊蕪、新泰、蒙陰、沂水一線，尋找共軍主力決戰，或壓迫共軍北渡黃河。具體的部署是：由第一兵團司令湯恩伯指揮第七軍和整編第二十五、二十八、五十七、六十五、七十四、八十三師，先以一部配合第三兵團打通滋陽至臨沂的公路，然後以主力向蒙陰進攻；由第二兵團司令王敬久指揮第五軍及整編第七十二、七十五、八十五師，從汶上攻略寧陽、大汶口、泰安、及肥城、東阿、平陰各地，在第二綏靖區部隊策應下，先打通津浦路滋陽至濟南段，然後向萊蕪、新泰方面進攻；由第三兵團司令歐震指揮整編第十一、九、六十四、二十師，從滋陽、滕縣進出曲阜、鄒縣地區，在第一兵團和第三綏靖區協同下，沿滋陽至臨沂的公路東進，先佔領中共魯南區，然後向新泰、蒙陰進攻。位於臨沂、郯城地區的國軍第一兵團於一九四七年三月二十五日開始向西北進攻，於三月二十九日佔領費縣（在滋陽至臨沂的公路上）、梁邱（在費縣西南，另一線滋陽至臨沂的公路上），其後繼續西進；集結於鄒、滕地區的第三兵團，於三月九日攻佔曲阜，於三月二十五日向東北進攻，三月二

---

[41] 同上《英雄孟良崮》，頁一八四～一九六。
[42] 國防部史政編譯室檔案，543.6/2760.2 魯中戡亂戰役案(六)，陸軍總司令部徐州司令部魯中會戰第一期經過概要。

十六日攻佔泗水（在滋陽至臨沂的公路上）、平邑（在滋陽至臨沂的公路上）、白彥（在梁邱西北，另一線滋陽至臨沂的公路上），於三月二十八日在泗水與第一兵團會師。梁邱山地共軍北走。至四月中旬，滋陽至臨沂的公路打通。另一方面，集結於汶上地區的第二兵團，向東北進攻，於三月九日攻佔寧陽，三月十六日收復大汶口，續向泰安推進。十八、九日，國民政府主席蔣介石連電陸軍總司令顧祝同，作出指示：務於三月二十日以前收復泰安，打通滋陽至濟南之鐵路交通線。事實上，王耀武兵團於三月十八日即攻入泰安，與共軍展開巷戰，至三月三十一日完全收復，共軍紛向沂蒙山區撤退。泰安城垣展開爭奪戰期間，共軍三萬餘人自沂蒙山區之萊蕪、新泰向泰安增援，泰安共軍亦撤退至萊蕪、新泰一帶。另一方面，由於國軍攻泰安，共軍於三月十七日分由東、北兩面對濟南展開攻勢，沒有結果。此期間，魯西國軍節節北上，於三月二十一日攻佔東平，三月二十四日攻佔東阿，三月二十六日攻佔平陰，三月二十七日攻佔肥城，並越平陰北上於三月三十一日在長清之下巴鎮與自濟南南進之一一一師會師。津浦鐵路滋陽至濟南段打通，魯西共軍劉伯承部與沂蒙山區共軍陳毅部之聯繫，為國軍切斷[43]。但此後東平、平陰、肥城等地仍然忽在共軍之手、忽在國軍之手。

　　在膠濟線及其以北方面，一九四七年二月二十四、五日，共軍圍攻張店、周村，不克。二十八日共軍陷昌邑[44]。三月五日，共軍攻膠縣、濰縣、昌樂、高密；當日，高密被攻陷，三月十一日膠縣被攻陷。據《大公報》報導，攻膠縣之共軍約七萬餘人。據《申報》報導，「膠縣之役，共

---

[43] 同上；中共山東省委黨史資料徵集研究委員會、中共臨沂地委黨史資料徵集委員會編，《孟良崮戰役》（濟南：山東人民出版社，一九八七），頁二、四；國史館編，《中華民國史事紀要》民國三十六年一至三月份，頁七一七、九三五、九五二、九九一、一○七三、一○八八；一九四七年三月十九日、三月二十日、三月二十八日、四月二日《大公報》。惟彼此敘述稍有出入，如國軍收復大汶口的時間，《中華民國史事紀要》謂在三月十六日，上引國防部史政編譯室檔案謂在三月三十日。依據前後史事推斷，應在三月十六日。又如攻佔泰安者，前引檔案謂係國軍第二兵團，據《中華民國史事紀要》則為王耀武兵團，暫據後說。

[44] 國史館編，《中華民國史事紀要》民國三十六年一至三月份，頁七一七、七二八。

軍傷亡二萬餘，死屍遍野。」[45]

　　一九四七年三月三十一日國軍攻克泰安、打通津浦鐵路後，全面進攻沂蒙山區。第一兵團湯恩伯部於費縣以西、泗水以南進行掃蕩後，即於四月初向費縣以北、泰安以東的萊蕪、新泰地區展開弧形包圍[46]。由滕縣東進之第二兵團王敬久部，於四月六日在費縣西南三十公里之高橋與湯恩伯部會師。四月十九日，第三兵團歐震部整編第十一師收復蒙陰西南十二公里、由共軍第九縱隊防守之白馬關（蒙山之關隘），當晚迫進蒙陰城郊[47]。湯恩伯部另一路則於四月二十四日收復費縣東北之青駝寺。四月二十五日，國民政府主席蔣介石電駐在徐州的陸軍總司令顧祝同，指示魯中會戰要旨：①湯恩伯兵團以收復莒縣、沂水為目標，並以整七十四、二十五、六十五師配合歐震兵團圍堵蒙陰方面之共軍。②歐震兵團於收復蒙陰後，續向新泰進擊。③王敬久兵團（第五軍及整九師歸入該兵團）自大汶口、徂徠山、泰安一帶向新泰西北（羊流店）及萊蕪以西展開包圍。嗣以共軍於四月二十六日攻陷泰安，蔣復重申前令，令各兵團於四月三十日開始攻擊，湯恩伯兵團於五日以內，歐震兵團於四日以內，王敬久兵團於一週以內，分別擊破當面共軍，完成收復各地之任務。鑒於「泰安地區戰局，關係整個存亡之道」，特別命令王敬久部伺機規復泰安[48]。

　　此後月餘，國共軍繼續在魯西及沂蒙山區角逐。在魯西的國軍為第二綏靖區和王敬久兵團。四月二十八日共軍佔肥城，三十日佔平陰[49]，五月

---

[45] 同上，頁八四七；一九四七年三月六日、十二日《大公報》。

[46] 國史館編，《中華民國史事紀要》民國三十六年四至六月份，頁六一～六二。

[47] 同上，頁九一～九二、二二八，僅謂攻下天台山。實則天台山、黑山、雲頭山、九女山等形成蒙山要隘白馬關，由共軍第九縱隊防守，四月十九日為整編第十一師攻下，四月二十四日又為九縱收復，至四月二十七日放棄。見許世友，《我在山東十六年》，頁一一六～一一八。

[48] 國史館藏蔣中正總統檔案，《蔣總統事略稿》，民國三十六年四月二十五日；國史館編，《中華民國史事紀要》民國三十六年四至六月份，頁二八九～二九〇、三〇一。

一日國軍收復寧陽[50]　，五月四日國軍收復汶上，五日國軍收復東平[51]　，六日國軍收復泰安[52]　，九日國軍收復平陰、肥城[53]　，十日國軍收復東阿[54]　。

　　在沂蒙山區的湯恩伯兵團和歐震兵團，亦分一部分兵力在沂蒙山區西側作戰，以與魯西戰場呼應。四月二十八日，湯恩伯兵團攻入蒙陰，共軍被俘萬餘，殘部萬餘向東撤退。稍後，歐震兵團亦進駐蒙陰。四月三十日，歐震兵團收復新泰[55]　；共軍東撤，先後集結於蒙陰、沂水之間者（以坦埠為中心）約五萬餘人，主力部隊則在萊蕪附近[56]　。五月初，湯恩伯兵團自蒙陰派一部分兵力，支援王敬久兵團收復泰安[57]　。

　　在沂蒙山區本身，湯恩伯兵團分為東、中、西三路：①東路整編第四十八師進至臨沂至莒縣間的湯頭（四月二十二日），第七軍進至湯頭至沂水間的河陽。②中路整編第八十三師進至臨沂至蒙陰間的青駝寺（四月二十四日），並由青駝寺北進；整編第七十四師進攻青駝寺西北的垛莊，並由垛莊進向蒙陰至沂水間的坦埠。③西路整編第二十五師進至垛莊西北的桃墟，並由桃墟進向東北的坦埠，第六十五師進至蒙陰。到四月底，湯恩伯兵團進至河陽、青駝寺、桃墟、蒙陰一線。另一方面，歐震兵團的整編第十一師進至蒙陰西北的新泰後，分兵進攻萊蕪；王敬久兵團於五月六日克復泰安後，第五軍進至新泰以北的萊蕪，於五月十日與整編第十一師在萊蕪會師，並於五月十二日克吐絲口。整編第八十五師進至萊蕪以西的范家集，整編第七十五師進至范家集、萊蕪間的魯西集。國軍在沂蒙山區魯中地區攻擊的過程中，負責外圍警戒者：①臨沂以南至郯城，由第一兵團整編第五十七師負責；②梁邱以南至嶧縣、台兒莊，由第三綏靖區整編第

---

[49]　同上，國史館編書，頁三四三、三六六。

[50]　同上，頁四〇二。

[51]　同上，頁四三九。

[52]　同上，頁四四四。

[53]　同上，頁四九四。

[54]　同上，頁五二四。

[55]　國史館編，《中華民國史事紀要》民國三十六年四至六月份，頁三四二～三四三、三六六。

[56]　同上，頁四一五、四九四。

[57]　同上，頁四四五。

五十九、七十七師負責。③白彥以西至滕縣、界河，由第三兵團整編第二
十師負責；滋陽至臨沂的公路的泗水、平邑一帶由第三兵團整編第六十四
師負責；兗州、曲阜、寧陽地區由第三兵團整編第八十四師負責；大汶口
一帶由第三兵團整編第九師負責。④泰安以北至濟南，由第二綏靖區第十
二軍負責；昌樂至濰縣一帶，由第二綏靖區第八軍負責[58]。

　　截至一九四七年五月二日止，除青島市以外，山東全省由國軍控制
的地區為二十七縣一市。一市為濟南市，二十七縣為濟南附近的歷城、齊
河、長清，青島附近的即墨，膠濟鐵路線的濰縣、昌樂，山東中部及西南
部自郯城、臨沂、費縣、蒙陰、新泰一線以西，在津浦路沿線及其以東有嶧
縣、滕縣、鄒縣、曲阜、泗水、滋陽，在津浦線以西、黃河西南的有寧陽、
濟寧、金鄉、魚台、單縣、曹縣、定陶、菏澤、鄆城[59]。黃河西北除齊河
以外，膠濟鐵路以北除即墨外均在共軍手中；膠濟線上的膠縣、高密、益
都，膠濟線以南的安邱、臨朐、淄川、博山、萊蕪、沂水、莒縣、諸城、
日照，津浦線上的泰安，津浦線以西的肥城、平陰、東阿、東平、汶上、
鉅野、城武，亦均在共軍手中。國軍所控制的縣，僅佔山東全省的四分之
一。其後到五月十日以前，國軍又先後收復汶上、泰安、平陰、肥城、東
阿、萊蕪六縣，總數增至三十三縣，尚不足山東全省的三分之一。


## 四、國軍魯中會戰：孟良崮戰役的失敗與南麻、東里店、
　　　沂水戰役的勝利

　　儘管各路國軍軍事進展順利，但內部步調不一、缺乏合作的情況，日
益顯露。五月三日蔣介石由南京飛徐州巡視，陸軍總司令顧祝同向他報告
魯省軍事，謂前方將領大都神靡氣衰、懼敵畏戰，而以虛與委蛇、各圖自

[58]　《英雄孟良崮》附圖，〈孟良崮戰役前敵我態勢圖〉；〈全國人大常委會原副委員
　　　長葉飛同志談孟良崮戰役〉（一九九七年五月二十日），同上書，頁二六；國史館
　　　編，《中華民國史事紀要》民國三十六年四至六月份，頁五二四～五二五、五三
　　　八。
[59]　同上，國史館編書，頁四一五～四一六。

保為能事，以致屢失戰機、處處被動，使全線進展延緩，形成呆滯狀態。蔣介石聞之頗為憂憤，即嚴令重申賞罰，並將整編八十三師師長李天霞革職留任，以為玩忽功令者戒[60]。五月六日，駐在蒙陰的整編第七十四師師長張靈甫電呈國民政府主席蔣介石，略謂：

> 進剿以來，職每感作戰成效難滿人意。目睹歲月蹉跎，坐視奸匪長大，不能積極予以徹底性打擊。以國軍表現於戰場者，勇者任其自進，怯者聽其裹足，犧牲者犧牲而已，機巧者自為得志。賞難盡明，罰每欠當，彼此多存觀望，難得合作，各自為謀，同床異夢。匪能進退飄忽，來去自如，我則一進一退，俱多牽制。匪誠無可畏，可畏者我將領意志之不能統一耳。竊以為，若不急謀改善，將不足以言剿匪也[61]。

蔣主席收讀此電呈後甚韙其言，特手示嘉勉，並飭以此電抄送參謀總長陳誠、陸軍總司令顧祝同以及司令官、軍師長，閱讀反省，陳述感想與改善辦法。其後先後呈報感想及改善意見者，有胡璉、歐震、王敬久、邱清泉、王凌雲、黃百韜等，均批交陳誠合併研討，擬定具體改進辦法[62]。所擬辦法如何？不詳。

在魯南、魯西國軍擬向魯中進軍之初，共軍主力原在膠濟線淄川、博山地區整補（時在萊蕪戰役以後）。及四月間國軍分自魯南北上、自魯西東下，共軍擬尋找前線較為突出的國軍加以分割圍殲，初以四月二十日從汶上、寧陽地區北進佔領泰安的國軍第二兵團整編第七十二師較為孤立，遂派兵於四月二十六日攻克泰安，殲整編第七十二師，師長楊文泉被俘。共軍並乘勝南下，攻克寧陽。此後即回師魯中。四月底、五月初，魯中共軍向國軍第一兵團展開反擊，並派第六縱隊自新泰以西地區南下至平邑、費縣間，牽制國軍後方[63]。國共軍在魯中地區的陣勢，國軍在西南邊，自東南至西北的重要據點依序為湯頭、河陽、青駝寺、垛莊、桃墟、蒙陰、新

[60] 國史館藏蔣中正總統檔案，《蔣總統事略稿》，民國 36 年 5 月 3 日。
[61] 國史館編，《中華民國史事紀要》民國三十六年四至六月份，頁四四三。
[62] 國史館藏蔣中正總統檔案，《蔣總統事略稿》，民國 36 年 5 月 6 日。
[63] 〈孟良崮戰役簡介〉，前引《英雄孟良崮》，頁九三～九四。

泰、萊蕪；共軍在東北邊，自東南至西北的重要據點依序為莒縣、沂水、東里店、魯村、博山。第七縱隊在莒縣西南、第二縱隊在沂水縣南，前方為國軍整編第四十八師和第七軍；第八縱隊、第九縱隊（坦埠一帶）在沂水縣西北，前方國軍的整編第八十三、七十四、二十五、六十五師；第四縱隊、第一縱隊在東里店（華野指揮部）西，前方國軍為整編第十一師；第三縱隊在魯村、第十縱隊在博山南，前方國軍為第五軍和整編第七十五、八十五師[64]。

　　國共軍在戰地的位置，共軍對國軍可能很清楚，國軍對共軍則未必清楚。據共軍第四縱隊司令員陶勇的回憶：

　　　　沂蒙山脈連綿不斷，羊腸小道崎嶇曲折。白天，這裡看不到人影，敵機整天搜索，偵察不到我軍一點情況。但一到夜晚，狹窄的山路上，我野戰軍的各路部隊，各按指定的方向積極運動、待機殲滅敵人。而敵人拖著臃腫、龐大的現代化裝備，靠著指南針、軍用地圖摸索前進，坦克、汽車、大炮都變成累贅，成天在公路上游動。這樣拖來拖去，逐漸暴露敵人戰線的兩端[65]。

　　在對共軍情形不明的情形下，誤以共軍已向淄川、博山地區撤退。五月十一日，蔣介石電徐州的陸軍總司令顧祝同，指示加強濟南方面之兵力，剋期收復莒縣、沂水、南麻、博山、淄川、周村等要點，迫使退集淄博地區之陳毅主力出而決戰。原令云：甲、陳毅股之主力現退集淄博地區，有行機動持久之企圖。乙、國軍以擊破陳毅主力之目的，應加強濟南方面兵力，限辰月皓日（五月二十日）以前收復莒縣、沂水、南麻、博山、淄川等要點，迫其決戰。丙、各兵團任務如次：㈠著湯恩伯兵團以五個師迅即擊破當面之敵，收復莒縣、沂水，並以一部往坦埠，分向沂水、南麻掃蕩。㈡著歐震兵團以一部掃蕩蒙陰、新泰東側附近殘敵，主力即佔南麻。㈢著第二兵團（王敬久）副司令官邱清泉指揮第五軍、第七十五師、八十五師，並改歸陸軍總部直轄，迅即擊破當面之敵，收復博山、淄川。㈣著

---

64　《英雄孟良崮》，附圖〈孟良崮戰役敵我態勢圖〉。
65　陶勇，〈魯南出擊〉，《英雄孟良崮》，頁一六六。

整九師主力即調濟南，歸王耀武指揮，並抽出濟南方面有力之一軍，由龍
山收復周村，協力邱清泉作戰，另以一部擔任泰安防務及擔任肥城、平陰
以北之防務。五月十三日，蔣介石決定進攻淄博計劃，並電在徐州的陸軍
總司令顧祝同：國軍以包圍殲滅淄博山地共軍之目的，應即：㈠以湯恩伯
兵團主力攻佔莒縣、沂水，以各有力一部進佔日照、東里店後，並作進出
蔣峪之準備。㈡歐震兵團即佔南麻，策應湯恩伯及邱清泉部作戰，並作進
出臨朐之準備，第五師須控制新泰與顏莊間為總預備隊。㈢王敬久兵團以
邱清泉指揮第五軍、七十五、八十五師攻佔博山、淄川以後，向張店、周
村進出。㈣王耀武部準備於我主力進出沂水、南麻、博山後，適時分由濰
縣、濟南各東西攻擊，配合主力軍之作戰[66]。蔣介石的命令由徐州司令
部轉發各兵團。第一兵團司令湯恩伯令整編第七十四、二十五師於五月十
一日分自垛莊、桃墟北進，限於五月十二日佔領坦埠；整編第八十三師、
第七軍和整編第四十八師在右側配合作戰，整編第六十五師在左側蒙陰
一帶掩護[67]。另一方面，第三兵團整編第十一師向新泰進擊，整編第五
師、整編第七十五師向萊蕪、吐絲口進擊，整編第六十四師及整編第二十
師攻擊共軍第六縱隊（第六縱隊行蹤見後）。第二兵團在寧陽、泰安間之
津浦路沿線搜索殘餘共軍[68]。當整編第七十四、二十五師前進時，整編第
七十四師越過孟良崮山區前線較為突出，共軍決定分割圍殲整編第七十四
師。五月十二日，命第一縱隊楔入整編第七十四、二十五師之間（桃墟），
切斷該兩師的聯繫；命第八縱隊楔入整編第七十四、八十三師之間（萬泉
山），切斷該兩師的聯繫，並命令第二縱隊翼護第八縱隊左側安全，第七
縱隊阻擊國軍第五軍及整編第四十八師西援；命第四縱隊、第九縱隊正面
攻擊整編第七十四師；命第六縱隊自費縣西北兼程東下，協同第一縱隊攻
佔垛莊，切斷整編第七十四師的後路；命第三縱隊進至新泰東南，阻止整

---

66 《蔣總統事略稿》，民國 36 年 5 月 11 日，13 日。
67 《孟良崮戰役》，頁七，〈戰役綜述〉。
68 國防部史政編譯室檔案，543.6/2760.2 魯中戡亂戰役案㈤，魯中會戰，第一、孟良
崮之役。

編第十一師南援；命第十縱隊鉗制萊蕪的第五軍，阻其南援[69]。

　　當整編第七十四師師長張靈甫發現共軍有圍殲該師意圖時，迅將部隊加以收縮，並在垛莊以北的孟良崮山區佈防。孟良崮並非理想的陣地，據共軍第九縱隊司令許世友的回憶：

> 孟良崮及其周圍的山頭，方圓不過數里，全是清一色的石頭山。山峰陡峭，怪石聳立，草木稀疏。敵七十四師近四萬人馬麕集在山上，饑無食，渴無飲，工事無法構築，人馬無處隱蔽，處境極為狼狽[70]。

五月十三日共軍開始進攻孟良崮，十四日共軍全線對孟良崮展開總攻擊，各縱隊攻擊的方向是：九縱由東北，四縱由北，一縱由西，六縱由南，八縱由東[71]。

　　五月十五日下午一時，共軍再對孟良崮地區發起總攻。各種火炮集中向國軍佔據的山頭轟擊，攻擊部隊從四面八方向前衝殺。國軍整編第七十四師以巨石為依托，居高臨下，不斷對共軍發起反衝擊，戰況異常激烈。共軍每爭奪一個山頭、高地，要從下向上仰攻，每攻下一據點，往往經過數次至數十次的衝鋒，反復爭奪。共軍逐漸封鎖包圍圈，國軍企圖突圍，先向南，又向西，後向東，尋隙衝擊，均被共軍擊退。當日晚，國軍被迫龜縮於五二〇高地至蘆山、雕窩一線東西三公里、南北二公里的狹窄山地，陷入糧盡水絕、饑渴難支的困境[72]。

　　孟良崮戰場的全景，無法一一描述。據負責確保整編第七十四師右側安全、五月十三日率部衝入共軍包圍圈、佔領垛莊以東高地的國軍整編第八十三師（師長李天霞）五十七團團長羅文浪所見：

> 十四日晚間的戰鬥比十三日更激烈，解放軍炮兵集中向山地轟擊，山鳴谷應，震耳欲聾，人馬竄亂，傷亡頗多。加之山地為岩石質，

[69] 〈全國人大常會原副委員長葉飛同志談孟良崮戰役〉（一九九七年五月二十日），《英雄孟良崮》，頁二七～二八；《孟良崮戰役》頁九～一一。

[70] 許世友，《我在山東十六年》，頁一二四。

[71] 同上，頁一二四～一二五。

[72] 〈孟良崮戰役簡介〉，《英雄孟良崮》，頁九七。

又不能挖掩蔽部，只是聽天由命挨打而已。至十五日拂曉後，又稍加和緩。這天下午四時，垛莊已為解放軍佔領，我們在山地的水源斷絕，飲水、做飯發生嚴重問題。……到十六日拂曉時，有些部隊已互失聯繫，陣地被截成數段。……到下午二時，孟良崮高地師指揮所近旁，人馬擁擠，東西亂竄，毫無指揮。……到了下午四時，陣地全被突破，解放軍戰士衝上山頭，我當了解放軍的俘虜[73]。

據負責在孟良崮正面主攻的共軍第九縱隊司令員許世友所見：

五月十四日，我全線發起對孟良崮的總攻擊。……連日天晴，只見幾縷浮雲，沒有一滴雨水。敵人糧盡水絕、饑渴難控。在我部控制的野貓圩溝，有一眼山泉，敵人在機關槍、迫擊炮的掩護下，發起集團衝鋒，與我爭奪水泉，……卻沒有得到一滴甘泉。被圍困的敵人萬般饑渴，有的飲馬血、吞馬肉，有的連馬尿、人尿也喝掉了。（整編第七十四師）全師官兵的糧彈給養，只是依賴蔣介石派飛機空投接濟。……空投下成包的饅頭、大餅、餅乾、牛肉等食品和許多彈藥，大部落入我們的手中。……五月十六日，戰鬥進至白熱化階段。我縱隊部隨部隊進展靠前指揮，我眺望包圍圈裡最後幾個山頭，敵人在反復突擊中傷亡很重，龜縮於狹小山地之中，人馬混成一團，互相踐踏。在督戰部隊的威逼下，成群的敵人拼命向我軍反撲過來，妄圖殺開一道缺口，奪路而逃。……下午三時許，……七十四師師長張靈甫、副師長蔡仁傑被衝上主峰的戰士們亂槍射死。……下午五時許，孟良崮戰鬥全部束[74]。

據國軍援軍之一的二十五師作戰報告：

十六日接張師長無線電話，戰局愈益危急，包圍圈愈縮愈小；且糧彈告盡，本師即嚴令各部努力猛攻，及時解救，但匪逐次頑強抵抗，直至午後五時東界牌尚未攻下，黃（百韜）師長極為憤怒，即親赴

[73] 羅文浪，〈孟良崮戰役回憶〉，臨沂行署出版辦公室編，《孟良崮戰役資料選》（濟南：山東人民出版社，一九八〇），頁三二七～三二八。
[74] 許世友，《我在山東十六年》，頁一二五～一二八。

第一線督戰，……十六日下午孟良崮方向槍聲即稀薄，至天黑已無槍聲[75]。

據國軍編寫的「魯中會戰」戰史記載：

五月十六日晨六時，整七四師魏參謀長無線電話要求援軍速進，……下午七時後，……孟良崮山頂我軍已入混亂狀態中，援軍仍未到達，……師長張靈甫、副師長蔡仁傑……入指揮部內自戕成仁，該師第八旅旅長盧醒及團長周少賓……同時自戕，又該師第五七旅副旅長明燦……與匪肉搏殉難[76]。

當整編第七十四師被包圍後，蔣介石以為該師戰鬥力強，處於易守難攻的高地，鄰近有強大的增援兵力，正是與華東野戰軍決戰的好機會，便一面命令整編第七十四師師長張靈甫堅決固守，吸住共軍，一面急令新泰之整編第十一師，蒙陰之整編第六十五師，桃墟之整編第二十五師，青駝寺之整編第八十三師，河陽之第七軍和整編第四十八師火速向整編第七十四師靠攏，又急令萊蕪之第五軍南下，泗水、滕縣之整編第六十四、二十師趕向垛莊和青駝寺，大汶口東南之整編第九師向蒙陰增援[77]；企圖內外夾擊，與華野決戰。如是，華野五個主力縱隊包圍了整編第七十四師，而國軍卻以十個整編師包圍了華野的主力。陳毅意識到國軍各路援兵已節節逼進，乃於五月十六日電前線九縱司令員許世友等催戰，進攻的共軍也以此加強攻勢，終於十六日下午將國軍整編第七十四師擊敗[78]。整七十四師在孟良崮被共軍殲滅後，徐州司令部迅擬收復孟良崮及有關作戰計劃，於五月十七日電呈蔣介石備案：㈠陳毅所部一至九縱隊，連日與我第一兵團激戰，傷亡過甚，我決乘勢猛攻，圍殲其主力於汶河之畔（在青駝寺、

---

[75] 國防部史政編譯室檔案，547.6/2760.2 魯中戡亂戰役案㈠，進剿沂蒙山區共匪概況（陸軍第二十五師新聞處長嚴毅，民國 36 年 5 月 21 日，山東蒙陰陡興莊）。

[76] 國防部史政編譯室檔案，543.6/2760.2 魯中戡亂戰役案㈩，魯中會戰，第一、孟良崮之役；此役殉職的軍官，尚有少校營長二、上尉副營長二、上尉連長五、少尉排長二、中士班長一，同上，附表。

[77] 《孟良崮戰役》，頁一三～一四，〈戰役綜述〉。

[78] 許世友，《我在山東十六年》，頁一二六～一二八。

桃墟、蒙陰一線東北）。㈡第一兵團第七軍之一七二師與整八十三師速向
孟良崮、黃斗頂山之線攻擊而佔領之，整六十四師向青駝寺、黑峪子、南
麻攻擊而佔領之。㈢第三兵團以整二十五師、六十五師、整九師速向孟良
崮、黃斗頂山之線攻擊而佔領之，整十一師即向黃斗頂山、鉅山之線攻擊
而佔領之。整七十五師即由新泰向上下村攻擊，第五軍以一部守備萊蕪，
主力即向顏莊、新泰間前進。㈣第二兵團整八十五師以一旅進駐新泰，其
餘擔任新泰、羊流店及樓德、泗水間之交通警備[79]。共軍在孟良崮擊敗國
軍整編第七十四師後，知國軍援軍即將到達，乃乘夜退往沂山山區[80]。

　　蔣介石調集的各地部隊，不僅未能在孟良崮地區圍殲華東野戰軍，在
中共圍點打援戰術周密的部署下，各地國軍甚至無法對整編第七十四師進
行有效的援助。國軍第五軍為共軍第十縱隊鉗制於萊蕪；整編第十一師為
共軍第三縱隊抑留於蒙陰西北；整編第六十五師受到共軍第一、第六縱隊
一路的阻擊，從蒙陰以東前進不到十公里；第七軍和整編第四十八師被共
軍第二、第七縱隊鉗制於河陽一帶；整編第二十、六十四師受到共軍魯南
軍區部隊的牽制，未能及時趕到青駝寺。整編第二十五、八十三師雖逼進
共軍包圍圈，與整編第七十四師相距五公里左右，並對共軍形成炮兵火力
交叉，仍無法挽回整編第七十四師被殲的命運[81]。而奉命佔領垛莊以東高
地、向整編第七十四師報到的整編第八十三師五十七團，則隨整編第七十
四師同被殲滅[82]。

　　孟良崮戰役，共軍傷亡及失蹤一二、一八九人，國軍傷亡一三、〇〇
〇人，被俘一九、六七六人[83]。戰況之激烈可知。國軍失敗之因，依據第

---

[79] 《蔣總統事略稿》，民國 36 年 5 月 17 日。

[80] 國防部史政編譯室檔案，543.6/2760.2 魯中戡亂戰役案㈢，魯中會戰，第一、孟良
崮之役。

[81] 〈全國人大常委會原副委員長葉飛同志談孟良崮戰役〉（一九九七年五月二十日），
《英雄孟良崮》，頁二九；〈孟良崮簡介〉，同上，頁九八～九九。

[82] 羅文浪，〈孟良崮戰役回憶〉，《孟良崮戰役資料選》，頁三二六～三二八。

[83] 《孟良崮戰役》，頁四四六。國軍方面的資料，謂共軍傷亡約六九、〇〇〇人，國
軍傷亡約四五、五〇〇人，見國防部史政編譯室檔案，543.6/2760.2 魯中戡亂戰役
案㈢，魯中會戰，第一、孟良崮之役。

一兵團孟良崮戰役詳報，約有以下幾種：①國軍到達，壯丁全逃一空；共軍到達，居民為擔任後勤工作。②孟良崮為石山，工事構築困難，人馬炮火無遮蔽，又缺乏水源，使部隊戰鬥不能持久。③山地坡度大，接濟空投不易，而陸空聯絡符號簡單，易為共軍模仿，至空投物資多入共軍之手[84]。蔣介石於事後檢討，認為七十四師失敗之因，主要有三：①重裝部隊，運動困難，離開公路，是為大忌。②不守山口，只守山頭，而山頭為石山，沒有飲水，難以久守。③張部中收編有共軍俘虜三千人，於危難之際，乘機鼓噪，裹脅官長[85]。國軍第一兵團和蔣介石的檢討，都偏重在戰場本身。即就戰場本身而論，國軍統帥部及陸軍總司令部所設之徐州司令部均判定共軍主力已移淄川、博山，七十四師輕敵急進，致陷入共軍重圍[86]。另外一方面，在大戰場上，有如第一兵團在檢討中所指出的，共軍能得人民協助，而國軍則無此方便。共軍能獲人民協助的部分原因是共軍在山東佔領區不斷進行土改，將地主、富農土地分給貧農，以動員民眾。此期中共華東局的土改仍是繼續進行的[87]。除此之外，共軍之「圍點打援」戰略部署周密，不僅有效阻止了二十五師和八十三師對七十四師之救援，且派第六縱隊滲入國軍後方，佔領垛莊，斷絕了七十四師後路[88]。

　　一九四七年四、五月間國軍部署的魯中會戰，重點原在左翼，以攻擊在淄川、博山一帶整補的華野主力為目的。惟共軍行動飄忽，於四月初至國軍右翼第一兵團臨沂前線尋找戰機，嗣以第一兵團採取守勢，共軍乃隱蔽於莒縣、沂水、東里店、博山一線以西山區以待時。國軍第一兵團以共軍退去，乃大膽前進，終有孟良崮之敗。國軍雖然在孟良崮被消滅一個整

---

[84]　《孟良崮戰役》，頁四一七、四三四。

[85]　國史館編，《中華民國史事紀要》民國三十六年四至六月份，頁五八七～五八八、七八四。

[86]　國防部史政編譯室檔案，543.6/2760.2 魯中戡亂戰役案㈦，沂蒙山區戰鬥經過檢討（35年5月24日於徐州司令部）。

[87]　中共山東省委黨史研究室編，《新民主主義革命時期中共山東黨史大事記》，頁四六〇、四六二。

[88]　國防部史政編譯室檔案，543.6/2760.2 魯中戡亂戰役案㈦，沂蒙山區戰鬥經過檢討（35年5月24日於徐州司令部）。

編師。整個進攻魯中的戰線仍在。共軍於孟良崮戰役後的位置，據國軍第二綏靖區的判斷，第一、四縱隊移東里店、南麻（在魯村、東里店之間），第三縱隊移鐵車（在萊蕪東、魯村西），第二、六、八縱隊移悅莊（在南麻東北），第七縱隊移夏莊（莒縣西南），第九縱隊移臨朐以南，第十縱隊在明水（在章邱縣，為膠濟路之一站）以南。據在沂蒙戰場國軍整編第十一師的判斷，第一、四縱隊在坦埠、沂水地區，第三、八縱隊在南麻，第七縱隊在博山地區，第二、六、七、九縱隊及坦克旅在馬站及其以北蔣峪地區[89]。就共軍實際調度情形來看，整十一師的判斷是正確的。

　　國軍整編第七十四師於孟良崮失利後，蔣介石於南京中央訓練團開辦軍官團研究班，召集擔任沂蒙山區進剿各將領，研究共軍戰法、國軍失敗原因、及爾後作戰計劃，同時變更部署，準備對沂山地區再度發動攻勢。當時在陸軍總部徐州司令部（顧祝同）統轄下的部隊編組如下：①范漢傑兵團：統轄整編第五師（邱清泉）、整編第十一師（胡璉）、整編第二十五師（黃百韜）、整編第六十四師（黃國樑）、整編第六十五師（李振）。②李延年兵團：統第七軍（鍾紀）、整編第二十八師（李浡）、整編第四十八師（張光瑋）。③歐震兵團：統整編第五十七師（段霖茂）、整編第八十五師（吳紹周）。④第二線兵團：有整編第九師（王凌雲）、整編第七十五師（沈澄年）。⑤第三綏區（馮怡安）：統整編第五十九師（劉振三）、整編第七十七師（王長海）。另有整編第二〇師（楊幹才）、整編第八十四師（吳化文）、整編第八師（李彌）、整編第七十二師（余錦源）[90]。

　　蔣介石於六月十日左右開始研擬進擊沂蒙山區計劃，至六月十三日，對共軍老根據地南麻、悅莊盆地，究揮兵進攻，抑採用圍困之法，仍未決定。但到六月十五日即分函魯中各將領，告知進兵計劃，令準備實施。到六月下旬，國軍范漢傑兵團（原第一兵團）在蒙陰、新泰、顏莊（萊蕪東

---

89　山東檔案館藏，J013-01-11 第二綏靖區司令部第二處民國三十六年工作報告；國防部史政編譯室檔案，543.6/2760.2 魯中戡亂戰役案㈩，魯中會戰南麻之役作戰經過。

90　國防部史政編譯室檔案，543.6/2760.2 魯中戡亂戰役案㈓，魯中會戰，第二、南麻之役。

南）地區集結完畢，採「錐形突破」戰法，分為三路向沂山山區的共軍中心地南麻、魯村一帶攻擊，其戰鬥序列為：

①左縱隊：整編第五師，由邱清泉指揮，自顏莊、萊蕪地區向魯村方向攻擊。

②中央縱隊：整編第十一師、整編第六十四師，由胡璉指揮，自新泰經大張莊（新泰、南麻間）向南麻攻擊，為錐端。

③右縱隊：整編六十五師、整編第二十五師，由黃百韜指揮，由蒙陰北上，掩護中央縱隊。

另以整編第七十五師、整編第九師為第二線兵團；以整編第四十五師在濰縣附近，整編第八師在濰縣南至安邱一帶，攻臨朐，以擾共軍側背；並以李延年兵團配置臨沂一帶、歐震兵團配置蒙陰一帶，準備北上攻向沂水，以為牽制。

中央縱隊於六月二十五日自新泰出擊，六月二十七日，南麻戰役開始，在濰縣城南的整編第八師亦派兵攻臨朐，以擾共軍後方。六月三十日整十一師攻佔南麻，據守該地之共軍第三、八兩縱隊，自南麻以北地區向博山方向撤退。其間，蔣介石以收復南麻之國軍孤懸敵陣，頗為危險，為免蹈李仙洲覆轍，於七月三日促所部迅速進佔坦埠、沂水、東里店，陸軍總司令顧祝同以沂山地形複雜，不易達到目的，擬將進入沂山地區的部隊撤回，但蔣介石堅持國軍繼續前進。於是整編第六十四師、整編第二十五師會攻東里店，整編第九師攻沂水，整編第二十五師與由蒙陰東進之整編第二十師會攻坦埠。先後於七月四日攻佔坦埠、七月七日攻佔東里店、七月十一日攻佔沂水。共軍華野的第二、六、七、九縱隊及快速縱隊，退至沂山主峰之東的馬站、蔣峪間待機（按南麻、魯村在沂山主峰之西，東里店、沂水、坦埠在沂山主峰之南）。當國軍攻擊坦埠、東里店節節勝利之際，蔣介石對他的戰略決定相當滿意，並於七月十日對前線將領怯戰的情形作出檢討：「匪陷費縣後，有一股竄擾棗莊、嶧縣，徐州總部發生恐慌，似乎已動搖進佔沂水目標之決心，而濟南王耀武及萊蕪部隊，又各報有四個縱隊分向大萬往吐絲口附近攻擊，可知將領怕匪畏死，偶聞匪謠，一見

威脅，則風聲鶴唳、不可終日。若不徹底整頓，何能成功？」[91]


## 五、國軍在魯中、魯西、魯西北、膠東取得優勢及
##　　隨之而來的隱憂


　　共軍在魯中地區失敗以後，主要武力無法在魯中立足，乃轉入外線
（魯西），僅留部分兵力在內線作戰，而以膠東地區為中心。此為中共軍
委在華北地區的戰略改變，謀將沂蒙山區國軍主力引至魯西，俾分割殲滅
留於沂蒙山區之國軍。在新戰略的佈局下，中共中央軍委要求劉伯承的晉
冀魯豫野戰軍於一九四七年六月一日前在黃河以北休整完畢，六月十日
前渡過黃河向冀魯豫區與豫皖蘇區之國軍進擊，並要求華東野戰軍於六月
十日以後配合劉伯承軍出擊[92]。六月三十日，晉冀魯豫野戰軍第一、二、
三、六縱隊約十三萬人，在劉伯承、鄧小平的指揮下，於張秋鎮（壽張東）
至臨濮集三百里地段上突破國軍的黃河防線，發起魯西南戰役。經七月二
日至二十八日連續作戰，先後佔領鄆城、曹縣、定陶等縣城。華東野戰軍
陳毅將第三、八兩縱隊自南麻北移經博山會同在明水以南的第十縱隊向魯
西轉移，於七月七日佔泰安，七月十六日佔寧陽；第二縱隊旋自滋陽以北
向泰安以東轉移，第八、第十縱隊於七月二十七日移往濟寧西北地區。另
以第一、四縱隊自沂水西北經臨沂、蒙陰間的空隙地帶向魯南轉移，於七
月七日佔費縣（守費縣的為第三綏靖區的整編五十九師三十八旅），十三
日進犯滕縣，遮斷徐州至滋陽的鐵路交通。到七月二十六日從南沙河車站
（滕縣南）越過津浦鐵路，於八月三日與第八、第十縱隊會於汶上、濟寧

---

[91] 同上；國防部軍務局史政處編，《國民革命軍陸軍第十八軍軍史》（台北，民國八
　　十七年），頁一六一～一六八，但與上引檔案資料有出入。蔣介石於六月十一、十
　　三、十五各日研究並決定進攻沂蒙山區計劃事，見《蔣總統事略稿》，民國三十六
　　年六月十一、十三、十五日。蔣介石於七月三日堅持續攻坦埠、沂水、東里店事，
　　見《蔣總統事略稿》，民國三十六年七月二、三日。蔣介石於七月十日之檢討，見
　　《蔣總統事略稿》，民國三十六年七月十日。
[92] 前引《新民主主義革命時期中共山東黨史大事記》，頁四六四。

地區，嗣偷渡運河，進入魯西鄆城以南地區[93]。

　　當共軍的三、八、十、一、四縱隊自魯中移向魯西、魯南時，蔣介石感於南方坦埠、東里店、沂水收復後，清剿魯中共軍根據地目的已達，乃將魯中地區大部國軍西調，於七月十五日命魯中國軍分途追擊，整編第四十八師由河陽，第七軍由湯頭，整編第八十三師由臨沂經費縣，整編第六十五師由坦埠，整編第五十七師、整編第八十五師及整編第二十師由蒙陰經泗水，整編第五師由萊蕪經泰安，整編第七十五師由新泰經泰安，分頭追剿西移之共軍。目的在解決費縣、嶧縣、泰安方面之共軍，並防劉伯承部退往河北。僅留胡璉的整編第十一師於南麻，王凌雲的整編第九師於沂水，黃國樑的整編第六十四師於東里店，黃百韜的整編第二十五師於北岱山等處就地清剿附近共軍。中共華東野戰軍見國軍主力西移，乃集中第二、六、七、九縱隊及快速縱隊，秘密潛返南麻，於七月十七日夜開始圍攻南麻，另第七縱隊於九頂連環山之線阻止國軍增援。經六晝夜之激戰，國軍主陣地大體維持穩定。戰爭經過，無法縷述，就國軍一方面言，可舉二事為例：①七月十七日晚十一時國軍一二八‧三高地守軍十八旅之工兵營受共軍優勢兵力攻擊，激戰兩晝夜後陷落，該工兵營長因不能與陣地共存亡，擅自撤守，當即處死。②七月十七日共軍以優勢兵力圍攻國軍南馬頭崗陣地，經四日血戰，守軍全連官兵皆戰死。由於共軍進攻猛烈，范漢傑乃急令由黃百韜統一指揮的整二十五師、整六十四師，於七月十九日午後由東里店以西地區北進，以解南麻之圍；但卻於南麻南方之九頂連環山一線受到共軍阻擊（迄二十三日始與整十一師會師，而南麻共軍已於二十一日退去）。陸總徐州司令部乃令整編第八師於七月二十一日自昌樂南下，進逼共軍所據的臨朐，於二十三日佔領之，另並調駐沂水的整九師繞經悅

---

[93]　《國民革命軍第十八軍軍史》，頁一六八；《新民主主義革命時期中共山東黨史大事記》，頁四六四～四六六；王德，〈陳毅在山東〉，中共臨沂地委黨史資料徵集委員會編，《憶沂蒙》（濟南：山東人民出版社，一九八五），頁六六四～六六九；中國人民解放軍總參謀部政治部宣傳部編，《軍史集要》（上海人民出版社，一九九七），頁二〇〇；國防部史政編譯室檔案，543.6/2760.2魯中戡亂戰役案㈦，魯中會戰，第二、南麻之役。

莊向南麻前進；至二十一日夜，進攻南麻的共軍乃向臨朐轉移。自南麻敗
退之共軍進抵臨朐，乃先後投入第二、六、九縱隊（七月二十四日）以及
第三、七及快速縱隊（七月二十五、六日），猛攻臨朐，戰至三十日，因
國軍援軍整九師、整六十四師已進抵臨朐附近，共軍乃向桓台方向移去。
七月中下旬南麻攻守戰，共軍投入約八萬人，戰死約一萬人，傷萬餘人；
國軍投入約八萬人，傷亡近四千人。據國軍方面的檢討，勝利的原因主要
有三：①空軍助戰，②友軍適時援助，③將被赤化的南麻居民移於陣地之
外[94] 。

　　國軍整編第八師自昌濰進兵臨朐，原為支援南麻之戰的副戰場；共軍
在南麻之戰失敗以後，退軍對據守臨朐的整八師展開攻擊，則使臨朐轉為
主戰場。此處再對國共臨朐之戰，作進一步的論述。臨朐位於昌濰西南、
益都東南，在瀰河西岸，四面環山，地勢低漥，除北近膠濟鐵路上之益都、
昌濰外，有公路西通淄川、博山，南通新泰、蒙陰、沂水、臨沂，交通地
位重要。一九四七年六月下旬國軍進行魯中作戰，以攻取南麻為初期目
標。六月二十六日蔣介石下令於南麻的東北方向，由臨朐縣城向東南經蔣
峪（在臨朐縣）、穆陵關（在臨朐縣，在沂山東）至馬站（在沂水縣），建
一封鎖線，以阻絕共軍的後援及退路。集團軍總司令夏楚中於六月二十九
日有令，於七月一日拂曉前由濰縣附近出發，相機攻佔臨朐、控制益都；
陸軍總司令顧祝同於七月一日自徐州有令，整五十四師即向諸城、高密進
出（此線為在封鎖線後方的另一封鎖線），整八師即向臨朐、蔣峪進出。
但六月三十日整十一師攻克南麻之後，共軍動向不明，第二綏靖區司令官
王耀武為維護昌濰地區之安全，又於七月四日令整八師開返濰縣，以保持

94　《國民革命軍陸軍第十八軍軍史》，頁一六九～一七三、一七七；國防部史政編譯
　　局編印，《口述戰史彙編》第一集（台北，民國七十七年），頁二一九～二二四（民
　　國七十四年五月十一日訪問任同堂將軍）；國防部史政編譯室檔案，543.6/2760.2
　　魯中戡亂戰役案㈡，南麻解圍戰役（整六十四師）、臨朐戰役（整六十四師）；魯
　　中戡亂戰役案㈩，陸軍整編第十一師魯中戰役戰鬥詳報；魯中戡亂戰役案㈡，魯中
　　會戰，第二、南麻之役。蔣介石決定調魯中大部國軍追擊西移之共軍在七月十一日
　　沂水收復以後，見《蔣總統事略稿》，民國三十六年七月十一日。

機動。七月四日夜十二時整八師自臨朐附近後撤，次日上午兵至濰縣城西南時，蔣介石派機空投七月三日的手令，告知整八師師長李彌，魯中部隊預計於七月六日前克復東里店、沂水、莒縣後即可向穆陵關挺進，囑整八師於佔領臨朐後即向蔣峪、穆陵關、馬站方向挺進。李彌於接到蔣空投的手令後，向夏楚中請示行止，夏令在原地待命。七月六日，王耀武聞共軍第六、第九縱隊自東里店向東移去，命整八師於七月七日取捷徑向蔣峪進襲，到七月十一日，夏楚中又令整八師派一團人回坊子，準備東進策應整五十四師進襲高密，實則整八師主力仍在昌濰附近。七月十七日共軍進攻南麻，蔣介石於七月二十日電王耀武轉令整八師主力盡速攻佔臨朐，然後向南麻進擊。另並命整九師、整六十四師分自沂水、東里店援南麻。南麻周圍共軍於二十一日北走。二十一日，整八師自昌樂南下，至二十三日強渡濔河，佔領臨朐。入夜後，自南麻北走之共軍向洱河兩岸國軍進襲，至二十四日夜主力部隊達臨朐附近，並對臨朐展開攻擊。是日，國軍整編第二十一軍軍長夏楚中奉徐州司令部總司令轉蔣介石電，令整九師、整六十四師和整八師編為一個縱隊，由夏楚中指揮。夏楚中奉令後，除令整八師固守臨朐外，對新加入戰鬥序列之整九、整六十四師，因電報密碼及波長呼號問題，直到二十九日都未能直接取得聯絡，只能分電蔣介石、陳誠、顧祝同、范漢傑、王耀武請求轉令向臨朐急進。至二十九日，整九、整六十四師攻抵臨朐近郊，共軍退走。是役，整八師傷斃共軍三萬餘，遺屍五千餘具，俘共軍千餘名；整九師傷斃共軍五千餘，遺屍六百餘具，俘共軍七百餘名；整六十四師傷斃共軍二千七百餘，俘共軍三百九十名。附帶一提的，援軍整九師、整六十四師係於七月二十四日奉令援臨朐，並奉命編入夏楚中縱隊，於二十六日自悅莊附近攻擊前進，至七月三十一日始與整八師在臨朐會師。臨朐之戰，國軍對成功的因素頗多檢討，其較有意義者凡三：①戰地為第八行政督察專員張天佐經營之區，民眾組織嚴密，能提供補給和情報。②共軍中不少為被俘之國軍，戰鬥意志力不強。③援軍能夠及時抵達[95]。

---

[95] 國防部史政編譯室檔案，543.6/2760.2 魯中戡亂戰役案(八)，昌濰攻守戰役經過概要

一九四七年七月迄於十一月的山東戰場，分為四方面，即沂蒙山區、津浦路及其以西的魯西、膠濟鐵路西段以北的魯北、以及青島周圍及膠濟路東段以北的膠東。大體上國軍節節勝利，許多縣城被收復。到十月以後，共軍在沂蒙山區、魯西、魯北方面已甚少施展，主要在膠東地區與國軍爭奪。茲先論述沂蒙山區的戰爭。

沂蒙山區戰場，是國軍與共軍陳毅部的爭奪。國軍整編第九師（王凌雲）於七月四日攻克坦埠，十一日攻克沂水；整編第八師（李彌）於七月四日攻克臨朐；整編第二十五師（黃百韜）於七月七日攻克東里店。三地皆在費縣以北、蒙陰東北。另一方面，如前所述，共軍向國軍後方轉進，七月七日陷費縣、並襲擾嶧縣、棗莊，同日又陷泰安。國軍除移兵追擊外，分別據守徂萊山區要隘萊蕪、新泰、和沂水核心東里店、南麻等要地[96]。在沂蒙山區北側，自南麻敗退的共軍，在臨朐附近，於七月二十四至二十六日受到臨朐國軍和北上國軍的夾擊。另一方面，共軍連日攻臨朐，昌樂、濰縣國軍南下馳援，至七月二十七日將共軍擊潰，至八月五日與臨朐國軍會師。八月五日進一步收復益都，八月十九日又收復淄川、博山[97]。在沂蒙山區東側，國軍（五十二軍李良榮部）於八月二十六日在日照石臼所登陸，佔據海岸重要據點。時在濰縣集結的國軍整六十四師，一部進佔諸城，一部進駐高密，互為呼應。九月十日共軍攻諸城，次日並有猛烈巷戰，至十二日，由於來自高密的援軍至，加上國軍空軍炸射及守軍堅強抵抗，共軍退去，嗣整六十四師調去支援煙台作戰，諸城又為共軍佔領。另

（整 21A 參謀處，民國 36 年 8 月 1 日），陸軍整編第六十四師第三期魯中會戰臨朐解圍戰役（由七月二十三日至八月二日）戰鬥詳報；(九)，陸軍整八師堅守臨朐戰鬥詳報。

[96] 國史館編，《中華民國史事紀要》民國三十六年七至九月份，頁一三九～一四〇；民國三十六年七月五日、二十二日《大公報》（天津版）。蔣介石於七月七日判斷蒙北地區共軍一、四縱隊移至費縣與梁邱地區之目的，在擾亂津浦路、擾亂進入沂山地區國軍之後方，與劉伯承部配合，牽制國軍進剿魯西共軍。見《蔣總統事略稿》，民國三十六年七月七日。

[97] 同上，國史館編書，頁三五七、三七三、四五七、六三九；民國三十六年七月二十七日、三十日、三十一日《大公報》。

一方面，臨沂方面國軍則向日照方面進攻。八月二十八日，臨沂方面國軍
收復日照，與在石臼所登陸之國軍會師。八月三十日，自日照北上國軍收
復諸城。其後，諸城方面國軍與沂水方面國軍合攻莒縣，至九月二十三日
收復[98]。沂蒙山區西側、魯南國軍於七月十四日收復嶧縣、棗莊，魯中
國軍於七月十四日收復泰安。七月二十二日，蔣介石下令，指定王耀武部
（整四十五師、整七十三師、整十二師）負責大汶口以北、泰安山口錦陽
關（在泰安東南、新泰西北）、淄川之線以西之追剿，並佔領泰山山口范
家集（在泰安、萊蕪間）及錦陽關；邱清泉部（整五師、整七十五師、整
五十七師）負責攻佔吐絲口及淄博；歐震部（整八十五師）自蒙陰向東進
出；張淦部（整七師、整四十八師、整六十五師）在梁邱、郯城之間追剿。
約在同時，王耀武部自濟南南下，一路收復萬德、界首、肥城，濟南、泰
安間交通恢復[99]。至七月二十四日，徐州、泰安間交通亦恢復。另外，王
耀武部也克復錦陽關和淄川[100]。

　　魯西戰場是國軍與共軍劉伯承部和陳毅部的爭奪。一九四七年六、七
月間，沂蒙山區共軍受國軍追擊，部分越津浦路經濟寧、汶上轉移至嘉祥、
鉅野一帶。為與魯西陳毅部呼應，豫北共軍晉冀魯豫軍區劉伯承部向東移
動，抵達魯西黃河以北濮縣、范縣、壽張一帶，並於六月三十日夜以其第
一、二、三、六、七等縱隊自濮縣南之蒙口渡河南下，於七月二日以後猛
攻菏澤、鄆城、曹縣[101]。國軍整八十四、七十二師分別於汶上、濟寧沿運
河防堵共軍東移，第四綏區劉汝明部於城武、定陶、菏澤互黃河岸之線防
堵共軍南下，在魯中作戰的第二兵團原於六月下旬開徐州，至七月二日、
五日奉命以整編第三十二、六十六、七十、五十八師向金鄉、鉅野推進。

98　同上，國史館編書，頁七○九～七一○、七二五、七三五、一○一五；國防部史政
　　編譯室檔案，573.6/2760.2魯中戡亂戰役案㈡，魯省蘇北剿匪諸役戰鬥要報。
99　同上，國史館編書，頁一九七；國防部史政編譯室檔案，573.6/2760.2魯中戡亂戰
　　役案㈨，陸軍整八師堅守臨朐戰鬥詳報。
100　上引國史館編書，頁三三二；上引國防部史政編譯室檔案。
101　上引國史館編書，頁九～十、十七；國防部史政編譯室檔案，543.6/2760.3魯西戡
　　亂戰役案㈠，三十六年第二兵團於魯西金鉅地區剿匪戰役戰鬥詳報。

國軍第六十八師師長劉汝明曾於七月五日電請蔣介石派兵援助，蔣覆電謂「正積極督導實施」，即是派第二兵團各師前往。嗣曹縣、城武、鄆城、定陶於七月八日被共軍攻破，單縣國軍亦撤退。七月八日第二兵團司令部進駐金鄉，七〇師集結於嘉祥附近，六十六師主力在羊山集（金鄉西北，屬金鄉），其一九九旅任金鄉城防，三十二師在謝家集（在羊山集西，屬鉅野縣）一帶。九日，七〇師西向鉅野推進，三十二師向鉅野城南推進，六十六師仍在羊山集，五十八師向金鄉南郊推進。嗣以共軍二、三、六縱隊集於羊山集周圍，第二兵團乃命七十師向獨山集集結，會同三十二師擊破獨山集之共軍後，再會合六十六師擊破羊山集與金鄉間之共軍。但七月十三日，三十二師擅自由獨山集北進，圖與七〇師會合。嗣三十二師與七〇師因在獨山集、嘉祥間受共軍截擊，要求向東撤退，第二兵團司令部令固守待命，而兩師即於十四日夜突圍東走，於十五日晚抵濟寧，損失過半。另一方面，共軍於七月十三日即開始進攻羊山集，十五日第二兵團令五十八師及六十六師一九九旅自金鄉向羊山集推進，為六十六師解圍，並調第三師防金鄉。至二十二日，第六綏區第四兵團奉命由河南民權（隴海路上）向東北開至曹縣，會合第四綏區部隊向定陶進擊。二十七、八日，共軍一、七縱隊全力用交通壕及坑道向羊山集陣地迫進，國軍六十六師於二十八日上午十時突圍東走，損失慘重。是日國軍第三、五十八兩師猛力北進，以挽救六十六師危局，共軍主力則於二十八日夜分向羊山集西北及金鄉西南退去。國軍於八月一日攻佔羊山集，八月三日攻佔獨山集。八月五日第七十師自濟寧南下抵金鄉，接替金鄉防務。其後第三、五十八師於八月九日攻佔鉅野。時北上部隊接獲陸軍總司令顧祝同電令，以共軍劉伯承部與陳毅部已在定陶、曹縣一帶會合，有南下隴海路可能，命速南下追擊，第三、五十八師乃與七〇師及六十六師殘部南下，一路與共軍遭遇，於八月十三日進抵單縣，十五日進抵隴海路上的碭山。第二兵團在金鄉、鉅野地區的戰爭結束後即自碭山轉進安徽亳州。所收復之地，或另有魯西地區國軍據守，或又為共軍所佔。此期間運河東岸及魯西第四綏區國軍作戰情形，在第四綏區方面，除菏澤始終由國軍據守外，七月九日曹縣為國

軍收復[102]。八月一日，國軍收復嘉祥；八月七日，國軍收復鄆城；八月八日，國軍收復鉅野；八月十日，國軍收復鄆城；運河東岸國軍，七月二十五日收復平陰、東阿，八月三日收復寧陽，八月五日收復東平[103]。魯西地區七月一日至八月十日前後的國共軍事作戰，第四綏區為以菏澤為中心的駐守部隊，第二兵團及第六綏區第四兵團為支援部隊。共軍劉伯承部於八月十一、二日次第越過隴海路轉往安徽、河南、湖北交界的大別山區。國軍第二兵團於八月十三日以後調回江蘇繼轉安徽，第六綏區部隊續留曹縣一帶協助自第二兵團分出的邱清泉縱隊六十四師和吳化文部八十四師對菏澤以東、鄆城以南的共軍陳毅部第一、二、三、四、五、六、八、十、十二縱隊展開攻擊。第六綏區周喦部原轄暫二十四師、八十八師之新二十一旅、十五師之六十四旅、交警總隊、傘兵總隊及裝甲戰車部隊等，至八月十六日，五十七師亦歸指揮。八月二十三日，第六綏區五十七師等部向曹縣東北攻擊，邱清泉部由金鄉向南攻擊，吳化文部由汶上集（在城武西北，屬城武縣）向南攻擊，謀將陳毅部圍殲於金鄉、城武、單縣地區。惟共軍飄徙不定，國軍情報不靈，雙方只有遭遇戰，並無決戰。到九月中旬，陳毅部集於曹縣附近，陸軍總司令部調第十一師歸第六綏區指揮，由河南商邱至曹縣東南的青堌集，分向曹縣和城武攻擊；又調第十師歸第六綏區指揮，由舊考城（在曹縣西南的河南邊境）向曹縣及其西北地區進攻。至八月二十四日，國軍收復曹縣[104]，八月二十五日國軍收復單縣，九月二十七日，國軍收復城武；十月二十三日，國軍收復魚台[105]。其間，共軍雖

---

[102] 同上，頁一○七、一三九、一八○；上引國防部史政編譯室檔案；國防部史政編譯室檔案，543.6/1723.5 豫皖蘇魯邊區戡亂戰役案，第六綏靖區對匪劉伯誠部南竄伏擊作戰經過概要，三十六年八月七日至十五日；《蔣總統事略稿》，民國三十六年七月五日、八日。

[103] 國史館編，《中華民國史事紀要》民國三十六年七至九月份，頁三五○、三五八、四二○、四三三、四五七、四七六～四七七、四八四、七○二；民國三十六年八月十二日、十三日《大公報》。

[104] 國防部史政編譯室檔案，543.6/1723.5 豫皖蘇魯邊區戡亂戰役案，第六綏靖區魯西清剿作戰經過概要，及第六綏靖區曹縣附近清剿作戰經過概要。

[105] 國史館編，《中華民國史事紀要》民國三十六年七至九月份，頁九四○、一○八五，十至十二月份，頁五九八。

曾在鉅野、鄆城、鄄城、單縣、棗莊等地襲擾，甚至一度攻佔，終又為國軍收復。魯北戰場，主要指昌濰以西、膠濟鐵路以北、黃河以南地區。此處國軍主要來自第二綏靖區，共軍仍為陳毅部。一九四七年八月八日，自益都越膠濟路之國軍（張景月部）收復壽光，八月十二日收復臨淄[106]。八月十六日，國軍一路由臨淄北進，收復廣饒；一路由濟南東進，收復章邱。八月十七日，由章邱東進國軍收復張店、鄒平；八月十九日，由鄒平東進國軍收復長山，復由長山東北進收復桓台、博興；八月二十四日，由博興西進國軍收復高苑，八月二十五日，由高苑西進國軍收復齊東[107]。魯北戰事暫時結束。

在沂蒙山區、魯西、魯北戰爭告一段落前後，黃河以北的魯西北地區仍為共區，國軍將注意力集中在膠東戰場方面。所謂膠東，指昌濰以東、膠濟路東北的山東半島地區。山東半島突出於黃海、渤海之間，地略重要。半島內除青島特別市外，計有蓬萊、棲霞、招遠、文登、榮成、牟平、福山、海陽、即墨、萊陽、平度、掖縣、黃縣等十三縣，及煙台、威海、龍口三市；其中萊陽位於半島的中心。上述十三縣三市，在抗戰勝利前後，大部皆為或皆曾為共軍佔領：牟平縣城於一九四五年八月十七日為共軍佔領，威海市、福山縣城於八月十九日為共軍佔領，黃縣縣城於八月二十一日為共軍佔領，煙台市於八月二十四日為共軍佔領。即墨縣城於八月二十六日為共軍佔領，至九月六日為國軍收復，一九四六年六月十六日又為共軍佔領，至七月二日為國軍收復。平度縣城於一九四五年九月十日為共軍佔領，一九四六年十一月三日為國軍收復，十一月七日又為共軍佔領。膠縣城於一九四五年八月二十日為共軍佔領，旋退走；一九四六年六月九日為共軍第二次佔領，七月十四日為國軍收復；一九四七年三月十一日再為共軍佔領，七月五日又為國軍收復。高密縣城於一九四六年六月十三日為共軍佔領，至十月九日為國軍收復；一九四七年三月二日再為共軍佔領，七月九日又為國軍收復。此期間，萊陽縣城、蓬萊縣城、掖縣城、龍口市、

---

[106] 國史館編，《中華民國史事紀要》民國三十六年七至九月份，頁四八四、五一四。
[107] 同上，頁五九二、五九六、六三九、六九六、七〇二。

招遠縣城等地，亦為共軍佔領；掖縣城於一九四六年十一月十一日為國軍收復。至於膠東地區的鄉間，亦大部為共軍佔有。誠如中共膠東軍區司令員許世友所說：「在抗戰勝利前夕，除青島、煙台、威海和一些縣城外，整個膠東已基本為我軍解放。」[108]

　　一九四七年七月，國軍自青島沿膠濟路西進，於七月五日收復膠縣，七月九日收復高密[109]。其後高密屢失，國軍復於八月十五日、八月十九日再予收復[110]。八月二十一日，國軍西進收復岞山、昌邑，膠濟鐵路打通[111]，膠濟沿線共軍向萊陽、棲霞、煙台一帶撤退。由於俄艦自海參崴載運裝備齊全之共軍及彈藥至煙台增援，國軍軍艦於八月二十三日封鎖煙台、龍口等港口[112]。此期間，國軍發動膠東戰役，以第一兵團司令官范漢傑所部為主。以整編第八師李彌部集結昌邑、岞山間任左翼；以整編第五十四師闕漢騫部集結於膠縣、高密地區任右翼；以整編第二十五師黃百韜部、整編第九師王凌雲部為中央縱隊，分置於高密、岞山間；以整編第六十四師黃國樑部控制於平度、高密附近，相機策應主力軍之作戰。九月一日開始進攻，於九月四日攻破共軍膠河防線，並派機轟炸龍口、煙台、威海衛等地共軍工事[113]。九月八日，中央縱隊黃百韜部收復平度；九月十五日，右翼國軍攻入即墨以北之靈山，左翼國軍攻入掖縣西部海濱之虎頭崖[114]。其後，右翼闕漢騫部迫金口、萊陽，左翼李彌部過掖縣攻招遠。九月十八日闕漢騫部克萊陽；李彌部於九月二十一日克招遠，九月二十六日克棲霞、龍口[115]，九月二十七日克黃縣，九月三十日克蓬萊、福山[116]；中央縱隊黃伯韜部於十月一日克煙台[117]。

---

[108] 許世友，《我在山東十六年》，頁六六～七一、七三、七七～八〇、八四～八六。
[109] 國史館編，《中華民國史事紀要》民國三十六年七至九月份，頁四八、一〇七。
[110] 同上，頁五七六、六三九。
[111] 同上，頁六六五～六六六。
[112] 同上，頁一一九、六八五。
[113] 同上，頁七八五、一〇七四。
[114] 同上，頁九三二～九三三。
[115] 同上，頁一〇七四。
[116] 同上，頁一〇八五、一一〇七。
[117] 國史館編，《中華民國史事紀要》民國三十六年十至十二月份，頁四。

　　國軍克復煙台後，一路向威海衛進攻，一路向牟平進攻，沿途被擊敗的共軍則向國軍後方、西南方向轉進[118]。十月四日黃百韜部收復牟平，十月五日收復威海衛、劉公島。其後，膠東共軍開始反撲，國共之戰互有勝負，迄於十二月間，國軍原已收復的城市又受共軍圍攻，或被共軍奪去。茲表列其情形如下：

| 共軍進攻 | 國軍進攻 |
|---|---|
| 1.十月初共軍圍攻濰縣、昌邑、高密交界地區之范家集等地，國軍反包圍，鏖戰週餘，至十月十日，雙方死傷各萬餘人，共軍逸去[119]。 | 1.十月十六日國軍克安邱[122]。 |
| 2.十月十日共軍攻陷牟平、棲霞[120]。 | 2.十月二十七日國軍克棲霞[126]。 |
| 3.十月十四日共軍攻陷安邱[121]。 | 3.十一月三日國軍克牟平[127]。 |
| 4.十月十九日共軍攻威海衛，被擊退[123]。 | 4.十一月七日國軍收復海陽[128]。 |
| 5.十月二十日圍攻招遠之國軍被共軍擊走[124]。 | 5.十一月十八日，國軍在高密、威海地區仍與共軍激戰[131]。 |
| 6.十月二十二日共軍陷牟平，約在同時，又陷掖縣、昌邑、招遠、棲霞[125]。 | 6.十一月十九日國軍收復威海衛[132]。 |
| 7.十一月九日共軍佔平度[129]。 | 7.十一月二十二日，國軍續於高密、海陽等地抗擊共軍[134]。 |
| 8.十一月十六日共軍圍攻高密[130]。 | 8.整編第五十四師於十月二日克復煙台後向棲霞、海陽掃蕩，十一月初在海陽受共軍圍攻，國軍援軍於十二月二日在金口解圍會師[136]。 |
| 9.十一月二十二日共軍攻佔膠縣[133]。 | |
| 10.十一月二十八日至十二月一日共軍攻佔高密、膠縣，昌邑、昌樂、安邱同受圍攻，萊陽、海陽劇戰不已[135]。 | |

---

[118] 同上，頁二四。

| | |
|---|---|
| 11.十二月四日共軍圍攻萊陽，至十三日一度突入，次日被逐出[137] 。 | |
| 12.十二月十日共軍圍攻龍口、黃縣，迄二十五日仍在圍攻[138] 。 | |

　　膠東戰場，一九四七年七、八、九月，國軍節節勝利；十、十一、十二月，共軍反攻，與國軍爭戰激烈，雙方傷亡慘重，國軍最後轉為劣勢，前此收復的城鎮，部分又為共軍佔領。據一九四七年十二月十三日《大公報》報導：「膠東在兩個月中，中央收復了十六個縣。至今縣境完整、能使政令推行無阻者，實無一縣。如昌樂、安邱、平度、昌邑、膠縣、高密、即墨、海陽、萊陽、黃縣、蓬萊、福山等十二縣，縣長駐在縣城，控制縣境不過周遭二十華里的小圈。能佔重要據點、可資堅守、藉以收復陷區者，僅有牟平一縣，棲霞、文登、榮成三縣長均駐鄰縣。七區專員龔舜衡駐福

---

119 同上，頁八三、九七、一五九。
120 同上，頁九七。
121 同上，頁一四一。
122 同上，頁一六二。
123 同上，頁一八七。
124 同上，頁二〇一。
125 同上，頁二二九。
126 同上，頁二二九。
127 國史館編，《中華民國史事紀要》民國三十六年十至十二月份，頁三九六。
128 同上，頁四三五。
129 民國三十六年十一月十一日《大公報》。
130 國史館編，《中華民國史事紀要》民國三十六年十至十二月份，頁五四六～五四七。
131 同上，頁五五四。
132 同上，頁五六二。
133 同上，頁五九六。
134 同上，頁五八二。
135 同上，頁六四六；民國三十六年十二月二日《大公報》。
136 國史館編，《中華民國史事紀要》民國三十六年十至十二月份，頁七〇六。
137 同上，頁七一三、八七〇～八七一、八七六。
138 同上，頁八〇九～八一〇、一〇六〇。

山、十三區專員孫典忱駐萊陽。」[139] 從上表的資料看來，實際情形，可能更糟。

## 六、結　論

　　論述一九四七年二月至十二月國軍主攻時期的山東戰場，大概說來，一九四七年二月至六月，國軍受挫，傷亡三十多萬人。六月二十五日以後，國軍重新部署，轉敗為勝，七月三十日夜，共軍劉伯承部偷渡黃河，進迫魯西，聲援陳毅部在魯中之作戰，結果陳毅、劉伯承均失敗。陳毅部退黃河北岸整補，劉伯承部則轉往鄂皖邊境。嗣陳毅部復溯河西上，在聊城、壽張等地渡河，經魯西越隴海路，接應劉伯承，亦無所成。迄於八月底，經國軍收復的城市共五十二縣一市，將近全省一半。當時陳毅的十三個縱隊（相當於三十個師），約有五分之三為國軍消滅。不過，山東戰場與東北戰場是連為一氣的，共軍在山東訓練的壯丁，可由海運運去東北；[140] 同樣，如前所述，在東北接受武裝的山東共軍，也再從東北運回山東。加上中共不斷徵兵，共軍在山東的兵源是無慮的。

　　至一九四七年九、十月間，國軍大體可以控制山東的局勢，即將主戰場移至東北。[141] 不意，膠東地區的共軍乘機反攻，使國軍在膠東的戰事初時呈現膠著，繼則呈現敗象。國民政府主席蔣介石於十月九日自北平飛青島巡視，召范漢傑司令官，聽取膠東戰況報告，並決定作戰計劃。[142] 十月十六日，蔣再自南京飛青島，十九日在青島召開山東軍事檢討會議，將山東剿共軍事勝利歸功於張靈甫犧牲後國軍官兵的同仇敵愾，並將十月一日煙台的收復視為膠東會戰的結束。同時指出魯西羊山集（在金鄉、鉅野間）之敗係由於友軍不能互相支援、膠東范家集之戰國軍對退走之共軍未

---

[139] 民國三十六年十二月十三日《大公報》。
[140] 國史館編，《中華民國史事紀要》民國三十六年七至九月份，頁八六〇；同上，十至十二月份，頁四、四四～四五；民國三十六年八月二十九日《大公報》。
[141] 同上，國史館編書，七至九月份，頁八六一。
[142] 同上，十至十二月份，頁八七。

能及時追擊，係由於情報不靈。十月二十一日，蔣在青島對范家集之戰再作講評，對第十一師固守南麻、第八師固守臨朐、第六十四師固守范家集的成績表示肯定，並指出五十四師進攻鋸齒牙山和煙台得力於他們的快速部隊和迂迴側擊戰術。當時膠東戰事漸趨劣勢，蔣為了鼓舞士氣，特於講評的最後宣稱：「就全局來判斷，以第十一師守衛南麻、第八師守衛臨朐、第六十四師守衛范家集的成功，關係最大、功勞最多。這三個師著先改為軍，師長升軍長，其餘各軍且視膠東半島清剿成績如何，再定獎懲。」[143]

　　蔣介石的獎勵並未發生效果，如前所述，國軍於七、八、九月在膠東所收復的城市，到十、十一、十二月有些又逐漸為共軍佔去。此時，國軍在魯中和魯西的局勢尚穩定，濟南、浦口間的津浦路，自抗日戰爭勝利後，受到中共的破壞，時斷時修，到一九四七年十二月十二日正式恢復通車。[144]

　　戰後國共勢力消長的轉折，就山東戰場而論，似不在一九四七年。但受全國戰局的影響，到一九四七年冬天，共軍已開始有反攻之力。山東地區的國軍真正潰不成軍，應在一九四八年。

---

[143] 同上，頁一五九、一七七～一八四、二〇五～二一二。
[144] 同上，頁八五五。

# 作者簡介

## 呂實強

1927 年出生於山東省福山縣。臺灣省立師範學院史地系畢業，主修歷史。1955 年 2 月，奉業師郭廷以先生命籌設中央研究院近代史研究所，並到所任助理員。歷任助理研究員、副研究員、研究員，兼任所長、文化思想組主任，兼任胡適紀念館管理委員會主任委員、臺灣師範大學、政治大學、中興大學、成功大學歷史系所兼任教授等職。

現任中央研究院近代史研究所兼任研究員，臺灣師範大學歷史研究所兼任教授。

著有《中國早期的輪船經營》、《中國官紳反教的原因》、《丁日昌與自強運動》及學術論文八十餘篇。

## 廖隆盛

臺灣臺中市人，1943 年生。1963 年就讀臺灣師範大學歷史系，曾受戴玄之、郭廷以等教授之啟迪。1973 年獲歷史研究所碩士，留校任教。2001 年至 2004 年兼任歷史系系主任。

現任臺灣師範大學歷史系教授。

著有《國策、貿易、戰爭──北宋與遼夏關係研究》，另有〈馬關條約對中國棉紡織工業發展的扼窒〉、〈漢陽戰役對辛亥革命的影響〉等論文二十餘篇發表。

## 徐乃力

原籍浙江。臺灣師範大學史地系畢業，美國華盛頓大學碩士及哥倫比亞大學博士。曾任教香港浸會學院及美國侯拔威廉斯密學院，國立政治大學及師範大學客座教授；西澳洲大學校外博士論文考試委員，加拿大亞洲學會副會長 (1986–1988)，加拿大紐省教育廳多元文化教育顧問 (1992–1996)，及北美二十世紀中華史學會會長 (1994–1996) 等職。

現為加拿大紐布朗斯維克大學歷史系榮休教授。

學術研究及著作主要在中國抗戰史，中加關係史，及加東華人移民史方面。

## 莊吉發

臺灣省苗栗縣人，1936 年生。國立臺灣師範大學史地學系文學士，國立臺灣大學歷史研究所碩士。

曾任中小學教師，東吳大學兼任教授，國立故宮博物院研究員。現任國立臺灣師範大學、國立政治大學、淡江大學兼任教授，講授清史、滿洲語文、中國邊疆史、中國秘密社會史等課程。

著有《清史拾遺》、《清史隨筆》、《清史講義》、《清代秘密會檔史研究》、《薩滿信仰的歷史考察》、《清代臺灣會黨史研究》、《清史論集》、《真空家鄉：清代民間秘密宗教史研究》等書及關於清代政治、經濟、社會、學術、語文、教育等方面論文三百餘篇。

## 魏秀梅

臺灣苗栗人，1942 年生，1966 年國立臺灣師範大學歷史系畢業。

歷任中央研究院近代史研究所助理員、助理研究員、副研究員、政治外交史組主任等職。

現任中央研究院近代史研究所研究員。

專著有《清季職官表附人物錄》、《陶澍在江南》、《趙聚鈺先生年譜》、《清代之迴避制度》等，論文有〈從量的觀察探討清季布政使的人事嬗遞現象〉等二十篇。

## 李國祁

國立臺灣師範大學歷史系退休及名譽教授，中央研究院近代史研究所兼任研究員。受業於郭廷以先生，治學謹守郭氏風範。專長中國近現代史、臺灣史及中德關係史。

著有《中國早期的鐵路經營》、《中國對三國干涉還遼與德佔膠澳的因應》、《張之洞的外交政策》、《中國現代化的區域研究 —— 閩浙臺地區》、《中國現代史論集》、《中國近代政治思想史論文集》、《中山先生與德國諸書》及學術論文百餘篇。

## 張朋園

1926 年出生在貴州貴陽。臺灣師範大學史地系畢業，美國哥倫比亞大學歷史系碩士。歷任臺灣師範大學歷史系教授、系主任、所長，中央研究院近代史研究所研究員等職。

著作有《梁啟超與清季革命》、《立憲派與辛亥革命》、《梁啟超與民國政治》、《中國現代化區域研究 —— 湖南省，1860–1916》、《臺灣與美國學術交流個案初探》、《知識分子與近代中國的現代化》。

## 李金強

國立臺灣師範大學文學士，香港新亞書院研究所文學碩士，澳洲國立大學 (Australian National University) 哲學博士。

現任教於香港浸會大學歷史系，並為香港中國基督教史學會副會長、基督教中國宗教文化研究社董事、香港海防博物館名譽顧問。

著有《自立與關懷 —— 香港浸信教會百年史 1901–2001》、《區域研究 —— 清代福建史論》、《書生報國 —— 中國近代變革思想之源起》、A Brief Report on Conferences on China's 1911 Revolution: Two Important Issues 1961–1982 等專書。

## 蘇雲峰

海南人，1933 年生。國立臺灣師範大學畢業，美國哥倫比亞大學碩士。
現任中央研究院近代史研究所兼任研究員。
著有：《張之洞與湖北教育改革》、《中國現代化的區域研究 —— 湖北省，
1860–1916》,《私立海南大學，1947–1950》、《從清華學堂到清華大學，
1911–1929》、《三（兩）江師範學堂：南京大學的前身，1911–1930》、
《抗戰前的清華大學，1928–1937》、《海南歷史論文集》、《清華大學
師生名錄資料彙編，1927–1949》、《中國新教育之萌芽與成長，1860–
1928》等書，及論文五十餘篇。

## 王爾敏

字問之，河南省周口市人，1927 年生。幼時熟讀四書五經、千字詩、幼學
故事瓊林、鑑略要註等書。1954 年臺灣師範大學史地系畢業，蒙恩師郭廷
以師之垂愛，隨之進入中央研究院近代史研究所。現已退休隱居加拿大之
多倫多。
著有：《清季兵工業的興起》、《淮軍志》、《晚清政治思想史論》、《中
國近代思想史論》、《史學方法》、《明清時代庶民文化生活》、《明清社
會文化生態》、《晚清商約外交》等書多種，及學術論文近百篇。

## 吳志鏗

1956 年生。1979 年臺灣師範大學歷史系畢業，1982 年以論文〈湘軍內部
的維繫與分歧 —— 湘軍兵為將有的再檢討〉獲臺灣師範大學歷史研究所碩
士學士。。1993 年以論文〈清代前期的滿洲本位政策 —— 以清初五大政令
為中心〉獲博士學位。1986 年進臺灣師範大學歷史系服務。目前主要講授
中國近代史、中國近代歷史人物等課程。

## 陸寶千

江蘇海門人，1925 年生。臺灣省立師範學院史地系畢業。後允郭量宇先生之邀，進中央研究院近代史研究所服務。歷任助理研究員、副研究員、研究員、以迄退休。

研究重點，在政治地理、社會學、及中國思想史。重要著作有《中國史地綜論》、《清代思想史》、《論晚清兩廣的天地會政權》、《劉蓉年譜》、《易經文義通解》等書。

## 王樹槐

湖南邵陽人，1929 年生。臺灣大學歷史系畢業。美國夏威夷大學碩士。

曾任教台東女中，1956 年進入中央研究院近代史研究所。1999 年 1 月退休，現任中央研究院近代史研究所兼任研究員。

著有《外人與戊戌變法》、《咸同雲南回民事變》、《庚子賠款》、《中國現代化區域研究 —— 江蘇省，1860–1916》等書，並發表論文七十餘篇，近年以研究中國電氣事業為主。

## 陳三井

臺灣省彰化縣人，1937 年生。國立臺灣師範大學史地系畢業，法國巴黎大學文學博士。

曾任中央研究院近代史研究所副研究員、研究員、組主任、副所長、所長；淡江大學教授兼歷史學系主任、國立空中大學教授兼人文學系主任。

現任中央研究院近代史研究所兼任研究員。

著有《近代外交史論集》、《國民革命與臺灣》、《中國國民黨與臺灣》、《臺灣近代史事與人物》、《華工與歐戰》、《近代中法關係史論》、《勤工儉學的發展》、《近代中國變局下的上海》、《中山先生與法國》、《中山先生與美國》等專書近二十種暨學術論文近百篇。

## 張玉法

山東嶧縣人，1936 年生。國立臺灣師範大學史地系、國立政治大學新聞研究所畢業。

歷任中央研究院近代史研究所助理研究員、副研究員、研究員、副所長、所長、中央研究院院士。任教於國立臺灣師範大學、國立政治大學、國立臺灣大學、國立成功大學、私立東海大學各歷史研究所。

著有《西方社會主義對辛亥革命的影響》、《清季的革命團體》、《清季的立憲團體》、《民國初年的政黨》、《中國現代化的區域研究 —— 山東省，1860–1916》、《近代中國工業發展史》、《歷史學的新領域》、《歷史講演集》、《中國現代史》、《現代中國政治史》等書多種及已發表史學論文約百篇。

郭廷以先生百歲冥誕紀念史學論文集／李國祁主編.
-- 初版. -- 臺北市：臺灣商務,2005 [民94]
面： 公分

ISBN 957-05-1950-9（平裝）

1. 史學 - 中國 - 論文,講詞等

601.9207                                  94001302

# 郭廷以先生百歲冥誕紀念史學論文集

定價新臺幣 550元

| 編輯委員會 | 呂實強 陸寶千 李國祁 王爾敏 張朋園 張玉法 陳三井 魏秀梅 廖隆盛 吳志鏗 |
| 主　　編 | 李國祁 |
| 執行編輯 | 魏秀梅 |
| 發 行 人 | 王學哲 |
| 出 版 者 印 刷 所 | 臺灣商務印書館股份有限公司 |

地址：臺北市重慶南路1段37號
電話：(02)2311-6118‧2311-5638
傳真：(02)2371-0274‧2370-1091
讀者服務專線：0800056196
郵政劃撥：0000165－1號
E-mail：ctpw@ms12.hinet.net
網址：www.cptw.com.tw
出版事業
登記證：局版北市業字第993號

‧2005年1月初版第一次印刷

ISBN 957-05-1950-9（平裝）                    01222000